国家社科基金
后期资助项目
GUOJIA SHEKE JIJIN HOUQI ZIZHU XIANGMU

清代中泰关系

Sino-Siamese Relations during the Qing Dynasty

王巨新　著

中華書局
ZHONGHUA BOOK COMPANY

图书在版编目(CIP)数据

清代中泰关系/王巨新著. —北京:中华书局,2018.7
(国家社科基金后期资助项目)
ISBN 978-7-101-13126-0

Ⅰ.清…　Ⅱ.王…　Ⅲ.中外关系-国际关系史-泰国-清代
Ⅳ.D829.336

中国版本图书馆 CIP 数据核字(2018)第 055749 号

书　　名	清代中泰关系	
著　　者	王巨新	
丛 书 名	国家社科基金后期资助项目	
责任编辑	吴爱兰	
出版发行	中华书局	
	(北京市丰台区太平桥西里 38 号　100073)	
	http://www.zhbc.com.cn	
	E-mail:zhbc@zhbc.com.cn	
印　　刷	北京市白帆印务有限公司	
版　　次	2018 年 7 月北京第 1 版	
	2018 年 7 月北京第 1 次印刷	
规　　格	开本/710×1000 毫米　1/16	
	印张 25½　插页 2　字数 450 千字	
印　　数	1-1500 册	
国际书号	ISBN 978-7-101-13126-0	
定　　价	98.00 元	

国家社科基金后期资助项目
出版说明

后期资助项目是国家社科基金设立的一类重要项目,旨在鼓励广大社科研究者潜心治学,支持基础研究多出优秀成果。它是经过严格评审,从接近完成的科研成果中遴选立项的。为扩大后期资助项目的影响,更好地推动学术发展,促进成果转化,全国哲学社会科学规划办公室按照"统一设计、统一标识、统一版式、形成系列"的总体要求,组织出版国家社科基金后期资助项目成果。

全国哲学社会科学规划办公室

目　录

图表目录

绪 论

泰国是我国的友好近邻。自汉代以降,中泰两国始终有着密切的政治、经济、文化交流和人员往来。清朝时期,泰国称为"暹罗"①,其历史经历了阿瑜陀耶王朝(1350—1767)后期、吞武里王朝(1767—1782)、曼谷王朝(1782年至今)前期三个阶段,与中国关系一直密切。可以说,清朝与暹罗的密切交往,奠定了今天中泰两国政治、经济、文化、社会等关系的基础。

一、选题缘起

1941年6月,美国学者费正清和美籍华裔学者邓嗣禹在《哈佛亚洲研究学报》上发表《论清代朝贡制度》一文②,提出了关于传统中国对外关系的"朝贡制度"说。此后数十年间,学界围绕古代中国与其他国家之间特别是清朝与亚洲周邻国家之间的关系进行了热烈讨论,讨论中学者提出不同的学说概括之。除费正清的"朝贡制度说"(后来亦总结为"中国世界秩序说")外,还有日本学者西岛定生的"册封体制(册封关系体系)说"、崛敏一的"东亚世界体系说"、谷川道雄的"古代东亚世界说"、安部健夫的"四方天下说"、栗原朋信的"内臣外臣礼法说"、藤间生大的"东亚世界说"、信夫清三郎的"华夷秩序说"、滨下武志的"中华帝国朝贡贸易体系说"、韩国学者全海宗的"朝贡制度说",以及中国大陆学者何芳川的"华夷秩序说"、香港

---

① "暹罗"是中国档案史籍中的称谓,元代周达观撰《真腊风土记》第一次称泰国地区国家为"暹罗",1377年明太祖遣使往赐暹罗国王金印,印文曰"暹罗国王之印",是为中国官方正式称泰国地区国家为"暹罗"之始。19世纪中叶前,泰族人自称为"泰",称自己国家为"孟泰","孟"为王国之意,"泰"为自由之意,"孟泰"即"自由王国"。1856年4月5日曼谷王朝批准《暹英条约》时,首次用Siam(暹罗)名称代替"孟泰"。1939年6月23日暹罗改称"泰王国",1945年9月8日复称为"暹罗",1949年5月11日再次改为"泰王国"。本书讨论清代中泰关系,一般沿用中国档案史籍使用"暹罗"名称。

② J. K. Fairbank and S. Y. Teng,"On the Ch'ing Tributary System",*Harvard Journal of Asiatic Studies*,vol. 6,no. 2,(June 1941),pp. 135—246.

学者黄枝连的"天朝礼治体系说"、台湾学者张启雄的"中国世界帝国体系说"等①。近年来,张永江、李云泉、祁美琴、陈尚胜、何新华等学者仍在讨论清朝对外关系体制和制度问题②。总的来看,这些学说都以清朝对外关系为主要研究对象,对清朝对外关系的制度与政策进行历史诠释。然而,这些学说的讨论重心多集中在清朝与东亚国家关系,对于清朝与东南亚、南亚、中亚国家关系的分析不够深入。实际上,由于周邻国家地缘政治、文化传统及与中国的历史关系不同,清朝对其交往的思想与政策有很强的国别和地区差异性。以暹罗为例,暹罗属于南传佛教兴盛的国家,疆域不与中国相连,其与清朝的关系既不同于汉字文化圈的朝鲜、琉球、越南等国,也不同于与中国疆域相连的缅甸、南掌、廓尔喀等国。清朝与暹罗的关系是否符合清朝对外关系的一般体制? 或者说又有哪些特殊之处? 研究清代中泰关系历史流变,可以为进一步讨论清朝对外关系体制提供一个实证参考。

上述学说还有一个不足,那就是侧重于制度本身的研究,对制度实际运行的讨论不够深入。实际上,清代朝贡制度是一个不断发展变化的过程。有清一代,曾于康熙二十九年(1690)、雍正十年(1732)、乾隆二十九年(1764)、嘉庆二十三年(1818)、光绪二十五年(1899)五次纂修《大清会典》。在五朝《大清会典》中,除朝鲜、琉球、安南(1803年后改称越南)、暹罗四国均列为朝贡国外,康熙《大清会典》还有土鲁番(指新疆各部)、荷兰(指巴达维亚)、西洋(指葡萄牙)为朝贡国,雍正《大清会典》还有土鲁番、荷兰、西洋诸国(包括葡萄牙和教皇)、苏禄为朝贡国,乾隆《大清会典》还有西洋、苏禄、缅甸、南掌为朝贡国,嘉庆《大清会典》还有荷兰、西洋(包括葡萄牙、教皇和英国)、苏禄、缅甸、南掌为朝贡国,光绪《大清会典》还有苏禄、缅甸、南掌为朝贡国。这本身就说明清代朝贡制度发展的历史变化性与复杂性。就暹罗而言,顺治九年(1652)暹罗即派人来广州请贡,到康熙四年(1665)暹罗使团首次入京朝贡,此后至19世纪中叶,暹罗朝贡使团一直络绎不

---

① 参见宋成有:《东北亚传统国际体系的变迁——传统中国与周边国家及民族的互动关系述论》,台湾"中央研究院"东北亚区域研究演讲系列,2002年,第2—4页。

② 张永江:《清代藩部研究——以政治变迁为中心》,黑龙江教育出版社,2001年;李云泉:《朝贡制度史论——中国古代对外关系体制研究》,新华出版社,2004年;祁美琴:《对清代朝贡体制地位的再认识》,《中国边疆史地研究》2006年第1期;陈尚胜:《试论清朝前期封贡体系的基本特征》,《清史研究》2010年第2期;何新华:《最后的天朝:清代朝贡制度研究》,人民出版社,2012年。

绝。但比较而言,暹罗阿瑜陀耶王朝、吞武里王朝、曼谷王朝的朝贡频率和次数有很大差别。咸丰三年(1853)后,暹罗已经绝贡,但光绪《大清会典》仍然将其列入朝贡国。这些表明,清代朝贡制度的实际运行更为复杂,需要我们从制度和制度实际运行双重层面进行详细考察。

另外,清暹关系还是现代中泰关系的昨天。清朝与暹罗两百多年的政治交往,奠定了今天中泰两国间睦邻友好的基础。两国间长期存在的朝贡与通商"双轨"贸易,是清代海上丝绸之路的重要组成部分,也促进了两国沿海地区的经济社会发展。两国间密切的文化交流,丰富了两国人民的文化和社会生活。特别是清代大批华人前往暹罗,把中华文化的种子广泛播撒,影响到泰国社会生活的各个方面,他们是今天泰华社会的奠基者,也是泰国多元文化形成的贡献者。可以说,清朝与暹罗的历史关系,是今天中泰两国政治、经济、文化、社会等关系及两国人民深厚情谊的基础和渊源。对泰国这样一个东南亚的重要国家和我国的近邻伙伴,我们必须对其与中国的历史关系有更全面深入的了解。

二、学术史回顾

清代中泰关系研究可以追溯至清朝人对暹罗朝贡的历史记录。在乾隆朝官修的《钦定皇朝通典》《钦定皇朝文献通考》,乾隆朝初修、后来多次续修的《钦定礼部则例》,道光时期两广总督梁廷枏总纂的《粤海关志》和撰写的《粤道贡国说》中,都有集中的关于清代暹罗朝贡的记录①。其中《钦定皇朝通典》记录下限为乾隆十八年(1753)、《钦定皇朝文献通考》为乾隆四十六年(1781)、《钦定礼部则例》为嘉庆二十五年(1820)、《粤海关志》和《粤道贡国说》均为道光十九年(1839)。这些都属于最早的清代中泰关系史书,但不能作为真正的清代中泰关系研究。

真正的清代中泰关系研究始于民国时期。1914 年开始编撰、1927 年

---

① 清高宗敕撰:《钦定皇朝通典》卷九八《边防二·暹罗》,文渊阁《四库全书》第 643 册,第 926—928 页;清高宗敕撰:《钦定皇朝文献通考》卷二九七《四裔考五·暹罗》,文渊阁《四库全书》第 638 册,第 690—696 页;[清]萨迎阿总纂:《钦定礼部则例》卷一七六《主客清吏司·暹罗朝贡》,嘉庆二十五年(1820)江宁藩司刊本;[清]梁廷枏总纂:《粤海关志》卷二一《贡舶一》,《近代中国史料丛刊》续编第 181—184 册,第 1547—1609 页;[清]梁廷枏:《海国四说·粤道贡国说》卷一《暹罗国一》、卷二《暹罗国二》,骆驿、刘骁点校,中华书局,1993 年,第 164—201 页。

完成的《清史稿》卷五二八《属国传三·暹罗》约 5000 字[1]，是对清代中泰关系的首次全面概括；1915 年刘锦藻撰《清朝续文献通考》卷三三三《四裔考三·暹罗》记事起于乾隆五十一年（1786），迄于光绪年间[2]，是对《钦定皇朝文献通考》有关暹罗内容的续编。20 世纪 20 年代后，随着暹罗侨情日益严重及南洋史地研究热潮的兴起，介绍暹罗国情及中泰历史关系的成果大量涌现。著作方面，嵇翥青编著《中国与暹罗》旨在"引起一般研究中暹问题者之趣味"[3]，对暹罗政治、经济、文化、社会及华侨诸问题均有论述。陈阜民编《暹罗状况全书》[4]内容丰富，笔墨浅显，上至国家之政治，下至乡民之风俗，皆在叙述范围之内，而对于暹罗华侨，叙述尤详。李长傅著《南洋华侨史》[5]第六章《暹罗》简要叙述了华人迁徙暹罗的历史。陈序经撰《暹罗与中国》[6]虽也论及暹罗概况及其与英、法、日、南洋地区的关系，但主旨在说明中暹关系和在暹华侨"暹化"问题。顾公任著《泰国与华侨》[7]在介绍泰国概况和中泰关系简史的基础上，重点分析了泰国华侨的经济地位及其与中国的联系。黎正甫撰《中暹关系史》[8]系统论述了自秦汉至近代的中泰关系史和中国人移民泰国史，可称为第一部中泰关系通史著作。蔡文星编著《泰国近代史略》[9]论述了自 19 世纪中叶至第二次世界大战期间的泰国历史，其中涉及近代泰国对华关系。曹绵之撰《暹罗》[10]概要介绍了暹罗的地理、历史、民族构成及与中国的关系和华侨华人情况。此外，这一时期学者也注意到对国外泰国史著作的翻译介绍。如陈清泉翻译了山口武的《暹罗》[11]、王又申翻译了共丕耶达吗銮拉查奴帕（即丹隆亲王）的

---

①　赵尔巽等：《清史稿》，中华书局，1977 年标点本，第 14690—14699 页。

②　刘锦藻：《清朝续文献通考》卷三三三《四裔考三·暹罗》，商务印书馆，1936 年，第 10734—10736 页。

③　嵇翥青编著：《中国与暹罗》，中外广告社，1924 年。

④　陈阜民编：《暹罗状况全书》，奇文印务局，1926 年。

⑤　李长傅：《南洋华侨史》，商务印书馆，1934 年。

⑥　陈序经：《暹罗与中国》，文史丛书编辑部，1941 年。

⑦　顾公任：《泰国与华侨》，中国印书馆，1941 年。

⑧　黎正甫：《中暹关系史》，文通书局，1944 年。

⑨　蔡文星编著：《泰国近代史略》，正中书局，1946 年。

⑩　曹绵之：《暹罗》，新中国书局，1949 年。

⑪　[日]山口武：《暹罗》，陈清泉译，商务印书馆，1923 年。

《暹罗古代史》①、陈礼颂翻译了吴迪的《暹罗史》②。总的来看,这一时期出现的著作多是暹罗国情或历史概述,但也涉及清代中泰关系特别是华人移民暹罗的历史。

论文方面,这一时期出现了一批涉及清代中泰关系的研究论文,主要集中在三个方面:一是中暹历史关系概述。如嵇翥青的《中国历史上之暹罗》③系统论述了中国古代史籍中有关暹罗及中暹关系的记载。林熙春的《中暹两国关系及暹罗排华之由来》④在分析中暹历代关系特别是经贸关系的基础上,评论了暹罗政府排华政策的远因和近因,提出暹罗排华政策实质是纯华侨与准华侨之争的观点。陈序经的《暹罗华化考》⑤考证了中国与暹罗在历史上的关系,讨论了"暹罗"二字的来源、泰族的起源、暹语与华语的关系、暹罗受中国文化之影响等重要问题。苏鸿宾的《中暹之历史关系》⑥按历史发展顺序论述了自汉代至清朝时期泰国地区古国与中国的关系。黄征夫的《中暹外交关系论》⑦概括了历代中暹使节往来的历史。李加勉的《中暹关系的检讨》⑧在概括中暹历史关系的基础上,重点分析了清末民初中暹关系转向恶化的原因。郑鹤声的《千六百年来中暹两国之旧谊》⑨分朝贡与内属、敕封与遣使两大问题讨论了自三国孙吴时期至清朝末年凡 1600 余年的中暹友好关系。二是中暹贸易问题。1931 年杨端六、侯厚培等编辑出版《六十五年来中国国际贸易统计》⑩后,何炳贤的《中国与暹罗贸易问题的研究》⑪、逊之的《中暹贸易之观察》⑫、苏鸿宾的《中暹贸易之检讨》⑬三篇文章均使用书中统计资料论述 1868 年至 20 世纪 30 年代

① 〔泰〕共丕耶达吗銮拉查奴帕(即丹隆亲王):《暹罗古代史》,王又申译,商务印书馆,1933 年。

② 〔英〕吴迪:《暹罗史》,陈礼颂译,商务印书馆,1947 年。

③ 嵇翥青:《中国历史上之暹罗》,《南洋研究》1930 年第 3 卷第 1 号。

④ 林熙春:《中暹两国关系及暹罗排华之由来》,《外交评论》1935 年第 5 卷第 4 期。

⑤ 陈序经:《暹罗华化考》,《东方杂志》1938 年第 35 卷第 20、21 号。

⑥ 苏鸿宾:《中暹之历史关系》,《南洋研究》1939 年第 8 卷第 1 号。

⑦ 黄征夫:《中暹外交关系论》,《外交研究》1941 年第 3 卷第 2 期。

⑧ 李加勉:《中暹关系的检讨》,《新南洋》1943 年第 1 卷第 1 期。

⑨ 郑鹤声:《千六百年来中暹两国之旧谊》,《亚洲世纪》1948 年第 3 卷第 4 期。

⑩ 杨端六、侯厚培等编:《六十五年来中国国际贸易统计》,"国立中央研究院"社会科学研究所专刊第 4 号,1931 年。

⑪ 何炳贤:《中国与暹罗贸易问题的研究》,《民族杂志》1934 年第 2 卷第 6 期。

⑫ 逊之:《中暹贸易之观察》,《商业月报》1935 年第 15 卷第 6 号。

⑬ 苏鸿宾:《中暹贸易之检讨》,《南洋研究》1939 年第 8 卷第 2 号。

中暹两国贸易总体状况、主要贸易商品情况,并分析了中暹贸易的发展趋势。三是暹罗华侨华人。任致远的《中国人在暹罗之势力》①介绍了清末在暹华人从事商业、渔业、航业、工业、矿业和农业的情况。王基朝的《中暹关系及暹罗华侨之概况》②论述了历史上的中暹关系、暹罗民族文化与中国、华侨在暹概况等问题。郭威白的《中暹国籍法的冲突与世界各国国籍法的比较》③、曾特的《中暹国籍冲突示例》④、立人的《中暹订约问题之检讨》⑤三篇文章均涉及清末民初在暹华人的"归化"问题。黄正铭的《暹罗华侨之法律地位》⑥论述了在暹华侨法律地位的历史变迁。李长傅的《泰国华侨之发展》⑦则论述了泰国华侨华人的发展历史及泰国政府对华人的政策等问题。

　　20 世纪 50 至 70 年代,受国内政治形势影响,学界有关清代中泰关系的研究成果不多。值得注意的是田汝康的《17—19 世纪中叶中国帆船在东南亚洲》⑧主要讨论了明末至清前期中国帆船往返东南亚的贸易活动,以及华侨在暹罗航运中的贡献。此外,台湾学者李光涛利用台湾"中央研究院"历史语言研究所藏清代内阁大库残档撰写了《记清代的暹罗国表文》⑨和《跋乾隆三十一年给暹罗国王敕谕》⑩两篇文章,成为这一时期清代中泰关系研究最值得重视的成果。

　　20 世纪 80 年代后,随着学术走向繁荣,有关清代中泰关系的研究成果大量出现,可以归结为以下五个方面:

　　第一,关于清代中泰关系的总体研究。著作方面,1987 年葛治伦、徐启恒完成《中泰关系史》,但未正式出版。1993 年高伟浓出版《走向近世的

　　① 任致远:《中国人在暹罗之势力》,《环球》1917 年第 2 卷第 1 期。
　　② 王基朝:《中暹关系及暹罗华侨之概况》,《新亚细亚》1934 年第 8 卷第 5 期。
　　③ 郭威白:《中暹国籍法的冲突与世界各国国籍法的比较》,《民族杂志》1935 年第 3 卷第 8 期。
　　④ 曾特:《中暹国籍冲突示例》,《民族杂志》1935 年第 3 卷第 11 期。
　　⑤ 立人:《中暹订约问题之检讨》,《外交评论》1935 年第 4 卷第 5 期。
　　⑥ 黄正铭:《暹罗华侨之法律地位》,《东方杂志》1936 年第 33 卷第 23 号。
　　⑦ 李长傅:《泰国华侨之发展》,《南洋研究》1940 年第 9 卷第 2 号。
　　⑧ 田汝康:《17—19 世纪中叶中国帆船在东南亚洲》,上海人民出版社,1957 年。
　　⑨ 李光涛:《记清代的暹罗国表文》,台湾"中央研究院"历史语言研究所集刊》1959 年第 30 本下册。
　　⑩ 李光涛:《跋乾隆三十一年给暹罗国王敕谕》,台湾"中央研究院"历史语言研究所集刊》1969 年第 39 本上册。

中国与"朝贡"国关系》①，第一章论述"贸易寓于'朝贡'的暹罗对华关系"，
但惜之过于简略。1999 年余定邦等著《近代中国与东南亚关系史》②，全面
论述了近代中国与东南亚国家的关系，中泰关系为论述重点之一。2009
年余定邦、陈树森著《中泰关系史》③，系统论述了自汉代至 1999 年中泰两
国的交往历史，其中第四、五、六章分别论述清朝与阿瑜陀耶王朝、吞武里
王朝、曼谷王朝的关系。黄重言、余定邦编著《中国古籍中有关泰国资料汇
编》④由汉代至清代 142 种古籍中有关泰国的资料汇编而成，并对部分人名
和地名作简单注释，对于研究泰国史和中泰关系史大有帮助。中山大学东
南亚史研究所编《泰国史》⑤和段立生著《泰国通史》⑥是国内较有影响的两
部泰国通史著作，其中对清代中泰关系多有涉及。另外，云南省历史研究
所于 1986 年编辑出版《〈清实录〉越南缅甸泰国老挝史料摘抄》⑦，从《清实
录》中摘抄出有关越南、缅甸、泰国、老挝的史料，分国按时间顺序编排，为
学者相关研究提供了方便。论文方面，余定邦撰有多篇关于清代中泰关系
的论文⑧，成为该领域最有影响的中国学者。江应樑的《古代暹罗与中国
的友好关系》⑨概括了暹罗自 1289 年至 1869 年共 580 年的贡使往还历史，
进而分析了通过贡使所发生的两国间经济、文化等方面的联系。葛治伦、
徐启恒的《清代中国与暹罗的友好关系》⑩分政治上的频繁交往、经济上的
往来、旅暹华侨及其贡献三个方面论述了清代中泰关系。张步天的《1767
年至 1946 年的中泰关系》⑪分 1767—1853 年、1853—1945 年、1946 年以后

---

① 高伟浓：《走向近世的中国与"朝贡"国关系》，广东高等教育出版社，1993 年。
② 余定邦等：《近代中国与东南亚关系史》，中山大学出版社，1999 年。
③ 余定邦、陈树森：《中泰关系史》，中华书局，2009 年。
④ 黄重言、余定邦编著：《中国古籍中有关泰国资料汇编》，北京大学出版社，2016 年。
⑤ 中山大学东南亚史研究所编：《泰国史》，广东人民出版社，1987 年。
⑥ 段立生：《泰国通史》，上海社会科学院出版社，2014 年。
⑦ 云南省历史研究所编：《〈清实录〉越南缅甸泰国老挝史料摘抄》，云南人民出版社，1986 年。
⑧ 如《晚清载籍有关泰国国王拉玛五世改革的记述》，《东南亚》1990 年第 4 期；《清朝与泰国
阿瑜陀耶王朝的关系》，《东南亚》1992 年第 1 期；《1852—1890 年的中泰交往》，《中山大学学报》
1992 年第 3 期；《1782—1852 年的中泰交往》，《中山大学学报》1993 年第 3 期；《〈泰国最后一次入
贡中国纪录书〉初考》，《南洋问题研究》2005 年第 1 期。
⑨ 江应樑：《古代暹罗与中国的友好关系》，《思想战线》1983 年第 4 期。
⑩ 葛治伦、徐启恒：《清代中国与暹罗的友好关系》，载中国东南亚研究会编：《东南亚史论文
集》，河南人民出版社，1987 年，第 267—288 页。
⑪ 张步天：《1767 年至 1946 年的中泰关系》，《东南亚纵横》1995 年第 1 期。

三个阶段简要叙述了中泰两国的历史关系。此外,香港学者陈佳荣的《清代前期中—暹航海针经、地图略释》①对康熙至道光年间有关中国与暹罗的航海针经和地图,如《指南正法》的针经、《东洋南洋海道图》和《查询广东至暹罗城海道程途》等地图,以及《清代东南洋航海图》等图册,进行了很有价值的考释。

　　第二,关于清朝与暹罗的政治关系。段立生的《中国古籍有关泰国阿瑜陀耶王朝的记载》②概要介绍了中国宫廷档案、官修正史、私家著述中有关暹罗阿瑜陀耶王朝的记载。该作者另文《郑信与中国》③论述了暹罗吞武里王朝国王郑信的祖籍身世、复国战争及与清政府的关系演变。冷东的《18世纪暹罗吞武里王朝与清朝及缅甸的关系》④分析了18世纪清朝与暹罗吞武里王朝的封贡关系及与缅甸雍籍牙王朝的战争,认为这两大事件的顺利解决,恢复了清朝与暹、缅两国的历史友好关系。李庆新的《郑氏河仙政权(“港口国”)与18世纪中南半岛局势》⑤主要讨论18世纪30至70年代越南南部河仙地区华人郑氏政权对中南半岛国际局势的影响,其中涉及清朝与暹罗吞武里王朝的政治关系。王军的《体系转换与晚清外交转型的时滞:以清暹(罗)关系(1853—1911)为例》⑥以晚清中暹关系为例,分析了晚清外交转型的时滞现象。该文认为,在晚清外交中,虽然清暹关系深受国际体系变迁的影响,但晚清决策者在观念上既难以判别该体系转化的内涵,又难以接受用新规则指导中暹关系,这种观念滞后和转型时滞阻碍了清暹现代外交关系的确立。柳岳武的《清代中暹宗属关系探略》⑦将清代中泰政治关系定性为“宗属”关系,分清初、康雍乾时期、嘉道时期、咸同时期、光绪朝五个时期分析了中泰“宗属”关系的建立、开展、延续、终结和重建尝试。另外,台湾学者张启雄的《东西国际秩序原理的冲突——清末民

---

① 陈佳荣:《清代前期中—暹航海针经、地图略释》,载上海中国航海博物馆编:《丝路的延伸:亚洲海洋历史与文化》,中西书局,2015年,第1—24页。
② 段立生:《中国古籍有关泰国阿瑜陀耶王朝的记载》,《东南亚》1986年第3期。
③ 段立生:《郑信与中国》,载中国东南亚研究会编:《东南亚史论文集》,第250—266页。
④ 冷东:《18世纪暹罗吞武里王朝与清朝及缅甸的关系》,《东北师大学报》1999年第4期。
⑤ 李庆新:《郑氏河仙政权(“港口国”)与18世纪中南半岛局势》,《暨南学报》2013年第9期。
⑥ 王军:《体系转换与晚清外交转型的时滞:以清暹(罗)关系(1853—1911)为例》,《外交评论》2009年第1期。
⑦ 柳岳武:《清代中暹宗属关系探略》,《湖北大学学报》2015年第4期。

初中暹建交的名分交涉》①主要讨论清末民初中暹建交交涉问题。文章提出,暹罗脱离以中国为中心的传统东方国际秩序后,中国为维系"中华世界帝国"的宗藩关系,要求属藩遵守"名分秩序论"的国家位阶;中华属民也受到传统宗藩关系的影响,拥有牢不可破之"天朝上国"与"华夷之辨"的文化价值。至于暹罗,则在西方近代国际法秩序原理下,对旅暹华侨要求国家认同,对中国要求依西方国际法重建双边关系。由此,双方产生根本性的矛盾。

　　第三,关于清朝与暹罗的贸易往来。俞云平的《十八至十九世纪前期的中暹海上贸易》②对 18 至 19 世纪前期的中暹朝贡贸易和民间海上贸易进行了较为系统的论述,并对其性质及影响贸易发展的因素加以分析。陈希育的《清代中国与东南亚的帆船贸易》③分别考察了清代中国与吕宋、苏禄、巴达维亚、安南、暹罗、新加坡等东南亚国家海上贸易几经周折而走向衰落的过程及原因。申旭的《历史上云南和泰国之间的交通贸易》④涉及到清代中泰陆路贸易。聂德宁的《近代中国与暹罗的贸易往来》⑤根据中国海关统计资料提出,1864 至 1941 年近代中暹贸易经历了从缓慢到平稳到迅速发展的三个阶段。李金明的《清代前期厦门与东南亚的贸易》⑥专门讨论了厦门作为福建通洋正口,与暹罗、吕宋、苏禄、噶喇吧、新加坡等国的贸易规模、商品结构及发展经过。范丽萍的《19 世纪中暹海上民间贸易的市场运作》⑦剖析了 19 世纪中暹海上民间贸易中的商人构成、资本经营方式、商品结构和商品交易过程。易文明的《论清代乾隆时期暹罗来华朝贡贸易的特征》⑧讨论了乾隆时期暹罗来华朝贡贸易的特征,认为乾隆时期暹罗来华进行朝贡贸易的经济目的越加明显,政治功能日渐下降。田渝的硕士论文和博士论文都主攻清代中暹贸易,其硕士论文《清代中国与暹

---

① 张启雄:《东西国际秩序原理的冲突——清末民初中暹建交的名分交涉》,《历史研究》2007 年第 1 期。

② 俞云平:《十八至十九世纪前期的中暹海上贸易》,《南洋问题研究》1990 年第 2 期。

③ 陈希育:《清代中国与东南亚的帆船贸易》,《南洋问题研究》1990 年第 4 期。

④ 申旭:《历史上云南和泰国之间的交通贸易》,《思想战线》1994 年第 1 期。

⑤ 聂德宁:《近代中国与暹罗的贸易往来》,《南洋问题研究》1996 年第 1 期。

⑥ 李金明:《清代前期厦门与东南亚的贸易》,《厦门大学学报》1996 年第 2 期。

⑦ 范丽萍:《19 世纪中暹海上民间贸易的市场运作》,《广西师范大学学报》2004 年第 2 期。

⑧ 易文明:《论清代乾隆时期暹罗来华朝贡贸易的特征》,《前沿》2012 年第 24 期。

罗的贸易》①分析了清代中暹贸易的背景、形式（包括朝贡贸易和民间贸易）、商品、经营者、港口、帆船及影响；博士论文《16 至 19 世纪中叶亚洲贸易网络下的中暹双轨贸易》②进一步提出，自明中后期至清代，中暹两国朝贡贸易与私人贸易始终并行并彼此消长，这种"双轨"贸易既是亚洲贸易网络的重要组成部分，也是近代亚洲贸易的缩影。另外，田渝还与汤开建合作发表了多篇关于清代中泰关系的学术论文③。

　　18 世纪清朝与暹罗间的大米贸易是清暹贸易研究的重要问题。林京志的《乾隆年间由泰国进口大米史料选》④对中国第一历史档案馆藏乾隆年间暹罗大米输入中国的原始档案作了一个整理和编辑。李鹏年的《略论乾隆年间从暹罗运米进口》⑤则利用中国第一历史档案馆藏原始档案分析了暹罗运米进口的崛起、清政府鼓励运米进口的措施、运米进口政策的意义等问题。公羽的《清代前期中暹大米贸易初探》⑥将中暹大米贸易分为康熙末年至乾隆前期、乾隆后期至道光年间两个阶段来讨论，分析了中暹大米贸易兴衰的原因。陈希育的《清代前期中泰大米贸易及其作用》⑦将中暹大米贸易分为明末清初至乾隆六年（1741）的初兴时期、乾隆七年至二十三年的兴盛时期、乾隆二十四年至鸦片战争的衰退时期三个阶段来讨论，并分析了中泰大米贸易对推进中国海外贸易、解决民生问题、促进泰国华侨经济以及中泰友好关系发展的重要作用。郭净的《清代泰米进口对中泰民间贸易的影响》⑧也讨论了清暹大米贸易的影响，认为清代前期的中泰大米贸易，对当时中国与南洋贸易结构从朝贡贸易向民间贸易的演变起到了牵一发而动全身的作用。俞云平的《十八世纪的中暹大米贸易》⑨讨

---

①　田渝：《清代中国与暹罗的贸易》，暨南大学 2004 年硕士学位论文。
②　田渝：《16 至 19 世纪中叶亚洲贸易网络下的中暹双轨贸易》，暨南大学 2007 年博士学位论文。
③　如汤开建、田渝：《雍乾时期中国与暹罗的大米贸易》，《中国经济史研究》2004 年第 1 期；《清代中暹贡赐往来及其影响》，《广西民族学院学报》2004 年第 2 期；《明清时期华人向暹罗的移民》，《世界民族》2006 年第 6 期。
④　林京志编选：《乾隆年间由泰国进口大米史料选》，《历史档案》1985 年第 3 期。
⑤　李鹏年：《略论乾隆年间从暹罗运米进口》，《历史档案》1985 年第 3 期。
⑥　公羽：《清代前期中暹大米贸易初探》，《东岳论丛》1986 年第 3 期。
⑦　陈希育：《清代前期中泰大米贸易及其作用》，《福建论坛》1987 年第 2 期。
⑧　郭净：《清代泰米进口对中泰民间贸易的影响》，《东南亚》1988 年第 1 期。
⑨　俞云平：《十八世纪的中暹大米贸易》，《南洋问题研究》1991 年第 1 期。

论了 18 世纪中暹大米贸易的兴衰、原因及特点。另外，兰雪花的《略论清前期中暹大米贸易的作用及其影响》和《略论清前期暹罗与福建的大米贸易》①两篇文章也讨论了清前期中暹大米贸易问题。

第四，关于清朝与暹罗的文化交流。相对而言，专题研究清代中泰文化交流的成果很少。施荣华的著作《中泰文化交流》②分历史文化交流、民族文化交流、风俗文化交流、近代文化交流四编，为中泰文化交流史研究提供了一个有价值的脉络。葛治伦的《1949 年以前的中泰文化交流》③和陈炎的《海上丝绸之路与中泰两国的文化交流》④两篇文章相得益彰，互相补充，概述了中泰两国历史上各个方面的文化交流。此外，冯立军的《清代以前中泰中医药交流》⑤通过对清代及以前中泰中医药交流的阐述，分析了这种交流给双方所带来的积极影响和重要意义。俞云平的《福建移民与中华文化在泰国的传播》⑥专门讨论了福建人把中华传统文化特别是具有福建地方特色的中华传统文化带到泰国传播的情况和福建移民所起的作用。

第五，关于清代暹罗的华侨华人。这是近年来清代中泰关系研究的重点问题，出现了大批学术论文。如陈碧笙的《中泰历史关系略论》⑦重点论述了中泰两国人民间的同化融合关系，以及华侨在泰国历史发展中的地位和作用。王小燕的《华人移居泰国的原因及其经济活动》⑧主要分析了 19 世纪后半期至 20 世纪中叶华人移居泰国的情况和原因，以及华人在泰国经济活动的性质和作用。吴凤斌的《暹罗华侨的暹化》⑨论述了清代及其以前暹罗华侨的暹化问题，认为暹罗华侨比东南亚其他各国华侨融化快而可称为"高度融化型"。李金明的《十八世纪中暹贸易中的华人》⑩讨论了暹罗国王利用华人管驾对华贸易船只这一做法的历史、原因及影响。许肇

---

①　兰雪花：《略论清前期中暹大米贸易的作用及其影响》，《黔南民族师范学院学报》2008 年第 5 期；《略论清前期暹罗与福建的大米贸易》，《韶关学院学报》2008 年第 10 期。
②　施荣华：《中泰文化交流》，云南美术出版社，1997 年。
③　葛治伦：《1949 年以前的中泰文化交流》，载周一良主编：《中外文化交流史》，河南人民出版社，1987 年，第 487—525 页。
④　陈炎：《海上丝绸之路与中泰两国的文化交流》，《海交史研究》1996 年第 1 期。
⑤　冯立军：《清代以前中泰中医药交流》，《南洋问题研究》2004 年第 4 期。
⑥　俞云平：《福建移民与中华文化在泰国的传播》，《南洋问题研究》1999 年第 3 期。
⑦　陈碧笙：《中泰历史关系略论》，《厦门大学学报》1981 年第 1 期。
⑧　王小燕：《华人移居泰国的原因及其经济活动》，《云南社会科学》1982 年第 6 期。
⑨　吴凤斌：《暹罗华侨的暹化》，《南洋问题研究》1991 年第 2 期。
⑩　李金明：《十八世纪中暹贸易中的华人》，《华侨华人历史研究》1995 年第 1 期。

琳的《泰国华人社区的变迁》[①]考察了泰国华侨华人社会形成、变化和发展的历史。王苍柏的《东亚现代化视野中的华人经济网络——以泰国为例的研究》[②]分析了 17 世纪至 20 世纪初泰国华人经济网络从孕育到形成、从国内到跨国的历史过程,认为华人经济网络是东南亚特有历史条件和华人文化因素等综合作用的产物,是东亚社会独特的现代化方式。冷东的《泰国曼谷王朝时期潮人制糖业的兴衰》[③]论述了潮汕地区移居暹罗的华侨华人在曼谷王朝时期经营的制糖业的兴衰,及其对泰国社会经济发展产生的重要影响。吴群的《试论 20 世纪初以前中国移民及其后代与泰国社会的自然融合》[④]对 20 世纪初以前中国移民及其后代与泰国社会自然融合的历史、条件及其遇到的挑战进行了分析,指出 20 世纪初以前中国移民及其后代与泰国社会的融合是一个完全自然融合的过程。李益杰的《海外潮汕华侨华人集中于泰国的原因浅析》[⑤]分析认为,潮汕人迁徙泰国的原因包括自古以来的通商贸易基础、泰国郑王室的庇荫和影响、泰国政府和人民对华人的友好欢迎政策三个方面。石维有的《暹罗王室在垄断贸易中重用华侨的原因》[⑥]提出,暹罗王室重用华侨的主要依据是华侨相对其他族群的优越性、依附性以及借此稳定暹罗封建统治秩序的可行性,因此能够一度创造出暹罗王室和暹罗华侨双赢局面,并促使暹罗华侨发展成为暹罗社会结构中的商业阶层。王元林、刘强的《清一口通商时期中暹贸易中的潮州籍华侨》[⑦]认为,清朝一口通商时期,暹罗潮州籍华侨不仅积极参与暹罗对广州和潮州的直接贸易,而且通过潮州"中转",参与暹罗对广东以外沿海各省的间接贸易活动。关于暹罗华侨华人与萨迪纳(Sakdi Na,又称萨克

① 许肇琳:《泰国华人社区的变迁》,《华侨华人历史研究》1995 年第 1 期。
② 王苍柏:《东亚现代化视野中的华人经济网络——以泰国为例的研究》,《华侨华人历史研究》1998 年第 3 期。
③ 冷东:《泰国曼谷王朝时期潮人制糖业的兴衰》,《汕头大学学报》1998 年第 5 期。
④ 吴群:《试论 20 世纪初以前中国移民及其后代与泰国社会的自然融合》,《东南亚研究》2001 年第 3 期。
⑤ 李益杰:《海外潮汕华侨华人集中于泰国的原因浅析》,《东南亚》2004 年第 1 期。
⑥ 石维有:《暹罗王室在垄断贸易中重用华侨的原因》,《东南亚纵横》2004 年第 5 期。
⑦ 王元林、刘强:《清一口通商时期中暹贸易中的潮州籍华侨》,《东南亚研究》2004 年第 5 期。

迪纳）制度①的关系，吴圣杨的《萨迪纳制与暹罗华人的文化适应》②提出，早期暹罗华人相当程度上填补了萨迪纳制对依附民的需求，在萨迪纳制实施过程中，政治与商业、宗教相互联姻，促成了泰、华心理层面的高度同化，华人认同当地的政治统治和宗教信仰，也被当地的政治、文化所接纳，这种早期的文化适应为后来泰、华更高程度的同化奠定了基础。庞卫东、李庆丰的《17—20世纪初暹罗华人社会的形成》③对暹罗华人社会的形成过程及每个阶段的特点进行了分析。沈燕清的《华侨与暹罗曼谷王朝时期的包税制度》④以暹罗曼谷王朝时期的包税制度为研究对象，分析华侨在包税制度缘起、发展及走向衰落过程中所扮演的重要角色。连心豪的《暹罗宋卡吴国主考略——一个显赫的海澄籍华侨家族》⑤以海澄籍旅暹华侨吴氏家族为考察对象，分析清代漳州海澄月港海商的实力和影响。在学位论文方面，黄素芳的博士学位论文《贸易与移民——清代中国人移民暹罗历史研究》⑥将清代华人移民暹罗的历史分为17世纪下半叶、18世纪初至1767年、吞武里王朝时期、曼谷王朝时期四个阶段，以历史发展为线索，把中国人的移民活动置于中暹关系尤其是中暹贸易关系背景下来讨论，同时还考察了暹罗华人社会从初步形成、发展变化到最终形成的历史过程。黄素芳还以学位论文为基础，发表多篇关于清代暹罗华侨华人的论文⑦。潘少红的博士学位论文《泰国华人社团史研究》⑧按时间和逻辑顺序，对泰华社团的历史渊源、组织发展、运作机制、作用效能及其与国家的关系等进行

①　在泰语中，"萨迪"指权力、德望，"纳"指田地。萨迪纳制是泰国封建社会独有的按等级授田的土地分封制度，就是把全国的土地按照贵族爵位、官吏职衔及百姓级别进行分配，使其占有"职田"或"食田"，而由国家征收劳役地租或实物地租。阿瑜陀耶王朝戴莱洛迦纳王在位时（1448—1488），立法实施萨迪纳制，此后一直作为统治制度的核心，直到19世纪末20世纪初解体。

②　吴圣杨：《萨迪纳制与暹罗华人的文化适应》，《南洋问题研究》2008年第1期。

③　庞卫东、李庆丰：《17—20世纪初暹罗华人社会的形成》，《八桂侨刊》2008年第1期。

④　沈燕清：《华侨与暹罗曼谷王朝时期的包税制度》，《南洋问题研究》2008年第3期。

⑤　连心豪：《暹罗宋卡吴国主考略——一个显赫的海澄籍华侨家族》，《丝绸之路》2013年第2期。

⑥　黄素芳：《贸易与移民——清代中国人移民暹罗历史研究》，厦门大学2008年博士学位论文。

⑦　如《17—19世纪中叶暹罗对外贸易中的华人》，《华侨华人历史研究》2007年第2期；《暹罗华人秘密会社的兴衰及其原因分析》，《南洋问题研究》2011年第2期；《浅析曼谷王朝初期（1782—1910）泰国的华人方言群》，《八桂侨刊》2012年第3期；《吞武里王朝时期的泰国华人社会及其特点》，《广东工业大学学报》2012年第6期。

⑧　潘少红：《泰国华人社团史研究》，厦门大学2008年博士学位论文。

了梳理分析，但研究重点在20世纪。总的来说，国内学者对清代暹罗华侨华人的研究涉及清代华人移民暹罗的原因、历史、作用、暹华社会发展、特殊移民群体等各个方面。学者们在研究中大量使用官方档案和方志史料，从政治、经济、文化、社会多个角度讨论泰华移民问题。遗憾的是，由于难以利用泰国官方档案及田野调查资料，中国学者难以深入研究暹罗华人在当地的发展状况。

就国外研究而言，各国学者普遍关注的一个焦点问题是泰族起源问题，这也是影响中泰历史关系的首要问题。由于缺乏确切的文字记载，泰族起源一直是泰国历史一大悬案。1885年，伦敦大学教授拉古伯里(Terrien De Lacouperie)在为柯乐洪(Archibald Ross Colquhoun)所著《在掸族中》(*Amongst the Shans*)一书作序《掸族发源地》(The Cradle of the Shan Race)时，首次提出"南诏是泰族建立的国家"①，成为该学说之始作俑者。其后数十年间，一批泰国和西方学者纷纷著书立说，大肆宣扬"南诏泰族王国说"和"元灭大理迫使泰族南迁说"。其中以泰国丹隆亲王的《暹罗古代史》和英国人吴迪的《暹罗史》为代表和滥觞。丹隆亲王是曼谷王朝国王拉玛五世之异母兄弟，曾对泰国历史发表过不少演说和论述，《暹罗古代史》即是其1925年在朱拉隆功大学讲演暹罗历史的讲稿，可以说填补了缅暹大战前泰国历史的空白。丹隆亲王被泰国人尊称为"暹罗历史之父"，其著作在泰国学界影响重大。丹隆亲王在书中提出："汰(泰)族初发源于中国之南方，如云南、贵州、广西、广东四省，以前皆为独立国家。汰(泰)人散处各地，中国人称之曰番。至于汰(泰)人放弃故土，迁徙缅甸及猓、蛮等地之原因，实由于汉族之开拓领土。""汰(泰)人之五个独立区域，合成一国，时在唐朝，称之曰南诏。南诏王国都昂赛，即今日之云南省大理府。"佛历1797年(公元1254年)，"元始(世)祖忽必烈可汗大军征伐汰(泰)人，汰(泰)人既受侵扰，放弃故有土地，迁徙而南者日多，兰那(又译兰纳，指兰纳王国，1292—1558)之汰(泰)族因之势力大振"②。英国人吴迪(W. A. R. Wood)在20世纪20年代曾任英国驻泰北清迈总领事，他在泰国期间利用职务之便搜集泰国历史资料，写成《暹罗史》(*A History of Si-*

① Archibald Ross Colquhoun, *Amongst the Shans* (London: Field & Tuer, 1885).

② [泰]共丕耶达吗銮拉查奴帕(即丹隆亲王)：《暹罗古代史》，第12、13、14页。佛历是从释迦摩尼去世年即公元前543年开始纪元，公元纪年为佛历减543年，佛历1797年即公元1254年。

am)一书,于 1926 年在伦敦出版。这是第一部用西方文字写成的泰国通史著作,行销世界,影响深远。吴迪在书中也提出:650 年,"泰族复告独立,且蔚然成为强盛之帝国,即所谓南诏者"。1253 年,"南诏(或云南)为忽必烈汗所征服。此为泰族帝国之终局,而其结果即促成泰民大量南移,其影响于暹国历史至大且巨"①。直到今天,泰国和西方学者仍多延续丹隆亲王和吴迪的观点。如泰国学者姆·耳·马尼奇·琼赛的《泰国与柬埔寨史》②、英国学者霍尔的《东南亚史》③、美国学者约翰·F. 卡迪的《东南亚历史发展》④、戴维·K. 怀亚特的《泰国史》⑤等。这些著述一般认为,泰族起源于中国川北陕南或新疆北部的阿尔泰山,然后逐步分布于黄河、长江流域的广大地区,而汉族却从西亚巴比伦地区进入中国本土,迫使泰族一次又一次南迁,从黄河流域迁至长江流域再分批进入云南和中印半岛地区;唐代时泰族在云南建立南诏国,到 13 世纪中叶忽必烈平定大理,泰族被迫大批南下,并在泰国北部建立起素可泰王国。这些错误说法几十年来一直载入泰国中小学历史教科书中,影响了一代又一代泰国人。

　　实际上,早在 20 世纪 30 至 40 年代,就有中国学者凌纯声、方国瑜、徐嘉瑞、范义田、陶云达等撰文批驳"南诏泰族王国说"。20 世纪后半叶,中国学者论证"南诏并非泰族所建"的成果不断增多。1990 年,贺圣达发表《"南诏泰族王国说"的由来与破产》⑥,系统论述了"南诏泰族王国说"产生和传播的根源,指出它的出现是为帝国主义侵华目的服务的,同时也适应了 20 世纪前半叶泰国统治阶级的"大泰民族主义"心理;各方面的证据都充分证明"南诏泰族王国说"作为学术观点毫无合理性可言,它不过是西方某些学者的主观臆造而已。2005 年,陈吕范主编出版《泰族起源与南诏国研究文集》三册⑦,汇辑了中外学者和有关人士对于泰族起源与南诏国历史的不同观点和意见,包括学术论文、通讯报道、会议纪要、专题采访、书评

---

　　① [英]吴迪:《暹罗史》,第 16、28—29 页。
　　② [泰]姆·耳·马尼奇·琼赛:《泰国与柬埔寨史》,厦门大学外文系翻译小组译,福建人民出版社,1976 年。
　　③ [英]D. G. E. 霍尔:《东南亚史》,中山大学东南亚历史研究所译,商务印书馆,1982 年。
　　④ [美]约翰·F. 卡迪:《东南亚历史发展》,姚楠、马宁译,上海译文出版社,1988 年。
　　⑤ [美]戴维·K. 怀亚特:《泰国史》,郭继光译,东方出版中心,2009 年。
　　⑥ 贺圣达:《"南诏泰族王国说"的由来与破产》,《中国社会科学》1990 年第 3 期。
　　⑦ 陈吕范主编:《泰族起源与南诏国研究文集》,中国书籍出版社,2005 年。

札记、访谈记录等。这些成果从考古学、历史学、民族学、民俗学、宗教学等多角度充分证明:南诏、大理政权是彝族和白族的先民——乌蛮和白蛮建立的地方政权,而不是由泰族建立的国家;1253 年忽必烈大军平定大理地方政权主要是用和平方式,并未引起云南地区泰族的大量南迁;泰族发源地既不在中国的川北陕南,也不在阿尔泰山,而是在中印半岛北部和云南南部的峡谷平原地带,在这个亚热带河谷平坝地区,自古以来泰族先民——古掸人就在这里生息繁衍。

　　除泰族起源问题外,泰国学界的中泰关系研究还包括三个方面:一是中泰历史关系研究。陈棠花(泰名堂·洛乍那珊,Thongthae Rochanasant)编著的《泰国古今史》①是一部泰国通史,书中使用了大量中国古籍资料,对各个时期的中泰关系均有涉及。陈棠花还将 1853 年暹罗来华使者拍因蒙提事隔多年后撰写的《泰国最后一次入贡中国纪录书》译为中文发表②,为证明清代官方有关曼谷王朝遣使来华之记载的真实可靠性提供了依据。二是中泰贸易研究。威廉·努恩(W. Nunn)的《略论暹罗商业的发展》③分析了 19 世纪中叶前暹罗对外贸易的发展,其中涉及对华贸易。沙拉信·威拉蓬(Sarasin Viraphol,中文名吴汉泉)在哈佛大学完成的博士学位论文《朝贡与利益:1652—1853 年的中暹贸易》④系统论述了清朝与暹罗间的朝贡贸易、民间贸易、中暹日三角贸易、中国东南沿海的贸易组织、暹罗贸易中的华人及中暹帆船贸易的衰落等问题,是国外学者在该领域最有影响的成果。三是华侨华人研究。宛拉帕·布鲁帕的《泰国华人的由来》⑤分析了泰国华人的基本情况和华人在各个时期迁入泰国的历史。萧汉昌的《孙中山三次莅暹活动》⑥论述了孙中山 1903 至 1908 年间三次到暹罗宣传革

---

　　① [泰]棠花编著:《泰国古今史》,(曼谷)泰华文协泰国研究组,1982 年。
　　② [泰]拍因蒙提:《泰国最后一次入贡中国纪录书》,[泰]陈棠花译,(曼谷)《中原月刊》1941 年第 1 卷第 1 期。参见附录二。
　　③ [泰]威廉·努恩(W. Nunn):《略论暹罗商业的发展》,《南洋问题资料译丛》1962 年第 4 期。
　　④ Sarasin Viraphol, *Tribute and Profit*:*Sino-Siamese Trade*,*1652 — 1853*(Cambridge, Massachusetts:Council on East Asian Studies,Havard University,1977)。该著第一、三章译文(徐启恒译)、第六章译文(葛治伦译)载中外关系史学会、复旦大学历史系编:《中外关系史译丛》第 4 辑(上海译文出版社,1988 年),第三、四章译文(颜章炮译)载《南洋资料译丛》1990 年第 4 期、1991 年第 1、2 期。
　　⑤ [泰]宛拉帕·布鲁帕:《泰国华人的由来》,载中外关系史学会编:《中外关系史译丛》第 1 辑,上海译文出版社,1984 年。
　　⑥ [泰]萧汉昌:《孙中山三次莅暹活动》,《八侨桂刊》1992 年第 4 期。

命的经过。需要强调的是,泰华学者的华侨华人研究一直是泰国学界有关
中泰关系研究的重要力量。特别是 1993 年泰中学会成立后,在洪林、黎道
纲等学者主持下,连续出版了数期《泰中学刊》,每期都收录多篇关于中泰
关系特别是泰国华侨华人的文章。2000 年泰国华侨崇圣大学泰中研究中
心成立后,也连续出版了多辑《泰国华侨华人史》论文集,内容包括泰华经
济、社会、宗教、艺术及中泰关系各方面。2006 年,由洪林和黎道纲主编的
《泰国华侨华人研究》在香港出版。作为泰国华侨华人社会第一部资料参
考书,该著分移民史、华侨华人、人物、华人神庙社团、侨批文化、华文教育、
华文报七大部分,收录中泰学者、泰中学会会员撰写的泰国华侨华人研究
文章 66 篇,记录了泰国华侨华人及其后裔的生活和奋斗史。

　　值得注意的是,近年泰国来华留学生往往以中泰关系史为选题,成为
中泰关系史研究的新生力量。如钟福安(Mr. Adisorn Wongjittapoke)的
《泰国华人社会的形成述论》[①]从历史上中泰交往的角度对泰国华侨华人
的移民史、泰华社会的形成史进行了分析,所论问题虽不够深入,某些观点
也值得商榷,但引用了不少泰方资料,具有一定的参考价值。黄汉坤
(Mr. Surasit Amornwanitsak)的《中国古代小说在泰国的传播与影响》[②]讨
论了中泰文化交流史上一道重要人文景观——中国古代小说在泰国的传
播、翻译与影响。黄璧蕴(Ms. Chaweewan Wongcharoenkul)的《泰国华人
作用:泰国曼谷王朝拉玛三世至拉玛五世时期华人社会(公元 1824 年至公
元 1910 年)》[③]利用中、泰、英三国资料,论述了拉玛三世至拉玛五世时期泰
国华人社会的变迁以及泰国华人对泰国经济发展、文化艺术、政治生活的
影响。陈光明的《辛亥革命时期的暹罗华侨及其对暹罗社会的影响》[④]重
点考察 19 世纪末 20 世纪初暹罗华人政治发展演变,详细分析辛亥革命对
暹罗华人社会发展变化、运作机制、社会功能和历史作用等方面的影响。

---

　　① ［泰］钟福安(Mr. Adisorn Wongjittapoke):《泰国华人社会的形成述论》,北京语言文化大
学 2001 年硕士学位论文。
　　② ［泰］黄汉坤(Mr. Surasit Amornwanitsak):《中国古代小说在泰国的传播与影响》,浙江大
学 2007 年博士学位论文。
　　③ ［泰］黄璧蕴(Ms. Chaweewan Wongcharoenkul):《泰国华人作用:泰国曼谷王朝拉玛三世
至拉玛五世时期华人社会(公元 1824 年至公元 1910 年)》,上海大学 2010 年博士学位论文。
　　④ ［泰］陈光明:《辛亥革命时期的暹罗华侨及其对暹罗社会的影响》,浙江大学 2011 年硕士
学位论文。

其他国家学者研究方面,以新加坡华人学者许云樵、英国学者布赛尔、美国学者施坚雅和澳大利亚学者库什曼等的研究较具影响。许云樵将泰国学者朗苇吉怀根(Luang Wijit Watkan)泰文原著《世界史纲》第7卷《暹罗史》中的第10章"六国"、第11章"颂戴佛昭黎统婆里"译为中文,冠以书名《暹罗王郑昭传》出版①,分六国争雄记、拓地功业记、病癫遇弑记三篇,论述了吞武里王朝国王郑昭的生平事迹。许氏著作《北大年史》②最后一章"华侨史略",可谓迄今唯一专论泰国北大年地区华侨历史的著述。许氏还将乾隆四十六年(1771)暹罗朝贡使团成员丕雅摩诃奴婆撰写的中国纪行译为中文五言诗,以《郑昭贡使入朝中国纪行诗译注》为名发表③;又将存于泰国王室档案馆的郑昭入贡清廷之暹字表文与中文档案文献相对照,以《郑昭入贡清廷考》为名发表④。另外,许氏还发表有《读暹罗华化考》⑤和《中暹通使考》⑥,前者针对陈序经《暹罗华化考》中提出的一些观点进行讨论和辨析,后者则分华富里之罗斛国、速古台(素可泰)之暹国、大城之罗斛国、暹罗之大城前期、大城后期、郑昭王朝、曼谷王朝七个部分系统论述了中暹两国友好交往的历史。英国学者布赛尔(Victor Purcell,又译珀赛尔、巴素)的《东南亚的中国人》(*The Chinese in Southeast Asia*)于1951年出版,1965年修订,因资料丰富而被誉为西方国家研究东南亚华侨史的权威著作之一。该著卷三"在暹罗的中国人"分1800年以前、19世纪上半叶、19世纪下半叶、20世纪上半叶、1946年中暹友好条约之后共五个阶段,论述了泰国华侨华人的移民史、社会生活和商业发展、泰国政府的华人政策等⑦,但作为整部专著的一部分,论述较为概略。相对而言,美国著名汉学家施坚雅(G. William Skinner,旧译史金纳)1956年完成的《泰国华侨

① [新]许云樵:《暹罗王郑昭传》,商务印书馆,1936年。
② [新]许云樵:《北大年史》,(新加坡)南洋编译所,1946年。
③ [新]许云樵:《郑昭贡使入朝中国纪行诗译注》,(新加坡)《南洋学报》1940年第1卷第2辑。又载姚枬、许钰编译:《古代南洋史地丛考》,商务印书馆,1958年,第80—97页。
④ [新]许云樵:《郑昭入贡清廷考》,(新加坡)《南洋学报》1951年第7卷第1辑。又载姚枬、许钰编译:《古代南洋史地丛考》,第47—79页。
⑤ [新]许云樵:《读暹罗华化考》,《东方杂志》1940年第37卷第4号。
⑥ [新]许云樵:《中暹通使考》,(新加坡)《南洋学报》1946年第3卷第1辑。
⑦ [英]布赛尔(Victor Purcell):《东南亚的中国人》(*The Chinese in Southeast Asia*)卷三,《南洋问题资料译丛》1958年第1期。布赛尔著作有郭湘章译本,即[英]巴素:《东南亚之华侨》,郭湘章译,(台北)"国立"编译馆,1966年。

社会:历史的分析》①一书是研究泰国华侨社会最经典的著作之一,该书系统论述了 17 世纪到第二次世界大战期间泰国华人社会的发展变化,提出了著名的民族(族群)"同化"理论,在 20 世纪 60 至 70 年代风行一时,影响了一大批华侨华人研究和民族研究的学者。20 世纪 70 年代后,随着多元文化、多元社会思潮兴起,施坚雅的"同化"理论开始受到质疑和挑战。但无论如何,他对泰国华人社会的历史考察之系统和深入,至今仍未被超越。澳大利亚学者珍妮佛·库什曼(Jennifer Wayne Cushman)的博士学位论文《以海为田:18 世纪后期至 19 世纪前期中国与暹罗的帆船贸易》②,结合中国沿海地区方志资料与暹罗政府官方档案撰成,是继沙拉信·威拉蓬著作后关于清代中暹贸易研究又一力作。库什曼还撰有论文《暹罗的国家贸易与华人捎客 1767—1855 年》③,专门讨论华人在暹罗海外贸易中的重要作用。可惜的是,库什曼于 1989 年英年早逝,两年后其遗著《家族与国家:一个中泰锡业王朝的形成》出版④,通过大量文献和田野调查资料,对 19 世纪末 20 世纪初开发泰南锡矿的许泗漳家族如何通过与皇室建立政治联盟而发展锡矿业和航运业,建立其庞大家族商业帝国的历史进行了深入考察。

综上所述,学界对清代中泰关系的研究已经百年,百年来学者们围绕清朝与暹罗间的政治、经济、文化交往及暹罗华侨华人等问题进行了较深入探讨,但也存在以下几个不足:第一,尚无对清代中泰关系系统论述的专著,相对于清代中国与朝鲜、日本、琉球、越南、俄国、葡萄牙、美国、英国等国关系研究成果斐然、著述林立而言,关于清代中泰关系的研究还停留在

---

　　① G. William Skinner, *Chinese Society in Thailand: An Analytical History* (Ithaca, New York: Cornell University Press, 1957). 早在 20 世纪 60 年代,厦门大学南洋研究院的许华等人就开始翻译该著,并将各章译文分别载于《南洋问题资料译丛》,其中第一章载于 1962 年第 2 期,第二章载于 1964 年第 1 期,第三章载于 1964 年第 2 期,第四、五、六、七章载于 1964 年第 3 期,第八、九章载于 1964 年第 4 期。2010 年,厦门大学苏氏东南亚研究中心和南洋研究院在原译本的基础上,按照时学术规范重新校译,由厦门大学出版社出版,从而有利于国内学者的使用和研究。

　　② Jennifer Wayne Cushman, *Fields from the Sea: Chinese Junk Trade with Siam during the Late Eighteenth and Early Nineteenth Centuries* (New York: SEAP Publications, 1993).

　　③ [澳大利亚]库什曼:《暹罗的国家贸易与华人捎客 1767—1855 年》,载中外关系史学会编:《中外关系史译丛》第 3 辑,上海译文出版社,1986 年。

　　④ Jennifer Wayne Cushman, *Family and State: The Formation of a Sino-Thai Tin-Mining Dynasty* (New York: Oxford University Press, 1991).

对个别问题讨论的层次上，缺乏全面系统的研究著作。第二，在专题研究方面，对于清代中泰关系中的一些重要问题，如清代前期两国封贡关系的发展流变、晚清时期两国政治关系的转型变化、两国间贸易往来的组织管理、清暹贸易在东南亚贸易格局中的地位、两国间的文化交流、两国关系的地缘政治背景与影响等，学界研究较为薄弱，需要进一步深入研究。第三，在文献资料方面，国内学者局限于外文文献资料缺乏及使用困难，国外学者则局限于中文档案文献的使用不足。实际上，关于清代中泰关系，在中国第一历史档案馆、台北"故宫博物院"、台湾"中央研究院"历史语言研究所和近代史研究所存有大量原始档案，对这些档案文献的使用，无论是国外学者还是中国学者都很不够。第四，由于使用资料来源和话语系统的限制，中国学者研究中泰关系一定程度上存在"中国中心主义"倾向和"中泰友好模式"，国外学者则一定程度上存在"泰族中心主义"倾向，而两国学者间的学术交流和对话也很不够。

三、研究价值与思路方法

关于清代中泰关系，除有上述研究不足外，还有许多历史疑问。如清朝与暹罗政治关系是何性质、清代暹罗共有多少次遣使朝贡、暹罗频繁朝贡的原动力是什么、19世纪中叶后暹罗为何不再朝贡、清政府对暹罗绝贡是何态度、清政府对西方势力在暹扩张有何反应、清朝官民对暹罗近代化改革有何认识、晚清政府与暹罗为何迟迟不能建立近代外交关系、清朝与暹罗的贸易往来经历了哪些发展阶段、清代华人移民暹罗经历了怎样的发展历程、清政府和暹政府对华人移民暹罗态度和政策如何，这些都是中泰关系史研究中需要进一步廓清的重要问题。本书的研究，希望能对以上研究不足和历史疑问作出补充和解答。

而且，以史为鉴，可以知兴替。研究历史，是为研究现实问题的人提供历史资料，通过对历史问题的阐释加深对现实问题的理解。清代中泰关系，是今天中泰两国政治、经济、文化、社会等方面关系的基础。在中国与东南亚、南亚国家在政治、经济、文化、安全领域广泛开展合作的今天，研究总结清代中泰关系的历史与经验，对解决中泰关系诸多现实问题，发展中国与东南亚、南亚国家间的友好合作关系，建设21世纪海上丝绸之路具有重要意义。

　　鉴此,本书的研究思路为:系统论述清代中泰关系历史发展变化,在深入剖析两国政治交往的同时,也讨论两国政治交往影响下的经贸关系、文化交流和人员往来;在论述两国中央政府交往的同时,也注意探讨两国地方政府及民间层面的交流与影响;在研究暹罗贡期、贡道、贡物及清朝赐予、敕封等朝贡制度本身的同时,也注意对制度运行实践的考察,以期廓清清代中泰关系的发展流变和性质特征,并对清代中泰关系研究中的历史疑问做出分析解答。

　　在研究方法方面,本书将在以下几个方面做出努力:一是考据。本书尽量使用原始档案文献,包括已经出版的历朝上谕档、宫中档、《史料旬刊》《明清史料》《清代外交史料》《清季外交史料》《清代军机处电报档汇编》等,也包括尚未出版的宫中朱批奏折、军机处录副奏折、内务府奏案、总理各国事务衙门档案、清外务部档案等,还包括私人文集如薛福成《庸盦全集》《李鸿章全集》等中的档案。二是文献互证。在清朝对外关系记载中,中文档案文献之间、中外文档案资料间的分歧是随处可见的,这些分歧有的是记载与不记载之别,有的是记载详略之差,更有的是记述事实的差异。对此,本成果注意对中外档案史籍记载进行对比互证,找出其中的差别,分析差别的原因,把研究引向深入。三是图表分析。本书共制作复制了14个表格和5张地图,以期直观表现清代中泰关系各个方面的发展变化。四是计量统计。本书在考察中泰贸易往来和暹罗华侨华人时,采用了计量统计方法。

第一章　清代以前中泰关系概况

泰国有着悠久的历史。据考古调查证明,泰国地方早在距今约五六十万年前就有人类最早的祖先猿人存在。从公元前后起,泰国地区陆续出现一些小国,一直延续到 13 世纪中叶。此后泰国进入统一或大部统一的封建王朝时期,先后出现素可泰王朝(1238—1438)、兰纳王国(1292—1558)、阿瑜陀耶王朝(1350—1767)、吞武里王朝(1767—1782)、曼谷王朝(1782年至今)等政权。19 世纪中叶后,受到西方势力不断侵扰的暹罗,开始进行近代化改革,同时利用西方列强间的矛盾,成为东南亚唯一一个没有沦为殖民地的国家。1932 年,暹罗民党发动政变,结束了相沿 600 多年的君主专制统治,确立了君主立宪政体,泰国历史也进入现代阶段。中泰两国有着悠久的交往历史。在中国古代历史文献中,西汉时期即已出现中泰交通之记载,其后两国间人员往来,贸易互通,文化交流,未曾间断。

一、汉代至宋代的中泰关系

早在西汉时期,中国史籍中即有关于中国与东南亚海上交通线的记载。据《汉书·地理志》载:"自日南障塞、徐闻、合浦船行可五月,有都元国;又船行可四月,有邑卢没国;又船行可二十余日,有谌离国;步行可十余日,有夫甘都卢国。自夫甘都卢国船行可二月余,有黄支国……自黄支船行可八月,到皮宗;船行可〔二〕月,到日南、象林界云。黄支之南,有已程不国,汉之译使自此还矣。"[①]这是一条中国东南沿海至印度半岛的海上丝绸之路。在造船和航海技术尚不发达的汉代,中国船只能够到达印度东南海岸的黄支国(今印度康契普拉姆)和已程不国(今斯里兰卡),需要尽量靠近海岸航行,必然经停沿海的越南、泰国、缅甸等地。有学者考证,邑卢没国

---

① 〔汉〕班固撰:《汉书》卷二八下《地理志》,〔唐〕颜师古注,中华书局,1962 年标点本,第 6 册,第 1671 页。

故地在今泰国东南滨海地区,谌离国故地在今泰国暹罗湾畔①。也有学者认为,邑卢没国在今柬埔寨境内,谌离国和夫甘都卢国在今泰国境内,二者分处马来半岛克拉地峡东西两侧②。泰国学者黎道纲则认为,都元国、邑卢没国和谌离国分别在今泰国巴真武里府摩诃梭古城、素攀府乌通古城和北碧府境③。

东汉时期,中国史籍中出现了对泰国地区古国的最早记录。广东人杨孚《异物志》记:"金邻一名金陈,去扶南可二千余里,地出银,人民多好猎大象,生得乘骑,死则取其牙齿。"④有学者认为,金邻位于中南半岛昭披耶河(Jaophraya,又称湄南河)流域,首府在今泰国佛统,佛统的梵文作 Nagara Padhama,意为"始都",即最古之都城,暹罗湾古称金邻大湾,是因金邻国而得名⑤。也有学者提出,金邻在泰国文献中称为"素旺那普米"(Suwarn-abhumi),意为黄金地,故地在自古以产金闻名的素攀府乌通城⑥。东汉以后,三国时期康泰撰《吴时外国传》(又称《扶南传》《扶南土俗》或《吴时外国志》)和唐朝时姚思廉撰《梁书》对金邻国仍有记载。其中《吴时外国传》称金邻为金阵,记载云:"金阵国,入四月便雨,六月乃止,少有晴日。"⑦《梁书》记述扶南王范蔓在位时,曾准备"伐金邻国",但"蔓遇疾,遣太子金生代行。蔓姊子旃,时为二千人将,因篡蔓自立,遣人诈金生而杀之"⑧。是为扶南王派太子征伐金邻国,因范旃发动政变而中辍。

南北朝时期,开始有了中国与泰国地区古国政治交往的记载,这些古国是盘盘、狼牙修、头和。盘盘国据学者考证位于今泰国马来半岛克拉地

---

①　参见[新]许云樵:《古代南海航程中之地峡与地极》,(新加坡)《南洋学报》1948 年第 5 卷第 2 辑;韩振华:《公元前二世纪至公元一世纪间中国与印度东南亚的海上交通——汉书地理志粤地条末段考释》,《厦门大学学报》1957 年第 2 期。

②　参见段立生:《泰国通史》,上海社会科学院出版社,2014 年,第 14 页。

③　[泰]黎道纲:《泰国古代史地丛考》,中华书局,2000 年,第 11—16 页。

④　[汉]杨孚:《异物志》,曾钊辑,商务印书馆,1936 年,第 1 页;[宋]李昉等:《太平御览》卷七九〇《四夷部·南蛮·金邻国》,中华书局,1960 年影印本,第 3502 页。本书有些引文注释同时列多个出处,一般以首个最为重要,其他作为信息补充和参考。

⑤　参见[新]许云樵:《南洋史》,(加坡)星洲世界书局,1961 年,第 158 页;中山大学东南亚史研究所编:《泰国史》,第 9 页;[泰]棠花编著:《泰国古今史》,第 1 页。

⑥　参见段立生:《泰国通史》,第 16—17 页;余定邦、陈树森:《中泰关系史》,第 2 页;[泰]黎道纲:《泰国古代史地丛考》,第 48 页。

⑦　[唐]欧阳询:《艺文类聚》卷二《天部·霁》,汪绍楹校,中华书局,1965 年,第 32—33 页。

⑧　[唐]姚思廉:《梁书》卷五四《诸夷列传》,中华书局,1973 年标点本,第 3 册,第 788—789 页。

峡一带①,这一时期共十余次遣使访华,包括南朝宋文帝元嘉年间(424—
453)、孝武帝孝建年间(454—456)和大明年间(457—464),"并遣使贡献";
梁武帝大通元年(527),"使使奉表";中大通元年(529),"累遣使贡牙像及
塔,并献沉檀等香数十种"②;四年,"遣使献方物";五年,"遣使献方物"③;
六年,"复使送菩提真舍利及画塔,并献菩提树叶、詹糖等香"④;大同六
年(540),"遣使献方物"⑤;简文帝大宝二年(551),"献驯象"⑥;陈宣帝太建
三年(571),"遣使献方物"⑦;后主至德二年(584),"遣使献方物"⑧。狼牙
修国又称郎迦戍,有学者考证位于今泰国马来半岛春蓬(Chumphon)附
近,也有学者认为位于今泰国南部北大年地区⑨。据记载,狼牙修国共三
次遣使来华,包括南朝梁武帝天监十四年(515),"遣使献方物"⑩;中大通
三年(531),"奉表献方物"⑪;陈废帝光大二年(568),"遣使献方物"⑫。《梁
书》还详细记载了狼牙修国的地理、历史、风俗及515年国王遣使阿撒多访
华时带来的表文⑬。头和国又称投和、堕和罗、独和罗、堕罗钵底、杜和罗
钵底,据考证位于今泰国南部地峡以北,国都即今佛统⑭。据记载,头和国
曾于陈后主至德元年(583)"遣使献方物"⑮。

---

　　① 参见[新]许云樵:《南洋史》,第158页;段立生:《泰国通史》,第23页;余定邦、陈树森:
《中泰关系史》,第4页。泰国学者黎道纲提出,唐代时盘盘国领有今春蓬、素叻到洛坤、博达伦(高
头廊)一带,参见[泰]黎道纲:《泰境古国的演变与室利佛逝之兴起》,中华书局,2007年,第139页。
　　② [唐]姚思廉:《梁书》卷五四《诸夷列传》,第3册,第793页。
　　③ [唐]姚思廉:《梁书》卷三《武帝本纪下》,第1册,第76、78页。
　　④ [唐]姚思廉:《梁书》卷五四《诸夷列传》,第3册,第793页。
　　⑤ [唐]姚思廉:《梁书》卷三《武帝本纪下》,第1册,第84页。
　　⑥ [唐]李延寿:《南史》卷八《梁本纪》,中华书局,1975年标点本,第1册,第236页。
　　⑦ [唐]姚思廉:《陈书》卷五《宣帝本纪》,中华书局,1972年标点本,第1册,第80页。
　　⑧ [唐]姚思廉:《陈书》卷六《后主本纪》,第1册,第111页。
　　⑨ 参见[新]许云樵:《南洋史》,第160页;中山大学东南亚史研究所编:《泰国史》,第9页;
余定邦、陈树森:《中泰关系史》,第3页;段立生:《泰国通史》,第27页;[泰]黎道纲:《泰境古国的
演变与室利佛逝之兴起》,第118页。
　　⑩ [唐]姚思廉:《梁书》卷二《武帝本纪中》,第1册,第55页。
　　⑪ [唐]姚思廉:《梁书》卷三《武帝本纪下》,第1册,第75页。
　　⑫ [唐]姚思廉:《陈书》卷四《废帝本纪》,第1册,第69页。
　　⑬ [唐]姚思廉:《梁书》卷五四《诸夷列传》,第3册,第795—796页。
　　⑭ 参见[新]许云樵:《南洋史》第192页;中山大学东南亚史研究所编:《泰国史》,第9页;余
定邦、陈树森:《中泰关系史》,第5页;[泰]黎道纲:《泰国古代史地丛考》,第122页;段立生:《泰国
通史》,第23页。
　　⑮ [唐]姚思廉:《陈书》卷六《后主本纪》,第1册,第110页。

隋唐时期,中国与泰国地区古国的政治交往进一步加深。首先,南北朝时期已遣使来华的盘盘、头和国继续派使访华。盘盘国于隋炀帝大业十二年(616)"来贡方物"[1];唐太宗贞观九年(635)又"遣使来朝,贡方物"[2]。头和国(《旧唐书》称堕和罗国)于贞观十二年"遣使贡方物";二十三年"又遣使献象牙、火珠,请赐好马",唐太宗"诏许之"[3]。其次,隋朝时出现了与赤土国互派使节的记载。赤土国,有学者考证位于今泰国南部宋卡或北大年一带,也有学者认为在今马来西亚与泰国接境的吉打[4]。据《隋书》记载,隋炀帝于大业三年(607)派屯田主事常骏、虞部主事王君政等出使赤土国,赤土国则于大业四年、五年、六年三次"遣使贡方物"。《隋书·南蛮列传》还详细记载了常骏、王君政出使赤土国以及赤土国王派王子那邪迦随同回访并觐见隋炀帝的经过[5]。第三,唐朝时出现了哥罗、哥罗舍分、参半等国遣使访华的记载。哥罗又称箇罗,有学者认为位于今克拉地峡一带,也有学者提出在今洛坤海域[6]。据记载,哥罗国曾于唐玄宗天宝(742—756)初年和肃宗乾元年间(758—760)"并来朝贡"[7]。哥罗舍分国,有学者考证位于今泰国叻丕一带,泰国学者黎道纲则认为位于今泰国呵叻府色玛古城[8]。据记载,哥罗舍分国曾于唐高宗显庆五年(660)遣使访华,使者于

---

①　[唐]魏徵、令狐德棻:《隋书》卷八二《南蛮列传》,中华书局,1973年标点本,第6册,第1838页。

②　[后晋]刘昫等:《旧唐书》卷一九七《南蛮西南蛮列传》,中华书局,1975年标点本,第16册,第5271页。

③　[后晋]刘昫等:《旧唐书》卷一九七《南蛮西南蛮列传》,第16册,第5273页。另据[宋]王钦若等编《宋本册府元龟》(卷九七〇《外臣部·朝贡三》,中华书局,1989年影印本,第3844页)载:贞观十四年、十七年,曾有堕和罗(独和罗)国人贡。

④　参见[新]许云樵:《南洋史》,第164页;谢光:《泰国与东南亚古代史地丛考》,中国华侨出版社,1997年,第223页;中山大学东南亚史研究所编《泰国史》,第9页;余定邦、陈树森《中泰关系史》,第6页;[泰]黎道纲:《泰境古国的演变与室利佛逝之兴起》,第128页;段立生:《泰国通史》,第26页。

⑤　[唐]魏徵、令狐德棻:《隋书》卷三《炀帝本纪》,第1册,第71、72、75,卷八二《南蛮列传》,第6册,第1834—1835页。

⑥　参见[新]许云樵:《南洋史》,第160页;余定邦、陈树森《中泰关系史》,第7页;[泰]黎道纲:《泰境古国的演变与室利佛逝之兴起》,第151页。

⑦　[宋]乐史:《太平寰宇记》卷一七六《四夷·南蛮·哥罗》,王文楚等点校,中华书局,2007年,第3355页。

⑧　参见余定邦、陈树森:《中泰关系史》,第7页;[泰]黎道纲:《泰境古国的演变与室利佛逝之兴起》,第32页。

龙朔二年(662)"到京朝贡"①。参半国,中国学者多认为即泰国北部以清迈为中心的庸那迦国,泰国学者黎道纲则提出参半并非庸那迦国,其故地在今泰国碧差汶府的室贴古城②。据记载,参半国于唐高祖武德八年(625)、太宗贞观二年(628)两次"遣使朝贡"③。除政治上的交往外,随着佛教的盛行,这一时期也有很多高僧西行求法时到访泰国地区。如唐代僧人义朗、智岸等曾到访狼牙修国,国王"待以上宾之礼",智岸不幸罹患重病,"于此而亡",义朗则与弟义玄"附舶向师子洲(今斯里兰卡),披求异典,顶礼佛牙,渐之西国"④。另一位高僧大乘灯禅师则是幼时随父母乘船往杜和罗钵底国方始出家,后来回国入大慈恩寺随玄奘法师学习数载,又返斯里兰卡、印度弘扬佛法,最终圆寂于北印度俱尸城般涅槃寺⑤。

宋代时,之前中国古籍记载的泰国地区古国已不再见,代之出现的是丹流眉、罗斛、真里富等国。丹流眉,又作登流眉、丹眉流,有学者考证位于今泰国叻武里,也有学者认为在今马来半岛中段赤野与北大年之间,泰国学者黎道纲则提出古之丹流眉即今之碧武里⑥。据记载,宋真宗咸平四年(1001),丹流眉王多须机遣正使打吉马、副使打腊等9人来华,贡苏木万斤,木香千斤,输、镴、紫草各百斤,胡黄连35斤,红毯1合,花布4段,象牙61株。宋真宗召见来使,"赐以冠带服物。及还,又赐多须机诏书以敦奖之"⑦。罗斛国,据学者考证故地以今泰国中部华富里为中心⑧。罗斛国在宋代曾两次派员来华。第一次是北宋徽宗崇宁二年(1103),福建路提举市舶司奉旨派员前往罗斛"说谕招纳,许令将宝货前来役进",至政和五年

---

① [宋]乐史:《太平寰宇记》卷一七七《四夷·南蛮·哥罗舍分》,第3383页。

② 参见黄盛璋:《文单国——老挝历史地理新探》,《历史研究》1962年第5期;谢光:《泰国与东南亚古代史地丛考》,第11页;余定邦、陈树森:《中泰关系史》,第8页;[泰]黎道纲:《泰国古代史地丛考》,第96页。

③ [宋]王钦若等编:《宋本册府元龟》卷九七〇《外臣部·朝贡三》,第3843页。

④ [唐]义净原著,王邦维校注:《大唐西域求法高僧传校注》,中华书局,1988年,第72—73页。

⑤ [唐]义净原著,王邦维校注:《大唐西域求法高僧传校注》,第88—89页。

⑥ 参见谢光:《泰国与东南亚古代史地丛考》,第11页;陈国栋:《东亚海域一千年:历史上的海洋中国与对外贸易》,山东画报出版社,2006年,第77页;[泰]黎道纲:《泰国古代史地丛考》,第133页。

⑦ [元]脱脱等:《宋史》卷四八九《外国列传·丹眉流》,中华书局,1977年标点本,第40册,第14099页。

⑧ 参见中山大学东南亚史研究所编:《泰国史》,第26页;谢光:《泰国与东南亚古代史地丛考》,第142页;[泰]黎道纲:《泰国古代史地丛考》,第149页。

(1115)八月，罗斛"前来进奉"①。第二次是南宋高宗绍兴二十五年(1155)，罗斛又"贡驯象"②。真里富国，有学者认为在今暹罗湾东北岸尖竹汶一带，也有学者认为在今洛坤以北，还有学者认为在今佛统，泰国学者黎道纲则提出位于今泰国叻武里③。真里富国曾于南宋宁宗在位时三次遣使访华。第一次是庆元六年(1200)，真里富王摩罗巴甘勿丁恩斯里房麊蛰"遣其使上殿官时罗跋智毛檐勿卢等赍表贡瑞象二及方物"，宋宁宗诏令学士院答以敕书，并赐红绯罗绢 1000 匹、绯缬绢 200 匹等。第二次是嘉泰二年(1202)，真里富国进瑞象 2 只、兜罗锦 10 匹、象衣大布 2 条，宋宁宗"诏令沿海制置司津发赴行在，仍令驰坊差军兵二人前去同行管押"。第三次是开禧元年(1205)，真里富国进象 1 只、象牙 2 枝、犀角 10 枝，虽然其所进象只"在海遭风，大浪摆损四脚，兼伏热，不食水草，身死"，但宋宁宗仍诏令学士院答以敕书，赐红绵缬罗 100 匹、红绵缬绢 100 匹，又赐降绯缬绢 50匹④。除政治上的交往外，由于宋朝政府大力发展海外贸易，这一时期中国与泰国地区古国的海洋贸易得到较大发展。据南宋时期赵彦卫记录，各国船舶常到福建市舶司贸易，其中包括真里富、丹流眉、罗斛等国⑤。另据《宋会要》记载，真里富"民所乐者，绯红罗绢、瓦器而已……其所用绯红罗绢、瓦器之类，皆本朝商舶赍到彼博易"⑥。

二、元代中泰关系

元朝时期，与中国有政治交往的泰国地区古国包括女人、八百媳妇、暹、罗斛。女人国又称女王国，学界一般认为即泰国史籍中的哈里本柴（又称哈利奔猜）国，故地以今泰国北部南奔为中心⑦。据记载，女人国在元世

---

①　[清]徐松辑：《宋会要辑稿》第 197 册，中华书局，1957 年影印本，第 7750 页。

②　[元]脱脱等：《宋史》卷三一《高宗本纪》，第 2 册，第 583 页；[清]徐松辑：《宋会要辑稿》第199 册，第 7863 页。

③　参见方国瑜：《宋代入贡之真里富国》，（新加坡）《南洋学报》1947 年第 4 卷第 2 辑；谢光：《泰国与东南亚古代史地丛考》，第 10 页；[泰]黎道纲：《泰国古代史地丛考》，第 140 页。

④　[清]徐松辑：《宋会要辑稿》第 197 册，第 7763—7764 页。

⑤　[宋]赵彦卫：《云麓漫钞》卷五，傅根清点校，中华书局，1996 年，第 88—89 页。

⑥　[清]徐松辑：《宋会要辑稿》第 197 册，第 7763 页。

⑦　参见段立生：《女王国考》，载段立生：《泰国史散论》，广西人民出版社，1993 年，第 63—71 页。

祖至元二十四年(1287)和二十六年两次遣使来华①。1292 年,女人国被八百媳妇国所吞并。

八百媳妇国,"世传部长有妻八百,各领一寨,因名八百媳妇"②,实际指泰国史籍中的兰纳王国(又译兰那泰王国,1292—1558),故地以今泰国清迈为中心。据记载,元朝初年曾与八百媳妇国断断续续进行过近 20 年的战争。首先是至元二十九年(1292)八月,元世祖"诏不敦、忙兀〔秃〕鲁迷失以军征八百媳妇国"③。然后是成宗在位期间,由于八百媳妇国寇劫云南车里,元成宗于大德元年(1297)九月"遣也先不花将兵讨之"④,四年十二月又"遣刘深、合剌带、郑祐将兵二万人征八百媳妇"⑤。然而,刘深等率领的元军"远冒烟瘴,及至未战,士卒死者十已七八"⑥,又因"军中乏粮,人自相食,计穷势蹙",以至大败,刘深"弃众奔逃,仅以身免,丧兵十八九,弃地千余里"⑦。由于出征失败,元成宗于大德七年(1303)三月"诛刘深,笞合剌带、郑祐,罢云南征缅分省"⑧。到武宗在位年间,八百媳妇国再次"作乱",元武宗于至大三年(1310)正月"诏谕八百媳妇,遣云南行省右丞算只儿威招抚之"⑨。然而,元武宗的招抚政策未见效果,八百媳妇国于至大四年五月再次"寇边",元武宗"命云南王及右丞阿忽台以兵讨之"⑩。就在这时,陕西行台侍御史赵世延奏请息兵:"蛮夷事,在羁縻,而重烦天讨,致军旅亡失,诛戮省臣,藉使尽得其地,何补于国?今穷兵黩武,实伤圣治。朝廷第当选重臣知治体者,付以边寄,兵宜止,勿用。"对于赵世延所奏,枢密院提出:"用兵国家大事,不宜以一人之言为兴辍。"⑪时至仁宗皇庆元年(1312)二月,八百媳妇"来献驯象二"。八月,仁宗令云南省右丞阿忽台等

---

① ［明］宋濂等:《元史》卷一四《世祖本纪十一》、卷一五《世祖本纪十二》,中华书局,1976 年标点本,第 2 册,第 300、327 页。

② ［清］张廷玉等:《明史》卷三一五《云南土司传·八百》,中华书局,1974 年标点本,第 27 册,第 8160 页。

③ ［明］宋濂等:《元史》卷一七《世祖本纪十四》,第 2 册,第 366 页。

④ ［明］宋濂等:《元史》卷一九《成宗本纪二》,第 2 册,第 413 页。

⑤ ［明］宋濂等:《元史》卷二〇《成宗本纪三》,第 2 册,第 433 页。

⑥ ［明］宋濂等:《元史》卷一五六《董文炳列传》,第 12 册,第 3678 页。

⑦ ［明］宋濂等:《元史》卷一六八《陈祐列传》,第 13 册,第 3948 页。

⑧ ［明］宋濂等:《元史》卷二一《成宗本纪四》,第 2 册,第 450 页。

⑨ ［明］宋濂等:《元史》卷二三《武宗本纪二》,第 2 册,第 521 页。

⑩ ［明］宋濂等:《元史》卷二四《仁宗本纪一》,第 2 册,第 542 页。

⑪ ［明］宋濂等:《元史》卷一八〇《赵世延列传》,第 14 册,第 4164 页。

"领蒙古军从云南王讨八百媳妇蛮",但次月即"罢征八百媳妇",而改"以玺书招谕之",很快八百媳妇国"献驯象及方物"①。此后,元朝与八百媳妇国间的关系变得密切,特别是八百媳妇国先后十余次遣使来华。如仁宗延佑二年(1315)十月,"八百媳妇蛮遣使献驯象二,赐以币帛"②。泰定帝泰定三年(1326)五月,"八百媳妇蛮招南(道)[通]遣其子招三听奉方物来朝";七月,"八百媳妇蛮招南通遣使来献驯象方物";泰定四年二月,"八百媳妇蛮酋招南通来献方物";七月,"谋粘路土官赛丘罗招谕八百媳妇蛮招三斤来降";闰九月,"八百媳妇蛮请官守,置蒙庆宣慰司都元帅府及木安、孟杰二府于其地";致和元年(1328)五月,"八百媳妇蛮遣子哀招献驯象"③;十一月,"八百媳妇国使者昭哀……以方物来贡"④。明宗天历二年(1329)二月,八百媳妇又"来贡方物"⑤。可见,元朝中后期一直与八百媳妇国保持着密切的友好往来。文宗至顺二年(1331)五月,元朝"置八百等处宣慰司都元帅府,以土官昭练为宣慰使都元帅"⑥,实现了对八百媳妇地区的羁縻控制。

暹国一般认为即泰国的素可泰王朝(1238—1438),但也有学者认为暹不是素可泰,素可泰是暹国属国⑦。元灭南宋时,南宋左丞相陈宜中"欲奉王走占城,乃先如占城谕意,度事不可为,遂不反……至元十九年,大军伐占城,宜中走暹,后没于暹"⑧。陈宜中流亡暹罗,元廷中有人提议兴兵讨伐,译官迦鲁纳答思谏言曰:"兴兵徒残民命,莫若遣使谕以祸福,不服而攻,未晚也。"⑨元世祖从其言,乃于是年(1282)六月"命何子志为管军万户,使暹国"⑩。然而,何子志等乘船经过占城时被杀⑪,未能到达暹国。二十九年十月,"广东道宣慰司遣人以暹国主所上金册诣京师"。次年四月,

①　[明]宋濂等:《元史》卷二四《仁宗本纪一》,第2册,第550、553页。
②　[明]宋濂等:《元史》卷二五《仁宗本纪二》,第2册,第571页。
③　[明]宋濂等:《元史》卷三〇《泰定帝本纪三》,第3册,第669、671、677、680、682、686页。
④　[明]宋濂等:《元史》卷三二《文宗本纪一》,第3册,第720页。
⑤　[明]宋濂等:《元史》卷三三《文宗本纪二》,第3册,第730页。
⑥　[明]宋濂等:《元史》卷三五《文宗本纪四》,第3册,第785页。
⑦　参见[泰]黎道纲:《泰国古代史地丛考》,第214页。
⑧　[元]脱脱等:《宋史》卷四一八《陈宜中传》,第36册,第12532页。
⑨　[明]宋濂等:《元史》卷一三四《迦鲁纳答思传》,第11册,第3260页。
⑩　[明]宋濂等:《元史》卷一二《世祖本纪九》,第1册,第244页。
⑪　[明]宋濂等:《元史》卷二一〇《外夷传·占城》,第15册,第4661—4662页。

元世祖"诏遣使招谕暹国"①。三十一年六月,"必察不里城敢木丁遣使来贡"。七月,元世祖"诏招谕暹国王敢木丁来朝,或有故,则令其子弟及陪臣入质"②。成宗元贞元年(1295),暹国"进金字表,欲朝廷遣使至其国。比其表至,已先遣使,盖彼未之知也。赐来使素金符佩之,使急追诏使同往"③。此后,暹国于大德元年(1297)、三年、四年,仁宗延祐元年(1314)、六年,英宗至治三年(1323),分别遣使来华④。统计《元史》所记,暹国在元代共9次遣使来华,元廷则3次遣使访暹。

罗斛国在元代时继续派使来华。据记载,至元二十六年(1289)闰十月,罗斛"遣使来贡方物"⑤。二十八年十月,又"遣使上表,以金书字,仍贡黄金、象齿、丹顶鹤、五色鹦鹉、翠毛、犀角、笃缛、龙脑等物"⑥。成宗元贞二年(1296)十二月,元成宗赐"罗斛来朝人衣",大德元年(1297)四月,又赐"罗斛来朝者衣服有差"⑦。三年正月,罗斛"以方物来贡"⑧。是后再未见罗斛遣使来华之记载。

需要指出的是,元成宗元贞元年(1295),浙江人周达观奉命随使赴真腊,次年至该国,居住一年有余始返。回国后,周达观根据亲身见闻,著成《真腊风土记》一书⑨,书中多次称暹人国家为"暹罗",是为中国古籍中首次以"暹罗"称泰国地区国家。元顺帝在位(1333—1368)时,江西人汪大渊两次出海远航,归国后于至正九年(1349)撰成《岛夷志略》一书,书中在"暹国"条下记录:至正己丑(1349)夏五月,暹"降于罗斛"⑩。关于暹与罗斛的合并,无论在合并时间上,还是在具体含义上,都存在争议⑪。泰国学者黎

---

① [明]宋濂等:《元史》卷一七《世祖本纪十四》,第2册,第367、372页。
② [明]宋濂等:《元史》卷一八《成宗本纪一》,第2册,第384、386页。
③ [明]宋濂等:《元史》卷二一〇《外夷传·暹》,第15册,第4664页。
④ [明]宋濂等:《元史》卷一九《成宗本纪二》、卷二〇《成宗本纪三》、卷二五《仁宗本纪二》、卷二六《仁宗本纪三》、卷二八《英宗本纪二》,第2册,第411、425、431、564、587页,第3册,第627页。
⑤ [明]宋濂等:《元史》卷一五《世祖本纪十二》,第2册,第327页。
⑥ [明]宋濂等:《元史》卷一六《世祖本纪十三》,第2册,第351页。
⑦ [明]宋濂等:《元史》卷一九《成宗本纪二》,第2册,第408、411页。
⑧ [明]宋濂等:《元史》卷二〇《成宗本纪三》,第2册,第425页。
⑨ [元]周达观原著,夏鼐校注:《真腊风土记校注》,中华书局,1981年。
⑩ [元]汪大渊原著,苏继顾校释:《岛夷志略校释》,中华书局,1981年,第155页。
⑪ 参见余定邦、陈树森:《中泰关系史》,第26页;田渝:《论暹与罗斛的合并》,《东南亚纵横》2007年第5期。

道纲提出,14世纪中叶,罗斛势力日渐强大,并将政治中心由华富里迁至阿瑜陀耶,暹国被迫与罗斛联姻。1344年,与暹国联姻的罗斛王子登位,俗称乌通王。1349年,暹国王去世,其女婿乌通王兼任暹国王位,故有"暹降于罗斛"之说①。1350年,乌通王重建阿瑜陀耶城(华人称大城),自称拉玛蒂菩提一世(Rama Tibodi,1350—1369年在位),是为阿瑜陀耶王朝之开端。

此外,泰国和西方学界还有关于素可泰王朝国王兰甘亨(Rama Khamheng,又译拉玛甘亨,1275—1317年在位)两次访问元朝的"兰甘亨访华说"。如丹隆亲王在《暹罗古代史》中称,兰甘亨"曾两次入中国",第一次是佛历1837年即公元1294年,第二次是佛历1843年即公元1300年。关于兰甘亨访华之目的与成就,丹隆亲王认为"多未明瞭",只是推知兰甘亨"曾带来中国磁匠,以烧制杯碗出售"②。英国人吴迪《暹罗史》发挥了丹隆亲王的观点,认为兰甘亨时代是暹罗"直接与中国发生政治关系之开端":1282年,有中国官员何子志来素可泰与暹王会商友好条约;1294年,兰甘亨"亲至元廷觐见元世祖",并有"日记之作"存世;1300年,兰甘亨"二次诣元廷","并携中国匠人以归"③。与中国史籍记载相对照,丹隆亲王和吴迪的论述有三点疑问:一是何子志经过占城时即被杀,并未到达素可泰王朝;二是1294年访问元朝的是"必察不里城敢木丁",而不是暹王;三是中国史籍记载1300年有"暹国"来朝,而不是"暹王"来朝。邹启宇在系统考察"兰甘亨访华说"由来及传播的基础上指出,中泰两国原始史料都没有关于兰甘亨或其他暹王亲自到访中国的记录,从兰甘亨在位时期所处的国内外环境来看,他也不可能花费一年多的时间抛开一切军政事务来华访问,所谓"兰甘亨访华"只是一种以讹传讹的谬说④。虽然甘兰亨访华尚无确证,但元代中国制瓷技术传入泰国,却是毋庸置疑的,因为13世纪时素可泰地区开始烧制仿河北磁州窑的瓷器,14世纪时宋加洛地区又开始烧

① 〔泰〕黎道纲:《泰国古代史地丛考》,第242页。
② 〔泰〕共丕耶达吗銮拉查奴帕:《暹罗古代史》,第25页。
③ 〔英〕吴迪:《暹罗史》,第64页。
④ 邹启宇:《中泰关系史上的一个疑案——关于素可泰国王坤兰甘亨是否访问过中国的问题》,《历史研究》1980年第5期。

制仿浙江龙泉窑的著名"宋加洛瓷"①。

三、明代中泰关系

明朝时期,泰国中南大部皆为阿瑜陀耶王朝(即暹罗,亦称暹罗斛,1350—1767)所控制,北部则有以清迈为中心的兰纳王国(即八百媳妇国,1292—1558)。明朝与暹罗阿瑜陀耶王朝及兰纳王国都建立并保持了密切的关系。

(一)明朝与暹罗阿瑜陀耶王朝的关系

明朝与暹罗阿瑜陀耶王朝关系的建立是明朝派使前往招徕的结果。洪武三年(1370)八月,明太祖命吕宗俊等前往招谕暹罗国②。次年九月,吕宗俊自暹罗归,暹罗国王参烈昭毗牙遣使昭晏孤蛮等与吕宗俊一同来朝,"贡驯象、六足龟及方物",明太祖令赐暹王织金纱、罗、文绮,赐使团成员每人衣一袭③。"参烈昭毗牙"应为王位名称"Somdat Chao Pya"之译音,而非王名。据暹史记载,1369 年,阿瑜陀耶王朝建立者拉玛蒂菩提一世卒,传位于其子拉梅萱(Ramesuen,1369—1370 年在位)。拉梅萱即位后一年,因国内乱作,不能平定,被迫让位于其舅父,即波隆摩罗阇一世(Boromoraja I,1370—1388 年在位)。波隆摩罗阇一世即位后,即派使朝觐中国皇帝。1371 年,暹使赍国书至南京,宣陈波隆摩罗阇已接受其甥拉梅萱之王位④。由此推断,1371 年派使到明朝的暹罗国王参烈昭毗牙当指波隆摩罗阇一世。但从下文《明实录》记载看,参烈昭毗牙指拉梅萱,波隆摩罗阇一世则记载为参烈宝毗牙嗯哩哆啰禄。

明朝与暹罗阿瑜陀耶王朝政治关系建立后,两国间使节往返络绎不绝。据笔者对《明实录》的统计,洪武四年(1371)至崇祯十六年(1643)的

---

① 参见朱杰勤:《中国陶瓷和制瓷技术对东南亚的传播》,载朱杰勤:《中外关系史论文集》,河南人民出版社,1984 年,第 204—222 页。
② 《明太祖实录》卷五五,洪武三年八月辛酉,台湾"中央研究院"历史语言研究所校勘,1962 年影印本,第 1077 页。本书所引各《明实录》,均为台湾"中央研究院"历史语言研究所校勘,1962 年影印本,不再另注。
③ 《明太祖实录》卷六八,洪武四年九月辛未,第 1278 页。
④ 参见[英]吴迪:《暹罗史》,第 88 页;[泰]共叿耶达吗銮拉查奴帕:《暹罗古代史》,第 46 页。

273 年间，暹罗共遣使入贡 111 次（需要注意的是，《明实录》将暹船来华朝贡贸易亦记作遣使入贡）；洪武三年（1370）至成化十八年（1482）的 113 年间，明朝共遣使访暹 22 次。根据两国间互遣使节的频繁程度，可分为三个阶段。

第一阶段是洪武至宣德时期（1368—1435），是为中暹使节往来最频繁阶段。洪武时期（1368—1398），暹罗于洪武四年（1371）九月派使来朝后，又于十二月派使奈思俚侪剌识悉替等来朝，"进金叶表，贡方物，贺明年正旦"。五年正月，暹使归国，明太祖诏令赐暹王《大统历》、织金文绮，赐使者袭衣、文绮、布帛有差①。是月，暹王又遣宝财赋等"奉表，贡黑熊、白猴、苏木、胡椒及丁香等物"，明太祖再次下诏赐暹王织金纱、罗、文绮，赐使者及通事等衣物有差②。洪武六年（1373）是中暹使节往来次数最多的年份。是年十月，暹罗"国王女兄"参烈思狞遣使"进金叶表，贡方物于中宫"，明太祖诏令"却之"③。同月暹罗国王也遣使昭委直等"进表，贡方物"，明太祖命"赐明年《大统历》及织金文绮、纱、罗，使臣各赐绮罗及靴袜"④。十一月，暹罗"国王女兄"参烈思狞再次遣使奈文隶啰"进贡方物于中宫"，明太祖诏令"仍却之"⑤。同月暹罗国王也再次遣使奈思俚侪剌识悉替"进金叶表，贡方物"。据《明实录》记载，暹王此次遣使，是因"国王参烈昭毗牙懦而不立，国人推其伯父参烈宝毗牙嗯哩哆啰禄主国事，故奉表来告"⑥。是为 1370 年拉梅萱让位于波隆摩罗阁一世，明政府至洪武六年（1373）底才得知此事。闰十一月，暹罗国王参烈宝毗牙嗯哩哆啰禄又派使奈昭毡哆啰等"上表谢恩，贡方物，其使臣亦自有献"，明太祖命"却其使臣所贡者"⑦。十二月，参烈宝毗牙嗯哩哆啰禄又遣使婆坤冈信等"进金表，贺明年正旦，贡方物"，并"以本国地图来献"，明太祖下诏赐其国王、使臣等有差⑧。可见，洪武六年不仅有暹王四次遣使，而且有"暹王女兄"两次派使，所谓"暹王女

---

① 《明太祖实录》卷七〇，洪武四年十二月壬午，第 1295 页。
② 《明太祖实录》卷七一，洪武五年正月壬戌，第 1316 页。
③ 《明太祖实录》卷八五，洪武六年十月辛巳，第 1518 页。
④ 《明太祖实录》卷八五，洪武六年十月庚寅，第 1520 页。
⑤ 《明太祖实录》卷八六，洪武六年十一月癸丑，第 1526 页。
⑥ 《明太祖实录》卷八六，洪武六年十一月庚申，第 1530—1531 页；卷八八，洪武七年三月癸巳，第 1564 页。
⑦ 《明太祖实录》卷八六，洪武六年闰十一月庚寅，第 1535—1536 页。
⑧ 《明太祖实录》卷八六，洪武六年十二月乙丑，第 1540 页。

兄"当指波隆摩罗阁一世的姐姐即拉梅萱之母。洪武七年(1374)十一月，暹罗"国王世子"苏门邦王昭禄群膺派使昭悉里直"上笺于皇太子,献方物",明太祖命"引其使朝东宫献之",又赐昭禄群膺、招悉里直及从者各有差①。此载苏门邦是指素攀府,"国王世子"苏门邦王当指波隆摩罗阁一世之子素攀府太守。洪武八年(1375)正月,暹罗"遣使入贡"②。同年暹罗又遣婆坤冈信、昭毡哆啰等奉表入贡,不料船至占城时"遇风相失",昭毡哆啰于八月至京进方物,婆坤冈信则于十月至京呈进金叶表文,明太祖下诏赐暹王及其使者织金文绮、纱、罗、缯彩、服物有差③。十一月,又有暹罗"旧明台王世子"昭勃罗局遣使奈暴嵩"进金叶表文,贡方物"④。此处"旧明台王世子"当指旧王拉梅萱之子。洪武十年(1377)九月,暹王遣其子昭禄群膺奉金叶表,贡象及象牙、胡椒、苏木等⑤。暹王派王子访华,明太祖乃令礼部员外郎王恒、中书省宣使蔡时敏赍诏书、印绶往赐暹王,印文曰"暹罗国王之印",诏曰:"尔参烈宝毗牙嗯哩哆啰禄自嗣王位以来,内修齐家之道,外造睦邻之方,况数遣使称臣入贡,以方今番王言之,可谓贤德矣,岂不名播诸番哉。今年秋贡象入朝,朕遣使往谕,特赐暹罗国王之印,及衣一袭。尔当善抚邦民,永为多福。"⑥这是明朝首次册封暹罗国王,也是中国官方正式称泰国地区国家为"暹罗"之始。洪武十一年(1378)三月,暹罗遣使昭直班等表贡方物⑦。十二月,又遣使入贡⑧。十二年(1379)十月,暹罗遣使亚剌儿等"上表,贡方物",明太祖命赐暹王及王子昭禄群膺织金文绮、纱、罗,赐亚剌儿等绮帛、服物有差⑨。十三年(1380)六月,暹罗遣使贡方物⑩。十四年(1381)二月,又遣陈子仁等表贡方物⑪。十五年(1382)六月,

① 《明太祖实录》卷九四,洪武七年十一月丁丑,第1638页。
② 《明太祖实录》卷九六,洪武八年正月是月,第1656页。
③ 《明太祖实录》卷一○一,洪武八年十月丁酉,第1709页。
④ 《明太祖实录》卷一○二,洪武八年十一月丁卯,第1721页。
⑤ 《明太祖实录》卷一一五,洪武十年九月乙酉,第1883页。
⑥ 《明太祖实录》卷一一五,洪武十年九月乙酉,第1883页;[清]张廷玉等:《明史》卷三二四《外国传·暹罗》,第28册,第8397页。
⑦ 《明太祖实录》卷一一七,洪武十一年三月癸酉,第1916页。
⑧ 《明太祖实录》卷一二一,洪武十一年十二月辛亥,第1964页。
⑨ 《明太祖实录》卷一二六,洪武十二年十月乙酉,第2018页。
⑩ 《明太祖实录》卷一三二,洪武十三年六月甲申,第2099页。
⑪ 《明太祖实录》卷一三五,洪武十四年二月丙寅,第2146页。

又遣使班直三等表贡方物①。十六年（1383）正月，又遣使贡方物②。为便于使者往来，明太祖于是年四月遣使赍勘合、文册往赐暹罗等国，告知"凡中国使至，必验勘合相同，否则为伪者，许擒之以闻"③，是为明代实行勘合制度之始④。八月，明太祖又遣使赐暹王织金文绮32匹、磁器19000件⑤。洪武十七年（1384）正月，暹王"遣使进表，贡方物"⑥。八月，又派昭禄、奈霭观等表贡方物⑦。十八年正月，暹罗遣使"贡方物，上表贺"⑧。十九年二月，又遣使昭依仁等贡胡椒、苏木、乳香等物⑨。九月，又遣使冒罗等"奉表贺，贡方物"⑩。二十年七月，暹罗贡胡椒1万斤、苏木10万斤，其使臣坤思利济刺试职替等献翠羽、香物⑪。八月，明太祖派使访暹，赐暹王文绮20匹、王妃14匹，余陪臣赐有差⑫。二十一年八月，暹罗遣使进象30只及方物、番奴60人⑬。二十二年正月，暹罗"国王世子"昭禄群膺遣使冒罗等贡马及苏木、丁香等物⑭。六月，暹罗"贡方物"⑮。十月，又遣使思利檀剌儿思谛等表贡番马、象齿、硫黄、胡椒、降香等物⑯。二十三年四月，暹罗遣使思利檀剌儿思谛等奉表贡苏木、胡椒、降香等物171880斤⑰。二十四年四

---

① 《明太祖实录》卷一四六，洪武十五年六月甲午，第2289页。
② 《明太祖实录》卷一五一，洪武十六年正月己巳，第2380页。
③ 《明太祖实录》卷一五三，洪武十六年四月乙未，第2399页。
④ 所谓勘合制度，《明会典》记："勘合号簿，洪武十六年始给暹罗国，以后渐及诸国。每国勘合二百道，号簿四扇。如暹罗国遣字号勘合一百道，及暹、罗字号底簿各一扇，俱送内府。罗字勘合一百道，及遣字号簿一扇，发本国收填；罗字号簿一扇，发广东布政司收比。余国亦如之。每改元，则更造换给。计有勘合国分：暹罗、日本、占城、爪哇、满剌加、真腊、苏禄国东王、苏禄国西王、苏禄国峒王、柯支、浡泥、锡兰山、古里、苏门答剌、古麻剌。"参见[明]申时行等修：《明会典》卷一〇八《朝贡四》，中华书局，1989年影印本，第585页。
⑤ 《明太祖实录》卷一五六，洪武十六年八月乙未，第2426—2427页。
⑥ 《明太祖实录》卷一五九，洪武十七年正月己亥，第2453页。
⑦ 《明太祖实录》卷一六四，洪武十七年八月己卯，第2535页。
⑧ 《明太祖实录》卷一七〇，洪武十八年正月癸亥，第2581页。
⑨ 《明太祖实录》卷一七七，洪武十九年二月甲辰，第2678页。
⑩ 《明太祖实录》卷一七九，洪武十九年九月辛未，第2710页。
⑪ 《明太祖实录》卷一八三，洪武二十年七月乙巳，第2761页。
⑫ 《明太祖实录》卷一八四，洪武二十年八月庚申，第2767页。
⑬ 《明太祖实录》卷一九三，洪武二十一年八月壬寅，第2893页。
⑭ 《明太祖实录》卷一九五，洪武二十二年正月丙戌，第2925页。
⑮ 《明太祖实录》卷一九六，洪武二十二年六月辛亥，第2948页。
⑯ 《明太祖实录》卷一九七，洪武二十二年十月辛亥，第2964页。
⑰ 《明太祖实录》卷二〇一，洪武二十三年四月甲辰，第3008页。

月,又遣使李奈名等进象牙 40 枝、生玳瑁 2 只①。二十六年(1393)正月,又遣使李三齐德"奉金叶表,贡方物"②。十二月,又遣使冒勾来贡方物③。二十八年(1395)十一月,暹罗国嗣王昭禄群膺派使奈婆郎直事剃等"表贡方物,且告国王参烈宝毗牙嗯哩哆啰禄丧"④。此载是说波隆摩罗阁一世卒,其子昭禄群膺继位。实际上,据暹史记载,早在 1388 年,波隆摩罗阁一世即已病卒,其子东兰(Tong Lan)继位。东兰仅 15 岁,旧王拉梅萱即举兵进攻阿瑜陀耶城,执东兰而杀之,东兰在位仅七日。拉梅萱第二次登位后,在位七年,至 1395 年病卒,由王子罗摩罗阁(Ram Raja,1395—1408 年在位)继位⑤。因此,《明实录》所载洪武二十二年至二十八年暹罗遣使实际都是拉梅萱王所派,所谓"参烈宝毗牙嗯哩哆啰禄丧"当指拉梅萱之死。暹罗既派使报告旧王去世、新王继位,明太祖诏派内使赵达、朱福等出使暹罗,"祭故王参烈宝毗牙嗯哩哆啰禄",并"敕世子嗣王位"⑥。洪武三十年(1397)八月,暹罗遣使奈婆郎直事悌"上表,贡方物"⑦。十月,又遣使臣奈斯勿罗者"上表,贡方物"⑧。三十一年正月,暹罗又遣使"贡方物,贺正旦"⑨。五月,又遣使奈斯勿罗者贡方物⑩。统计来说,洪武时期暹罗国王、女兄、世子共有 40 次遣使访华,明朝则有 7 次派使访暹。

　　建文帝时期(1399—1402),并无中泰使节往来之记载。永乐时期(1403—1424),首先是明政府于永乐元年(1403)二月在会同馆赐暹罗使臣等宴⑪,又遣使赍成祖即位诏书往谕暹王昭禄群膺哆罗谛剌,并赐之驼纽镀金银印⑫。六月,以上太祖谥号,颁诏天下,分遣给事中杨春等 12 人为

---

①　《明太祖实录》卷二〇八,洪武二十四年四月戊午,第 3098 页。

②　《明太祖实录》卷二二四,洪武二十六年正月丁未,第 3273 页。

③　《明太祖实录》卷二三〇,洪武二十六年十二月庚寅,第 3368 页。

④　《明太祖实录》卷二四三,洪武二十八年十一月甲申,第 3531 页。

⑤　参见[英]吴迪:《暹罗史》,第 95、99—100 页;[泰]共丕耶达吗銮拉查奴帕:《暹罗古代史》,第 48 页;[英]D. G. E. 霍尔:《东南亚史》,第 226 页。

⑥　《明太祖实录》卷二四三,洪武二十八年十二月戊午,第 3534—3535 页;[清]张廷玉等:《明史》卷三二四《外国传·暹罗》,第 28 册,第 8397—8398 页。

⑦　《明太祖实录》卷二五四,洪武三十年八月辛丑,第 3671 页。

⑧　《明太祖实录》卷二五五,洪武三十年十月丁未,第 3686 页。

⑨　《明太祖实录》卷二五六,洪武三十一年正月乙卯,第 3695 页。

⑩　《明太祖实录》卷二五七,洪武三十一年五月丙寅,第 3716 页。

⑪　《明太宗实录》卷一七,永乐元年二月壬子,第 303 页。

⑫　《明太宗实录》卷一七,永乐元年二月甲寅,第 304 页。

正、副使,前往暹罗等国,并赐其王彩币①。八月,又派给事中王哲、行人成务等往赐暹罗等国国王绒绵、织金文绮、纱、罗②。九月,明成祖下诏赐暹罗使者奈霭剂刺等钞及金织文绮、袭衣③,又遣内官李兴等赍敕访暹,并赐暹王文绮、帛40匹及铜钱、麝香等物,令与暹使同行④。二年(1404)九月,暹王昭禄群膺哆罗谛刺因承奉"玺书、赐劳",遣使奈必等奉表谢恩,贡象牙、诸品香、蔷薇水、龙脑、五色织文丝缦、红罽毯、苾布等物。明成祖令赐暹王文绮、彩币44匹、钞1400锭、《古今烈女传》100本。暹使奈必又"乞赐量衡,俾国人永遵法式",明成祖准之⑤。十一月,暹王昭禄群膺哆罗谛刺遣使奈霭纳字刺等贡方物⑥。三年三月,赐暹罗使臣宴于会同馆⑦。七月,昭禄群膺哆罗谛刺遣使曾寿贤等贡方物;九月,赐暹罗等国使臣金织纻丝、罗、绢等⑧。十一月,昭禄群膺哆罗谛刺遣使奈婆郎直事剃等50人贡方物⑨。四年三月,又遣使奈必等贡方物⑩。九月,又遣使虎都卜的毛那那等贡方物⑪。五年十月,昭禄群膺哆罗谛刺遣使奈婆郎直事剃等奉表,贡驯象、鹦鹉、孔雀等物。时占城、苏门答剌及满剌加国王并诉暹罗恃强凌弱,明成祖因敕谕昭禄群膺哆罗谛刺"安分守礼,睦邻境"⑫。六年八月,明成祖遣中官张原赍敕往谕昭禄群膺哆罗谛刺,赐之锦绮、纱、罗,并送暹罗人字黑归国⑬。九月,又遣郑和赍敕出使古里、满剌加、苏门答剌、暹罗、占城诸国,赐其王锦绮、纱、罗⑭。十二月,昭禄群膺哆罗谛刺遣使虎都无霞昧、奈义霞侍等贡方物,"谢赐敕切责之罪"⑮。七年(1409)正月,又遣使奈使

---

① 《明太宗实录》卷二一,永乐元年六月戊午,第386页。
② 《明太宗实录》卷二二,永乐元年八月癸丑,第408页。
③ 《明太宗实录》卷二三,永乐元年九月乙未,第425页。
④ 《明太宗实录》卷二三,永乐元年九月己亥,第426页。
⑤ 《明太宗实录》卷三四,永乐二年九月辛亥,第601页。
⑥ 《明太宗实录》卷三六,永乐二年十一月乙丑,第629页。
⑦ 《明太宗实录》卷四〇,永乐三年三月癸亥,第668页。
⑧ 《明太宗实录》卷四四,永乐三年七月丙午,第693页;卷四六,永乐三年九月戊申,第713页。
⑨ 《明太宗实录》卷四八,永乐三年十一月癸巳,第729页。
⑩ 《明太宗实录》卷五二,永乐四年三月壬辰,第776页。
⑪ 《明太宗实录》卷五九,永乐四年九月乙丑,第859页。
⑫ 《明太宗实录》卷七二,永乐五年十月辛丑,第1008—1009页。
⑬ 《明太宗实录》卷八二,永乐六年八月壬辰,第1103—1104页。
⑭ 《明太宗实录》卷八三,永乐六年九月癸酉,第1114页。
⑮ 《明太宗实录》卷八六,永乐六年十二月庚辰,第1138页。

赖卒等"奉仪物,致祭仁孝皇后"①。十月,又遣使坤文琨等奉表,贡方物②。
时有明朝民人何八观等逃入暹罗,明成祖令使者还告暹王,"毋纳逋逃"。
暹王得报,遣使曾寿贤等于永乐八年十二月贡马及方物,并送何八观等
还③。明成祖乃遣中官张原等赍敕奖劳暹王,并赐之金织文绮、纱、罗④。
九年(1411)十一月,昭禄群膺哆罗谛剌遣使奈义使等贡方物⑤。十年十二
月,又遣使坤文琨等奉表,贡方物⑥。明成祖乃命中官洪保等往赐暹王文
绮、罗、帛⑦。十四年五月,昭禄群膺哆罗谛剌卒,"其子三赖波磨剌札的赖
遣使奈世贤等告讣,且请袭爵"⑧。此载是说暹王昭禄群膺即罗摩罗阇去
世,王子请封。实际上,据暹史记载,早在1408年,罗摩罗阇已在王权斗争
中被迫让位于波隆摩罗阇之侄膺陀罗阇(Intaraja,1408—1424年在位)⑨。
《明实录》所载永乐六年至十四年暹罗所遣使节实际都是膺陀罗阇所派,三
赖波磨剌札的赖实际也当指膺陀罗阇。暹罗既然遣使报告旧王去世、新王
请封,明成祖乃下诏派中官郭文往祭暹罗故王⑩,另遣使赍诏封三赖波磨
剌札的赖为暹罗国王,并赐之素绮、素罗、白毯、然布等物⑪。永乐十五年
(1417)十二月,三赖波磨剌札的赖遣使奈叫等百余人"进表,贡方物,谢赐
祭其父,并命袭爵恩"⑫。十六年五月,遣使贡方物⑬。九月,暹使奈叫等归
国,明成祖令赐其王绒锦、文绮、表里⑭。十七年十月,因满剌加国禀诉暹
罗侵扰,明成祖遣使谕暹王三赖波磨剌扎的,希望其"辑睦邻国,无[相]侵

① 《明太宗实录》卷八七,永乐七年正月甲子,第1156页。
② 《明太宗实录》卷九七,永乐七年十月己亥,第1280页。
③ 《明太宗实录》卷一一一,永乐八年十二月戊戌,第1416页;[清]张廷玉等:《明史》卷三二
四《外国传·暹罗》,第28册,第8399页。
④ 《明太宗实录》卷一一一,永乐八年十二月戊戌,第1416页。
⑤ 《明太宗实录》卷一二一,永乐九年十一月壬申,第1530页。
⑥ 《明太宗实录》卷一三五,永乐十年十二月甲子,第1646页。
⑦ 《明太宗实录》卷一三五,永乐十年十二月甲子,第1646页。
⑧ 《明太宗实录》卷一七六,永乐十四年五月壬辰,第1923页。
⑨ 参见[英]吴迪:《暹罗史》,第100页;[泰]共丕耶达吗銮拉查奴帕:《暹罗古代史》,第49
页;[英]D.G.E.霍尔:《东南亚史》,第227页。
⑩ 《明太宗实录》卷一七六,永乐十四年五月壬辰,第1923页。
⑪ 《明太宗实录》卷一七六,永乐十四年五月壬辰,第1923页。
⑫ 《明太宗实录》卷一九五,永乐十五年十二月癸未,第2047页。
⑬ 《明太宗实录》卷二〇〇,永乐十六年五月辛亥,第2082页。
⑭ 《明太宗实录》卷二〇四,永乐十六年九月辛未,第2105页。

越"①。十八年(1420)四月,三赖波磨剌札的赖遣使奈霭纳等80人贡方物。
明成祖派员护送暹使奈霭纳等归国,并赐暹王锦绮、纱、罗等物②。十九年
四月,三赖波磨剌札的赖遣使奈怀等60人贡方物,"谢侵满剌加国之罪"③。
十月,暹罗等国正使呵哈麻等来朝④。二十年七月,三赖波磨剌札的赖遣
使坤思利亦等贡方物⑤。八月,郑和下西洋归国,暹罗等国各遣使随郑和
贡方物⑥。二十二年二月,三赖波磨剌札的赖遣使坤梅贡方物⑦。统计来
说,永乐时期暹罗共有25次遣使访华,明朝则12次派使访暹。

　　洪熙年间(1424—1425),并无中泰使节往来之记载。宣德时期
(1426—1435),首先是暹王"三赖波摩剌扎赖"(按:应即"三赖波磨剌札的
赖")于宣德元年(1426)九月遣使亚烈等来朝,贡方物⑧。十一月,暹王又遣
使奈温等奉金叶表来朝,贡方物⑨。二年五月,又遣使黄子顺等来朝,贡方
物⑩。三年三月,又遣使奈注德事剌等来朝,贡方物⑪。闰四月,又遣使奈
勾等来朝,贡方物⑫。六年二月,明宣宗令郑和赍敕谕暹罗国王,以调解暹
罗与满剌加的关系⑬。八年九月,暹王悉里麻哈赖遣使坤思利弗等奉表,
贡方物⑭。九年五月,又遣使坤思利剌者万直等来朝,贡方物⑮。值得注意
的是,自宣德元年(1426)以来,《明实录》所记暹王均为"三赖波摩剌扎赖"
即膺陀罗阁,至宣德八年则变为悉里麻哈赖。而实际上,根据暹史记载,膺
陀罗阁王1424年即已病卒,因其长子与次子在争夺王位角斗中双双坠象

　　①　《明太宗实录》卷二一七,永乐十七年十月癸未,第2161页。
　　②　《明太宗实录》卷二二四,永乐十八年四月庚申,第2207页。
　　③　《明太宗实录》卷二三六,永乐十九年四月辛亥,第2269页。
　　④　《明太宗实录》卷二四二,永乐十九年十月癸巳,第2291页。
　　⑤　《明太宗实录》卷二五〇,永乐二十年六月庚午,第2335页。
　　⑥　《明太宗实录》卷二五〇,永乐二十年八月壬寅,第2344页。
　　⑦　《明太宗实录》卷二六八,永乐二十二年二月壬戌,第2430页。
　　⑧　《明宣宗实录》卷二一,宣德元年九月癸卯,第556页。
　　⑨　《明宣宗实录》卷二二,宣德元年十一月庚子,第596页。
　　⑩　《明宣宗实录》卷二八,宣德二年五月乙巳,第732页。
　　⑪　《明宣宗实录》卷三九,宣德三年三月甲申,第959页。
　　⑫　《明宣宗实录》卷四二,宣德三年闰四月丙申,第1032页。
　　⑬　《明宣宗实录》卷七六,宣德六年二月壬寅,第1763页。
　　⑭　《明宣宗实录》卷一〇六,宣德八年九月丙戌,第2359页。
　　⑮　《明宣宗实录》卷一一〇,宣德九年五月癸未,第2479页。

而亡,故由三子继位,号为波隆摩罗阁二世(1424—1448年在位)①。因此,宣德元年(1426)以来遣使访华的暹王当是波隆摩罗阁二世,悉里麻哈赖也当是波隆摩罗阁二世。统计来说,宣德时期暹罗共有7次遣使访华,明朝则仅有1次派使访暹。

总的来看,从洪武至宣德时期(1368—1435),凡68年,共有暹罗朝贡72次,平均约每年1次,明朝遣使20次,平均约3.5年1次,是为双方使节往来最频繁的时期。这一时期两国遣使之所以如此频繁,一方面是因为明朝为巩固政权,积极招徕外国前来朝贡,另一方面是因为明政府大力推行官方贸易,禁止私人海外贸易,外国多以朝贡为名,行贸易之实。

第二阶段是正统至弘治时期(1436—1505),是为中暹使节往来减少阶段。正统年间(1436—1449),暹罗共有8次遣使访华,明朝则没有派使访暹。据《明实录》记载,正统二年(1437)九月,暹罗国遣使奈霭纳孛剌等航海来朝,贡方物②。三年二月,暹王悉里麻哈赖遣副使罗渐信等奉表来朝,贡方物③。三月,又遣把总奈苾临等来朝,贡孔雀及方物④。九月,又遣通事奈麻沙等来朝,奉表贡方物⑤。九年(1644)二月,暹王谷戎有替下遣使坤沙群等奉表朝贡,且因原颁"镀金印及勘合、底簿俱毁于火,请再颁给",明英宗准之⑥。十一年三月,暹王思利波罗麻那惹智剌遣使奈三铎买等来朝,贡方物⑦。十月,又遣使坤普论直等来朝,贡方物⑧。十二年八月,又遣使坤普论直等奉表,贡方物⑨。不难看出,《明实录》所载正统年间遣使访华的暹罗国王有三个不同名号,而实际上这一时期一直是波隆摩罗阁二世在位。

景泰年间(1450—1457),暹罗只有2次遣使访华,明朝则仅有1次派

---

① 参见[英]吴迪:《暹罗史》,第105页;[泰]丕耶达吗銮拉查奴帕:《暹罗古代史》,第51页;[英]D. G. E. 霍尔:《东南亚史》,第227页。

② 《明英宗实录》卷三四,正统二年九月丙午,第665页。

③ 《明英宗实录》卷三九,正统三年二月己卯,第762页。

④ 《明英宗实录》卷四〇,正统三年三月己亥,第776页。

⑤ 《明英宗实录》卷四六,正统三年九月乙巳,第898页。

⑥ 《明英宗实录》卷一一三,正统九年二月甲午,第2276页;卷一一四,正统九年三月庚申,第2297页。

⑦ 《明英宗实录》卷一三九,正统十一年三月癸巳,第2764页。

⑧ 《明英宗实录》卷一四六,正统十一年十月丁酉,第2868页。

⑨ 《明英宗实录》卷一五七,正统十二年八月辛未,第3057页。

使访暹。据《明实录》记载，景泰三年（1452）十二月，暹罗遣使坤罡悦等奉表来朝，贡方物①。次年正月，明代宗命给事中刘洙、行人刘泰为正、副使，前往"谕祭故暹罗国王波罗摩剌劄的剌，并封其子把啰蓝米孙剌为暹罗国王"。诏书有言："故国王波罗摩剌劄的剌，敬天事大，终始一诚，保境睦邻，人民交戴，属兹薨逝，宜有继承。其子把罗（啰）蓝米孙剌性资忠厚，国论攸归，今特封为暹罗国王。"②此处所载暹王波罗摩剌劄的剌，当指波隆摩罗阇二世。而据暹史记载，1448 年，波隆摩罗阇二世在一次对清迈的战役后去世，其子波隆摩·戴莱洛迦纳（Boromo Trailokanat，1448—1488 年在位）继位③。由此可知，明政府是于景泰三年底暹使访华时得知暹王去世、新王继位，乃于次年正月遣使谕祭旧王、册封新王，而所封新王把啰蓝米孙剌当即波隆摩·戴莱洛迦纳。得到明朝册封后，暹王把啰蓝米孙剌于景泰六年（1455）五月遣使坤罡悦等来华贡方物④。

天顺年间（1457—1464），明朝没有派使访暹，暹罗也只有 2 次遣使访华。第一次是天顺元年（1457）三月，明英宗"赐暹罗国副使马夏抹金钑花带"⑤。第二次是天顺六年（1462）九月，"暹罗国王孛剌蓝啰者直泷知遣使臣坤普伦直等来朝，贡方物"⑥。此载暹罗国王为孛剌蓝啰者直泷知，实际也当指波隆摩·戴莱洛迦纳。

成化年间（1465—1487），暹罗共有 6 次遣使访华，明朝则有 1 次派使访暹。据《明实录》记载，成化九年（1473）五月，暹罗国遣使坤烈者捧沙等来朝，贡方物，并称"天顺元年所颁勘合及底簿俱被虫坏，请颁新者，以便贡献往来"。礼部议准其请，并令将坏者缴回⑦。十一年三月，暹罗遣使奈英者捧沙等奉表来朝，贡方物⑧。十三年，暹罗遣使奉表贡方物谢恩，正使坤

---

① 《明英宗实录》卷二二四《景泰附录》卷四二，景泰三年十二月戊戌，第 4865 页。
② 《明英宗实录》卷二二五《景泰附录》卷四三，景泰四年正月丁丑，第 4909 页。
③ 参见［英］吴迪：《暹罗史》，第 109 页；［泰］共丕耶达吗銮拉查奴帕：《暹罗古代史》，第 54 页；［英］D. G. E. 霍尔：《东南亚史》，第 228 页。
④ 《明英宗实录》卷二五三《景泰附录》卷七一，景泰六年五月壬申，第 5475 页。
⑤ 《明英宗实录》卷二七六，天顺元年三月甲子，第 5865 页。
⑥ 《明英宗实录》卷三四四，天顺六年九月丁巳，第 6968 页。
⑦ 《明宪宗实录》卷一一六，成化九年五月甲午，第 2244 页。
⑧ 《明宪宗实录》卷一三九，成化十一年三月己未，第 2599 页。

怗谢提于四月到京,副使坤禄群谢堤于十一月到京①。十六年(1480)七月,暹罗遣使奈剌捧沙等来朝,贡象及方物②。十八年七月,暹罗遣使坤望群谢提等来朝"请封",贡方物,"且告父丧",明宪宗命给事中林霄、行人姚隆为正、副使,赍诏往封暹王世子国隆勃剌略坤息利尤地亚为国王③。此载是说暹罗旧王去世、世子请封,而实际上此时暹罗仍然是波隆摩·戴莱洛迦纳在位。另外,成化二十三年(1487)七月,暹罗国王遣使"坤江悦等捧金叶表文来朝,贡方物",但到九月,又有记载云暹王遣使"坤江悦等赍金叶表文入贡谢恩"④,这两次来华的暹使为同一人,相隔仅有两月,应当是同一次使行。

　　弘治年间(1488—1505),明朝没有派使访暹,暹罗也只有 4 次遣使访华。据《明实录》记载,弘治四年(1491)八月,暹王国隆勃略剌坤利息尤利亚遣使坤贴谢提等赍金叶表文,贡方物⑤。六年八月,又遣副使闷团那贴等来贡⑥。十年九月,暹王国隆勃剌略坤息利尤地亚遣使坤明斋等来贡⑦。十六年六月,又遣使坤帖米的利等来贡⑧。需要指出的是,《明实录》所载波隆摩·戴莱洛迦纳在位期间(1448—1488)的暹罗朝贡比较混乱。首先是景泰四年(1453)记载明朝册封把啰蓝米孙剌为暹罗国王,其次是天顺六年(1462)记载暹王孛剌蓝啰者直汶知遣使朝贡,再次是成化十八年(1482)记载暹罗世子国隆勃剌略坤息利尤地亚请封为国王,此后到弘治十年(1497)一直记载暹罗国王是国隆勃剌略坤息利尤地亚。而据暹史记载,波隆摩·戴莱洛迦纳于 1448 年即位,在位 40 年,1488 年卒于彭世洛,传位于其子波隆摩罗阇三世(1488—1491 年在位)。波隆摩罗阇三世在位三载,于 1491 年卒,传位于其弟拉玛蒂菩提二世(Rama Tibodi II,1491—1529

---

① 《明宪宗实录》卷一六五,成化十三年四月辛亥,第 2991 页;卷一七二,成化十三年十一月庚辰,第 3109 页。

② 《明宪宗实录》卷二〇五,成化十六年七月乙巳,第 3587 页。

③ 《明宪宗实录》卷二二九,成化十八年七月己卯,第 3925 页;[清]张廷玉等:《明史》卷三二四《外国传·暹罗》,第 28 册,第 8400 页。

④ 《明宪宗实录》卷二九二,成化二十三年七月庚申,第 4953 页;《明孝宗实录》卷二,成化二十三年九月戊戌,第 36 页。

⑤ 《明孝宗实录》卷五四,弘治四年八月庚午,第 1065 页。

⑥ 《明孝宗实录》卷七九,弘治六年八月癸未,第 1516 页。

⑦ 《明孝宗实录》卷一二九,弘治十年九月壬子,第 2281 页。

⑧ 《明孝宗实录》卷二〇〇,弘治十六年六月戊申,第 3710 页。

年在位）。但也有暹史著述认为，波隆摩·戴莱洛迦纳卒于 1465 年，其子
膺陀罗阇继位，膺陀罗阇在位 22 年，又传位于拉玛蒂菩提二世①。这两种
说法的时间与《明实录》记载均不能完全吻合。

　　总的来看，从正统至弘治时期（1436—1505），凡 70 年，共有暹罗朝贡
22 次，平均约 3 年一次，明朝派使则仅有 2 次。这一时期双方使节往来之
所以减少，主要是因为明朝政治腐败，国力削弱，不仅不再积极遣使招徕外
国前来入贡，而且对朝贡国前来朝贡贸易的规定日趋严密，导致外国朝贡
的热情有所衰减。

　　第三阶段是正德至崇祯时期（1506—1644），是为中暹使节往来更少阶
段。正德时期（1506—1521），明朝没有派使访暹，暹罗也只有 1 次派使来
华，即正德十年（1515）十二月，暹罗国正使坤思礼等"奏乞银料，修补船
只"②。

　　嘉靖时期（1521—1566 年），明朝没有派使访暹，暹罗则有 4 次遣使访
华。据《明实录》记载，嘉靖五年（1526）十二月，"暹罗国坤思悦喇者来的利
等来朝，贡方物"③。三十三年（1554）九月，暹王勃略坤息利尤池呀遣使奉
金叶表文来朝，贡方物④。三十七年闰七月，又遣使赍金叶表文及方物来
朝⑤。三十八年九月，又遣使坤应命的类等来朝，贡方物⑥。另据暹史记
载，拉玛蒂菩提二世在位 38 年，于 1529 年 7 月暴卒，其子继位，是为波隆
摩罗阇四世（1529—1534 年在位）。波隆摩罗阇四世在位四载，于 1534 年
病卒，继其位者，为年仅 5 岁的王子呦德沙达（Ratsada）。呦德沙达在位仅
5 个月，即被波隆摩罗阇四世异母兄弟帕拉猜（Prajai）所弑。帕拉猜在位
12 载（1534—1546），于 1546 年病卒，其子胶法（Keo Fa，1546—1548 年在
位）继位。胶法年仅 11 岁，王位于 1548 年 11 月为摄政的坤哇拉旺沙
（Khun Worawongsa，1548—1549 年在位）所篡。不久坤哇拉旺沙在一次

---

　　① 参见［英］吴迪：《暹罗史》，第 123 页；［泰］共丕耶达吗銮拉查奴帕：《暹罗古代史》，第 61—
62 页；［英］D.G.E. 霍尔：《东南亚史》，第 232 页。

　　② 《明武宗实录》卷一三二，正德十年十二月甲戌，第 2629 页。

　　③ 《明世宗实录》卷七一，嘉靖五年十二月戊辰，第 1618 页。

　　④ 《明世宗实录》卷四一四，嘉靖三十三年九月壬戌，第 7207 页。另［清］张廷玉等《明史》卷
三二四《外国传·暹罗》（第 28 册，第 8400 页）载，嘉靖三十二年（1553），暹罗遣使贡白象及方物，
象死于途，使者以珠宝饰其牙，盛以金盘，并尾来献。《明史》此载不见于《明实录》。

　　⑤ 《明世宗实录》卷四六二，嘉靖三十七年闰七月丁酉，第 7804 页。

　　⑥ 《明世宗实录》卷四七六，嘉靖三十八年九月乙酉，第 7974 页。

出游中被劫杀,帕拉猜之弟摩诃·查克腊帕(Maha Chakrapat,1549—1569年在位)被拥戴为王①。由此可以推断,《明实录》所载嘉靖三十三年至三十八年(1554—1559)三次遣使访华的暹王勃略坤息利尤池呀,当即是摩诃·查克腊帕。

隆庆年间(1567—1572),明朝与暹罗并无使节往来。万历时期(1573—1620),明朝没有派使访暹,暹罗则有8次遣使访华。据《明实录》记载,万历元年(1573)三月,暹罗国王华招宋派使进贡方物,并称"原给印信、勘合因东牛国攻破城池烧毁,乞行补给"②。三年六月,暹罗国进贡,再次称"因为东蛮所侵,印信、勘合业被烧毁,求乞更给,以便修贡",明神宗准之③。六年十月,暹罗"遣使入贡",明政府"铸给暹罗国王印一颗"④。十年六月,颁暹罗国王印信,仍赏其使握闷辣等有差⑤。二十年(1592)九月,"宴暹罗国进贡陪臣",十月,又有"暹罗国夷使二十七员赴京进贡"⑥,这两次记载相隔仅一月,可能为同一次朝贡。三十九年(1611)十二月,宴暹罗国贡使握坤喇奈迈低厘等26员⑦。四十五年十月,暹罗国进贡金叶表文一通,方物14800斤,孔雀3对⑧。四十七年八月,暹罗"王妃"派员贡孔雀、象牙、降香等物⑨。据暹史记载,1569年,暹王摩诃·查克腊帕卒,新王马欣(Mahin,1569年在位)"不事守战之备,但日夕沉湎于嬉戏,一切政事交付披耶蓝摩代行"。此时西境缅甸东吁王朝军队正大举入侵,至8月攻破阿瑜陀耶城,马欣被俘并卒于入缅途中。缅王立摩诃·坦马罗阇(Maha Tammaraja,1569—1590年在位)为暹王,充为缅甸之傀儡。缅甸对暹统治达15年,1584年,暹罗王子帕那莱代表其父正式声明拒绝向缅甸称臣。1587年,帕那莱率暹罗军民击退缅甸军队,暹罗重获独立。1590年,摩

---

① 参见[英]吴迪:《暹罗史》,第132、139、145—147页;[泰]共不耶达吗銮拉查奴帕:《暹罗古代史》,第67、74—77页。

② 《明神宗实录》卷一一,万历元年三月甲申,第365页。

③ 《明神宗实录》卷三九,万历三年六月己巳、甲午,第903、916页。

④ 《明神宗实录》卷八○,万历六年十月乙酉,第1712页;[清]张廷玉等:《明史》卷三二四《外国传·暹罗》,第28册,第8401页。

⑤ 《明神宗实录》卷一二五,万历十年六月戊申,第2336页。

⑥ 《明神宗实录》卷二五二,万历二十年九月癸未,第4701页;卷二五三,万历二十年十月己亥,第4710页。

⑦ 《明神宗实录》卷四九○,万历三十九年十二月戊子,第9224页。

⑧ 《明神宗实录》卷五六二,万历四十五年十月己未,第10605页。

⑨ 《明神宗实录》卷五八五,万历四十七年八月戊午,第11195页。

诃·坦马罗阁卒,帕那莱继位,号纳黎萱(Naresuen,1590—1605 年在位)。
纳黎萱在位 15 年,至 1605 年病卒,传位于其弟厄迦陀沙律(Ekatotsarot,
1605—1610 年在位)。厄迦陀沙律在位五载而卒,传位于其子膺陀罗阁,
号颂昙(Songtam,1610—1628 年在位)①。由此推断,《明实录》所载万历
元年(1573)、三年、十年遣使访华的暹王就是摩诃·坦马罗阁,其间所记东
牛国、东蛮皆指缅甸东吁王朝,所谓东牛国攻破城池是说缅军攻破阿瑜陀
耶城。另外万历二十年遣使访华的当是纳黎萱王,万历三十九、四十五、四
十七年遣使访华的则当是颂昙王。

泰昌帝在位仅 30 天,其后的天启年间(1621—1627),明朝没有派使访
暹,暹罗则有两次遣使访华。据《明实录》记载,天启二年(1622)十二月,暹
罗进贡金叶表文及方物②。三年二月,暹王森烈帕腊等遣使进方物,并贺
明熹宗登位③。从时间推断,天启年间两次遣使访华的暹罗国王均是颂昙。

崇祯年间(1628—1644),暹罗仍有两次遣使访华,即《明实录》所载崇
祯七年(1634)闰八月暹罗入贡④,以及十六年三月暹罗再次入贡⑤。据暹
史记载,1628 年底颂昙王去世,年仅 15 岁的王子策陀(Jetta,1628—1630
年在位)继位,实际掌权者为披耶室利窝罗翁(Pya Sri Worawong)。1630
年,披耶室利窝罗翁先杀策陀王,立颂昙王幼子阿滴耶旺(Atityawong)为
王,旋又杀死阿滴耶旺,僭位称王,号帕拉塞·东(Prasat Tong,1630—
1656 年在位)⑥。可见,直到明朝灭亡前一年,暹罗阿瑜陀耶王朝仍在遣使
访华,而崇祯时期两次遣使访华的暹罗国王均是帕拉塞·东。

总的来看,从正德至崇祯时期(1506—1644),凡 139 年,共有暹罗朝贡
17 次,平均约 8.7 年一次,明朝则没有遣使暹罗。这一时期中暹使节往来
如此之少,一是因为明朝国力衰竭,面临来自北方蒙古势力和东南沿海倭
寇的频繁骚扰,无力再招徕外国前来入贡;二是因为明朝东南沿海的私人

---

① 参见[英]吴迪:《暹罗史》,第 160、168、172、174、194、202 页;[泰]共丕耶达吗銮拉查奴
帕:《暹罗古代史》,第 108、117、130—131 页;[英]D.G.E. 霍尔:《东南亚史》,第 334、342、435—
436 页。

② 《明熹宗实录》卷二九,天启二年十二月甲子,第 1435 页。

③ 《明熹宗实录》卷三一,天启三年二月戊寅,第 1588 页。

④ 《崇祯实录》卷七,崇祯七年闰八月己丑,第 216 页。

⑤ 《崇祯实录》卷一六,崇祯十六年三月甲午,第 465 页。

⑥ 参见[英]吴迪:《暹罗史》,第 215、217、220—221 页;[英]D.G.E. 霍尔:《东南亚史》,第
437 页。

贸易逐渐兴盛,朝贡贸易则日渐萎缩;三是因为这一时期的阿瑜陀耶王朝时常遭到来自西邻缅甸的军事进攻,而葡萄牙、荷兰、日本、英国、法国人先后登陆暹罗发展贸易,对于暹罗与中国的贸易造成冲击。

除使节往来外,明朝政府还在永乐、宣德、正统年间数次发布诏谕调解暹罗与其他国家的关系。如永乐年间,明成祖曾下谕调解暹罗与占城、苏门答剌及满剌加的关系。事因占城遣使朝贡,贡使归国时,海船遭风漂至溢亨国(今马来西亚彭亨地区),"暹罗恃强凌溢亨,且索取占城使者,羁留不遣";又苏门答剌及满剌加国王并遣人诉"暹罗强暴,发兵夺其所受朝廷印诰,国人惊骇,不能安生"。因此明成祖于永乐五年(1407)十月敕谕暹王昭禄群膺哆罗谛剌曰:"占城、苏门答剌、[满剌]加与尔均受朝命,比肩而立,尔安得独恃强拘其朝使,夺其诰印?天有显道,福善祸淫,安南黎贼父子覆辙在前,可以监(鉴)矣。其即还占城使者及苏门答剌、满剌加所受印诰,自今安分守礼,睦邻境,庶几永享太平。"①十七年十月,满剌加再次禀诉暹罗来攻,明成祖又派使前往暹罗敕谕暹王三赖波磨剌扎的,谕文曰:"朕祗膺天命,君主华夷,体天地好生之心以为治,一视同仁,无间彼此。王能敬天事大,修职奉贡,朕心所嘉,盖非一日。比者满剌加国王亦思罕答儿沙嗣立,能继乃父之志,躬率妻子诣阙朝贡,其事大之诚,与王无异。然闻王无故欲加之兵,夫兵者凶器,两兵相斗,势必俱伤,故好兵非仁者之心。况满剌加国王已内属,则为朝廷之臣。彼如有过,当申理于朝廷,不务出此而辄加兵,是不有朝廷矣。此必非王之意,或者左右假王之名,弄兵以逞私忿。王宜深思,勿为所惑,辑睦邻国,无[相]侵越,并受其福,岂有穷哉。王其留意焉。"②在明政府调解下,永乐十九年四月,暹王遣使60人到北京"贡方物,谢侵满剌加国之罪"③。宣德年间,明宣宗又曾下谕调解暹罗与满剌加的关系。事因宣德六年(1431)二月,满剌加国头目巫宝赤纳等至北京,称"国王欲躬来朝贡,但为暹罗国王所阻。暹罗素欲侵害本国,本国欲奏,无能书者",请明朝"遣人谕暹罗王,无肆欺凌"。明宣宗闻奏,令赏赐巫宝赤纳等,遣附郑和下西洋船队归国,并令郑和赍敕谕致暹罗国王,谕文曰:"朕主宰天下,一视同仁。尔能恭事朝廷,屡遣使朝贡,朕用尔嘉。比闻满

---

① 《明太宗实录》卷七二,永乐五年十月辛丑,第1008—1009页。
② 《明太宗实录》卷二一七,永乐十七年十月癸未,第2161—2162页。
③ 《明太宗实录》卷二三六,永乐十九年四月辛亥,第2269页。

喇加国王欲躬来朝,而阻于王国。以朕度之,必非王意,皆王左右之人不能深思远虑,阻绝道路,与邻邦启衅,斯岂长保富贵之道? 王宜恪遵朕命,睦邻通好,省谕下人,勿肆侵侮,则见王能敬天事大,保国安民,和睦邻境,以副朕同仁之心。"①正统初年,明英宗又曾下谕调解暹罗与占城的关系。事因暹罗遣使柰三铎率团访华,贡船被风飘至占城港口,被其拘收,柰三铎潜附小舟至北京具告,明英宗令礼部查实,敕谕占城国王悉还所留。不久占城国咨称,前曾遣使往须文刺那,人船等物亦被暹罗拘留,"欲尔还其所掠,彼亦还尔所留"。明英宗闻报,一方面敕谕占城国王将拘留人船、表文派人送京,另一方面又令到京朝贡的暹罗使臣回国转谕国王,"将原虏占城人船、财物悉纵遣之,使各安其生用"②。

(二)明朝与泰北兰纳王国的关系

除与暹罗阿瑜陀耶王朝的交往外,明朝还与泰北的兰纳王国(又称八百媳妇国,1292—1558)保持了密切关系。值得注意的是,明朝史书是将暹罗阿瑜陀耶王朝列为外国,而将八百媳妇列入云南土司,永乐以后委任其酋为宣慰使。据笔者对《明实录》的统计,洪武二十一年(1388)至正德八年(1513)的126年间,八百媳妇国共35次遣使访问明朝;洪武二十四年(1391)至宣德九年(1434)的44年间,明朝共9次派使前往八百媳妇国。根据两国间使节往来频繁程度,可分为两个阶段。

第一阶段为洪武至宣德时期(1368—1435),是为明朝与八百媳妇国使节往来频繁时期。洪武二十一年(1388)八月,八百媳妇国首先派人来明朝进贡方物③。之后西平侯沐英派云南左卫百户杨完者前往八百进行招抚,至二十四年六月,八百土官刀板冕遣使贡象及方物④。二十七年五月,刀板冕遣其叔父刀板直进象牙席、香药等物,明太祖令赐刀板直等36人钞480锭,罗、绮各10匹,布120匹⑤。二十八年十二月,刀板冕派其下属招板阿亩旷等贡红、白西洋布、吊卖璧、衣、手巾、剪绒单及象牙、白檀香等,明

---

① 《明宣宗实录》卷七六,宣德六年二月壬寅,第1762—1763页。

② 《明英宗实录》卷四七,正统三年十月壬戌,第912页。

③ 《明太祖实录》卷一九三,洪武二十一年八月丙辰,第2896页。

④ 《明太祖实录》卷二〇九,洪武二十四年六月壬午,第3122—3123页。

⑤ 《明太祖实录》卷二三三,洪武二十七年五月癸丑,第3400页。

太祖下诏赐其使文绮、钞①。三十五年九月,八百土官刀板面(冕)遣人来贡方物②。总结来说,洪武时期八百媳妇国共有 5 次遣使明朝,明朝则有 1 次派使八百媳妇国。

明成祖即位后,试图采用羁縻政策加强对八百地区的控制。永乐元年(1403)八月,明成祖遣内官杨瑄等赍敕往谕麓川、车里、八百、老挝等处土官,并令西平侯沐晟遣人偕行③。二年五月,八百大甸土酋刀招你遣头目板暖等来朝,贡方物④,明成祖下诏设八百者乃、八百大甸二军民宣慰使司,以土酋刀招你为八百者乃宣慰使,其弟刀招散为八百大甸宣慰使,并遣员外郎左洋往赐诰印、冠带、袭衣⑤。六月,刀招散遣人来朝,贡方物⑥。十月,明成祖下令制信符及金字红牌,颁给八百大甸宣慰使司,作为官方往来凭证;又置八百大甸军民宣慰使经历、都事各一员⑦。三年七月,车里宣慰使刀暹答遣头目奏请举兵攻伐刀招散。事因永乐初年明成祖所派敕使杨瑄等道经八百大甸时为刀招散所阻,不能前进。明成祖闻报,遣使往谕刀招散勿要阻遏⑧,并令西平侯沐晟率兵征讨八百。这次军事行动,未经大的战斗即告结束。据沐晟奏报:"奉命率师及车里诸宣总兵至八百境内,破其猛利石厓及者答二寨,又至整线寨;木邦兵破其江下等十余寨。八百恐惧,遣人诣军门陈词伏罪。臣等恪遵敕旨,驻兵不进。"⑨明成祖闻报,即令沐晟等班师。十月,刀招你遣头目奉金镂表文,贡方物⑩。四年八月,刀招散遣头目板赛苏等"贡方物,谢罪",明成祖"以其不诚,却之"⑪。五年四月,刀招散再遣头目招板秃鲁油等"贡方物及金银器,谢罪",明政府受之⑫。刀招散之所以两次派头目来明朝"谢罪",是由于明朝的外交和军事

① 《明太祖实录》卷二四三,洪武二十八年十二月丁酉,第 3532 页。
② 《明太宗实录》卷一二下,洪武三十五年九月戊戌,第 219 页。
③ 《明太宗实录》卷二二,永乐元年八月庚午,第 414 页。
④ 《明太宗实录》卷三一,永乐二年五月丁卯,第 562 页。
⑤ 《明太宗实录》卷三一,永乐二年五月己巳,第 563—564 页。
⑥ 《明太宗实录》卷三二,永乐二年六月甲戌,第 566 页。
⑦ 《明太宗实录》卷三五,永乐二年十月庚午、辛未,第 607、610 页。
⑧ 《明太宗实录》卷四四,永乐三年七月壬子,第 699 页。
⑨ 《明太宗实录》卷四九,永乐三年十二月戊辰,第 737 页。
⑩ 《明太宗实录》卷四七,永乐三年十月壬午,第 725 页。
⑪ 《明太宗实录》卷五八,永乐四年八月甲辰,第 849—850 页。
⑫ 《明太宗实录》卷六六,永乐五年四月庚戌,第 933 页。

压力。此后,刀招散又于永乐五年(1407)九月遣头目来贡方物[1],六年十一月遣头目板高等"奉金缕表文,贡象及金银器等物"[2],七年八月遣头目贡方物[3]。永乐九年九月,明成祖遣使赍敕往八百大甸,赐刀招散彩币20表里[4]。十一年十一月,刀招散派头目孟都鲁由等进象、马等物[5]。十二年二月,又遣人贡方物[6]。十三年十一月,刀招散遣头目板羡等贡方物[7],十二月,又有八百大甸等宣慰使各遣人贡方物[8]。这两次记载时间仅差一月,可能为同一次。二十二年三月,刀招散再次遣头目贡方物[9]。总结来说,永乐时期八百媳妇国共有12次遣使明朝,明朝则4次派使八百媳妇国。

洪熙时期,明朝有一次派员往八百媳妇国,即洪熙元年(1425)三月明仁宗遣中官洪仔生赍敕往赐刀招散文绮、钞币[10]。明宣宗即位后,也立即派员前往八百媳妇国。宣德元年(1426)正月,明宣宗遣使往抚木邦、缅甸、麓川、车里、八百大甸、老挝宣慰司,赐之纱、罗、锦绮有差[11]。三年闰四月,刀招散遣头目来朝,贡象、马及金、银器皿方物[12]。六月,明宣宗遣内官洪仔生、徐亮等赍敕往八百大甸、木邦等处,赐其土官金织文绮、彩绢有差[13]。六年六月,刀招散遣头目板哀等贡方物[14]。七年十月,又遣人贡方物[15]。九年六月,又遣头目刀法纽等贡方物[16]。七月,明宣宗遣使赍敕往赐刀招散等锦绮、纱、罗[17]。总结而言,宣德时期八百媳妇国4次遣使明朝,明朝则3

---

① 《明太宗实录》卷七一,永乐五年九月辛亥,第987页。
② 《明太宗实录》卷八五,永乐六年十一月辛酉,第1132页。
③ 《明太宗实录》卷九五,永乐七年八月甲子,第1264页。
④ 《明太宗实录》卷一一九,永乐九年九月甲子,第1504页。
⑤ 《明太宗实录》卷一四五,永乐十一年十一月庚子,第1717页。
⑥ 《明太宗实录》卷一四八,永乐十二年二月戊午,第1733页。
⑦ 《明太宗实录》卷一七〇,永乐十三年十一月己亥,第1895页。
⑧ 《明太宗实录》卷一七一,永乐十三年十二月丁亥,第1906页。
⑨ 《明太宗实录》卷二六九,永乐二十二年三月庚寅,第2438页。
⑩ 《明仁宗实录》卷八下,洪熙元年三月庚寅,第261页。
⑪ 《明宣宗实录》卷一三,宣德元年正月己酉,第350页。
⑫ 《明宣宗实录》卷四二,宣德三年闰四月乙未,第1031—1032页。
⑬ 《明宣宗实录》卷四四,宣德三年六月辛丑,第1085—1086页。
⑭ 《明宣宗实录》卷八〇,宣德六年六月丁酉,第1848页。
⑮ 《明宣宗实录》卷九六,宣德七年十月辛亥,第2171页。
⑯ 《明宣宗实录》卷一一一,宣德九年六月辛酉,第2493页。
⑰ 《明宣宗实录》卷一一一,宣德九年七月庚寅,第2504页。

次派员往八百媳妇国。

总的来说，洪武至宣德时期(1368—1435)八百媳妇国共有 21 次遣使明朝，明朝则 9 次派使八百媳妇国。

第二阶段为正统至正德八年(1436—1513)，是为明朝与八百媳妇国使节往来减少时期。正统年间，八百媳妇国有两次派员访问明朝。第一次是正统五年(1440)九月，八百大甸军民宣慰使司土官宣慰使刀招三(按：当即刀招散)遣头目来贡方物①。第二次是正统十年六月，八百大甸军民宣慰使司头目孟董等来贡方物②。八月，明政府颁给八百大甸军民宣慰司金牌、信符各一，以"旧给牌符被暹罗国寇兵焚毁也"③。景泰年间，八百媳妇国有 3 次派员访问明朝。第一次是景泰元年(1450)五月，八百大甸军民宣慰使司宣慰使刀板雅者遣头目雷内等贡象、马、方物④。第二次是景泰二年二月，"八百、车里、老挝三宣慰司宣慰使刀招孟禄等来朝，贡马及方物"⑤。第三次是景泰六年五月，"车里、八百大甸、老挝三军民宣慰使司土官宣慰使刀霸羡等各遣头目招线靠等来朝，贡象、马及金银器皿等物"⑥。天顺年间，八百媳妇国有 1 次派员访问明朝，即天顺六年(1462)二月，八百大甸军民宣慰司头目板门等来贡方物⑦。成化年间，八百媳妇国有 4 次派员访问明朝。第一次是成化二年(1466)九月，车里、老挝、八百大甸宣慰司遣头目来贡，明政府颁给新制金牌、信符，以旧牌符"毁于火故也"⑧。第二次是成化七年闰九月，车里并八百大甸军民宣慰使司遣头目招扫等来朝，贡象、马并金、银器等物⑨。第三次是成化十六年七月，车里、老挝、八百大甸三宣慰使司土官宣慰使各遣头目来朝，贡金银器及犀角、象牙等物⑩。第四次是成化二十年八月，八百大甸军民宣慰使司土官

---

① 《明英宗实录》卷七一，正统五年九月丁未，第 1376—1377 页。
② 《明英宗实录》卷一三〇，正统十年六月庚申，第 2588 页。
③ 《明英宗实录》卷一三二，正统十年八月壬寅，第 2618 页。
④ 《明英宗实录》卷一九二《景泰附录》卷一〇，景泰元年五月戊申，第 3987 页。
⑤ 《明英宗实录》卷二〇一《景泰附录》卷一九，景泰二年二月壬辰，第 4306 页。
⑥ 《明英宗实录》卷二五三《景泰附录》卷七一，景泰六年五月乙丑，第 5470 页。
⑦ 《明英宗实录》卷三三七，天顺六年二月庚寅，第 6886 页。
⑧ 《明宪宗实录》卷三四，成化二年九月己卯、丙申，第 678、687 页。
⑨ 《明宪宗实录》卷九六，成化七年闰九月癸丑，第 1831 页。
⑩ 《明宪宗实录》卷二〇五，成化十六年七月辛丑，第 3586 页。

宣慰使刀揽那遣头目板细嫩等来朝,贡象牙、犀角等物①。弘治年间,八百媳妇国有 3 次派员访问明朝。第一次是弘治二年(1489)八月,刀揽那孙刀岳整赖贡方物,求袭为八百大甸军民宣慰使司宣慰使,明政府准之,并赐冠带、表里等物②。第二次是弘治六年六月,刀岳整赖遣头目蓝卜等来朝,贡方物③。第三次是弘治十年八月,八百大甸军民宣慰使司宣慰使刀揽那遣头目来贡④。正德年间,八百媳妇国最后 1 次派员访问明朝,即正德八年(1513)七月招揽那(按:即刀揽那)派头目板官罕等贡象、马及金、银象鞍⑤。

　　总的来说,正统至正德八年(1436—1513)暹罗共有 14 次遣使访问明朝,明朝则没有派使前往八百媳妇国。

　　正德八年(1513)以后,八百媳妇国再未遣使来华。之所以如此,是因八百媳妇国(兰纳王国)已陷入内忧外患之中。1538 年,兰纳国王芒克沙(Muangketklao)被其子赛坎(Saikham)废黜。赛坎凶暴残虐,1543 年被暗杀。因赛坎无嗣,老挝国王波提萨拉腊(Potisarat)以其母是清迈公主为由,提出由其子塞塔提腊(Settatirat)继承兰纳王位。波提萨拉腊王还派军至兰纳王国,打败各王位竞争者。1546 年,12 岁的塞塔提腊成为兰纳国王。次年,波提萨拉腊在一次狩猎事故中身亡,塞塔提腊赶回老挝争夺王位。但塞塔提腊得到老挝王位后拒绝返回清迈,清迈贵族遂拥立掸族亲王梅库提(Mekuti)为国王。就在这时,西境的缅甸东吁王朝开始大兴,在基本统一缅甸后又派兵进攻清迈。1556 年,梅库提不战而降,宣誓效忠缅王。然而,缅军刚撤出清迈,塞塔提腊即派老挝军队来攻。1558 年,老挝军占领清迈,但很快又被卷土重来的缅军赶走⑥。由此,清迈地区为缅甸所控制,进入缅属时期。直到 1774 年暹罗吞武里王朝军队将据守的缅军驱逐后,清迈地区正式为暹罗所控制。

　　综上所述,在清代以前,泰国地区古国的疆宇位置和兴亡演变存在诸多争议,中泰史籍对于两国间使节往来的记载也多有分歧,但中泰两国间

---

① 《明宪宗实录》卷二五五,成化二十年八月乙亥,第 4311 页。
② 《明孝宗实录》卷二九,弘治二年八月庚子,第 656 页。
③ 《明孝宗实录》卷七七,弘治六年六月壬午,第 1490—1491 页。
④ 《明孝宗实录》卷一二八,弘治十年八月癸未,第 2274 页。
⑤ 《明武宗实录》卷一○二,正德八年七月癸未,第 2112 页。
⑥ 参见[英]D. G. E. 霍尔:《东南亚史》,第 327—334 页。

存在广泛的历史关系是毋庸置疑的。可以说，除元朝初年和明朝初年曾与泰北的兰纳王国进行过小规模军事冲突外，中泰两国始终保持了密切的政治、经济、文化交流和人员往来。

第二章 清朝与暹罗阿瑜陀耶王朝的政治关系

清朝时期,暹罗阿瑜陀耶王朝(1350—1767)先后有帕拉塞·东(Prasat Tong,1630—1656 年在位)、昭发猜(Chao Fa Jai,1656 年在位)、室利·素谭吗罗阁(Sri Sutammaraja,1656—1657 年在位)、纳莱(Narai,1657—1688 年在位)、帕·碧罗阁(Pra Petraja,1688—1703 年在位)、帕昭·素(Prachao Sua,1703—1709 年在位)、泰沙(Tai Sra,1709—1733 年在位)、波隆摩葛(Boromokot,1733—1758 年在位)、乌通奔(Utumpon,1758 年在位)、波隆摩罗阁五世(Boromoraja V,1758—1767 年在位)10 位国王[①],其中纳莱、帕昭·素、泰沙、波隆摩葛、波隆摩罗阁五世 5 位国王在位时期共 14 次遣使访华。

一、与阿瑜陀耶王朝封贡关系的建立

清朝建立后,对前明朝贡国家实行招徕政策。顺治四年(1647)二月,清廷以浙东、福建平定,颁诏天下:东南海外琉球、安南、暹罗、日本诸国,附近浙闽,有慕义投诚、纳款来朝者,地方官即为奏达,与朝鲜等国一体优待[②]。七月,以广东初定,又颁诏曰:"南海诸国,暹罗、安南附近广地,明初皆遣使朝贡,各国有能倾心向化、称臣入贡者,朝廷一矢不加,与朝鲜一体优待,贡使往来,悉从正道,直达京师,以示怀柔。"[③]

在清廷招徕政策下,顺治九年(1652),暹罗阿瑜陀耶王朝派人到广州呈请换给敕印、勘合,以便入贡,广东巡抚李棲凤具题上奏。十二月,顺治帝接到李棲凤题报,下令礼部速议[④]。然部议结果未见记载。十六年

---

① 参见[英]D. G. E. 霍尔:《东南亚史》,第 1051 页。
② 《清世祖实录》卷三〇,顺治四年二月癸未,中华书局,1985—1987 年影印本,第 3 册,第 251 页。本书所引各《清实录》,均为中华书局 1985—1987 年影印本,不再另注。
③ 《清世祖实录》卷三三,顺治四年七月甲子,第 3 册,第 272 页。
④ 《清世祖实录》卷七〇,顺治九年十二月戊午,第 3 册,第 555 页。

（1659），暹罗派船前来探贡，已任两广总督的李棲凤题奏并获准许：暹罗来船所带货物，令在广州地方交易，船货丈抽税银清册，移送户部察核①。康熙二年（1663），暹罗派船来贡，但正贡船二只行至七洲洋面遇风飘失，只有护贡船一只来到虎门，仍令遣回②。

康熙三年（1664）七月，暹罗朝贡使团终于平安到粤，并向平南王尚可喜馈赠礼物。尚可喜向康熙帝奏报提出，暹罗馈赠礼物应不准收受，嗣后外国也不得馈遗边藩督抚。康熙帝从之，并谕准礼部所议：暹罗正贡船二只，令员役 20 名来京，补贡船一只，令 6 人来京③。十二月，暹罗副使敕博瓦绨进京途中病故于江西，康熙帝命"置地营葬，立石封识"④。四年二月，暹罗使团到达北京，贡使坤司吝喇耶迈低礼等觐见康熙帝，并向康熙帝呈献贡物 13 种：龙涎香、西洋闪金缎、象牙、胡椒、藤黄、豆蔻、速香、乌木、大枫子、金银香、苏木、孔雀、龟，献给皇后的礼物种类相同，数量各减半⑤。使团向康熙帝呈进表文曰：

> 暹罗国王臣森列拍腊照古龙拍腊马呼陆坤司由提呀菩埃，诚惶诚恐，稽首顿首，谨奏大清皇帝陛下：伏以新君御世，普照中天，四海沾衽幪之德，万方被教化之恩。卑国久荷天朝恩渥，未倾葵藿之心，今特躬诚照例朝贡，敢效输款，敬差正贡使坤司吝喇耶迈低礼、副贡使握坤心勿吞瓦替、三贡使屋坤司敕博瓦绨、大通事揭帝典办事等臣，梯航渡海，赍捧金叶表文、方物，译书一道，前至广省，差官伴送京师进献，用伸拜舞之诚，恪尽远臣之职，恭祝皇图巩固，帝寿遐昌，伏冀俯垂宽宥不恭，微臣瞻天仰圣，曷胜屏营之至，谨具表称奏以闻。⑥

从表文中可以看出，暹罗贡使包括正贡使坤司吝喇耶迈低礼、副贡使握坤

---

① （康熙）《大清会典》卷七二《礼部·主客清吏司》，《近代中国史料丛刊》三编第 711—730 册，第 3731 页。

② （康熙）《大清会典》卷七二《礼部·主客清吏司》，第 3731—3732 页。

③ 《清圣祖实录》卷一二，康熙三年七月己亥，第 4 册，第 192 页；（康熙）《大清会典》卷七二《礼部·主客清吏司》，第 3732 页。

④ 《清圣祖实录》卷一三，康熙三年十二月甲戌，第 4 册，第 204 页。

⑤ （康熙）《大清会典》卷七二《礼部·主客清吏司》，第 3734—3735 页；（雍正）《大清会典》卷一〇四《礼部·主客清吏司》，《近代中国史料丛刊》三编第 761—790 册，第 7006—7007 页。

⑥ 《清圣祖实录》卷一四，康熙四年二月壬申，第 4 册，第 212—213 页。《清史稿》卷五二八《属国传三》与《粤海关志》卷二一《贡船一》均记暹罗奉表时间为康熙四年十一月，应有误。

心勿吞瓦替、三贡使屋坤司敕博瓦绨、大通事揭帝典办事等。遣使朝贡的暹罗国王为森列拍腊照古龙拍腊马呼陆坤司由提呀菩埃,此当为在位 32 年(1657—1688)的纳莱王。

暹罗遣使朝贡,康熙帝非常高兴,下令赐暹王织金缎、织金纱、织金罗、锦各 4 匹,缎、纱、罗各 6 匹,赐王妃织金缎、织金纱、织金罗各 2 匹,缎、纱、罗各 4 匹,其余正、副使、通事、从人等,分别赏赐缎、罗、绢、布、靴等物①。同时礼部题定,暹罗贡期三年一次,贡道由广东②。

时隔两年,康熙六年(1667),暹王森列拍腊照古龙拍腊马呼陆坤司由提呀菩埃再次遣使入贡,贡使船队包括正贡船、护贡船、载象船各一只,又续发探贡船一只。礼部因议准:嗣后暹罗朝贡,不得过三船,每船不得过百人,来京员役 22 名,存留边界梢目给与口粮,其接贡、探贡等船概不许放入③。七年十一月,贡使握坤司吝喇耶迈低礼率领的暹罗使团到达北京④。经查,这次使团带来贡物,与《会典》规定不符。礼部因此题奏,请令暹罗下次朝贡时补进。康熙帝闻奏下谕:"暹罗小国,贡物有产自他国者,与《会典》难以相符。所少贡物免其补进,以后但以伊国所有者进贡。"⑤对于暹罗这次朝贡,康熙帝令照康熙四年例赏赐国王、王妃,又赐正、副使每人缎 7 匹,罗 4 匹,织金罗 2 匹,绢 2 匹,里绸 1 匹,布 1 匹,靴 1 双,其余通事、从人及留粤人员各赏赐有差⑥。

这次暹罗朝贡的主要任务是请求新颁敕印,据贡使带来的暹罗握耶大库咨文称:"本国王吩咐,明季旧颁敕印,因天□[遭]火变,供奉敕印宫殿尽为煨烬,以致敕印无存,当大国鼎新之后,先经专差使臣具贡呈报在案。至于恳颁新敕印,此在大国洪恩宠锡,本国仰瞻圣德,钦赏敕印文凭,便于入京朝贡。"对于暹罗新颁敕印的请求,礼部议奏认为:"该国王未□题请敕

<hr>

① (康熙)《大清会典》卷七四《礼部·给赐》,第 3800—3801 页。
② (康熙)《大清会典》卷七二《礼部·主客清吏司》,第 3732 页。关于暹罗贡道议定时间,(康熙)《大清会典》和(雍正)《大清会典》均记为康熙四年,(乾隆)《大清会典则例》、(嘉庆)《大清会典》和(光绪)《大清会典》则记为康熙六年,根据成书时间先后,应从康熙四年说。
③ (康熙)《大清会典》卷七二《礼部·主客清吏司》,第 3732 页。
④ 《清圣祖实录》卷二七,康熙七年十一月丁酉,第 4 册,第 377 页。
⑤ 《清圣祖实录》卷二七,康熙七年十一月己亥,第 4 册,第 377 页。
⑥ (乾隆)《大清会典则例》卷九三《礼部·主客清吏司·朝贡上》,文渊阁《四库全书》第 622 册,第 919 页。

印,不便据伊国陪臣之言遽议,应俟该国王题请之日再议。"康熙帝从之①。由此,这次暹罗请颁敕印因非暹王亲自题请而被拒绝。

暹王很快就再次遣使请求新颁敕印。康熙十一年(1672)三月,广东巡抚刘秉权疏言,暹罗贡使又至,但其所进方物仍与《会典》不符,较前更少其一。康熙帝闻奏,以先前已有谕旨,命礼部免其察议,其贡船带来货物,如愿运至京师贸易,听其自运,如愿在广东贸易,令督抚委官监视②。十二年二月,暹罗使团抵京,礼部发现使团带来的贡物"阙额虫蚀",因此奏请"令于下次补进"。康熙帝闻奏,下谕不予追究:"贡物虽与原数不符,但念航海远来,抒诚进贡,其阙额虫蚀等物,免其补进。"③这次暹罗朝贡的主要任务仍是请求新颁敕印,据贡使呈进的表文称:

> 暹罗国王臣森烈拍腊照古龙拍腊马呼陆坤司由提呀菩埃,诚欢诚忭,稽首顿首,启奏大清皇帝陛下:伏以天生圣君,嗣登宝位,刚明果断,国治民安,声闻海外,泽及诸彝。卑国世荷皇恩,微臣继袭践祚,远沾九重德化,莫能瞻仰天颜,幸遇贡期,敢效输款。专差正贡使臣握坤司吝喇耶低迈礼、二贡使臣握坤司殊喝剃耶西、三贡使臣握坤押狐瓦耻、通官握坤心物迈知理、揭帝典办事文司叨申理呼等,梯航渡海,赍捧金叶表文、方物、译书前至广省,差官伴送京师朝贡进献,代伸拜舞之诚,恪尽远臣之职,恭祝皇图永固,帝寿遐昌。伏冀俯垂鉴纳,庶存怀远之义。
>
> 微臣遵旨再陈:明季旧颁敕银印,卑国以凭进京朝贡。前因官殿[遭]火,煨烬无存,今进京朝贡,无可为凭。微臣以表文内不敢琐渎,委握耶大库具文呈部转奏,圣旨特赐敕银印,以便进京奉贡。康熙九年三月内,贡使回国,礼部奉旨咨文到暹罗。内开:赐臣具表题请,伏望圣恩颁赐敕印,以光属国,庶朝贡有凭。按古例,贡船三只到广,贡使捧表进京朝贡,其船置办国需,随汛回国,庶臣早知圣体兴隆,于次年再至广省,迎接圣敕回国。伏乞俞旨,赐依古例,特敕礼部行文广省

各衙门遵照施行。微臣不胜瞻天仰圣，欢忭踊跃之至。谨具表朝贡以闻。①

根据该表文，上次朝贡的握坤司耆喇耶迈低礼使团于康熙九年（1670）三月回到暹罗，并带回清朝礼部致暹罗国王的咨文，暹罗国王随之派遣握坤司耆喇耶低迈礼率团访华，并正式委托握耶大库具文呈请颁给敕印。

对于暹罗国王颁发敕印的请求，康熙帝命礼部议奏。康熙十二年（1673）二月二十日，礼部题奏：前明洪武十年，曾经派人赍诏敕、银印前往暹罗册封，本朝康熙五年，安南国王黎维禧遣使请封，已照洪武十年例封黎维禧为安南国王，此次暹罗国王派人前来请封，"应照封安南国王例封行"。二十二日，康熙帝下谕准奏。三月初八日，礼部就敕封暹罗一事再次题奏：此次敕封暹罗国王，应照敕封安南国王例，由内阁撰拟诰命，礼部铸造驼纽涂金银印，"至于遣封官员人等坐去船只及应行事宜，再议具题"。初十日，康熙帝再次准奏②。十八日，逢康熙帝寿辰，暹罗等国使臣行庆贺礼③。二十七日，礼部就敕封暹王之事第三次题奏：此次敕封暹罗国王，应遣正、副使各一员，由于跟役人等与护送官兵人数甚多，须用坚固好船二只，应令工部查明现在有无可以航海大船，或者下令速行置造新船；此外暹罗贡使人等留边等候敕封，糜费钱粮甚多，应将贡使人等赏赐筵宴后先行发遣回国，俟封使前往敕封时，再行文该国派人前来引路同往。四月初一日，康熙帝下谕："册封暹罗国王渡海道远，风涛有误亦未可定，这诰印应否交付进贡官，尔部再行察例议奏。"接奉谕旨，礼部于十五日第四次题奏：前明永乐时古里、满剌加等国遣使朝贡，各给诰印，并未开载遣人往封字样，"今遣封暹罗国，航海随去官兵甚多，又需月日，暹罗国迎送劳苦，相应不必遣官，令来使赍捧前往"④。康熙帝下谕准奏。由此，经礼部四次题奏、康熙帝四次下谕，敕封暹罗国王程序最终确定为将敕书、银印交贡使赍回。册封而不遣使，成为清朝敕封暹罗国王之定例。册封森烈拍腊照古龙拍腊马呼陆坤司

---

① 〔清〕江蘩编：《四译馆考》卷三《暹罗馆》，见北京图书馆古籍出版编辑组编：《北京图书馆古籍珍本丛刊》第 59 册，书目文献出版社，1988 年影印本，第 528—529 页。
② 台湾"中央研究院"历史语言研究所编：《明清史料》庚编，第六本，第 501—502 页。
③ 《清圣祖实录》卷四一，康熙十二年三月戊子，第 4 册，第 553 页；中国第一历史档案馆整理：《康熙起居注》，中华书局，1984 年，第 89 页。
④ 台湾"中央研究院"历史语言研究所编：《明清史料》庚编，第六本，第 501—502 页。

由提呀菩埃为暹罗国王的敕书曰：

> 来王来享，要荒昭事大之诚；悉土悉臣，国家著柔远之义。朕缵承
> 鸿绪，期德教暨于遐陬；诞抚多方，使屏翰跻于康乂。彝章具在，涣号
> 宜颁。尔暹罗国森烈拍腊照古龙拍腊马呼陆坤司由提呀菩埃，秉志忠
> 诚，服躬礼义，既倾心以向化，乃航海而请封。砺山带河，克荷维藩之
> 寄；制节谨度，无忘执玉之心。念尔悃忱，朕甚嘉焉。今封尔为暹罗国
> 王，赐之诰命，尔其益矢忠贞，广宣声教，膺兹荣宠，辑乃封圻。於戏！
> 保民社而王，纂休声于旧服；守共球之职，懋嘉绩于侯封。尔其钦哉！
> 无替朕命！①

至此，从顺治九年(1652)十二月暹罗遣使请贡，到康熙四年(1665)暹
罗使团初次入京朝贡，再经康熙七年拒绝颁给暹王敕印，到康熙十二年敕
封暹罗国王，清朝对于暹罗贡期、贡道、贡物、赐予、使团规模、敕封等做出
一系列制度规定，标志着清朝与暹罗阿瑜陀耶王朝封贡关系的建立。

二、与阿瑜陀耶王朝封贡关系的平稳发展

从康熙四年(1665)暹罗阿瑜陀耶王朝使团初次入京朝贡，到乾隆三十
二年(1767)阿瑜陀耶王朝被缅甸雍籍牙王朝攻灭，清朝与阿瑜陀耶王朝建
立并保持了和平稳定的封贡关系。据统计，阿瑜陀耶王朝共有 14 次向清
朝入贡。除康熙四年、七年、十一年 3 次朝贡上文已述外，兹将其余 11 次
朝贡分述如下：

(一)康熙二十三年朝贡

康熙二十二年(1683)，暹罗国王森烈拍腊照古龙拍腊马呼陆坤司由提
呀菩挨（按：当即纳莱王)再次遣使朝贡。据贡使称，贡使船队包括正贡船
和载象船二只，五月初二日从暹罗出发，正贡船于闰六月二十日到达虎门，
载象船于六月初十日自广南外洋遭风飘至厦门，九月二十一日始至虎门。
贡使还描述了两艘船只的形制大小：正贡船长 9.9 丈，中广 2.53 丈，深

---

① 《清圣祖实录》卷四二，康熙十二年四月丁巳，第 4 册，第 557 页。

1.54丈,头广8尺,尾广1.4丈,大桅长7.05丈,围9尺,次桅长5.95丈,围7尺;载象船长8.24丈,中广1.8丈,深1.4丈,头广4.8尺,尾广1丈,大桅长6.6丈,围5.5尺,次桅长5.38丈,围4尺。正贡船空时吃水7尺,装载时吃水1.15丈;载象船空时吃水5尺,装载时吃水1.02丈①。显然,正贡船形制大于载象船。

暹罗遣使朝贡,康熙帝谕准贡使入京。康熙二十三年(1684)六月,由坤孛述列瓦提率领的朝贡使团到达北京,其带来的暹罗国表文称:"启奉大清国皇帝陛下:伏以圣明垂统,继天立极,无为而治,德教孚施万国;不动而化,风雅泽及诸彝。巍巍莫则,荡荡难名。卑国世荷皇恩,久沾德化。微臣继袭践祚,身属遐方,莫能仰瞻天颜,幸遇贡期,敢效输款。专遣正贡使坤孛述列瓦提、二贡使臣坤巴实提瓦抒、三贡使臣坤司客塔瓦喳、正通事坤思客塔披彩、辨(办)事文披述嗒新礼呼等,梯航渡海,赍捧金叶表文、方物、译书,前至广省,差官伴送京师,朝贡进献。代伸拜舞之诚,恪尽臣子之职,恭祝皇图巩固,帝寿遐昌。伏冀俯垂鉴纳,存怀远之义。微臣瞻天仰圣,不胜屏营之至。"②从该表文中可以看出,这次暹罗朝贡是按照贡期入贡,贡使包括正贡使坤孛述列瓦提、二贡使坤巴实提瓦抒、三贡使坤司客塔瓦喳、正通事坤思客塔披彩、办事文披述嗒新礼呼等。

这次暹罗朝贡,贡使还向康熙帝呈上暹王关于朝贡贸易的申请:其一,贡船到虎门后,地方官阻滞日久。迨进至河下,又将货物入店封锁,等候礼部批准公文到时方准贸易,每至毁坏。请敕谕广东地方官,嗣后贡船到虎门,具报之后即放入河下,俾货物早得登岸贸易;其二,本国需要采办器用,请敕谕地方官给照置办,勿要阻拦;其三,贡使赴京后,请先遣贡船回国,次年再派船来广东迎接贡使回国。对于暹罗国王提出的三项请求,礼部议奏均应如所请,康熙帝从之③。

对于此次暹罗朝贡,康熙帝下谕照从前之例赏给暹王、王妃及贡使人等蟒缎等物,并定例将原来赏赐的靴改为绢④。为方便使团人等从北京返回广东,康熙帝还谕准礼部所奏:暹罗国进贡员役回国,有不能乘马者,官

---

① [清]杜臻:《粤闽巡视纪略》卷二,《近代中国史料丛刊》续编第971册,第31—32页。
② [清]王士祯:《池北偶谈》卷四,文渊阁《四库全书》第870册,第57页。
③ 《清圣祖实录》卷一一五,康熙二十三年六月甲寅,第5册,第201—202页。
④ (乾隆)《大清会典则例》卷九三《礼部·主客清吏司·朝贡上》,第920页。

给夫轿，从人给舁夫①。

此次暹罗朝贡后第二年，清廷对赏赐暹罗等国例做出调整。自康熙四年(1665)暹罗初次朝贡，清朝就定例赏赐暹罗国王织金缎、织金纱、织金罗、锦各 4 匹，缎、纱、罗各 6 匹，共 34 匹，赏赐王妃织金缎、织金纱、织金罗各 2 匹，缎、纱、罗各 4 匹，共 18 匹。康熙二十四年(1685)十一月，琉球国中山王尚贞遣使入贡，康熙帝以"所赐琉球等外国恩赉之物甚菲，于厚往薄来之道尚未允协"，令内阁会同礼部"酌量增益所赏仪物"②。十二月，内阁与礼部会奏："赏赉外国例，朝鲜、西洋、荷兰赐物素厚，不必复增，及暹罗王妃赏赐亦仍如常遵行。嗣后琉球国王应增缎三十匹，安南国王增缎二十匹，暹罗国王增缎十六匹，凡表、里各五十匹。"③康熙帝谕准此奏，由此赏赐暹王缎匹增至共 50 匹。

(二)康熙四十七年朝贡

1688 年暹罗纳莱王去世后，帕·碧罗阁(Pra Petraja，1688—1703 年在位)登位。据越南史籍记载，1702 年曾有暹罗贡船遭风漂泊广南，广南阮王阮福淍为之修船，给以粮米，令搭载正在广南宣传佛法的广东监生黄辰、僧人兴彻回粤代为"求封"④。但此次暹罗贡船并未见于清朝档案文献记载。1703 年，帕昭·素(Prachao Sua，1703—1709 年在位)继任为暹罗国王。帕昭·素继位不久，即遣使访华。康熙四十七年(1708)二月，广东巡抚范时崇奏称，暹罗国王森列拍照广拍马呼陆坤司由提耶菩埃遣使赍表文入贡到粤，带来方物 36 种，其压舱货物安放于琼州，但载象船遇风飘失，查探无踪。接到范时崇奏报，康熙帝命礼部议奏。礼部于二十二日题奏：暹罗遣使来贡，应照康熙二十二年之例，准其员役 26 名赴京；其压舱货物，如愿自出夫力带来京城贸易，听其运来，如愿在广东贸易，令督抚委官监看，其交易货物数目及监看贸易官员职名，另造清册报部；其进贡一船所带

---

① (乾隆)《大清会典则例》卷九四《礼部·主客清吏司·朝贡下》，第 929 页。
② 《清圣祖实录》卷一二三，康熙二十四年十一月乙亥，第 5 册，第 304 页。
③ 《清圣祖实录》卷一二三，康熙二十四年十二月辛卯，第 5 册，第 308 页；中国第一历史档案馆整理：《康熙起居注》，第 1409 页。
④ 〔越〕张登桂等纂修：《大南实录》前编，卷七，日本庆应义塾大学言语文化研究所整理，(东京)有邻堂影印本，1980 年，第 20 页；〔越〕黎贵惇：《抚边杂录》卷五，越南汉口南研究院藏抄本，馆藏编号 A.184/1—2。

压舱货物,照例停其征税。二十八日,康熙帝下谕准奏。由此,暹罗贡船压舱货物在广东就近发卖,范时崇委派广州府经历凌丘孝负责监看,贡使则由番禺县县丞高隆中伴送,于四月初四日起程赴京。六月初十日,暹罗载象船到达广州,带来驯象 2 只、金丝猴 2 只[①]。载象船员役偓乃、偓二、偓三、偓孔 4 人,由凌丘孝伴送赴京[②]。

七月,贡使坤备叭喇插新厉呼喇插秃率领的暹罗使团到达北京,入贡方物外,加进贡物 9 件[③]。康熙帝下谕,照康熙二十四年议定之例赏赐暹王、王妃及贡使人等。后来到京的偓乃等 4 人,则照从人例,各赏绢 2 匹、布 7 匹,广东伴送经历凌丘孝亦照例赏彭缎袍 1 领[④]。此次暹罗朝贡,贡使坤备叭喇插新厉呼喇插秃等先回广东开船回国,偓乃等 4 人则仍由凌丘孝伴送,于康熙四十八年(1709)六月二十二日离京南下,八月初八日回至广东,不久随正贡船主坤七那阿镢一同归国[⑤]。

(三)康熙六十一年朝贡

1709 年,帕昭·素王长子泰沙(Tai Sra,1709—1733 年在位)继任暹罗王位。康熙六十年(1721)七月,两广总督杨琳奏,暹罗国遣使入贡,贡船二只于十五日到粤[⑥]。从时间上看,这次遣使访华的暹罗国王是泰沙王。十月,广东巡抚杨宗仁疏言,暹罗贡使船内有郭奕逵等 156 名,系内地福建、广东人,请查明令其归籍。礼部议奏认为,可令郭奕逵等暂回暹罗,行咨国王,俟有便船,将伊等家口及其他汉人,一并查送回籍,康熙帝从之[⑦]。

康熙六十一年(1722)四月,暹罗使团入京[⑧],于贡物外,又献金筒、螺钿盒、贴金盒各 1 个,金珠 3 个,金圈 7 个,锦袱 2 条,紫梗牌 2 面,驯犀 1 只,又加贡大西洋金缎 2 匹、大西洋阔宋锦 1 匹[⑨]。对于这次暹罗朝贡,康

---

① 台湾"中央研究院"历史语言研究所编:《明清史料》庚编,第六本,第 502 页。
② 台湾"中央研究院"历史语言研究所编:《明清史料》庚编,第六本,第 503 页。
③ (乾隆)《大清会典则例》卷九三《礼部·主客清吏司·朝贡上》,第 905—906 页。
④ (乾隆)《大清会典则例》卷九三《礼部·主客清吏司·朝贡上》,第 921 页。
⑤ 台湾"中央研究院"历史语言研究所编:《明清史料》庚编,第六本,第 503 页。
⑥ 中国第一历史档案馆编:《康熙朝汉文朱批奏折汇编》第 8 册,档案出版社,1985 年,第 828 页。
⑦ 《清圣祖实录》卷二九五,康熙六十年十月壬午,第 6 册,第 864 页。
⑧ 《清圣祖实录》卷二九七,康熙六十一年四月辛巳,第 6 册,第 880 页。
⑨ (雍正)《大清会典》卷一〇四《礼部·朝贡一》,第 7004—7005 页。

熙帝下谕,除照例赏赐外,再照安南国例加赏,国王加赐缎、罗各 8 匹,锦、纱各 4 匹,织金缎、织金纱、织金罗各 2 匹;王妃加赐缎、织金缎、纱、织金纱、罗、织金罗各 2 匹;贡使 4 人,每人加缎、罗、织金罗、绢、里各 1 匹;通事 2 名,每人加缎、罗、绢各 1 匹;从人 21 名,每人加绢、布各 1 匹。因补进犀牛的使者官级较低,赏赐物件比具表进贡使臣酌减,赏缎 6 匹,罗 3 匹,织金罗 2 匹,绢 3 匹,里 2 匹,布 1 匹,通事赏缎 3 匹,罗 3 匹,绢 2 匹,从人 4 名各赏绢 2 匹,布 6 匹,伴送驿丞赏彭缎袍 1 领①。礼部还奏准,暹罗贡使回国,遣礼部汉司官一人伴送②。

这次暹罗朝贡,正值清朝实行“南洋之禁”,禁止中国商民前往南洋吕宋(今菲律宾)、噶啰吧(今雅加达)等处贸易。当时有两艘暹罗商船,正被羁留广州。暹罗贡使呈称,其国有两艘红舷船,因禁洋被留,请令广东督抚查明,交贡使带回,其驾船水手人等,系内地人者发原籍安插,系暹罗人者令随船回国,康熙帝准之③。六月,因暹罗贡使言称其国“米甚饶裕,价值亦贱,二三钱银即可买稻米一石”,康熙帝下令可运米 30 万石至福建、广东、宁波等处贩卖,并强调此 30 万石米“系官运,不必收税”。礼部因与暹罗来使议定,载米到时每石给价 5 钱,除为公运 30 万石不收税外,其带来米粮货物任从贸易,照例收税④。由此开启了雍正、乾隆时期兴盛一时的中暹大米贸易,详见第七章相关论述。

(四)雍正二年朝贡

康熙六十一年(1722)清廷下令鼓励暹罗运米来华贩卖,到雍正二年(1724)十月,广东巡抚年希尧题报,暹罗国王入贡稻种、果树、洋鹿、猎犬等物,并运米来粤贩卖,其来船梢目徐宽等 96 人,本系汉人,今皆求免回籍。雍正帝闻奏下谕:“暹罗国王不惮险远,进献稻种、果树等物,最为恭顺,殊属可嘉,应加奖赉。其运来米石,令地方官照粤省见在时价,速行发卖,不许行户任意低昂,如贱买贵卖,甚非朕体恤小国之意。嗣后且令暂停,俟有

---

① (雍正)《大清会典》卷一○六《礼部主客司·给赐》,第 7118—7119 页。
② (乾隆)《大清会典则例》卷九四《礼部·主客清吏司·朝贡下》,第 929 页。
③ (乾隆)《大清会典则例》卷九四《礼部·主客清吏司·朝贡下》,第 937 页。
④ 《清圣祖实录》卷二九八,康熙六十一年六月壬戌,第 6 册,第 884 页;(乾隆)《大清会典则例》卷九四《礼部·主客清吏司·朝贡下》,第 933 页。

需米之处,候旨遵行。其压船随带货物,一概免征税银。来船梢目徐宽等九十六名,虽系广东、福建、江西等省民人,然住居该国,历经数代,各有亲属,实难勒令迁归,著照所请,免令回籍,仍在该国居住,以示宽大之典。"①

这次暹罗朝贡,有几点值得注意:其一,暹王并未专派贡使,而是附商船贡稻种、果树等物,对此雍正帝仍然强调要进行赏赐;其二,对于商船运来大米,雍正帝指示要按照时价销售,不再适用康熙六十一年礼部与暹罗贡使商定的每石 5 钱的价格;其三,雍正帝下令嗣后暂停暹罗运米来华,待需要时再下谕允行;其四,商船随带压舱货物,本应照例征税,雍正帝下令一概免征;其五,商船梢目徐宽等 96 人,本应发回原籍安插,雍正帝准其仍回暹罗居住。

根据雍正帝加以奖赉的谕旨,礼部于十一月议准:此次暹罗进贡,国王、王妃照康熙六十一年例加赏,船长乃文吥等照通事例,番梢偓吉等照从人例赏给②;又船长虽非贡使可比,但载运米粮向化远来,于原赏布 10 匹外再各加赏 10 匹;又特赏暹王各色缎 20 匹,珐琅器 1 件,玉器 7 件,松花石砚 2 方,玻璃碗 10 件,各色瓷器 146 件;以上例赏、加赏、特赏物品,俱派礼部司官一员赍送广东,由督抚交船长领回③。雍正三年(1725)三月十九日,礼部主事徐士林带着赏赐暹罗各物到达广州。二十八日,徐士林与总督孔毓珣、巡抚年希尧一起传到暹罗船长徐淞等,将赏赐各物点交,并传集在粤西洋人、行商、通事人等在旁观看。据徐淞感激言:"我国王进献不过谷种、果树、鹿、犬至微之物,蒙皇上恩旨嘉奖,货免征税,米照时价,又蒙恩赏,已邀格外,复奉特旨加赏,又颁赏内廷宝器多种,都是我小国所从不经见。自国王以至我等驾船小人,俱蒙赏赐,又差钦差来回万余千里赍到广东,惟有归国禀知国王及遍告我国人民,日祝万寿无疆,永守藩服,忠顺天朝。"④

---

① 《清世宗实录》卷二五,雍正二年十月己亥,第 7 册,第 397 页。

② 《清世宗实录》卷二六,雍正二年十一月乙丑,第 7 册,第 410 页。

③ (乾隆)《大清会典则例》卷九三《礼部·主客清吏司·朝贡上》,第 922 页;[清]萨迎阿总纂:《钦定礼部则例》卷一七六《主客清吏司·暹罗朝贡》,第 4 页。

④ 《雍正朝外交案·孔毓珣折》,载故宫博物院文献馆编:《史料旬刊》第 7 期,故宫博物院文献馆,1930—1931 年,第 246 页。

(五)雍正七年朝贡

雍正七年(1729),暹罗再次遣使入贡,广东政府委派顺德县巡检陈珪伴送使团赴京。据广东政府给发的勘合,这次暹罗使团赴京,应用夫 264 名、马 28 匹。然而,在使团赴京途中,实际用夫 250 名,比勘合少 14 名,实际用马 40 匹,比勘合多 12 匹,又额外用车 25 辆,并每站需索上席 4 桌,下席 10 桌,前站三人银 3 两,象奴三人银 3.2 两等费①。对此河东总督田文镜具折参奏,雍正帝下令详查。五月,巡察御史苗寿等奏称,此事系"伴送暹罗贡使人员沿途违例勒索,借端逗遛,骚扰驿递"。雍正帝闻奏,下令俟贡使到京之日,将伴送管事之人交部拿问②。

七月,贡使朗微述申黎呼率领的暹罗使团到达北京。使团献给雍正帝的礼物除驯象外包括 36 种:龙涎香 1 斤,上沉香 2 斤,幼馔石 1 斤,犀角 3 对,象牙 300 斤,豆蔻 300 斤,藤黄 300 斤,降真香 300 斤,大枫子 300 斤,乌木 300 斤,苏木 3000 斤,荜拨 100 斤,桂皮 100 斤,树胶香 100 斤,儿茶皮 100 斤,樟脑 100 斤,上檀香 100 斤,硫磺 100 斤,翠鸟皮 600 张,孔雀尾 10 屏,阔红布 10 匹,大荷兰毯 2 领,上冰片 1 斤,中冰片 2 斤,冰片油 20 瓶,蔷薇露 60 罐,束(速)香 300 斤,安息香 300 斤,胡椒 300 斤,紫梗 100 斤,织金头白袈裟 6 匹,织金头桃红袈裟 6 匹,织金头白幼布 10 匹,幼花布 6 匹,幼幔天 10 条,阔幼花布 6 匹;皇后前不进象,余物种类相同,数量减半。雍正帝以暹罗远隔海洋,所进方物赍送不易,欲酌量裁减,乃令礼部会同内务府查议具奏。很快和硕怡亲王允祥等奏:暹罗常例贡物内有束(速)香、安息香、胡椒、紫梗、织金头白袈裟、织金头桃红袈裟、织金头白幼布、幼花布、幼幔天、阔幼花布十种,向来收受存贮,无可使用之处,可以免其贡献;其进贡皇后前贡物,亦应照此减免③。雍正帝下谕:"嗣后将此等免其入贡,永著为例。"④对于此次暹罗朝贡,除照康熙六十一年(1722)例加赏外,雍正帝又下令特赐国王御书"天南乐国"四字,内库缎 20 匹,玉器 8 件,珐琅器 1 件,松花石砚 2 方,玻璃器 2 种共 8 件,瓷器 14 种共 146 件,特赐

---

① 《世宗宪皇帝朱批谕旨》卷一二六之一六,文渊阁《四库全书》第 421 册,第 480—481 页。
② 中国第一历史档案馆编:《雍正朝起居注册》,中华书局,1993 年,第 2821 页。
③ 台湾"中央研究院"历史语言研究所编:《明清史料》庚编,第六本,第 503 页。
④ 《清世宗实录》卷八三,雍正七年七月己巳,第 8 册,第 113 页。

贡使内造缎 8 匹,银 100 两①。

暹罗此次朝贡,贡使还提出游览京城和购买马匹的特殊要求。据贡使言称:"京师为万国所景仰,国王意欲令伊等观光上国,遍览名胜,回述以广见闻。"雍正帝闻奏下谕:"不必禁止,著贤能司官带领行走,仍赏银千两,若所喜物件,听其购买。"贡使又提出:"奉国王命,本国所产马匹甚小,久慕天朝所产马驼骡驴高大,请各买三四匹回国。"雍正帝再次谕准:"著照所请,准其购买,所买价值,著内库支给。"②十一月,暹罗使团回到广东后,又提出"采买东京弓二十张,红铜线十担"的要求,署广东巡抚傅泰具折上奏,雍正帝再次谕准傅泰采买赏给③。

这次暹罗朝贡,副贡船由船长魏鸣崎管驾,于雍正七年(1729)二月先行回国,广东政府将吕宋遭风难民喋嚟等 5 人交副贡船转搭归国。八年正月二十日,贡使朗微述申黎呼乘坐的正贡船开行回国,广东政府又将柬埔寨遭风难民西兰等 13 人交贡船转搭归国④。

(六)乾隆元年朝贡

1733 年,泰沙王去世,其弟波隆摩葛(Boromokot,1733—1758 年在位)登位。雍正十三年(1735)七月,两广总督鄂弥达奏:"暹罗国王向化输诚,遣使押驾正、副贡船二只,赍捧表文,方物驯象、龙涎香等项,前来入贡。"正贡船于十五日、副贡船于十七日先后进入省河湾泊,经广州知府刘庶委令南海、番禺知县查验,及司道照例验明贡物,起贮怀远驿内,驯象加谨喂养,并拨兵役防护⑤。从时间来看,这次遣使访华的暹罗国王当即波隆摩葛王。使团呈进的表文称:

> 伏以圣世雍和,万方咸披化日;洪仁普博,千秋永戴殊恩。中外虽分,覆载无异。臣甫践藩封,输诚入贡。前蒙圣慈,垂念远隔重洋,赍送不易,嗣后束(速)香、洋布等免进共十件,内官亦如所免。敕命煌煌,永著为例。仍又格外加恩,钦赐匾额、奇珍、驼马、骡驴,且准使等

---

① (乾隆)《大清会典则例》卷九三《礼部·主客清吏司·朝贡上》,第 924 页。
② (乾隆)《大清会典则例》卷九四《礼部·主客清吏司·朝贡下》,第 938 页。
③ 《清世宗实录》卷八八,雍正七年十一月庚子,第 8 册,第 189 页。
④ 台湾"中央研究院"历史语言研究所编:《明清史料》庚编,第六本,第 509 页。
⑤ 台湾"中央研究院"历史语言研究所编:《明清史料》庚编,第六本,第 510—511 页。

观光上国,恩赏国帑千金,举国颂圣德于无疆,邻封闻特眷之大典。涓涘莫报,刻骨难酬。臣远处遐方,不能躬亲叩阙,特遣朗三立哇提为正贡使,朗曝理哇振为副使,坤史璘呸者哪为三贡使,坤新黎呼吕七通事柯汉、文备匹迈底办事,赍金叶表文,代伸拜舞,恭祝皇图永固,圣寿无疆。外有衷曲,未敢擅陈,令昭丕雅大库呈明大部,恳为转奏。万有意外之事,亦令使臣呈明,并面圣时奏达宸听。忖猥庸属国得以瓦全,皆籍(藉)皇仁高厚,万里拜瞻,伏望睿鉴。臣临表不胜诚惶诚恐之至。①

这次暹罗朝贡,有几点值得注意:其一,暹罗贡期三年一次,雍正十一年(1733)已届贡期,为何迟至雍正十三年方来入贡?据贡使称:"因值新王嗣位,新造贡船二只,于雍正十二年秋间方行造竣,以致逾期年余。"其二,暹罗贡船不得过三只,人数不得过百人,但这次贡船人数超过百人。据贡使称:"今次贡船稍大,是以多用水手,非敢违例。"其三,贡船上的华民水手没有携带家眷回国。据称,"前已奉有俞(谕)旨,水梢人等在暹居住日久,各有亲属在暹,实难勒令迁归,著照所请,免令回籍,仍在该国居住。"其四,除常例贡物外,又加进金缎2匹、花幔1条,并加进皇后前大荷兰毯1领②。其五,使团是由新任国王派出,主要任务是表谢清廷减免贡物并格外赏赐,以及呈进例贡。此外还有"衷曲",未写入表文,而是呈明礼部转奏,此即暹罗使团抵京后提出的恳请赏赐蟒缎大袍及采购铜斤之事。

乾隆元年(1736)五月,暹罗使团到达北京,乾隆帝"温旨嘉奖"③。六月,贡使呈称,暹罗昭丕雅大库代其国王呈请赏赐蟒缎大袍一二件,又该国造福送寺需用铜斤,欲赴粤采买七八百斤。对于暹罗使臣提出的请求,礼部认为,旧例赏赐已有蟒缎、蟒纱等物,铜铁出洋久经严禁,所以该国王所请,应毋庸议。但乾隆帝以暹罗国"远处海洋,抒诚纳贡",下令除照定例给赏外,特赏蟒缎4匹,至采买铜斤一项,因"该国王称系造福送寺之用",故"特加恩赏给八百斤",但"后不为例"④。这次暹罗朝贡,清朝除照常例颁

① 台湾"中央研究院"历史语言研究所编:《明清史料》庚编,第六本,第 511 页。台北"故宫博物院"藏有乾隆朝暹罗国金叶表,参见附图四。

② 台湾"中央研究院"历史语言研究所编:《明清史料》庚编,第六本,第 510 页。

③ 《清高宗实录》卷一九,乾隆元年五月丁巳,第 9 册,第 476 页。

④ 中国第一历史档案馆编:《乾隆朝上谕档》第 1 册,档案出版社,1991 年,第 249 条,第 85 页;《清高宗实录》卷二一,乾隆元年六月壬午,第 9 册,第 504 页。

赏外,还照康熙六十一年例加赏①。

十二月,广东巡抚杨永斌疏奏,暹罗遣使入贡,其副贡一船照例先遣回国,今该国王因副贡船逾期未到,复令杨石等驾船来粤探贡,并带有槟榔、苏木等项压舱货物。因暹罗每次探贡船来,均有补进方物,所以压舱货物予以免税。此次杨石等船并无带进方物,故杨永斌上疏请示船上货物是否予以免税,船上梢目水手是否支给口粮。对于杨永斌的疏奏,礼部认为,所有货物应免征税,梢目水手应照例支给口粮,乾隆帝从之②。

乾隆元年(1736)后的十余年间,暹罗没有遣使朝贡,但有两次探贡和一次附商船带贡丹药。乾隆三年七月,有暹罗探贡船只在香山县属洋面遭风打坏,伤及人口,经广东地方政府动支公项银两,赈恤养赡,遣送归国。五年七月,暹罗船商伸亚沛哇窒驾船载货来粤,赍呈暹罗国公文一件,内称本国探贡船只遭风,蒙给银米,护送归国,特备银1280两,"欲伸图报之忱,并备礼物敬送列宪"。署广东巡抚王謩认为,"国家柔远之恩,原无责报之意",因此传集番商,"谕以毋庸办缴,其致送礼物,亦概为屏却"③。乾隆十年(1745),暹罗派徐世美商船带贡乐国生生丹药一匣共5000丸,另致送礼部800丸、两广总督500丸、广东巡抚200丸,俱用木匣散装。两广总督策楞闻报,以丹药系暹商带来,并无表文、贡使,而该国大库呈文内又未附载药方,且该国贡期久逾,所以下令查讯。经署广东布政使纳敏查明,暹罗未来朝贡已经十载,询问来商徐世美,据称"国王抒诚向化,时刻感戴皇恩,只以国小且贫,并无合式贡品。适有仙传异制妙药,名为乐国生生丹,灵妙非常,实系稀奇之物,爰遵康熙六十年凡有稀奇之物不拘一二件交在广东转进之谕旨,遴选工匠打造银箱,共药五千丸,盛贮箱内,敬谨封贮,头目昭丕雅区沙大库转交世美赍至广城。至用何项药料合成,因小国不知贡进丹药须开本方,且启行之时系国王交与大库转令赍送,无从开呈"④。十一月,策楞将此事向乾隆帝奏报,礼部议奏提出,"南北燥湿,水土各异,所进药丸令该督交还赍回,赍贡夷商量为犒赏。至附带贡品商船,所有商货、梁头,

---

①　(乾隆)《大清会典则例》卷九三《礼部·主客清吏司·朝贡上》,第925页。
②　《清高宗实录》卷三二,乾隆元年十二月辛未,第9册,第639页。
③　《清高宗实录》卷一二三,乾隆五年七月戊戌,第10册,第817页。
④　台湾"中央研究院"历史语言研究所编:《明清史料》庚编,第六本,第514—515页。

与专差陪臣入贡例有间,仍令照例征税",乾隆帝从之①。由此,这次暹罗商船带贡丹药,并未获准呈进,船上货物也未得免税之待遇。

(七)乾隆十四年朝贡

乾隆十二年(1747),暹罗遣使朝贡,正贡船被风飘至安南,后来驶回暹罗,副贡船于六月二十九日到达虎门,船上装载驯象2只,但压舱货物渗漏潮湿,难以久贮。广东官府令将驯象暂留广东喂养,货物先行发卖,船上人役遣发回国。乾隆十三年,暹王命造新船,由马国宝管驾,载运贡使来华,于闰七月初三日到粤。与正贡船同来的还有一艘由船商坤双末里、方永利管驾的护贡船,于七月三十日入口。这次暹罗遣使来华,有几点值得注意:其一,正贡、护贡两船,有贡使、跟役人等48名,商梢186名,"均与每船人不过百之例相符"。其二,华民商梢未携带眷属回国,原因仍是"在暹居住年久,各有亲属家室在暹"。其三,此前进贡驯象都是一只,这次副贡船载来驯象是2只。其四,贡使自带红铜500斤来粤,希望打造铜盘、铜碗、蜡台等器皿②。

暹罗贡使到粤后,广东巡抚岳濬于十月十六日具题上报。十一月二十六日,乾隆帝接到岳濬题报,下令礼部议奏。十二月十六日,礼部议奏提出:暹罗遣使入贡,应照例准其员役26名进京,并将驯象2只解送来京;护贡船应令先行回国,船梢人等准其仍回该国居住;压舱货物应照例听便贸易,免于征税;贡使自带红铜来粤制造器皿,应准其制造带回,但嗣后不得援以为例③。对于礼部意见,乾隆帝皆从之。

乾隆十四年(1749)六月二十五日,贡使朗呵派呱提率领的暹罗使团到达北京,其带来的暹罗国王森密拍照广敕马呼陆坤司尤提雅普埃(按:当即波隆摩葛王)的表文称:

　　　　窃谓循礼报忠,朝廷之巨典;献琛修职,臣子之微忱。恭惟皇帝陛

①　《清高宗实录》卷二五二,乾隆十年十一月庚辰,第12册,第266页。清代档案文献中,一直是"夷""彝"混用,后逐渐多用"夷"字。1858年中英《天津条约》第51款规定:嗣后各式公文,无论京外,内叙大英国官民,自不得提书"夷"字。是为中国在签署外交文件时,首次明确规定不得使用"夷"字等歧视性字词。本书在使用相关文献时一仍其旧,仅为表述上方便,并不代表本人认识,特此说明。

②　台湾"中央研究院"历史语言研究所编:《明清史料》庚编,第六本,第515—516页。

③　台湾"中央研究院"历史语言研究所编:《明清史料》庚编,第六本,第519页。

下,英明神圣,文武睿听。帝德高深,鸿功弥于宇宙;皇仁溥博,恩泽遍及沧溟。是数百代太平天子,千万载挺出神灵。八荒宾服,四海来王。缘以暹区荒陬僻壤,窎处西陲,久荷帡幪,恩深覆载。恭遵圣祖仁皇帝承天御极以来,百有余载;历奉世宗宪皇帝天朝正朔,久矣恭顺,向化钦遵。复思天恩浩荡,圣德昭明,每怀衔结之忱,时切涓埃之报。缘以梯山航海,阻隔重险波涛,原于乙卯岁(1735),臣等已经遣贡使人员虔修贡仪勘合,深入重洋,上贡龙天凤阙,深蒙皇恩宠赉,藩锡下颁。臣等远处天南,遥瞻北阙,叩谢天恩,俾弹丸蕞尔微邦,咸沾圣朝雨露汗颜,感激无地。遥想历代相沿,例应朝贡,躬修厥职,少展葵忱。兹此戊辰岁(1748),臣敬合造正、副贡船二艘,遣朗呵派呱提为正贡使,朗扒里千叨耶为副贡使,坤申尼呼备郎为三贡使,坤乐七呱喳迈墀呱增为通事,文勃集纳备问办事,大小贡使人员,虔赍方物勘合,到粤奉贡皇朝。凛遵国典,物愧不丰,聊申芹献。俯叩宸听睿鉴,优加抚恤,格外垂仁。怜其荒陬顽蠢,未谙上国规仪。仰冀圣明日月乾坤,帝德渊涵,俾贡使人员得趁早潮,顺帆回国。其高厚恩泽,下逮边疆之功,永垂奕禩矣。臣虽处天南,只有瞻天仰圣,祝我清之皇图巩固,帝道遐昌,金瓯永奠,玉烛常调。臣等下情,不胜悚慄,无任瞻依之至。[①]

在这封表文中,暹王先是追溯1735年暹罗遣使朝贡之经过,然后提到1748年遣使朗呵派呱提等,乘坐贡船2只,前来广东入贡,希望乾隆帝能够早日将贡使人等遣回暹罗。

这次暹罗使团带来的贡物,包括进皇帝前驯象2只,犀角6个,龙涎香1斤,沉香2斤,土璇石11两2钱,象牙、降真香、大枫子、豆蔻、藤黄、桂皮、乌木各300斤,胡椒花、槟榔、齿舌皮、樟脑、檀香、硫磺各100斤,苏木3000斤,翠毛600张,孔雀尾10屏,上冰片1斤,冰片2斤,冰片油20瓢,红布幔10匹,荷兰毯2领,共26种;皇后前不贡象,土璇石4两8钱,余物各减半,共25种[②]。除表文、方物外,贡使还赍呈暹罗昭丕雅拍垄区沙致送礼部文书一封,并向礼部附送礼物。经询问通事王国桢,据称“昭丕雅拍垄区沙系该国陪臣职衔,附致土仪,申送大部”。礼部认为,“向来朝鲜、琉球等国

---

① 台湾“中央研究院”历史语言研究所编:《明清史料》庚编,第六本,第519页。
② 台湾“中央研究院”历史语言研究所编:《明清史料》庚编,第六本,第519页。

进贡,随表具咨臣部,俱该国王钤用颁发印信……从无外国陪臣具文臣部,
更致土仪之理。今暹罗国来文,系伊陪臣职衔,又用照会字样,既于体制未
合,且附致土仪,有违禁令",因此应将"所备土物,仍交贡使带回",其该国
陪臣来文,则移交广东督抚发回该国王,"并谕令嗣后恪遵入贡常典,毋任
该国陪臣擅越具文陈献,致违体制"。对于礼部意见,乾隆帝表示同意①。

这次暹罗使团到京,正逢乾隆帝秋狝木兰,遂令贡使4人及通事1人,
于七月初七日在圆明园宫门外瞻觐,行三跪九叩礼,赏赐该国物件,即于宫
门前赏给②。十五日,又下谕暹罗使臣不必等候皇帝回京,即令归国③。二
十六日,广东巡抚岳濬奏,暹罗国王又遣方永利商船来华,续贡黑熊1只,
斗鸡12只,太和鸡16只,金丝白肚猿1只。乾隆帝闻奏,命礼部传谕暹罗
贡使,回国时谕知该国王,"此后天朝内地所有,如黑熊、太和鸡之类,可以
不必充贡。或该国所有,为中国希(稀)有之禽兽,可于入贡之时随便进
献",但"不必多方购求,特遣贡使"④。

清朝对于这次暹罗朝贡的赏赐,除照康熙六十一年(1722)例加赏外,
又特赐国王御书"炎服屏藩"四字,蟒缎、片金缎、妆缎、闪缎各2匹,锦缎4
匹,各色缎8匹,玉器6件,玛瑙器2件,珐琅炉瓶1副,松花石砚2方,玻
璃器5种共10件,瓷器23种共146件;又因续进黑熊、白猿等物,特赏国
王库缎12匹⑤。

这次暹罗使团回国途中,还发生了一起刑事案件,即贡使朗呵派呱提
等因故将通事王国政和部分船户民夫殴伤。广东官府接到报案后,咨明暹
罗国进行查讯。暹罗国请将王国政等发到暹罗进行对质,两广总督班第遂
将王国政附船发往暹罗。到乾隆十九年(1754),暹罗国将案件审理完毕,
查明殴伤属实,乃将拟罚银两交王国政附搭鲁昭连商船带回广东,并赍呈
暹罗昭丕雅拍控区沙大库书信和致送礼部公文各一件。两广总督杨应琚

---

① 台湾"中央研究院"历史语言研究所编:《明清史料》庚编,第六本,第517页。
② (乾隆)《大清会典则例》卷九三《礼部·主客清吏司·朝贡上》,第916页。
③ 《清高宗实录》卷三四四,乾隆十四年七月辛酉,第13册,第765页。
④ 中国第一历史档案馆编:《乾隆朝上谕档》第2册,第1347条,第332—333页;《清高宗实
录》卷三四五,乾隆十四年七月壬申,第13册,第775页;[清]萨迎阿总纂:《钦定礼部则例》卷一七
六《主客清吏司·暹罗朝贡》,第2页。
⑤ (嘉庆)《大清会典事例》卷三九六《礼部·朝贡·赐予一》,《近代中国史料丛刊》三编第
641—700册,第7927—7928页;[清]萨迎阿总纂:《钦定礼部则例》卷一七六《主客清吏司·暹罗朝
贡》,第4页。

查阅来文，内有"该国拟罚贡使银两，以一半给与船户民夫等收领"之语。杨应琚认为，"殴伤细故，业经该国按律究惩，其船户人等虽属细民，均系天朝赤子，外番赎锾未便分给，且沿途之船户民夫悉皆散处无稽"，遂令将罚赔银两交鲁昭连商船带回。对于杨应琚的处置，乾隆帝朱批：知道了①。

（八）乾隆十八年朝贡

乾隆十七年（1752）六月，两广总督阿里衮奏报，暹罗遣使入贡到粤，现正委员前往查验安顿。至九月初六日，乾隆帝以未接后续题报，下谕询问。此时葡萄牙国王若瑟一世（Jose I）所派巴哲革（Francisico-Xavier Assis Pacheco Sampaio）访华使团于八月间到达澳门，因葡萄牙使节按例需要"派员会同西洋人前往接取，而暹罗等国贡使则向无自京差官接取之例"，乾隆帝担心"该使臣等同时入境，相形之下似觉有所区别"，所以在谕旨中特别指示广东督抚要"将二国使臣酌量先后，分起护送，其抵省、进京，总不必令在一处"。二十八日，阿里衮接到大学士傅恒等寄来上谕，即于十月初一日上奏迟报原因：暹罗贡使到粤后，先因正贡船在洋遭风漏水，呈请放空回国修理，又因压舱货物被潮，难以久贮，请就地先行发卖，原船仍留粤省，先后饬查批复，往返需时；又进贡方物名色、数目，及贡使、通事、商梢人等姓名，必待通事汇报，方能据以造册，以致题报延误②。初八日，阿里衮又与巡抚苏昌会奏将暹罗和葡萄牙使团分别护送进京方案：定于二十六日委员先将暹罗贡使伴送赴京，其葡萄牙使节暂留澳门，俟钦差到粤后，再将使节接来广州，择期护送起程进京③。由此，同由广州赴京的暹罗使团和葡萄牙使团并未同行。

十八年（1753）二月十八日，贡使朗损吞呱沛率领的暹罗使团到达北京。这次暹罗朝贡，除常例贡物外，又加进西洋金花缎番袍1件，金花缎夹

---

① 《两广总督杨应琚奏报办理暹罗贡使殴伤通事船户民夫缘由折》（乾隆十九年九月十五日），载台北"故宫博物院"编《宫中档乾隆朝奏折》第9辑，台北"故宫博物院"，1982—1987年，第563—564页；军机处录副奏折：《两广总督杨应琚、广东巡抚鹤年奏明办理暹罗贡使殴伤通事王国政及船夫一案事》（乾隆十九年九月十五日），中国第一历史档案馆藏，未刊，档号：03-7785-039。

② 《暹罗国入贡案·阿里衮折》，载《史料旬刊》第14期，第499页。

③ 《暹罗国入贡案·阿里衮、苏昌折》，载《史料旬刊》第14期，第499—500页；军机处录副奏折：《两广总督阿里衮、广东巡抚苏昌覆奏办理暹罗国进贡并大西洋入贡使臣尚留澳门事》（乾隆十七年十月初八日），档号：03-7785-003。

裤 1 件,西洋金缎带 3 件,番书、金字佛号共 4 本①。因葡萄牙巴哲革使团自粤起程,将次可到,乾隆帝担心"两处使臣同时在京,一切料理赏赉事宜或稍有参差,转属未便",下谕礼部令贡使于二十四日在南红门瞻觐,其一应赏赉之处即行办理,俾暹使迅速起程回国②。此外,这次暹王进贡表文内,有"恳赐人参、缨牛、良马、象牙并通彻规仪、内监"等语,礼部认为,"该国王表文所恳牛马、象牙等项已属支离,并有恳赐内监一语,尤为冒昧",故严饬暹罗使臣,令其归国后"明切晓谕该国王,嗣后惟当恪守规制,益励敬恭"。随之乾隆帝下谕:所进方物照例收受,其筵宴赏赉"照上次之例行"③。

根据乾隆帝照上次之例赏赐的谕旨,这次赏赐暹罗礼物包括:赏国王锦、织金缎、织金纱、织金罗各 8 匹,缎、罗各 18 匹,纱 12 匹;赏王妃缎、纱、罗各 6 匹,织金缎、织金纱、织金罗各 4 匹;贡使 4 员,各赏缎 8 匹,罗 5 匹,织金罗 3 匹,绢 5 匹,里 2 匹,布 1 匹;通事吴碧莲,赏缎、罗各 5 匹,绢 3 匹;从人 19 名,各赏绢 3 匹,布 8 匹;广东伴送官巡检吕定国,赏彭缎袍 1 件④;又特赏国王人参 4 斤,锦、缎共 20 匹,玉器 4 件,玛瑙器 2 件,珐琅器 6 件,铜暖砚 2 方,玻璃器 10 件,瓷器 140 件⑤。暹罗贡使回国,定例由礼部选满、汉司官各二员带领引见,由皇帝钦点一员,给与勘合,令沿途支给夫马,加意照看,伴送至广东,交督抚送出边境。三月初二日,乾隆帝选定由汉员外郎孙庆槐伴送贡使一行回返广东⑥。

(九)乾隆二十二年朝贡

乾隆二十一年(1756)九月,广东巡抚鹤年疏称,暹罗国王森烈拍照广拍马呼陆坤司由提雅普埃(按:当即波隆摩葛王)遣使表进方物,已到广东。礼部议奏认为,暹罗来贡,查与按期进贡之例相符,应准其进贡;所带货物

———————————

①　台湾"中央研究院"历史语言研究所编:《明清史料》庚编,第六本,第 522 页。
②　《清高宗实录》卷四三三,乾隆十八年二月丁未,第 14 册,第 652 页。
③　台湾"中央研究院"历史语言研究所编:《明清史料》庚编,第六本,第 520 页;《清高宗实录》卷四三三,乾隆十八年二月辛亥,第 14 册,第 654—655 页;中国第一历史档案馆编:《乾隆帝起居注》第 12 册,广西师范大学出版社,2002 年,第 44 页。
④　台湾"中央研究院"历史语言研究所编:《明清史料》庚编,第六本,第 521 页。
⑤　(嘉庆)《大清会典事例》卷三九六《礼部·朝贡·赐予一》,第 7932 页;[清]萨迎阿总纂:《钦定礼部则例》卷一七六《主客清吏司·暹罗朝贡》,第 4 页。
⑥　台湾"中央研究院"历史语言研究所编:《明清史料》庚编,第六本,第 523 页。

准其在粤发卖,免于征税;"再该国王之印,系康熙十二年铸给,今将旧印缴销,臣部铸给清篆新印"。乾隆帝从之①。可见,这次暹罗朝贡,除呈进例贡外,还有一项重要任务是缴销旧印、换领新印。

乾隆二十二年(1757)四月,贡使朗嵩统呵沛率领的暹罗使团到达北京。进献乾隆帝的礼物包括:土璇石 11 两 2 钱,龙涎香 1 斤,沉香 2 斤,树胶香、檀香、儿茶皮、土桂皮、荜拨、硫磺、樟脑各 100 斤,降香、象牙、藤黄、乌木、大枫子各 300 斤,苏木 3000 斤,豆蔻 200 斤,犀角 6 个,上冰片 1 斤,中冰片 2 斤,冰片油 20 瓢,红布幔 10 匹,和(荷)兰毯 2 领,翠毛 600 张,孔雀尾 10 屏。进献皇后的礼物除无豆蔻一项、土璇石为 4 两 8 钱外,余物数量各减半②。对于这次暹罗朝贡,乾隆帝令照康熙六十一年(1722)加赏之例,赏暹罗国王锦、织金缎、织金纱、织金罗各 8 匹,缎、罗各 18 匹,纱 12 匹;赏王妃缎、纱、罗各 6 匹,织金缎、织金纱、织金罗各 4 匹;贡使 4 员,各赏缎 8 匹,罗 5 匹,织金罗 3 匹,绢 5 匹,里 2 匹,布 1 匹;通事赏缎 5 匹,罗 5 匹,绢 3 匹;从人各赏绢 3 匹,布 8 匹;广东伴送官赏彭缎袍 1 件③。又特赐国王蟒缎、锦缎各 2 匹,闪缎、片金各 1 匹,八丝缎 4 匹,玉器、玛瑙各 1 件,松花石砚 2 方,珐琅器 13 件,瓷器 104 件④。此外,乾隆十七年(1752)暹罗使团入贡时曾呈进"番书",因"四译馆不能音译",这次暹罗入贡,乾隆帝下令将番书交贡使带回译为汉文进呈⑤。

六月初九日,贡使一行自京起程南下,礼部添派郎中陈梦说伴送,于八月二十八日回至广州,交巡抚周人骥发遣回国⑥。是年暹王又派吴士锦商船前来探贡,经广东督抚题报,礼部覆准,"压舱货物停其征税,梢目水手照例支给口粮"⑦。

---

① 《清高宗实录》卷五二一,乾隆二十一年九月乙未,第 15 册,第 574 页。
② 内务府奏案:《呈为暹罗国王进贡物清单》(乾隆二十二年五月初四日),中国第一历史档案馆藏,未刊,档号:05-0154-029。
③ 台湾"中央研究院"历史语言研究所编:《明清史料》庚编,第六本,第 531 页。
④ (嘉庆)《大清会典事例》卷三九六《礼部·朝贡·赐予一》,第 7932—7933 页;[清]萨迎阿总纂:《钦定礼部则例》卷一七六《主客清吏司·暹罗朝贡》,第 4 页。
⑤ 《两广总督苏昌奏为办理暹罗国区沙大库申呈督抚公文情形折》(乾隆二十八年九月初三日),载《宫中档乾隆朝奏折》第 18 辑,第 844—845 页。
⑥ 台湾"中央研究院"历史语言研究所编:《明清史料》庚编,第六本,第 525 页。
⑦ 台湾"中央研究院"历史语言研究所编:《明清史料》庚编,第六本,第 529 页。

（十）乾隆二十七年朝贡

1758 年，波隆摩葛王去世，其次子乌通奔（Utumpon）继位，但乌通奔王很快就让位于其弟，是为波隆摩罗阁五世（1758—1767 年在位）。乾隆二十六年（1761），暹罗遣使朗备彩呱提等入贡，不料正贡船被风飘至新宁县属茶湾地方沉溺，飘失贡物龙涎香、桂皮、豆蔻、儿茶皮、树胶香 5 种，其余贡物 20 种俱皆完好，另副贡船在七洲洋面被风折桅搁浅。八月十九日，贡使人等与所余贡物及捞回压舱货物被护送至广州，副贡船亦于九月十四日驶抵广州。十月，广东巡抚讬恩多向乾隆帝奏报暹罗贡船遭风及使团照料情况：本次暹罗朝贡，正、副二船除贡使、番役人等外，共有商梢 198 名，“与每船人不过百之例相符”；驯象向例一只，“因航海遥远，多带一只”；陈文标副贡船只，应照例先令回国；各船带米压舱货物，因已潮湿，恐难久贮，应听其在广先行发卖，照例委员监看贸易，“各货税饷应否免征，统候部议行回遵照”；又因使团在洋遭风，理宜加意抚恤，请自到省之日起，“照依进京沿途支给口粮之例”，贡使、通事每员日给廪粮银 1 钱，番丁每名日给口粮银 5 分，“于司库存公银内动支”；其商梢、水手人等，“请照留粤看守贡船之例”，每名每日支米 8 合 3 勺，“于正项米内支给”[①]。乾隆帝闻奏，下谕准令贡使入京，船货税银照例免征，飘失贡物亦免补进[②]。从时间来看，这次遣使访华的暹罗国王当即波隆摩罗阁五世。这次暹罗朝贡，贡使带来的暹王表文曰：

> 暹罗国王臣森密拍照广敕［拍］马呼陆坤司尤提雅普埃谨奏为贡献方物以修臣职事。切谓循礼效忠，朝廷之巨典；献琛供职，臣子之微忱。恭维天朝皇帝陛下，道参孔孟，德并唐虞，神威镇山河，正一元而莫六合；圣明同日月，莅中国而抚四夷。是数百代太平天子，亿万载挺出神灵。稽古二帝三王历代圣贤，或疆宇未丰，犹俟车书之一统；或人民未庶，常鲜玉帛之来同。未有我天朝圣清皇帝承席光烈，寅绍丕基，炎服九州，扶绥万国。登苍生于衽席之上，物阜民安；跻宇内于春台之

---

①　内阁题本：《广东巡抚讬恩多奏为暹罗遣使入贡事》（乾隆二十六年十月初九日），中国第一历史档案馆藏，未刊，档号：02－01－04－15427－013。

②　（嘉庆）《大清会典事例》卷三九三《礼部·朝贡·贡物一》，第 7819 页。

中,河清海晏。是诚覆载无私,华夏咸濡者也。臣暹区荒陬僻壤,阻隔
重洋,自臣世代以来恭顺输诚,倾心向化,历奉天朝正朔,钦沐化育深
仁。沦浃肌肤,镂铭万世,屡遣使臣入贡,俱蒙列圣洪慈,念臣远邦纳
款,航海抒诚,深荷圣恩格外,怀柔不限贡期。臣承此天高地厚深恩,
毕生难酬万一,惟有铭记国史,以志圣朝加恩属国。臣身在天南,心倾
朝北,原于丙子年(1756)经遣使臣朗嵩统呵沛等虔赍金叶表文、勘合
入贡天朝,复送原颁旧篆赴部交销,深蒙圣德如天,恩膏匝地,颁赏倍
加,仙锦奇珍,不啻天家华翠,新赐御篆,龙文凤采,无异云汉天章。臣
率举国臣工,郊迎天诏,崇奉金台,切念受此殊恩浩荡,亘古稀闻。兹
于辛巳年(1761)特遣朗备彩呱提为正贡使,朗扒里呵沛为副贡使,坤
加呦耶备扒为三贡使,文扒里申尼呼为四贡使,坤备集勃千纳王国政
为通事,文武使臣人等恭赍金叶表文、驯象、方物航海赴粤,入贡天朝
皇帝御前,聊展片诚,厥修臣职。自愧国僻乏仪,少效野人芹献,亵渎
之愆,仰恳圣慈宽宥,天量汪涵,恩赐使臣,得觐天颜,代申拜舞。恭祝
圣母万寿如天,久照应地无疆。伏愿天朝皇帝万年,金瓯永奠,玉烛常
调,俾天南末国永沾圣朝雨露之栽培。臣等感激下情,无任瞻依之至。
谨奉丹表奏闻。乾隆二十六年五月　日表跪进。①

在这封表文中,暹王首先追溯了1756年暹罗遣使朝贡并缴销旧印、领受新
印的经过,又提出1761年遣使朗备彩呱提等前来粤省,请准觐见的要求。
暹罗朝贡,例准副贡船先行回国。因这次正贡船遭风破碎,清廷准令商梢
杨进宗等附搭该国薛元春商船同副贡船只先行回国,于乾隆二十七年二月
十六日开行出口②。

乾隆二十七年(1762)闰五月二十三日,贡使朗备彩呱提率领的暹罗使
团,在广东所派主簿刘兆登伴送下到达北京,入住宣武门内会同馆③。这
次暹罗朝贡,尽管呈进贡物漂失5种,乾隆帝仍然下谕照例颁赏:赏国王妆
缎、补缎、蟒纱、补纱各4匹,缎、罗各18匹,罗缎、官用锦各8匹,纱12匹;
赏王妃蟒缎、补缎、蟒纱、补纱各2匹,缎、纱、罗各6匹,罗缎4匹;贡使4

---

① 台湾"中央研究院"历史语言研究所编:《明清史料》庚编,第六本,第527页。
② 台湾"中央研究院"历史语言研究所编:《明清史料》庚编,第六本,第529页。
③ 台湾"中央研究院"历史语言研究所编:《明清史料》庚编,第六本,第528页。

员,各赏官用缎 8 匹,罗缎 3 匹,罗 5 匹,花纺丝 2 匹,生绢 5 匹,细布 1 匹;通事王国政,赏官用缎、罗各 5 匹,生绢 3 匹;从人 21 名,各赏生绢 3 匹,细布 8 匹;广东伴送官刘兆登赏彭缎袍 1 件。又特赏国王蟒缎、蟒襕缎、片金、闪缎各 1 匹,锦缎 2 匹,大卷八丝缎 4 匹,玉器、黄玛瑙器各 1 件,石砚 2 方,玻璃器 13 件,瓷器 104 件①。

七月初七日,暹罗使团离京南下,礼部添派员外郎王益孚伴送返回广东。与此同时,暹王又令大库给文,遣船商蔡锡望驾船到粤探贡,并请代为谢恩,不料船至鸭墩搁浅,压舱货物多被霉湿,经广东委员会同关差驳运各货起贮泰顺行内,船只也于七月十九日拖入广州内河湾泊。由于乾隆二十二年(1757)有吴士锦探贡船只成案,所以这次蔡锡望商船也得到同样的待遇,"其压仓货物……令其先行发卖,免征税饷;梢目水手口粮仍照例以该船到省之日起支,贡使在京回粤之日住支"②。

(十一)乾隆三十一年朝贡

乾隆三十年(1765)五月,暹王森烈拍照广敕马呼陆坤司由提雅普埃(按:当即波隆摩罗阁五世)再次遣使入贡,使团带来的表文称:

> 暹罗国王臣森烈拍照广敕马呼陆坤司由提雅普埃谨奏为循例抒诚入贡以修臣职事。切谓循礼效忠,朝廷之巨典;献琛修职,臣子之微忱。恭惟天朝皇帝陛下,道参孔孟,德并唐虞,神威镇山河,正一元而奠六合;圣明同日月,莅中国而抚万方。是数百代升平天子,亿万载挺出神灵。稽古二帝三王历代圣贤,或疆宇未丰,犹俟车书之一统;或人民未庶,常鲜玉帛之来同。未有我天朝圣清皇帝承席光烈,寅绍丕基,炎服九州,抚绥万国。登苍生于衽席之上,物阜民安;跻宇内于春台之中,河清海晏。此诚覆载无私,华夏咸濡者也。臣暹区荒陬僻壤,阻隔重洋,但自世代以来,历奉天朝正朔久矣。向化输诚,钦沐化育深仁。沦浃肌肤,铭镂万世,屡遣使臣入贡,俱蒙列圣洪慈,念臣远邦纳款,航海输诚,深荷圣恩格外,怀柔不限贡期。承此天高地厚深恩,毕生难酬

① 台湾"中央研究院"历史语言研究所编:《明清史料》庚编,第六本,第 531 页;中国第一历史档案馆编:《乾隆朝上谕档》第 4 册,第 2505 条,第 886—887 页。
② 台湾"中央研究院"历史语言研究所编:《明清史料》庚编,第六本,第 529 页。

万一,惟有铭诸国史,以志圣朝加恩属国。臣身在天南,心倾朝北,原于辛巳年(1761)经遣使臣人等虔修方物,航海赴粤入贡天朝,微表丹诚,薄申芹献。荷蒙皇恩浩荡,帝泽汪洋,蕃锡宠赍,自天下邦,感激无地。臣匍趋望阙叩首祗领,恭谢天恩。俾雕题黑齿,微邦悚惶,图报难忘。兹复数载,忭思圣明在上,贡献岂可久虚,欲图报效,臣职宜修。洎此乙酉年(1765),属国合造正、副贡船二艘,敬遣丕雅嵩统呵沛为正使,朗备彩申尼呼为副贡使,坤字千纳备问为三贡使,文备集申尼呼为四贡使,坤备集福千纳王国桢为正通事,文武使臣人等恭赍金叶表文、勘合、驯象方物,航海赴粤,入贡天朝皇帝御前,聊表愚诚,厥修臣职。自愧国僻乏仪,少效野人芹献,亵渎疏忽之愆,仰恳圣慈宽宥,天量汪涵,恩赐使臣人等,得觐龙颜,专申拜舞,恭祝皇图巩固,帝道遐昌,金瓯永奠,玉烛常调,俾山海边隅,永沐圣朝雨露之栽培;属国天南,长沾盛代恩膏之渥泽。臣等下情,不胜欣慰瞻依雀跃之至。谨奉丹表奏闻。乾隆三十年五月 日表跪进。①

在这封表文中,暹王首先回顾了1761年暹罗遣使朝贡的经过,又提出1765年遣使丕雅嵩统呵沛等,乘坐正、副贡船2只,前来广东入贡。接到广东地方政府奏报后,礼部于十月初八日议奏,暹王遣使赍奉表文、方物,应准其入贡,乾隆帝从之②。

　　乾隆三十一年(1766)四月,贡使丕雅嵩统呵沛率领的暹罗使团到达北京③。进献乾隆帝和皇后的礼物包括:驯象2只,土璇石16两,沉香3斤,降香、大枫子、藤黄、乌木、豆蔻、象牙各450斤,檀香、樟脑、硫磺、荜拨、儿茶皮、树胶香、土桂皮各150斤,孔雀尾15屏,上冰片1斤8两,中冰片3斤,冰片油30瓢,苏木4500斤,红布幔15匹,荷兰毯3领,龙涎香1斤8两,犀角9个,翠毛900张,共26种④。五月,乾隆帝下谕对暹罗使团照例

---

　　①　宫中朱批奏折:《暹罗国王森烈拍照广敕马呼陆坤司由提雅普埃奏为循例遣使恭赍金叶表文贡物请恩赐使臣人等得见龙颜事》(乾隆三十年五月),中国第一历史档案馆藏,未刊,档号:04-01-30-0138-002。
　　②　中国第一历史档案馆编:《乾隆帝起居注》第24册,第472页。
　　③　中国第一历史档案馆编:《乾隆帝起居注》第25册,第197页。
　　④　内务府奏案:《呈报暹罗国王进贡土璇石等物清单》(乾隆三十一年五月二十九日),档号:05-0235-014;(嘉庆)《大清会典事例》卷三九三《礼部·朝贡·贡物一》,第7821页。

颁赏①。六月，又颁给暹王敕谕曰："暹罗国王森烈拍照广敕马呼陆坤司由提雅普埃，属在遐方，肃将诚恂，遣贡使丕雅嵩统呵沛等，恭赍方物入贡，深可优嘉。今特赐王文绮、珍玩、器皿等物，王其祗承嘉命，益懋忠忱，以副朕眷。"②

这次暹罗贡使回国，礼部添派员外郎汤永祚伴送使团回返广东。不料汤永祚携子同行，又沿途托雇民夫，并将德安县家人鞭责滋扰。乾隆帝闻奏，令将汤永祚革职交刑部治罪，并定例嗣后如有此等情事，地方督抚一面参奏，一面即将差员撤留，另派妥干知府、同知一员前往伴送③。

然而，这次暹罗使团离粤后不久，阿瑜陀耶王朝就被缅甸雍籍牙王朝攻灭。据贡使丕雅嵩统呵沛回粤称，"该国王已故，将原领敕书及御赐物品恭赍回广"。乾隆三十三年（1768）十月三十日，暹罗贡使一行再次搭船回国。次年七月，广东巡抚钟音委派阳山县知县龙廷泰将暹罗使臣赍回敕书、赐物等缴回礼部④。清代朝贡国将贡物缴还，仅此一例。

综上所述，清代暹罗阿瑜陀耶王朝共有 14 次遣使朝贡。对此，乾隆三十一年（1766）暹罗使团在京时，乾隆帝曾命礼部将历次暹罗进贡方物及清朝赏赐情况查明具奏。礼部很快将调查情况向乾隆帝奏报：暹罗自康熙四年（1665）至乾隆三十一年共入贡 13 次，"每次遣使所进贡物比较，虽微有不同，亦无大增减"。对于前 5 次朝贡，"俱照常例赏赐"；至康熙六十一年（1722），"遵旨照赏赐安南国之例加赏"；雍正二年（1724），"特赏内库缎匹、玉器、玻璃等件"；七年，"并有加赏"；乾隆十四年（1749），"蒙皇上谕旨，令查明加赏"；嗣后乾隆十八年、二十二年、二十七年俱照乾隆十四年例加赏。此外乾隆元年（1736）暹罗请赐蟒袍并请买铜斤，特赏蟒缎 4 匹、铜 800 斤；十四年暹罗于例贡外又续贡黑熊、白猿、斗鸡等物，特赏内库缎 6 匹、官用

　　① 中国第一历史档案馆编：《乾隆朝上谕档》第 4 册，第 2505 条，第 886—887 页。
　　② 转引自李光涛：《跋乾隆三十一年给暹罗国王敕谕》，台湾"中央研究院"历史语言研究所集刊》1969 年第 39 本上册，第 223 页。
　　③ 中国第一历史档案馆编：《乾隆朝上谕档》第 4 册，第 2713 条，第 951—952 页；台湾"中央研究院"历史语言研究所编：《明清史料》庚编，第六本，第 535 页；军机处副奏折《江西巡抚吴绍诗参奏伴送暹贡使之礼部员外郎汤永祚骚扰驿站事》（乾隆三十一年八月二十五日），档号：03—1400—024；军机处录副奏折《著令将汤永祚革职并另派妥员伴送暹罗国贡使事》（乾隆三十一年九月十九日），档号：03—1400—023。
　　④ 台湾"中央研究院"历史语言研究所编：《明清史料》庚编，第六本，第 538 页。

缎6匹；十八年暹罗请赐人参、牛马等项，特赏人参4斤，"此均系特恩格外赏给，又在常例正赏、加赏之外"①。从礼部此奏可以看出以下几点：其一，自康熙四年（1665）至乾隆三十一年（1766），暹罗共朝贡13次，这一数字实际并未包括乾隆三十一年朝贡，如果加上这次朝贡的话，总数应当是14次。其二，暹罗每次朝贡方物虽略有差异，但基本相同。其三，清朝对于暹罗的赏赐前5次俱照常例，康熙六十一年（1722）后除例赏外开始照安南国例加赏，乾隆十四年（1749）后加赏物品基本相同。其四，除例赏、加赏外，还时有特赏，特赏物品并无一定。关于暹罗进贡方物和清朝赐予物品的具体情况可参见第五章相关论述。

三、缅军攻灭阿瑜陀耶王朝与清朝拟议联暹攻缅

就在清朝与暹罗阿瑜陀耶王朝政治关系平稳发展之际，其邻国缅甸发生了政权更迭。这一时期的缅甸已届东吁王朝（1531—1752）末年，国内政局动荡。1740年，南方孟族起义建立白古政权（史称后白古王朝，1740—1757），很快占领下缅甸各地。1752年，孟族军队攻破阿瓦，东吁王朝末代国王摩诃达马亚扎迪勃底（1733—1752年在位）及宫廷王族被俘往白古，东吁王朝灭亡。孟族军队占领阿瓦后，缅族木梳村落首领雍籍牙（又作瓮藉牙，缅名阿朗帕耶，Alaungpaya）不降，率部多次击败孟族军队进攻，由此威名大振，各地首领纷纷来归，雍籍牙被拥戴为王（1752—1760年在位），都城贡榜（今瑞波，又作瑞帽），是为雍籍牙王朝（又称贡榜王朝、阿朗帕耶王朝、瑞波王朝、瑞帽王朝，1752—1885）。雍籍牙王朝建立后，实行军事扩张政策，1753至1757年，先后占领阿瓦、卑谬、大光（改名仰光）、沙廉、白古，除阿拉干外，基本完成缅甸统一。1759年，雍籍牙王朝又对邻国暹罗发动战争。

关于雍籍牙征暹罗事，英国人吴迪《暹罗史》记述较为详细：雍籍牙派其子孟驳与大将敏建那罗陀领兵进攻暹罗，雍籍牙亲率大军殿后，"廷那萨琳（今译丹那沙林）兵备薄弱，无何城陷"。缅军占领丹那沙林后由南向北进攻，而暹人却认为缅军会从西境入侵，于是"并发三路军马以拱卫西陲易

---

① 中国第一历史档案馆编：《乾隆朝上谕档》第4册，第2517条，第891页。

遭攻击之据点"。暹罗派往半岛之军队约二万人,本可击退缅军,"讵料暹军于奎巫里附近败绩,几在暹人醒悟势危之先而碧差巫立及叻不已相继沦陷"。雍籍牙王朝军队进至距暹京 40 里处,阿瑜陀耶城一片恐慌,波隆摩罗阁五世被迫退位,乌通奔王重掌国政。1760 年 4 月,缅军开始围攻阿瑜陀耶城。5 月,"缅军高架巨炮于土墩之上,拟轰击深居暹罗皇宫中之君皇,雍籍牙竟亲自监督搬运此战器。一日巨炮爆发,斯缅甸篡窃者竟遭受重伤"。雍籍牙既受重伤,下令撤军,而雍籍牙很快卒于萨尔温江边之台甲拉[①]。

缅王雍籍牙死后,其长子莽纪觉(Naungdawgi,1760—1763 年在位)嗣位。逾三载,莽纪觉殁,其弟孟驳(Hsinbyushin,又称懵驳、猛驳、辛骠信,1763—1776 年在位)继位。孟驳继位后,即发动第二次征暹战争。关于孟驳征暹罗事,吴迪《暹罗史》记述:"孟驳继立,即筹兵伐土瓦,嗣后土瓦果毫不费吹嘘(灰)之力,而陷于孟驳骁将摩诃那罗陀之手。叛缅太守奔丹荖。暹罗拒绝引渡逃犯,以是暹罗遂再度被侵,于是丹荖及廷那萨琳咸遭占领。"缅军由南向北一路攻击,进至碧武里。在碧武里,缅军遭到暹罗华裔将领披耶达信所率部众之堵截,退回丹那沙林。南路缅军暂时受阻,孟驳决定调派军队,三路进攻阿瑜陀耶。1765 年,缅军 5000 人自清迈南下,另有 5000 人越西隆东指,南路缅军则自丹那沙林北上。1766 年 2 月,缅军再度兵临阿瑜陀耶城下。1767 年 4 月,阿瑜陀耶城破,阿瑜陀耶王朝灭亡[②]。

阿瑜陀耶王朝灭亡,清朝并未立即得到消息。这一时期清朝正与缅甸进行历时四年(1765—1769)的战争[③]。基于清朝与暹罗的特殊关系,有清朝官员提出要联合暹罗共击缅甸。

最早提议联暹攻缅的是云贵总督杨应琚。乾隆三十二年(1767)四月,杨应琚向乾隆帝奏请"秋冬进剿缅甸",其中提出"欲约会暹罗夹攻",但被乾隆帝予以叱责:"欲约会暹罗夹攻一节,更属荒唐可笑。用兵而藉力外

---

① ［英］吴迪:《暹罗史》,第 308—310 页。

② ［英］吴迪:《暹罗史》,第 311—320 页。

③ 关于乾隆朝中缅战争,学者研究较多,可参见庄吉发:《清高宗时代的中缅关系》,(台北)《大陆杂志》1972 年 45 卷 2 期;黄祖文:《中缅边境之役,1766—1769》,(新加坡)南洋学会,2000 年;余定邦:《中缅关系史》,光明日报出版社,2000 年;杨煜达:《乾隆朝中缅冲突与西南边疆》,社会科学文献出版社,2014 年;王巨新:《清代中缅关系》,社会科学文献出版社,2015 年。

藩,不但于事无济,且徒为属国所轻,乃断不可行之事……若将来缅酋穷蹙,窜入暹罗,或匿其近境,则驰檄索取,饬其擒献,如巴达克山之于霍集占,献馘蒇功,未尝不可相机筹办,此时固不必预为计及也。"①可见,乾隆帝对征剿缅甸充满自信,并不同意联暹攻缅,但表示将来缅酋败逃窜入暹罗时,可檄令暹王擒献。而实际上,此时阿瑜陀耶王朝已经亡国,暹罗已被缅军占据。

六月十七日,杨应琚已做好秋冬间进剿缅甸的准备,乾隆帝令两广总督李侍尧行文将协助擒剿缅酋之事通知暹王,谕以"此时王师大举,士马精强,原不需该国征发协援之力,但恐捣穴倾巢以后,缅酋航海远扬,或即潜投暹罗境内,该国务宜悉心侦探,尽力追擒,于以效顺中朝,剪除外寇,洵为一举两得。况该国果能迅行缚献,朕必优加眷赉,以励忠忱。如或隐匿稽延,以致该酋游魂更投别岛,是该国不能承受朕恩,自取谴责,亦惟于该国是问,毋贻后悔"。乾隆帝还特别叮嘱李侍尧,"应先酌量水程远近,计算暹罗可于今年十一月间奉到此旨,大约宁迟毋早"②。

七月十三日,李侍尧正在广西办理往云南解送牛只事宜,接到兵部寄来的乾隆帝谕旨,立即致信广东按察使富勒浑调查暹罗情况,并于十五日向乾隆帝回报:"暹罗贡船来广,向由东莞县属之虎门口收港,其粤东相距该国水程之远近,及如何取道前往之处,臣现在西省,无从核计。查广东递年有本港洋船前往各国贸易,此时正当回棹,臣现经飞札代办藩司事务臬司富勒浑,查明舵工水手内有曾往该国贸易者,询明系由何处前往,及实在水程远近,速为禀复。臣亦即日束装回东,沿途查办马匹,俟抵东省,确核程途,计算月日,并将来遵旨照会该国之文如何赍递方为妥便之处,容臣查明办理,另行奏闻。"③可见,李侍尧是希望通过往返暹罗的商民水手来查明暹罗情况,清政府对于暹罗地理位置及来往交通的认识非常模糊,此时也还不知阿瑜陀耶王朝已经灭亡之事。

闰七月三十日,已回广东的李侍尧将从"曾充暹罗国贡使船户之杨进

①　《清高宗实录》卷七八三,乾隆三十二年四月庚戌,第18册,第626页。
②　《清高宗实录》卷七八七,乾隆三十二年六月己酉,第18册,第673页。
③　《两广总督李侍尧奏为遵旨饬知暹罗尽力追擒缅匪折》(乾隆三十二年七月十五日),载《宫中档乾隆朝奏折》第27辑,第310—311页;军机处录副奏折:《两广总督李侍尧奏为查明暹罗贡船进港等事》(乾隆三十二年七月十五日),档号:03－0500－025。

宗及通事王国政等"处打探到的消息向乾隆帝奏报:自广东虎门开船至安南港口河仙镇,计水程 7300 里,该处系安南管辖,有土官莫姓①驻扎;又自河仙镇至占泽问(今译占泽汶、尖竹汶),计水程 1400 里,系暹罗管辖,有土官普兰驻扎;自占泽问至暹罗城,计水程 1600 余里;统计自广东虎门至暹罗共 10300 余里。九月中旬北风顺利即可开行,如遇风顺半月可到,风若不顺约需 40 余日。如有公文照会暹罗,交付土官莫姓或普兰均可赍去。"但闻暹罗于前岁即与花肚番即乌肚番(按:指缅甸)构兵,本年三月内被花肚番将城攻破,该国王逃窜无踪,系从安南港口回粤船只途次传闻,果否确实,及近来曾否恢复,并无的信"。这是清廷首次听闻暹罗已经亡国之事。但因暹罗亡国之说出自海道传闻,未得确信,李侍尧仍令缮写致暹罗国王照会,发交左翼镇标中营游击许全,命其附搭莫广亿商船前往安南港口,确查近来暹罗及"花肚番"情形,并将照会交莫姓或普兰赍投,仍令该土目取该国王回文,交许全赍回②。是为李侍尧派游击许全前往安南及暹罗打探消息。

然而,许全一去不复返。乾隆三十三年(1768)七月初二日,乾隆帝以许全"探问如何,至今未据覆奏",近又闻"暹罗即为缅贼所并,昨缅贼递与将军文内亦有管理暹罗之语",下谕李侍尧在粤东澳门等处"留心密访该商内晓事之人,询问该国近日实在情形,该国王现在何处,及暹罗至缅甸水程若干,陆程若干,远近险易若何,逐一详悉咨询。如能约略绘图,得其大概,亦可存备参酌"。乾隆帝还提出海路助暹复国之想法:"目下并非必欲由海道捷取,为此迂阔之计。且轻动舟师,经越外洋,恐岛外远夷妄生疑畏,自于事无济。若该国王尚有志于恢复,心存释怨,而力不能支,欲求助天朝发

---

① 土官莫姓,清朝档案文献记为河仙镇目莫士麟,实际指地处越南南端河仙地区的郑氏政权。1671 年,广东雷州府海康县东岭村人郑玖为避清军滋扰,举族渡海南迁,在河仙地区建立起以华人为主体的地方政权,后名义上向安南广南阮氏政权称臣,实际仍保持自治。1735 年,郑玖去世,子郑天赐继之。郑昭建立吞武里王朝时,郑天赐因容留阿瑜陀耶王朝王室后裔,而与郑昭为敌。1769 年,郑天赐以匡复暹罗王室为名,发兵征讨郑昭,最终失败。1771 年,郑昭军队攻占河仙,郑天赐被迫流亡。后郑昭迎郑天赐至曼谷,待以诸侯之礼。至 1780 年,郑天赐因被郑昭怀疑而服毒自杀。

② 《两广总督李侍尧奏为遵旨办理行文暹罗国追擒潜投该国境内缅匪折》(乾隆三十二年闰七月三十日),载《宫中档乾隆朝奏折》第 27 辑,第 691—692 页;《清高宗实录》卷七九一,乾隆三十二年闰七月辛酉,第 18 册,第 711—712 页;军机处录副奏折:《两广总督李侍尧奏报办理知照暹罗国王事》(乾隆三十二年闰七月三十日),档号:03-7788-040。并参见附图五。

兵策应,是即可乘之机,未尝不可酌调水师前往伙助,以期一举两得。但其事当出之审慎,办与不办,尚在未定。"①乾隆帝设想海路助暹复国,而实际上,早在半年前的 1767 年 11 月,暹罗军民已在披耶达信率领下成功驱逐入侵缅军,新的吞武里王朝已经建立。

　　七月十七日,李侍尧接到乾隆帝初二日所发谕旨,即于八月初一日将有关情况向乾隆帝奏报:首先,七月初二日,有"暹罗夷目昭丕雅甘恩敕"派内地民人陈美驾商船到粤,带来信函三封,一封是甘恩敕投送礼部之文,两封是暹罗昭丕拍呁哐呕吵大库各头目具禀总督和巡抚之文。"核其情节,因暹罗国被乌肚番即花肚番攻破,甘恩敕领兵杀退肚番,众人推尊甘[恩]敕为王,因有扶世禄(今译彭世洛)、禄坤(今译洛坤)、高烈(今披迈)三处大头目不服,欲求天朝敕封"。这实际上是吞武里王朝建立者披耶达信请求清朝承认其合法地位,对此将在下一章中继续讨论。其次,七月十一日,游击许全跟兵麦森等回广禀称:"跟随游击许全于上年十月初十日至安南所属之真薯山洋面,船只遭风失桩,在洋飘泊,十一月初三日收入禄坤地方。游击许全在途患病,医治不效,于十一月十九日在禄坤身故。并将查访暹罗被花肚番攻破情形具禀。而河仙镇夷目莫士麟因麦森等向其查询,亦将暹罗与海外各夷地毗连形势绘图具文,差夷官林义、通事莫元高等赍缴。"这是说许全患病卒于禄坤,其跟兵麦森拜见河仙镇目莫士麟,莫士麟将暹罗海外形势绘成地图,派员赍送来华。再次,乾隆三十一年(1766)暹罗贡使丕雅嵩统呵沛等事竣回国,"因该国已被花肚番攻破,兹将前奉敕书、御赐品物恭赍呈缴前来"。这是说暹罗贡使将敕书及赏赐物品缴还之事。同时,李侍尧还将从贡使丕雅嵩统呵沛、土官林义、通事莫元高、船商陈美等处查询到的暹罗情况向乾隆帝奏报:"暹罗国在于粤东洋面之西南,环绕海滨,该国王城之外尚有一十三府,分设夷目防守。暹之北面婆麻、台崖、缅甸诸番杂处;正东一带毗连安南,复有真腊、甘浦寨即柬埔寨错杂其间。西南番夷罗列,金称花肚番即系婆麻,国王名芒龙,住居央瓦(阿瓦)城,自乾隆二十五年即犯暹罗边界,二十九年花肚番先攻同类之桃歪(土瓦),遂由桃歪而入暹罗境内。该国夷目怯懦走避,花肚番直抵望阁府,连岁侵扰,至

---

　　① 《两广总督李侍尧奏覆查明暹罗与花肚番构兵情形折》,载《史料旬刊》第 30 期,第 105—107 页;《清高宗实录》卷八一四,乾隆三十三年七月丁亥,第 18 册,第 995—996 页。

三十二年三月初九日遏罗城陷,国王身故,花肚番掳其金帛及遏罗王之弟和尚王等,焚其宫室城郭而去。维时遏罗之各府俱被抄杀,惟禄坤、高烈、扶世禄三处相距遥远,未遭蹂躏,有遏罗王庶兄诏王吉逃至高烈府,依附该处夷目笼丫四帖居住。花肚番既去之后,各处夷民日渐归复,现在仍系遏罗头目分踞管辖。而望阁府附近遏城,该地番民约有二万余人,商贾辐辏,因被花肚番扰乱,驻守夷目逃亡。甘恩敕原系内地民人郑姓,在彼娶有番妇,所生之子番人呼为丕仔新,先为遏罗小夷目,官名丕雅达。嗣望阁无人镇守,遂带兵占踞其地,自称昭丕雅,乃该国大头目名号。各处夷民与在彼贸易之内地人民咸皆归服,欲推甘恩敕为王,惟禄坤夷目丕雅那打里、扶世禄夷目丕雅一悉禄亦俱自称为王,各立门户,同高烈夷目笼丫四帖均与抗衡不服。是以甘恩敕欲求天朝敕封,藉图制服夷众。陈美系粤省民人,往来遏罗贸易有年,与甘恩敕熟识,是以令其赍文赴投。"①从李侍尧的奏报中可以看出,清政府对"花肚番"(即缅甸)攻灭遏罗、遏罗境内各势力割据称雄、华裔"甘恩敕"称王并请敕封的大致经过已有所了解。

十九日,乾隆帝接到李侍尧奏报,意识到海路助遏复国一事已不可行,遂下令传谕李侍尧:"前谕令查访遏罗情形,如彼有志恢复,欲求中国援助,或可酌调水师,以期一举两得,原属备而不用之说。今遏罗既遭花肚番侵掠,难夷口食不充,其所属禄坤等三府,又与甘恩敕称兵内讧,势已孱弱无余,自顾且不暇,又安能复图释怨匪番? 所有取道海洋一说,竟可不复置议。"②

虽然放弃了海路助遏复国的想法,但乾隆帝仍未放弃联遏攻缅之事。十月,副将军阿桂赴云南办理进剿缅甸事宜,途中路过湖北樊城,军机处司员博清额赶至传旨,令其阅看前线守备程辙密呈缅甸地图及联遏攻缅书信,阿桂奏曰:"大兵会合遏罗,必度越缅地,不独远隔海洋,且期会在数月之后,相去千里之遥,必不能如期而至。"对于阿桂所奏,乾隆帝朱批:"所见是。"③至是约会遏罗夹攻缅甸之议终罢。

---

① 《两广总督李侍尧覆奏查明遏罗与花肚番构兵情形折》,载《史料旬刊》第 30 期,第 105—107 页。

② 中国第一历史档案馆编:《乾隆朝上谕档》第 5 册,第 1279 条,第 461 页;《清高宗实录》卷八一七,乾隆三十三年八月甲戌,第 18 册,第 1069—1070 页。

③ 《阿桂奏为遏罗与缅匪仇杀情事至滇访查夷情折》(乾隆三十三年十月二十四日),载《宫中档乾隆朝奏折》第 32 辑,第 260—261 页。

第三章　清朝与暹罗吞武里王朝的政治关系

阿瑜陀耶王朝灭亡,吞武里王朝(1767—1782)继之。吞武里王朝建立后,积极向清朝表示友好。清朝对吞武里王朝的态度经历了从叱责排斥到肯定认可的转变。乾隆四十二年(1777),乾隆帝同意暹罗遣使入贡。四十六年,暹罗朝贡使团到达北京。然而,就在这次朝贡后不久,暹罗国内发生政变,吞武里王朝为曼谷王朝所更替。

一、吞武里王朝建立及其与清朝的联系

关于吞武里王朝建立者,中国史籍一般根据暹罗进贡表文中所称"郑昭",认为其名字是郑昭。其实,昭乃泰文音译,意为"王",郑昭即郑王。郑昭原名郑信,父为华人郑镛,原籍广东潮州澄海县华富村,雍正初年南渡暹罗谋生,先在阿瑜陀耶城卖水果,后包揽赌税,渐至发达,乃娶暹罗女洛央(Nok Iang)为妻,1734 年 4 月 17 日生下郑信。不久郑镛去世,郑信被财政大臣昭披耶却克里(Chaophraya Chakkri)收为养子,9 岁入寺学习,13 岁入宫补侍卫,21 岁复入寺披剃,24 岁还俗,后任达府太守,封爵披耶(Phya,又译丕雅),故称"披耶达信"(Phraya Taksin,亦称披耶达或达信,清朝档案文献中初称甘恩敕,又称丕雅新,后称郑昭)。

1766 年缅军围攻阿瑜陀耶城时,披耶达信奉命率部前往京都救援。1767 年 1 月,披耶达信率领的部队参加了暹罗守城部队组织的一次六路出击,但出击失败,披耶达信部队未能及时撤回阿瑜陀耶城内,被迫转向东南沿海地区。4 月阿瑜陀耶城破后,披耶达信以东南沿海尖竹汶、达叻等处为基地,积极准备抗缅复国。缅军洗劫阿瑜陀耶城后,因缅甸正与中国进行战争,所以缅军主力迅速班师回国,仅留孟族将领苏基率部分缅军驻守阿瑜陀耶城北重镇三菩提树,又令暹罗人铜隐驻守吞武里城,以查捕逃犯并搜刮财物送往缅甸。

10 月,披耶达信率军北上,正式开始驱逐缅甸占领军的战争。11 月 6

日,暹军攻破吞武里城,处决泰奸铜隐及其党羽,接着乘船溯昭披耶河北上向阿瑜陀耶城进军。驻守三菩提树的苏基命副将蒙耶率水军堵截。但为时已晚,蒙耶不战而退。苏基率部负隅顽抗,无奈暹军攻势迅猛,苏基被迫献城投降。披耶达信既光复阿瑜陀耶城,乃被拥立为王,因阿瑜陀耶城已残破,披耶达信决定以吞武里城为都,是为吞武里王朝之建立。

　　虽然披耶达信率领的暹军成功驱逐缅甸占领军,使暹罗重获独立,但此时的暹罗却是四分五裂,各地政权割据称雄,达信急需平定割据势力,实现暹罗重新统一。其时暹罗共分五部:(1)披耶达信据暹罗中部。拥有今曼谷、叻丕、巴真武里、尖竹汶诸府,及那空沙旺之一部。(2)半岛诸府以至尖喷一带。缅军攻破阿瑜陀耶城时,那空是贪玛叻(又称洛坤)代理太守帕巴叻(Pra Palat)宣布独立,号穆释迦王(King Musika)。(3)暹罗东部诸府,并呵叻在内。波隆摩岁阁五世王子贴丕碧逃据其地,自立为王,以披迈为都城。(4)彭世洛太守据彭世洛府及那空沙旺之一部,号曰銮王(King Ruang)。(5)枋长老在彭世洛偏北之地自立为王,占据难府、帕府,是为僧侣政权[1]。1768年雨季,达信率军先向北部彭世洛发动攻势,但彭世洛军队早有防备,达信军队首战失利,被迫撤回吞武里城。随之,达信分兵两路进攻东北部之披迈,一路由其亲自率领,另一路由通銮和其弟汶吗率领,包抄东北重镇呵叻。呵叻守军两路迎战,但一触即溃。坐镇披迈城的贴丕碧得悉前方战败,知道大势已去,急携家眷逃奔万象,途中被达信军队追获处死,披迈的割据势力遂被消灭。1768年底,北方枋长老僧侣部队攻打彭世洛,围城两月后破城,銮王割据势力归于消灭。枋长老吞并彭世洛后,又把势力向南延伸,派人到乌泰他尼、猜纳抢劫粮食和财物。两地行政长官向吞武里求救,达信派汶吗和披耶披差各率500人从陆路出发,自率水军12000名从水路进攻。水军首先攻占彭世洛城,随之陆军赶至。达信集中兵力,一举攻克那空沙旺城。枋长老见大势已去,逃往清迈。至此,北方割据势力平定。1769年4月,达信派昭披耶却克里为主将,通銮、汶吗、披耶碧差武里为副将,率兵出征洛坤,至10月攻破之。至此,南方割据势力平定。此后,达信继续平定各地残存势力,到1770年11月暹罗重归统一[2]。

---

① 参见[英]吴迪:《暹罗史》,第328—329页。
② 参见中山大学东南亚史研究所编:《泰国史》,第115—118页。

　　吞武里王朝建立后,身为华人后裔的披耶达信立即派人与清朝联系。乾隆三十三年(1768)七月初二日,披耶达信(清朝档案文献中称甘恩敕)派陈美驾商船来广,赍投书信三封,据译出书信内称,"因暹罗国被乌肚番即花肚番攻破,甘恩敕领兵杀退肚番,众人推尊甘[恩]敕为王,因有扶世禄、禄坤、高烈三处大头目不服,欲求天朝敕封"①。从上文可以看出,披耶达信书信中提到的"扶世禄、禄坤、高烈三处大头目",实际是指暹罗北部彭世洛地区的銮王割据势力、南部洛坤地区的穆释迦王割据势力以及东部披迈地区的贴丕碧割据势力。披耶达信之所以派人与清朝联系,主要是希望得到清政府外交承认,确立其相对于其他割据势力的合法地位与政治权威。另外,通过恢复与清朝的传统封贡关系和朝贡贸易,暹罗可以从清朝方面购买硫磺、铁锅、红铜等战略物资,并出售暹罗物产以获得经济收益。

　　然而,对于披耶达信的登位和请封,两广总督李侍尧认为属于僭越之举:"暹罗被贼攻破,国王虽故,现有庶兄诏王吉(按:当指王子贴丕碧)在于高烈地方,及该国王之孙诏萃、诏世昌分逃在外,乃该国各夷目并不扶助国王之子孙力图恢复,反各分踞土地,僭妄称王,甘恩敕以微末头人,乘乱占踞其地,复捏称杀退花肚番,妄希请封,大乖义理。"因此,应当"严饬陈美,令其转谕该夷目甘恩敕:伊既系暹罗臣子,当明大义,应即纠合众夷目,差寻该国王在逃子孙,继立为王,声明情节,具表恳乞大皇帝施恩,再行审度时势,为该国王报复之举,方称臣职。乃该夷目辄敢乘危踞地,既置该国王子孙于不问,且欲自立为王,已属大干罪谴,岂得复希封赏?似此越理犯分之事,何敢转达天听?所有原呈番字文书,即行掷还"②。可见,李侍尧是将流亡在外的诏氏子孙视为正统,将披耶达信称王视为僭越,因而建议拒绝册封。

　　对于李侍尧的看法和建议,乾隆帝连续朱批:"甚是。""自应如此。"又下谕军机大臣等:"甘恩敕本系内地微贱之人,飘流海徼,为其夷目,与暹罗国王谊属君臣。今彼国破王亡,乃敢乘其危乱,不复顾念故主恩谊,求其后裔复国报仇,辄思自立,并欲妄希封敕,以为雄长左券,实为越理犯分之事。

---

　　① 《两广总督李侍尧奏覆查明暹罗与花肚番构兵情形折》,载《史料旬刊》第30期,第105—107页。

　　② 《两广总督李侍尧奏覆查明暹罗与花肚番构兵情形折》,载《史料旬刊》第30期,第105—107页。

若仅将原文掷还,或来人陈美回国时,不将该督严饬之语逐一转告,无以慑服外邦。自应给以回文,申明大义,俾知天朝礼教广被,褒贬一秉大公。"并令军机大臣代李侍尧拟写檄谕,寄交李侍尧按式行文,付陈美赍回。檄谕以两广总督名义,首先指出甘恩敕派陈美来粤呈文请封的做法"于理不顺"。因为暹罗"被花肚番侵扰焚掠,国破身亡",甘恩敕作为暹王"夷目",目击国主"遭此鞠凶",即应当"坚秉忠贞,志图恢复,以期殄仇雪耻"。即使因国破之后,民众流离,孱弱不支,势难骤振,也应当"求尔主族裔,扶戴复国,以续尔故主宗祧"。如果这样做的话,则暹罗官民会"共相钦服",清朝皇帝也会"深为嘉予"。檄谕还质问甘恩敕:"今尔主庶兄诏王吉,孙诏萃、诏世昌现皆避难潜居境内,尔不思与众头目择立拥戴,垂名不朽,乃竟乘其危乱,鸱张自立,并欲妄希封号,僭窃称王,似此干名犯分,蔑礼负恩,不祥孰大,反之于心,岂能自安? 且尔本系内地民人,必知大义,岂不闻中国名教,于乱臣贼子不少假借乎? 即为尔计,扶世禄、禄坤、高烈三府,因尔欲雄长其地,共切同仇,与尔称兵相拒,彼则名正言顺,尔则逆理悖伦。天道助顺恶逆,胜负之势较然,岂可自贻伊戚乎?"檄谕还告诫甘恩敕,其呈文所陈情节"深乖法纪",所以两广总督没有将其请封书信上奏皇帝,"仍掷交陈美赍还"。檄谕最后希望甘恩敕能够"翻然改悔,效忠尔主,仰体圣朝兴灭继绝之经"①。除对甘恩敕的檄谕外,因河仙镇目莫士麟(按:指前文所述郑氏政权)绘图赍送,并收留阿瑜陀耶王朝国王后裔,乾隆帝下令奖赏缎匹,并令军机大臣代李侍尧拟写檄谕发往。檄谕文曰:"两广总督全衔,谕河仙镇目莫士麟:尔僻处海疆,心知向化,因闻天朝查询暹罗情事,即将海外各夷地形势绘图具文,差夷官林义等赍投,甚属恭顺,业经据情奏闻,大皇帝鉴尔之诚,深为优奖。又闻尔于暹罗国王之孙诏萃逃入境内,即为安养资生,颇知礼义,亦属可嘉。今特给尔回文,并赏缎匹,用示恩意。"②从乾隆帝的谕旨和檄谕暹罗国王文稿不难看出,清政府从兴灭继绝的角度出发,否认新建立的吞武里王朝的正统地位,对其采取叱责排斥态度。

后来清朝对吞武里王朝态度的改变,是吞武里王朝统一暹罗的必然结

　　① 中国第一历史档案馆编:《乾隆朝上谕档》第5册,第1281条,第462页;《清高宗实录》卷八一七,乾隆三十六年八月甲戌,第18册,第1069—1070页。
　　② 中国第一历史档案馆编:《乾隆朝上谕档》第5册,第1282条,第462页;《清高宗实录》卷八一七,乾隆三十六年八月甲戌,第18册,第1071页。

果,也是在吞武里王朝不断派人与清朝联系的基础上实现的。从乾隆三十三年(1768)七月至四十二年七月,披耶达信共有7次派人来清朝联系。

第一次是上述乾隆三十三年(1768)七月派陈美来华呈文请封。对于这次请封,乾隆帝以披耶达信僭越登位"逆理悖伦",令粤督李侍尧颁发檄谕予以叱责拒绝。十月十四日,乾隆帝以颁发檄谕已有两月,未接李侍尧续奏,下谕询问,并令李侍尧派员往河仙镇向莫士麟询问暹罗近日确情。二十六日,李侍尧接到乾隆帝谕旨。而实际上,四天后的三十日,陈美、林义才带着给披耶达信和莫士麟的檄谕附搭商船开行往暹,自然不可能有回文到粤。接奉谕旨后,李侍尧当即选调署左翼镇游击郑瑞、署顺德协都司陈大扬来广州,于十一月初十日附搭本港商船出口前往河仙镇,向莫士麟查询情形,并令上年随许全前往安南之跟兵麦森、梁国宝二人随往①。

然而,这次不仅陈美等再无回文,郑瑞等亦杳无信息。乾隆三十四年(1769)六月,经略傅恒等即将率军进剿缅甸,乾隆帝一方面令傅恒等檄谕南掌国王,如缅酋败退窜入南掌,应立即擒献,另一方面又令军机大臣代傅恒与李侍尧拟写檄暹罗国王文稿,寄交李侍尧转发暹罗国王,希望暹王在缅酋逃入暹罗时亦予擒送。乾隆帝还特令李侍尧查明:"该国王如系诏氏子孙复立,即于进兵前后,就洋舶迅速转发;倘仍系甘恩敕等觊觎窃据,该国尚无主张之人,竟可无庸给与,即将原稿奏缴。"另外,因暹罗及莫士麟处久无消息,而李侍尧屡次迟复,乾隆帝谕令李侍尧将暹罗国现在情形如何,该国究系何人掌管,及甘恩敕处有无回禀,前往莫士麟处委员曾否回粤等等,迅速查明覆奏②。

六月二十七日,郑瑞、陈大扬带回莫士麟回文,李侍尧立即于二十九日向乾隆帝奏报暹罗国情况:"该地已为丕雅新即甘恩敕占踞望阁要地,僭称王号。其暹罗国王庶兄诏王吉,国破逃至高烈地方,后被甘恩敕诱至望阁杀害。惟国王之孙诏萃,现在河仙镇。"③此奏是说割据暹罗东部的波隆摩罗阁五世王子贴丕碧已被杀死,阿瑜陀耶王朝唯存后裔在河仙地区。七月

---

① 《两广总督李侍尧奏为遵旨委员前往河仙镇查询暹罗国近况折》(乾隆三十三年十一月初五日),载《宫中档乾隆朝奏折》第32辑,第361—362页。

② 《清高宗实录》卷八三七,乾隆三十四年六月庚午,第19册,第173—174页。

③ 朱批奏折:《(两广总督李侍尧)奏为遵旨查询暹罗国情形由》(乾隆三十四年六月二十九日),台北"故宫博物院"藏,文献编号010263。并参见附图六。

十四日,乾隆帝接到李侍尧奏报,意识到诏氏子孙已经式微,乃下谕曰:"看来诏氏子孙式微已极,大势俱为甘恩敕所占,难复望其振作,亦只可听其自为,蛮触原不必藉其力,亦不必为其办理也……所有前寄李侍尧檄谕暹罗国文一道,原令该督如暹罗国系诏氏后裔恢复,自当寄去,今该目既为甘恩敕所占,即无庸觅便寄往。"①由此,乾隆帝令李侍尧颁发暹王的檄谕未发,对于暹罗国内割据势力争斗,乾隆帝指示不予干涉。

　　是月,李侍尧又派游击蔡汉前往河仙镇,檄示莫士麟"一体防辑"缅酋逃入,并查探暹罗情形。至乾隆三十五年(1770)六月,蔡汉回粤,带回莫士麟及暹罗裔孙诏萃禀函二封。信中称丕雅新篡窃基业,莫士麟帮助诏萃讨伐丕雅新未能获胜,请乾隆帝敕谕缅甸发兵攻打丕雅新。七月初一日,乾隆帝接到李侍尧奏报,再次下谕强调保持中立:"暹罗僻在海外,地势辽远,固非声讨所及,即丕雅新篡窃鸱张,自相吞并,止当以化外置之。若河仙镇目莫士麟,欲为邻封力图匡复,亦惟听其量力而行,更可不必过问。"对于莫士麟请求敕谕缅甸发兵一事,乾隆帝认为"断不可行",并令军机大臣代李侍尧拟写檄谕发给莫士麟。檄谕首先对莫士麟倾心向化及力图帮助诏氏后裔复国表示嘉许:"尔镇远处海滨,倾心向化,大皇帝素嘉尔忱悃,宠赉频加,且自暹罗残破,后裔流离,尔欲为诏氏力图克复,慕义尤可嘉尚。"又指出莫士麟请求清朝敕谕缅甸发兵征讨丕雅新的设想"昧于事理,非计之得也"。因为缅甸"本篡夺余孽,怙恶不悛",此前曾劫掠暹罗,使暹罗"国邑破亡,人民涂炭","彼既与诏氏构怨于前,安能望其匡复于后?"假如缅甸"引兵至境,转与丕雅新狼狈为奸",则是"为虎添翼,一害未除,一害滋益"。即使缅甸能够"殄灭逆新,复立诏后",其"必自谓有德于暹罗,遂欲攘为所属,悉索敝赋,惟所欲为,稍不顺意,残虐立被,譬之引寇入室,祸由自致"。因此,敕谕缅甸出兵暹罗一事"断不可行"。最后希望莫士麟能以"讨逆继绝"为名,号召暹罗旧将,"预为密约,克日举事","以正定乱,以顺取逆",以期"一举而歼渠魁,复亡国"②。可以看出,清朝虽然对吞武里王朝持否定排斥态度,但并不支持缅甸和莫士麟政权对吞武里王朝的征讨,而是对暹罗

―――――――――

　　① 中国第一历史档案馆编:《乾隆朝上谕档》第5册,第2235条,第841页;《清高宗实录》卷八三八,乾隆三十四年七月甲午,第19册,第201页。

　　② 中国第一历史档案馆编:《乾隆朝上谕档》第6册,第622条,第279—280页;《清高宗实录》卷八六四,乾隆三十五年七月乙巳,第19册,第588—589页。

内战保持中立。

第二次是乾隆三十六年(1771)七月派人解送"花肚番",并"乞恩赐凭,许照旧例朝贡"。时暹罗派员将俘获的缅军官兵男妇 39 名送来广东,并呈递禀函称"去年四月奉命截拿花肚逆匪,冬间起兵攻打花肚所据之青霾城(按:指清迈),连破其所镇之地,直临城下。因乏粮食、硝药,以致回兵。今将现获男女,连绘地图解送"。禀函还称:"暹罗国王印凭符籍,尽被花肚番焚毁,乞恩赐凭,许照旧例朝贡。"①八月,李侍尧将暹罗丕雅新解送"擒获花肚番头目男妇"来粤一事向乾隆帝奏报。乾隆帝闻奏,对吞武里王朝的态度有所缓和。他指出:"丕雅新当暹罗残破,乘机窃据,安冀敕封,曾令军机大臣代李侍尧拟写檄稿,正词斥谕。今复借奉檄擒送花肚逆匪为名,冀邀赐凭朝贡,自不应允其所请。但去岁游击蔡汉往谕河仙镇目截擒缅酋时,蔡汉听信莫士麟之言,曾行文丕雅新一体擒献。今丕雅新既以遵奉宪令为词,尚知敬奉天朝大臣,亦不必概付不答,绝之太甚。"因此,乾隆帝令李侍尧以总督名义,酌量赏给缎匹,并给以檄文回复,谕以"尔所送花肚番男妇,是否即系缅匪,其事虚实,本部堂难以凭信,不便率行陈奏。但尔既已送到,姑留内地收管,另为查办。因尔奉令惟谨,遣人航海远来,本部堂特给尔缎匹,付来人赍回,以示奖励。至尔所称乞恩赐凭,许照旧例朝贡之处,本部堂更不便代为转奏"②。可见,乾隆帝虽然命令李侍尧赏给披耶达信缎匹,但却拒绝其赐发凭证、照例朝贡的要求。

十月,李侍尧委员解送的"丕雅新拿获番男八名、番妇四名"到达北京,随交军机大臣询问,"系青霾国(按:指清迈)民人居多,而泻都燕达一名实系缅匪小头目"。乾隆帝得报,对吞武里王朝的态度更为缓和,下谕指出:丕雅新"遵檄擒献",其心"颇知恭顺"。前岁丕雅新派人致书李侍尧,欲求转奏请封,经李侍尧奏闻拒斥。今岁丕雅新又请封赏,仍然不允所请,"其论虽亦近理,而不免过甚"。因为"荒徼岛夷不知礼义,其易姓争据,事所常有,如安南国陈、莫、黎诸姓,亦已屡更其主,非独暹罗为然"。况且"丕雅新当缅匪攻破暹罗时,以报复为名,因利乘便,并非显有篡夺逆迹,而一闻内

---

① 朱批奏折,外交类,第 346－8 号,乾隆三十六年七月二十八日李侍尧、德保奏折,转引自余定邦、陈树森:《中泰关系史》,第 119 页。

② 中国第一历史档案馆编:《乾隆朝上谕档》第 6 册,第 1835 条,第 743—744 页;《清高宗实录》卷八九一,乾隆三十六年八月乙酉,第 19 册,第 942—943 页。

地大臣檄谕,奉命惟谨,即遣兵攻打青霾。其所擒获更有缅匪头目,是其实与缅夷为仇,已无疑义"。而且丕雅新"屡次邀封望泽,尚知尊戴天朝,自不必固执前见,绝之太甚。至其代立源委,原不必拘于名分,从而过问。丕雅新初立势孤,欲求依附,若中国始终摈弃弗纳,彼或惧而转投缅匪,非策之善也"。因此,乾隆帝令传谕李侍尧,"嗣后丕雅新处若无人来则已,设或复遣使禀请加封,愿通朝贡,不必如前固却,察其来意果诚,即为奏闻,予以封号"①。由此,乾隆帝对吞武里王朝的态度已有重大转变,由原来的叱责转为现在的羁縻,准备在披耶达信再次请封时予以批准。

第三次是乾隆三十七年(1772)八月禀送海丰县民陈俊卿等回籍。乾隆三十七年八月,李侍尧奏,"暹罗国郑昭"禀送粤省海丰县民陈俊卿、梁上选等眷口回籍,请以己意檄复,"俟郑昭处送到内地民人,量为奖励,示以羁縻"。乾隆帝闻奏,下谕批示"亦只可如此办理"②。值得注意的是,李侍尧奏折中开始称暹王为"郑昭"。

这次暹罗送回的陈俊卿、梁上选等35人,系乾隆三十年(1765)十一月十六日由海丰县龟龄港出口,十二月船抵暹罗港口莲池地方,各自搭寮种地,后为暹罗兵搜获,询系中国百姓,故咨送回粤。因梁上选等系私行出口,清廷将其照例发边远充军,失察出口之文武官员亦分别参处③。

第四次是乾隆三十九年(1774)八月派员呈文请买硫磺、铁锅。乾隆三十九年八月,李侍尧奏,有船商陈福成前往柔佛国(位于今马来西亚境内)贸易,船只被风飘至暹罗,附搭该国番使一名前来呈投郑昭书信。书信内称:"欲为故主复仇,数年积粮训士,未尝稍息……议于来春加兵阿哇城(按:指缅都阿瓦),因海隅之地军需未足,乞买硫黄五十担、锅头五百口。"李侍尧认为,郑昭请买军火,"若非与暹罗各部别构衅端,即系谬思依仗天朝巧图慑服,但既托称为主复仇,似未便辄加指斥"。因此,请以己意回复,谕以"兴师复仇,臣子大义,尔既不忘故主,欲为报雪,深所乐闻。惟是硫黄、铁锅,天朝例禁綦严,未便擅准买用"。对于李侍尧的建议,乾隆帝朱

①　中国第一历史档案馆编:《乾隆朝上谕档》第6册,第1991条,第804页;《清高宗实录》卷八九五,乾隆三十六年十月乙酉,第19册,第1024—1025页。

②　中国第一历史档案馆编:《乾隆朝上谕档》第7册,第383条,第136页;《清高宗实录》卷九一五,乾隆三十七年八月己丑,第20册,第266—267页;台湾"中央研究院"历史语言研究所编:《明清史料》庚编,第六本,第538页。

③　台湾"中央研究院"历史语言研究所编:《明清史料》庚编,第六本,第538页。

批:"只可如此。"①由此,暹罗此次请买硫磺、铁锅,未获准许。

　　第五次是乾隆四十年(1775)九月托船商陈万胜带投文禀,送归流落缅甸之滇兵赵成章等,并称愿合击缅匪,请买磺铁、炮位。乾隆四十年八月,李侍尧与广东巡抚德保会奏,郑昭委船商陈万胜带投文禀一件,称"平定打马部落,人众投归,内有滇省兵赵成章等十九名,附商船送回,并情愿合击缅匪,乞赏给磺铁、炮位"。李侍尧认为,炮位不便准给,其硫磺、铁锅等物,可以查照上年请买数目准其买回。九月,乾隆帝闻奏,以郑昭"将内地兵丁搭船送回,尚属小心恭顺",同意按照李侍尧意见办理②。又令军机大臣以李侍尧名义拟写檄谕郑昭文稿,谕文首先对郑昭送回滇省兵丁表示嘉许,又准其购买硫磺、铁锅:"本阁部堂接阅来禀并开列名单,送回滇省兵丁十九名,具见小心恭顺。所请磺铁、铳仔,前经驳饬,今除铳仔一项关系军器,定例不准出洋,未便给发外,其需用硫磺、铁锅,准照上年请买之数,听尔买回,以示奖励。"对于披耶达信提出的联合攻缅之说,檄谕中予以拒绝:"缅匪顽蠢负嵎,甘弃生成之外,实为覆载所不容,亦属贯盈所自取。迩年因申讨金川,遂将滇兵暂撤,今荣勋在迩,或阅一二年,稍息士卒之力,再行厚集兵力,将缅匪一举荡平,此时自难预定。若果欲扫除缅匪,则以百战百胜之王师,奋勇直前,所向无敌,视攻捣阿瓦,不啻摧枯拉朽,何藉尔海外弹丸聚兵合击? 或尔欲报故主之仇,纠约青霾、红沙诸邻境,悉力陈兵,尽除花肚,亦听尔自为之。设或尔志得伸,据实禀报,本阁部堂覆核无异,自当代为奏闻。大皇帝为天下共主,亦必鉴尔忠诚,予之嘉奖。至于中国之欲平缅匪与否,圣主自有权衡,固非我守土之臣所敢料,亦非尔之所当请问也。"③是为再次声明对暹缅冲突保持中立,拒绝联暹攻缅。

　　这次郑昭派人送回的滇省兵丁赵成章、高元等19名被送往北京,其中

---

　　① 军机处录副奏折:《奏呈抄录郑昭原禀》(乾隆三十九年五月),档号:03-7788-028;军机处录副奏折:《两广总督李侍尧奏报接到暹罗郑昭禀文并拟札谕事》(乾隆三十九年八月初六日),档号:03-7788-027;《两广总督李侍尧奏呈暹罗国王郑照(昭)禀文事》(乾隆三十九年八月初六日),载《宫中档乾隆朝奏折》第36辑,第272—273页;军机处录副奏折:《两广总督李侍尧奏报暹罗郑昭欲购军火亟须发给回文请旨事》(乾隆三十九年九月二十六日),档号:03-7788-029。

　　② 军机处录副奏折:《两广总督李侍尧、广东巡抚德保奏报暹罗郑昭禀请合击缅匪事》(乾隆四十年八月二十一日),档号:03-7788-030;中国第一历史档案馆编:《乾隆朝上谕档》第8册,第9条,第4页。

　　③ 中国第一历史档案馆编:《乾隆朝上谕档》第8册,第10条,第5页;《清高宗实录》卷九九〇,乾隆四十年九月乙卯,第21册,第222—224页。

2人途中病卒,其余17人经查俱系清缅战争期间跟随提督杨宁进剿缅甸,因撤兵落后,被缅兵截获拘禁,暹军攻破清迈后,他们被送往暹罗,转送回粤。乾隆帝下谕,将赵成章等免罪释回原籍,交地方官严加约束,毋许出境滋事①。

第六次是乾隆四十一年(1776)十二月附商船送回滇省民人杨朝品等,并再请购硫磺百担。乾隆四十一年十二月,李侍尧奏,有莫广亿商船带到暹罗国搭送回籍云南人杨朝品等3人,并赍呈郑昭文禀一件,内称"因连年与缅匪仇杀,再恳赏买硫磺一百担;若天朝用兵阿瓦,愿恳谕知其期,预为堵截缅匪后路"。乾隆帝闻奏下谕:郑昭咨送内地民人,尚属恭顺,前已准其所请,听买硫磺、铁锅,此次请买硫磺,仍可准其买回;"但中国现在并不征剿缅匪,即欲扫除丑类,亦无藉海外弹丸协击。或伊欲报故主之仇,听自为之。李侍尧仍仿上次檄稿之意,给与回文可耳"②。

这次暹罗国附商船送回的杨朝品等3人,经查系云南省腾越州人,于乾隆三十年(1765)前往缅甸木邦贸易,被缅人劫去,乾隆三十九年逃往暹罗,现经暹罗送回。乾隆帝下谕,该民人等本系无罪之人,令交与地方官递送回籍③。

第七次是乾隆四十二年(1777)六月押解"花肚番"六名,并请进贡。乾隆四十二年正月,李侍尧调任云贵总督。因缅甸自清缅战争结束后一直没有履约纳贡,李侍尧于四月提出招徕暹罗请封以促使缅甸入贡的设想:"暹罗头目郑昭,收合余众,欲为故主复仇,始而禀臣转求恩赏封号,经臣晓以大义,奏明檄覆;继则情愿合击缅匪,预恳示期为请,曾以青霾所获之泻都燕达及男妇人等来献;近年复将缅匪所留内地兵民节次送回,并称连岁攻击缅匪,军火缺乏,求买硫磺、铁锅,颇见小心恭顺……可否敕下两广督臣,作为己意,檄询郑昭,谓诏氏虽已无子孙,而天朝原颁敕印现在是否存失,微露其意。郑昭自必乞恩求封,俟其禀到时,据情转奏,仰恳施恩锡封。伊

---

① 宫中朱批奏折:《署理云贵总督图克德奏为解回自暹罗送回滇兵高元等十七名饬地方严行收管事》(乾隆四十一年三月十六日),档号:04-01-01-0355-046;中国第一历史档案馆编:《乾隆朝上谕档》第8册,第189条,第79页。

② 中国第一历史档案馆编:《乾隆朝上谕档》第8册,第1249条,第489页;《清高宗实录》卷一〇二二,乾隆四十一年十二月丁未,第21册,第701页;军机处录副奏折:《奏呈抄录郑昭原禀》(乾隆四十一年五月十五日),档号:03-7788-033。

③ 中国第一历史档案馆编:《乾隆朝上谕档》第8册,第1518条,第593页。

得有天朝符命,更易号召邻番,努力杀贼,虽未必能缚渠献馘,而缅匪频年疲于攻战,俟其困顿,扬言大兵进剿,彼时畏惧腹背受敌,摇尾乞怜,人象到关,准其纳款,亦可藉完此局。"①不难看出,李侍尧的设想是由两广总督行文暹罗郑昭,招徕其前来请封,以促使缅甸能尽快入贡。乾隆帝闻此"治病偏方",准令试之,命军机大臣代李侍尧拟写檄稿,交新任两广总督杨景素附洋船发往暹罗。檄文曰:"本阁部堂在粤省数年,屡次接阅来禀,知尔收合余众,欲为故主复仇,曾诱杀缅匪多人,是尔尚知大义,且节次送回缅匪所留滇省兵民,具见尔小心恭顺。是以尔两次需用硫磺、铁锅等物,并准买回,以示奖励,且代为奏闻大皇帝,亦深为嘉予。至尔从前禀恳,欲邀天朝封号,彼时以尔安冀恩泽,未为正理,且诏氏虽已无人,而天朝原颁敕印,现在或存或失,未经声明,不便遽以入告,因而驳回。原欲俟尔稍有出力之处,及查明原颁敕印下落,陈请有名,再行代尔奏恳加恩。今大皇帝因云贵地方紧要,将本阁部堂调任云贵总督,而简任杨大人为两广总督。本阁部堂已将尔历次禀恳之事详细告知,尔此后如有所禀,即禀知新任总督杨大人,自必照本阁部堂所筹,为尔酌办。"②五月,乾隆帝谕旨和军机大臣拟写的檄谕送达广州。因当时并无暹罗人在粤,而往暹商船一般是九月至正、二、三等月放洋,五、六等月回棹,当时亦无商船前往暹罗。杨景素奏请俟有船来广时,即劝谕载货先期赴暹,以将檄谕带往暹罗,乾隆帝表示同意③。

　　就在清廷招徕暹王请封的檄谕即将发出之际,传来了暹罗派使前来请贡的消息。六月二十九日,左翼镇游击陈大扬向杨景素禀报:有船商柯宝自暹罗贸易回广,"载有暹罗国夷使三名",据称"赍禀来广叩请进贡,带有夷役十五名,押解花肚番六名";又呈投郑昭禀函一件。经杨景素与巡抚李质颖详询暹罗来使丕雅逊吞亚排哪突等三人,据称"郑昭欲为故主复仇,必得仰藉大皇帝天威恩准朝贡,方可号召邻番,协力击贼";又"上年抵御缅匪,擒获花肚番三百余名,除陆续死亡外,尚有……六人,解送来广发落";另外,"诏氏子孙现已无人",天朝原颁敕印"于暹罗残破时即已遗失无存"。

---

① 中国第一历史档案馆编:《乾隆朝上谕档》第8册,第1628条,第628—629页;《清高宗实录》卷一○三一,乾隆四十二年四月戊午,第21册,第820页。

② 中国第一历史档案馆编:《乾隆朝上谕档》第8册,第1629条,第630—631页;《清高宗实录》卷一○三一,乾隆四十二年四月戊午,第21册,第820—821页。

③ 《两广总督杨景素奏报伏读圣谕抚驭缅匪之策略并将檄谕带送郑昭事》(乾隆四十二年五月初七日),载《宫中档乾隆朝奏折》第38辑,第558—560页。

由此,杨景素一面向乾隆帝请示准备发出的檄谕是否继续发往暹罗,另一面委员将暹罗押解来的"花肚番"六人迅速解京①。

与此同时,缅甸方面亦送出清缅战争期间扣押的清军官员苏尔相等,并同意奉表入贡,乾隆帝于七月十二日下谕杨景素:"从前暹罗诏氏子孙,原系中国颁赏敕印,今既为缅甸侵占,头目郑昭复行收合余众,为故主复仇,诱杀缅匪多人,因而冀请封号,尚非篡据可比。且节次将缅匪所留滇省兵民给资送回,甚属诚心恭顺,亦当与以奖励。至于荒徼岛夷,易姓争据,事所常有,即如安南国陈、莫、黎诸姓,亦已屡更其主,非独暹罗为然。况郑昭籍本广东,以内地民人备藩外国,若令得邀封爵,必倍知感戴天朝,并非因其与缅匪交兵,藉彼一隅之力。且缅匪今已还人纳款,更无事多为防制也。倘郑昭接奉前谕,续有具禀求封之事,该督即当迅速由驿奏闻,加之封号,亦即羁縻控驭之道。再前因暹罗两次求买硫磺、铁锅等,俱经加恩允准,此后该处若再需用,仍当准其买回。至伊如言及协剿缅匪之事,则当谕以中国声罪致讨之兵,从不藉外邦协剿,即如近日平定两金川,皆简发禁旅,及选调各省精兵,并非稍资他处番夷之力。况缅匪近已悔罪乞降,并将所留之苏尔相等送还,奉表纳贡,现已无事加兵,或该国与缅匪争战,听其自为,若欲仰藉中国助兵,则断无此理,犹之缅匪现已投顺天朝,或将来缅匪因与暹罗争衅,求助中国,亦断不允其所请也。"②显然,此时乾隆帝已承认吞武里王朝之正统地位,只等郑昭派使前来请封了。

七月二十三日,乾隆帝接到杨景素关于"郑昭遣有夷使三名来粤,叩请进贡,并押解缅番六名"的奏报,一面指示杨景素前次代拟李侍尧檄稿毋庸发去,另一面命军机大臣代杨景素拟写新的檄谕暹罗文稿,敦告郑昭具表请封,并再次告知清朝对暹缅冲突的中立态度。檄文中曰:"尔既有备贡之请,可以准行。俟尔贡物到境,本督部堂当为转奏。至尔所称必藉天威以彰民望,意欲恳求封号,而又不敢明言,如此隐跃(约)其词,本督部堂尚未

---

① 军机处录副奏折:《奏呈暹罗郑昭禀文》(乾隆四十二年五月十八日),档号:03-7788-046;《两广总督杨景素奏为覆檄暹罗国王事请旨折》(乾隆四十二年七月初四日),载《宫中档乾隆朝奏折》第39辑,第278—280页。

② 中国第一历史档案馆编:《乾隆朝上谕档》第8册,第1826条,第698页;《清高宗实录》卷一〇六,乾隆四十二年七月乙亥,第21册,第883—884页;军机处录副奏折:《两广总督杨景素覆奏遵旨札谕暹罗郑昭准其买硫磺铁锅等事》(乾隆四十二年七月二十七日),档号:03-7788-039。

便据情入告。尔果虔修贡礼,遣使恭进,将国人推戴情殷,诏氏已无的(嫡)派,明晰声叙,具禀请封,本督部堂自当代尔奏闻大皇帝,恭候加恩,方为名正言顺。至尔欲征讨缅甸,为故主复仇,听尔自为之,内地断无发兵相助之理。中国征剿缅匪所至,饷足兵强,前此平定准部、回部,昨岁平定两金川,并未稍藉外邦之力,谅尔亦当闻知。况缅匪近日已知悔罪,送还内地之人,恳求开关纳贡,此后更无可加兵。然亦必不助缅以攻他国,尔如欲请封,转不必以攻剿缅匪为词也。"①

八月初六日,杨景素接到乾隆帝七月二十三日所发上谕和军机大臣代拟的檄稿,即照依缮写,将来使丕耶逊吞亚排哪突等三人传至,告知檄谕内大意,并给与广纱、食物等件,令其附搭商船赍回暹罗。初十日,南海县知县常德将丕雅逊吞亚排哪突及跟役人等亲送登舟,开行南返②。

至此,从乾隆三十三年(1768)七月披耶达信派陈美来华呈文请封,到乾隆四十二年七月乾隆帝谕示两广总督杨景素敦告暹罗遣使请封,暹罗共有 7 次派人与清朝联系。在这九年时间里,乾隆帝对吞武里王朝的态度经历了由叱责排斥到肯定认可的转变过程。乾隆帝准令郑昭遣使请封,意味着承认了吞武里王朝的正统地位。这既是暹罗不断派人与清朝联系的结果,也是吞武里王朝逐渐平定国内割据势力而成为暹罗境内唯一政权的必然结局。

二、吞武里王朝唯一一次遣使朝贡

乾隆四十二年(1777)乾隆帝谕示两广总督杨景素敦告暹罗遣使请封后,四十三年二月,杨景素调补闽浙总督,总督印务暂交巡抚李质颖署理,杨景素即将暹罗请贡各道谕旨及办理底案备录移交李质颖③。五月,新任

---

① 中国第一历史档案馆编:《乾隆朝上谕档》第 8 册,第 1868、1869 条,第 716、717 页;《清高宗实录》卷一〇三七,乾隆四十二年七月丙戌,第 21 册,第 894—895 页。

② 《两广总督杨景素奏为遵旨遣回暹罗来使日期折》(乾隆四十二年八月十一日),载《宫中档乾隆朝奏折》第 39 辑,第 673—674 页;军机处录副奏折《两广总督杨景素奏报遵旨遣回暹罗来使日期事》(乾隆四十二年八月十一日),档号:03-7788-047。

③ 《两广总督杨景素奏为赴新任请将暹罗请封案移交新任抚臣折》(乾隆四十三年三月十八日),载《宫中档乾隆朝奏折》第 42 辑,第 410—411 页;军机处录副奏折《两广总督杨景素奏明办理暹罗请封一案移交巡抚接办事》(乾隆四十三年三月十八日),档号:03-7788-048。

两广总督桂林到达广州，李质颖又将暹罗事宜文档移交桂林，以便暹罗遣使到粤时遵旨妥办①。然而，八月时，郑昭附商船寄到禀稿，"请宽贡期"。桂林闻报，奏请拟稿严饬。乾隆帝闻奏，同意桂林建议，但指出措词不宜过严："郑昭屡次所禀，其诚伪固不足信，但彼既知尊奉天朝，不妨略示含容，转不必疾之太甚，惟斥其前次遣使具禀，今乃率附商船转寄，殊不知礼，以此饬之足矣。"②乾隆帝还令军机大臣代桂林等拟写檄稿，谕知郑昭："尔于上年遣使前来请贡，并据丕雅逊吞亚排哪突禀称，已预备象只等物，未敢带来，恳求转奏大皇帝恩准，方敢纳贡。前任杨总督念尔出自诚心，仰体大皇帝一视同仁之盛意，不忍拒绝，因覆檄谕尔，俟贡物到境，当为转奏，并无立定贡期之语，且无必欲令尔入贡之心。前任杨总督调任闽浙，所有档案俱移交本部堂存核，且将前次覆檄谕尔之意，面告本部堂查照，历历可稽，尔何忽有此请宽贡期之语耶？至尔现御缅贼，尚未暇即备贡礼，自属实情，但止须据实禀明，不应妄有宽期之请，幸尔前禀情节，杨总督尚未据情入告，是以本部堂尚可为尔明白开示。尔如果诚心恭顺，虔修贡礼，遣使恭进，并将国人推戴情殷，诏氏子孙已无的（嫡）派，明晰声叙请封，本部堂亦必据禀代奏，恭候加恩，若此等游移无定之词，徒属虚谈无益。且尔之入贡与不入贡，系尔之受封与不受封，于天朝何关轻重，本部堂亦何必望尔之修贡耶，至尔前次求贡，遣使赍呈，殊觉非礼。念尔久居外邦，不谙礼制，姑置勿问，嗣后务益知恪谨，毋稍疏懈干咎。"乾隆帝还叮嘱桂林，檄稿仍付便船赍往暹罗，"如郑昭果能诚心恭顺，遣使进贡请封，原可据情入奏，候朕酌量降旨。若仍游移无定，亦不过摘其小疵申饬，略寓羁縻，不必过严其词，与彼斤斤较量也"③。至此时，吞武里王朝使团朝贡清朝只是时间问题了。

三年后，乾隆四十六年（1781）七月，吞武里王朝朝贡使团终于到达广东。使团除正贡外，另备象牙、犀角、洋锡等物以为副贡，并请给执照前往厦门、宁波等处伙贩，又备送礼部、督抚各衙门、行商礼物，及请将余货发行变价以作盘费，概发原船带回，又求买铜器。暹罗国郑昭贡单现藏于台北

　　① 《广东巡抚李质颖奏覆已将办理暹罗请封事转告督臣桂林事》（乾隆四十三年五月二十五日），载《宫中档乾隆朝奏折》第 43 辑，第 215—216 页。
　　② 中国第一历史档案馆编：《乾隆朝上谕档》第 9 册，第 679 条，第 272 页；《清高宗实录》卷一〇六五，乾隆四十三年八月己亥，第 22 册，第 237—238 页。
　　③ 《清高宗实录》卷一〇六五，乾隆四十三年八月己亥，第 22 册，第 238 页；中国第一历史档案馆编：《乾隆朝上谕档》第 9 册，第 680 条，第 273 页。

故宫博物院,内容包括暹罗贡使名和正贡、加贡物品:

> 暹罗国长郑昭叩首叩首上贡大皇帝陛下万岁万岁万万岁。伏以赫赫天朝,万国悦贡;巍巍圣德,八方被泽。至暹罗尤荷荣宠,历受藩封,是以代代供贡,不敢少怠。自遭缅匪之后,昭虽复土报仇,奈求绍裔无人,以致贡典久疏。兹群吏黎庶即已推昭为长,理合遵例朝贡。但初定之邦,府库未充。兼昭生长海隅,不谙大典,贡礼诚难合式。俯思皇恩广荡,必霭涵育,昭不胜惶恐感戴之至。

> 虔备:金表一张,公象一只,母象一只,沉香外二斤,内一斤,共三斤,龙涎香外一斤,内八两,共一斤八两,金刚钻外七两,内三两,共十两,西洋毯外二领,内一领,共三领,孔雀尾外十屏,内五屏,共十五屏,翠皮外六百张,内三百张,共九百张,象牙外三百斤,内一百五十斤,共四百五十斤,犀角外六个,内三个,共九个,降真香外一百斤,内五十斤,共一百五十斤,白胶香外一百斤,内五十斤,共一百五十斤,樟脑外一百斤,内五十斤,共一百五十斤,荜拨外一百斤,内五十斤,共一百五十斤,白豆蔻外三百斤,内一百五十斤,共四百五十斤,藤黄外三百斤,内一百五十斤,共四百五十斤,大枫子外三百斤,内一百五十斤,共四百五十斤,乌木外三百斤,内一百五十斤,共四百五十斤,桂皮外一百斤,内五十斤,共一百五十斤,甘蜜皮外一百斤,内五十斤,共一百五十斤,苏木外三十担,内十五担,共四十五担。特差贡使丕雅逊吞亚排那突、朗丕彩悉呢霞喔抚突、朗拔察那丕汶知突、汶丕匹涛遮办事,匍赴金阙恭进。

> 屡沐天恩,奈暹土初定,无以为报。除正贡物外,另敬备公象一只、犀角一担、象牙一百担、洋锡三百担、藤黄一百担、胡椒三千担、苏木一万担。本诚心欲一进献,惟恐有碍越例之愆,是以不敢列入贡单之内。恳蒙容纳,俯伏上进,昭不胜感激冒呈。

> 乾隆四十六年五月二十六日①

七月二十日,乾隆帝接到新任两广总督巴延三等关于暹罗入贡的奏报,立即谕令巴延三等,俟该国贡使赍到贡物、表文时,即派委妥员伴送来

---

① 台北"故宫博物院"藏:《暹罗国郑昭贡单》(乾隆四十六年五月二十六日),文献编号30660,参见附图八。暹罗贡物中,"外"指进献给皇帝,"内"指进献给内宫即皇后。

京,"其备送各衙门礼物,有乖体制,求买铜器,例禁出洋,自应饬驳。至所请欲往厦门、宁波伙贩,并欲令行商代觅伙长往贩日本之处,该国在外洋与各国通商交易,其贩至内地如广东等处贸易,原所不禁,至贩往闽浙别省,及往贩日本,令行商代觅伙长,则断乎不可!"①又命军机大臣代巴延三拟定檄暹罗国文稿发往,文曰:"接阅来禀,据称暹邦历代供贡,自遭缅匪之后,绍裔无人,以致贡疏。兹群吏众庶推尔为长,依例备贡恭进等因,具见小心恭顺,出自至诚。本部堂已据情代奏,如蒙大皇帝鉴尔悃忱,加恩格外,准尔入贡,俟本部堂差员伴送尔国陪臣敬赍入都朝觐。至另禀外备苏木、象牙等物,为贡外之贡,天朝抚绥万国,一应朝贡多寡均有定制,岂容任意加增,难以代奏。至致送礼部、督、抚各衙门礼物,甚至馈及行商,并求准买铜器千余个,先放空船归国等语,更属琐鄙不知事体。天朝纲纪肃清,大法小廉,内外臣工岂有私行收受尔国物件之理?铜斤例禁出洋,更不便准尔采买。若本部堂据情代奏,转滋尔忘分忘干之咎。用是明白晓谕,将贡外之贡及呈送各衙门货物发交原船带回。又尔禀后附请给照载货前往厦门、宁波等处,并欲令行商代觅伙长往贩日本等语,尤属不知礼体。尔等在外洋与日本各国贩卖交易,原所不禁,若欲请官为给照,及令行商觅伙往贩日本,则断乎不可。本部堂亦不敢代为具奏。至尔国所请余货在广发行变价一节,此向来交易之常,应听尔等自行觅商售卖,亦不必官为经理。至所称余货变价,以作来使盘缠等语,向来各国陪臣进贡,入境之后一切往来费用,天朝自有例给口粮,无庸卖货支应。尔国甫求入贡,辄以贸易牟利细事禀请准行,甚非表尔效命归诚之意。本部堂念远在外夷,不谙礼法,亦不加责备,是以恺切晓谕,此后务宜益励敬恭,恪守臣节,毋得轻有干渎。"②此檄谕主要内容包括:第一,进贡之请已经代奏,候乾隆帝批准,即派员伴送使臣入京朝觐;第二,关于象牙等加贡之物,清朝对各国贡物均有定制,不容任意加增,难以代奏;第三,其致送礼部、督、抚各衙门与行商礼物,及求准买铜器千余个,先放空船回国等请,不能允准,加贡之物及呈送各衙门礼物概发原船带回;第四,请给照载货前往厦门、宁波等处,及欲令行商代觅

① 中国第一历史档案馆编:《乾隆朝上谕档》第10册,第1733条,第603—604页;《清高宗实录》卷一一三七,乾隆四十六年七月庚申,第23册,第201—203页。
② 中国第一历史档案馆编:《乾隆朝上谕档》第10册,第1734条,第604—605页;《清高宗实录》卷一一三七,乾隆四十六年七月庚申,第23册,第201—203页。

伙长往贩日本之请,亦不能允准;第五,船上压舱货物在广发售一节,此向来交易惯例,准予自行觅商售卖;第六,将余货变价以作贡使盘费之处,向来各国朝贡,使团入境后一切费用均由清朝供给,不须卖货支应。

八月初二日,巴延三接到乾隆帝七月二十日颁发的谕旨及军机大臣代拟的檄谕,当即一面将谕稿缮具文檄发交贡使,转给守船夷目,俟风顺先行赍回,另一面遴派妥员准备伴送贡使启行赴京。这次暹罗朝贡,除正贡贡物外,还备象牙、犀角、洋锡等物以为副贡。对此,巴延三于十二日向乾隆帝奏报请示处理意见①。九月初二日,乾隆帝接到巴延三奏折,就暹罗加贡一事下谕:"该国长输诚纳贡,备具方物,所有正贡一分,自应照例送京收纳。至所备副贡,若概令赍回,致劳往返,转非所以体恤远人。着传谕巴延三,于副贡内只收象只、犀角二项,同正贡一并送京交礼部。于照例给赏之外,查例加赏,以示厚往薄来之意。其余所备贡物,准其即在广省自行觅商变价,并将伊等压舱货物,均一体免其纳税。"②

九月初三日,贡使丕雅逊吞亚排那突率领的朝贡使团,由署广州府佛山同知王煦、督标后营守备武英伴送,自广州启程赴京。十八日,巴延三接到乾隆帝九月初二日颁发的敕谕,立即派员将犀角一担赶送前途交伴送委员,同正贡一并解交礼部。十二月十五日,丕雅逊吞亚排那突病故于直隶新城,副使朗丕彩悉呢、霞喔抚突等于十六日护送贡物继续前进③。

十二月二十一日,暹罗朝贡使团抵达北京。二十八日,祭太庙,命贡使于午门前观见。二十九日奏准:所有正赏、加赏暹罗国物件,照乾隆三十一年例赏给④。四十七年(1782)正月初五日,暹罗等国贡使进表,行庆贺礼。初九日,紫光阁筵宴,命副使朗丕彩悉呢、霞喔抚突二人入宴。十二日,又

---

① 《两广总督觉罗巴延三奏报办理暹罗郑昭遣人入贡事》(乾隆四十六年八月十二日),载《宫中档乾隆朝奏折》第48辑,第457—459页。

② 中国第一历史档案馆编:《乾隆朝上谕档》第10册,第1962条,第709页;《清高宗实录》卷一一四〇,乾隆四十六年九月辛丑,第23册,第257页;《两广总督觉罗巴延三等奏报遵旨收留暹罗贡使呈献之贡物事》(乾隆四十六年九月二十八日),载《宫中档乾隆朝奏折》第49辑,第102—103页;军机处录副奏折:《两广总督巴延三、广东巡抚李湖覆奏暹罗进贡除象只、犀角二项一并送京外其余贡物准在粤出售事》(乾隆四十六年九月二十八日),档号:03-7785-006;台湾"中央研究院"历史语言研究所编:《明清史料》庚编,第六本,第539页。

③ 《署直隶总督英廉奏报暹罗贡使病故情形折》(乾隆四十六年十二月十七日),载《宫中档乾隆朝奏折》第50辑,第283页;军机处录副奏折:《署理直隶总督英廉奏报暹罗国正使病故事》(乾隆四十六年十二月十七日),档号:03-7785-037。

④ 台湾"中央研究院"历史语言研究所编:《明清史料》庚编,第六本,第540页。

宴使臣于山高水长大幄次。三月,礼部议准,暹罗正使丕雅逊吞亚排那突至新城县病故,照例给银 20 两,颁发祭文①。四月,暹罗使团回至广州,不久乘船回国。至此,吞武里王朝唯一一次遣使朝贡宣告结束。

值得注意的是,对于乾隆四十六年(1781)吞武里王朝遣使访华,泰国档案文献亦有明确记载。特别是郑昭表文之泰文底稿仍存于泰国王室档案中,许云樵曾将该泰文表文译为汉文,以与中文档案相对照:

> 维佛历二三二四年,小历一一四三年,驮那补利朝(Krung Dhana-puri)入朝中国勘合(Kham Hap)表文云:
>
> 室利阿踰陀耶大城国(Phra Maha Nagara Cri Ayudhaya)之胜利君主,念及与北京朝廷之邦交,乃敕正使丕耶孙陀罗阿沛(Phraya Sundara Abhai),副使銮毗阇耶娑尼诃(Luang Bijaya Saneha),三使銮婆遮那毗摩罗(Luang Bačana Bimala),通事坤婆遮那毗支多罗(Khun Bačana Bičitra),办事万毗毗陀伐遮(Mu'n Bibidha Vača),敬具金叶表文及方物,并牡象一头,牝象一头,共计二头,循前例前来"进贡"(Čim Kong)于"大清国大皇帝陛下"(Somdet Phra Čao Krung Taching Phuyai)。
>
> 一　室利阿踰陀耶国请进一言——正使丕耶孙陀罗阿沛返国申诉,谓北京之职官"抚院"(Mu-i)前次曾勒令缴交接纳"贡品"(Khru'ng Phra Raja Bannakan)税,计银三十斤。凡此大清国大皇帝陛下知否其品德为如何乎?此室利阿踰陀耶国所欲进禀者一也。
>
> 一　室利阿踰陀耶国大小使臣前此赍贡品出发,辄遭幽禁于京都下链之屋内,不得游览。凡此大清国大皇帝陛下得知否?恐或有枉法之处,此室利阿踰陀耶国所欲进禀者一也。
>
> 一　泰国(Krung Thai)新胜利君主尝遣使出发,总督抚院(Čong-tok Mu-i)不使大小使臣乘泰国原船返国,勒令乘坐中国船归航;大小使臣泣诉亦不听,反令吏胥索银四片(Phen),谓为受诉费。大清国大皇帝陛下知否?此室利阿踰陀耶国所欲进禀者一也。
>
> 一　泰国攻略疆土,获"哀夷"(Ai-i)战俘,别有名单,前曾解送晋

---

① 中国第一历史档案馆编:《乾隆帝起居注》第 32 册,第 75 页;《清高宗实录》卷一一五二,乾隆四十七年三月辛丑,第 23 册,第 433 页。

京,若辈在泰国皆有定居,而中国置之不理,且已不拟再与缅甸构兵矣,则恳开恩将该哀夷人等释归,勿弃置不顾。

一　室利阿踰陀耶国送归为风飘往泰国之中国渔夫三十五名,尝予以银钱、布匹、鱼米、膳食等,每次计银一斤,白米三十五桶,每桶值银一铢(Bat),共计银八两(Tam-lu'ng)三铢,合计银一斤八两三铢一次,滇军(Ho' Thap)为缅所破,缅执送囚禁,泰军往讨得之,凡一十九名,护送至北京,费银钱、布匹、鱼米、膳食等,计开:银一斤十二两;衣裤每人一套,每套值银一铢二钱,计银七两二钱;白米十九桶,每桶一铢,计银四两三铢;合计银二斤三两三铢二钱。又一次三名,计银九两;衣裤每人一套,每套一铢二钱,计银一两二钱;白米三桶,每桶一铢,计银三铢,合银十两三铢二钱。总计三条,共去银四斤三两二铢。大清国大皇帝陛下知否? 此数乃室利阿踰陀耶国君奉献北京朝廷,以资修好者。

一　泰国拟重建新都,乞免货船"抽分"(Thiuhun)三次,每次三艘。倘中国皇帝准许,室利阿踰陀耶国即备船载白米、苏枋,并其他货品,出发前往,计广州(Mu'ang Kwangtung)一艘,宁波(M. Liang-pho)一艘,厦门(M. Emui)一艘,发售其货,以易非禁品之砖石,每地一艘。一也。

一　乞于中国雇"伙长"(Tonhon)驾泰国货船前往日本(Yipun)装载铜斤二船。一也。

一　室利阿踰陀耶国奉献贡外之贡于大清国大皇帝陛下以示敦睦,计开苏枋一万担、象牙一百担、锡三百担、犀角一担、藤黄一百担、胡椒三千担、牡象一头,希大清国大皇帝陛下哂纳。

昔勘合例盖驼纽印(Tra Loto),此番遍觅该驼纽印不得,暂盖象首印(Tra Phra Ayarabata)为凭。[①]

考察该泰文表文,除贡使姓名与清廷档案略有差别,及第一款内容在中文档案中找不到外,其他各款内容在中文档案中都能找到,但表述方式及话语系统大有差别,参见下表。

---

①　[新]许云樵:《郑昭人贡清廷考》,(新加坡)《南洋学报》1951年第7卷第1辑,又载姚楠、许钰编译:《古代南洋史地丛考》,第68—73页。并参见附图九。

表 1　乾隆四十六年(1781)暹罗进贡表文中泰文对照表

	泰文表文	清廷档案
贡使姓名	正使丕耶孙陀罗阿沛,副使銮毗阇耶娑尼诃,三使銮婆遮那毗摩罗	正使丕雅逊吞亚排那突,副使朗丕彩悉呢、霞喔抚突
第一款	"抚院"勒索银 30 斤	阙如
第二款	贡使遭幽禁不得游览	清朝规定,贡使入会同馆后不得随意出馆
第三款	勒令乘坐中国船返国	贡使多附搭前往暹罗贸易之中国商船归国
第四款	请释回前解送"哀夷"战俘	乾隆三十六年、四十二年皆解送"花肚番"
第五款	送归渔民 35 名、滇兵 19 名、民人 3 名,共费银四斤三两二铢	乾隆三十七年送归海丰县民陈俊卿等 35 人,四十年送归滇省兵赵成章等 19 人,四十一年送归云南人杨朝品等 3 人
第六款	请免货船"抽分"三次,每次三艘,分别前往广州、厦门、宁波,出售白米等货,购买砖石	贡船三艘随带压舱货物免于征税;请买铜器千余个,先放空船归国;请给照载货前往厦门、宁波等处
第七款	请雇中国"伙长"前往日本购买铜斤	请令行商代觅伙长往贩日本
第八款	另备苏枋、象牙、锡、犀角、藤黄、胡椒、牡象为贡外之贡	外备苏木、象牙等物为贡外之贡;请将余货变价,以作贡使盘缠

　　从表中可以看出,暹字表文译写为中文后,虽然各主要事项仍备,但已完全变为清政府的朝贡话语系统,其间的误解曲解显然可见。另据泰方史籍记载,暹罗此次遣使访华,除朝贡正式使团外,另有一使团,系押 11 艘帆船赴中国的使团。该使团有正使昭丕耶室利达摩提罗阇(Čao Phraya Çri Dharmadhiraja),副使丕耶罗阇苏跋伐底(Phraya Raja Subhavati)、丕披亮(Pyra Philang)、銮罗阇耶(Luang Rajaya)、銮室利瑜舍(Luang Çri Yoça)、銮罗阇漫帝利(Luang Raja Mantri)、奈利提(Nai Riddhi)、奈释帝(Nai Çakti)。11 艘帆船除载运贡物外,还载有赠送各方礼物如下:(1)赠送礼部礼物:苏木 1000 担,乌木 300 担,红木 1802 担 20 斤,这些礼物共值银 56 斤 5 两;(2)赠送总督、巡抚礼物:苏木 500 担,红木 500 担,这些礼物共值银 37 斤 10 两;(3)赠送"四行主"(当指行商)礼物:每一行主苏木 100 担,红木 100 担,这些礼物共值银 30 斤。此外,还有货物一宗,包括苏木 1700 担,红木 902 担,乌木 300 担 72 斤,这些货物计值银 453 斤 6 两 3 铢 2 钱 1

钣,规定当作商品在广东销售,充作使团盘费。此在中文档案中亦有提及,但清廷以其失体,颇不以为然,已如前述。综合 11 艘帆船所载,除正贡贡物价值不详外,加贡贡物价值银 1866 斤 3 两 2 铢 1 钱,加贡贡物、各项礼物及货物全部价值为银 2443 斤 15 两 1 铢 3 钱 1 钣[①]。

在暹罗使团中,有一位随行侍卫丕雅摩诃奴婆(Phraya Maha Nubhab,时尚未得此封号),著有《广东纪行诗》(Nirac Mu'ang Kwangtung),为 18 世纪暹罗入贡中国仅有之使行笔记。该纪行诗全篇凡 775 句,每句 7 言,以暹罗"长歌行"(Klon Phleng Yau)诗体,记录了使团自曼谷出发至广东的行程及在广东的见闻。许云樵将该纪行诗译为五言诗,以《郑昭贡使入朝中国纪行诗译注》为名发表。根据该纪行诗,暹罗贡使船队于夏历五月(暹历三月)二十八日自曼谷启碇出北榄港口(Paknam),凡二日过浅滩,又十日至三百峰头(Sam Roi Yod),更二日遥望河仙(Buddhaimaca),再二日过横岛(Ko Khwang)及番薯岛(Ko Man),又二日抵昆仑山(Khao Khanun)亦曰军屯(Kun Tun),转针越占城(Muang Pasak),前进二日半,得望大越港(Paknam Yuan Yai),后三日见越象山(Khao Chang Kham),再四日达外罗洋(Walo),过此则中国境,入老万港(Lo Ban)抵澳门(Ko Makao),计程共 33 昼夜。九月初十日,使团在广州庆贺乾隆帝寿辰;次月初三日,正使带 30 人启程赴京,丕雅摩诃奴婆则留在广州[②]。与中文档案文献比较看,该纪行诗所记时间应该有误,因为乾隆帝生日是在八月十三日,使团启程赴京时间是在九月初三日。此当为纪行诗为作者归国后所作,记忆有误。

在上述泰方表文中,还提到暹罗要重建新都,希望购置砖石等建筑材料。然而,暹罗朝贡使团尚未回至吞武里城,郑昭已在国内动乱中被杀。满载中国建筑材料的 11 艘帆船,转而成为新的曼谷王朝兴建曼谷大皇宫的重要材料。明言之,即用于建造曼谷大皇宫的正殿和前殿,时至今日仍可看见[③]。

综上所述,以乾隆四十六年(1781)暹罗朝贡为标志,清朝与吞武里王

---

① ［泰］吴福元:《郑王入贡中国考》,陈毓泰译,(曼谷)《中原月刊》1941 年第 1 卷第 3 期。并参见［新］许云樵:《郑昭入贡清廷考》,(新加坡)《南洋学报》1951 年第 7 卷第 1 辑。

② 参见［新］许云樵:《郑昭贡使入朝中国纪行诗译注》,(新加坡)《南洋学报》1940 年第 1 卷第 2 辑。

③ ［泰］吴福元:《郑王入贡中国考》,陈毓泰译,(曼谷)《中原月刊》1941 年第 1 卷第 3 期。

朝的政治关系实现正常化。然而,吞武里王朝与清朝的政治关系刚刚步入正轨,就因 1782 年吞武里王朝灭亡而告结束。总结清朝与吞武里王朝 15 年的政治关系,初期清朝对吞武里王朝的正统地位提出质疑,后来随着吞武里王朝统一暹罗并积极向清朝表示友好,清朝对吞武里王朝的态度逐渐转变,最后吞武里王朝派出庞大的朝贡使团来到北京。清朝与吞武里王朝的政治关系虽然曲折短暂,但以朝贡使团访问中国为标志,把清朝与暹罗的友好关系推向新的阶段,为以后清朝与曼谷王朝政治关系的良好发展奠定了基础。

第四章　清朝与暹罗曼谷王朝
政治关系的建立和发展

从 1782 年曼谷王朝建立到 19 世纪中叶,清朝与曼谷王朝保持了持续稳定的封贡关系。期间曼谷王朝 35 次遣使访华,清朝也 3 次敕封暹罗国王。清朝与暹罗友好关系达到了清代以来的顶峰。

一、曼谷王朝建立及其与清朝封贡关系的开始

曼谷王朝建立者拉玛一世原名通銮,是达信幼时同窗好友。吞武里王朝建立后,通銮因在驱逐缅军和统一暹罗战争中立下汗马功劳,被晋封为昭披耶却克里,执掌吞武里王朝军政大权。1780 年,暹罗控制的柬埔寨发生内乱,安南境内广南阮氏政权趁机插手,欲使柬埔寨脱离暹罗而成其属国。1782 年,达信派昭披耶却克里率大军出兵柬埔寨,广南阮氏政权则派阮有瑞率军迎战。就在此时,暹罗故都阿瑜陀耶城发生了民众骚乱和披耶讪叛变事件。事因 1767 年缅军围困阿瑜陀耶城时,城内居民纷纷将贵重财物埋藏地下。阿瑜陀耶城光复后,因挖掘地下无主财富而发生民众骚乱,达信命披耶讪率禁卫部队前往镇压。不料披耶讪到达阿瑜陀耶城后,被骚乱民众说服倒戈叛变,转而进攻京都吞武里。吞武里城守卫部队无多,达信被迫退位出家,披耶讪进驻王宫①。远在柬埔寨的昭披耶却克里闻悉国内政变,立即与广南阮氏政权议和,率部赶回国内。1782 年 4 月 6 日,昭披耶却克里回到京都,次日下令处死达信和王子昭水等人。接着,昭披耶却克里宣布加冕王位,号拉玛一世(1782—1809 年在位),并迁都曼谷,史称曼谷王朝(又称却克里王朝、节基王朝、吻达纳哥信王朝)。不久披耶讪也被处死。

---

① 参见中山大学东南亚史研究所编:《泰国史》,第 131—132 页。关于达信退位之原因,有记载称是达信发疯,参见[泰]姆·耳·马尼奇·琼赛:《泰国与柬埔寨史》,第 99—100 页。

拉玛一世登位后,立即以郑昭之子郑华的名义向清朝派出接贡船只,以接载郑昭上年所派朝贡使团回国,并告郑昭死讯。乾隆四十七年(1782)五月,暹罗接贡船到达广东,呈上郑华禀文,内称"伊父郑昭病故,临终嘱其尊奉天朝,永求福庇,兹特赍文禀报,俟至贡期,当遵例虔备方物朝贡"①。广东巡抚尚安接报,立即将此事向乾隆帝上奏。九月初七日,乾隆帝接到尚安奏报,认为郑华请贡,必须"专遣使臣具表恳请",而不能"仅遣夷目赍文禀报",因此命军机大臣代粤督巴延三、巡抚尚安拟写檄暹罗国王文稿,交巴延三等发往暹罗②。檄文中曰:"上年尔父献表输忱,备物进贡,小心恭顺,经本部堂据情代奏,仰蒙圣恩俯准入贡,并令贡使附于班联之末一体入宴,瞻仰天颜,特加赏赉,此皆大皇帝俯鉴尔父悃忱,加恩格外,至为优厚。今尔父病故,尔继嗣为长,谨遵汝父遗命,急欲效忠天朝,具见恭顺悃忱,但汝理应具表叩谢天恩,并将尔父身故及尔继嗣各情节详晰声叙,本部堂方可据情转奏。今尔仅遣使禀报,并称俟至贡期当遵例虔备方物朝贡等语,在尔国僻处遐荒,未谙体制,但本部堂等职司守土,似此情节不敢冒昧代为具奏。现在尔国贡使候有北风即可挂帆归国,俟彼到后传宣入宴蒙赏,屡受大皇帝格外鸿慈,尔当益加感激。如果欲效忠输悃,承受天朝封号,必须具表自行恳求,本部堂方可代为转奏。"③根据该檄谕,郑华如欲清朝敕封,一是要将郑昭去世及其继嗣各情节"详晰声叙",二是要"具表自行恳求"。接到乾隆帝谕旨和军机大臣代拟的檄谕暹罗国王文稿后,巴延三与尚安立即安排船只带往暹罗④。

两年后,乾隆四十九年(1784)八月,广东巡抚孙士毅奏,暹罗国王郑华备具表文、驯象等物,差帕史滑里那突等恳求入贡。其进贡表文曰:

　　暹罗国长郑华叩首叩首,上贡大皇帝陛下万岁万岁万万岁。伏以

----

① 军机处录副奏折:《暹罗国王郑华禀为差船接使并报父丧事》(乾隆四十七年五月十五日),档号:03-7838-016。许云樵认为,拉玛一世名为帕佛陀约华朱拉洛(Phra Buddha Yot Fa Čulalok),其表称郑华,伪为昭子,乃 Fa 之音译也,参见[新]许云樵:《郑昭入贡清廷考》,(新加坡)《南洋学报》1951年第7卷第1辑。
② 中国第一历史档案馆编:《乾隆朝上谕档》第11册,第829条,第345页;《清高宗实录》卷一一六四,乾隆四十七年九月辛丑,第23册,第597—598页。
③ 中国第一历史档案馆编:《乾隆朝上谕档》第11册,第830条,第345—346页。
④ 军机处录副奏折:《两广总督巴延三、广东巡抚尚安覆奏遵旨檄谕暹罗国长郑华事》(乾隆四十七年九月二十三日),档号:03-7838-019。

皇恩浩荡,泽及遐荒,圣德宏敷,光临海隅。念故父任政暹罗,遣使朝贡,业蒙容纳,不胜荣幸,何期更邀隆遇,格外加恩,怀远属国,无微不照,使华感激无地,补报无门。兹华继嗣父业,当续父志,供奉贡典,不敢少忽,聿修厥职,永效忠诚。但华僻处海隅,遐荒粗定,今备方物来朝,贡礼诚难合式。俯思鸿慈,鉴华悃忱,必沾涵育。兹谨虔备金叶表文,公象一只,母象一只,龙涎香外一斤、内八两,金刚钻外七两、内三两,沉香外二斤、内一斤,冰片外三斤、内一斤八两,犀角外六个、内三个,孔雀尾外十屏、内五屏,翠皮外六百张、内三百张,西洋毯外二张、内一张,西洋红布外十匹、内五匹,象牙外三百斤、内一百五十斤,獐(樟)脑外一百斤、内五十斤,降真香外三百斤、内一百五十斤,白胶香外一百斤、内五十斤,大枫子外三百斤、内一百五十斤,乌木外三百斤、内一百五十斤,白豆蔻外三百斤、内一百五十斤,荜拨外一百斤、内五十斤,檀香外一百斤、内五十斤,甘蜜皮外一百斤、内五十斤,桂皮外一百斤、内五十斤,藤黄外三百斤、内一百五十斤,苏木外三千斤、内一千五百斤。特差贡使帕史滑里那突、朗喝汶悉呢霞喔抚突、郎抚察那丕汶知突、汶丕匹浡遮办事,匍赴恭进金阙,恳蒙容纳,华不胜感激,荣幸之至。[1]

从这份进贡表文看,拉玛一世并未遵照两年前清朝发往暹罗的檄谕,既未将郑昭身故及其继嗣各情节详细说明,也未自行具表请封。对此,乾隆帝下谕指出:"郑华遵伊父旧规,虔备职贡,其未遵前檄具表请封,阅来禀内及该陪臣称,恐自行越分干求,致遭斥责,未敢冒昧声叙,尚属恭顺小心,自应准其纳贡输忱。"遂谕令孙士毅派员将贡使一行照例伴送进京,"其恳赐封号之处,俟该使臣到京后再降谕旨"[2]。

九月十一日,孙士毅接奉乾隆帝谕旨,立即安排潮州府通判张炯、守备武英伴送暹罗使团于十八日起程赴京。使团成员包括贡使4员,通事1名,从人21名,此外张炯、武英各带跟役3名[3]。十二月,贡使帕史滑里那

① 《朝鲜王朝实录·正祖实录》卷一九,正祖九年(1785)二月甲午,(东京)学习院东方文化研究所,1953年,第48册,第9页。

② 中国第一历史档案馆:《乾隆朝上谕档》第12册,第707条,第255—256页;《清高宗实录》卷一二一三,乾隆四十九年八月甲辰,第24册,第268—269页。

③ 台湾"中央研究院"历史语言研究所编:《明清史料》庚编,第六本,第542—543页;军机处录副奏折:《广东巡抚孙士毅奏覆暹罗贡使起程日期事》(乾隆四十九年九月十六日),档号:03—7838—020。

突率领的朝贡使团到达北京。二十一日,帕史滑里那突等 4 人在西苑门外瞻觐,乾隆帝命随至瀛台,赐茶果,观冰技①。

五十年(1785)正月,乾隆帝在紫光阁赐宴,赏暹罗正使锦缎 4 匹,绒缎 2 匹,各样花缎 10 匹,荷包大、小 5 对,副使三员锦缎各 2 匹,花缎各 6 匹,荷包大小各 3 对②。又命礼部将请封表式给暹罗使臣阅看,谕以请封时仍应称"暹罗国长",受封后一应表文当照旧称"暹罗国王臣郑华"。贡使等称:"国长因不敢越分干求,是以未经具表恳请封号。今蒙大部宣谕,使臣等回国报知国长,当即具表进贡请封。并蒙大部赐示从前国王表式,敬已阅看,小国具表请封时自应仍称暹罗国长,恭候大皇帝恩赐封号后再行称臣。"③十九日,乾隆帝谕准礼部所奏,此次赏赐郑华及来使人等物件,均照乾隆四十六年例赏给④。

二月初一日,贡使一行离京南下,四月十三日回到广州。因风信不顺,暂未回帆。七月,暹罗遣曾子声驾船赍文前来探贡,其压舱货物照例免征税饷,梢目水手口粮照例自该船到广之日起支,解缆回国之日住支。十二月十六日,正贡、探贡二船一同开行回国⑤。

乾隆四十九年暹罗朝贡只是解决了请封表式问题,乾隆五十一年(1786)七月,郑华正式遣使请封到粤,其请封表文言:虔备方物朝贡,特遣贡使丕雅史滑里逊通那突、帕喝汶悉呢霞喔抚突、朗拔察那丕汶知突、汶丕匹涝遮办事等,"趋赴金阙,伏恳皇恩,敕赠封号,锡予印绶"。表文中还开列所进贡物:金叶表文一张(书暹字),公象 1 只,母象 1 只,龙涎香外 1 斤、内 8 两,金刚钻外 7 两、内 3 两,沉香外 2 斤、内 1 斤,犀角外 6 个、内 3 个,孔雀尾外 10 屏、内 5 屏,翠皮外 600 张、内 300 张,西洋毯外 2 领、内 1 领,西洋红布外 10 匹、内 5 匹,象牙外 300 斤、内 150 斤,樟脑外 100 斤、内 50 斤,降真香外 300 斤、内 150 斤,白胶香外 100 斤、内 50 斤,大枫子外 300 斤、内 150 斤,乌木外 300 斤、内 150 斤,白豆蔻外 300 斤、内 150 斤,荜拨外 100 斤、内 50 斤,檀香外 100 斤、内 50 斤,甘蜜皮外 100 斤、内 50 斤,桂

---

① 中国第一历史档案馆编《乾隆帝起居注》第 34 册,第 600 页。
② (嘉庆)《大清会典事例》卷三九六《礼部·朝贡·赐予一》,第 7944 页;[清]萨迎阿总纂：《钦定礼部则例》卷一七六《主客清吏司·暹罗朝贡》,第 4—5 页。
③ 中国第一历史档案馆编：《乾隆朝上谕档》第 12 册,第 1222 条,第 439 页。
④ 台湾"中央研究院"历史语言研究所编：《明清史料》庚编,第六本,第 542 页。
⑤ 台湾"中央研究院"历史语言研究所编：《明清史料》庚编,第六本,第 542—543 页。

皮外 100 斤、内 50 斤，藤黄外 300 斤、内 150 斤，苏木外 3000 斤、内 1500 斤[①]。在表文之外，暹罗国王还提出了在广东置办铜甲 2000 领回国防御缅甸的请求[②]。

闰七月，乾隆帝接到两广总督孙士毅奏报，立即下谕准令贡使入京，并谕准孙士毅建议，以铜斤例禁出洋为由，禁止暹罗在粤置办铜甲[③]。乾隆帝还令军机大臣代孙士毅拟写檄暹王文稿，檄文曰："接阅该国长来禀，据称'虔备金叶表文、驯象方物，差使丕雅史滑里逊通那突等进贡大皇帝，恳请封号，禀乞代为转奏'等因。国长能承父志，纳贡输诚，仰希恩泽，具征世守忠贞，深堪嘉尚。大皇帝中外一视可望，俯鉴荩忱，恩如所请。本部堂现在委员伴送来使恭赍表文方物由驿入都，藉副远悃。至称'与缅匪既成敌，不容少缓，欲在广东置备铜甲二千领，具表呈请恳求一并转奏'等语，殊属非是。天朝功令森严，铜斤例禁出洋。查乾隆四十六年尔父国长存日，曾请买铜盘、铜炉等物，前任督抚以事属违例，未经据情代奏。今请办铜甲，更非寻常器用可比，国长甫经袭职，尚未得受封号，更应事事小心，以冀渥邀主眷，不应忘分越请，上渎圣聪。且从古及今，俱用铁甲，以其质坚，能御矢石。今尔国欲置备铜甲，岂不知铜质之脆，不如铁性之坚，不足以资抵御，明系尔国缺少铜斤，欲于内地购买，又恐事关例禁，托言置备铜甲，希冀仰邀大皇帝恩允，尤属非是。本部堂职任封圻，惟知恪遵成宪，用达下情，何敢违例代汝具奏，自干愆戾。用是明白檄知，并将送来附表撤出发回。嗣后国长其益励恪恭，永受天朝恩宠。"[④]

八月十五日，贡使丕雅史滑里逊通那突率领的朝贡使团，由潮州府通判张炯、守备武英伴送，启程赴京[⑤]。十二月，暹罗使团抵京。乾隆帝谕准礼部议奏，封郑华为暹罗国王，照康熙十二年之例，内阁撰拟诰命，礼部铸

① 台湾"中央研究院"历史语言研究所编：《明清史料》庚编，第六本，第 544 页；军机处录副奏折：《暹罗国长郑华进呈进贡表文》（乾隆五十一年五月），档号：03－7838－032。

② 军机处录副奏折：《暹罗国长郑华请准在广东置办铜甲二千表文》（乾隆五十一年五月），档号：03－7838－031。

③ 军机处录副奏折：《两广总督孙士毅奏报暹罗陪臣进贡物表文并禁止在粤置备铜甲事》（乾隆五十一年七月二十四日），档号：03－7838－029。

④ 中国第一历史档案馆编：《乾隆朝上谕档》第 13 册，第 766 条，第 313—314 页；《清高宗实录》卷一二六〇，乾隆五十一年闰七月辛巳，第 24 册，第 953—954 页。

⑤ 台湾"中央研究院"历史语言研究所编：《明清史料》庚编，第六本，第 544 页。

造驼纽镀金银印,户、工二部取用印匣、黄绢等物,贡使起程前礼部设几案于午门前,陈列诰印,带领贡使行三跪九叩头礼后,交贡使袛领赍回①。乾隆帝还特颁诏曰:

> 我国家诞膺天眷,统御万方,声教覃敷,遐迩率服。尔暹罗地隔重洋,向修职贡。自遭缅匪破灭之后,人民地土悉就摧残,实堪恻悯。前摄国长事郑昭,当举国被兵之后,收合余烬,保有一方,不废朝贡。其嗣郑华,克承父志,遣使航海远来,具见忱悃。朕抚绥方夏,罔有内外,悉主悉臣,设暹罗旧王后嗣尚存,自当择其嫡派,俾守世封。兹闻其旧裔皆因兵革沦亡,郑氏摄国长事,既阅再世,用能保其土宇,辑和民人,该国臣庶,共所推戴。用是特颁朝命,封尔郑华为暹罗国王,锡之诰印。该国王尚其恪修职事,慎守藩封,抚辑番民,勿替前业,以副朕怀柔海邦、兴废继绝之至意。故兹诏示,咸使闻知。②

五十二年(1787)正月,乾隆帝先后在紫光阁、山高水长大幄次、正大光明殿赐暹罗使臣等宴,又让贡使人等观看烟火表演、元宵灯会。二月,贡使一行离京南下,四月回至广州③,十二月十五日离粤返国。

从乾隆四十七年(1782)拉玛一世以郑华之名派接贡船报告郑昭卒讯,到乾隆四十九年遣使确定请封事宜,再到乾隆五十一年清朝敕封郑华为暹罗国王,清朝与曼谷王朝的政治关系实现了平稳过渡和封贡关系的延续。

二、清朝与曼谷王朝封贡关系的持续稳定

清朝与曼谷王朝封贡关系确立后,曼谷王朝频繁遣使清朝,清朝也多次敕封暹罗国王,直到 19 世纪中叶,清暹封贡关系始告结束。除上文乾隆四十九年(1784)、五十一年两次朝贡和乾隆五十一年敕封郑华为暹罗国王已述外,兹将曼谷王朝其余 33 次朝贡和清朝 2 次敕封曼谷王朝国王简述于下。

---

① 台湾"中央研究院"历史语言研究所编:《明清史料》庚编,第六本,第 545 页;(嘉庆)《大清会典事例》卷三九二《礼部·朝贡·敕封》,第 7768 页。

② 中国第一历史档案馆编:《乾隆朝上谕档》第 13 册,第 1563 条,第 648—649 页;《清高宗实录》卷一二七一,乾隆五十一年十二月戊午,第 24 册,第 1132—1133 页。

③ 军机处录副奏折:《广东巡抚图萨布奏报暹罗国使臣回广日期事》(乾隆五十二年六月),档号:03—7785—007。

（一）乾隆五十三年朝贡（谢恩）

乾隆帝敕封郑华为暹罗国王后，乾隆五十三年（1788）七月，两广总督孙士毅、广东巡抚图萨布奏，郑华虔备表文、驯象、方物，遣使帕史滑里逊通亚排那赤突等前来进贡谢恩，其正、副贡船已进抵省河湾泊[①]。又另片奏称，该国咨请以此次来船例应待诏，下年方回，因明年正值贡期，恳准原船即回，俾得如期装贡赴粤[②]。贡使带来的表文称："前遣贡使，匍赴金朔，进贡请封，不惟幸荷容纳，且蒙皇恩敕赐封号，宠颁诰印……使臣奉诏回国，举国欢呼，臣华谨北面拜受……倍相感激。今特遣使臣帕使滑□（里）逊通亚排那赤突、嘟喝汶悉呢霞喔无突、坤鼻职通事等，虔备方物，恭赍表章。"表文还注明所呈贡物：金叶表文一张（书暹字），公象 1 只，母象 1 只，象牙450 斤，外 300 斤，内 150 斤，豆蔻 450 斤，外 300 斤，内 150 斤，折冰片沉香3 斤，外 2 斤，内 1 斤，孔雀尾 15 屏，外 10 屏，内 5 屏，翠毛 900 张，外 600张，内 300 张，檀香 150 斤，外 100 斤，内 50 斤，藤黄 450 斤，外 300 斤，内150 斤，折龙涎香犀角 9 个，外 6 个，内 3 个[③]。八月二十四日，乾隆帝令传谕孙士毅等，即派员护送该贡使等及贡物赶年班来京瞻觐，其原船即令先回，将来贡使等回国时，俟有便船令其附搭前往[④]。

九月二十日，暹罗使团由廉州府同知张肇祥、督标后营守备赵攀龙伴送，自广州启程赴京[⑤]。当时，清缅战争后缅甸首次遣使朝贡，贡使于九月在热河觐见，乾隆帝因下谕曰："暹罗、缅甸两国向来构兵不睦，暹罗业经受

---

① 《两广总督孙士毅奏为暹罗国遣使谢恩贡船抵粤折》（乾隆五十三年七月二十八日），载《宫中档乾隆朝奏折》第 69 辑，第 87 页；军机处录副奏折：《两广总督孙士毅、广东巡抚图萨布奏报暹罗国遣使谢恩贡船抵粤事》（乾隆五十三年七月二十八日），档号：03－7785－009。

② 军机处录副奏折：《暹罗国王郑华咨为遣使叩谢皇恩并请贡船即回以便赴贡期事》（乾隆五十三年五月初九日），档号：03－7785－011；军机处录副奏折：《两广总督孙士毅、广东巡抚图萨布奏报暹罗来船恳请先行回国事》（乾隆五十三年），档号：03－7785－010；《两广总督孙士毅等附奏代暹罗咨请原船先行回国俾得如期装贡赴粤片》（乾隆五十三年七月十九日），载《宫中档乾隆朝奏折》第 68 辑，第 870 页。

③ 台湾"中央研究院"历史语言研究所编：《明清史料》庚编，第六本，第 546 页；军机处录副奏折：《暹罗国王郑华进呈谢恩表文稿》（乾隆五十三年五月），档号：03－7785－008。

④ 中国第一历史档案馆编：《乾隆朝上谕档》第 14 册，第 1195 条，第 512 页。

⑤ 《两广总督孙士毅奏报委员伴送贡使起程日期折》（乾隆五十三年九月十六日），载《宫中档乾隆朝奏折》第 69 辑，第 521—522 页；台湾"中央研究院"历史语言研究所编：《明清史料》庚编，第六本，第 546 页。

封,而缅甸现亦投诚内附,俱系属国。嗣后该二国应彼此修好,同受天朝恩眷,不得仍前构兵。除缅使回国时已行传知外,俟暹罗贡使到日一并传知,令其回国告知该国王敬谨遵照。"①另外,这一时期安南于 1771 年爆发阮岳、阮侣、阮惠(又作阮文岳、阮文侣、阮文惠)三兄弟领导的西山农民起义。1778 年,阮岳称帝,封阮侣为节制,阮惠为龙骧将军②,是为安南西山朝之建立。1787 年,西山军攻占后黎朝都城升龙(今河内),黎愍帝黎维祁(1787—1789 年在位)流亡京北,其眷属则于乾隆五十三年(1788)五月逃至广西龙州边境向清朝求援。由此清廷决定出兵安南兴灭继绝,灭阮扶黎。九月二十六日,两广总督孙士毅上奏乾隆帝,建议谕知暹罗趁清朝出兵安南之机占取广南:"广南即古占城国,已尽为阮贼所有,惟留一小邑为占城子姓所居。该处距黎城甚远,地尤险要,又滨临大海,遁逃甚易,将来扫穴擒渠之后,该处地方险阻,黎氏断难遥制,终成奸徒窃据之所,仍为安南贻患。臣风闻暹罗国海道逼近广南,曾与阮贼彼此攻杀,未知是否确凿。就臣下见,暹罗郑王臣服天朝,甚属恭顺,兼系新造之邦,兵力亦必充裕,与其多费内地兵马钱粮将广南取回归于黎氏仍贻后患,可否请旨谕知暹罗国王,趁此天朝进剿之时,阮贼不暇他顾,令其就近占取广南,即将其地永隶暹罗,征纳赋税,该国自必乐从……似亦为安南永绝后患之一法。"③孙士毅的建议并未得到采纳,十月十二日,乾隆帝就孙士毅所奏下谕:"暹罗海道既与广南相通,恐阮贼穷蹙,奔逃荒僻,得以苟延残喘,此时只须檄谕暹罗国王,令其于沿海一带派兵遥为声援,如阮贼窜往该处,即行设法擒献,亦不虞其远扬漏网。"又命军机大臣代粤督孙士毅、巡抚图萨布拟写檄稿,令孙士毅、图萨布接到后,即附海船发往暹罗。二十三日,孙士毅接到乾隆帝十二日谕旨和军机大臣拟写的檄文,即将檄文交正在广州置货准备返国的暹罗贡船番书记乃律、副通事傅统绪、船户姚立合等,于二十六日开行出口回国④。

------

① 中国第一历史档案馆编:《乾隆朝上谕档》第 14 册,第 1701、1718 条,第 737、743 页。

② 参见[越]陈重金:《越南史略》(中译本改名为《越南通史》),戴可来译,商务印书馆,1992 年,第 254—258 页;郭振铎、张笑梅主编:《越南通史》,中国人民大学出版社,2001 年,第 513—515 页。

③ 《两广总督孙士毅附奏请令暹罗占取广南片》(乾隆五十三年九月二十六日),载《宫中档乾隆朝奏折》第 69 辑,第 613 页。

④ 《广东巡抚图萨布奏报遵旨缮发交暹罗国檄文事》(乾隆五十三年十月二十五日),载《宫中档乾隆朝奏折》第 70 辑,第 6—7 页。

　　十二月,贡使帕史滑里逊通亚排那赤突率领的暹罗使团到达北京。二十一日,正使帕史滑里逊通亚排那赤突、副使嘟喝汶悉呢嚯喔无突二人在西华门外瞻觐。二十三日,乾隆帝在抚辰殿大幄次赐宴。三十日,在保和殿赐宴①。五十四年(1789)正月初五日,又在紫光阁赐宴②。十七日,颁发敕谕给暹王郑华,以调解暹罗与缅甸及安南的关系,敕谕文曰:

> 　　朕惟自古帝王功隆丕冒,典重怀柔,凡航海梯山重译而至者,无不悉归涵宥,咸被恩膏。尔暹罗国王郑华远处海隅,因受封藩职,遣使帕史滑里逊通亚排那赤突等恭赍方物,谢恩入贡,具昭忱悃,良可褒嘉。朕复念尔与缅甸境壤毗连,从前懵驳(Hsinbyushin,即孟驳,1763—1776 年在位)、赘角牙(Singu,1776—1782 年在位)相继为暴,侵陵尔国,兴师构怨,匪尔之由。今缅甸孟陨(Bodawpaya,1782—1819 年在位)新掌国事,悔罪抒诚,吁求内附,已于该使臣回国时谕令孟陨与尔国睦邻修好,毋寻干戈。尔国亦宜尽释前嫌,永消兵衅,彼此和好,以期息事宁人,同作藩封,共承恩眷。再上年安南国内因土酋阮惠等构乱逐主,黎维祁竟无尺土之阶,眷属颠沛流离,敂关请救。朕念黎氏臣服天朝最久,素著恭顺,特令将伊母妻收留安顿,并命两广督臣孙士毅统率大兵出关致讨,痛剿贼众。旬月之间,已将黎城克复,敕封黎维祁为国王,并送回眷属,其国内全境亦以次为之收复。阮惠等畏惧逃窜,现在广南藏匿。广南乃占城故地,与尔国亦属接壤,若阮惠等潜匿不出,为苟延残喘之计,亦不值复劳尔国兵力,歼此游魂,倘日久又萌蠢动,扰尔疆圉,尔国正可就势围擒,生致以献。朕必嘉尔劳绩,沛降恩纶。兹特赐国王彩币等物,尚其祇承嘉命,倍笃忠忱,仰副眷怀,长膺宠锡。钦哉! 特谕。③

从该敕谕内容看,乾隆帝一方面希望暹罗与缅甸“尽释前嫌,永消兵衅,彼此和好”,另一方面告知暹罗清朝已帮助安南黎氏复国,阮惠现逃匿广南,如其滋扰暹罗,则可“就势围擒,生致以献”。

---

　　① 《清高宗实录》卷一三一九,乾隆五十三年十二月戊申、庚戌、丁巳,第 25 册,第 835、839、846 页。
　　② 《清高宗实录》卷一三二〇,乾隆五十四年正月壬戌,第 25 册,第 855 页。
　　③ 中国第一历史档案馆编:《乾隆朝上谕档》第 14 册,第 1719 条,第 743—744 页。

正月二十九日,暹罗使团离京南下,五月十三日回到广州,十一月二十一日附搭本年到粤的正贡船开行回国①。

(二)乾隆五十四年朝贡(例贡、祝寿)

乾隆五十四年(1789)八月,两广总督福康安、广东巡抚郭世勋奏,暹罗遣使进年贡及明年万寿贡,请将年贡令于年底到京,其赍进万寿贡物之使臣令在粤居住,俟明年夏间再委员伴送赴京。乾隆帝闻奏,以赍进万寿贡物使臣于明年夏间始起程进京,未免在粤多耽时日,令福康安告知贡使,可一并于年底到京,以便及早回国②。随据贡使称,愿遵旨将万寿贡物随年贡一并送京③。

九月二十六日,暹罗使团由廉州府同知张肇祥、督标前营守备庄腾飞伴送,自广州起程赴京。使团成员共 21 人,分别为:正贡使帕史滑里逊通亚排那赤突,副贡使唥喝汶悉呢嚘喔无突,三贡使朗拔察那丕汶知突,四贡使汶丕匹涝遮办事,正通事官谢上金,番书记乃司,汉书记钟英,番医生乃英,番吹手乃毡、乃美挨、乃孔、乃发、乃美、番、汉跟役乃春、乃永、乃吗、乃律、乃汶、乃坎民、乃里、王成④。

十二月,暹罗使团抵京。二十一日,正使帕史滑里逊通亚排那赤突、副使唥喝汶悉呢嚘喔无突 2 人于西华门外瞻觐⑤。二十三日,乾隆帝在抚辰殿大幄次赐暹罗使臣等宴。三十日,在保和殿赐宴⑥。五十五年(1790)正月初六日,又在紫光阁赐宴。初八日,礼部奏准,乾隆帝八旬寿辰,颁诏天

① 台湾"中央研究院"历史语言研究所编:《明清史料》庚编,第六本,第 551—552 页;《附奏报暹罗使臣回广日期片》(乾隆五十四年闰五月十九日),载《宫中档乾隆朝奏折》第 72 辑,第 296 页。

② 中国第一历史档案馆编:《乾隆朝上谕档》第 15 册,第 381 条,第 176 页;《清高宗实录》卷一三三七,乾隆五十四年八月庚辰,第 25 册,第 1133 页。

③ 台湾"中央研究院"历史语言研究所编:《明清史料》庚编,第六本,第 549 页。

④ 台湾"中央研究院"历史语言研究所编:《明清史料》庚编,第六本,第 550 页。《清高宗实录》(卷一三四五,乾隆五十四年十二月壬申,第 25 册,第 1236 页)记暹罗正使为帕史滑里逊通亚排那赤突,副使为唥喝汶悉呢嚘喔无突,《明清史料》(庚编,第六本,第 550 页)记暹罗正使为丕雅史滑里逊通那突,副使为帕窝汶悉呢嚘喔抚突,应为译音之别。

⑤ 《清高宗实录》卷一三四五,乾隆五十四年十二月壬申,第 25 册,第 1236 页。

⑥ 《清高宗实录》卷一三四五,乾隆五十四年十二月甲戌、辛巳,第 25 册,第 1237、1244 页。

下,其安南、琉球、暹罗三国诏书,即交该国贡使赍回①。初十日,在乾清门颁赐万寿诏书,暹罗等国使臣"行礼祗领如仪"。十二日,又在山高水长大幄次赐宴②。

(三)乾隆五十五年朝贡(祝寿)

乾隆五十五年(1790)八月,署理两广总督广东巡抚郭世勋奏,暹罗国王遣使进贡祝寿,正贡船于七月十一日甫到,副贡船尚未抵粤。因为贡使到粤较迟,已不能如期到京随班庆祝万寿,乾隆帝下谕,令郭世勋将该国前后抵粤贡使人等,俱酌量令其缓程行走,于年底到京③。

九月初二日,郭世勋又奏,贡使到粤时,带来暹罗国王郑华咨文,内称"乾隆三十一年被乌肚(按:即缅甸)构兵围城,国君被陷,其父郑昭得复旧基十仅五六,该国旧有之丹荖氏、麻叻、涂怀三城(今译墨吉、莫塔马、土瓦)现被占据,恳请谕令乌肚割回三城"。郑华咨文所称,是指丹荖氏、麻叻、涂怀三地曾归暹罗阿瑜陀耶王朝,后归缅甸雍籍牙王朝统治。乾隆帝闻奏,命军机大臣代粤督福康安、巡抚郭世勋拟文照会暹罗国王予以驳斥,照会首先指出:"从前缅甸与尔国称兵构衅,占夺三城,系已故缅酋懵驳,并非现在缅甸国王孟陨之事。"也就是说,缅甸占领三城"与孟陨无涉"。照会又指出:国王郑华"以异姓抚有暹罗,并非诏氏之后",所失三城"原系诏氏旧疆",而不是"国王故土",而且国王自得国以来,凡缅甸所占疆土"已复十之五六",所以"更不应以从前诏氏失去无据之地向其争论"。照会还告诫暹王,"大皇帝抚驭万国,一视同仁,从无歧视",上年"缅甸与尔国逞兵黩武"时,大皇帝曾"谕令缅甸与尔国务须辑和邻好,息事罢兵",现今"尔国不能仰遵圣谕,复以非礼妄求,是转欲自起争端,挟嫌寻衅"。照会并提出反问:"国王既以缅甸旧侵疆土恳请割还,若缅甸亦以尔国曾经占据该国地方复来呈诉,则两国纷争,伊于何底?"由此,照会告知暹王郑华,两广督抚"断不敢以尔国非分之求上渎天听",所有表文、咨文"概行发回",国王"务当恪遵

①《清高宗实录》卷一三四六,乾隆五十五年正月己丑,第26册,第9—10页;中国第一历史档案馆编:《乾隆朝上谕档》第15册,第921条,第409页。

②《清高宗实录》卷一三四六,乾隆五十五年正月辛卯、癸巳,第26册,第11、12页。

③《清高宗实录》卷一三六〇,乾隆五十五年八月庚戌,第26册,第225页;中国第一历史档案馆编:《乾隆朝上谕档》第15册,第1861条,第836页;台湾"中央研究院"历史语言研究所编:《明清史料》庚编,第六本,第554—555页。

上年圣谕,释怨睦邻,各守疆宇"①。是为乾隆帝令以粤省督抚名义劝诫暹罗与缅甸罢兵息争,睦邻友好。

九月二十二日,暹罗使团由南澳同知邱学敏、抚标右营守备许麟学伴送,自广州起程赴京。使团成员共 21 名,分别为正使拍簪令思远那末蚋刺突,副使嗍疏越理买抵屋八突,正通事官王天秩,副通事官胡德钦,番书记乃疏罗,汉书记王成,番医生乃寸,番吹手乃孔挨、乃英、乃捘、乃将、乃唱,番、汉跟役乃竟、乃孔内、乃巧、乃蛮、乃历览、乃历巧、乃元、乃孔巧、李斗②。

十二月十九日,暹罗使团到达北京③。二十一日,正使拍簪令思远那末蚋刺突、副使嗍疏越理买抵屋八突 2 人于西苑门外觐见④。在此次暹罗朝贡之前,各朝贡国使节在京期间接待事宜都是由礼部主客清吏司负责的。二十八日,乾隆帝下谕:"嗣后外藩各国赍表来京贡献方物使臣,其朝鲜国仍照向例令礼部照料办理外,所有安南、缅甸、暹罗、南掌等国来京使臣及随从人等应行照料事宜,俱著内务府经理,仍著礼部派委司官二员帮同照应。"⑤也就是说,此后除朝鲜外,其他各国朝贡使团接待事宜均由内务府负责,礼部只派司官二员予以协助。三十日,乾隆帝在保和殿赐暹罗贡使等宴。五十六年(1791)正月初九日,又在紫光阁赐宴。是月礼部奏,向例赏赐暹罗各物较缅甸为多,此次应将赏赐缅甸各项,均照赏赐暹罗之例办理。乾隆帝下谕:嗣后除朝鲜仍照旧例外,其余各国俱照此划一办理⑥。此后除朝鲜外,各国例贡时的正赏(亦称例赏)基本相同。

正月三十日,暹罗使团离京南下,四月十七日回到广州,后乘船南返⑦。

(四)乾隆五十七年朝贡(例贡)

乾隆五十七年(1792)七月十九日,广东巡抚郭世勋奏,暹罗遣使入贡,

---

① 中国第一历史档案馆编:《乾隆朝上谕档》第 15 册,第 2004 条,第 899—900 页;《清高宗实录》卷一三六二,乾隆五十五年九月庚辰,第 26 册,第 259—261 页。

② 台湾"中央研究院"历史语言研究所编:《明清史料》庚编,第六本,第 554—555 页。

③ 台湾"中央研究院"历史语言研究所编:《明清史料》庚编,第六本,第 556 页。

④ 《清高宗实录》卷一三六九,乾隆五十五年十二月丁卯,第 26 册,第 368 页。

⑤ 中国第一历史档案馆编:《乾隆朝上谕档》第 16 册,第 211 条,第 84 页;《清高宗实录》卷一三六七,乾隆五十五年十二月甲子,第 26 册,第 365 页。

⑥ 中国第一历史档案馆编:《乾隆朝上谕档》第 16 册,第 287 条,第 116 页。

⑦ 军机处录副奏折:《广东巡抚郭世勋奏报暹罗国使臣回广日期事》(乾隆五十六年六月),档号:03－7785－020。

本月初一日正、副贡船遭遇飓风,漂至新宁县洋面搁浅,现将方物起卸,拨运来省。八月初九日,乾隆帝闻奏,以本年届正贡之期,准令贡使呈进贡物,命郭世勋派员妥为照料行走,于年底前到京①。

十月初九日,暹罗使团由永宁通判蔡枝华、督标右营守备陈时霖伴送,自粤起程赴京②。十二月,使团抵京。二十四日,正使帕史滑理逊通亚排那赤突、副使朗喝汶悉呢霞喔抚突等4人,于西苑门外觐见③。五十八年(1793)正月初八日,乾隆帝在紫光阁赐暹罗贡使等宴。十五日,又在正大光明殿赐宴。按照定例,伴送贡使进京人员可由礼部带领引见。二十二日,因广东所派护送委员蔡枝华"人甚平常,所奏履历亦不清晰",乾隆帝下谕:"嗣后遇有各国贡使进京,务须遴派明干大员,如再似此并不留心派委,或致为外藩所轻,必将该督从重治罪。"④

(五)乾隆六十年朝贡(例贡)

乾隆六十年(1795),暹罗国王遣使呸雅唆挖粒巡段押拨蒜昭突、唧窝们孙泥霞屋拨突、唧拨车哪鼻汶卑鲤突、坤第匹呱遮办事、坤拨车哪通事林中桂等呈进例贡⑤。六月,两广总督朱珪奏,暹罗入贡使团到粤。八月,乾隆帝闻奏,以距离年底为期尚早,令朱珪委员伴送贡使起程时,饬知沿途从容行走,于十二月抵京,以便与各外藩等一体宴赉⑥。

十月初五日,暹罗使团自广州起程赴京⑦。十二月,使团抵京。二十一日,正使呸雅唆挖粒巡段押拨蒜昭突、副使唧窝们孙泥霞屋拨突等在西

① 军机处录副奏折:《署理两广总督郭世勋奏报暹罗使臣入贡事》(乾隆五十七年七月十九日),档号:03-7785-034;《清高宗实录》卷一四一〇,乾隆五十七年八月乙亥,第26册,第963页;中国第一历史档案馆编:《乾隆朝上谕档》第16册,第2241条,第961页。

② 军机处录副奏折:《广东巡抚郭世勋奏报委员伴送暹罗国贡使赴京日期事》(乾隆五十六年十月十九日),档号:03-7785-027。

③ 《清高宗实录》卷一四一九,乾隆五十七年十二月戊子,第26册,第1094—1095页。

④ 中国第一历史档案馆:《乾隆朝上谕档》第17册,第504条,第195页;《清高宗实录》卷一四二一,乾隆五十八年正月丙辰,第27册,第19页。

⑤ 《暹罗国王郑华贡方物表》,载罗福颐辑:《国朝史料拾零》卷一,《近代中国史料丛刊》续编第441册,第102—107页;军机处录副奏折:《暹罗国王郑华咨为遵例朝贡事》(乾隆六十年三月),档号:03-7785-014。

⑥ 军机处录副奏折:《兼署两广总督朱珪奏报暹罗国遣使入贡事》(乾隆六十年六月二十四日),档号:03-7785-012;中国第一历史档案馆:《乾隆朝上谕档》第18册,第1637条,第711页;《清高宗实录》卷一四八四,乾隆六十年八月甲辰,第27册第832页。

⑦ 中国第一历史档案馆编:《乾隆朝上谕档》第18册,第1993条,第881页。

苑门外觐见乾隆帝①。二十三日，乾隆帝在抚辰殿大幄次赐暹罗使臣等宴。嘉庆元年(1796)正月初一日，乾隆帝在太和殿亲授宝印于嘉庆帝，暹罗等国使臣共与传位大典②。初四日，乾隆帝和嘉庆帝一起在宁寿宫皇极殿举行千叟宴，令暹罗等国贡使入宴③。初五日，又一起在紫光阁赐宴。十五日，又一起在正大光明殿赐宴。时因乾隆帝传位于嘉庆帝，颁发敕谕给暹王郑华曰："朕惟梯航远至，聿行向日之忱；琛贽虔修，用表占风之化。绥怀式布，宠赉爰颁。尔暹罗国王郑华，恪守藩封，敬输职贡，值朕纪元周甲，来岁丙辰元旦传位皇太子，改为嘉庆元年，朕称太上皇帝，新正举行千叟宴盛典，该国王贡表适至，因命使臣一体预宴。特降敕谕，并赐该国王文绮等件，王其祗受，毋庸复行遣使奏谢，并呈进庆贺表贡，以示体恤。自丙辰年后，凡有应进表文，俱书嘉庆年号。至朕传位后，凡军国大政及交涉外藩事件，朕仍训示嗣皇帝遵照，锡赉绥柔，悉循恒典。该国王渥承恩赐，其益励忠忱，永膺懋眷。钦哉！特谕。"④

(六)嘉庆元年朝贡(庆贺)

嘉庆元年(1796)，暹罗国王遣使丕雅唆抗厘巡吞握派唠喇突、郎喝汶孙厘霞握巴突、郎勃敕哪丕汶知突、坤勃敕哪丕绩，通事焱坤丕匹㳇遮办事等，庆贺乾隆帝禅位和嘉庆帝继位⑤。八月，两广总督朱珪奏，暹罗国王因"闻天朝颁朔庆典"，遣使来进表贡，现已到粤。时因朱珪奉召入京，吉庆任两广总督，嘉庆帝命传谕朱珪、吉庆，即向该国贡使宣示谕旨，以该国王遣使远来，情辞恳切，天朝鉴其至诚，特准赍进。所有该国贡使，令该督等委员伴送起程，并咨明沿途各督抚一体照料⑥。

---

　　①　中国第一历史档案馆编：《乾隆帝起居注》第 42 册，第 477 页；《清高宗实录》卷一四九三，乾隆六十年十二月戊戌，第 27 册，第 979 页。

　　②　《清高宗实录》卷一四九四，嘉庆元年正月戊申，第 27 册，第 988 页。

　　③　(嘉庆)《大清会典事例》卷三九七《礼部·朝贡·赐予二》，第 7992 页。

　　④　中国第一历史档案馆编：《嘉庆道光两朝上谕档》第 1 册，广西师范大学出版社，2000 年，第 38 条，第 23 页。

　　⑤　《暹罗国王郑华进贡太上皇方物表》《暹罗国王郑华进贡方物表》，载罗福颐辑：《国朝史料拾零》卷一，第 107—118 页。

　　⑥　《奏为暹罗国遣使入贡恭折奏闻事》(嘉庆元年七月十三日)，载台北"故宫博物院"编：《宫中档嘉庆朝奏折》(复制本)第 2 辑，台北"故宫博物院"藏，未刊，第 287 页；中国第一历史档案馆编：《嘉庆道光两朝上谕档》第 1 册，第 591 条，第 223 页。

　　九月二十五日，暹罗使团由韶州府知府潘绍观、三水营都司英福伴送，自广州启程赴京，使团成员包括贡使 4 名、通事 2 名、从人 18 名，副贡船只则于十二月二十二日开行回国。十二月十八日，使团抵京①。二十一日，正使呸雅梭挖粒巡吞握派唠喇突、副使廊窝们苏泥霞握巴突于西华门外觐见嘉庆帝②。三十日，乾隆帝和嘉庆帝一起在保和殿赐暹罗使臣等宴。嘉庆二年（1797）正月初十日，又在紫光阁赐宴。十五日，又在正大光明殿赐宴。这次暹罗遣使入贡，除呈进嘉庆帝和皇后贡物外，还呈进乾隆帝和太后贡物，实际比上届多进一份。对此，嘉庆帝下谕：除传知该国王准其抵作下次正贡外，加赏该国王嵌玉如意 1 柄，瓷瓶 1 对，素缎、里各 3 匹，妆缎、云缎、锦缎、闪缎各 2 匹③。十七日，礼部缮拟颁给暹王敕谕进呈，其中有将贡物"除收受一分外，其余一分留抵下次正贡"之语④。对此军机大臣指出："暹罗非朝鲜可比，向无留抵之例。今已有加赏物件，应遵旨改拟敕谕，将此次贡物二分一并收受，下次贡期准其赍进一分。如该国仍前多备，即令粤省督抚查明发还。"⑤由此，二十五日，嘉庆帝下谕将改定后的敕谕颁发给暹王郑华，文曰："皇帝敬遵太上皇帝圣谕，敕谕暹罗国王郑华：九服承风，建极著会归之义；三加锡命，乐天广怙冒之仁。旧典为昭，新纶用沛。尔暹罗国王郑华，屡供王会，久列藩封。兹于嘉庆二年，复遣使臣奉表入贡，鉴其忱悃，允荷褒扬。至以天朝叠庆重釐，倍呈方物，具见国王输诚效顺，弗懈益虔，实属可嘉。国家厚往薄来，字小柔远，自有定制。更念尔国僻处海陬，梯航远涉，业经备物呈进，若从摈却，劳费转多，是以特饬所司，将此次所进贡物俱行收受，加赐国王文绮等件。嗣后只须照常呈进一分，毋庸增添。如国王仍前备进两分，即饬广东督抚发还一分，以昭定制，而示体恤。王其祇承眷顾，益懋忠纯，永膺蕃庶之恩，长隶职方之掌。钦哉！

————————

　　①　《奏报暹罗贡使起身委员伴送及委署知府缘由折》（嘉庆元年九月二十八日），载《宫中档嘉庆朝奏折》（复制本）第 2 辑，第 724 页；内阁题本：《广东巡抚陈大文为恭报暹罗贡使开船回国日期仰祈睿鉴事》（嘉庆二年十一月初九日），档号：02-01-02-3071-016。
　　②　《清高宗实录》卷一四九五，嘉庆元年十二月壬辰，第 27 册，第 1023 页。此处贡使名与前面为译音之别。
　　③　中国第一历史档案馆编：《嘉庆道光两朝上谕档》第 2 册，第 20、21 条，第 7 页。
　　④　中国第一历史档案馆编：《嘉庆道光两朝上谕档》第 2 册，第 38 条，第 13 页。
　　⑤　中国第一历史档案馆编：《嘉庆道光两朝上谕档》第 2 册，第 63 条，第 23 页。

特谕。"①

正月二十九日,暹罗使团离京南下,四月十三日回抵广州。缘值风信不顺,在粤守候,至十一月初十日乘坐正贡船开行回国②。

(七)嘉庆三年朝贡(例贡)

嘉庆三年(1798)九月,两广总督吉庆、广东巡抚陈大文奏,暹罗国遣使入贡,已派员伴送起程。嘉庆帝闻奏,以为期尚宽,令照例于封印前抵京,以便年节与外藩使臣一体宴赍③。

十二月,暹罗使团抵京。二十三日,嘉庆帝在抚辰殿大幄次赐宴朝正外藩,暹罗正使不雅唆挖巡吞亚排押拉敕突、副使唥窝们逊厘霞握叭突等4人入宴④。三十日,又在保和殿赐宴。嘉庆四年正月,乾隆帝卒,颁发暹罗国王的诏书即交贡使赍回⑤。

(八)嘉庆五年朝贡(进香、例贡)

嘉庆五年(1800)七月,两广总督吉庆、广东巡抚瑚图礼奏,暹罗国王遣使进香,并呈进例贡,贡船已经到粤。在此之前,安南国王曾于嘉庆四年六月遣使进香并呈进例贡,嘉庆帝以"外藩向无带赴山陵叩谒之例,而二十七月之内又不举行筵宴",令传谕该国王不必遣使赴京进香,并令将例贡于下次一并进呈。对于这次暹罗遣使进香,嘉庆帝同样谕令吉庆等"即照安南之例,毋庸令该国使臣来京,所有呈进仪物、方物,并著该使臣赍回本国。其应如何赏赍饭食,亦著吉庆等照安南之例饬属妥为预备"⑥。又令拟写给暹罗国敕谕一道,发吉庆交该使臣赍领回国,敕谕曰:"皇帝敕谕暹罗国王郑华:据两广总督吉庆、广东巡抚瑚图礼递到国王进香祭文一道、表文一

---

①　中国第一历史档案馆编:《嘉庆道光两朝上谕档》第2册,第62条,第23页;《清仁宗实录》卷一三,嘉庆二年正月戊辰,第28册,第197页。

②　内阁题本:《广东巡抚陈大文为恭报暹罗贡使开船回国日期仰祈睿鉴事》(嘉庆二年十一月初九日),档号:02-01-02-3071-016。

③　中国第一历史档案馆编:《嘉庆道光两朝上谕档》第3册,第388条,第126页。

④　中国第一历史档案馆编:《嘉庆帝起居注》第3册,广西师范大学出版社,2006年,第345页。

⑤　中国第一历史档案馆编:《嘉庆帝起居注》第4册,第16页;《清仁宗实录》卷三七,嘉庆四年正月丙寅,第28册,第418页。

⑥　中国第一历史档案馆编:《嘉庆道光两朝上谕档》第5册,第941条,第374页。

道,鉴王忱悃,增朕悲怀。惟外藩使臣向无谒陵之例,上年安南国王阮光缵遣使赴京进香,曾经敕谕以高宗纯皇帝业经奉移山陵,计使臣到京已在永远奉安之后,令该国使臣不必来京,并将所备仪物赏回,用示体恤。今暹罗国王遣使赴京,事同一例。朕怙冒万国,于海徼藩封,并无歧视,所有该国王呈进仪物、方物,仍饬疆吏发交使臣赍回,以免跋涉。该国王具悉朕意,益矢虔恭,永承优眷。钦哉!特谕。"①由此,嘉庆五年(1800)暹罗遣使朝贡,使团未获准入京。

(九)嘉庆六年朝贡(例贡)

嘉庆六年(1801)八月初一日,两广总督吉庆、广东巡抚瑚图礼奏,暹罗国遣使入贡,现已行抵粤东,拟于九月间委员伴送起程赴京。二十一日,嘉庆帝闻奏,下谕吉庆等饬令委员伴送使臣按程行走,于封篆前抵京瞻觐②。随之,吉庆又奏,暹罗国二贡使帕窝们孙哞咬呵叭突在广州南海地方患病身故,已饬地方官妥为照料。嘉庆帝闻奏,令赏银300两,交该国便船先行带回给其家属,并谕嗣后遇有此等外国使臣在内地身故之事,即照此例办理③。

九月二十五日,暹罗使团由韶州府知府章铨、抚标右营游击张汝嵩伴送,自广州起程赴京,使团成员包括正贡使哑雅骚滑粒巡段呵叭喇昭突、三贡使廊勃车哪鼻们卑突、四贡使坤第匹呱遮办事,通事2名,从人15名。十一月二十六日,礼部题准,暹罗正、副贡船压舱货物,照例免其征税,并准副贡船只先行回国。十二月十五日,暹罗使团抵京④。二十一日,正使哑雅骚滑粒巡段呵叭喇昭突等3人于西苑门外觐见⑤。三十日,嘉庆帝在保和殿赐宴。嘉庆七年(1802)正月十二日,在山高水长大幄次赐宴。十五

---

① 中国第一历史档案馆编:《嘉庆道光两朝上谕档》第5册,第948条,第376—377页;《清仁宗实录》卷七一,嘉庆五年七月丁未,第28册,第956页。

② 《奏为暹罗国遣使入贡已抵粤东恭折具陈》(嘉庆六年八月初一日),载《宫中档嘉庆朝奏折》(复制本)第9辑,第531页;中国第一历史档案馆编:《嘉庆道光两朝上谕档》第6册,第975条,第343—344页。

③ 《奏报暹罗国第二贡使病故片》(嘉庆六年八月十四日),载《宫中档嘉庆朝奏折》(复制本)第9辑,第725页;中国第一历史档案馆编:《嘉庆道光两朝上谕档》第6册,第1056条,第371—372页。

④ 内阁题本:《署理广东巡抚那彦成为恭报暹罗使开船回国日期仰祈睿鉴事》(嘉庆八年二月初八日),档号:02—01—02—3073—001。

⑤ 《清仁宗实录》卷九二,嘉庆六年十二月癸亥,第29册,第228页。

日，又在正大光明殿赐宴。

这次暹罗使团在京时，朝鲜王朝亦有贡使在京，朝鲜使节李基宪的《燕行日记》记载了嘉庆六年（1801）十二月二十九日嘉庆帝祭太庙回宫时，其与暹罗贡使一起在午门外迎驾的情形："暹罗使臣亦三人，在下班。见其所谓朝服，则斑纹缎无袖长袍，其冠则铜造，半尺涂以泥金，其形如牛角，削发而无辫，身材短小，眼深而骜，言语啁啾，而不解文字。闻其在私处，则衣冠带履，皆从清制。故自此制给一袭，而朝会祇迎之时，始用本国衣冠……见暹罗国员役名单，则正贡使呸雅骚滑粒巡段呵叭喇昭突，三贡使廊勃车哪鼻们卑突，四贡使坤粤匹呱遮办事，通事二名，从人十五名，伴送官韶州府知府章铨、抚标右营游击张汝嵩也。有正贡使、三、四贡使，而第二阙焉。闻使臣本有四人，而其一人道死云，可怪。"李基宪的《燕行日记》还记录了暹罗贡物清单，包括进皇帝前：龙涎香 1 斤，沉香 2 斤，檀香 100 斤，白胶香 100 斤，降真香 300 斤，金刚钻 7 两，上冰片 1 斤，中冰片 2 斤，樟脑 100 斤，荜拨 100 斤，大枫子 300 斤，白豆蔻 300 斤，藤黄 300 斤，桂皮 100 斤，甘蜜皮 100 斤，翠鸟皮 600 张，孔雀尾 10 屏，象牙 12 枝重 300 斤，犀角 6 个，西洋毯 2 领，西洋红布 10 匹，乌木 300 斤，苏木 3000 斤。进皇后前：龙涎香 8 两，沉香 1 斤，檀香 50 斤，白胶香 50 斤，降真香 150 斤，金刚钻 3 两，上冰片 8 两，中冰片 1 斤，樟脑 50 斤，荜拨 50 斤，大枫子 150 斤，白豆蔻 150 斤，藤黄 150 斤，桂皮 50 斤，甘蜜皮 50 斤，翠鸟皮 300 张，孔雀尾 5 屏，象牙 6 枝重 150 斤，犀角 3 个，西洋毯 1 领，西洋红布 5 匹，乌木 150 斤，苏木 1500 斤[①]。朝鲜使节的记述正可与中文档案文献记载相印证。

嘉庆七年（1802）二月初六日，暹罗使团离京南下。四月二十日回抵广州，安顿怀远驿馆，并照例筵宴。七月初六日，暹王复遣新造正贡船到达广州，以接载贡使人等回暹。因值风信不顺，在粤守候，至十二月二十五日扬帆回国[②]。

因嘉庆六年暹罗使臣病故有赏恤银两之事，嘉庆八年（1803）八月，暹王郑华遣官致谢。嘉庆帝闻奏，颁发敕谕给郑华曰："前此尔国循例遣使赍

① ［朝鲜］李基宪：《燕行日记》，载［韩］林基中编：《燕行录全集》第 65 卷，（首尔）东国大学校出版部，2001 年，第 163—169 页。

② 内阁题本：《署理广东巡抚那彦成为恭报暹罗贡使开船回国日期仰祈睿鉴事》（嘉庆八年二月初八日），档号：02—01—02—3073—001。

表呈贡,该贡使二人在驿馆病故,经疆吏奏闻,朕念其梯航远至,遇疾云殂,特命广西抚臣赏给银两,崇恤妻孥,以示柔远之意。兹据两广督臣具奏,王感念恩施,虔修谢表,遣陪价敂关赍呈,吁求代奏。朕览王谢表,情词恳切,出于至诚,是用加敕申谕,以答悃忱。王其祗承恩意,永荷眷顾。钦哉!特谕。"①

(十)嘉庆九年朝贡(例贡)

嘉庆九年(1804)八月,两广总督倭什布、广东巡抚孙玉庭奏,暹罗国王遣使入贡,现已到粤,惟贡船二只均已腐朽,请遣回暹罗修整。嘉庆帝闻奏,令倭什布等派员护送贡使缓程行走,于封印前后到京即可;至于贡船二只,即令先行回国,以便修理坚固,来年再来粤省等候②。

十二月,暹罗使团抵京。二十一日,正使呸雅梭挖理巡段呵排拉车突等4人在西苑门外瞻觐③。二十三日,嘉庆帝在抚辰殿大幄次赐暹罗使臣等宴。三十日,又在保和殿赐宴。嘉庆十年(1805)正月,又先后在山高水长、正大光明殿赐宴。

(十一)嘉庆十二年朝贡(例贡)

据越南史料记载,嘉庆十二年(1807)正月,有"暹人黄宝兴、麻列等如清岁贡",不料贡船遭风飘泊越南平定洋分,越南国王令给钱7000缗、米1000方,又令镇臣为之修船遣还④。此后不久,有暹罗使团来到广东。而就在这时,广东开始查办内地商民代驾暹罗商船的金协顺、陈澄发案。据两广总督吴雄光奏称,有船商金协顺、陈澄发,装载暹罗国货物来粤贸易,并请于起货后装载粤省货物回赴暹罗,经地方官查明,金协顺系福建同安县人,陈澄发系广东澄海县人,又询问暹罗贡使,据称"金协顺、陈澄发二船委系由该国新造来粤,因该国民人不谙营运,是以多倩福、潮船户代驾"。嘉庆帝闻奏,认为"金协顺、陈澄发以闽广商民代暹罗营运,即属违禁",但因"从前未经严立科条",所以"此次且从宽免究",但令传谕暹罗国王,"嗣

---

① 中国第一历史档案馆编:《嘉庆道光两朝上谕档》第8册,第831条,第319—320页。
② 中国第一历史档案馆编:《嘉庆道光两朝上谕档》第9册,第986条,第371页。
③ 《清仁宗实录》卷一三八,嘉庆九年十二月丙子,第29册,第889页。
④ [越]张登桂等纂修:《大南实录》正编第一纪,卷三一,第2页。

后该国王如有自置货船，务用本国人管驾，专差官目带领同来，以为信验，不得再交中国民人营运。若经此次敕禁之后，仍有私交内地商民冒托往来者，经关津官吏人等查出，除不准进口起货外，仍将该奸商治罪，该国王亦难辞违例之咎"①。是为清廷立法禁止内地商民代驾暹罗商船。

九月二十八日，暹罗使团自粤起程赴京。十二月，使团抵京。二十一日，正使丕雅史滑里巡段亚排那车突、副使啷窝汶逊厘霞握不突、啷拔察哪丕汶知突、坤丕匹哼遮办事 4 人于神武门外瞻觐②。三十日，嘉庆帝在保和殿筵宴朝正外藩，令暹罗使臣等入宴。十三年（1808）正月，又在正大光明殿赐宴。

（十二）嘉庆十四年朝贡（祝寿）

嘉庆十三年（1808）正月暹罗贡使在京时，嘉庆帝曾因暹罗、缅甸同时遣使入贡会有诸多不便，而提出明年暹罗不必再遣使朝贡的想法："暹罗与缅甸构衅已久，该二国俱臣服天朝，将来设同时入贡，诸有未便。上年暹罗业经遣使朝贡，若因明年为朕五旬万寿，暹罗、缅甸均欲遣使来京，则当传旨晓谕暹罗，以该国甫经入贡，不必复行遣使来京。"③然而，嘉庆十四年（1809）八月，两广总督百龄奏，暹罗遣使赍贡祝嘏，现已到粤④。据译出的暹王表文曰：

> 臣暹罗国王郑华诚惶诚恐稽首顿首百拜上祝皇帝万岁万岁万万岁。伏以椿树千寻，桢干如松柏并茂；蟠桃几度，结实偕岁月长春。际一阳来复之辰，正万寿无疆之日。恭惟大皇帝乾纲独揽，坤道咸宏，保民如同保赤，神武宛若神君，是以百工允釐，庶绩咸熙。非特华地涵濡圣泽，而海外亦沐帝恩，则德弥邵者年弥高，所谓一人有庆，万民赖之

① 《清仁宗实录》卷一八五，嘉庆十二年九月丁未，第 30 册，第 433—434 页；中国第一历史档案馆编：《嘉庆道光两朝上谕档》第 12 册，第 926 条，第 420—421 页；宫中朱批奏折《两广总督吴雄光奏请禁止内地商民代驾暹罗货船进口贸易暂行停止给照事》（嘉庆十二年八月十六日），档号：04－01－01－0503－063。

② 《清仁宗实录》卷一九〇，嘉庆十一年十二月戊子，第 30 册，第 513 页；中国第一历史档案馆编：《嘉庆道光两朝上谕档》第 12 册，第 1514 条，第 670 页。

③ 中国第一历史档案馆编：《嘉庆道光两朝上谕档》第 13 册，第 22 条，第 12 页；《清仁宗实录》卷一九一，嘉庆十三年正月乙巳，第 30 册，第 522—523 页。

④ 《奏闻暹罗国王遣使赍贡祝嘏行抵粤东缘由》（嘉庆十四年八月初七日），载《宫中档嘉庆朝奏折》（复制本）第 25 辑，第 807 页。

者也。是日也,拜献称觞,万国之衣冠绕殿;行礼奏乐,三千之朱紫盈庭。咸进华封三祝,共赓天保九如。臣躬居异域,未获跻堂,虔具方物,特遣使臣拍簪鸾史藩撖抆哪车突、嘟史滑厘迈知握不突,偕正通事黄青红,代躬俯首而上祝,心铭北阙,翘首观光,愧乏寿仪之进献,聊陈簿凯之俚言。惟愿圣寿长绵,俾嬉游于光天化日;帝龄悠远,应上召夫景星庆云。恪贡寿笺,希祈天鉴。谨祝。

另暹罗国大库府也具禀称:"本年恭值大皇帝五旬万寿,中外咸欢。本国王虔具方物,特遣贡使拍簪鸾史藩撖抆哪车突、嘟史滑厘迈知握不突,偕通事黄青红,恭赍表文、贡品来粤,恳乞转奏赴京上祝,聊表悃忱。并恳准将正、副贡二船于年底随风返掉(椊),以应修整,来年复接贡使旋归。"①

由于嘉庆十二年(1807)嘉庆帝曾下谕禁止暹罗雇用华人代驾海船,这次暹罗朝贡,还带来暹王郑华关于准令内地商民代驾货船的请求:"窃臣国僻壤,全赖土产以资生,历岁运售,实藉天朝之福庇。巍巍圣治,万国感恩,俯念微区,屡承厚恤。曩者请代驾船务贸易,适奉敕禁违例。但因臣国处夷,不谙营运,又昧于海道,是以不得已多倩华地商客代驾,并非冒捏情弊,亦无夹带违禁货物。可否仰邀天恩,柔远怀来,准酌派亲信夷目跟同来粤,以凭信验。"另外,暹罗国大库府也向礼部致送公文请求开禁:"嘉庆十三年贡使京旋,带领旨谕回国,内叙'禁〔华〕地商民代驾暹国货船进口贸易,有违前例,嗣后自置货船,务令专差夷目亲身管驾,携带咨明'等情。但敝国处夷,不谙营运,又昧于驶船,不得已多倩天朝商客代驾,以通贸易,并非私交冒捏等情。此天朝柔远怀来,外夷固蒙体恤,而事关夷商交易,则言语不通,颇难发售,是以敢倩华人代驾贸易,藉天朝之福庇,赖鸿恩之柔施。兹幸圣寿遐龄,中外咸知,吾敝国王特遣贡使哪车突、握不突,恭赍表文、方物赴京上祝,伏乞鸿慈垂眷容纳,则国王与库等均沾荣施矣,恭候训示遵行。"②

这次暹罗朝贡的主要任务是向嘉庆帝祝寿,但贡使到粤时已八月初旬。百龄认为,每届暹罗贡使由粤赴京,计须行走80余日,扣算程期,该使

---

① 故宫博物院编:《清代外交史料》(嘉庆朝)第3册,故宫博物院,1932年,第21—22页。

② 故宫博物院编:《清代外交史料》(嘉庆朝)第3册,第25页;《奏为暹罗国王恳请内地商民代驾货船缘由据情恭折具奏请旨事》(嘉庆十四年八月初七日),载《宫中档嘉庆朝奏折》(复制本)第25辑,第810页。

臣已不能在九月内到京。因此,百龄令贡使等暂在驿所休息,等候嘉庆帝谕旨遵行。八月二十六日,嘉庆帝接到百龄奏报,下谕百龄照例委员伴送贡使按程行走,于十二月到京,以便于元旦令节随班庆贺。至于暹罗恳请内地商民代驾货船一事,嘉庆帝再次强调"此则不可。向来诸国夷人货船,均令其专差夷目亲身管驾,若准倩用内地商民代为贩运,恐奸徒等从中诓骗,接济销赃,难以查禁。况暹罗国民人生长外夷,于洋面情形谅所熟悉,若云不谙沙线,则伊等贡船并未倩用内地商民驶驾,何以能如期而至? 所言不可信,所请不可行。嗣后该国货船不准倩雇商民,以杜流弊"[1]。

九月二十八日,暹罗使团由惠州府知府和瑃额、连阳营游击恒仁伴送,由粤起程赴京[2]。十二月,贡使入京,呈进方物,赏赉筵宴如例[3]。十五年(1810)正月,嘉庆帝在正大光明殿赐暹罗贡使等宴。

(十三)嘉庆十五年朝贡(例贡、请封)

1809 年,拉玛一世卒,拉玛二世即位(1809—1824 年在位,中国档案文献称郑佛)。嘉庆十五年(1810),拉玛二世遣使入贡,不料贡船在洋遭风,正贡船触礁沉溺。据使团通事林恒中报告失事经过言:"本年六月间,随同贡使分驾正、副贡船,恭赍表文、方物及压舱货物,在暹罗开行来广。九月初间正贡船行抵香山县属荷包外洋,突遇飓风,击坏船舵、桅索,压近山边,被礁垫破船底,即时沉溺,当将表文并贡物内龙涎香、金刚钻二种救出。贡使等幸登山岸逃生,尚有方物沉香、冰片、白胶香、樟脑、檀香、西洋布、西洋毯、甘密皮、藤黄等件俱经落水,不及捞取。副贡船亦被风飘至新会县属厓门海面寄泊。"这次暹罗朝贡,使团还带来了暹罗国大库寄呈两广总督百龄、广东巡抚韩崶的两封禀文。第一封禀文称:"前者上贡,蒙奏准使臣进京叩祝万寿,感激无地。兹值年贡之期,本国王谨遵例虔备金叶表文、方物,特差使臣丕雅唆挖里巡段押派唠喇突、朗喝汶孙厘霞握吧突、朗勃敕哪丕汶知突、坤匹哇遮办事、坤勃敕哪丕续通事林恒中等,恭赍赴粤,恳乞转

---

① 故宫博物院编:《清代外交史料》(嘉庆朝)第 3 册,第 26—27 页;中国第一历史档案馆编:《嘉庆道光两朝上谕档》第 14 册,第 1308 条,第 519 页;《字寄两广总督百龄严令英咭唎兵船留泊外洋及委员伴送暹罗国王使臣并不准贡船倩雇商民管驾以杜流弊》(嘉庆十四年八月二十六日),载《宫中档嘉庆朝奏折》(复制本)第 26 辑,第 224 页。

② 台湾"中央研究院"历史语言研究所编:《明清史料》庚编,第六本,第 562—563 页。

③ 《清仁宗实录》卷二二三,嘉庆十四年十二月戊申,第 30 册,第 1006 页。

奏。"第二封禀文称："国王郑华自蒙恩敕赐宝瑞,迄今二十八年,上年七月内,郑华因病服药罔效,授位于嗣子郑佛权理国政,以候天朝诰命恩封,伏乞代为转奏。"①从禀文内容可以看出,此次暹罗使团负有双重任务:一为呈进例贡,二为新王请封。

在此次暹罗贡船遭风沉溺之前,嘉庆七年(1802)曾有琉球贡船遭风失事,嘉庆帝于嘉庆八年(1803)正月二十九日下谕对于遭风贡船要加意优恤:"外藩寻常贸易船只遭风漂至内洋,尚当量加抚恤,此次琉球国在大武仑洋面冲礁击碎船只,系属遣使入贡装载贡品之船,尤应加意优恤。其捞救得生之官伴水梢人等,著照常例加倍给赏……所有正贡、常贡物件,均毋庸另备呈进。该督等即缮写照会行知该国王,以此次该国遣使入贡船只在洋遭风冲礁击碎,人口幸无伤损,所有贡物行李尽皆沉失,此实人力难施,并非该使臣等不能小心护视所致,现已奏明特奉恩旨优加抚恤,并将其沉失贡物远道申虔,即与赍呈赏收无异,谕令不必另行备进。所有此次赍贡使臣等回国后,该国王毋庸加以罪责,以副天朝柔怀远人至意。"嘉庆帝还特别强调:"嗣后遇有外藩贡船遭风漂没沉失贡物之事,均著照此办理。"②据此,粤督百龄和巡抚韩崶一面派员护送本次暹罗使团于十月初四日起程赴京,一面向嘉庆帝奏请按照嘉庆八年定例办理暹罗贡船遭风一事。十月二十日,嘉庆帝接到百龄、韩崶奏报,谕礼部曰:"暹罗国因届例贡之年,虔备表文贡物遣使呈递,自应准其来京,以遂其恭顺之情。该国使臣已于本月初四日在粤东起身,著即知照沿途,照例供顿,按程行走,于封篆前后到京,尚不为迟。至该国贡船在香山县属荷色外洋突遇飓风,击坏沉失贡物,此实人力难施,并非使臣不能小心防护。该使臣回国后,自毋庸加以罪责。其沉失贡物,亦不必另行备进。著该督等行知该国王,用昭体恤。所有郑佛恩请敕封之处,现著该衙门照例查办,俟该使臣回国,即令领赍可也。"③是为清朝对于暹罗贡船沉失贡物,明确表示不必另行备进;对于郑佛请封之求,亦予准许。根据查验,此次暹罗贡物共沉失9种,包括沉香3斤,檀

①　台湾"中央研究院"历史语言研究所编:《明清史料》庚编,第六本,第563—564页。

②　中国第一历史档案馆编:《嘉庆道光两朝上谕档》第8册,第79条,第33—34页。

③　中国第一历史档案馆编:《嘉庆道光两朝上谕档》第15册,第1314条,第498—499页;《清仁宗实录》卷二三五,嘉庆十五年十月辛丑,第31册,第168页;台湾"中央研究院"历史语言研究所编:《明清史料》庚编,第六本,第563—564页。

香 150 斤,樟脑 150 斤,藤黄 450 斤,西洋毯 3 领,白胶香 150 斤,冰片 4 斤半,西洋布 15 匹,甘蜜皮 150 斤。另外仍存 13 种,包括龙涎香 1 斤半,犀角 9 个,大枫子 450 斤,象牙 450 斤,孔雀尾 15 屏,桂皮 150 斤,苏木 4500斤,降真香 450 斤,乌木 450 斤,白豆蔻 450 斤,荜拨 150 斤,金刚钻 10 两,翠皮 900 张①。

十二月,暹罗使团抵京。十六年(1811)正月,嘉庆帝在紫光阁、正大光明殿赐暹罗使臣等宴。又因郑佛请封,照例给予诰命银印,交贡使祗领,恭赉回国。是为清朝第三次敕封暹罗国王。

(十四)嘉庆十七年朝贡(谢恩)

嘉庆十七年(1812)八月,两广总督蒋攸铦、广东巡抚韩崶奏报,暹罗国王遣使入贡谢恩,现已到粤,贡使请准贡船先行回国休整。嘉庆帝闻奏,令蒋攸铦等计算广东到京日期,酌令启程,俾贡使于封印后到京,以便年底瞻观新正,一体宴赉;其请将船只先行回国修整,以便明年接载贡使旋归之处,亦准照所请行②。

九月十五日,蒋攸铦、韩崶接到嘉庆帝谕旨,即遴委雷州府知府雷学海、署连平州事候补通判黄锜、督标前营参将张光宁 3 人,伴送贡使人等于九月二十五日起程赴京。十二月,暹罗使团抵京。二十二日,正使拍㖔挖里巡段亚排那车突、副使嘟呜汶呫咏嗄吻不突 2 人于神武门外瞻觐③。十八年(1813)正月初一日,暹罗贡使等在中和殿进表,行庆贺礼。十六日,嘉庆帝在正大光明殿赐暹罗使臣等宴。

(十五)嘉庆十八年朝贡(例贡)

嘉庆十八年(1813)九月,两广总督蒋攸铦奏,暹罗国因届例贡之年,备表进贡,其正贡船在外洋失火焚烧,副贡船先已抵粤,现存贡品 10 种。嘉庆帝闻奏,命蒋攸铦派员将现到副贡使即行护送进京,将所存贡品 10 种呈

---

① 台湾"中央研究院"历史语言研究所编:《明清史料》庚编,第六本,第 564 页。
② 中国第一历史档案馆编:《嘉庆道光两朝上谕档》第 17 册,第 908 条,第 316—317 页;台湾"中央研究院"历史语言研究所编:《明清史料》庚编,第六本,第 566 页。
③ 《清仁宗实录》卷二六四,嘉庆十七年十二月辛酉,第 31 册,第 589 页。

进;其正贡船沉失贡物,不必另行备进①。十二月,蒋攸铦又奏,暹罗副使郎拔察哪丕汶知突因在海船感冒风寒,又闻正贡船失火焚烧,致受惊恐,现在患病,难以起程,请俟医治痊愈,再行护送入京。嘉庆帝闻奏,以"该副贡使患病受惊,正需调理,长途跋涉,甚非所宜,现已届年节",下谕不必再令贡使进京,令将所存贡品 10 种就近交存粤省藩库,由粤督委员解京,其副贡使令在粤休息,妥为调治。另外,"该国王抒忱纳贡,其正、副贡使适因事故不能到京,而航海申虔,即与赍呈无异。所有例赏该国王及贡使人役物件,著礼部查明奏闻,将赏件发交该督转行颁给该副贡使,令其于病痊之日赍领回国,并将此旨传知该国王,以示怀柔远人之意"②。由此,嘉庆十八年(1813)暹罗遣使呈进例贡,因正贡船失火焚烧,副贡使惊恐患病,令其不必入京,而所有赏赐物件,即由礼部发送粤督转交副贡使赍回。后来,存贮粤省藩库的贡品 10 种,于嘉庆十九年由两广总督委员解京,礼部奏交内务府收贮③。

(十六)嘉庆二十年朝贡(补进例贡)

嘉庆十九年(1814)十一月,广东巡抚董教增奏,暹罗国王因上年正贡船在洋失火焚烧,贡品未能齐全,本年敬备补贡,分装正、副贡船二只,前来入贡。不料七月十二日驶至越南洋面时复遇飓风,正贡船飘失,副贡船于八月初收泊陵水县洋面,所有副贡船赍到方物,已就近存贮广东藩库。十二月,嘉庆帝闻奏,下谕粤督蒋攸铦照例赏给该副使筵宴,令其回国,俟嘉庆二十一年例贡之期,该国贡使到粤,再将现存方物一并送京。因飘失的正贡船上载有表文和部分贡物,嘉庆帝特令蒋攸铦等"饬知沿海各州县一体访查,如该正贡船收泊粤东地方,该督等一面将表文、贡品就近起贮藩库,一面奏闻请旨办理。或该正贡船失风后漂至他省,著传谕福建、浙江、江苏、山东各督抚,通饬沿海州县,一有贡船停泊,即行禀报,由该督抚将船

---

① 《清仁宗实录》卷二七四,嘉庆十八年九月甲申,第 31 册,第 733 页。

② 中国第一历史档案馆:《嘉庆道光两朝上谕档》第 18 册,第 1264 条,第 417 页;《清仁宗实录》卷二八一,嘉庆十八年十二月乙卯,第 31 册,第 839—840 页。

③ 台湾"中央研究院"历史语言研究所编:《明清史料》庚编,第六本,第 567 页。

内表文、贡品起岸存贮,奏明解京"①。

嘉庆二十年(1815)三月,仍在广州的暹罗副使接到正使来信,称现在正贡船收泊越南洋面,俟南风当令,方能开行,六、七月间可以到广。暹罗副使随向蒋攸铦提出,愿在粤省等候正贡船到,暂缓回国。嘉庆帝闻奏,令传谕蒋攸铦和董教增:"该国王前因正贡失火,复备补贡,遣使远涉重洋,敬抒忱悃,自应准其来京。如正贡船于七月间到广,著该督抚派员护送该正、副使起程,于九月底到京,万寿即令其随班祝嘏宴赍;如九月方能到广,即令于十二月到京,与年班各外藩一体瞻觐。"②值得提及的是,越南史籍对此次暹罗贡船遭风一事亦有记载:"暹罗使船如清岁贡,遭风泊于平定洋分,恳请诣京瞻觐。镇臣以奏,命赏人三月粮,护送至京,加给人五月粮,遣之。"③这一记载恰与清朝档案文献记载相吻合。

七月,暹罗正贡船到达广州,并带来暹罗国大库请求准令华民代驾贡船的禀函:"上年例贡,因为夷目等昧于船务,以致火灾,正贡人物烬溺,仅存副贡一船,以及副贡使等到粤禀报,正贡品物无存,前蒙准献余物,深切怀来之至……兹奉王命,特遣使臣,虔备表文、方物,谨赍来粤赴京,以补上年例贡,伏乞转奏天廷容纳睿鉴。并请代奏准用中华商民明于船务者代驾来粤,以免后端,善全人物,至期入贡,无有不顺。"对于暹罗国大库的请求,蒋攸铦认为,"贡船虽与货船不同,第一经准用内地商民代驾贡船,难保其不代运货物,至滋弊溷",因此,"自应钦遵前奉谕旨,不准倩雇商民,以杜流弊"。对此嘉庆帝朱批:"所办甚是。"④

九月,暹罗使团抵京。二十七日,正使丕雅梭挖粒巡吞押拨藓昭突、副

① 《奏报暹罗国补贡方物正贡船漂失副贡船抵粤折》(嘉庆十九年十一月初二日),载《宫中档嘉庆朝奏折》(复制本)第28辑,第803页;《字寄两广总督蒋攸铦等奉上谕暹罗国王副贡船赍到方物应即就近贮粤省藩库并传旨照例赏给该副贡使以筵宴令其回国该船内人口船具为有损伤着查以往例妥为抚恤以示怀柔》(嘉庆十九年十二月初十日),载《宫中档嘉庆朝奏折》(复制本)第29辑,第570页;中国第一历史档案馆编:《嘉庆道光两朝上谕档》第19册,第2407条,第970页。
② 《奏报暹罗国副贡使吁请在粤守候暂缓回国事请旨片》(嘉庆二十年二月二十一日),载《宫中档嘉庆朝奏折》(复制本)第30辑,第664页;中国第一历史档案馆编:《嘉庆道光两朝上谕档》第20册,第356条,第122页;《清仁宗实录》卷三〇四,嘉庆二十年三月己酉,第32册,第38页。
③ 〔越〕张登桂等纂修:《大南实录》正编第一纪,卷五〇,第11页。
④ 《奏报暹罗国副贡使吁请在粤守候暂缓回国事请旨片》(嘉庆二十年二月二十一日),载《宫中档嘉庆朝奏折》(复制本)第33辑,第98页;故宫博物院编:《清代外交史料》(嘉庆朝)第4册,第30页。

使廊窝汶苏呢嘅握拨突、廊拔车哪鼻闷卑哩突、坤第匹呱遮办事 4 人于西安门内瞻觐，又奉旨随班祝嘏宴赉①。由此，此次暹罗朝贡的主要任务是补进嘉庆十八年（1813）例贡，因使团于九月到京，所以参加了为嘉庆帝祝寿的活动。

（十七）嘉庆二十年第二次朝贡（补进例贡）

由于嘉庆十九年派出的补贡船再次遭风，暹王于次年再次派船补进贡物。嘉庆二十年（1815）八月，两广总督蒋攸铦等奏："暹罗国王闻上年贡船被风损坏，复备副贡船遣使补备方物到粤。"②九月，嘉庆帝闻奏，下谕曰："暹罗国所进嘉庆十八年正贡船在洋焚烧，其副贡船所赍贡品业经进呈，十九年该国王敬补方物，分装正、副船入贡，适遇飓风漂散，现在正、副船已先后收泊，其表文、方物由该贡使赍送赴京。该国王因闻贡船遭风之信，复另备补贡方物来粤，其恭顺实属可嘉。该国向系三年一贡，明年又届入贡之期，著加恩即将此次赍到方物，作为嘉庆二十一年例贡，交粤省藩库存贮，俟明年委员解京。其使臣巧銮纹是通留于粤省，俟本年进京各贡使旋粤时一体筵宴，俾令回国并传知该国王，明年无庸另备表文、方物航海远来，以示怀柔至意。"③

由此，嘉庆二十年暹罗共有两个朝贡使团，第一个使团于九月入京，第二个使团则留于广东未准入京。由于明年又逢例贡之期，嘉庆帝下谕将第二个使团所呈方物作为明年例贡，而明年暹罗不必再遣贡使。对于这两个使团，嘉庆帝下谕照例赏赐，并将两次赏赐物件均交在京使臣赍回，"照例在部筵宴，遣令回国。仍行文两广总督、广东巡抚，于使臣到省时，并留粤之使臣一并筵宴一次"④。

①　中国第一历史档案馆编：《嘉庆道光两朝上谕档》第 20 册，第 1362 条，第 512 页；《清仁宗实录》卷三一〇，嘉庆二十年九月己酉，第 32 册，第 124 页。
②　《奏报暹罗国因闻上年贡船被风损坏复备副贡船遣使赍带备补方物到粤事》（嘉庆二十年八月初四日），载《宫中档嘉庆朝奏折》（复制本）第 33 辑，第 509 页。
③　中国第一历史档案馆编：《嘉庆道光两朝上谕档》第 20 册，第 474—475 页；《清仁宗实录》卷三一〇，嘉庆二十年九月甲午，第 32 册，第 117 页。
④　台湾"中央研究院"历史语言研究所编：《明清史料》庚编，第六本，第 567 页。

(十八)嘉庆二十四年朝贡(祝寿)

据越南史籍记载,嘉庆二十二年(1817),有"暹罗使船如清,遭风泊于沱灢,其船寻复失火,烧毁殆尽"。越南国王闻报,"命广南营臣给之粮米二百余方"①。至二十三年(1818)十一月,两广总督阮元等奏,暹罗国王因来年皇帝六旬万寿庆节,遣使备进方物,不料正贡船在洋遭风,唯副贡船抵粤。嘉庆帝闻奏,以贡使已不能赶于年节到京,谕阮元等令该副使暂行在粤休息,一面确查正使下落,如能随后到粤,由该督等酌量派员护送,于明年九月到京,倘无正贡船下落,即令副使于明年九月到京,将副贡船所载方物赍进,其正贡船漂失方物,知照该国王不必补进②。经查,此次暹罗国正使及通事等遭风漂没,礼部奏准,贡使照在京贡使例,给予织金罗3匹,缎8匹,罗5匹,绢5匹,里绸2匹,布1匹,银300两,通事二名,各给缎5匹,罗5匹,绢3匹,均发交两广总督,令其转发暹罗③。

二十四年(1819)九月,副使啷窝汶巡尔霞握不突率领的暹罗朝贡使团抵京。二十日,啷窝汶巡尔霞握不突等3人在勤政殿瞻觐④。二十一日至二十五日,嘉庆帝连续在同乐园赐王公大臣、暹罗使臣等茶果。十月初六日,嘉庆帝六旬寿辰,在太和殿接受暹罗使臣等进表庆贺。对于这次暹罗朝贡,嘉庆帝下谕,照朝鲜、越南例一体加赏⑤。加赏物品包括:赏国王镶玉如意1柄,大缎、大纺丝各5匹,蟒缎、妆缎各6匹,锦缎、闪缎各2匹,绢笺2卷,笔、墨各2匣,砚2方;贡使一员,大缎、彩缎各1匹,小卷八丝缎、小卷五丝缎各2匹,笺纸2卷,笔、墨各1匣,砚1方;正、副通事2名与汉、番书记2名,小卷八丝缎各1匹,小卷五丝缎各2匹,漳绒各1匹,银各20两;番吹手2名,小卷五丝缎各1匹,银各10两;汉、番跟役8名,每名银10两。又正大光明殿筵宴,加赏贡使大缎2匹,宁绸、倭缎、绉绸各1匹⑥。

----

① 〔越〕张登桂等纂修:《大南实录》正编第一纪,卷五五,第19—20页。

② 中国第一历史档案馆编:《嘉庆道光两朝上谕档》第23册,第1371条,第492页;《清仁宗实录》卷三四九,嘉庆二十三年十一月己未,第32册,第609页。

③ (光绪)《大清会典事例》卷五一三《礼部·朝贡·赗恤》,《续修四库全书》第806册,第161页。

④ 《清仁宗实录》卷三六二,嘉庆二十四年九月己卯,第32册,第780—781页。

⑤ 中国第一历史档案馆编:《嘉庆道光两朝上谕档》第24册,第1532条,第531页。

⑥ 中国第一历史档案馆编:《嘉庆道光两朝上谕档》第24册,第1539条,第539—540页。

(十九)嘉庆二十四年第二次朝贡(例贡)

嘉庆二十四年(1819)暹罗副使入京祝寿的同时,暹罗又遣使到粤呈进例贡。署两广总督广东巡抚康绍镛遴委廉州府知府何天冲、广州府海防同知钟英、署潮州镇右营游击事琼州镇右营都司常永伴送,于九月二十六日自粤起程赴京,进京员役共 26 名①。

十二月,暹罗使团抵京。二十二日,贡使呸雅唆滑里巡段呵叭腊车突、郎窝们孙哖霞阿勃突、郎勃车哪吧们卑突、坤备呱查办事 4 人于神武门外瞻觐②。三十日,嘉庆帝在保和殿赐宴。二十五年正月,又在山高水长赐宴,赏赉如例。

(二十)道光元年朝贡(进香、庆贺)

嘉庆二十五年(1820),嘉庆帝卒,道光帝继位,即由军机大臣拟写嘉庆帝遗诏颁发直省外藩。但道光帝发现遗诏中"末有皇祖降生避暑山庄之语,系军机大臣拟缮错误",遂于九月初九日颁发谕旨:"所有颁发琉球、暹罗、越南、缅甸四国遗诏,应由福建、广东、广西、云南四省转发,计算程期,此时尚未行抵该省。著谕知各该督抚,暂将颁往四国遗诏敬谨存留该省,俟更正发往后,再由该督抚转发,仍将原奉遗诏缴回。"③

接到诏书后,暹罗国王即于道光元年(1821)遣使进香,并庆贺道光帝登位。九月,两广总督阮元向道光帝奏报。道光帝闻奏,以上年十二月越南国王遣使进香,已下谕该国王不必遣使远来进香,其庆贺登极方物亦毋庸呈递,"今暹罗国遣使进香,更在期年以后,外国使臣向无带赴山陵叩谒之例,且二十七月之内亦不举行筵宴",因此令阮元"传知该国使臣毋庸来京,所有呈进仪物、方物,即著该使臣赍回。其应如何赏赉饭食,著饬属照例妥为预备。并面谕该使臣,朕于外藩俱系一视同仁,越南使臣既不令其赴京进香,该国使臣亦应停其来京,免致远涉,以示体恤。并颁发敕书,由

---

① 台湾"中央研究院"历史语言研究所编:《明清史料》庚编,第六本,第 568 页。

② 《清仁宗实录》卷三六五,嘉庆二十四年十二月庚戌,第 32 册,第 834 页;中国第一历史档案馆:《嘉庆道光两朝上谕档》第 24 册,第 1988 条,第 680 页。

③ 中国第一历史档案馆编:《嘉庆道光两朝上谕档》第 25 册,第 1156 条,第 410—411 页;《清宣宗实录》卷四,嘉庆二十五年九月壬戌,第 33 册,第 122 页。

该督发交该使臣赍回"①。颁发给暹罗国王的敕书曰:"敕谕暹罗国王郑佛:据两广总督阮元递到国王进香表文一道,并庆贺表文一道。鉴王诚悃,增朕悲怀。惟王素沐先朝柔远厚恩,兹谨遣使航海来庭,笃于恭顺,朕心深为嘉纳。第以外藩使臣向无带赴山陵叩谒之例,上年越南国王阮福晈特遣使进香,曾经敕谕,以仁宗睿皇帝梓宫业已恭择于本年三月奉移山陵,计该使臣到京,已在永远奉安之后,令该国王不必遣使远来,其庆贺登极方物,亦无庸呈递。今暹罗国王遣使进香,更在期年以后,事同一例。朕怙冒万国,于海徼藩封,并无歧视。所有该国王呈进仪物、方物,仍饬疆吏发交该使臣赍回,以免跋涉。该国王具悉朕体恤至意,益矢棐忱,永承优眷。钦哉! 特谕。"②由此,道光元年(1821)暹罗遣使进香并庆贺道光帝登位,并未获准入京,呈进的礼物也交贡使赍回。

(二十一)道光二年朝贡(例贡)

道光二年(1822)九月,两广总督阮元奏,暹罗国王遣使呈进例贡,并遣使预进来年万寿贡。道光帝闻奏,谕令阮元等将赍进例贡使臣委员伴送起程,于本年内到京;其赍进万寿贡之使臣,令该督等酌量派员护送,于明年七月内到京;所有该国正、副贡船,准其于本年底先行回国③。

十月初二日,赍进例贡使臣呸雅唆挖里巡段呵排腊车突等由兼护高廉道事署高州府候补知府百顺、雷州府知府王文苑、陆路提标前营游击文泰伴送,自广州起程赴京,使团包括贡使 4 员,通事 2 名,从人 22 名。另外呈进万寿贡之使臣白沾暖梭藩哪挖腊车突等则安顿怀远驿馆,俟明年再派员伴送赴京④。而正、副贡船二只,则于十二月二十六日一同开行回国⑤。

十二月,暹罗例贡使团到达北京。二十二日,贡使呸雅唆挖里巡段呵排腊车突、副使郎窝们孙哢霞呵勃突、郎勃沾哪备们卑突、坤备匹呱喳办事

---

①　中国第一历史档案馆编:《嘉庆道光两朝上谕档》第 26 册,第 1437 条,第 432—433 页;《清宣宗实录》卷二三,道光元年九月戊辰,第 33 册,第 421 页。

②　《清宣宗实录》卷二三,道光元年九月甲戌,第 33 册,第 425 页。

③　中国第一历史档案馆编:《嘉庆道光两朝上谕档》第 27 册,第 1581 条,第 475—476 页;《清宣宗实录》卷四一,道光二年九月壬申,第 33 册,第 724—725 页。

④　台湾"中央研究院"历史语言研究所编:《明清史料》庚编,第六本,第 569—570 页。

⑤　台湾"中央研究院"历史语言研究所编:《明清史料》庚编,第六本,第 570 页。

4人于神武门外瞻觐①。三十日,道光帝在保和殿筵宴朝正外藩,令暹罗正、副使入宴。道光三年(1823)正月,又在紫光阁赐宴,赏赉如例。二月初二日,贡使一行离京南下。初六日,道光帝御书"永奠海邦"匾额赐暹罗国王,命阮元接奉后,于该贡使过境时发给赍回②。四月二十三日,暹罗使团回抵广州③。

这次暹罗朝贡,贡使在京期间,还向礼部赍呈公文一件,"系该国大库府呈请代奏加赏通事翁日升顶带(戴)"。经传问翁日升,据称"系福建汀州府永定县人,于嘉庆十八年往暹罗国贸易,此次奉国王差委"。道光帝认为,"各国陪臣从无具呈到部之例,今该国大库府为该通事呈请加赏顶带(戴),殊属违例。其来文并无该国印信可稽,恐该通事别有捏饰情弊。且该通事既系内地民人,因何奉该国王差委。其所称嘉庆十八年往该国贸易之语,亦难凭信",因此谕令粤督阮元、巡抚陈中孚于暹罗贡使到粤后,即向该通事翁日升严加查讯明晰,再行核办④。后经查明,翁日升向在暹罗贸易,该国因其通晓番语,所以上年呈进例贡时,雇令充当通事,并许为代奏恩赏顶戴。礼部议奏认为,翁日升虽无违禁出洋及营求捏饰情弊,但其请赏顶戴,殊属违例,又往来暹罗年久,恐滋事端,应发回原籍严加管束,毋许再行出外,道光帝从之⑤。

这次暹罗使团离京南下途中,还发生了伴送委员家人私买幼孩事件。事因安徽巡抚陶澍参奏:"暹罗国使入安徽境时,携有幼稚子女,询系前途所买奴婢,当饬将子女八名截留核办。至委员王文苑由舒城回伊原籍太平县省亲,未入桐城地界。"道光帝闻奏,下谕详查讯究⑥。后经查明,幼孩系伴送委员百顺、王文苑、文泰之家人私买。阮元、陈中孚奏请照乾隆年间委护军参领经文等照料哈萨克来使,在途买带子女,奉旨革职之案,将百顺等

---

① 《清宣宗实录》卷四七,道光二年十二月壬戌,第33册,第836页;中国第一历史档案馆编:《嘉庆道光两朝上谕档》第27册,第2321条,第696页。
② 《清宣宗实录》卷四九,道光三年二月丙午,第33册,第867页。
③ 台湾"中央研究院"历史语言研究所编:《明清史料》庚编,第六本,第573页。
④ 中国第一历史档案馆编:《嘉庆道光两朝上谕档》第28册,第106条,第31页;《清宣宗实录》卷四八,道光三年正月甲午,第33册,第861—862页。
⑤ 《清宣宗实录》卷四八,道光三年正月甲午,卷五四,道光三年七月戊寅,第33册,第861—862、972页。
⑥ 中国第一历史档案馆编:《嘉庆道光两朝上谕档》第28册,第416条,第119页;《清宣宗实录》卷五〇,道光三年三月己亥,第33册,第903—904页。

革职,道光帝下谕:"所带幼孩,讯明实系家人等私买,该委员等失于查禁,究与自行买带者有间,尚可量从末减,百顺、王文苑、文泰俱著加恩改为降五级调用。"①

(二十二)道光三年朝贡(祝寿)

道光三年(1823)四月二十六日,先前留粤的赍进万寿贡使臣白沾暖梭藩哪挖腊车突等,由肇庆府知府屠英、广州府永宁通判袁逊、升署碣石镇左营游击李耀扬伴送,自广州起程赴京。这次暹罗进京使团共21名,包括正使白沾暖梭藩哪挖腊车突,副使唧窝梭挖哩叻啬呵不突,正通事林恒中,副通事钟良新,汉书记林大森,番书记乃坤,番吹手5名:乃政、乃学、乃里、乃成、乃青,汉、番跟役10名:乃荣、乃河、乃八、乃松、乃江、乃甸、乃进、乃岐、乃恒、乃长②。

七月二十八日,暹罗使团到京。八月初三日,正使白沾暖梭藩哪挖腊车突、副使唧窝梭挖哩叻啬呵不突2人,于神武门外瞻觐③。初十日,道光帝寿辰,在正大光明殿接受暹罗使臣等庆贺。九月初一日,使团离京南下,十二月二十日回抵广州,仍住怀远驿馆,照例筵宴④。

是年七月,暹罗国派来正、副船只接载贡使回国,不料贡船行至广东新安县洋面遭风,正贡船飘撞击碎,漂失公文、货物,并沉溺舵水、客民多名,副贡船于八月二十二日到达广州。经粤督阮元等逐一查讯,将水梢黄栋等安顿驿馆,妥为抚恤,其籍隶本省难民,即饬令各回原籍⑤。道光四年(1824)正月二十一日,例贡使臣与万寿贡使等一起乘坐副贡船开行回国⑥。

(二十三)道光五年朝贡(例贡、请封)

1824年7月,拉玛二世卒,其长子帕难高昭(Pra Nang Klao)继位,是

① 中国第一历史档案馆编:《嘉庆道光两朝上谕档》第28册,第1136条,第332—333页;《清宣宗实录》卷五八,道光三年九月丙寅,第33册,第1017页。
② 台湾"中央研究院"历史语言研究所编:《明清史料》庚编,第六本,第570—571页。
③ 《清宣宗实录》卷五六,道光三年八月己亥,第33册,第996页。
④ 台湾"中央研究院"历史语言研究所编:《明清史料》庚编,第六本,第573页。
⑤ 《清宣宗实录》卷六〇,道光三年十月戊申,第33册,第1048—1049页;中国第一历史档案馆编:《嘉庆道光两朝上谕档》28册,第1343条,第386—387页。
⑥ 台湾"中央研究院"历史语言研究所编:《明清史料》庚编,第六本,第573页。

为拉玛三世(1824—1851年在位,中国档案文献中称郑福)。道光五年(1825)十月,两广总督阮元、广东巡抚成格奏报,暹罗国世子郑福应行承袭,现在权理国政,因值例贡之期,虔备方物,遣使入贡,并请敕封,不料贡船在洋遭风击碎,贡品方物尽行沉失,水手人等淹毙多名,惟贡使与通事、跟役人等抵达广州,其中二贡使染患疟疾①。据贡使带来的表文称:

> 嗣臣暹罗国王世子郑福诚惶诚恐,稽首顿首百拜谨奏大皇帝陛下万岁万岁万万岁:伏以帝德高悬,四海梯航作贡;皇恩广被,九州屏翰来朝。大哉乃圣乃神,真是允文允武。臣父僻处海隅,罔知文教,然自受圣主敕封,继位一十五年,得以时沾风化,去岁更蒙恩宠,远颁宸翰,臣父不胜瞻仰荣幸之至。第不幸于去岁四月内,忽染沉疴,服药罔效,乃命散领诸臣亲诣天朝御前,恭行大礼,叩谢圣恩,传授敕封宝瑞,嗣臣权受国政,殆原六月二十二日申时,疾重而薨。臣呼天哀泣,不忍深恩,谨奉圣诏,依例丧服二十七月而除,只得遵父遗命,权理事务。咸赖天朝洪福,国泰民安,未经奏明,不敢擅行。伏祈圣主敕封,嗣臣受父原职,保守边疆。恭逢例贡之期,谨遵原例,虔备金叶表文、方物,特遣使臣呸雅梭挖里巡段呵排腊车突、郎窝们孙厘霞握不突、郎勃赤挪呸汶知突、坤匹勃哇查办事、通事钟良新等航海来粤,赴阙入贡,珍抒丹恒之诚,谨表藩封之志。仰恳诰封下锡,俾藉保守偏隅,敕命旋颁,永得上承先绪……谨拜表以闻。②

从该表文内容看,郑福首先向清帝报告郑佛病卒及其继位事,然后提出派使呈进例贡和请求敕封的要求。此外,暹罗贡使还带来该国大库呸雅打侃致两广总督和广东巡抚的禀文,禀文主要内容与郑福表文内容相似:"暹罗国大库呸雅打侃叩禀大人爵前,为禀请转奏进京贡献方物,并求封典承统事。缘敝国王身受圣主恩封为暹罗国王,在位一十五年,守土安民,不幸于去岁四月内忽染沉疴,服药罔效,即召敝国臣子恭诣万寿宫御前,恭行大礼,叩谢天朝恩封,恭迎敕封宝瑞,传授于王世子郑福,权理国政,迨原六月二十二日申时,疾重而薨。谨遵前王遗命,扶立王世子就位,权理国政。凡

---

① 台湾"中央研究院"历史语言研究所编:《明清史料》庚编,第六本,第577页。
② 军机处录副奏折:《暹罗国五世子郑福为恭进例贡事致大清国表文》(道光五年),档号:03－2819－013。

有颁行事务,未经奏明圣主,不敢擅行。兹逢例贡之期,谨遵前王原例,虔备金叶表文,特遣使臣呸雅梭挖里巡段呵排腊车突、通事钟良新等,航海来粤,赴阙入贡,并求圣主敕封王世子郑福为暹罗国王。俾敝国子承父业,世作屏藩,永沐怀柔至意。伏恳转奏,上达宸听。非独王世子永荷大宪鸿慈,即大库等亦感德无已矣。为此切赴督、抚两宪大人爵前,作主施行。"①

十一月初九日,道光帝接到阮元等奏报,下谕曰:"该使臣等万里航海,幸获生全,朕念其远道申虔,即与诣阙赍呈无异,自应优加抚恤。除该督等业经照例犒赏,并丰给饮食、制备衣服、医药调理外,该使臣等即令其在该省休息调养,毋庸远道来京。应领诰敕,著该衙门照例撰拟,俟颁发到粤,该督抚等即交该使臣赍捧回国。其沉失贡物,免其另行备进。现在捞获桅木等件,并著变价发给该使臣收领。"②十六日,礼部奏问,暹罗贡使在洋遭风,应否照例颁给赏件。道光帝下谕:"照例颁赏。"广东地方政府将贡使人等安顿驿馆,其贡物除漂失外尚有捞获豆蔻等件,解省转给贡使等收领,另捞获桅木等件,亦从优估变银 2000 圆给贡使收领③。

由此,道光五年(1825)暹罗呈进例贡并请封,因贡船在洋遭风,贡物大多沉溺,道光帝下谕贡使不必入京。六年二月二十六日,贡使带着颁给暹罗国王诰命一道、敕书一道,以及赏赐国王、王妃、贡使、员役缎匹等项 10 箱,雇请海丰县金宝源商船开行回国④。是为清朝第四次敕封暹罗国王。

(二十四)道光七年朝贡(谢恩)

道光七年(1827)七月初三日,两广总督李鸿宾等奏,暹罗国王郑福因受敕封,遣使呈进表贡谢恩。二十四日,道光帝闻奏,下令李鸿宾等即委员伴送该使臣等按程前来,于年底封印前到京,所有贡船随带货物,准其照例免税⑤。

---

① 军机处录副奏折:《暹罗国大库呸雅打侃禀为请进京贡献方物并求封典承统事》(道光五年),档号:03-2819-039。
② 中国第一历史档案馆编:《嘉庆道光两朝上谕档》第 30 册,第 1310 条,第 373—374 页;《清宣宗实录》卷九一,道光五年十一月壬辰,第 34 册,第 465—466 页。
③ 台湾"中央研究院"历史语言研究所编:《明清史料》庚编,第六本,第 575—576 页。
④ 台湾"中央研究院"历史语言研究所编:《明清史料》庚编,第六本,第 577 页。
⑤ 中国第一历史档案馆编:《嘉庆道光两朝上谕档》第 32 册,第 797 条,第 217 页;《清宣宗实录》卷一二二,道光七年七月丁卯,第 34 册,第 1048 页。

　　八月十三日,李鸿宾等接奉道光帝谕旨,即安排护送暹罗使团起程赴京。九月初六日,贡使一行由署高州府事韶州府知府金兰原、佛冈同知徐香祖、陆路提标前营游击宋吉贤伴送,自广州起程。使团成员共 21 名,包括正使呸雅沾煖舒攀哪叭腊车突,副使郎孙控厘汝知握呸突,通事钟良新、林恒中,汉书记谭田,番书记乃波,番吹手 5 名:乃铺、乃力、乃应、乃客、乃敬,汉、番跟役 10 名:亚二、周容、钟升、乃壮、乃车、乃顺、乃马、乃嫩、乃暖、乃苏。其贡船因坏烂不能驾驶回国,经题明所有贡船商梢暂在省河住泊,俟下年贡使京旋再议回帆①。

　　十二月十六日,暹罗使团抵京。使团呈进的谢恩礼物包括:龙涎香 1 斤 8 两,沉香 3 斤,冰片 1 斤 8 两,犀角 9 个,白檀香 150 斤,孔雀翎 20 屏,翠毛 900 张,象牙 18 枝重 450 斤②。十八日,贡使呸雅沾煖舒攀哪叭腊车突、郎孙控厘汝知握呸突 2 人,于西华门外瞻觐③。三十日,道光帝在保和殿筵宴朝正外藩,令暹罗正、副使入宴。八年(1828)正月,又在紫光阁赐宴。礼部初定二月初二日暹罗使团起程南下,嗣因清廷平定张格尔叛乱,贡使等候颁发敕谕,遂定于初九日自京起程。因贡使叩贺擒获张格尔,道光帝特令加赏暹罗国王蟒缎、锦、闪缎、漳绒各 2 匹④。五月初九日,贡使回抵广州,仍住怀远驿馆,照例筵宴。时贡船已修整完好,遂听候风汛,于十二月十九日扬帆回国⑤。

(二十五)道光九年朝贡(补进例贡、庆贺)

　　据越南史籍记载,道光八年(1828)暹罗曾遣使"如清修贡",不料正使船遭风搁浅于平顺洋分,副使船亦于河仙洋分沉破。越南国王闻报,令地方官优加款给,并令送正使至河仙与副使会,然后"以官船护送之还"⑥。

　　① 内阁题本:《两广总督李鸿宾为暹罗国遣使进贡谢恩事》(道光七年九月二十二日),档号:02−01−02−2819−009;台湾"中央研究院"历史语言研究所编:《明清史料》庚编,第六本,第 579—581 页。

　　② 内阁题本:《两广总督李鸿宾为暹罗国遣使进贡谢恩事》(道光七年九月二十二日),档号:02−01−02−2819−009;(光绪)《大清会典事例》卷五〇四《礼部·朝贡·贡物二》,《续修四库全书》第 806 册,第 62 页。

　　③ 《清宣宗实录》卷一三一,道光七年十二月己丑,第 34 册,第 1180 页。

　　④ 中国第一历史档案馆编:《嘉庆道光两朝上谕档》第 33 册,第 70 条,第 20 页。

　　⑤ 台湾"中央研究院"历史语言研究所编:《明清史料》庚编,第六本,第 579—581 页。

　　⑥ [越]张登桂等纂修:《大南实录》正编第二纪,卷五五,第 4—5 页。

至九年(1829)八月,两广总督李鸿宾、广东巡抚卢坤奏,暹罗国王上年届当例贡之期,遣使入贡,因船只在洋遭风,贡品沉失,兹复备表文、方物,遣使补贡,并因回疆底定,具表叩贺。道光帝闻奏,下谕准令应修贡船先行回国修整,其压舱货物照例免税,该贡使即令按程行走,如年内不能到京,迟至明年正月亦无不可①。

十二月,暹罗使团抵京。二十三日,正使呸雅唆滑里巡段呵叭腊车突、副使郎窝们孙哗霞呵勃突、郎勃车哪吡们车突、坤备呱 4 人,于西苑门外瞻觐②。三十日,道光帝在保和殿筵宴朝正外藩,令暹罗使臣入宴。十年(1830)正月,又在紫光阁赐宴。这次使团归国途中,副使郎窝们孙哗霞呵勃突病卒于安徽,照例赐银 300 两③。

(二十六)道光十年朝贡(祝寿)

道光十年(1830)七月,两广总督李鸿宾、广东巡抚卢坤奏,暹罗国王因明年皇帝五旬万寿,遣使预期入贡,现已行抵粤东。道光帝闻奏,谕令贡使于年底封印前到京,俟新年元正朝贺时随班庆祝④。

这次暹罗朝贡,进京使团共 24 名,包括正使拍针伦素攀那密,副使銮素越俚迈知,通事 2 名,汉书记 1 名,番书记 1 名,番吹手 5 名,汉、番跟役 13 名⑤。十二月,使团到京。十九日,正使拍针伦素攀那密、副使銮素越俚迈知 2 人于神武门外瞻觐⑥。三十日,道光帝在保和殿筵宴朝正外藩,令暹罗使臣入宴。十一年(1831)正月,又在紫光阁赐宴。

(二十七)道光十一年朝贡(例贡)

道光十一年(1831)七月,暹罗国王遣使呈进例贡,并谢去年京旋副贡

---

① 中国第一历史档案馆编:《嘉庆道光两朝上谕档》第 34 册,第 1029 条,第 309 页;《清宣宗实录》卷一五九,道光九年八月己巳,第 35 册,第 451—452 页;台湾"中央研究院"历史语言研究所编:《明清史料》庚编,第六本,第 582 页。

② 《清宣宗实录》卷一六三,道光九年十二月癸未,第 35 册,第 535 页;中国第一历史档案馆编:《嘉庆道光两朝上谕档》第 34 册,第 1747 条,第 493 页。

③ (光绪)《大清会典事例》卷五一三《礼部·朝贡·赗恤》,《续修四库全书》第 806 册,第 161 页。

④ 中国第一历史档案馆编:《嘉庆道光两朝上谕档》第 35 册,第 977 条,第 260—261 页。

⑤ 中国第一历史档案馆编:《嘉庆道光两朝上谕档》第 35 册,第 1747 条,第 499—500 页。

⑥ 《清宣宗实录》卷一八二,道光十年十二月癸卯,第 35 册,第 868 页。

使在途病故,蒙赏银 300 两,又因署台湾澎湖通判乌竹芳眷属遭风飘至暹罗,恤给资粮,附载贡船来粤。这里的附载遭风难民回国,据暹罗国大库呸雅打侃禀称,系"上年十二月,该国六坤(即洛坤)洋面捞救遭风厦门船一只,询系福建署台湾澎湖通判乌竹芳眷属,报经该国王,谕令迎接资赡,兹值例贡之便,附载送回粤省"①。八月,道光帝接到广东巡抚朱桂桢奏报,下谕粤督李鸿宾与巡抚朱桂桢即派妥员伴送使臣起程,务于封印以前到京。又因该国王将内地官员遭风眷属拯救资赡,附载到粤,赏赐该国王蟒缎、闪缎、锦缎各 2 匹,彩缎、素缎各 4 匹,以示嘉奖;其大库呸雅打侃亦令该督抚优加赏赉,俟贡使回国时带往②。可见,这次暹罗朝贡,主要任务是呈进例贡,附带对上年赏赐病故副使恤银表示感谢,并将遭风飘往暹罗的台湾难民附载回国。

这次暹罗朝贡,使团未能于十二月二十日前抵京。道光帝因令军机大臣传谕闽浙、两广、云贵各总督:"嗣后如遇外藩遣使进贡,入关后即饬该使臣赶紧启程,并饬伴送官沿途照料妥速行走,务于十二月二十日以前到京,以符定制,毋稍迟误。"③十二月三十日,道光帝在保和殿筵宴朝正外藩,令暹罗正使呸雅唆滑里巡段呵叭腊车突,副使郎窝们孙哗霞呵勃突、郎勃车哪吡们卑突、坤备呱查办事等入宴。十二年(1832)正月,又在紫光阁赐宴。四月二十日,贡使京旋回抵广州。李鸿宾等将赏给暹罗大库呸雅打侃的粤绸、粤缎各 4 匹,直纱、葛纱各 2 匹,交贡使赉回呈交国王颁给④。

(二十八)道光十四年朝贡(例贡、谢恩)

道光十四年(1834)八月,两广总督卢坤、广东巡抚祁𡎴奏,暹罗国本年届当例贡之期,该国王郑福如期遣使,赍表文、方物入贡,并谢上次赏赐之恩,现在贡使已到粤东。道光帝闻奏,令卢坤等即派妥员伴送使臣,于本年

---

① 中国第一历史档案馆编:《嘉庆道光两朝上谕档》第 36 册,第 1034 条,第 364 页;《清宣宗实录》卷一九五,道光十一年八月辛丑,第 35 册,第 1073—1074 页。

② 《清宣宗实录》卷一九五,道光十一年八月己亥、辛丑,第 35 册,第 1072—1073、1073—1074 页;中国第一历史档案馆编:《嘉庆道光两朝上谕档》第 36 册,第 1026 条,第 361—362 页。

③ 中国第一历史档案馆编:《嘉庆道光两朝上谕档》第 36 册,第 1733 条,第 579 页;《清宣宗实录》卷二〇三,道光十一年十二月乙巳,第 35 册,第 1196 页。

④ 台湾"中央研究院"历史语言研究所编:《明清史料》庚编,第六本,第 582 页。

封印前到京,其带来压舱货物照例免税,贡船亦准先行回国修整①。

九月初十日,暹罗使团由高州府知府王贻桂、连山绥瑶同知李云栋、南韶连镇中军游击拴住伴送,自粤起程赴京②。十二月,使团抵京。二十三日,正使呸雅唆滑里巡段呵叭腊车突,副使郎窝们孙哘霞呵勃突、郎勃车哪呲们卑突、坤备呱查办事4人,于西苑门外瞻觐③。三十日,道光帝在保和殿筵宴朝正外藩,令暹罗正、副使入宴。十五年(1835)正月,又在紫光阁赐宴,赏赍如例。

(二十九)道光十七年朝贡(例贡)

道光十七年(1837)七月,两广总督邓廷桢等奏,暹罗国遣使入贡,贡船已经到粤。道光帝闻奏,命邓廷桢等派委妥员伴送使臣,于年底封印前到京④。

十二月,暹罗使团抵京。二十三日,正使呸嗹萨滑俚巡段呵备哪车突,副使郎窝湾萨俚吓哈勃突、郎勃车哪备们叽突,管备你呱喳办事4人,于西苑门外瞻觐,道光帝在勤政殿赐宴⑤。三十日,又在保和殿筵宴朝正外藩,令暹罗正、副使入宴。十八年(1838)正月,又在紫光阁赐宴。二十二日,因自粤伴送暹罗贡使来京之副将达里保升任宜昌镇总兵,道光帝下谕,贡使回粤时,令各直省督抚沿途遴委武职大员接递护送⑥。

(三十)道光二十三年朝贡(例贡、祝寿、补进例贡)

道光十九年(1839)三月,道光帝谕内阁:“向来越南国二年一贡,四年遣使来朝一次,合两贡并进,琉球国间岁一贡,暹罗国三年一贡,在各国抒诚效顺,不敢告劳。惟念远道驰驱,载途风雪,而为期较促,贡献频仍,殊不

---

① 中国第一历史档案馆编:《嘉庆道光两朝上谕档》第39册,第901条,第284页;《清宣宗实录》卷二五五,道光十四年八月甲午,第36册,第880页。

② 台湾“中央研究院”历史语言研究所编:《明清史料》庚编,第六本,第583页。

③ 《清宣宗实录》卷二六一,道光十四年十二月癸丑,第36册,第990页;中国第一历史档案馆编:《嘉庆道光两朝上谕档》第39册,第1569条,第504页。

④ 《清宣宗实录》卷二九九,道光十七年七月癸卯,第37册,第652页;台湾“中央研究院”历史语言研究所编:《明清史料》庚编,第六本,第584页。

⑤ 《清宣宗实录》卷三〇四,道光十七年十二月丙寅,第37册,第749—750页。

⑥ 中国第一历史档案馆编:《嘉庆道光两朝上谕档》第43册,第66条,第20页。

足以昭体恤。嗣后越南、琉球、暹罗均著改为四年遣使朝贡一次,用示朕绥怀藩服之至意。"①是为将暹罗贡期由三年一次改为四年一次。然而,暹罗国王并未接到改定贡期公文,仍照旧例于道光二十三年(1843)遣使呈进例贡及二十一年万寿贡,并补进二十年例贡。也就是说,这次暹罗使团负有三重任务:一是进道光二十三年例贡,二是进道光二十一年万寿贡,三是补进道光二十年例贡。七月,道光帝接到两广总督祁𡎴、广东巡抚程矞采奏报,下谕曰:"所有此次贡物,准其于本年呈进,该督等即照例委员伴送该使臣起程,令于年底到京。该国正、副二贡船,准其先行回国。仍著该督等俟此次该国贡船回帆时,即将前项礼部公文,交给领赍回国投递。嗣后著遵前旨,四年遣使朝贡一次,用示怀柔。"②

十二月,暹罗使团抵京。二十七日,道光帝下谕:此次暹罗国呈进皇后方物,令留抵下次正贡③。二十八日,正使披耶唆乞哩巡段哑派拿车突,副使郎窝文孙你哈阿勃突、郎勃车拿备们俾突、坤备立哌渣办事4人于午门外瞻觐④。二十四年(1844)正月,道光帝在紫光阁赐暹罗使臣等宴。

这次暹罗朝贡,贡使还取得接贡船免输关税的优惠政策。先是琉球国进贡回国时,接贡船一只随带货物由闽海关奏明免税,暹罗向无此例。道光二十四年正月,暹罗贡使递禀,内称"该国王面谕该使臣等,恳求接贡之年免输关税"。道光帝闻奏,令粤督祁𡎴、巡抚程矞采与粤海关监督文丰等酌核具奏⑤。四月,道光帝谕准程矞采所奏,"准其仿照琉球成案,嗣后暹罗国接载贡使京旋之正贡船一只,随带货物免其纳税。其余副贡船只,或此外另有货船,仍著照例收纳,以昭限制"⑥。

---

①　中国第一历史档案馆编:《嘉庆道光两朝上谕档》第44册,第423条,第120页;《清宣宗实录》卷三二〇,道光十九年三月庚申,第37册,第1019页。

②　中国第一历史档案馆编:《嘉庆道光两朝上谕档》第48册,第1266条,第409页;《清宣宗实录》卷三九五,道光二十三年闰七月戊戌,第38册,第1093页。

③　中国第一历史档案馆编:《嘉庆道光两朝上谕档》第48册,第1987条,第650页。

④　《清宣宗实录》卷四〇〇,道光二十三年十二月丙寅,第38册,第1166页;中国第一历史档案馆编:《嘉庆道光两朝上谕档》第48册,第1996条,第652页。

⑤　中国第一历史档案馆编:《嘉庆道光两朝上谕档》第49册,第64条,第20页;《清宣宗实录》卷四〇一,道光二十四年正月己丑,第39册,第9页。

⑥　中国第一历史档案馆编:《嘉庆道光两朝上谕档》第49册,第461条,第120页;《清宣宗实录》卷四〇四,道光二十四年四月己酉,第39册,第59页。

(三十一)道光二十七年朝贡(例贡)

道光二十六年(1846)正月,有暹罗国贡船到粤请贡,道光帝下谕,免其回国船税①。二十七年(1847),暹罗又遣使入贡,道光帝准令贡使入京。十二月,使团抵京。二十九日,正使披耶唉㖏哩巡段哑派拿车突,副使郎窝文孙㖏哈阿勃突、郎勃车拿备们俾突、坤备立哌渣办事 4 人,于午门外瞻觐②。三十日,道光帝在保和殿筵宴朝正外藩,令暹罗国使臣入宴。二十八年(1848)正月,又在紫光阁赐宴,赏赍如例。二十九日,道光帝下谕:伴送暹罗贡使官广东惠来营游击春荣现已升任湖北武昌城守营参将,令该员先护送贡使回粤,再由广东前赴新任③。

(三十二)咸丰元年朝贡(进香、庆贺、例贡)

道光三十年(1850),孝和睿皇后和道光帝先后病卒,所有遗诏均发往暹罗。咸丰元年(1851),拉玛三世卒,其子玛哈·蒙固(Maha Mongkut)即位,是为拉玛四世(1851—1868 年在位,清朝档案文献称郑明)。闰八月,两广总督徐广缙、广东巡抚叶名琛奏,暹罗嗣王郑明因先后奉到孝和睿皇后、宣宗成皇帝遗诏,遣使进香,又赍递表文、方物庆贺咸丰帝登极,并因例贡届期,将贡物一并呈进④。可见,这次暹罗朝贡使团负有三重任务:一为进香,二为庆贺咸丰帝登位,三为呈进例贡。另据贡使呈递的郑明表文称,其父郑福(拉玛三世)于 1851 年 1 月 7 日病重,4 月 3 日去世,此次来华呈进例贡之使臣为披耶唉挖里巡段哑派拿车突、郎窝汶孙尔哈阿勃突、郎勃车那备们俾突、坤备立呱槎办事,通事潘荣、邓成;进香和庆贺登极之使臣为拍沾乱俟板纳末、郎唉挖里迈治,正通事黄昭茂、副通事陈仁⑤。

此次暹罗使团访华任务之一是进香,因上年七月越南国王遣使进香,

---

① 《清宣宗实录》卷四二五,道光二十六年正月己卯,第 39 册,第 339 页。
② 《清宣宗实录》卷四五〇,道光二十七年十二月甲戌,第 39 册,第 683 页;中国第一历史档案馆编:《嘉庆道光两朝上谕档》第 52 册,第 1524 条,第 532 页。
③ 中国第一历史档案馆编:《嘉庆道光两朝上谕档》第 53 册,第 119 条,第 38 页。
④ 《清文宗实录》卷四二,咸丰元年闰八月丁未,第 40 册,第 579—580 页;中国第一历史档案馆:《咸丰同治两朝上谕档》第 1 册,广西师范大学出版社,1998 年,第 1038 条,第 319 页。
⑤ 军机处录副奏折,外交类,第 1442 号,郑明表文,转引自余定邦、陈树森:《中泰关系史》,第 154 页。

咸丰帝曾下谕免令贡使入京，贡物亦免呈进，所以咸丰帝同样下谕，令徐广缙等"即传知该国使臣毋庸来京，所有呈进仪物、方物，著该使臣赍回。至应进例贡，现当国制，二十七月之内不受朝贺，并停止筵宴，著俟该国嗣王恭请敕封时一并呈递"①。又颁发敕谕给暹王郑明曰："据两广总督徐广缙、广东巡抚叶名琛递到该嗣王进香表文，并庆贺等表文共五道，鉴王诚悃，增朕悲怀。惟嗣王素沐先朝柔远厚恩，兹谨遣使航海来庭，笃于恭顺，朕心深为嘉纳。第以外藩使臣向无带赴山陵叩谒之例，上年越南国王阮福时遣使进香，曾经敕谕以孝和睿皇后梓宫已于三月内奉移山陵，宣宗成皇帝梓宫亦择于九月内奉移墓陵，该使臣到京，已在奉移之后，不及恭荐，令该国王不必遣使远来，其庆贺登极方物，亦无庸呈递。今暹罗国嗣王遣使进香，更在期年以后，事同一例。朕怙冒万国，于海徼藩封并无歧视。所有该嗣王呈进仪物、方物，仍饬疆吏发交使臣赍回，以免跋涉。该嗣王其悉朕体恤至意，益矢棐忱，永承懋眷。钦哉！"②由此，这次暹罗使团虽然负有三重任务，但未获准入京，其赍来仪物、方物等，亦令使臣等带回。

需要补充的是，这次暹罗访华使团成员拍因蒙提时隔多年后撰写出《泰国最后一次入贡中国纪录书》，记录了暹罗此次及下文最后一次使团访华经过，为我们提供了泰方有关曼谷王朝遣使来华的珍贵泰文纪录。据该纪录书载，佛历2393年（1851），拉玛四世下令国防大臣披耶是素力也旺准备两艘铁板船，搭载贡使前往中国。一艘船名"威他也康"，由披耶吗哈奴博任船长，披耶初律（华商，原名亚乾，时为华民政务司）为司舵，船长之子乃壬（即拍因蒙提）负责处理财政和文牍；另一艘船名"沙炎披博"，由銮是耀哇吗博任船长，拍沙越哇嘱里（华商，原名亚法）为司舵，乃颂汶负责处理财政和文牍。派出使节分为两组：一组为"依向例呈递国书者"，以拍顺吞为正使，銮母旺沙尼哈为副使，坤披尼哇差为通事，另有监督1名、华人通事2名、音乐师10名，共17名（按：应为16名）；另一组为"吊唁前皇（指清宣宗）者"，以拍沙越顺吞为正使，銮勃差那披蒙为副使，另有监督1名，华人通事2名，音乐师10名，共15名。所贡之物，亦分二组，由两组使节分别携带。1851年7月，使团离开北榄港，越16天抵达广州虎门，后入广州

　　①　《清文宗实录》卷四二，咸丰元年闰八月丁未，第40册，第579—580页；中国第一历史档案馆编：《咸丰同治两朝上谕档》第1册，第1038条，第319页。
　　②　《清文宗实录》卷四四，咸丰元年九月甲戌，第40册，第607—608页。

使节馆。使团在广州城内受到友好接待,40天后两广总督向使者宣读上谕,称"因先皇新丧之际,方当哀期,本年免贡,使节可先返暹,明年再来贡,始受贡物"。使节听谕后,即返使节馆,又住30天后,由总督设宴送行,乘船返暹①。从该纪录书所载看,暹罗方面是将访华使团分为两组,分别承担不同任务。而清朝方面记载则将使团视为一个,担负三重任务。根据上文,纪录书中的拍顺吞、銮母旺沙尼哈、坤披尼哇差、銮勃差那披蒙,当分别为郑明表文中的披耶唆挖里巡段哑派拿车突、郎窝汶孙尔哈阿勃突、坤备立呱槎办事、郎勃车那备们俾突。

(三十三)咸丰三年朝贡(补进例贡、请封)

咸丰二年(1852)八月,两广总督徐广缙等奏,暹罗国王遣使补进例贡,并请敕封,现已行抵粤东。咸丰帝闻奏,下谕徐广缙"即派委妥员伴送,于本年封印前抵京。其该国大库所请将贡船先行回国修整,著照所请行。原贡船随带货物,并准照例免税"。这次暹罗朝贡,郑明还恳请敕封,咸丰帝并下谕礼部查照旧章撰拟敕书,"俟该使臣到京后,照例发给赍回"②。暹罗例贡,向有呈进皇后减半方物一份,这次因皇后虚位,礼部奏请留抵正贡。嗣因库存暹罗减半方物三份,与正贡一份之数相符,礼部又奏准将库存暹罗贡物作为此次正贡,此次例贡留抵下次正贡③。

十二月,暹罗使团由潮州知府刘浔、惠州知府苏学健、升补督标参将雷树勋伴送,到达北京,因有国服,不能入宴。咸丰三年(1853)正月初六日,正使披耶司豁哩巡段亚派拿车突,副使郎窝们孙你哈阿勃突、郎勃车那备们俾突、坤备立呱查办事坤勃车那备们4人,于午门外瞻觐④。二月初六日,颁赏暹罗国王御书匾额曰"弼服海隅",由礼部交使臣自行带回⑤。初十日,山东巡抚李僡参奏伴送贡使委员进京时"沿途需用车马人夫,较别项

---

① [泰]拍因蒙提:《泰国最后一次入贡中国纪录书》,[泰]陈棠花译,(曼谷)《中原月刊》1941年第1卷第1期。并参见附录二。

② 中国第一历史档案馆编:《咸丰同治两朝上谕档》第2册,第949条,第310页;《清文宗实录》卷六九,咸丰二年八月丁酉,第40册,第911页。

③ (光绪)《大清会典事例》卷五〇四《礼部·朝贡·贡物二》,《续修四库全书》第806册,第65页。

④ 《清文宗实录》卷八一,咸丰三年正月辛亥,第41册,第6页;中国第一历史档案馆编:《咸丰同治两朝上谕档》第3册,第20条,第10页。

⑤ 《清文宗实录》卷八五,咸丰三年二月甲午,第41册,第112页。

差使多至数倍",咸丰帝下谕将刘浔、苏学健、雷树勋交部严加议处①。

这次暹罗朝贡,贡使等返粤路经河南时,遭遇"盗匪"抢掠。据河南巡抚陆应谷奏报,五月初九日(6月15日),暹罗使团行抵河南商丘县石榴堌驿附近,被抢去衣箱 86 个,朝服 4 件,金丝缎 60 匹,玉器、古玩 4 箱,装赏赐品木箱 12 个,还有人参、鹿茸、金盔甲、朝珠、金手镯、金案御书匾额、敕书、兵牌、勘合等物。通事胡鸿准不知下落,贡使披耶司豁哩巡段亚派拿车突手脚受伤,跟役潘五、亚烈亦受伤②。咸丰帝闻奏,立即下谕将贡使一行改道护送回粤,所有赏赐各物及御书匾额、敕书,令补行颁给。又以护送委员与地方官难辞其咎,令查明分别参奏③。

关于咸丰三年(1853)暹罗朝贡,泰方史料亦有详细记录。据使团成员拍因蒙提所撰《泰国最后一次入贡中国纪录书》记载,佛历 2394 年(1852),拉玛四世又令预备两艘铁板船,一名"威他也康"号,以披耶吗哈奴博为船长,披耶初律(华民政务司亚乾)为司舵,乃纳管理财政文牍;一名"叻差铃沙力"号,以銮乃实为船长,拍沙越(华商亚法)为司舵,乃颂汶管理财政文牍。又命拍沙越顺吞为正使,銮母旺(原名乃壬)为副使,乃裕为第二副使,坡披尼哇差为通事,乃缴为监督,另有华人通事 2 名、音乐师 10 名,一行共 17 人。使团于 7 月离开北榄港,航行 18 天至虎门,随入广州使节馆。使团在广州停留一个多月,经皇帝批准后北上。在北京,使节先后在"五天门"(按:当即午门)、"史公阁"(按:当即紫光阁)、"御苑"(按:当即圆明园)受到接见或赐宴,并得以参观皇宫、御苑、寺庙及各街市商坊。使团居于北京两个月零 23 天,方领取答贡礼物离京南下。答贡礼物包括:赐国王良绸 100 匹、中等绸 100 匹,赐王妃锦缎 20 匹、色绸 30 匹,共 250 匹;赐正使良绸 50 匹、色绸 20 匹、蓝布 20 匹,副使良绸 40 匹、色绸 20 匹、蓝布 20 匹,办事良绸 30 匹、色绸 20 匹、蓝布 20 匹,监督及华籍大、小通事三人,各良绸 5 匹、

---

① 中国第一历史档案馆编:《咸丰同治两朝上谕档》第 3 册,第 179 条,第 53 页;《清文宗实录》卷八四,咸丰三年二月乙酉,第 41 册,第 92 页。

② 《奏暹罗国贡使行抵商丘县被抢情形》(咸丰三年六月二十九日),载台北"故宫博物院"编:《宫中档咸丰朝奏折》(复制本)第 9 辑,台北"故宫博物院"藏,未刊,第 249 页;军机处录副奏折,外交类,第 1241—2 号,咸丰三年七月初六日陆应谷奏折,转引自余定邦、陈树森:《中泰关系史》,第 181 页。

③ (光绪)《大清会典事例》卷五〇九《礼部·朝贡·赐予四》,《续修四库全书》第 806 册,第 118 页;《清文宗实录》卷一〇〇,咸丰三年七月戊午,第 41 册,第 464 页。

色绸 10 匹、蓝布 10 匹,其他仆役、音乐师 10 人,各色绸 10 匹、蓝布 10 匹。

　　该纪录书还详细记载了使团离京南下路过河南时遭遇抢劫的经过:"使节行月余,乃悉当前途道,匪军(按:当指林凤翔、李开芳率领的太平天国北伐军)甚盛,到处掠劫小城廓或商贾,而至商旅裹足,偕使节行之官员悉当前途道多匪,兀然而惊,遂不偕使节至 Num Pok Chow 而先自逃逸,中途使节被弃。"使团辗转行至 Siksilvku 地方,居于公馆,"八时,使节等在公馆早餐,即有匪徒约五百名,各携刀枪戟矛等至,或步行或骑马,蜂拥狂呼而来,将公馆围住,即将门撞开,砍杀使节所雇之人,或死或伤,或越墙而逃,使节等不能与抗,因人数过少,乃相率逃走,匪见使节等不予拒抗,亦不加害,惟将车物尽掠去,北京朝廷所答国书亦丧失,公馆中尚未搬上车之零星物,亦被掠一空。中午,事已平息,使节等即返公馆,则见物已全失,寸布不留,使节各仅剩身上衣服,及咸丰帝所赐之玉指环,套于指上人各一个,已无被褥,帽亦无之,旋正使点查人员,则第二副使、办事、通事均失踪"。遣使偕众人慌乱中逃至 Veng Sing,遭劫时逃入"山中荒寺藏匿"的第二副使及办事亦赶来会合,至此"十六人已齐,仅缺大通事一人"。Veng Sing 地方官立即上报,一个多月后,总督和巡抚来文称,已将贡使遭劫事行文北京。又过一个半月,总督派人送来银 500 两,Veng Sing 太守亦向商人募捐 200 两以赠。使团住居 Veng Sing 三月有余,咸丰帝下令督抚派军官 1 人带兵 50 名护送使团继续南下。使团回到广东后,清廷补颁的国书及赏赐各物也运至广州,"总督以朝廷国书亲授使节,及称君受劫掠殊可悯,兹赠五百两以分赠各位也。即令将答贡礼物交点,使节即收纳"。经遣使查点,"各国礼之物及赐各使节之物,均符前北京所赐之数,惟使节所得则较前为少,殊亏本也,仅得绸如咸丰皇帝所赐之数而已"①。从上述中泰双方对此次暹罗使团访华的记载来看,双方的记述基本相同。泰方纪录书中的拍沙越顺吞、銮母旺、乃裕、坡披尼哇差,当即清朝档案文献中的披耶司豁哩巡段亚派拿车突、郎窝们孙你哈阿勃突、郎勃车那备们俾突、坤备立呲查办事坤勃车那备们,纪录书中所载地名 Siksilvku 和 Veng Sing,当即河南省的石榴堌驿和永城。

---

　　① 〔泰〕拍因蒙提:《泰国最后一次入贡中国纪录书》,陈棠花译,(曼谷)《中原月刊》1941 年第 1 卷第 1 期。并参见附录二。

自咸丰三年(1853)贡使回国后,曼谷王朝再未向清朝派出朝贡使节。查自乾隆四十九年(1784)曼谷王朝初次遣使到咸丰三年最后一次入贡,共朝贡 35 次,其中嘉庆五年(1800)、道光元年(1821)、咸丰元年(1851)三次进香均未获准进京,嘉庆十八年因贡船失火及贡使在粤生病准其不必入京,道光五年因贡船遭风表文贡物尽行沉失准其不必入京,另嘉庆二十年、二十四年均有两次朝贡使团。曼谷王朝朝贡清朝之频繁可见一斑。

三、清朝调解暹缅冲突及戞于腊问题

曼谷王朝建立后,暹罗与缅甸的冲突仍然持续不断。对这一时期暹缅两国间的冲突,清朝一直保持中立态度,并曾积极进行调解。然而,暹缅冲突一度影响到中国云南边境。特别是嘉庆中期至道光初年,缅甸与暹罗戞于腊(又称戞于蜡)部落在云南边外构衅,滋扰影响车里边境 20 余年。

早在乾隆四十九年(1784)曼谷王朝第一次遣使朝贡时,暹罗就提出在广州置办铜甲 2000 领回国防御缅甸的请求,清朝方面以"天朝功令森严,铜斤例禁出洋"拒绝之。乾隆五十三年,缅甸于清缅战争(1765—1769)结束后首次遣使朝贡,乾隆帝于九月在热河避暑山庄接见缅甸贡使。在给缅王孟陨的敕谕中,乾隆帝提出"永戢兵端,修和邻好,俾尔人庶,咸遂乐生"的要求[1],同时还谕礼部曰:"暹罗、缅甸两国向来构兵不睦,暹罗业经受封,而缅甸现亦投诚内附,俱系属国。嗣后该二国应彼此修好,同受天朝恩眷,不得仍前构兵。除缅使回国时已行传知外,俟暹罗贡使到日一并传知,令其回国告知该国王敬谨遵照。"[2]不久,暹罗使团到京朝贡,在乾隆五十四年(1789)正月给暹罗国王郑华的敕谕中,乾隆帝同样强调:"尔国亦宜尽释前嫌,永消兵衅,彼此和好,以期息事宁人,同作藩封,共承恩眷。"是为乾隆帝以敕谕方式调解暹缅两国间的冲突。

乾隆五十五年(1790)九月,暹罗国王郑华咨称:"乾隆三十一年被乌肚构兵围城,国君被陷,其父郑昭得复旧基十仅五六,该国旧有之丹荖氏、麻叨、涂怀三城(今译墨吉、莫塔马、土瓦)现被占据,恳请谕令乌肚割回三

---

[1] 中国第一历史档案馆编:《乾隆朝上谕档》第 14 册,第 1242 条,第 533 页;《清高宗实录》卷一三一二,乾隆五十三年九月癸亥,第 25 册,第 697 页。

[2] 中国第一历史档案馆编:《乾隆朝上谕档》第 14 册,第 1701、1718 条,第 737、743 页。

城。"对于郑华的请求,乾隆帝令以两广总督和广东巡抚的名义给以照会进行驳斥,指出"从前缅甸与尔国称兵构衅,占夺三城,系已故缅酋懵驳,并非现在缅甸国王孟陨之事",且暹王郑华"以异姓抚有暹罗,并非诏氏之后,则所失三城原系诏氏旧疆,不得为国王故土,国王自得国以来,凡缅甸所占疆土拟称已复十之五六,更不应以从前诏氏失去无据之地向其争论",再上年乾隆帝已"谕令缅甸与尔国务须辑和邻好,息事罢兵。今尔国不能仰遵圣谕,复以非礼妄求,是转欲自起争端,挟嫌寻衅。况国王既以缅甸旧侵疆土恳请割还,若缅甸亦以尔国曾经占据该国地方复来呈诉,则两国纷争伊于何底?"因此,粤省督抚不能"以尔国非分之求上渎天听"。照会最后提出:"国王务当恪遵上年圣谕,释怨睦邻,各守疆宇,尔无我诈,我无尔虞,永承恩眷。"是为乾隆帝令边疆督抚以照会形式调解暹缅两国间的冲突。

乾隆帝的敕谕和粤省督抚的照会很难消除暹缅两国间由来已久的矛盾冲突。乾隆五十八年(1793)二月,云贵总督富纲奏,缅甸国王孟陨虔备表贡,遣使孟幹等到关,恳请赴京叩祝万寿,其咨文内称,"近因暹罗又来侵扰,拟亲自带兵前往堵御"。富纲称,已"谕知孟幹,以邻国总要彼此和好,少动兵戈,各安地界"。乾隆帝闻奏,下谕曰:"该国与暹罗争界兴兵,由来已久,事关外夷,只可置之不问也。"①是为清政府强调对暹缅两国间的冲突严守中立态度。然而,随着1803年暹罗重新占领清迈,清迈地区的夏于腊部落归附暹罗,暹缅冲突开始波及中国云南车里地区。

夏于腊者,"本系缅甸所属摆夷头目,驻扎整迈地方,后来叛投暹罗,屡与缅甸构衅"②。可见,夏于腊本属缅甸,驻扎于整迈(清迈),后来归附暹罗。嘉庆八年(1803),夏于腊掠地猛别、猛南,屯兵至打洛③。十年闰六月,云贵总督伯麟、云南巡抚永保奏,有缅人寄信给孟连土司刀派功,请其帮助扰攻暹罗。刀派功即携带印信并土练300名,前往边外猛养住宿。时猛养土人已投暹罗,约为内应,将刀派功杀害,其土练各自星散,印信遗失。嗣孟连土目齐集土练前往报仇,失败而回。暹罗人返追至孟连,将土司房屋烧毁而去。嘉庆帝闻奏,下谕曰:缅甸、暹罗彼此构衅,系外夷争杀之常,天朝不值过问;孟连土司刀派功私自携带土练、印信越境被害,系祸由自

---

① 《清高宗实录》卷一四二二,乾隆五十八年二月丙子,第27册,第32页。
② 故宫博物院编:《清代外交史料》(嘉庆朝)第4册,第1页。
③ 李拂一编译:《泐史》,国立云南大学西南文化研究所,1947年,第34页。

取,因其已死,故不加诘责;但印信系天朝颁给,不可遗失,应寻获缴回内地;另外谋害土司之人,应由缅甸查拿处理。伯麟、永保接到谕旨,即拟定文稿,发交署迤西道道史致光,令其率同顺宁府知府福桑阿札谕缅军头目。不久史致光接到缅军头目召布乌恳回信,信中称:孟连土司被害,失去印信,至今日久,无从找寻;缅人所派招致刀派功之领兵头目麻育蕴亦被暹罗戛于腊杀害,请清朝出兵,共杀戛于腊①。十一年正月,嘉庆帝闻奏,下谕曰:"外夷蛮触相争,与天朝全无干涉,总可不必过问。今缅甸头目以刀派功被戕为词,恳请内地兴兵前往,自应加以驳饬。"至于刀派功印信,只系土司印信,尚非关系紧要,如数月后不能寻献,即当据实奏明,"另行铸给"②。

　　二月,缅王派已革蛮暮土司孟干请求预期进贡,欲借进贡之名,求清朝出兵助攻暹罗,经伯麟理谕驳回。十二年(1807)四月,孟干又至耿马投递缅文书信,据译出缅文内称:"哟打蜡勾戛于蜡来杀孟连土司,将天朝给与印信、衣顶一并抢去;又九龙江召三,天朝赏他官做,骂猛勾结戛于蜡去杀召三。缅国如今要调兵去杀戛于蜡,请总督帮助兵将。"八月,伯麟以"外夷蛮触相争,天朝自不值过问",缮写照会,令迤西道丰绅转交孟干赍回,又照缮一封,令署永昌府知府嵩禄派人由大路送交新街土司转递缅王,照会中言:"查孟连土司刀派功系内地土司,如果无故被戛于蜡所杀,天朝早已明正戛于蜡之罪,岂有不严行查办之理? 原因暹罗与尔国争闹,刀派功私自带领兵练、印信出境,与戛于蜡寻衅,戛于蜡不知是内地土司,黑夜内猝被戕害。倘刀派功尚在,天朝尚当治其私行越境滋事之罪。今既被戛于蜡所杀,是其祸由自取。嗣据暹罗国王将印信查出,送入内地,并将戕害刀派功之人查明严办,具文请罪。是天朝所颁印信,既未敢留匿,而杀害刀派功之人,又经该国严办,实属恭顺。天朝断不能因一越境滋事有罪之土司兴兵问罪于暹罗。又缅文内称召三,遍查案卷,天朝并无赏与官做之召三,至骂猛更无从查其来历……总之,贵国与暹罗国臣服天朝,俱极恭顺,大皇帝恩同覆载,一视同仁,即或尔两国夙有仇怨,必欲动兵,天朝亦断无偏助一国之理。所有贵国请兵之事,天朝岂可准行? 设或将来戛于蜡势弱,前来请兵帮助,天朝又岂肯发兵帮助耶? 惟尔两国用兵之地,与九龙江宣慰司边

---

① 故宫博物院编:《清代外交史料》(嘉庆朝)第 1 册,第 43—44 页。
② 故宫博物院编:《清代外交史料》(嘉庆朝)第 2 册,第 2 页。

界相连,该土司本不敢偏助滋事,本部堂复严行饬谕,令其安分固守,防范边境,不许偏助一国,仍稽察所辖各猛,倘有被戞于腊引诱勾通者,立即严拿治罪,断不宽贷。贵国王亦应严饬带兵头目,毋得于内地九龙江所辖各板纳地方稍有侵犯。"①九月二十四日,嘉庆帝又谕军机大臣等:"天朝抚绥外藩,一视同仁,断无偏助之理。缅甸与暹罗同列藩服,彼此称兵构衅,蛮触相争,惟当置之不问。若此时允缅甸之请,遽为出兵援助,设暹罗亦复遣使敏关求救,彼时又将何以处之? 伯麟遵奉前旨,于该国王遣孟斡投文之时,即行明白晓谕,并将从前刀派功私带兵练出境,本属有罪之人,祸由自取,不能因一越境滋事之土司兴师问罪,其召三并非天朝曾赏官职之人,此时被戞于腊驱逐入山,无庸过问,所驳词严义正,甚为得体。"②显然,清朝对于暹缅冲突以及戞于腊问题持中立不干涉态度。

然而时隔数月,有缅军头目召布苏率兵数千人追逐戞于腊,进至九龙江车里土司界内橄榄坝屯扎。十二月,伯麟闻普洱镇总兵那麟泰、迤南道翁元圻禀报,立即下令该镇道札谕缅人:"尔国与戞于腊相争,与内地无涉。天朝一视同仁,断不偏助一国。尔等当迅速退出,毋得在内地边界任意逗遛,致干查究。"召布苏接到札谕,率兵陆续退出,但剩三四百人未去。伯麟下令那麟泰、翁元圻添派员弁前往谕遣,又派普洱游击王荣、署游击赵先贵、护同知孙埙带领兵练,于边界扼要地方分布驻扎,以资防范弹压。经王荣等谕遣,剩余缅兵全部撤出。二十六日,召布苏驰赴江内,商请清朝出兵共击戞于腊,王荣、孙埙等"将天朝断不偏助之处向其详细晓谕,令通事一一告知"。召布苏称"断不敢侵扰内地,亦不敢再行求助",复与代办宣慰司刀太康及各猛土目见面,约定嗣后两不偏助,毋相猜嫌,旋即归去③。

嘉庆中期,缅甸与戞于腊仍构衅不已。嘉庆十七年(1812)四月,有缅甸目练300余人,被戞于腊打败,逃入车里土司界内,很快又觅小路返回缅地。戞于腊随后追至,驻扎江干,向土司借粮借练,土司不允。戞于腊怀疑土司藏匿缅甸目练,即在彼驻扎,不肯撤退。伯麟和云南巡抚孙玉庭得报,立即饬令普洱镇总兵珠勒什、迤南道存柱前往思茅查明谕遣,又派游击王

---

① 故宫博物院编:《清代外交史料》(嘉庆朝)第2册,第5—7页。
② 《清仁宗实录》卷一八五,嘉庆十二年九月壬戌,第30册,第443页;中国第一历史档案馆编:《嘉庆道光两朝上谕档》第12册,第1000条,第449—450页。
③ 故宫博物院编:《清代外交史料》(嘉庆朝)第2册,第13—16页。

荣带领弁兵前往剿逐。戛于腊闻知,随即退去。九月,伯麟、孙玉庭上奏提出,戛于腊"如果系暹罗所属,则暹罗为天朝贡国,素积恭顺,谅无任令属夷扰及天朝土司地方之理",请以督抚之意,照会暹罗国王,"将戛于腊现在情形详细行知,向其询问,如果系其所属,即令其严饬该夷等,嗣后与缅甸攻击,不得擅入天朝土司地界,致多惊扰"。其所拟照会暹罗国王文稿云:"念贵国恭顺天朝,每屈(届)三年航海入贡,仰蒙大皇帝恩赉至优极渥,断无令所属戛于腊扰及天朝土司地方之理。或因相距路远,贵国王未能知此情形,抑或戛于腊假托归附贵国之名,以为恐吓缅甸之计,均未可定。为此照会贵国王,务即查明,戛于腊如系贵国所属,迅速饬令该头目等,嗣后与缅甸争战,毋许再有一人擅入车里土司边界,致滋惊扰。"[1]二十一日,嘉庆帝接到奏报,下谕曰:"外夷蛮触相争,天朝原不过问。若阑入内地,则无论何国之人,皆应立时驱逐出境。此次戛于腊追逐缅甸目练,辄驻扎车里慰司境上,经派兵慑以声威,旋即退去。此时自应严饬该土司等,于边界严密防守,如再有阑入内地者,立即查拿惩办。至戛于腊夷人既据车里土司禀报系暹罗所属,该督等拟檄询暹罗国王,其所拟照会文稿词严义正,即照缮转发,俟其覆到日,再行酌办可也。"[2]是为清政府由于戛于腊部落滋扰内地土司,行文暹罗要求暹罗查办戛于腊一案。

嘉庆二十年(1815)七月,暹罗国大库向两广总督蒋攸铦禀缴呈覆云贵总督查询戛于腊一案公文,文曰:"前年蒙仁宪缴寄公文一封,交敝国库。展读之后,方知查缉敝国人民。敝国王遵宪令查缉,众目中有出役之目哑弥呐,巡守敝国地方,防虞缅甸国相侵陵之事,有致错扰夏界地方,致宪台究问情词,申达皇仁,宽恕其罪,又蒙解释仇国和好等语,真中夏之至仁至德也。敝国王登时遣人拿哑弥呐,要究其罪,于今逃窜未回。库先行回复,以赴上年贡船带书文赴宪台前回复。逐后拿获,自应重究其罪。"[3]是为暹罗同意惩办戛于腊头目哑弥呐。

道光二年(1822)二月,有戛于腊头目召喇鲊布,同南掌目练来至车里边界,声称暹罗国王因闻前代办土司刀太康所送缅甸礼物,系将南掌送给之物转送,并有将南掌土地投附缅甸之事,欲与讲理。经普洱镇道查明,刀

---

①　故宫博物院编:《清代外交史料》(嘉庆朝)第 4 册,第 1—2 页。
②　中国第一历史档案馆编:《嘉庆道光两朝上谕档》第 17 册,第 1050 条,第 364 页。
③　故宫博物院编:《清代外交史料》(嘉庆朝)第 4 册,第 32 页。

太康并无将南掌送给礼物转送缅甸之事。但戛于腊仍欲与刀太康当面对质,并耸胁南掌目练进至漫满,经土司土练闻讯驱逐。戛于腊等进入缅境,与缅甸守边士兵遭遇。戛于腊等先攻击缅兵,却被缅兵击败,由僻径逃去。七月,普洱镇道向云贵总督禀报,刀太康巡查边境时,拿获南掌目练六人,搜出宣慰司印信缅文一张,"内系刀绳武招约南掌同害刀太康,并有欲攻缅属孟艮之语"。刀太康欲将南掌目练解送思茅审究,不料行至江边时,被孟艮缅人将南掌目练并印文劫去。孟艮缅目召布素得到印文,怀疑刀绳武真有联合南掌来攻之事,遂派目练至打洛,将刀绳武与土弁刀灿星诱出边界,前往孟艮地方,欲令其与南掌目练对质。云贵总督史致光、云南巡抚韩克均接到禀报,命缮具文稿,分别照会缅甸、南掌、暹罗各国王,令其知悉事情原委,速调目练回国,并送回刀绳武①。八月,道光帝接史致光等奏报,下谕曰:"边外夷人蛮触相争,系属常有之事,原可不必过问。此次戛于腊夷人造言生衅,并将车里土司刀绳武等诱往孟艮,自应令其速行送回。所拟照会缅甸、南掌、暹罗各该国王,令其知悉此事原委,速调目练回国,勿使再来土司边地,藉端滋事,俱著照所议行。"②

刀绳武被诱出边界后,被送至距孟艮数站之猛乃,缅人待以优遇。尽管云贵总督照会缅王,令将刀绳武速行送回,但久无消息。十月,云贵总督明山、云南巡抚韩克均奏言,缅目未送出刀绳武,应为该缅目转禀缅王,欲等缅王回示,此时无庸行催③。道光帝下谕:"孟艮相距阿瓦甚远,往返需时,该国王接到照会,自必约束缅目,饬将刀绳武送出,此时原可无庸行催。惟戛于腊前被莽子打败,难保不于冬春之际与缅夷报复,明山等务严饬该处文武,督令沿边土司舍目率同练勇,于各要隘处所巡探堵御,防范周密,不可稍有疏懒,以靖边圉。"④十二月,明山再奏,刀绳武仍在猛乃居住,道光帝再次下谕明山不必再为催促,惟仍遵前旨,饬令该处文武督率兵练,防

① 故宫博物院编:《清代外交史料》(道光朝)第1册,第29—30页。
② 故宫博物院编:《清代外交史料》(道光朝)第1册,第29—30页;《清宣宗实录》卷三九,道光二年八月戊申,第33册,第699—700页。
③ 故宫博物院编:《清代外交史料》(道光朝)第1册,第31页。
④ 故宫博物院编:《清代外交史料》(道光朝)第1册,第34页;中国第一历史档案馆编:《嘉庆道光两朝上谕档》第27册,第1923条,第575页;《清宣宗实录》卷四三,道光二年十月丙寅,第33册,第771页。

堵要隘，毋稍疏虞①。道光三年（1823）四月，明山又奏，缅甸"国王已接获内地照会，始知缅目妄行诱往，当即申饬缅目，即令送回。适该国地方有事，道路梗塞，兼以烟瘴已发，因而耽留，尚无起程送出确信。又南掌国王亦接到照会，约束所属目夷不得附同夷于腊擅行入边。而夷于腊回境之后，闻其颇务休息，故于冬春之际未有报复之举，边界静谧"。六月，道光帝接到奏报，朱批曰："所奏均悉，随时妥慎办理。"②

　　自此以后，清朝档案文献中不再见有夷于腊部落滋扰云南边境的记载。之所以如此，云贵总督伯麟在《进云南种人图说》中指出："嘉庆壬申、癸酉（1812、1813）之间，夷夷与缅相攻，扰及车里土司界内。暹罗恐犯天威，将夷夷迁徙东去数百里外。其余众二千余人惮于远徙，又复弃暹归缅。"③也就是说，暹罗将夷于腊部落东迁，不愿迁徙者投归缅甸，因而夷于腊部落不复为滇边之患。但缅甸对车里土司内部事务的干涉并未中止，直到 19 世纪中叶后，缅甸受到来自英国等西方国家的不断侵入，其对车里土司内部事务的干涉，才慢慢停止下来。

---

　　① 故宫博物院编：《清代外交史料》（道光朝）第 1 册，第 36 页；中国第一历史档案馆编：《嘉庆道光两朝上谕档》第 27 册，第 2184 条，第 647—648 页；《清宣宗实录》卷四六，道光二年十二月己酉，第 33 册，第 818 页。

　　② 故宫博物院编：《清代外交史料》（道光朝）第 1 册，第 42—43 页；军机处录副奏折：《云贵总督明山奏为查明车里土司尚在孟乃，边界静谧酌撤防兵等事》（道光三年四月二十二日），档号：03－2976－012。

　　③ ［清］阮元修，王崧等纂：（道光）《云南通志稿》卷二〇八《艺文志·杂著》，道光十五年（1835）刊本，第 13 页。

第五章 清朝前期与暹罗封贡关系分析

自 17 世纪中叶至 19 世纪中叶,清朝与暹罗建立并保持了近 200 年的封贡关系。一方面,清朝在制度上对暹罗之贡期、贡道、贡物、使团规模、朝贡礼仪、赐予、敕封、朝贡贸易[①]等作出一系列具体规定,并在实践中努力维护和保证这些制度付诸实施。另一方面,暹罗在实践中也承认并遵循这些规定。清朝与暹罗对朝贡制度的遵循是两国间封贡关系存在的主要标志。

一、贡期

暹罗是清朝康熙、雍正、乾隆、嘉庆、光绪五朝《大清会典》都列为朝贡国的国家,也是与清朝保持密切关系的典型朝贡国家。关于暹罗贡期,康熙四年(1665)规定"三年一次",至道光十九年(1839)改为"四年遣使朝贡一次"。然而,关于清代暹罗朝贡的时间和次数,史书记载存在较大差异。如梁廷枏总纂的《粤海关志》,记述自康熙三年至道光十九年暹罗共朝贡 49 次[②]。梁廷枏撰的《粤道贡国说》,又记叙自康熙三年至道光十九年暹罗共朝贡 51 次[③]。而赵尔巽等撰的《清史稿》,则仅记录清代暹罗朝贡 29 次[④]。

那么,清代暹罗共有多少次遣使访华? 清代暹罗遣使访华是否遵循了"三年一贡"的贡期规定? 根据前文考察,有清一代暹罗共有 50 次遣使访华(参见表 2)。从清朝方面来说,康熙朝有 6 次,雍正朝有 2 次,乾隆朝有 14 次,嘉庆朝有 14 次,道光朝有 12 次,咸丰朝有 2 次。从暹罗方面而言,

---

① 关于朝贡贸易,详见第七章相关论述。
② 参见[清]梁廷枏总纂:《粤海关志》卷二一《贡舶一》,第 1529—1610 页。
③ 参见[清]梁廷枏:《海国四说·粤道贡国说》卷一《暹罗国一》、卷二《暹罗国二》,第 164—202 页。
④ 参见《清史稿》卷五二八《属国传三·暹罗》,第 14690—14698 页。

阿瑜陀耶王朝有 14 次,其中纳莱王派出 4 次,帕昭·素王派出 1 次,泰沙王派出 3 次,波隆摩葛王派出 5 次,波隆摩罗阇五世派出 1 次;吞武里王朝有 1 次,为披耶达信派出;曼谷王朝有 35 次,其中拉玛一世派出 14 次,拉玛二世派出 10 次,拉玛三世派出 9 次,拉玛四世派出 2 次。就朝贡任务来说,以例贡为主,也有请封、谢恩、祝寿、庆贺、进香等贡,有时朝贡使团带有双重甚至多重任务。

表 2　清代暹罗朝贡时间表①

编号	朝贡任务	使团到粤	起程赴京	觐见皇帝	离京南下	回抵广州	离粤归国
1	阿瑜陀耶王朝初次朝贡	康熙三年七月		四年二月			
2	请封	康熙六年		七年十一月			
3	请封	康熙十一年三月		十二年二月	四月		
4	例贡	康熙二十二年闰六月二十日②		二十三年六月			
5	例贡	康熙四十七年二月③	四月初四日	七月			
6	例贡	康熙六十年七月十五日		六十一年四月			
7	例贡	雍正二年十月	未进京	未进京			
8	例贡	雍正七年		七月		十一月	八年正月二十日
9	例贡	雍正十三年七月十五日④		乾隆元年五月			

①　表格说明:清代暹罗朝贡,有使团到粤、起程赴京、觐见皇帝、离京南下、回抵广州、离粤归国等多个时间节点。鉴于觐见皇帝在朝贡中的核心地位和象征意义,本书以觐见皇帝时间为朝贡时间。如果朝贡使团未获准入京,则以皇帝就暹罗贡事下谕时间为朝贡时间。

②　此次暹罗朝贡,贡船于康熙二十二年五月初二日发自暹罗,正贡船于闰六月二十日抵虎门,载象船于六月初十日自广南外洋遭风漂至厦门,九月二十一日始至虎门。

③　此为正贡船到粤时间,载象船于六月初十日始到广州。

④　此为正贡船到粤时间,副贡船于七月十七日到达广州。

续表

编号	朝贡任务	使团到粤	起程赴京	觐见皇帝	离京南下	回抵广州	离粤归国
10	例贡	乾隆十三年闰七月初三日①		十四年七月初七日			
11	例贡	乾隆十七年六月	十月二十六日	十八年二月二十四日	三月		
12	例贡	乾隆二十一年九月		二十二年四月	六月初九日	八月二十八日	
13	例贡	乾隆二十六年八月十九日②		二十七年闰五月	七月初七日		
14	例贡	乾隆三十年五月		三十一年四月			
15	吞武里王朝唯一一次朝贡	乾隆四十六年七月	九月初三日	十二月二十八日		四十七年四月	
16	曼谷王朝初次朝贡	乾隆四十九年八月	九月十八日	十二月二十一日	五十年二月初一日	四月十三日	十二月十六日
17	请封	乾隆五十一年七月	八月十五日	十二月	五十二年二月	四月	十二月十五日
18	谢恩	乾隆五十三年七月	九月二十日	十二月二十一日	五十四年正月二十九日	五月十三日	十一月二十一日
19	例贡、祝寿	乾隆五十四年八月	九月二十六日	十二月二十一日			
20	祝寿	乾隆五十五年七月十一日	九月二十二日	十二月二十一日	五十六年正月三十日	四月十七日	
21	例贡	乾隆五十七年七月	十月初九日	十二月二十四日			
22	例贡	乾隆六十年六月	十月初五日	十二月二十一日			

---

　　① 此为正贡船到粤时间,副贡船先于乾隆十二年六月二十九日到粤,正贡船被风收入安南,后驶回暹罗,国王重造新船,于乾隆十三年闰七月初三日到粤。

　　② 此为正贡船到粤时间,副贡船于九月十四日驶抵广州。

编号	朝贡任务	使团到粤	起程赴京	觐见皇帝	离京南下	回抵广州	离粤归国
23	庆贺	嘉庆元年七月	九月二十五日	十二月二十一日	二年正月二十九日	四月十三日	十一月初十日
24	例贡	嘉庆三年九月		十二月			
25	进香、例贡	嘉庆五年七月	未进京	未进京			
26	例贡	嘉庆六年七月	九月二十五日	十二月二十一日	七年二月初六日	四月二十日	十二月二十五日
27	例贡	嘉庆九年八月		十二月二十一日			
28	例贡	嘉庆十二年	九月二十八日	十二月二十一日			
29	祝寿	嘉庆十四年八月	九月二十八日	十二月			
30	例贡、请封	嘉庆十五年九月	十月初四日	十二月			
31	谢恩	嘉庆十七年八月	九月二十五日	十二月二十二日			
32	例贡	嘉庆十八年九月	未进京	未进京			
33	补进例贡	嘉庆二十年七月		九月二十七日			
34	补进例贡	嘉庆二十年八月	未进京	未进京			
35	祝寿	嘉庆二十三年十一月		二十四年九月二十日			
36	例贡	嘉庆二十四年	九月二十六日	十二月二十二日			
37	进香、庆贺	道光元年九月	未进京	未进京			
38	例贡	道光二年八月	十月初二日	十二月二十二日	三年二月初二日	四月二十三日	四年正月二十一日
39	祝寿	道光二年八月	三年四月二十六日	八月初三日	九月初一日	十二月二十日	四年正月二十一日
40	例贡、请封	道光五年九月	未进京	未进京			六年二月二十六日

编号	朝贡任务	使团到粤	起程赴京	觐见皇帝	离京南下	回抵广州	离粤归国
41	谢恩	道光七年七月	九月初六日	十二月十八日	八年二月初九日	五月初九日	十二月十九日
42	补进例贡、庆贺	道光九年七月		十二月二十三日			
43	祝寿	道光十年七月		十二月十九日			
44	例贡	道光十一年七月		十二月		十二年四月二十日	
45	例贡、谢恩	道光十四年八月	九月初十日	十二月二十三日			
46	例贡	道光十七年七月		十二月二十三日			
47	例贡、祝寿、补进例贡	道光二十三年七月		十二月二十八日			
48	例贡	道光二十七年		十二月二十九日			
49	进香、庆贺、例贡	咸丰元年闰八月	未进京	未进京			
50	补进例贡、请封	咸丰二年七月		三年正月初六日	二月		

从上表可以看出,大多数暹罗朝贡使团都是趁西南季风于七、八月间到粤,九月起程赴京,十二月二十日前后抵京,参加各项外交活动后,于正月底或二月初离京南下,四、五月间回到广州,然后于冬季趁东北季风开船回国。这样,每次使团在华时间约为一年半之久。就暹罗使团往返广州、北京的时间而言,以文献记录较全的几次为例,乾隆十八年(1753)使团于十七年十月二十六日自粤起程,十八年二月十八日到京,用时 112 天。四十六年使团于九月初三日自粤起程,十二月二十一日到达北京,用时 108 天。四十九年使团于五十年二月初一日离京南下,四月十三日回抵广州,用时 72 天。五十三年使团于五十四年正月二十九日离京南下,五月十三日回抵广州,用时 104 天。五十五年使团于九月二十二日自粤起程,十二月十九日到达北京,五十六年正月三十日离京南下,四月十七日回抵广州,计北上用时 87 天,在京留住 39 天,南下用时 77 天。道光三年(1823)使团

于四月二十六日自粤起程,七月二十八日到达北京,九月初一日离京南下,十二月二十日回抵广州,计北上用时 90 天,在京留住 31 天,南下用时 109天。道光七年(1827)使团于九月初六日自粤起程,十二月十六日到达北京,二月初九日离京南下,五月初九日回抵广州,计北上用时 100 天,在京留住 52 天,南下用时 89 天。

应当注意的是,阿瑜陀耶王朝、吞武里王朝、曼谷王朝的朝贡频率差别较大:阿瑜陀耶王朝自康熙四年(1665)初次朝贡到乾隆三十二年(1767)被缅军攻灭的 103 年间共朝贡 14 次,平均约 7.4 年一次;吞武里王朝存在的15 年间只有 1 次朝贡;曼谷王朝自乾隆四十七年(1782)建立至咸丰三年(1853)最后一次朝贡的 72 年间共朝贡 35 次,平均 2 年一次。如果不计请封、谢恩、祝寿、庆贺、进香等贡,自乾隆五十一年(1786)敕封拉玛一世为暹罗国王至咸丰三年的 68 年间曼谷王朝共有例贡 23 次,基本符合三年一次例贡的规定。还应当注意的是,清暹封贡关系中更为积极主动的是暹罗。清代暹罗 50 次朝贡,都是暹罗主动派出使团。为保持与清朝的朝贡关系,暹罗在例贡之外还经常派出请贡、探贡船只,在贡船发生事故时及时派船补贡,在新王即位后立即请封,在获得敕封后迅速谢恩,还在清朝发生重大事件时派出祝寿、进香、庆贺等临时使团。显然,暹罗是清暹封贡关系的主动方。那么,暹罗为何积极主动发展与清朝的封贡关系?阿瑜陀耶王朝、吞武里王朝、曼谷王朝的朝贡频率又为何有如此大的差别?

其一,从政治需求方面讲,在阿瑜陀耶王朝时期,除纳莱王向清朝请封外,暹罗并未向清朝提出政治和军事方面的要求。这一状况到吞武里王朝和曼谷王朝时期有了一些改变。披耶达信在吞武里王朝建立之初即派人向清朝请封,希望清朝承认其合法地位。在初次请封被拒绝后,披耶达信继续向清朝表示友好,在乾隆四十年(1775)九月送回滇省兵丁赵成章等时,提出希望与清朝合击缅甸,并请求购买硫磺、铁锅、炮位以抗击缅军。乾隆四十一年十二月送回云南人杨朝品等时,又呈文请求再购买硫磺一百担,并称如清朝用兵缅甸,暹罗可以堵截缅军后路。披耶达信的努力,是乾隆帝对吞武里王朝态度转变的重要原因,也因此有了乾隆四十六年吞武里王朝朝贡。曼谷王朝建立后,清朝与暹罗的政治关系更为密切。拉玛一世至拉玛四世四位国王均向清朝请封,前三位国王获得敕封,拉玛一世还向清朝请求购买铜甲 2000 领以回国防御缅甸,并请求清朝统治者敕谕缅甸退还占领地区。

这些说明,吞武里王朝和曼谷王朝遣使访华有了更多的政治动因。

其二,朝贡可以带来经济利益回报,这是清代暹罗频繁入贡的重要原因。暹罗每次朝贡,均有呈进方物。起初暹罗常贡物品并不一定,到雍正七年(1729)以后基本确定为 26 种。有时暹罗会在常贡之外加贡物品,但品种数量不多。与暹罗进贡方物相对应的是清朝赐予物品。起初清朝对暹罗朝贡时的例赏物品也不固定,到康熙六十一年(1722)以后基本确定下来。除例赏外,清朝对暹罗朝贡一般都有加赐、特赐,特别是乾隆四十六年(1781)以后——这正是暹罗吞武里王朝和曼谷王朝时期,开始召暹罗使臣入紫光阁宴、宁寿宫宴、重华宫宴、蒙古包宴、千叟宴等,加赐、特赐物品越来越多。关于暹罗进贡物品与清朝赐予物品之间的价值差异,我们很难精确计算。但很显然,暹罗进贡物品多为东南亚土产或市场上很容易买到的商品,清朝赐予物品则多为市场上很难买到的价值昂贵的宫廷用品。可以肯定地说,清朝赐予物品的价值要远高于暹罗进贡物品的价值。而且,暹罗使团来华后,所有进京人员之馆舍、廪饩、夫马、船只等项均由清朝承担,在粤守候人员之额支口粮,自奉旨准贡之日起支,贡使回广之日住支,均于广东存公银内并地丁项下动支,这也是一笔巨额的费用。此外,每次暹罗朝贡,都有朝贡贸易,正、副贡船随带入口货物及购买出口货物,可以享受免税优惠,甚至有普通商船尾随贡船或藉名探贡船只,以期享受免税待遇。而且使团赴京后,贡船可以先行回国,次年再来接载贡使回国。这样,每次朝贡,贡船都有两次往返免税贸易的机会。因此,正如 19 世纪 20 年代德国传教士郭士腊所言:"虽然暹罗人名义上承认中国权威,并通过向北京致送暹罗土产表示臣属身份,但他们如此频繁致敬的原因是赢利。这些远来船只体积庞大,却可享受免税优惠,因而获利颇丰。"[①]

其三,从人的因素方面讲,暹罗华人群体是暹罗频繁主动按期朝贡的重要推动力量。暹罗距离中国数千公里,使团乘船从海路朝贡要历经数月,海洋风涛难测,经常船翻人亡,几年才有一次的朝贡外交与使行贸易能给暹罗王室带来多大收益?这些收益能够促成暹罗国王频繁主动按期向清朝朝贡吗?显然很难。实际上,暹罗之所以频繁主动按期朝贡,很大程

---

① Charles Gutzlaff, *Journal of Three Voyages along the Coast of China*, in 1831, 1832, &1833, *with Notices of Siam*, *Corea*, *and the Loo-Choo Islands* (London: Frederick Westley and A. H. Davis, 1834), p. 78.

度上是因为实际控制了清暹海路贸易的暹罗华人群体的努力推动。自明代以来，华人就积极参与暹罗对外贸易特别是暹中贸易。到 17 世纪后期的阿瑜陀耶王朝纳莱王时期，由于与摩尔人合作经营失败，纳莱王更加信任和重用华商。此后，华人群体开始控制暹罗对外贸易特别是暹中贸易，对此泰国学者沙拉信·威拉蓬指出："越来越多的华商来到暹罗，与暹罗王室合作经营贸易，使得 17 世纪下半叶华人在阿瑜陀耶及其他沿海地区的商业呈现一片繁荣景象。华人已经控制了暹罗的海上贸易，如果没有华人，暹罗王室根本无法开展对外贸易。"[①]在暹罗王室的对外贸易体系中，特别成立有两个专门机构：一是皇家货物仓库，隶属皇家财政厅，专门处理货物收售事务；二是港口厅（侨民政务司），专门处理对外贸易事务。港口厅又分左、中、右三个分厅，"左港厅"（华民政务司）负责对华贸易，右港厅负责对印度、阿拉伯、爪哇及马来亚贸易，中港厅负责对西方贸易。左港厅责任最为繁重，组织也最为庞大，内部人员几乎全是华人，业务甚至延伸至长崎、琉球、越南港口。如此，暹罗对华贸易实际由华人经营管理，华人出任各种职务，包括船长、大副、通事、司帐、舵手等[②]。据泰方史料记载，泰沙王在位时，授权一名叫王兴全（Ong Heng-chuan，潮州音 Wang Hsing-Ch'üan）的华人每年装备数艘船到中国贸易。波隆摩葛王时期，此任务由王兴全之子王来胡（Lai-hu）继续承担。特别是探贡船只，一般都由华人管驾[③]。吞武里王朝建立后，身为华人后裔并通晓潮州话的披耶达信更加信任华人，他频频通过华商与清朝联系，并重用潮州人为其服务。曼谷王朝时期，继续实行招徕华人政策，华人继续控制并发展暹中贸易。拉玛一世在位时，留用许多达信时期雇佣的华人，如 Lin Ngou 之子 Boonchoo 被任命管理所有王室商船，后来这一职位又为其子 Chim 所继任。王兴全之长孙 Chin Gun 是达信时期著名商人，被说服出任拉玛一世王室财务部长，后成为帆船贸易巨商。华商 Si 之子 Chim Cho-Cho 被委任管理王室仓库和垄断商业[④]。拉玛二世即位后，继续重用华人从事对外贸易，其中使用潮

---

①　Sarasin Viraphol, *Tribute and Profit : Sino-Siamese Trade*, 1652－1853, p. 23.

②　参见张仲木：《中古泰中经贸中华侨华人的角色》，载华侨崇圣大学泰中研究中心编：《泰国华侨华人史》第一辑，（北榄）华侨崇圣大学泰中研究中心，2003 年，第 28—29、33—34 页。

③　Sarasin Viraphol, *Tribute and Profit : Sino-Siamese Trade*, 1652－1853, p. 160.

④　Sarasin Viraphol, *Tribute and Profit : Sino-Siamese Trade*, 1652－1853, pp. 172－173.

州华人最多,也有不少福建人和广东人得到使用。拉玛二世后期,暹罗贸易船年总吨位达 24562 吨,雇佣华人达 4912 名。其中吨位最大的约 8 艘船前往广东贸易,略小的超过 30 艘船前往福建、浙江、江南贸易,更小的暹罗船开往巴达维亚、满剌加、槟城、新加坡和越南西贡贸易[①]。澳大利亚学者库什曼(Jennifer Wayne Cushman)指出,从 17 世纪末开始,华商便控制了暹罗的海外贸易,虽然暹罗国王和上流阶层一直垄断着本国对外贸易,但其实际经营却是依赖华人,而且,华商基本上承包了清朝与暹罗间的贸易,这种局面一直持续到 19 世纪中叶[②]。

华人控制暹中贸易,必然希望通过频繁主动的对华朝贡以获取朝贡贸易带来的经济利益,更重要的是,通过频繁朝贡可以保持与清朝的良好关系,从而保障并促进两国间通商贸易的发展。盛行于雍正、乾隆两朝的中暹大米贸易,正是在双边关系稳定的前提下进行的。乾隆五十一年(1786)三月,粤海关监督穆腾额奏称,暹罗国每年正、副贡船到关,随带之船至十余只之多,又有藉名探贡船只,俱属内地商船,所带货物甚多[③]。这也可以说明暹罗朝贡对暹罗对华通商贸易发展的积极影响。可以说,清代暹罗频繁朝贡,很大程度上是暹罗华人群体推动下的贸易活动,虽然暹罗王室可以从中得到清朝封赐和部分经济利益,但更多利益和主要动力则归于暹罗华人。而且,暹罗能够按期入贡,并在清朝发生重大事件时及时做出进香、祝寿、庆贺等反应,其信息来源和驱动力也在于实际控制清暹贸易的华人群体。

二、贡道

关于暹罗贡道,康熙四年(1665)规定"贡道由广东"。实践中,暹罗使团一般从海路至广州,然后走驿路往返北京。据嘉庆《大清会典事例》记录,自广州至北京的驿路,以江西南昌县南浦驿为界,分为南北两段:南段主要走水路,沿北江过大庾岭入赣江至南昌;北段又分为水、陆两种路线。

南段:【广东】番禺县五仙驿—三水县西南驿—清远县安远驿—英德县

①　Sarasin Viraphol, *Tribute and Profit : Sino-Siamese Trade*, 1652—1853, pp. 186—187.

②　[澳]J. W. 库什曼:《暹罗的国家贸易与华人掮客,1767—1855 年》,钱江译,载中外关系史学会编:《中外关系史译丛》第 3 辑,第 166—168 页。

③　中国第一历史档案馆编:《乾隆朝上谕档》第 13 册,第 235 条,第 88—89 页。

浈阳驿—曲江县芙蓉驿—始兴县在城驿—南雄州临江驿—【江西】大庾县横浦驿—大庾县小溪驿—南康县南埜驿—赣县乌镇驿—赣县攸镇驿—万安县五云驿—泰和县白下驿—庐陵县驿—吉水县白水驿—峡江县玉峡驿—新淦县金川驿—清江县清江驿—高安县驿—南昌县南浦驿。以上共21站。

北段陆路路线:南昌县南浦驿—建昌县驿—德安县通安驿—德化县通远驿—德化县浔阳驿—【湖北】黄梅县孔垅驿—黄梅县停前驿—【安徽】宿松县枫香驿—太湖县小池驿—潜山县青口驿—桐城县陶冲驿—桐城县吕亭驿—舒城县梅心驿—舒城县三沟驿—合肥县派河驿—合肥县金斗驿—合肥县店埠驿—合肥县护城驿—定远县张桥驿—定远县定远驿—凤阳县红心驿—凤阳县濠梁驿—凤阳县王庄驿—灵璧县固镇驿—宿州大店驿—宿州睢阳驿—宿州夹沟驿—【江苏】铜山县桃山驿—铜山县东岸驿—铜山县利国驿—【山东】滕县临城驿—滕县滕阳驿—邹县界河驿—邹县郉城驿—滋阳县昌平驿—滋阳县新嘉驿—汶上县新桥驿—东平州东原驿—东阿县旧县驿—东阿县铜城驿—茌平县茌山驿—高唐州鱼邱驿—恩县太平驿—德州安德驿—【直隶】景州东光驿—阜城县阜城驿—交河县富庄驿—献县乐城驿—河间县瀛海驿—任丘县莫城驿—雄县归义驿—新城县汾水驿—涿州逐鹿驿—良乡县固节驿—【北京】皇华驿。以上共55站。

北段水路路线:南昌县南浦驿—南康府星子县驿—湖口县彭蠡驿—彭泽县龙城驿—【安徽】东流县驿—怀宁县同安驿—贵池县贵池驿—铜陵县铜陵驿—繁昌县荻港驿—芜湖县櫓港驿—当涂县采石驿—【江苏】上元县龙江驿—仪征县仪征驿—宿迁县钟吾驿—邳州赵邨驿—峄县万家驿—沛县泗亭驿—【山东】鱼台县河桥驿—济宁州南城驿—汶上县开河驿—东平州安山驿—阳谷县荆门驿—聊城县崇武驿—清平县清阳驿—临清州清源驿—临清州渡口驿—武城县甲马营驿—德州梁家庄驿—德州安德驿—德州良店驿—【直隶】吴桥县连窝驿—南皮县新桥驿—沧州甎河驿—青县乾宁驿—青县流河驿—静海县奉新驿—天津县杨青驿—武清县杨邨驿—武清县河西驿—通州河合驿—通州潞河驿—【北京】皇华驿①。以上共42站。北段水路路线,实际是从南昌沿长江东进转运河入京。在德州安德驿,北段水路和陆路两线交会。

---

① （嘉庆）《大清会典事例》卷五五九《兵部·邮政·驿程一》,第5998—6001、6005—6007页;卷五六〇《兵部·邮政·驿程二》,第6050—6052页。

实践中,暹罗使团往返北京是否按照上述驿路行走?笔者对乾隆后期暹罗使团往返北京相关档案进行了考察(见表3)。从表中可以看出,暹罗使团往返北京,基本是按照驿路行走的,在江西南昌以南主要走水路,在江西南昌以北主要走陆路。这正如乾隆六十年(1795)两广总督朱珪咨文中所言:"暹罗……遣使入贡,均由广东、江西、湖北一路行走。"①

表3　暹罗使团往返北京经行路线表

朝贡时间	进京路线	返粤路线
乾隆四十六年	九月二十八日入江西大庾县境,由水路于十月十六日抵南昌省城,再由陆路于二十三日至九江府德化县出境,由湖北接护前进②。 十月二十二日由江西德化县入湖北黄梅县境,二十五日至安徽宿松县枫香驿交替,出湖北境③。 由入直隶首站之景州,十二月十三日至雄县,十四日至新城县④。	乾隆四十七年三月初十日由湖北陆路入江西德化县境,十五日行抵南昌省城,随由水路开行,至四月十三日度岭出江西大庾县境,送交广东保昌县接护前进⑤。
乾隆五十一年	九月初七日入江西大庾县境,由水路于二十四日抵南昌省城,即于次日起程,改由陆路前进,计程300里抵九江府城,出江西境入湖北界⑥。 十月初三日入湖北黄梅县境,初六日接护至安徽宿松县枫香驿交替出湖北境⑦。 十月初六日入安徽省宿松县境,按站前进,经凤阳,于二十八日出安徽省宿州境,交与江苏委员接护⑧。	乾隆五十二年三月十六日自湖北黄梅县陆路入江西德化县境,二十二日抵江西省城南昌,二十四日自南昌改由水路前进,至四月十九日出江西大庾县境,交广东保昌县接护前进⑨。

① 《惠龄奏报暹罗安南两国使臣过境日期折》(乾隆六十年十一月二十六日),载《宫中档乾隆朝奏折》第74辑,第707—708页。关于暹罗使团往返北京路线,参见附图二。

② 《江西巡抚郝硕奏报暹罗国使臣过境事》(乾隆四十六年十月二十七日),载《宫中档乾隆朝奏折》第49辑,第367页。

③ 《湖北巡抚郑大进奏报护送南掌暹罗入贡来使过楚事》(乾隆四十六年十一月二十二日),载《宫中档乾隆朝奏折》第49辑,第775页。

④ 《署直隶总督英廉奏报暹罗贡使病故情形折》(乾隆四十六年十二月十七日),载《宫中档乾隆朝奏折》第50辑,第283页。

⑤ 《署江西巡抚冯应榴奏报护送暹罗国使臣回国事》(乾隆四十七年四月二十四日),载《宫中档乾隆朝奏折》第51辑,第530页。

⑥ 《江西巡抚何裕城奏报暹罗国使臣过境事》(乾隆五十一年九月二十五日),载《宫中档乾隆朝奏折》第61辑,第609页。

⑦ 《湖北巡抚李封奏报护送暹罗国贡使过境日期事》(乾隆五十一年十月二十日),载《宫中档乾隆朝奏折》第62辑,第44页。

⑧ 《安徽巡抚书麟奏报暹罗使臣过境事》(乾隆五十一年十一月十四日),载《宫中档乾隆朝奏折》第62辑,第252页。

⑨ 《江西巡抚何裕城奏报暹罗国使臣过境日期折》(乾隆五十二年五月二十四日),载《宫中档乾隆朝奏折》第64辑,第461—462页。

朝贡时间	进京路线	返粤路线
乾隆五十三年	十月初十日入江西大庾县境,二十四日行抵南昌省城,随从陆路前进,于十一月初一日出江西德化县境①。 十一月初一日入湖北黄梅县境,初三日护送至安徽宿松县枫香驿交替,出湖北境②。 十一月初三日入安徽省宿松县境,二十六日出安徽省宿州境,交与江苏委员接护③。	乾隆五十四年三月二十一日入湖北黄梅县境,二十四日护送至江西德化县交替,出湖北境④。 三月二十四日自湖北黄梅县陆路入江西德化县境,二十九日抵南昌省城,改由水路前进,五月初一日出江西大庾县境,交与广东保昌县接护前进⑤。
乾隆五十四年	十月二十一日入江西大庾县境,十一月初七日抵南昌省城,随由陆路前进,十七日出江西德化县境⑥。 十一月十四日入湖北黄梅县境,十五日护送至安徽宿松县枫香驿交替,出湖北境⑦。 十一月十五日入安徽省宿松县境,二十九日出宿州境,交于江苏委员接护⑧。	
乾隆五十七年	十月二十六日入江西大庾县境,由水路十一月初十日抵南昌省城,随由陆路前进,十七日出江西德化县境⑨。	

① 《江西巡抚何裕城奏报暹罗国使臣过境事》(乾隆五十三年十一月初七日),载《宫中档乾隆朝奏折》第70辑,第149页。

② 《湖北巡抚惠龄奏报暹罗国贡使过境事》(乾隆五十三年十一月十六日),载《宫中档乾隆朝奏折》第70辑,第275页。台湾"中央研究院"历史语言研究所编《明清史料》庚编(第六本,第547页)载《湖北巡抚惠龄奏折》,记暹罗使团于是年五月初一日入湖北黄梅县境,初三日护送至安徽宿松县枫香驿交替出湖北境,时间记录有所差异,应为错录。

③ 《安徽巡抚陈用敷奏报暹罗使臣过境事》(乾隆五十三年十二月初二日),载《宫中档乾隆朝奏折》第70辑,第486页。

④ 台湾"中央研究院"历史语言研究所编《明清史料》庚编,第六本,第548页;《湖北巡抚惠龄奏闻暹罗贡使回国护送出湖北省境日期折》(乾隆五十四年四月初二日),载《宫中档乾隆朝奏折》第71辑,第571页。

⑤ 《江西巡抚何裕城奏报暹罗国使臣过境日期折》(乾隆五十四年五月十一日),载《宫中档乾隆朝奏折》第71辑,第835页。

⑥ 《江西巡抚何裕城奏闻暹罗国使臣过境情形折》(乾隆五十四年十一月十九日),载《宫中档乾隆朝奏折》第74辑,第187页。

⑦ 《湖北巡抚惠龄奏为护送暹罗国贡使过境日期折》(乾隆五十四年十一月二十二日),载《宫中档乾隆朝奏折》第74辑,第218页。

⑧ 《安徽巡抚陈用敷奏报暹罗使臣过境日期折》(乾隆五十四年十二月初一日),载《宫中档乾隆朝奏折》第74辑,第301—302页。

⑨ 宫中朱批奏折:《江西巡抚陈淮奏报护送暹罗国使臣过境日期事》(乾隆五十七年十一月二十六日),档号:04-01-30-0448-001。

朝贡时间	进京路线	返粤路线
乾隆六十年	十月二十四日度岭至江西大虞县境交替①。 十一月十五日入湖北黄梅县境,十六日送至安徽宿松县交替前进②。	

　　必须指出的是,个别情况下清政府也会安排暹罗使团走其他路线。如咸丰三年(1853)暹罗朝贡使团自北京南返广东时,"未依原途而归,因依例来时之途,各官已迎接,应另换他途也"③。然而,该使团路经河南商丘时,遭遇林凤翔、李开芳率领的太平天国北伐军,使所带物品被洗劫一空,大通事也不知所踪。后来使团虽然被护送回广东,也重新获赠赏赐物品,但自此次使团回国后,暹罗再未遣使访华。

三、贡物

　　关于暹罗常贡即例贡物品,清朝会典之规定前后有所变化。在康熙、雍正《大清会典》中,都记载暹罗例贡包括进皇帝龙涎香 1 斤,象牙 300 斤,西洋闪金花缎 6 匹,胡椒 300 斤,藤黄 300 斤,豆蔻 300 斤,苏木 3000 斤,速香 300 斤,乌木 300 斤,大枫子 300 斤,金银香 300 斤;进皇后贡物并同,数目减半④。乾隆《大清会典》则记载:"暹罗无常贡。"⑤嘉庆、光绪《大清会典》和《钦定礼部则例》又规定暹罗例贡包括:驯象、备象、龙涎香、幼嘤香、犀角、象牙、豆蔻、降香、藤黄、大枫子、土桂皮、乌木、苏木、荜拨、樟脑、儿茶皮、树胶皮、硫磺、檀香、冰片、翠鸟皮、孔雀尾、阔红布、大荷兰毯、冰片油、

---

　　① 军机处录副奏折:《兼署两广总督朱珪奏报粤东地方得雨情形及暹罗安南贡使出境日期事》(乾隆六十年十二月初七日),档号:03-0974-008。

　　② 《湖北巡抚惠龄奏报暹罗安南两国使臣过境日期折》(乾隆六十年十一月二十六日),载《宫中档乾隆朝奏折》第 74 辑,第 707—708 页。

　　③ [泰]拍因蒙提:《泰国最后一次入贡中国纪录书》,[泰]陈棠花译,(曼谷)《中原月刊》1941年第 1 卷第 1 期。

　　④ (康熙)《大清会典》卷七二《礼部·主客清吏司》,第 3734—3735 页;(雍正)《大清会典》卷一○四《礼部·主客清吏司》,第 7006—7007 页。

　　⑤ (乾隆)《大清会典》卷五六《礼部·主客清吏司》,文渊阁《四库全书》第 619 册,第 500 页。

蔷薇露,计26种;又贡物一份,数量减半①。

在实践中,起初暹罗常贡物品并无一定。康熙四年(1665)暹罗入贡方物有龙涎香、西洋闪金缎、象牙、胡椒、藤黄、豆蔻、速香、乌木、大枫子、金银香、苏木、孔雀、龟,共13种;皇后前方物并同,各减半②。贡物中有孔雀、六足龟,后俱免进。七年十一月,暹罗国进贡方物与会典不符,礼部认为应责其后次补进,康熙帝谕曰:"暹罗小国,贡物有产自他国者,与《会典》难以相符。所少贡物免其补进,以后但以伊国所有者进贡。"③十一年三月,暹罗国贡进方物又与会典不符,较前更少其一。康熙帝以七年已有谕旨,命礼部免其察议④。十二年二月,贡使入京后,礼部议奏:"暹罗国王进贡礼物阙额虫蚀,令于下次补进。"康熙帝下谕:"贡物虽与原数不符,但念航海远来,抒诚进贡,其阙额虫蚀等物,免其补进。"⑤四十七年(1708)、六十一年,暹罗入贡、加贡方物各有不同。雍正二年(1724),又入贡谷种、果树、洋鹿、猎犬等物⑥。

到雍正七年(1729)以后,暹罗常贡物品基本确定下来。是年七月,暹罗入贡,贡物除驯象外包括36种。雍正帝以暹罗"远隔海洋,所进方物赍送不易,欲酌量裁减",随议准免贡速香、安息香、胡椒、紫梗、红袈裟、白袈裟、白幼布、幼花布、阔幼花布、花布幔共10种,皇后前照此免贡⑦。嗣后暹罗例贡确定为驯象、备象及龙涎香等26种,皇后前不进象,余物数量减半,即为嘉庆、光绪《大清会典》和《钦定礼部则例》所规定之贡物。查雍正七年以后暹罗入贡,例贡物品基本为此26种(见表4)。

①　(嘉庆)《大清会典》卷三一《礼部·主客清吏司》,第1365页;(光绪)《大清会典》卷三九《礼部·主客清吏司》,《续修四库全书》第794册,第375页;[清]萨迎阿总纂:《钦定礼部则例》卷一七六《主客清吏司·暹罗朝贡》,第1页。
②　(康熙)《大清会典》卷七二《礼部·主客清吏司》,第3734页;(乾隆)《大清会典则例》卷九三《礼部·主客清吏司·朝贡上》,第904页。
③　《清圣祖实录》卷二七,康熙七年十一月己亥,第4册,第377页。《粤海关志》和《粤道贡国说》记此谕旨为康熙五年十一月所发,应有误。
④　《清圣祖实录》卷三八,康熙十一年三月戊申,第4册,第511页。
⑤　《清圣祖实录》卷四一,康熙十二年二月壬戌,第4册,第550页。
⑥　(乾隆)《大清会典则例》卷九三《礼部·主客清吏司·朝贡上》,第907页。
⑦　台湾"中央研究院"历史语言研究所编:《明清史料》庚编,第六本,第503页;(乾隆)《大清会典则例》卷九三《礼部·主客清吏司·朝贡上》,第909—910页。

表4　清代暹罗贡物表①

编号	朝贡时间	贡　　物
1	康熙四年	进皇帝:龙涎香1斤,西洋闪金花缎6匹,象牙300斤,胡椒300斤,藤黄300斤,豆蔻300斤,速香300斤,乌木300斤,大枫子300斤,金银香300斤,苏木3000斤,孔雀,龟,凡13种。 进皇后:贡物并同,数量减半②。
2	康熙七年	进皇帝:龙涎香1斤,速香300斤,苏木3000斤,象牙300斤,安息香300斤,白豆蔻300斤,大枫子300斤,藤黄300斤,孔雀4只,乌木300斤,胡椒300斤,降香300斤,驯象1只,犀角6座,六足龟4只,孔雀尾10屏,翠鸟毛600张,树胶香100斤,沉水香2斤,树皮香100斤,儿茶100斤,胡椒花100斤,碗石1斤,紫梗100斤,鲛绡布6匹,杂花色布6匹,褐天4条,红布10匹,红撒喇唎布6匹,人字花布10匹,花纹人象褐4条,西洋布10匹,大冰片1斤,中冰片2斤,片油20瓢,樟脑100斤,黄檀香100斤,蔷薇露60罐,硫磺100斤。 进皇后:无驯象,余物数量减半③。
3	康熙十二年	进皇帝:驯象1只,孔雀4只,六足龟4只,龙涎香1斤,碗石1斤,沉水香2斤,犀角6座,速香300斤,象牙300斤,安息香300斤,白豆蔻300斤,藤黄300斤,胡椒300斤,降香300斤,大枫子300斤,乌木300斤,苏木3000斤,胡椒花100斤,紫梗100斤,树皮香100斤,树胶香100斤,翠鸟毛600张,孔雀尾10屏,儿茶100斤,鲛绡布6匹,杂花色大布6匹,褐天4条,红布10匹,红撒哈喇布6匹,印字花布10匹,西洋布10匹,大冰片1斤,中冰片2斤,片油20瓢,樟脑100斤,黄檀香100斤,蔷薇露60罐,硫磺100斤。 进皇后:无驯象,余物数量减半④。

---

　　① 表中褐天、花褐又作幔天、花幔,其单位有时为条,有时为匹。荷兰又作和兰。谨尊重原文,不再统一。

　　② (康熙)《大清会典》卷七二《礼部·主客清吏司》,第3734页。[清]郝玉麟等监修,鲁曾煜等编纂:(乾隆)《广东通志》卷五八《外番志·暹罗国》(文渊阁《四库全书》第564册,第654页)记进皇帝前西洋闪金银花缎6匹,无孔雀、龟,进皇后前西洋闪金银花缎4匹,余物同。

　　③ [清]郝玉麟等监修,鲁曾煜等编纂:(乾隆)《广东通志》卷五八《外番志·暹罗国》,第655页。[清]萨迎阿总纂《钦定礼部则例》卷一七六《主客清吏司·暹罗朝贡》(第2页)记本次贡物与会典不符,内有神象幔一条,非进天朝之物,交来使带回。

　　④ [清]江蘩编:《四译馆考》卷三《暹罗馆》,见北京图书馆古籍出版编辑组编:《北京图书馆古籍珍本丛刊》第59册,第529页;[清]郝玉麟等监修,鲁曾煜等编纂:(乾隆)《广东通志》卷五八《外番志·暹罗国》,第655页。

续表

编号	朝贡时间	贡　物
4	康熙二十三年	进皇帝：象1只，孔雀4只，六足龟4只，龙涎香1斤，碗石1斤，沉香2斤，犀角6座，速香300斤，象牙300斤，安息香300斤，白豆蔻300斤，藤黄300斤，胡椒300斤，降香300斤，大枫子300斤，乌木300斤，苏木3000斤，胡椒花100斤，紫梗100斤，树皮香100斤，树胶香100斤，翠鸟毛600张，孔雀尾10屏，儿茶100斤，白鲛绡布6匹，红鲛绡布6匹，红布6匹，白西洋布10匹，花褪6匹，褪天10条，杂花布6匹，花毯2条，大冰片1斤，中冰片2斤，片油20瓢，樟脑100斤，黄檀香100斤，蔷薇露60罐，硫磺100斤。 进皇后：无驯象、花毯，红布5匹，褪天4条，杂花布2条，余物数量减半①。
5	康熙四十七年	进皇帝：速香300斤，降真香300斤，豆蔻300斤，安息香300斤，藤黄300斤，胡椒300斤，龙涎香1斤，檀香100斤，上冰片1斤，中冰片2斤，蔷薇露60罐，孔雀尾10屏，樟脑100斤，孩儿茶皮100斤，硫磺100斤，紫梗100斤，象牙300斤，大枫子300斤，乌木300斤，红木30担，沉香2斤，片油20瓢，犀角6座，翠鸟毛600张，丁香皮100斤，椒花100斤，碗石1斤，橙朴100斤，金头白加纱6匹，金头红加纱6匹，大红西洋布10匹，金头白西洋布10匹，花西洋布6匹，褪天10匹，小褪天6匹，大花绒毯2领。 进皇后：无大花绒毯，花西洋布5匹，余物数量减半。 加贡：褪天6匹，绒毯2领，猴枣4枚，迦楠香1斤半，镶珠水晶碗1个，镶珠水晶盘1个，镶珠水晶罐1个，花西洋布6匹，镶金鸟枪2门②。又副贡船进驯象2只，外加进金丝猴2只③。
6	康熙六十一年	进皇帝：象2只，白猴1只，龙涎香1斤，沉香1斤，幼镰石1斤，犀角6座，速香300斤，象牙300斤，安息香300斤，豆蔻300斤，藤黄300斤，胡椒300斤，降真香300斤，大枫子300斤，乌木300斤，苏木3000斤，荜拨100斤，紫梗100斤，桂皮100斤，蜡100斤，儿茶100斤，樟脑100斤，檀香100斤，硫磺100斤，翠鸟皮600张，孔雀尾10屏，织金头白加纱6匹，织金头桃红加纱6匹，阔幼红布10匹，织金头白幼布10匹，幼花布6匹，幼花褪天10匹，阔幼花布6匹，大和兰毯2领，上冰片1斤，中冰片2斤，片油20瓢，蔷薇露60罐，大西洋阔金缎2匹，大阔幼宋缎1匹。 进皇后：无象、白猴、大和兰毯、大西洋阔金缎、大阔幼宋缎，沉香1斤，余物数量减半。 又加贡犀牛1只④。

---

① ［清］郝玉麟等监修，鲁曾煜等编纂：(乾隆)《广东通志》卷五八《外番志·遥罗国》，第655—656页。

② ［清］郝玉麟等监修，鲁曾煜等编纂：(乾隆)《广东通志》卷五八《外番志·遥罗国》，第656页。

③ 台湾"中央研究院"历史语言研究所编：《明清史料》庚编，第六本，第502页；(雍正)《大清会典》卷一〇四《礼部·主客清吏司·朝贡一》，第7004页。

④ ［清］郝玉麟等监修，鲁曾煜等编纂：(乾隆)《广东通志》卷五八《外番志·遥罗国》，第656—657页。(雍正)《大清会典》卷一〇四《礼部·朝贡一》(第7004—7005页)载加贡贡物为大西洋金锻2匹，大西洋阔宋锦1匹，驯犀1只。

编号	朝贡时间	贡　　物
7	雍正二年	涂连 30 株,望屆 10 株,暹荔枝 40 株,椰飒 20 株,香橼 20 株,莺嘴橼 20 株,象头橼 20 株,甜暹枣 20 株,酸暹枣 20 株,暹菖蒲 20 株,大西洋菖蒲 10 株,哆啰蜜 10 株,大西洋青果 15 株,暹青果 30 株,洒椿 30 株,洒圭 20 株,木槐 30 株,暹肉枣 20 株,暹柿 20 株,酸子 30 株,西洋甜荔枝 30 株,西洋酸荔枝 20 株,绉皮酸柑 20 株,薄皮酸柑 20 株,黄果 20 株,三老哆啰蜜 20 株,蔷薇果 20 株;牵树子 40 瓢,字橹树子 17 瓢,椰木树子 18 瓢,橙树子 27 瓢,榆木树子 7 瓢,红木树子 10 瓢;猎狗 6 只,西洋鹿 1 只;谷种 11 样:独朗 7 担,统马泳 7 担,科腊望 7 担,更盏 5 担,香米 1 担,玲玫 3 担 50 斤,开漳绎 3 担 50 斤,乐迈菜 3 担 50 斤,统昐象 3 担 50 斤,弄抹 3 担 50 斤,环屡 3 担 50 斤,术米 1 担,描蓝乌木米 7 担①。
8	雍正七年	进皇帝:驯象 3 只,龙涎香 1 斤,上沉香 2 斤,幼镖石 1 斤,犀角 3 对,象牙 300 斤,豆蔻 300 斤,藤黄 300 斤,降真香 300 斤,大枫子 300 斤,乌木 300 斤,苏木 3000 斤,荜拨 100 斤,桂皮 100 斤,树胶香 100 斤,儿茶皮 100 斤,樟脑 100 斤,上檀香 100 斤,硫磺 100 斤,翠鸟皮 600 张,孔雀尾 10 屏,阔红布 10 匹,大荷兰毯 2 领,上冰片 1 斤,中冰片 2 斤,冰片油 20 瓢,蔷薇露 60 罐,速香 300 斤,安息香 300 斤,胡椒 300 斤,紫梗 100 斤,织金头白袈裟(加纱)6 匹,织金头桃红袈裟(加纱)6 匹,织金头白幼布 10 匹,幼花布 6 匹,幼幔天 10 条,阔幼花布 6 匹。 进皇后:无象,余物数量减半。 加进宝剑 1 把、仗剑 1 把、金地交枝柳条版带 2 条。又加进火鸡 1 只,龙涎香 1 斤,黑软谷种 16 担,白粳谷种 18 担,喂鸡人 1 名②。
9	乾隆元年	进皇帝:驯象 1 只,龙涎香 1 斤,上沉香 2 斤,幼镖石 1 斤,犀角 3 对,象牙 300 斤,豆蔻 300 斤,藤黄 300 斤,降香 300 斤,大枫子 300 斤,乌木 300 斤,苏木 3000 斤,荜拨 100 斤,土桂皮 100 斤,树胶香 100 斤,儿茶皮 100 斤,樟脑 100 斤,上檀香 100 斤,硫磺 100 斤,翠鸟皮 600 张,孔雀尾 10 屏,阔红布 10 匹,大荷兰毯 2 领,上冰片 1 斤,中冰片 2 斤,冰片油 20 瓢,蔷薇露 60 罐,共 27 种。 进皇后:无驯象、大荷兰毯,余物数量减半。 又加进金缎 2 匹,花幔 1 条③。

①　[清]郝玉麟等监修,鲁曾煜等编纂:(乾隆)《广东通志》卷五八《外番志·暹罗国》,第 657 页。[清]梁廷枏《海国四说·粤道贡国说》(第 182 页)载,暹罗进贡方物还包括:皇帝前龙涎香 1 斤,银盒装西洋闪金花缎 6 匹,象牙 300 斤,胡椒 300 斤,豆蔻 300 斤,藤黄 300 斤,苏木 3000 斤,速香 300 斤,乌木 300 斤,大枫子 300 斤,金银香 300 斤,皇后前贡物并同,数量减半。

②　台湾"中央研究院"历史语言研究所编:《明清史料》庚编,第六本,第 503 页;(乾隆)《大清会典则例》卷九三《礼部·主客清吏司·朝贡上》,第 910 页;[清]郝玉麟等监修,鲁曾煜等编纂:(乾隆)《广东通志》卷五八《外番志·暹罗国》,第 657 页。

③　台湾"中央研究院"历史语言研究所编:《明清史料》庚编,第六本,第 511—512 页;内务府奏案:《奏为礼部咨送暹罗国进贡什物俱行收讫事》(乾隆元年六月十六日),档号:05-0006-007。

编号	朝贡时间	贡物
10	乾隆十四年	进皇帝:驯象2只,龙涎香1斤,犀角6个,沉香2斤,象牙300斤,降真香300斤,土璇石11两2钱,大枫子300斤,豆蔻300斤,苏木3000斤,藤黄300斤,胡椒花100斤,桂皮300斤,乌木300斤,槟朴100斤,齿舌皮100斤,樟脑100斤,檀香100斤,硫磺100斤,翠毛600张,孔雀尾10屏,上冰片1斤,冰片2斤,冰片油20瓢,红布褐10匹,荷兰毯2领,共26种。 进皇后:无驯象,土璇石4两8钱,余物数量减半。 又附洋船贡黑熊1只,斗鸡12只,泰和鸡16只,金丝白肚猿1只①。
11	乾隆十八年	进皇帝:驯象2只,龙涎香1斤,沉香2斤,土璇石11两2钱,犀角6个,象牙300斤,豆蔻200斤,藤黄300斤,降真香300斤,大枫子300斤,乌木300斤,苏木3000斤,胡椒花100斤,桂皮100斤,槟朴100斤,齿舌皮100斤,樟脑100斤,檀香100斤,硫磺100斤,翠毛600张,孔雀尾10屏,红布幔10匹,荷兰毯2领,上冰片1斤,中冰片2斤,冰片油20瓢,蔷薇露60罐,共27种。 进皇后:无驯象,土璇石4两8钱,余物数量减半。 又加进西洋金花缎番袍1件,金花缎夹裤1件,西洋金缎带3条,共5件。另有番书、金字佛号共4本②。
12	乾隆二十二年	进皇帝:土璇石11两2钱,龙涎香1斤,沉香2斤,树胶香100斤,檀香100斤,降香300斤,犀角6个,上冰片1斤,中冰片2斤,冰片油20瓢,象牙300斤,儿茶皮100斤,土桂皮100斤,藤黄300斤,苏木3000斤,乌木300斤,豆蔻200斤,大枫子300斤,荜拨100斤,硫磺100斤,樟脑100斤,红布幔10匹,荷兰毯2领,翠毛600张,孔雀尾10屏。 进皇后:无豆蔻,土璇石4两8钱,余物数量减半③。
13	乾隆二十七年	进皇帝:驯象2只,土璇石11两2钱,沉香2斤,檀香100斤,降香300斤,硫磺100斤,藤黄300斤,苏木3000斤,乌木300斤,红布幔10匹,荷兰毯2领,象牙300斤,犀角6个,孔雀尾10屏,上冰片1斤,中冰片2斤,冰片油20瓢,大枫子300斤,荜拨100斤,樟脑100斤。 进皇后:无驯象,土璇石4两8钱,余物数量减半④。

---

① 台湾"中央研究院"历史语言研究所编:《明清史料》庚编,第六本,第519页;(乾隆)《大清会典则例》卷九三《礼部·主客清吏司·朝贡上》,第911页。

② 台湾"中央研究院"历史语言研究所编:《明清史料》庚编,第六本,第522页。

③ 内务府奏案:《呈为暹罗国王进贡物清单》(乾隆二十二年五月初四日),档号:05－0154－029。

④ 内务府奏案:《呈暹罗国进贡物件清单》(乾隆二十七年六月二十四日),档号:05－0200－054。

续表

编号	朝贡时间	贡　物
14	乾隆三十一年	进皇帝和皇后:驯象 2 只,土璇石 16 两,沉香 3 斤,降香 450 斤,檀香 150 斤,孔雀尾 15 屏,上冰片 1 斤 8 两,中冰片 3 斤,冰片油 30 瓢,苏木 4500 斤,大枫子 450 斤,藤黄 450 斤,乌木 450 斤,樟脑 150 斤,硫磺 150 斤,红布幔 15 匹,和兰毯 3 领,象牙 450 斤,荜拨 150 斤,龙涎香 1 斤 8 两,豆蔻 450 斤,儿茶皮 150 斤,树胶香 150 斤,土桂皮 150 斤,犀角 9 个,翠毛 900 张①。
15	乾隆四十六年	进皇帝:公象 1 只,母象 1 只,沉香 2 斤,龙涎香 1 斤,金刚钻 7 两,西洋毯 2 领,孔雀尾 10 屏,翠皮 600 张,象牙 300 斤,犀角 6 个,降真香 100 斤,檀香 100 斤,白胶香 100 斤,樟脑 100 斤,荜拨 100 斤,白豆蔻 300 斤,藤黄 300 斤,大枫子 300 斤,乌木 300 斤,桂皮 100 斤,甘蜜皮 100 斤,苏木 30 担。 进皇后:无象,金刚钻 3 两,余物数量减半。 又加贡公象 1 只,犀角 1 担,象牙 100 担,洋锡 300 担,藤黄 100 担,胡椒 3000 担,苏木 10000 担②。
16	乾隆四十九年	进皇帝:龙涎香、金钢钻、沉香、冰片、犀角、孔雀尾、翠皮、西洋毯、西洋红布、象牙、樟脑、降真香、白胶香、大枫子、乌木、白豆蔻、荜拨、檀香、甘蜜皮、桂皮、藤黄、苏木,驯象 2 只。 进皇后:无象,余物数量减半③。
17	乾隆五十一年	进皇帝:公象 1 只,母象 1 只,龙涎香 1 斤,金刚钻 7 两,沉香 2 斤,犀角 6 个,孔雀尾 10 屏,翠皮 600 张,西洋毯 2 领,西洋红布 10 匹,象牙 300 斤,樟脑 100 斤,降真香 300 斤,白胶香 100 斤,大枫子 300 斤,乌木 300 斤,白豆蔻 300 斤,荜拨 100 斤,檀香 100 斤,甘蜜皮 100 斤,桂皮 100 斤,藤黄 300 斤,苏木 3000 斤。 进皇后:无象,金刚钻 3 两,余物数量减半④。
18	乾隆五十三年	进皇帝:公象 1 只,母象 1 只,象牙 300 斤,豆蔻 300 斤,沉香 2 斤,孔雀尾 10 屏,翠毛 600 张,檀香 100 斤,藤黄 300 斤,犀角 6 个。 进皇后:无象,余物数量减半⑤。

　　①　内务府奏案:《呈报暹罗国王进贡土璇石等物清单》(乾隆三十一年五月二十九日),档号:05－0235－014。

　　②　台北"故宫博物院"藏:《暹罗国郑昭贡单》(乾隆四十六年五月二十六日),文献编号30660,照片见附图八;内务府奏案:《呈暹罗国长郑昭进贡物品清单》(乾隆四十六年十二月二十六日),档号:05－0364－032;(嘉庆)《大清会典事例》卷三九三《礼部·朝贡·贡物一》,第7832页。

　　③　(嘉庆)《大清会典事例》卷三九三《礼部·朝贡·贡物一》,第7837页。

　　④　台湾"中央研究院"历史语言研究所编:《明清史料》庚编,第六本,第544页。

　　⑤　台湾"中央研究院"历史语言研究所编:《明清史料》庚编,第六本,第546页。

续表

编号	朝贡时间	贡　物
19	乾隆五十四年	例贡:进皇帝:龙涎香 10 两,金刚钻 7 两,沉香 2 斤,上冰片 1 斤,中冰片 2 斤,孔雀尾 10 屏,翠皮 600 张,犀角 6 个,象牙 300 斤,白豆蔻 300 斤,藤黄 300 斤,大枫子 300 斤,降真香 300 斤,白胶香 100 斤,樟脑 100 斤,檀香 100 斤,荜拨 100 斤,甘蜜皮 100 斤,土桂皮 100 斤,西洋毯 2 领,西洋红布 10 匹,乌木 300 斤,苏木 3000 斤。 进皇后:金刚钻 3 两,余物数量减半。 万寿贡:寿烛 10 对,沉香 10 斤,紫胶香 50 斤,冰片 2 斤,燕窝 10 斤,犀角 9 个重 10 斤,象牙 9 枝重 200 斤,通大海 100 斤,哆啰呢 4 匹①。
20	乾隆五十五年	万寿贡:寿烛 10 对,金刚钻 1 斤,冰片 2 斤,燕窝 10 斤,沉香 20 斤,犀角 20 斤,孔雀尾 50 屏,翠鸟皮 500 张,檀香 100 斤,降真香 100 斤,砂仁米 100 斤,紫梗 100 斤,象牙 200 斤,豆蔻 200 斤,胡椒 200 斤,藤黄 200 斤,荷兰毯 2 领②。
21	乾隆五十七年	进皇帝和皇后:沉香 3 斤,檀香 150 斤,龙涎香 1 斤 8 两,白胶香 150 斤,降真香 450 斤,金刚钻 10 两,甘蜜皮 150 斤,西洋毯 3 领,西洋红布 15 匹,藤黄 450 斤,孔雀尾 15 屏,象牙 450 斤,犀角 9 个,冰片 4 斤 8 两,樟脑 150 斤,翠皮 900 张,胡椒 150 斤,桂皮 150 斤,苏木 4500 斤,白豆蔻 450 斤,大枫子 450 斤,乌木 4500 斤③。
22	乾隆六十年	进皇帝:公象 1 只,母象 1 只,沉香 2 斤,樟脑 100 斤,白胶香 100 斤,降真香 300 斤,大枫子 300 斤,乌木 300 斤,犀角 6 个,白豆蔻 300 斤,象牙 12 枝 300 斤,荜拨 100 斤,龙涎香 1 斤,檀香 100 斤,上冰片 1 斤,中冰片 2 斤,孔雀尾 10 屏,金刚钻 7 两,甘蜜皮 100 斤,桂皮 100 斤,西洋毯 2 张,西洋红布 10 匹,翠皮 600 张,藤黄 300 斤,苏木 3000 斤。 进皇后:无象,金刚钻 3 两,余物数量减半④。
23	嘉庆元年	进嘉庆皇帝:龙涎香 1 斤,沉香 2 斤,白檀香 100 斤,白胶香 100 斤,降真香 300 斤,金刚钻 7 两,上冰片 1 斤,中冰片 2 斤,樟脑 100 斤,孔雀尾 10 屏,犀角 10 个,象牙 12 枝重 300 斤,荷兰毯 2 领,红毛厘布 10 匹,翠鸟皮 600 张,甘蜜皮 100 斤,桂皮 100 斤,荜拨 100 斤,大枫子 300 斤,白豆蔻 300 斤,藤黄 300 斤,乌木 300 斤,苏木 3000 斤。 进皇后:金刚钻 3 两,余物数量减半。 进乾隆皇帝:同进嘉庆皇帝。 进皇太后:同进皇后⑤。

① 台湾"中央研究院"历史语言研究所编:《明清史料》庚编,第六本,第 549 页。
② 台湾"中央研究院"历史语言研究所编:《明清史料》庚编,第六本,第 554 页。
③ 内务府奏案:《奏为暹罗国进到贡物事》(乾隆五十七年十二月十七日),档号:05-0444-058。
④ 《暹罗国王郑华贡方物表》,载罗福颐辑:《国朝史料拾零》卷一,第 102—107 页;军机处录副奏折:《暹罗国王郑华咨为遵例朝贡事》(乾隆六十年三月),档号:03-7785-014。
⑤ 《暹罗国王郑华进贡太上皇方物表》《暹罗国王郑华进贡方物表》,载罗福颐辑:《国朝史料拾零》卷一,第 107—118 页;内务府奏案:《呈暹罗国王恭进贡物清单》(嘉庆二年正月初八日),档号:05-0466-002。

续表

编号	朝贡时间	贡 物
24	嘉庆三年	进皇帝:龙涎香 1 斤,沉香 2 斤,白檀香 100 斤,白胶香 100 斤,降真香 300 斤,金刚钻 7 两,上冰片 1 斤,中冰片 2 斤,樟脑 100 斤,荜拨 100 斤,大枫子 300 斤,豆蔻 300 斤,藤黄 300 斤,桂皮 100 斤,甘蜜皮 100 斤,翠鸟皮 600 张,孔雀尾 10 屏,象牙 12 枝重 300 斤,犀角 6 个,西洋毯 2 床,西洋红布 10 匹,乌木 300 斤,苏木 3000 斤。 进皇后:金刚钻 3 两,余物数量减半①。
25	嘉庆五年	未准入京,仪物、方物令贡使赍回②。
26	嘉庆六年	进皇帝:龙涎香 1 斤,沉香 2 斤,檀香 100 斤,白胶香 100 斤,降真香 300 斤,金刚钻 7 两,上冰片 1 斤,中冰片 2 斤,樟脑 100 斤,荜拨 100 斤,大枫子 300 斤,白豆蔻 300 斤,藤黄 300 斤,桂皮 100 斤,甘蜜皮 100 斤,翠鸟皮 600 张,孔雀尾 10 屏,象牙 12 枝重 300 斤,犀角 6 个,西洋毯 2 领,西洋红布 10 匹,乌木 300 斤,苏木 3000 斤。 进皇后:金刚钻 3 两,余物数量减半③。
27	嘉庆九年	入贡方物,均与嘉庆六年同④。
28	嘉庆十二年	待考
29	嘉庆十四年	万寿贡:大、小寿烛 10 对共重 300 斤,冰片 2 斤,金刚钻 1 斤,沉香 20 斤,檀香 100 斤,降真香 100 斤,燕窝 10 斤,象牙 200 斤,犀角 20 个,豆蔻 200 斤,藤黄 200 斤,紫梗 100 斤,西洋毯 2 张,翠皮 500 张,孔雀尾 50 屏,胡椒 200 斤,砂仁米 100 斤⑤。
30	嘉庆十五年	正贡船遭风沉溺,贡物沉失 9 种:沉香 3 斤,檀香 150 斤,樟脑 150 斤,藤黄 450 斤,西洋毯 3 领,白胶香 150 斤,冰片 4 斤半,西洋布 15 匹,甘蜜皮 150 斤。 仍存 13 种:龙涎香 1 斤半,犀角 9 个,大枫子 450 斤,象牙 450 斤,孔雀尾 15 屏,桂皮 150 斤,苏木 4500 斤,降真香 450 斤,乌木 450 斤,白豆蔻 450 斤,荜拨 150 斤,金刚钻 10 两,翠皮 900 张⑥。

① 《暹罗国入贡案·暹罗国恭进皇上方物》《暹罗国恭进皇宫方物》,载《史料旬刊》第 14 期,第 500—501 页;内务府奏案:《呈暹罗国王遣使恭进贡物清单》(嘉庆四年正月二十六日),档号:05—0473—038。
② 中国第一历史档案馆编:《嘉庆道光两朝上谕档》第 5 册,第 948 条,第 376—378 页。
③ 内务府奏案:《呈暹罗进到贡物清单》(嘉庆七年正月初十日),档号:05—0493—006;[朝鲜]李基宪:《燕行日记》,载[韩]林基中编:《燕行录全集》第 65 卷,第 163—169 页。
④ [清]萨迎阿总纂:《钦定礼部则例》卷一七六《主客清吏司·暹罗朝贡》,第 2 页。
⑤ 故宫博物院:《清代外交史料》(嘉庆朝)第 3 册,第 23 页。
⑥ 台湾"中央研究院"历史语言研究所编:《明清史料》庚编,第六本,第 564 页。

续表

编号	朝贡时间	贡　物
31	嘉庆十七年	谢恩贡：象牙18枝重450斤，冰片2斤12两，檀香150斤，龙涎香2斤12两，孔雀尾20屏，翠鸟皮900张，犀角9个重10斤，沉香6斤①。
32	嘉庆十八年	正贡船在洋失火焚烧，贡物存10种：降真香450斤，大枫子450斤，甘蜜皮150斤，白胶香150斤，荜拨150斤，象牙450斤，豆蔻450斤，桂皮150斤，藤黄450斤，乌木450斤②。
33	嘉庆二十年	进皇帝：龙涎香1斤，沉香2斤，檀香100斤，白胶香100斤，降真香300斤，冰片3斤，樟脑100斤，金刚钻7两，甘蜜皮100斤，桂皮100斤，荜拨100斤，白豆蔻300斤，大枫子300斤，孔雀尾10屏，犀角6个，象牙300斤，乌木300斤，西洋毯2领，西洋布10匹，翠鸟皮600张，藤黄300斤，苏木3000斤。 进皇后：金刚钻3两，余物数量减半③。
34	嘉庆二十年	进皇帝：龙涎香2斤，冰片3斤，沉香4斤，金刚钻10两，犀角6个，檀香100斤，白胶香100斤，降真香300斤，桂皮100斤，甘蜜皮100斤，樟脑100斤，豆蔻300斤，大枫子300斤，藤黄300斤，荜拨子100斤，西洋红布10匹，西洋毯2领，孔雀尾10屏，翠鸟皮600张，象牙300斤，乌木300斤，苏木3000斤。 进皇后：金刚钻6两，余物数量减半④。
35	嘉庆二十四年	万寿贡：象牙200斤，檀香100斤，降真香100斤，藤黄200斤，紫梗100斤，砂仁100斤，豆蔻200斤，孔雀尾50屏⑤。
36	嘉庆二十四年	例贡：龙涎香、沉香、白檀香、白胶香、降真香、藤黄、乌木、苏木、金刚钻、冰片、桂皮、甘蜜皮、樟脑、豆蔻、大枫子、荜拨、犀角、孔雀尾、翠毛、象牙、西洋红布、荷兰毯⑥。
37	道光元年	未准入京，仪物、方物令贡使赍回⑦。

---

① 内务府奏案：《呈暹罗国进到贡物清单》（嘉庆十七年十二月二十八日），档号：05－0563－118。

② 内务府奏案：《呈暹罗国进到贡物清单》（嘉庆十九年七月初二日），档号：05－0572－046。

③ 内务府奏案：《呈暹罗国进到贡物数目清单》（嘉庆二十年九月二十九日），档号：05－0579－055。

④ 内务府奏案：《呈暹罗国贡物清单》（嘉庆二十一年十二月初四日），档号：05－0587－056。

⑤ 内务府奏案：《呈暹罗国进到贡物清单》（嘉庆二十四年十月初二日），档号：05－0604－031。［清］梁廷枏总纂《粤海关志》卷二一《贡舶一》（第1607页）记暹罗贡物为：大寿烛5对，小寿烛5对，冰片2两（斤？），金钢钻1斤，沉香20斤，燕窝10斤，犀角20斤，檀香200斤，荷兰毯2领，降真香100斤，豆蔻200斤，砂仁200斤，胡椒200斤，翠鸟皮500张，孔雀尾50屏，象牙200斤，藤黄200斤，紫梗200斤。

⑥ 内务府奏案：《奏为暹罗国进到贡物事》（嘉庆二十四年十二月二十七日），档号：05－0606－086。

⑦ 中国第一历史档案馆编：《嘉庆道光两朝上谕档》第26册，第1437条，第432—433页。

续表

编号	朝贡时间	贡　物
38	道光二年	进皇帝：龙涎香1斤，冰片3斤，沉香2斤，金刚钻7两，白檀香100斤，白胶香100斤，降真香300斤，桂皮100斤，甘蜜皮100斤，樟脑100斤，豆蔻300斤，大枫子300斤，藤黄300斤，荜拨100斤，犀角6个，西洋红布10匹，荷兰毯2领，孔雀尾10屏，翠毛600张，象牙12枝重300斤，乌木300斤，苏木3000斤。 进皇后：金刚钻3两，余物数量减半①。
39	道光三年	万寿贡：大寿烛5对，每对40斤，小寿烛5对，每对20斤，冰片2斤，金刚钻1斤，沉香20斤，燕窝10斤，犀角20斤，荷兰毯2领，檀香200斤，降真香100斤，豆蔻200斤，砂仁200斤，胡椒200斤，翠毛500张，孔雀翎50屏，象牙200斤，藤黄200斤，紫梗200斤②。
40	道光五年	进皇帝：金刚钻10两，龙涎香1斤，檀香100斤，降真香300斤，白豆蔻300斤，沉香2斤，樟脑100斤，犀角6个，翠毛600张，荜拨100斤，白胶香100斤，孔雀翎10屏，甘蜜皮100斤，大枫子300斤，荷兰毯2领，西洋红布10匹，苏木3000斤，乌木300斤，藤黄300斤，冰片3斤，象牙12枝重300斤，硫磺100斤。 进皇后：金刚钻6两，余物数量减半③。
41	道光七年	谢恩贡：龙涎香1斤8两，沉香3斤，冰片1斤8两，犀角9个，白檀香150斤，孔雀翎20屏，翠毛900张，象牙18枝重450斤④。
42	道光九年	待考
43	道光十年	待考
44	道光十一年	待考
45	道光十四年	进皇帝：龙涎香1斤，沉香2斤，降真香300斤，白檀香100斤，白胶香100斤，冰片3斤，金刚钻10两，犀角6个，樟脑100斤，大枫子300斤，荜拨100斤，甘蜜皮100斤，桂皮100斤，孔雀尾10屏，翠毛600张，象牙12枝重300斤，藤黄300斤，硫磺100斤，豆蔻300斤，荷兰毯2张，西洋红布10匹，苏木3000斤，乌木300斤。 进皇后：方物并同，数量减半⑤。

①　内务府奏案：《呈暹罗国进到贡物清单》（道光二年十二月二十八日），档号：05－0623－074。

②　台湾"中央研究院"历史语言研究所编：《明清史料》庚编，第六本，第570—571页。

③　军机处录副奏折《暹罗国五世子郑福为恭进例贡事致大清国表文》（道光五年六月），档号：03－2819－013。

④　内阁题本：《两广总督李鸿宾为暹罗国遣使进贡谢恩事》（道光七年九月二十二日），档号：02－01－02－2819－009；（光绪）《大清会典事例》卷五〇四《礼部·朝贡·贡物二》，《续修四库全书》第806册，第62页。

⑤　内务府奏案：《呈暹罗国恭进贡清单》（道光十四年十二月二十八日），档号：05－0680－060。

续表

编号	朝贡时间	贡　　物
46	道光十七年	进皇帝：龙涎香 1 斤，沉香 2 斤，降真香 300 斤，檀香 100 斤，白胶香 100 斤，冰片 3 斤，金刚钻 10 两，犀角 6 个，樟脑 100 斤，大枫子 300 斤，荜拨 100 斤，甘蜜皮 100 斤，桂皮 100 斤，孔雀尾 10 屏，翠毛 600 张，象牙 300 斤，藤黄 300 斤，硫磺 100 斤，豆蔻 300 斤，荷兰毯 2 张，西洋红布 10 匹，苏木 3000 斤，乌木 300 斤。 进皇后：方物并同，数量减半①。
47	道光二十三年	待考
48	道光二十七年	进皇帝：龙涎香 1 斤，沉香 2 斤，降真香 300 斤，檀香 100 斤，白胶香 100 斤，冰片 3 斤，金刚钻 10 两，犀角 6 个，樟脑 100 斤，大枫子 300 斤，荜拨 100 斤，甘蜜皮 100 斤，桂皮 100 斤，孔雀尾 10 屏，翠毛 600 张，象牙 300 斤，藤黄 300 斤，硫磺 100 斤，豆蔻 300 斤，荷兰毯 2 张，西洋红布 10 匹，苏木 3000 斤，乌木 300 斤。 进皇后：方物并同，数量减半②。
49	咸丰元年	未准入京，仪物、方物令贡使赍回③。
50	咸丰三年	因库存暹罗减半方物三份，核与正贡一份之数相符，准将该国旧存贡物作为此次正贡，此次例贡留抵下次正贡④。

从表中可以看出，暹罗例贡贡物主要包括以下几类：一是驯象。在乾隆末年以前，暹罗贡物中常有贡进象只，乾隆末年以后则不再见有象只。之所以如此，当是因为乾隆五十八年（1793）十一月，乾隆帝以向来安南、缅甸、南掌等国俱有例进象只，现在銮仪卫有象 39 只，为数已多，令传谕云贵、两广督抚等，嗣后外藩所献方物内如有象只，该督抚接到咨会，即可檄知该国，以现有象只甚多，除其他贡品准其呈进外，所有象只不必收受送京⑤。二是香料、药材、木材、玉石、犀角、象牙等东南亚土产，特别是龙涎香、幼嘌香、豆蔻、降香、藤黄、大枫子、土桂皮、荜拨、樟脑、

---

① 内务府奏案：《呈暹罗国进到贡物数目清单》（道光十七年十二月二十八日），档号：05－0698－047。

② 内务府奏案：《呈暹罗国王进到贡物数目清单》（道光二十八年正月初二日），档号：05－0758－002。

③ 中国第一历史档案馆编：《咸丰同治两朝上谕档》第 1 册，第 1038 条，第 319—320 页。

④ （光绪）《大清会典事例》卷五〇四《礼部·朝贡·贡物二》，《续修四库全书》第 806 册，第 65 页。

⑤ 《清高宗实录》卷一四四一，乾隆五十八年十一月丁未，第 27 册，第 251 页。

儿茶皮、树胶皮、檀香、冰片、冰片油、蔷薇露、紫梗等香料、药材,占贡物数量半数以上;三是西洋布、荷兰毯等西方国家运到暹罗的商品,说明这一时期西方国家商人已大量进入暹罗,暹罗成为东西方贸易重要中转站。

除例贡外,暹罗还有请封、谢恩、祝寿、进香等贡,其贡物并无规定,实践中也并不统一。如乾隆五十三年(1788)暹罗进谢恩贡,包括公象、母象各1只,象牙、豆蔻、藤黄各300斤,沉香2斤,孔雀尾10屏,翠毛600张,檀香100斤,犀角6个;皇后前方物并同,数量减半。五十四年进万寿贡,包括寿烛10对,沉香10斤,紫胶香50斤,冰片2斤,燕窝10斤,犀角9个重10斤,象牙9枝重200斤,通大海100斤,哆啰呢4匹。这些贡物在品种和数量上都与例贡有所区别。

另外,暹罗"例于常贡外有加贡,无定额"①,对此清朝一般视情况予以收纳。如康熙四十七年(1708),暹罗入贡方物外,加贡物9件,副贡船贡驯象2只外,加贡金丝猴2只。雍正七年(1729),入贡方物外,加进宝剑1把、仗剑1把、金地交枝柳条版带2条。又加进火鸡1只、龙涎香1斤、黑软谷种16担、白粳谷种18担、喂鸡人1名。乾隆元年(1736),入贡方物外,加进金缎2匹、花幔1条。十三年,入贡方物外,又附洋船贡黑熊1只、斗鸡12只、泰和鸡16只、金丝白肚猿1只。十八年,入贡方物外,加进西洋金花缎番袍、金花缎夹裤各1件,西洋金缎带3条。

如果贡物在途中遭受意外损失,清朝一般免其补进。如乾隆二十六年(1761),暹罗贡船在粤遭风,飘失龙涎香、桂皮、豆蔻、儿茶皮、树胶香5种,乾隆帝下令免议②。嘉庆十五年(1810),暹罗正贡船行抵香山县属荷包外洋遭风沉溺,只将表文并贡物内龙涎香、金刚钻2种救出,其他各件俱经落水。嘉庆帝下谕沉失贡物不必另行备进③。十八年,暹罗正贡船在外洋失火焚烧,仅存贡品10种。嘉庆帝下谕,其正贡船沉失贡物,不必另行备进④。道光五年(1825),暹罗贡船在洋遭风,所载贡物尽行沉失。道光帝

---

① [清]梁廷枏总纂:《粤海关志》卷二一《贡船一》,第1559页。
② (嘉庆)《大清会典事例》卷三九三《礼部·朝贡·贡物一》,第7819页。
③ 台湾"中央研究院"历史语言研究所编:《明清史料》庚编,第六本,第563—564页。
④ 《清仁宗实录》卷二七四,嘉庆十八年九月甲申,第31册,第733页。

同样下谕,其沉失贡物,免其另行备进①。

四、使团规模

关于暹罗朝贡使团规模,康熙四年(1665)曾准员役 26 名赴京,至康熙六年议准:嗣后暹罗朝贡,不得过三船,每船不得过百人,来京员役 22 名,其接贡、探贡等船概不许放入②。

实践中,暹罗来华贡船一般为正、副贡船二只,每船梢目水手也很少超过百人。雍正十三年(1735),暹罗来华贡船二只,人数过百,据称"今次贡船稍大,是以多用水手,非敢违例"③。乾隆十四年(1749),暹罗来华贡船二只,除贡使、跟役人等 48 名外,实有商梢 186 名,"与每船人不过百之例相符"④。二十六年暹罗来华贡船二只,除贡使、番役人等外,共有商梢 198 名,"与每船人不过百之例相符"⑤。五十三年(1788),暹罗来华贡船二只,商梢共 198 名,"与例相符"⑥。五十五年,暹罗入贡,只有正贡船一只到粤,船内除贡使、番役外,实有商梢 99 名,"与例相符"⑦。道光二年(1822),暹罗贡船二只,船内除贡使、番役外,实有商梢 198 名,同样"与例相符"⑧。这些说明,除个别船只体积稍大,用船员水手超出规定外,暹罗来华贡船大多具有同样体积,使用梢目水手也多在近百名左右。

关于进京使团人数,康熙六年(1667)规定为员役 22 名,如果加上贡使,一般不超过 26 名。即所谓暹罗朝贡,"有正使、二使、三使、四使,其下为从人,赴京者不得过二十六人"⑨。参见表 5。

① 中国第一历史档案馆编:《嘉庆道光两朝上谕档》第 30 册,第 1310 条,第 373—374 页;《清宣宗实录》卷九一,道光五年十一月壬辰,第 34 册,第 465—466 页。

② (康熙)《大清会典》卷七二《礼部·主客清吏司》,第 3732 页。

③ 台湾"中央研究院"历史语言研究所编:《明清史料》庚编,第六本,第 510 页。

④ 台湾"中央研究院"历史语言研究所编:《明清史料》庚编,第六本,第 515 页。

⑤ 内阁题本:《广东巡抚讬恩多奏为暹罗遣使入贡事》(乾隆二十六年十月初九日),档号:02—01—04—15427—013。

⑥ 台湾"中央研究院"历史语言研究所编:《明清史料》庚编,第六本,第 546 页。

⑦ 台湾"中央研究院"历史语言研究所编:《明清史料》庚编,第六本,第 554 页。

⑧ 台湾"中央研究院"历史语言研究所编:《明清史料》庚编,第六本,第 569 页。

⑨ [清]萨迎阿总纂:《钦定礼部则例》卷一七六《主客清吏司·暹罗朝贡》,第 1 页。

表5　清代暹罗朝贡使团规模表①

编号	朝贡时间	进京使团
1	康熙四年	正贡使坤司吝喇耶迈低礼,副贡使握坤心勿吞瓦替,三贡使屋坤司敕博瓦绨(赴京途中病故于江西),大通事揭帝典办事,加员役共26名
2	康熙七年	贡使握坤司吝喇耶迈低礼,员役22名
3	康熙十二年	正贡使握坤司吝喇耶低迈礼,二贡使握坤司殊喝剃耶西,三贡使握坤押派瓦耻,通官握坤心物迈知理,揭帝典办事文司叻申理呼
4	康熙二十三年	正贡使坤孛述列瓦提,二贡使坤巴实提瓦抒,三贡使坤司吝嗒瓦喳,正通事坤思吝塔披彩,办事文披述嗒新礼呼,加员役共26名
5	康熙四十七年	贡使坤备叭喇插新厉呼喇插秃,加员役共26名;又载象船进京员役4名:偓乃、偓二、偓三、偓孔
6	康熙六十一年	贡使4名,通事2名,从人21名;又补进犀牛贡使1名,通事1名,从人4名
7	雍正二年	随商船附贡,船长乃文吭,未入京
8	雍正七年	贡使朗微述申黎呼
9	乾隆元年	正贡使朗三立哇提,副贡使朗曝理哇振,三贡使坤史璘呸者哪,坤新黎呼吕七通事柯汉,文备匹迈底办事;伴送官冯骞
10	乾隆十四年	正贡使朗呵派呱提,副贡使朗扒里千叨耶,三贡使坤申尼呼备郎,通事坤乐七呱喳迈墀呱增,文勃集纳各问办事,加员役共26名
11	乾隆十八年	贡使朗损吞呱沛等4名,通事吴碧莲,从人19名;伴送官吕定国
12	乾隆二十二年	贡使朗嵩统呵沛等4名,通事王国政
13	乾隆二十七年	正贡使朗备彩呱提,副贡使朗扒里呵沛,三贡使坤加呦耶备扒,四贡使文扒里申尼呼,通事王国政,从人21名;伴送官刘兆登
14	乾隆三十一年	正贡使丕雅嵩统呵沛,副贡使朗备彩申尼呼,三贡使坤孛千纳备问,四贡使文备集申尼呼,通事王国桢,从人16名
15	乾隆四十六年	正使丕雅逊吞亚排那突(进京途中病故于直隶新城),副使朗丕彩悉呢霞喔抚突、朗拔察那丕汶知突、汶丕匹㳇遮办事;伴送官王煦、武英
16	乾隆四十九年	正使帕史滑里那突,副使朗喟汶悉呢霞喔抚突、郎扶察那丕汶知突、汶丕匹㳇遮办事,通事1名,从人21名;伴送官张炯、武英
17	乾隆五十一年	正使丕雅史滑里逊通那突,副使帕喟汶悉呢霞喔抚突、朗拔察那丕汶知突、汶丕匹㳇遮办事;伴送官张炯、武英

---

① 表中未列通事、从人、伴送官者为缺考。表中不同年份贡使姓名可能相似,谨尊重原文照录。

编号	朝贡时间	进京使团
18	乾隆五十三年	正使帕使滑里逊通亚排那赤突,副使嘣喝汶悉呢霞喔无突,通事林广茂(返粤途中病故于江西泰和县),从人17名;伴送官张肇祥、赵攀龙
19	乾隆五十四年	共21名:正贡使帕史滑里逊通亚排那赤突,副贡使嘣喝汶悉呢嚷喔无突,三贡使郎拔察那丕汶知突,四贡使汶丕匹涝遮办事,正通事官谢上金,番书记乃司,汉书记钟英,番医生乃英,番吹手乃毡、乃美挨、乃孔、乃发、乃美、番、汉跟役乃春、乃永、乃吗、乃律、乃汶、乃坎民、乃里、王成;伴送官张肇祥、庄腾飞
20	乾隆五十五年	共21名:正使拍簪令思远那末蚋刹突,副使嘲疏越理买抵屋八突,正通事官王天秩,副通事官胡德钦,番书记乃疏罗,汉书记王成,番医生乃寸,番吹手乃孔挨、乃英、乃揆、乃将、乃唱、番、汉跟役乃竟、乃孔内、乃巧、乃蛮、乃历览、乃历巧、乃元、乃孔巧、李斗;伴送官邱学敏、许麟学
21	乾隆五十七年	正使帕史滑理逊通亚排那赤突,副使朗喝汶悉呢霞喔抚突;伴送官蔡枝华、陈时霖
22	乾隆六十年	正使哑雅唆挖粒巡段押薐昭突,副使嘣窝们孙泥霞屋拨突、嘣拔车哪鼻汶卑鲤突、坤第匹呱遮办事,通事林中桂
23	嘉庆元年	正使丕雅唆挖厘巡吞握派唠喇突,副使郎喝汶孙厘霞握巴突、郎勃敕哪丕汶知突、坤勃敕哪乃绩,通事2名,从人18名;伴送官潘绍观、英福
24	嘉庆三年	正使丕雅唆挖巡吞亚排押拉敕突,副使嘣窝们逊厘霞握叭突
25	嘉庆五年	到粤即回,失考
26	嘉庆六年	正贡使哑雅骚滑粒巡段呵叭喇昭突,二贡使帕窝们孙哶哎呵叭(在广州南海病故),三贡使廊勃车哪鼻们卑突,四贡使坤第匹呱遮办事,通事2名,从人15名;伴送官章铨、张汝嵩
27	嘉庆九年	正使哑雅梭挖理巡段呵排拉车突,副使3人,从人19名
28	嘉庆十二年	正使丕雅史滑里巡段亚排那车突,副使嘣窝汶逊厘霞握不突、嘣拔察哪丕汶知突、坤丕匹吁遮办事
29	嘉庆十四年	正使拍簪弯史藩撒挖哪车突,副使嘣史滑厘迈知握不突,通事黄青红;伴送官和瑋准、恒仁
30	嘉庆十五年	正使丕雅唆挖里巡段哶派唠喇突,副使朗喝汶孙厘霞握吧突、朗勃敕哪丕汶知突、坤匹哇遮办事,通事林恒中
31	嘉庆十七年	正使拍删挖里巡段亚排那车突,副使嘣呜汶删咏嘎吻不突
32	嘉庆十八年	正贡船在外洋失火焚烧,副使嘣拔察哪丕汶知突在粤患病,免令入京

编号	朝贡时间	进京使团
33	嘉庆二十年	正使丕雅梭扢粒巡吞押拨薅昭突,副使廊窝汶苏呢嗄握拨突、廊拔车哪鼻闷卑哩突、坤第匹呱遮办事
34	嘉庆二十年	贡使巧銮纹是通,未入京
35	嘉庆二十四年	正贡船飘失,副使嘟窝汶巡尔霞握不突,正、副通事 2 名,汉、番书记 2 名,番吹手 2 名,汉、番跟役 8 名
36	嘉庆二十四年	贡使吓雅唆滑里巡段呵叭腊车突、郎窝们孙哞霞阿勃突、郎勃车哪吡们卑突、坤备呱查办事,加员役共 26 名;伴送官何天冲、钟英、常永
37	道光元年	到粤即回,失考
38	道光二年	贡使吓雅唆挖里巡段呵排腊车突,副使嘟窝们孙哞霞呵勃突、嘟勃沽哪备们卑突、坤备匹呱喳办事,通事 2 名,从人 22 名;伴送官百顺、王文苑、文泰
39	道光三年	共 21 名:正使白沾暖梭藩哪挖腊车突,副使嘟窝梭挖哩叻昏呵不突,正通事林恒中,副通事钟良新,汉书记林大森,番书记乃坤,番吹手乃政、乃学、乃里、乃成、乃青,汉、番跟役乃荣、乃河、乃八、乃松、乃江、乃旬、乃进、乃岐、乃恒、乃长;伴送官屠英、袁逊、李耀扬
40	道光五年	正使吓雅梭挖里巡段呵排腊车突,副使郎窝们孙厘霞握不突、郎勃赤挪吓汶知突、坤匹勃哇查办事,通事钟良新。因贡船遭风击碎,贡物沉失,未准入京
41	道光七年	共 21 名:正使吓雅沾煖舒攀哪叭腊车突,副使郎孙控厘汝知握吓突,通事钟良新、林恒中,汉书记谭田,番书记乃波,番吹手 5 名:乃铺、乃力、乃应、乃客、乃敬,汉、番跟役 10 名:亚二、周容、钟升、乃壮、乃车、乃顺、乃马、乃嫩、乃暖、乃苏;伴送官金兰佛、徐香祖、宋吉贤
42	道光九年	正使吓雅唆滑里巡段呵叭腊车突,副使郎窝们孙哞霞呵勃突(返粤途中病故于安徽)、郎勃车哪吡们车突、坤备呱
43	道光十年	正使拍针伦素攀那密,副使銮素越俚迈知,通事 2 名,汉、番书记 2 名,番吹手 5 名,汉、番跟役 13 名,共 24 名
44	道光十一年	正使吓雅唆滑里巡段呵叭腊车突,副使郎窝们孙哞霞呵勃突、郎勃车哪吡们卑突、坤备呱查办事
45	道光十四年	正使吓雅唆滑里巡段呵叭腊车突,副使郎窝们孙哞霞呵勃突、郎勃车哪吡们卑突、坤备呱查办事
46	道光十七年	正使吓嘤萨滑俚巡段呵备哪车突,副使郎窝湾萨俚吓哈勃突、郎勃车哪备们叽突、管备你哝喳办事
47	道光二十三年	正使披耶唆乞哩巡段哑派拿车突,副使郎窝文孙你哈阿勃突、郎勃车拿备们俾突、坤备立哝渣办事

编号	朝贡时间	进京使团
48	道光二十七年	正使披耶唆乞哩巡段哑派拿车突,副使郎窝文孙咏哈阿勃突、郎勃车拿备们俾突、坤备立哌渣办事
49	咸丰元年	例贡贡使披耶唆挖里巡段哑派拿车突、郎窝汶孙咏哈阿勃突、郎勃车拿备们俾突、坤备立呱渣办事,通事潘荣、邓成;进香、庆贺使臣拍沾乱俟板纳末、郎唆挖里迈治,通事黄昭茂、陈仁。均未准入京,到粤即回
50	咸丰三年	正贡使披耶司豁哩巡段亚派拿车突,二贡使郎窝们孙你哈阿勃突,三贡使郎勃车那备们俾突,四贡使坤备立呱查办事坤勃车那备们;伴送官刘浔、苏学健、雷树勋

从上表可以看出,暹罗进京使团规模基本遵循了清政府的制度规定。需要指出的是,暹罗贵族爵位依次分为昭披耶(Chao Phya,又译昭丕雅)、披耶(Phya,又译丕雅)、帕(Phra,又译拍)、銮(Luang,又译郎、朗、廊或唧)、坤(Khun)五级,清朝档案文献翻译暹罗人名时一般带有爵位。从上表可以看出,康熙时期暹罗正使多以"坤"爵官员充任,雍正至乾隆中期正使多以"銮"爵官员充任,乾隆后期正使多以"帕"爵官员充任,但也出现"披耶"爵官员充任正使情形,乾隆六十年(1795)以后则一直以"披耶"爵位官员出任正使。这说明,暹罗访华使团级别呈现不断提高之趋势。

五、朝贡礼仪

基于礼仪的特殊象征性和功能性意义,朝贡礼仪是清代朝贡制度的核心,清朝与朝贡国对朝贡礼仪的遵守是两国间封贡关系存在的最重要的标志。就暹罗朝贡而言,可分以下几个阶段讨论。

(一)贡使在粤

暹罗贡使入境,"由两广总督、广东巡抚代题,敕〔礼〕部议准后,知照该督、抚令其入贡"[①]。至于具体程序,《粤海关志》和道光《广东通志》均有记载:

> 一、贡使人等到省,委员备办牛、酒、米、面、筵席等项,俟起贮表文、方物后,前赴犒赏。

---

① 〔清〕萨迎阿总纂:《钦定礼部则例》卷一七六《主客清吏司·暹罗朝贡》,第1页。

二、起货:通事、船主先期将压舱货物呈报广州府,转报委员查明。其货物数目、斤两册,汇同表文、方物,由司详候督、抚会疏题报,候题允日招商发卖。其应纳货饷,候奉部行分别免征。

三、贡使入京,通事将起程日期具报广州府,转报布政司,移会按察司,颁发兵部勘合一道,驿传道路牌一张,督、抚委送官三员随同伴送。将进京贡使人员廪给口粮、夫船数目,填注勘合内。经过沿途州县,按日办应。其在省看守贡船人等,以奉旨准贡日移明粮道,每名每日支米八合三勺。

四、贡使入京伴送,文职应委道、府大员,武职应委参将大员,并委丞卒一员,随往长途护送。自省起程,前抵韶州府,例委分巡广州府之督粮道护送弹压;自韶州府南雄州度岭,应委南韶连道护送弹压出境,仍饰(饬)各属照例应付,不准丝毫滥应。京旋之日,一体办理。

五、贡使进京,令通事先将起程日期报府,转报上司,预行取办祭江猪只、吹手、礼生应用。

六、贡使京旋,委员自京护送敕书大典回广,船到河下,迎请安奉怀远驿馆,遵奉筵宴一次,候风讯便日起程。

七、贡使京旋,广州府即谕令各船修葺,俟风讯顺便回国。所买回国货物,一切违禁物件不许买带外,其应买货物,俱照定例听其买回。应委官一员,监督盘运下船,并即令护送该船出口,俟其扬帆回报。[1]

暹罗使团到境时,要会验所贡方物,具体程序为:"是日辰刻,南海、番禺两县委河泊所大使赴驿馆护送贡物,同贡使、通事由西门进城,至巡抚西辕门安放,贡使在头门外帐房候立。俟两县禀请巡抚开中门,通事、行商护送贡物,先由中门至大堂檐下陈列,通事复出在头门外。两县委典史请各官穿公服,至巡抚衙门,通事引贡使打躬迎接。候巡抚开门升堂,督抚各官正坐,司道各官旁坐,通事带领贡使由东角门报门进至大堂檐下,行一跪三叩礼,赐坐,赐茶。各官即起坐验贡毕,将贡物仍先从中门送出西辕门。通事引贡使由西角门出,至头门外立候送各官回,将贡物点交通事、行商、贡

① 〔清〕梁廷枬总纂:《粤海关志》卷二一《贡舶一》,第1550—1553页;〔清〕阮元修,陈昌齐等纂:(道光)《广东通志》卷一七〇《经政略十三》,同治三年(1864)重刻本,商务印书馆,1934年影印本,第3089页。

使同送回驿馆贮放。"①

　　贡使京旋回国时,要在广州筵宴一次,额定用银 17.5 两。贡使往返北京期间,在广州守候梢目、水手等额支口粮,"于奉旨准贡之日起支,贡使回广之日住支"。伴送委员往返北京,额给盘费银 50 两。以上各项,"均于广东存公银内并地丁项下额支米内动支"②。

(二)贡使在途

　　根据朝贡通例,暹罗朝贡使团赴京,"经过各省,仍预派干员护送趱行,按省更递,沿途给与馆舍、廪饩、夫马、船只,各营汛递遣官兵防护"③。暹罗贡使离京返粤时,礼部将满、汉司官各二员带领引见,恭候钦点一员,给与勘合,令沿途支给夫马,加意照看,伴送至广东交该督抚,照例送出边境④。关于使团所用廪饩、夫马、船只等项数量,乾隆五十四年(1789)暹罗使团赴京呈进例贡、祝寿贡物时,运送表亭上、下架用夫 12 名,例贡贡物用夫 171 名,祝寿贡物用夫 13 名,贡使、通事 5 员用夫 20 名、马 5 匹、番、汉书记等 16 名用马 16 匹,伴送官 2 员用夫 16 名、马 4 匹,水路部分用河船 7 只、水手 28 名、夫 56 名。以上总计用夫 288 名、马 25 匹、船 7 只、水手 28 名。另贡使、通事每员廪给一份,每份每站银 1 钱,番、汉书记等每名口粮一份,每份每站银 5 分⑤。次年暹罗使团赴京呈进祝寿贡物时,运送表亭上、下架用夫 12 名,贡物用夫 32 名,贡使、通事 4 员用夫 16 名、马 4 匹、番、汉书记等 17 名用马 17 匹,伴送官 2 员用夫 16 名、马 4 匹,水路部分用河船 5 只、水手 20 名、夫 24 名。以上总计用夫 100 名、马 25 匹、船 5 只、水手 20 名。另贡使、通事每员廪给一份,每份每站银 1 钱,番、汉书记等每名口粮一份,每份每站银 5 分⑥。道光三年(1823)暹罗使团赴京祝寿时,运送表亭上、下架用夫 12 名,贡物用夫 44 名,贡使、通事 4 员用夫 16 名、马 4

---

①　[清]梁廷枏总纂:《粤海关志》卷二一《贡舶一》,第 1554—1555 页;[清]阮元修、陈昌齐等纂:(道光)《广东通志》卷一七〇《经政略十三》,第 3089—3090 页。

②　[清]梁廷枏总纂:《粤海关志》卷二一《贡舶一》,第 1554 页;[清]阮元修、陈昌齐等纂:(道光)《广东通志》卷一七〇《经政略十三》,第 3090 页。

③　[清]萨迎阿总纂:《钦定礼部则例》卷一七一《主客清吏司·朝贡通例》,第 1 页。

④　台湾"中央研究院"历史语言研究所编:《明清史料》庚编,第六本,第 523 页。

⑤　台湾"中央研究院"历史语言研究所编:《明清史料》庚编,第六本,第 549—551 页。

⑥　台湾"中央研究院"历史语言研究所编:《明清史料》庚编,第六本,第 554—555 页。

匹,番、汉书记等 17 名用马 17 匹,伴送官 3 员用夫 24 名、马 6 匹,水路部分用河船 5 只、水手 20 名、夫 40 名。以上总计用夫 136 名、马 27 匹、船 5 只、水手 20 名。另贡使、通事每员廪给一份,每份每站银 1 钱,番、汉书记等每名口粮一份,每份每站银 5 分①。道光七年(1827)暹罗使团赴京呈进谢恩贡物时,运送表亭上、下架用夫 12 名,贡物用夫 18 名,贡使、通事 4 员用夫 16 名、马 4 匹,番、汉书记等 17 名用马 17 匹,伴送官 3 员用夫 24 名、马 6 匹,水路部分用河船 5 只、水手 20 名、夫 40 名。以上总计用夫 110 名、马 27 匹、船 5 只、水手 20 名。另贡使、通事每员廪给一份,每份每站银 1 钱,番、汉书记等每名口粮一份,每份每站银 5 分②。

如朝贡使团成员在途中病故,则按照规定予以赒恤。对此早在顺治元年就规定:外国贡使或在途病故,由礼部具题,令内院撰拟祭文,所在布政使司备祭品,遣官致祭一次,仍置坟茔,立石封识。如同来使人自愿带回骸骨者听。若到京病故,给棺木、红缎,遣祠祭司官谕祭,兵部应付车马人夫。其应赏等物,仍付同来使臣颁给。进贡从人在京病故者,给棺木、红绸,在途病故者,听其自行埋葬③。据此,康熙三年(1664)十二月,暹罗进贡使臣敕博瓦绨在江西病故,康熙帝命江西布政使遣官致祭,置地营葬,立石封识④。乾隆四十六年(1781)十二月,暹罗贡使丕雅逊吞亚排那突行至直隶新城县病故。次年三月,乾隆帝谕准直隶总督郑大进所奏,照例给银 20 两,颁发祭文⑤。嘉庆六年(1801)九月,暹罗国二贡使帕窝们孙哖哎呵叭突在广州南海地方患病身故。嘉庆帝下谕:"著加恩再赏银三百两,遇有该国便船,即令先行带回,将银两给伊家属,不必等候此次贡船回国。"嘉庆帝还就此类事项作出新的规定:"嗣后如遇有此等外国使臣在内地身故之事,著即照此例办理。"⑥嘉庆二十四年(1819)暹罗朝贡,贡使及通事等遭风漂没,嘉庆帝下谕,贡使照在京贡使例,给予织金罗 3 匹,缎 8 匹,罗 5 匹,绢 5 匹,里绸 2 匹,布 1 匹,赐银 300 两;通事二名,各给缎 5 匹,罗 5 匹,绢 3

①　台湾"中央研究院"历史语言研究所编:《明清史料》庚编,第六本,第 571 页。
②　内阁题本:《两广总督李鸿宾为暹罗国遣使进贡谢恩事》(道光七年九月二十二日),档号:02-01-02-2819-009。
③　(嘉庆)《大清会典事例》卷四〇〇《礼部·朝贡·赒恤》,第 8117—8118 页。
④　《清圣祖实录》卷一三,康熙三年十二月甲戌,第 4 册,第 204 页。
⑤　中国第一历史档案馆编:《乾隆帝起居注》第 32 册,第 75 页。
⑥　中国第一历史档案馆编:《嘉庆道光两朝上谕档》第 6 册,第 1056 条,第 371—372 页。

匹,以上各项"发交两广总督,转发该国,交伊家属"①。道光十年(1830),
暹罗国副使郎窝们孙哗霞呵勃突返粤途中病故于安徽,又按例得到赐银
300两的赙恤②。

(三)贡使在京

暹罗使团在京期间,有进表、觐见、朝贺、题赏、筵宴、在馆供给等一系
列需要办理的事项。以乾隆二十七年(1752)暹罗朝贡为例,礼部开列需要
办理的事宜包括12项:(1)贡使到京日,奏派官兵看守;(2)贡物到京,先交
贡象二只;(3)该国表文,例送内阁翻译进呈;(4)礼部具奏该国进贡题本,
例候表抄到部,填明谕旨具题;(5)题赏该国王及王妃、贡使人等缎匹、绢布
等物,俱于内务府移取,在午门外赏给,咨明内阁撰入敕书;(6)该国王如遇
特赏物件,由内务府封固颁发,贡使带回,仍由礼部开单,行文内阁一并撰
入敕书;(7)该贡使在京,如遇升殿,奏请该贡使随班行礼,或时值启銮,令
道旁瞻觐;(8)该贡使例应折奏召见,如遇升殿已经行礼,例用绿头牌奏请
停止;(9)该贡使例应事竣日在礼部筵宴二次,回至广东筵宴一次;(10)事
竣后,例派礼部满汉司官各二员引见,恭候钦点一员伴送至广东,交巡抚照
料回国;(11)该贡使在京供给,例由精膳司行文光禄寺给发食物,行文户部
给发米石;(12)贡使在馆居住,例无定限,查乾隆十四年在京计住60日,十
八年计住50日,事竣起身,用绿头牌奏明日期③。

朝贡使团在京期间各项礼仪,是朝贡礼仪的核心部分。暹罗朝贡,其
"贡使进表、朝贺、在馆供给,及颁赏归国各事宜,均详朝贡通例"④。也就
是说,暹罗使团在京期间各项礼仪与其他国家基本相同。具体包括以下几
个方面:

1. **进表**

暹罗使团至京,一般入住会同四译馆。使团入京之前,礼部预行工部修
饰馆舍,备器用薪炭,户部给粟米刍豆,光禄寺给牲鱼、酒浆、蔬果之属。使团

① (光绪)《大清会典事例》卷五一三《礼部·朝贡·赙恤》,《续修四库全书》第806册,第161页。
② (光绪)《大清会典事例》卷五一三《礼部·朝贡·赙恤》,《续修四库全书》第806册,第161页。
③ 军机处满文录副奏折:《暹罗国贡使到京办理事宜清单》(乾隆二十七年二月),档号:03—0179—1925—019。
④ [清]萨迎阿总纂:《钦定礼部则例》卷一七六《主客清吏司·暹罗朝贡》,第1页。

既至会同四译馆,鸿胪寺少卿饬属延接入馆,以时稽其人众,均其饮食。

使团入住会同四译馆后,一般于翌日先往礼部进表。具体程序为:礼部仪制司官事先设表案于堂上正中,黎明时,四译馆馆卿朝服,率贡使等前往礼部,由左角门入,伫立阶下之左,正使奉表在前,副使次之,从官在后。礼部侍郎一人,出立于案左,仪制司官二人,鸿胪寺鸣赞二人,分立于左右楹南,均朝服。"馆卿先升阶,立左楹鸣赞之右,鸣赞赞进表。司宾序班二人引贡使升阶立,副使从升,少(稍)后立,从官随序立。赞跪,贡使以下皆跪。赞接表,正使举表,馆卿恭接,以授侍郎。侍郎受表,陈于案正中,复位。赞叩,兴,正使以下行三跪九叩礼,兴,序班引退,馆卿率以出,仪制司官送表内阁,俟命下,礼部以方物分纳所司"①。

暹罗使团呈进贡物,一般分纳所司。如象交銮仪卫,金刚钻、翠鸟皮交造办处,上冰片、中冰片、樟脑、甘蜜皮、桂皮、荜拨、大枫子、豆蔻交药房,龙涎香、沉香、白檀香、白胶香、降真香、孔雀尾、犀角、象牙、西洋红布、西洋毯、藤黄、乌木、苏木交外库②。

2. 觐见

贡使进表之后,如遇大朝(万寿圣节、元旦、冬至三大节)和常朝(每月逢五日),应随班至太和殿觐见。觐见之前,鸿胪寺预教贡使演礼,付仪制司于仪注本内声明,令其于百官末行礼。届期,主客司官暨馆卿大使等,率贡使至午门前朝房祗候,引入贞度门。皇帝御太和殿,百官行礼毕,序班引贡使暨从官诣丹墀西班末,听赞行三跪九叩礼③。如嘉庆二年(1797)元旦,暹罗使团在京,其参与太和殿觐见礼仪为:

　　(嘉庆)二年元旦,行庆贺礼,卤簿乐悬陈设俱如仪。銮仪卫官设皇帝拜褥于太和殿槛内正中。礼部鸿胪寺官预设表案于太和殿内东旁,礼部仪制司官奉王以下文武各官所进庆贺太上皇帝(按:指乾隆帝)表文,安设案上。鸿胪寺官引和硕亲王以下入八分公以上在丹陛

① [清]来保、李玉鸣等奉敕撰:《钦定大清通礼》卷四三《宾礼·外国朝贡》,文渊阁《四库全书》第655册,第428页;[清]萨迎阿总纂:《钦定礼部则例》卷一七一《主客清吏司·朝贡通例》,第10页;(嘉庆)《大清会典事例》卷三九五《礼部·朝贡·朝仪》,第7873—7874页。

② 《暹罗国入贡案·上谕》,载《史料旬刊》第14期,第502页。

③ [清]来保、李玉鸣等奉敕撰:《钦定大清通礼》卷四三《宾礼·外国朝贡》,第428页;[清]萨迎阿总纂:《钦定礼部则例》卷一七一《主客清吏司·朝贡通例》,第11页;(嘉庆)《大清会典事例》卷三九五《礼部·朝贡·朝仪》,第7874页。

上，文武各官在丹墀内，各照品级按翼排立，朝鲜、暹罗使臣等立于西班百官之末。礼部堂官先行奏请皇帝具礼服，于保和殿暖阁祗候。届时，礼部堂官奏请太上皇帝御礼服，乘舆出宫。午门鸣钟鼓，礼部堂官前引，至太和殿后降舆。太上皇帝御太和殿，中和韶乐作，奏元平之章。太上皇帝升座，乐止。皇帝（按：指嘉庆帝）在殿内西向祗俟。銮仪卫官赞鸣鞭，阶下三鸣鞭，鸣赞官赞排班，丹陛大乐作，奏庆平之章。皇帝就拜褥后立，鸿胪寺官引王以下文武各官暨朝鲜、暹罗使臣等排班立。鸣赞官赞进，皇帝进至拜褥上立，王以下众官暨朝鲜、暹罗使臣等皆进立。赞跪，皇帝跪，王以下众官暨朝鲜、暹罗使臣等皆跪。赞叩兴，皇帝率王以下众官暨朝鲜、暹罗使臣等俱行三跪九拜礼。赞退，皇帝仍至原位立，王以下众官暨朝鲜、暹罗使臣等皆退复原班立。乐止。銮仪卫官赞鸣鞭，阶下三鸣鞭，中和韶乐作，奏和平之章。太上皇帝起座，乘舆还宫，皇帝仍于保和殿暖阁少憩。①

显然，虽然参与太和殿觐见是最盛大的礼仪，但贡使并非觐见的主角，其只是跟随百官之末行礼。

　　如不遇朝期，由礼部取日，奏请于便殿召见。便殿召见又分为一般礼仪和优礼两种。召见之前，"馆卿预戒贡使及通事官习肄礼仪"。之后，一般礼仪为：

　　　至日，率贡使服其国公服，通事补服，诣宫门外祗俟。皇帝常服御便殿，领侍卫内大臣、内大臣、侍卫左右侍立，如常仪。礼部尚书一人，蟒袍补服，引贡使入，通事随入，至丹墀西，行三跪九叩礼。毕，引由西阶升，至殿门外跪。皇帝降旨慰问，礼部尚书承传，通事转谕贡使。贡使对词，通事译言，礼部尚书代奏。礼毕，兴，引自西阶降，出退。

优礼礼仪为：

　　　如待以优礼，是日皇帝御便殿，侍卫如前，议政大臣暨八旗大臣咸蟒袍补服入殿，按翼侍立。礼部尚书引贡使至丹墀西，行三跪九叩礼。兴，引由西阶升，入殿右门，立右翼大臣之末。通事随入，稍后立。皇帝有旨赐坐，领侍卫内大臣、内大臣、议政大臣、八旗都统、副都统、礼

---

①　（嘉庆）《大清会典事例》卷二三七《礼部·朝会·元日》，第231—234页。

部尚书就立位，一叩，序坐，贡使随跪叩，坐。乃赐茶，尚茶进皇帝茶，众跪叩。侍卫遍授大臣及贡使茶，咸跪受，一叩，坐饮毕，跪叩如初。皇帝降旨慰问，贡使跪聆答奏，皆礼部尚书承传，通事译言，如前仪。礼毕，礼部尚书引贡使出，至朝房，承旨赐贡使尚方饮食讫。馆卿率以退。翼日黎明，领赴午门外谢恩。鸿胪寺传赞，序班引班，贡使就丹墀西，北面，行三跪九叩礼如仪，退。①

上述一般礼仪和优礼的区别，主要在于议政大臣等齐集赐坐赐茶之处。事因雍正元年(1723)，朝鲜国王派密昌君李樴到京进表庆贺，总理事务王大臣等议奏，凡朝鲜国王派遣之族人、职衔称君者，遇皇上升殿，在右翼辅国公之下赐座赐茶，今朝鲜国王派其叔祖密昌君李樴来京，理应觐见，皇上升乾清宫宝座，礼部引进丹墀上行礼，礼毕，进乾清宫内，在右翼辅国公之下赐座赐茶，议政大臣入内，大臣班内坐，免吃茶。雍正帝下谕：嗣后琉球、安南、暹罗等国来使召见，俱照朝鲜国来使召见之例。至乾隆元年(1736)，暹罗国王派朗三立哇提等奉表入贡进京，和硕履亲王允祹等议奏称：朝鲜国来使召见赐座赐茶，原因其系该国王族称君者，与我朝内大臣等位次不甚相悬，故相待如此之优。至琉球、安南、暹罗等国差来，若系该国王兄弟、世子来朝者，自应如朝鲜之例，若寻常贡使，乃伊国陪臣，与我朝内大臣等相去悬远，则召见仪注，似不宜照朝鲜国称君者来使之例。查康熙帝时，亦有召见各国使臣者，不过于便殿召见，如引见官员之例，只侍卫等侍立，令其跪聆，慰问毕，即引出赏赐茶饭，并无御前赐座赐茶。今暹罗国贡使朗三立哇提等召见之日，皇帝御乾清宫宝座，应入班之内大臣侍卫等照例排班侍立，礼部堂官二员引该国来使等，穿伊国公服，随带通事一员，由乾清门西门入，至丹墀下西边，行三跪九叩头礼，礼毕，礼部堂官由西阶引至乾清宫中门外跪，通事在来使西边稍后跪，礼部堂官二员两旁侍立，皇帝慰问毕，礼部堂官引出，候旨赐茶或赐饭毕，引至午门外谢恩。“其议政大臣等齐集坐班、赐坐赐茶之处，似应停止。嗣后琉球、安南等国来使如蒙召见，俱照此例遵行”。乾隆帝下谕：“此奏虽是。此次仍照世宗宪皇帝召

---

① ［清］来保、李玉鸣等奉敕撰：《钦定大清通礼》卷四三《宾礼·外国朝贡》，第428—429页；［清］萨迎阿总纂：《钦定礼部则例》卷一七一《主客清吏司·朝贡通例》，第11—13页；(嘉庆)《大清会典事例》卷三九五《礼部·朝贡·朝仪》，第7874—7878页。

见例召见。"①此次召见之后,遂有一般礼仪和优礼之别。

　　除随班观见和便殿召见外,还常令贡使在道旁瞻觐,瞻觐地点通常在各宫门外。如乾隆十四年(1749),暹罗国使臣朗呵派呱提等奉表来京,适逢乾隆帝巡狩木兰,令于起銮之日,礼部满堂官引暹使4人及通事1人,至圆明园宫门外,于车驾未启行之先,行三跪九叩礼,赏赐该国物件,于宫门前赏给,随率至王公百官送驾排班之末,跪候瞻觐②。此后,清廷多次令暹罗贡使在道旁瞻觐,如乾隆十八年在南红门,四十六年在午门前,四十九年在西苑门外,五十三年、五十四年在西华门外,五十五年、五十七年、六十年在西苑门外,嘉庆元年(1796)在西华门外,六年、九年在西苑门外,十二年、十七年在神武门外,二十年在西安门内,二十四年在神武门外,道光二年(1822)、三年在神武门外,七年在西华门外,九年在西苑门外,十年在神武门外,十四年、十七年在西苑门外,二十三年、二十七年在午门外,咸丰三年(1853)在午门外瞻觐。这种道旁瞻觐,因为更接近清帝,反而比随班观见和便殿召见更受使团欢迎。

　　觐见礼仪是整个朝贡制度的核心,也是清朝与朝贡国封贡关系存在最重要的标志。暹罗使团觐见清朝皇帝时是否遵循了清朝为之规定的"三跪九叩"礼仪?除清朝档案文献明确记载暹罗使团要行跪叩礼仪外,在咸丰三年暹罗使员拍因蒙提所撰《泰国最后一次进贡中国记录书》中,也可看到如下记录:使节在午门外觐见咸丰帝时,"皇以手掀轿帘,转面对暹使而视,官员即促使节下跪三叩头,然后起立"。使节在紫光阁觐见时,"高丽(按:指朝鲜)使节先入觐,使节四员,翻译二员,其六员,立于御座前十速(每速五十生的)远,旋下跪三叩头,然后起立,继获谕令由太监延入,至桌前皇之御座前,皇赐酒各一杯,使节下跪三叩头谢恩,使节即面对御座倾饮而尽,又下跪三叩头,乃退至原处伫立,然后四使节各顺序趋前觐见。皇对使节宣谕数言,惟听不清楚。旋下谕太监引暹使入觐,各国使节均四人及翻译二人共六人,各使节均下跪叩头,礼仪如下:正副使下跪叩头后起立,皇赐御酒,一如赐高丽使者焉,使节下跪谢恩后,皇宣谕称:使节返暹后祈上奏暹皇,谓暹国君主崇敬朝廷已历数百年,始终不懈,朕殊感谢。使节闻言即下跪三叩头谢恩,已毕,复退至原处,此外则其他各国使节顺次进觐,计

---

① 台湾"中央研究院"历史语言研究所编:《明清史料》庚编,第六本,第512—513页。
② (乾隆)《大清会典则例》卷九三《礼部·主客清吏司·朝贡上》,第916页。

共有六国之使节,均朝觐已毕,皇即返御殿,官员即延六国使节大开筵宴"。使节在圆明园觐见时,"御驾临使节前而止,使节齐下跪三叩头"。在该记录书中,还附有一份珍贵的《暹使觐见咸丰帝时留影》,明确画明暹罗贡使跪叩清帝的情景①。从这些可以看出,暹罗使节在觐见清朝皇帝时是行了跪叩礼仪,在最隆重的觐见中,还要严格遵行"三跪九叩"制度。

3. 在馆供给

暹罗使团在京期间,一般住居会同四译馆内。清朝于康熙三年(1664)制定在馆供给标准,后来在雍正五年(1727)对供给标准做出修改。到乾隆元年(1736),又新定贡使在京过春节的特别供给标准,详见下表。

表 6　暹罗使团日常供给标准表②

时间	正、副使		办事、干事官	通事官	从人	备注
康熙三年	每日共牛乳1镟,每二日羊1只,每五日苹果、梨各50个,鲜葡萄、枣各5斤,沙果75个			每日肉2斤半,茶5钱,面1斤,豆腐1斤,花椒5分,清酱、酱各4两,香油4钱,酒1壶,菜1斤,灯油1钟	每日各给肉1斤半,面半斤,菜2两,盐1两,共酒10壶,灯油5钟	各官、从人俱给米
	每日共鹅1只,鸡1只,鱼1尾,茶1两,面2斤,豆腐2斤,椒1钱,清酱、酱各6两,香油6钱,各样菜蔬3斤,酒10壶,灯油1钟		每日各给豆腐1斤,茶5钱,面1斤,椒5分,清酱、酱各4两,香油4钱,酒1壶,菜1斤,灯油1钟			
时间	大贡使	左、右贡使	四贡使	通事	从人	备注
雍正五年	每三日给蒙古羊1只,每日给鹅1只,鸡3只,鱼3尾,猪肉5斤,菽乳3斤,酱瓜4两,菜3斤,酒7瓶,面2斤,清	每日共羊1只,猪肉3斤,牛乳1镟,各鹅1只,鸡1只,鱼1尾,菽乳3斤,酒6瓶,酱6两,灯油2两,茶1	日给鸡1只,猪肉2斤,菽乳1斤,菜1斤,酒1瓶,面1斤,香油4钱,椒5分,清酱2两,酱4两,盐1两,茶5钱,灯	日给猪肉2斤8两,菽乳1斤,菜1斤,酒1瓶,面1斤,香油4钱,椒5分,清酱、酱各4	各日给猪肉1斤8两,面8两,菜2两,盐1两,共酒10瓶,灯油10两	各官、从人俱给米

---

① [泰]拍因蒙提:《泰国最后一次入贡中国纪录书》,[泰]陈棠花译,(曼谷)《中原月刊》1941年第1卷第1期。并参见附图十一。

② 资料来源:(康熙)《大清会典》卷七七《礼部·下程路费》,第3902页;(雍正)《大清会典》卷一〇九《礼部精膳司·下程路费》,第7244—7245页;(乾隆)《大清会典则例》卷九七《礼部·精膳清吏司·饩廪》,第976—977页;(嘉庆)《大清会典事例》卷四〇六《礼部·饩廪·藩属饩廪》,第8397—8398页;卷四〇七《礼部·饩廪·年节给赏》,第8425页。

续表

时间	大贡使	左、右贡使	四贡使	通事	从人	备注
	酱 6 两,酱 8 两,醋 10 两,香油 1 两,盐 3 两,茶 4 两,黄蜡烛 3 枝,灯油 6 两,酥油 3 两,牛乳 1 镟,椒 1 钱,蒜 10 本,姜 5 两,细粉 1 斤 8 两,苹果、花红、梨、柿各 15 枚,葡萄、枣各 1 斤	两,盐 1 两,面 2 斤,清酱 6 两,醋 10 两,香油 1 两,酱瓜 4 两,椒 1 钱,每五日共苹果、梨各 50 枚,花红 75 枚,葡萄、枣各 5 斤	油 2 两	两,茶 5 钱,灯油 2 两		
乾隆元年	凡遇年节除夕,暹罗贡使共给席 3 桌,鹅 1 只,鸡 1 只,酒 1 瓶,茶 1 桶,复给正、副使共羊 5 只,鱼 30 尾,酒 2 瓶,通事、伴送官、先目、后生各鱼 1 条,猪肉 5 斤					

4. 宴赍

朝贡使团在京期间,清朝一般予以赐宴和赏赍。其中赐宴包括礼部赐宴和宫廷赐宴。礼部赐宴有两次,第一次在礼部,第二次在会同四译馆舍,"贡使回国时,题明在部筵宴一次,在馆筵宴一次,付知精膳司办理"①。礼部筵宴是在暹罗贡使觐见后,具体标准为:以堂官主席,正贡使 1 人,副贡使 1 人,三贡使 1 人,四贡使 1 人,通事 1 人,并主席堂官各席一,从人 19 名,护送官 1 人,共设席十,用茶 2 桶,烧黄酒 2 瓶,蒙古羊 2 只;在会同四译馆筵宴,设席及用羊、茶、酒等均照在部筵宴例送馆②。礼部筵宴具体礼仪为:

> 东南海外诸国陪臣进贡入朝毕,赐燕于礼部,以礼部侍郎主席。其日,设香案于露台上,光禄寺庀馔,所司视布席。堂上正中位主席,当后楣,西向。其右为正使席、副使席、正使下人专席、通事从官席,副使后从人席,于西楹外,二人共席,均南向,以东为上。贡使至部,步入仪门,主席率诣香案前,行三跪九叩礼。毕,升堂。贡使见主席,行一

①　[清]萨迎阿总纂:《钦定礼部则例》卷一七一《主客清吏司·朝贡通例》,第 11—13 页。
②　(嘉庆)《大清会典事例》卷四〇四《礼部·燕礼·各国贡使来朝筵燕》,第 8344—8345 页。

> 跪三叩礼,主席答揖三,乃即席。主席举爵,贡使即席一叩,饮酒三巡,
> 供馔。燕毕,谢恩如仪,贡使辞,各退。①

在会同四译馆舍的赐宴礼仪与在礼部相同:"事竣贡使将回国,光禄寺备牲
酒果蔬,礼部侍郎一人诣馆舍筵燕,如在部仪。"②除礼部赐宴外,清帝还准
令贡使参与重要节日举行的宫廷筵宴,如除夕前一日在重华宫,除夕在保
和殿,正月初旬在紫光阁或山高水长蒙古包,十五日在正大光明殿举行盛
大宫廷宴会,一般准令暹罗贡使入宴。

除赐宴外,还要对朝贡使团进行赏赉即赐予。对暹罗入京使团的赐予
一般于午门外举行,具体礼仪为:

> 朝贡礼毕,礼部疏请颁赐国王,并燕赉贡使及其从官从人。既得
> 旨,移诸司供备。届日,所司陈赐物于午门外道左……馆卿朝服,率贡
> 使暨从官,各服其国朝服,由东长安门、天安门、端门至西朝房前,东面
> 序立祗候。礼部侍郎一人立案南,西面,主客司官从立,御史四人、鸿
> 胪寺鸣赞二人分立御道左右,东西面,序班二人立贡使之北,东面,均
> 朝服。鸣赞赞齐班。序班引贡使至西丹墀内,以次序立,北面东上。
> 赞进,众进。赞跪,叩,兴,行三跪九叩礼。毕,主客司官奉颁给国王赐
> 物,前授贡使,贡使跪受,转授从人。乃以次颁贡使及从官从人,赐物
> 主客吏奉授,各跪受讫。赞叩,兴,复行三跪九叩礼。兴,引退,馆卿率
> 贡使及从官从人出,赐燕于礼部如仪。毕,皆退。③

5. 敕封

有清一代,共敕封朝贡国 56 次,其中敕封朝鲜国王、王妃、世弟、世子、
世孙等 27 次,安(越)南国王、世子等 14 次,琉球国王 8 次,暹罗国王 4 次,
南掌国王 2 次,缅甸国王 1 次。就敕封礼仪而言,分遣使和不遣使两种。
对于敕封暹罗国王,康熙十二年(1673)议定不再遣使,而将敕书、银印交贡
使赍回。交付敕书礼仪为:"仪制司官设案于午门外甬道上,正中陈敕,尚

---

① [清]来保、李玉鸣等奉敕撰:《钦定大清通礼》卷三七《嘉礼·燕外国贡使》,第 397—398
页。并参见附图十。

② [清]来保、李玉鸣等奉敕撰:《钦定大清通礼》卷四三《宾礼·外国朝贡》,第 430 页。

③ [清]来保、李玉鸣等奉敕撰:《钦定大清通礼》卷四三《宾礼·外国朝贡》,第 429—430 页;
[清]萨迎阿总纂:《钦定礼部则例》卷一七一《主客清吏司·朝贡通例》,第 13 页;(嘉庆)《大清会典
事例》卷三九五《礼部·朝贡·朝仪》,第 7873—7879 页。

书一人立案左,仪制司官随其后,鸿胪寺鸣赞二人立甬道左右,均朝服。馆卿率来使朝服,入至西丹墀内祗俟,鸣赞赞授敕,序班引诣案前,北面,赞跪,来使跪,仪制司官一人奉敕授尚书以授,来使恭接,授从官,兴,退,诣丹墀之西,听赞,行三跪九叩礼。毕,乃恭赍回国,以授其国王,遣使诣阙谢恩如仪。"①

有清一代,共 4 次敕封暹罗国王。第一次是康熙十二年(1673),暹罗国王遣使入贡并请敕封。礼部题准:给与诰命并驼纽镀金银印;俟贡使赏赐筵宴毕,礼部堂司官员朝服,在午门前摆设几案,鸿胪寺官引贡使等行三跪九叩头礼,跪领诰印;礼部移咨暹罗国王,令出城恭迎诰印②。第二次是乾隆五十一年(1786),暹罗国王郑华遣使入贡并具表请封。礼部题准:照康熙十二年之例,内阁撰拟诰命,礼部铸造驼纽镀金银印,户、工二部取用印匣、黄绢等物,于来京贡使离京之前制造完备。贡使起程前期,礼部设几案于午门前,陈列诰印,带领贡使行三跪九叩头礼,将诰印交贡使祗领恭赍回国;并咨行该国王,令于该国境上迎接③。第三次是嘉庆十五年(1810),暹罗遣使入贡,并请封世子郑佛为国王,照例给于诰命银印,交该国使臣祗领,恭赍回国④。第四次是道光五年(1825),暹罗国王世子郑福遣使呈进例贡,并请敕封,但贡船在洋遭风,淹毙水手多名。道光帝闻奏,下谕该使臣等即令在粤休息调养,"毋庸远道来京,应领诰敕,著该衙门照例撰拟,俟颁发到粤,该督抚等即交该使臣赍奉回国"⑤。由此,这次敕封诰敕是由粤省督抚代为颁发的。

六、赐予

关于对暹罗朝贡时的赐予,康熙、雍正、乾隆《大清会典》并无规定,嘉庆、光绪《大清会典》和《钦定礼部则例》则对暹罗例贡时颁赏物品做出明确

---

①　[清]来保、李玉鸣等奉敕撰:《钦定大清通礼》卷四三《宾礼·外国朝贡》,第 433 页。
②　台湾"中央研究院"历史语言研究所编:《明清史料》庚编,第六本,第 501—502 页;(康熙)《大清会典》卷七二《礼部·主客清吏司》,第 3732—3733 页。
③　台湾"中央研究院"历史语言研究所编:《明清史料》庚编,第六本,第 545 页。
④　(嘉庆)《大清会典事例》卷三九三《礼部·朝贡·敕封》,第 7773 页。
⑤　中国第一历史档案馆:《嘉庆道光两朝上谕档》第 30 册,第 1310 条,第 373—374 页;《清宣宗实录》卷九一,道光五年十一月壬辰,第 34 册,第 465—466 页。

规定:赐国王锦 8 匹,织金缎 8 匹,织金纱 8 匹,织金罗 8 匹,纱 12 匹,缎 18
匹,罗 18 匹;赐王妃织金缎 4 匹,织金纱 4 匹,织金罗 4 匹,缎 6 匹,纱 6
匹,罗 6 匹;贡使各织金罗 3 匹,缎 8 匹,罗 5 匹,绢 5 匹,里绸 2 匹,布 1 匹;
通事缎 5 匹,罗 5 匹,绢 3 匹;从人各绢 3 匹,布 8 匹;伴送官彭缎袍 1 件。
如贡使系微员,视职分酌减,通事、从人等俱一例酌减[1]。

在实践中,对暹罗例贡时的颁赏也经历了发展演变的过程。康熙四年
(1665),暹罗国初次入贡,清朝赐予物品包括赐国王缎、纱、罗各 6 匹,锦、
织金缎、织金纱、织金罗各 4 匹;赐王妃缎、纱、罗各 4 匹,织金缎、织金纱、
织金罗各 2 匹;赏正、副使每员折衣织金罗 2 匹,折帽带彩缎 2 匹,靴 1 双,
正赏彩缎 4 匹,罗 4 匹,绢 2 匹,布 1 匹,折织金衣缎表、里各 1 匹;赏通事、
从人缎、罗、绢、布、靴有差。七年,暹罗再次入贡,赐国王、王妃与四年同;
赏正、副使每员缎 7 匹,罗 4 匹,织金罗 2 匹,绢 2 匹,里绸 1 匹,布 1 匹,靴
1 双;通事、从人及留边人役赏给各有差。十二年暹罗入贡时,赏与七年
同。二十三年题准,暹罗国照例赏赐,其靴皆折绢。二十四年又题准:暹罗
国王原赏缎 34 匹,今加 16 匹,共 50 匹[2]。四十七年,暹罗入贡,赐国王、王
妃及贡使均照二十四年议定之例[3]。六十一年,暹罗国进贡,照安南国例,
国王加赐锦 4 匹,缎 8 匹,织金缎 2 匹,纱 4 匹,织金纱 2 匹,罗 8 匹,织金
罗 2 匹;王妃加赐缎、织金缎、纱、织金纱、罗、织金罗各 2 匹;贡使四人加赏
缎各 1 匹,罗各 1 匹,织金罗各 1 匹,绢各 1 匹,里各 1 匹;通事二名加赏缎
1 匹,罗 1 匹,绢 1 匹;从人 21 名加赏绢各 1 匹,布各 1 匹[4]。

到雍正二年(1724),暹罗例贡颁赏物品基本确定下来。是年暹罗进贡
谷种、果树、米谷等物,雍正帝下谕定议奖赏,随议准照康熙六十一年例加
赏。嗣后暹罗常贡颁赏均照康熙六十一年定例,赏赐物品即后来嘉庆、光
绪《大清会典》和《钦定礼部则例》之规定。

---

① （嘉庆）《大清会典》卷三一《礼部·主客清吏司》,第 1372 页;（光绪）《大清会典》卷三九
《礼部·主客清吏司》,《续修四库全书》第 794 册,第 375 页;[清]萨迎阿总纂:《钦定礼部则例》卷
一七六《主客清吏司·暹罗朝贡》,第 3 页。

② （康熙）《大清会典》卷七四《礼部·给赐》,第 3800—3801 页。

③ （乾隆）《大清会典则例》卷九四《礼部·主客清吏司·朝贡下》,第 929 页。

④ （雍正）《大清会典》卷一〇六《礼部主客司·给赐》,第 7118—7119 页。

表 7　清朝赐予暹罗物品表

编号	朝贡时间	赐　予
1	康熙四年	赐国王缎 6 匹,织金缎 4 匹,锦 4 匹,纱 6 匹,织金纱 4 匹,罗 6 匹,织金罗 4 匹;赐王妃缎 4 匹,织金缎 2 匹,纱 4 匹,织金纱 2 匹,罗 4 匹,织金罗 2 匹;赏正、副使每员折衣织金罗 2 匹,折帽带彩缎 2 匹,靴 1 双,正赏彩缎 4 匹,罗 4 匹,绢 2 匹,布 1 匹,折织金衣缎表、里各 1 匹;赏通事、从人缎、罗、绢、布、靴有差①。
2	康熙七年	赐国王、王妃与康熙四年同;赏正、副使每员缎 7 匹,罗 4 匹,织金罗 2 匹,绢 2 匹,里绸 1 匹,布 1 匹,靴 1 双;通事、从人及留边人役给赏各有差②。
3	康熙十二年	赐国王锦 4 匹,缎 6 匹,织金缎 4 匹,纱 6 匹,织金纱 4 匹,罗 6 匹,织金罗 4 匹;赐王妃缎 4 匹,织金缎 2 匹,罗 4 匹,织金罗 2 匹,纱 4 匹,织金纱 2 匹;正贡使、二贡使、三贡使缎各 7 匹,罗各 4 匹,织金罗各 2 匹,绢各 2 匹,里各 1 匹,布各 1 匹,靴各 1 双;通事赏彭缎袍 1 件;办事赏缎 4 匹,罗 2 匹,绢 1 匹,靴 1 双;从人 22 名,赏绢各 2 匹,布各 5 匹,靴各 1 双;伴送官赏彭缎袍 1 件③。
4	康熙二十三年	照例赏赐,其靴俱折绢④。
5	康熙四十七年	康熙二十四年题准:暹罗国王原赏缎 34 匹,今加 16 匹,共表里 50 匹。四十七年,暹罗入贡,赐国王、王妃及贡使均照二十四年议定之例。因副贡船被风漂至安南,续至粤西,仍差官伴送至京,其副贡人 4 名,照从人例赏绢各 2 匹,布各 7 匹;广东伴送经历亦照例赏彭缎袍 1 领⑤。
6	康熙六十一年	照安南国例,国王加赐锦 4 匹,缎 8 匹,织金缎 2 匹,纱 4 匹,织金纱 2 匹,罗 8 匹,织金罗 2 匹;王妃加赐缎、织金缎、纱、织金纱、罗、织金罗各 2 匹;贡使四人加赏缎各 1 匹,罗各 1 匹,织金罗各 1 匹,绢各 1 匹,里各 1 匹;通事二名加赏缎 1 匹,罗 1 匹,绢 1 匹;从人 21 名加赏绢各 1 匹,布各 1 匹。 又暹罗补进犀牛,贡使系微员,比具表进贡之使酌减,赏缎 6 匹,罗 3 匹,织金罗 2 匹,绢 3 匹,里 2 匹,布 1 匹;通事赏缎 3 匹,罗 3 匹,绢 2 匹;从人 4 名赏绢各 2 匹,布各 6 匹;伴送驿丞赏彭缎袍一领⑥。

①　(康熙)《大清会典》卷七四《礼部·给赐》,第 3800—3801 页。

②　(康熙)《大清会典》卷七四《礼部·给赐》,第 3801 页。

③　[清]郝玉麟等监修,鲁曾煜等编纂:(乾隆)《广东通志》卷五八《外番志·暹罗国》,第 655 页;(康熙)《大清会典》卷七四《礼部·给赐》,第 3801 页。

④　(康熙)《大清会典》卷七四《礼部·给赐》,第 3801 页。

⑤　(乾隆)《大清会典则例》卷九三《礼部·主客清吏司·朝贡上》,第 921 页。

⑥　(雍正)《大清会典》卷一〇六《礼部主客司·给赐》,第 7118—7119 页。

续表

编号	朝贡时间	赐　予
7	雍正二年	船长照通事例赏罗、缎共 13 匹，又加赏 10 匹；番梢照从人例每名赏绢、布各 10 匹；又特赐国王各色内缎 20 匹，珐琅器 1 件，各样玉器 7 件，松花石砚 2 方，玻璃碗 10 件，各色瓷器 146 件①。
8	雍正七年	照康熙六十一年加赏例，赐国王缎、罗各 18 匹，纱 12 匹，锦、缎、织金缎、织金罗、织金纱各 8 匹；王妃缎、罗、纱各 6 匹，织金缎、织金纱、织金罗各 4 匹；贡使四人，各缎 8 匹，罗 5 匹，绢 5 匹，织金罗 3 匹，里 2 匹，布 1 匹；通事各缎 5 匹，罗 5 匹，绢 3 匹；从人各绢 3 匹，布 8 匹。 又特赐国王御书"天南乐国"四字，内库缎 20 匹，玉器 8 件，珐琅器 1 件，松花石砚 2 方，玻璃器 2 种共 8 件，瓷器 14 种共 146 件；贡使内造缎 8 匹，银 100 两②。
9	乾隆元年	照康熙六十一年加赏例。 又特赏蟒缎 4 端③。
10	乾隆十四年	照康熙六十一年加赏例。 又特赐国王御书"炎服屏藩"四字，蟒缎、片金缎、妆缎、闪缎各 2 匹，锦缎 4 匹，各色缎 8 匹，玉器 6 件，玛瑙器 2 件，珐琅炉瓶 1 副，松花石砚 2 方，玻璃器 5 种共 10 件，瓷器 23 种共 146 件。 又因续贡黑熊、白猿等物，加赏国王库缎 12 匹④。
11	乾隆十八年	照例赏国王锦 8 匹，缎 18 匹，织金缎 8 匹，纱 12 匹，织金纱 8 匹，罗 18 匹，织金罗 8 匹；赏王妃缎 6 匹，织金缎 4 匹，纱 6 匹，织金纱 4 匹，罗 6 匹，织金罗 4 匹；贡使 4 员，各赏缎 8 匹，罗 5 匹，织金罗 3 匹，绢 5 匹，里 2 匹，布 1 匹；通事赏缎 5 匹，罗 5 匹，绢 3 匹；从人 19 名，各赏绢 3 匹，布 8 匹；广东伴送官赏彭缎袍一件。 又特赐国王人参 4 斤，锦、缎共 20 匹，玉器 4 件，玛瑙器 2 件，珐琅器 6 件，铜暖砚 2 方，玻璃器 10 件，瓷器 140 件⑤。
12	乾隆二十二年	照康熙六十一年加赏之例，赏国王锦 8 匹，缎 18 匹，织金缎 8 匹，纱 12 匹，织金纱 8 匹，罗 18 匹，织金罗 8 匹；赏王妃缎 6 匹，织金缎 4 匹，纱 6 匹，织金纱 4 匹，罗 6 匹，织金罗 4 匹；贡使 4 员，各赏缎 8 匹，罗 5 匹，织金罗 3 匹，绢 5 匹，里 2 匹，布 1 匹；通事赏缎 5 匹，罗 5 匹，绢 3 匹；从人各赏绢 3 匹，布 8 匹；广东伴送官赏彭缎袍 1 件。 又特赐国王蟒缎、锦缎各 2 匹，闪缎、片金各 1 匹，八丝缎 4 匹，玉器、玛瑙各 1 件，松花石砚 2 方，珐琅器 13 件，瓷器 104 件⑥。

①　[清]萨迎阿总纂：《钦定礼部则例》卷一七六《主客清吏司·暹罗朝贡》，第 4 页。

②　(乾隆)《大清会典则例》卷九三《礼部·主客清吏司·朝贡上》，第 924 页。

③　(乾隆)《大清会典则例》卷九三《礼部·主客清吏司·朝贡上》，第 925 页。

④　(乾隆)《大清会典则例》卷九三《礼部·主客清吏司·朝贡上》，第 926 页；台湾"中央研究院"历史语言研究所编：《明清史料》庚编，第六本，第 521 页。

⑤　台湾"中央研究院"历史语言研究所编：《明清史料》庚编，第六本，第 521 页；(嘉庆)《大清会典事例》卷三九六《礼部·朝贡·赐予一》，第 7932 页。

⑥　台湾"中央研究院"历史语言研究所编：《明清史料》庚编，第六本，第 531 页；(嘉庆)《大清会典事例》卷三九六《礼部·朝贡·赐予一》，第 7932—7933 页。

续表

编号	朝贡时间	赐　予
13	乾隆二十七年	例赏国王妆缎 4 匹,补缎 4 匹,蟒纱 4 匹,补纱 4 匹,缎 18 匹,罗缎 8 匹,纱 12 匹,锦 8 匹,罗 18 匹;赏王妃蟒缎 2 匹,补缎 2 匹,蟒纱 2 匹,补纱 2 匹,缎 6 匹,纱 6 匹,罗缎 4 匹,罗 6 匹,贡使四员,各赏缎 8 匹,罗缎 3 匹,罗 5 匹,花纺丝 2 匹,生绢 5 匹,细布 1 匹;通事赏缎 5 匹,罗 5 匹,生绢 3 匹;从人 21 名,各赏生绢 3 匹,细布 8 匹;广东伴送官赏彭缎袍一件。 又特赐国王蟒缎 1 匹,蟒襕缎 1 匹,片金 1 匹,闪缎 1 匹,锦缎 2 匹,大卷八丝缎 4 匹,玉器 1 件,玛瑙器 1 件,石砚 2 方,玻璃器 13 件,瓷器 104 件①。
14	乾隆三十一年	赏国王:上用妆缎 4 匹,补缎 4 匹,蟒纱 4 匹,补纱 4 匹,缎 18 匹,罗缎 8 匹,纱 12 匹,官用锦 8 匹,罗 18 匹;赏王妃礼物:上用蟒缎 2 匹,补缎 2 匹,蟒纱 2 匹,补纱 6 匹,缎 6 匹,纱 6 匹,罗缎 4 匹,罗 6 匹;特赐国王:蟒缎 1 匹,蟒襕缎 1 匹,片金 1 匹,闪缎 1 匹,锦缎 2 匹,大卷八丝缎 4 匹,磁珐琅大小碟 4 件,青花执壶 1 对,均釉双喜耳瓶 1 对,青花八卦云鹤碗 10 件,蓝地紫绿龙碗 10 件,青花灵芝茶钟 10 件,五彩八吉祥钟 2 件,霁青五寸盘 4 件,五彩蚕纹寿字五寸碟 1 件,磁珐琅壶 2 件,均釉胆瓶 1 对,青花四足壶 1 对,青花小双管瓶 1 对,霁青撇口碗 12 件,霁青茶碗 10 件,五彩茶钟 4 件,霁红五寸盘 10 件,五彩寿枝蟠桃四寸碟 5 件,青花白地把莲三寸碟 10 件,蓝菁草瓶 1 对,青汉玉松梅灵凤双孔花插 1 件(紫牙乌木座),红白玛瑙佛手双孔花插 1 件(紫牙紫檀座),石盒砚 2 方,呆玻璃纸槌瓶 2 件,黄玻璃磬口碗 2 件,蓝玻璃铙碗 2 件,绿玻璃磨花磬口碗 2 件,绿玻璃五寸盘 2 件,琥珀玻璃五寸盘 2 件,红玻璃夆斗 1 件。 赏贡使、通事、从人均与二十七年同。嗣因其国被缅甸攻灭,将原颁赏赐缴还②。
15	乾隆四十六年	例赏、特赐均与乾隆二十七年同③。
16	乾隆四十九年	除例赏外,乾隆五十年正月初二日,紫光阁筵宴,赏正使锦缎 4 匹,绒缎 2 匹,各样花缎 10 匹,荷包大小 5 对;赏二使、三使、四使锦缎各 2 匹,花缎各 6 匹,荷包大小各 3 对④。

① 台湾"中央研究院"历史语言研究所编:《明清史料》庚编,第六本,第 531 页;中国第一历史档案馆编:《乾隆朝上谕档》第 4 册,第 886—887 页。

② 中国第一历史档案馆编:《乾隆朝上谕档》第 4 册,第 2505 条,第 886—887 页。并参见李光涛:《跋乾隆三十一年给暹罗国王敕谕,台北"中央研究院"历史语言研究所集刊》第 39 本上册,第 223—236 页。

③ 军机处满文录副奏折:《赏赐暹罗国王物品清单》(乾隆四十七年二月),档号:03−0189−2917−023。(嘉庆)《大清会典事例》卷三九六《礼部·朝贡·赐予一》,第 7936 页。

④ (嘉庆)《大清会典事例》卷三九六《礼部·朝贡·赐予一》,第 7944 页;[清]萨迎阿总纂:《钦定礼部则例》卷一七六《主客清吏司·暹罗朝贡》,第 4—5 页。

续表

编号	朝贡时间	赐　　予
17	乾隆五十一年	除例赏外,乾隆五十二年正月初二日,紫光阁筵宴,赏正、副使与乾隆五十年同①。
18	乾隆五十三年	除例赏外,乾隆五十四年正月初五日,紫光阁筵宴,赏正使锦、漳绒各3匹,小卷八丝缎、五丝缎各5匹,大荷包1对,小荷包4对;副使锦、漳绒各1匹,小卷八丝缎、五丝缎各3匹,大荷包1对,小荷包2对②。
19	乾隆五十四年	赏国王锦8匹,织金缎8匹,织金纱8匹,织金罗8匹,纱12匹,缎18匹,罗18匹;赏王妃织金缎4匹,织金纱4匹,织金罗4匹,缎6匹,纱6匹,罗6匹;赏正、副使二员织金罗各3匹,缎各8匹,罗各5匹,绢各5匹,里各2匹,布各1匹;赏通事一名缎5匹,罗5匹,绢3匹;赏从人18名绢各3匹,布各8匹。 五十五年正月初六日紫光阁筵宴,加赏正使锦3匹,漳绒3匹,小卷八丝缎5匹,小卷五丝缎5匹,花大荷包1对,小荷包4对;加赏副使一员锦1匹,漳绒1匹,小卷八丝缎3匹,小卷五丝缎3匹,花大荷包1对,小荷包2对。 又加赐国王御笔"福"字1个,金玉如意1柄,玉器2件,瓷器4件,玻璃器4件,福字方100幅,绢笺4卷,砚2方,笔3匣,墨3匣,雕漆盘4个。又加赏正、副使四员各八丝缎1匹,笺纸1卷,笔1匣,墨1匣③。
20	乾隆五十五年	赐国王:锦8匹,织金缎8匹,织金纱8匹,织金罗8匹,纱12匹,缎18匹,罗18匹;赏王妃:织金缎4匹,织金纱4匹,织金罗4匹,缎6匹,纱6匹,罗6匹。赏正、副使二员:织金罗各3匹,缎各8匹,罗各5匹,绢各5匹,里各2匹,布各1匹;赏通事二名:缎各5匹,罗各5匹,绢各3匹;赏从人17名:绢各3匹,布各8匹;赏伴送官二员:彭缎袍各1件。 乾隆五十六年正月初九日,紫光阁筵宴,加赏正使一员大卷缎、大卷宫绸各4匹,大荷包1对,小荷包3对;副使一员大卷缎、大卷宫绸各3匹,大荷包1对,小荷包2对。 又特赐正、副使八丝缎各1匹,笔各1匣,墨各1匣,笺纸各1卷④。

　　① (嘉庆)《大清会典事例》卷三九六《礼部·朝贡·赐予一》,第7948页;[清]萨迎阿总纂:《钦定礼部则例》卷一七六《主客清吏司·暹罗朝贡》,第5页。
　　② (嘉庆)《大清会典事例》卷三九六《礼部·朝贡·赐予一》,第7949页;[清]萨迎阿总纂:《钦定礼部则例》卷一七六《主客清吏司·暹罗朝贡》,第5页。
　　③ 台湾"中央研究院"历史语言研究所编:《明清史料》庚编,第六本,第551—552页;(嘉庆)《大清会典事例》卷三九六《礼部·朝贡·赐予一》,第7954页;中国第一历史档案馆编:《乾隆朝上谕档》第15册,第939条,第416—417页。
　　④ 中国第一历史档案馆编:《乾隆朝上谕档》第16册,第246条,第96—97页;第287条,第117页;(嘉庆)《大清会典事例》卷三九七《礼部·朝贡·赐予二》,第7970页;[清]萨迎阿总纂:《钦定礼部则例》卷一七六《主客清吏司·暹罗朝贡》,第5页。

续表

编号	朝贡时间	赐　予
21	乾隆五十七年	除例赏外,乾隆五十八年正月初八日,紫光阁筵宴,赏正使一员、副使三员与乾隆五十六年同。 又加赐国王大缎 2 匹,福字笺 100 幅,绢笺 4 卷,雕漆茶盘 4 个,砚 2 方,笔、墨各 4 匣。又加赏贡使:小卷缎 1 匹,各色绢笺 1 卷,湖笔 1 匣,徽墨 1 匣①。
22	乾隆六十年	除例赏外,嘉庆元年正月紫光阁筵宴,加赏暹罗正使锦 3 匹,漳绒 3 匹,大卷八丝缎 4 匹,小卷五丝缎 4 匹,大荷包 1 对,小荷包 4 对;副使锦 2 匹,漳绒 2 匹,大卷八丝缎 3 匹,小卷五丝缎 3 匹,大荷包 1 对,小荷包 2 对。 又宁寿宫千叟宴,特赐正使圣制千叟宴诗 1 章,玉如意、寿杖各 1 柄,锦缎、洋花缎、云缎、大卷缎各 2 匹,福字笺 1 卷,绢笺 2 卷,湖笔 20 枝,朱墨 10 锭,砚 1 方,鼻烟 1 瓶,鼻烟盒、瓷牙签筒、洋漆茶盘各 1 个;副使锦缎、洋花缎各 1 匹,绢笺 1 卷,湖笔 10 枝,朱墨 4 锭,余赏与正使同②。
23	嘉庆元年	例赏国王锦 8 匹,织金缎 8 匹,织金纱 8 匹,织金罗 8 匹,纱 12 匹,缎 18 匹,罗 18 匹;赏王妃织金缎 4 匹,织金纱 4 匹,织金罗 4 匹,缎 6 匹,纱 6 匹,罗 6 匹;赏正、副使四员织金罗各 3 匹,缎各 8 匹,罗各 5 匹,绢各 5 匹,里各 2 匹,布各 1 匹;赏通事二名缎各 5 匹,罗各 5 匹,绢各 3 匹;赏从人 18 名绢各 3 匹,布各 8 匹;伴送官二员彭缎袍各 1 件。 嘉庆二年正月紫光阁筵宴,加赏正使锦 3 匹,漳绒 3 匹,大卷八丝缎 4 匹,大卷五丝缎 4 匹,大荷包 1 对,小荷包 4 个;副使锦 2 匹,漳绒 2 匹,大卷八丝缎 3 匹,大卷五丝缎 3 匹,大荷包 1 对,小荷包 4 个。 又特赏国王嵌玉如意 1 柄,瓷瓶 1 对,素缎 3 匹,里 3 匹,妆缎 2 匹,云缎 2 匹,锦缎 2 匹,闪缎 2 匹③。
24	嘉庆三年	除例赏外,嘉庆四年正月紫光阁筵宴,加赏正使锦 3 匹,漳绒 3 匹,大卷八丝缎 4 匹,大卷五丝缎 4 匹,大荷包 1 对,小荷包 4 对;副使锦 2 匹,漳绒 2 匹,大卷八丝缎 3 匹,大卷五丝缎 3 匹,大荷包 1 对,小荷包 2 对。 又召使臣入重华宫宴,赏正、副使荷包、芽茶、鼻烟壶、火镰、玻璃碗、福橘等物④。

①　[清]萨迎阿总纂:《钦定礼部则例》卷一七六《主客清吏司·暹罗朝贡》,第 5 页;中国第一历史档案馆编:《乾隆朝上谕档》第 17 册,第 487 条,第 190 页;(嘉庆)《大清会典事例》卷三九七《礼部·朝贡·赐予二》,第 7974 页。

②　中国第一历史档案馆编:《乾隆朝上谕档》第 18 册,第 2179 条,第 970—971 页;(嘉庆)《大清会典事例》卷三九七《礼部·朝贡·赐予二》,第 7992 页。

③　内阁题本:《广东巡抚陈大文为恭报暹罗贡使开船回国日期仰祈睿鉴事》(嘉庆二年十一月初九日),档号:02—01—02—3071—016;中国第一历史档案馆编:《嘉庆道光两朝上谕档》第 1 册,第 1020 条,第 396 页,第 2 册,第 21 条,第 7 页;(嘉庆)《大清会典事例》卷三九七《礼部·朝贡·赐予二》,第 7993 页。

④　中国第一历史档案馆编:《嘉庆道光两朝上谕档》第 3 册,第 512 条,第 163—164 页;(嘉庆)《大清会典事例》卷三九七《礼部·朝贡·赐予二》,第 7994 页。

续表

编号	朝贡时间	赐予
25	嘉庆五年	未准入京,在广州按照接待安南国贡使例宴赍①。
26	嘉庆六年	除例赏外,十二月二十五日赏使臣三员各宁绸羊皮袄1件,连缨皮帽1顶,绫小棉袄1件,绫棉中衣1件,绸棉袜1双,缎靴1双;从人各蓝布羊皮袄1件,皮缨帽1顶,布小棉袄1件,布棉裤1件,布棉袜1双,布靴1双。 七年正月,山高水长筵宴,又加赏正使锦3匹,漳绒3匹,大卷八丝缎4匹,大卷五丝缎4匹,大荷包1对,小荷包4个;副使二员:锦各2匹,漳绒各2匹,大卷八丝缎各3匹,大卷五丝缎各3匹,大荷包各1对,小荷包各4个②。
27	嘉庆九年	除例赏外,十二月二十八日赏使臣四员、从人19名衣帽靴袜,均与嘉庆六年同;通事二员,与贡使同。二十九日重华宫筵宴,特赏三贡使、四贡使各瓷盘1件,玻璃器2件,小荷包1对,茶叶1瓶,瓷器1件。 十年正月初十日,山高水长蒙古包筵宴,又特赏正使锦3匹,漳绒3匹,大卷八丝缎4匹,大卷五丝缎4匹,大荷包1对,小荷包4对;二贡使锦2匹,漳绒2匹,大卷八丝缎3匹,大卷五丝缎3匹,大荷包1对,小荷包4对;三贡使、四贡使各锦2匹,漳绒2匹,大卷八丝缎3匹,大卷五丝缎3匹,大荷包1对,小荷包2对③。
28	嘉庆十二年	除例赏外,十二月二十九日重华宫入宴,加赏二贡使、四贡使各玻璃碗1对,玻璃鼻烟壶1个,瓷带钩1个,茶叶2瓶,福橘5个,瓷碟1个,荷包1对;副通事一员,荷包1对。是日正贡使、三贡使患病,未入宴。 十三年正月初十日,山高水长蒙古包筵宴,加赏正使锦3匹,漳绒3匹,大卷八丝缎4匹,小卷五丝缎4匹,大荷包1对,小荷包4个;副使三员,锦各2匹,漳绒各2匹,大卷八丝缎各3匹,小卷五丝缎各3匹,大荷包各1对,小荷包各4个④。

① 中国第一历史档案馆编:《嘉庆道光两朝上谕档》第5册,第941条,第374页。
② [清]萨迎阿总纂:《钦定礼部则例》卷一七六《主客清吏司·暹罗朝贡》,第6页;(嘉庆)《大清会典事例》卷三九七《礼部·朝贡·赐予二》,第7997页;中国第一历史档案馆编:《嘉庆道光两朝上谕档》第7册,第20条,第6页。
③ [清]萨迎阿总纂:《钦定礼部则例》卷一七六《主客清吏司·暹罗朝贡》,第6页;(嘉庆)《大清会典事例》卷三九七《礼部·朝贡·赐予二》,第8001—8002页;中国第一历史档案馆编:《嘉庆道光两朝上谕档》第10册,第15条,第5页。
④ [清]萨迎阿总纂:《钦定礼部则例》卷一七六《主客清吏司·暹罗朝贡》,第6页;(嘉庆)《大清会典事例》卷三九七《礼部·朝贡·赐予二》,第8004—8005页;中国第一历史档案馆编:《嘉庆道光两朝上谕档》第12册,第1515条,第670页。

续表

编号	朝贡时间	赐　予
29	嘉庆十四年	除例赏外,十二月二十九日重华宫筵宴,加赏正使洋瓷带钩1个,玻璃鼻烟壶1个,玻璃碗1对,红橘1碟,茶叶1瓶,荷包2对;副使一员,荷包一对,余与正使同。 十五年正月初十日山高水长蒙古包筵宴,加赏正使锦3匹,漳绒3匹,大卷八丝缎4匹,小卷五丝缎4匹,大荷包1对,小荷包4个;副使一员,锦2匹,漳绒2匹,大卷八丝缎3匹,小卷五丝缎3匹,大荷包1对,小荷包4个①。
30	嘉庆十五年	除例赏外,十二月二十九日重华宫筵宴,加赏正使玻璃瓶2个,玻璃鼻烟壶1个,瓷带钩1个,茶叶2瓶,橘子1盘,荷包2对;副使三员,各玻璃碗2个,荷包1对,余俱与正使同。 十六年正月初四日紫光阁筵宴,加赏正使锦3匹,漳绒3匹,大卷八丝缎4匹,小卷五丝缎4匹,大荷包1对,小荷包4对;副使三员,锦各2匹,漳绒各2匹,大卷八丝缎各3匹,小卷五丝缎各3匹,大荷包各1对,小荷包各4对②。
31	嘉庆十七年	除例赏外,十二月二十八日重华宫筵宴,加赏正、副使二员各玻璃瓶1对,茶钟1个,瓷碟1个,玻璃鼻烟壶1个,茶叶2瓶,大荷包2对。 十八年正月紫光阁筵宴,加赏正使锦3匹,漳绒3匹,大卷八丝缎4匹,小卷五丝缎4匹,大荷包1对,小荷包4个;副使一员,锦2匹,漳绒2匹,大卷八丝缎3匹,小卷五丝缎3匹,大荷包1对,小荷包4个③。
32	嘉庆十八年	正贡船在外洋失火焚烧,副贡使在粤感冒风寒,不能赴京,所有例赏该国王及贡使、人役物件,令礼部查明奏闻,将赏件发交粤督转行颁给副贡使④。

① 〔清〕萨迎阿总纂:《钦定礼部则例》卷一七六《主客清吏司·暹罗朝贡》,第6页;(嘉庆)《大清会典事例》卷三九七《礼部·朝贡·赐予二》,第8013页;中国第一历史档案馆编:《嘉庆道光两朝上谕档》第14册,第1956条,第787页。

② 〔清〕萨迎阿总纂:《钦定礼部则例》卷一七六《主客清吏司·暹罗朝贡》,第6—7页;中国第一历史档案馆编:《嘉庆道光两朝上谕档》第15册,第1640条,第621页;(嘉庆)《大清会典事例》卷三九七《礼部·朝贡·赐予二》,第8015页。

③ 〔清〕萨迎阿总纂:《钦定礼部则例》卷一七六《主客清吏司·暹罗朝贡》,第7页;(嘉庆)《大清会典事例》卷三九七《礼部·朝贡·赐予二》,第8019—8020页;中国第一历史档案馆编:《嘉庆道光两朝上谕档》第17册,第1425条,第488—489页。

④ 中国第一历史档案馆编:《嘉庆道光两朝上谕档》第18册,第1264条,第417页。

续表

编号	朝贡时间	赐　予
33	嘉庆二十年	除例赏外,十月初五日同乐园听戏,加赏正使玻璃瓶1对,瓷碗1对,铜手炉1个,镶金里玳瑁碗1个,荷包2对;副使三员,各玻璃瓶1个,瓷碗1对,铜手炉1个,镶金里玳瑁碗1个,荷包1对。初六日听戏,加赏正使小卷八丝缎1匹,漳绒2匹,绫2匹,大荷包1对,小荷包2对,玻璃鼻烟壶1个,湖镜1面,金里瓷奶碗1件;副使三员,小卷八丝缎1匹,漳绒1匹,绫2匹,大荷包1对,小荷包1对,金里瓷奶碗1件,湖镜1面,玻璃鼻烟壶1个。 又加赏正使大卷八丝缎4匹,小卷五丝缎4匹,锦3匹,漳绒3匹,大荷包1对,小荷包2对;副使三员,各大卷八丝缎3匹,小卷五丝缎3匹,锦2匹,漳绒2匹,大荷包1对,小荷2对①。
34	嘉庆二十年	令使臣巧銮纹是通留于粤省,俟本年进京各贡使旋粤时一体筵宴②。
35	嘉庆二十四年	除例赏外,加赏暹罗国王镶玉如意1柄,大缎5匹,蟒缎6匹,妆缎6匹,锦缎2匹,闪缎2匹,大纺丝5匹,绢笺2卷,笔2匣,墨2匣,砚2方;副使一员,大缎1匹,彩缎1匹,小卷八丝缎2匹,小卷五丝缎2匹,笺纸2卷,笔1匣,墨1匣,砚1方;正、副通事二名,小卷八丝缎各1匹,小卷五丝缎各2匹,漳绒各1匹,银各20两;汉、番书记二名,小卷八丝缎各1匹,小卷五丝缎各2匹,漳绒各1匹,银各20两;番吹手二名,小卷五丝缎各1匹,银各10两;汉、番跟役八名,每名银10两。 又加赏五次:九月二十五日加赏副使仙果献瑞花1匣,普洱茶膏2匣,茶叶2瓶,普洱芽茶2罐,人参膏1罐,瓷盘2个,大荷包1对,小荷包2对;二十八日,赏使臣蜜饯荔枝1锡瓶,哈密瓜1个;十月初六日赴太和殿行礼,加赏副使玉如意1柄,普洱茶1大团、5小团,文珠匣1个,大、小荷包各1对;初八日正大光明殿筵宴,并入同乐园听戏,加赏国王、副使与朝鲜同,通事二名、汉番书记二名,与朝鲜大通官同,番吹手二名,与朝鲜押物官同,番跟役八名,与朝鲜从人同;初九日,入同乐园听戏,加赏副使大卷五丝缎1匹,花红绸1匹,小卷绸1匹,雕漆盒2个,锡罐茶大、小4瓶,大、小荷包各1对,玻璃盒1个,皮马鞊1副③。

---

① [清]萨迎阿总纂:《钦定礼部则例》卷一七六《主客清吏司·暹罗朝贡》,第7页;中国第一历史档案馆编:《嘉庆道光两朝上谕档》第20册,第1363条,第512页。
② 中国第一历史档案馆编:《嘉庆道光两朝上谕档》第20册,第1249条,第474—475页。
③ [清]萨迎阿总纂:《钦定礼部则例》卷一七六《主客清吏司·暹罗朝贡》,第7—8页;中国第一历史档案馆编:《嘉庆道光两朝上谕档》第24册,第1539条,第539—540页。

续表

编号	朝贡时间	赐　予
36	嘉庆二十四年	除例赏外,十二月二十八日重华宫筵宴,赏使臣等炉食1盘,馒首1盘,橙子、柑子、冈榴各1桶;又加赏使臣四员各柑子4枚,荷包1对,鼻烟壶1个,玻璃杯2个,瓷碟、瓷杯各1个,茶叶2瓶。 二十五年正月十一日,山高水长蒙古包筵宴,加赏正使大卷八丝缎4匹,小卷五丝缎4匹,绵绸3匹,漳绒3匹,副使三员,各大卷八丝缎3匹,小卷五丝缎3匹,绵绸2匹,漳绒2匹①。
37	道光元年	未准入京,在广东照例赏赉②。
38	道光二年	除例赏外,贡使四员,通事二名,各赏袍、帽、靴、袜等。十二月使臣入重华宫宴,各赏春橘1碟,瓷器1件,玻璃插斗1件,瓷双管瓶1个,绿石鼻烟壶1个,茶叶3瓶,荷包2对。 三年正月,加赏正使大卷八丝缎1匹,副使三员各小卷八丝缎一匹;又紫光阁筵宴,加赏正使锦3匹,漳绒3匹,大卷八丝缎4匹,小卷五丝缎4匹,大荷包1对,小荷包4个;副使三员,各锦2匹,漳绒2匹,大卷八丝缎3匹,小卷五丝缎3匹,大荷包1对,小荷包4个。 又加赏正使大卷八丝缎6匹,副使三员各小卷八丝缎6匹。 又特赐国王"永奠海邦"匾额③。
39	道光三年	赏国王锦8匹,字缎8匹,蟒纱4匹,蟒襴纱4匹,罗缎8匹,纱12匹,缎18匹,素春绸18匹;赏王妃字缎4匹,蟒纱2匹,蟒襴纱2匹,罗缎4匹,缎6匹,纱6匹,素春绸6匹;赏贡使二员,罗缎各3匹,缎各8匹,素春绸各5匹,棉绸各5匹,素纺丝各2匹,布各1匹;赏通事二名,缎各5匹,素春绸各5匹,棉绸各3匹,布各8匹;赏从人17名,棉绸各3匹,布各8匹;伴送官三员,彭缎袍各1件。 又两次加赏正使漳绒共5匹,锦3匹,铜手炉1个,玻璃器2件,瓷器2件,银里艾瓢碗1个,大卷八丝缎4匹,小卷五丝缎4匹,大荷包1对,小荷包2对;副使漳绒共4匹,锦2匹,大卷八丝缎3匹,小卷五丝缎3匹,余与正使同④。
40	道光五年	使团未准入京,道光帝下谕"照例颁赏":赏国王锦8匹,蟒纱4匹,蟒襴缎4匹,蟒纱4匹,罗缎8匹,纱12匹,缎18匹,纺丝18匹;赏王妃蟒缎2匹,蟒纱2匹,蟒襴纱2匹,罗缎4匹,缎6匹,纱6匹,纺丝4匹;赏贡使四员,罗缎各3匹,缎各8匹,纺丝各7匹,绢各5匹,布各1匹;赏通事一员,缎5匹,纺丝5匹,绢3匹;赏从人8名,绢各3匹,布各5匹⑤。

　　①　[清]萨迎阿总纂:《钦定礼部则例》卷一七六《主客清吏司·暹罗朝贡》,第8页。
　　②　中国第一历史档案馆编:《嘉庆道光两朝上谕档》第26册,第1437条,第432—433页。
　　③　(光绪)《大清会典事例》卷五〇九《礼部·朝贡·赐予四》,《续修四库全书》第806册,第110页;中国第一历史档案馆编:《嘉庆道光两朝上谕档》第27册,第2322条,第696页。
　　④　台湾"中央研究院"历史语言研究所编:《明清史料》庚编,第六本,第572页;(光绪)《大清会典事例》卷五〇九《礼部·朝贡·赐予四》,《续修四库全书》第806册,第110页。
　　⑤　台湾"中央研究院"历史语言研究所编:《明清史料》庚编,第六本,第575—576页。

续表

编号	朝贡时间	赐予
41	道光七年	除例赏外,十二月,使臣来京,赏贡使、通事、从人衣、帽、靴、袜、皮领等物;使臣入重华宫宴,均赏玻璃器2件,瓷器2件,橘5个,茶叶大、小各2瓶,荷包1对。 八年正月,紫光阁筵宴,加赏正使锦3匹,漳绒3匹,大卷八丝缎4匹,小卷五丝缎4匹,大荷包1对,小荷包4个;副使一员,锦2匹,漳绒2匹,大卷八丝缎3匹,小卷五丝缎3匹,大荷包1对,小荷包4个。 又因使臣叩贺擒获张格尔,特赏国王蟒缎、闪缎、锦、漳绒各2匹①。
42	道光九年	除例赏外,十二月,重华宫筵宴,赏暹罗使臣四员,各玻璃器1件,瓷器2件,橘、榴各1桶,鼻烟壶1个,茶叶2瓶,并加赏通事、从人衣帽靴袜等物,与道光二年同。 十年正月,紫光阁筵宴,加赏正使锦3匹,漳绒3匹,大卷八丝缎4匹,小卷五丝缎4匹,大荷包1对,小荷包4个;副使三员,各赏锦2匹,漳绒2匹,大卷八丝缎3匹,小卷五丝缎3匹,大荷包1对,小荷包4个②。
43	道光十年	除例赏外,十二月入瀛台宴,赏正使玻璃器1件,瓷器2件,余与朝鲜正使同;副使荷包1对,余与正使同;并加赏正使、副使、通事、从人衣帽靴袜等物有差。 十一年正月紫光阁筵宴,加赏暹罗国王:镶玉如意1柄,大缎5匹,蟒缎6匹,妆缎6匹,锦缎2匹,闪缎2匹,大纺丝5匹,绢笺2卷,笔2匣,墨2匣,砚2方;贡使一员,大缎1匹,彩缎1匹,小卷八丝缎2匹,小卷五丝缎2匹,笺纸2卷,笔1匣,墨1匣,砚1方;副使一员,大卷八丝缎2匹,小卷江绸1匹,漳绒1匹,绉绸1匹;通事二名,小卷八丝缎各1匹,小卷五丝缎各2匹,漳绒各1匹,银各20两;汉、番书记二名,小卷八丝缎各1匹,小卷五丝缎各2匹,漳绒各1匹,银各20两;番吹手5名,小卷五丝缎各1匹,银各10两;汉番跟役13名,每名银10两③。
44	道光十一年	除例赏外,十二年正月,紫光阁筵宴,加赏正使锦3匹,漳绒3匹,大卷八丝缎4匹,小卷五丝缎4匹,大荷包1对,小荷包4个;副使三员,各赏锦2匹,漳绒2匹,大卷八丝缎3匹,小卷五丝缎3匹,大荷包1对,小荷包4个④。

① (光绪)《大清会典事例》卷五〇九《礼部·朝贡·赐予四》,《续修四库全书》第806册,第112页;中国第一历史档案馆编:《嘉庆道光两朝上谕档》第32册,第1451条,第393—394页,第33册,第70条,第20页。

② (光绪)《大清会典事例》卷五〇九《礼部·朝贡·赐予四》,《续修四库全书》第806册,第113页;中国第一历史档案馆编:《嘉庆道光两朝上谕档》第34册,第1748条,第493—494页。

③ (光绪)《大清会典事例》卷五〇九《礼部·朝贡·赐予四》,《续修四库全书》第806册,第113—114页;中国第一历史档案馆编:《嘉庆道光两朝上谕档》第35册,第1747条,第499—500页。

④ 中国第一历史档案馆编:《嘉庆道光两朝上谕档》第36册,第1751条,第583页;(光绪)《大清会典事例》卷五〇九《礼部·朝贡·赐予四》,《续修四库全书》第806册,第114页。

续表

编号	朝贡时间	赐　予
45	道光十四年	除例赏外,十二月,重华宫筵宴,赏贡使各玻璃器2件,鼻烟壶1个,瓷器1件,瓷盘1个,茶叶2瓶,小荷包2对。 十五年正月,紫光阁筵宴,加赏正使锦3匹,漳绒3匹,大卷八丝缎4匹,小卷五丝缎4匹,大荷包1对,小荷包4个;副使三员,各赏锦2匹,漳绒2匹,大卷八丝缎3匹,小卷五丝缎3匹,大荷包1对,小荷包4个①。
46	道光十七年	除例赏外,十二月,重华宫筵宴,赏与朝鲜同,加赏正使、副使、通事、从人衣帽靴袜等物有差。 十八年正月,紫光阁筵宴,加赏正使锦3匹,漳绒3匹,大卷八丝缎4匹,小卷五丝缎4匹,大荷包1对,小荷包4个;副使三员,各赏锦2匹,漳绒2匹,大卷八丝缎3匹,小卷五丝缎3匹,大荷包1对,小荷包4个②。
47	道光二十三年	除例赏外,二十四年正月,紫光阁筵宴,加赏正使锦3匹,漳绒3匹,大卷八丝缎4匹,小卷五丝缎4匹,大荷包1对,小荷包4个;副使三员,各赏锦2匹,漳绒2匹,大卷八丝缎3匹,小卷五丝缎3匹,大荷包1对,小荷包4个③。
48	道光二十七年	除例赏外,十二月,加赏正使玻璃器2件,玻璃鼻烟壶1个,瓷器1件,小荷包4个,茶叶2瓶,瓷盘1件。副使三员,玻璃器各2件,玻璃鼻烟壶各1个,瓷器各1件,小荷包各2个,茶叶各2瓶,瓷盘各1件。 二十八年正月,紫光阁筵宴,加赏正使锦3匹,漳绒3匹,大卷八丝缎4匹,小卷五丝缎4匹,大荷包1对,小荷包4个;副使三员,各赏锦2匹,漳绒2匹,大卷八丝缎3匹,小卷五丝缎3匹,大荷包1对,小荷包1对。 又加赏正使、副使、通事、番书记、汉书记、从人衣帽靴袜有差④。
49	咸丰元年	未准入京,在广州照例宴赉⑤。
50	咸丰三年	除例赏外,加赏正使锦3匹,漳绒3匹,大卷八丝缎4匹,小卷五丝缎4匹,大荷包1对,小荷包4个;副使三员,各赏锦2匹,漳绒2匹,大卷八丝缎3匹,小卷五丝缎3匹,大荷包1对,小荷包4个。 又特赏国王"弼服海隅"匾额⑥。

　　① (光绪)《大清会典事例》卷五〇九《礼部·朝贡·赐予四》,《续修四库全书》第806册,第115页;中国第一历史档案馆编:《嘉庆道光两朝上谕档》第39册,第1568条,第503—504页。
　　② (光绪)《大清会典事例》卷五〇九《礼部·朝贡·赐予四》,《续修四库全书》第806册,第116页;中国第一历史档案馆编:《嘉庆道光两朝上谕档》第42册,第1855条,第493页。
　　③ 中国第一历史档案馆编:《嘉庆道光两朝上谕档》第48册,第1995条,第652页。
　　④ 中国第一历史档案馆编:《嘉庆道光两朝上谕档》第52册,第1486、1525条,第520、532—533页;(光绪)《大清会典事例》卷五〇九《礼部·朝贡·赐予四》,《续修四库全书》第806册,第118页。
　　⑤ 中国第一历史档案馆编:《咸丰同治两朝上谕档》第1册,第1162条,第372页。
　　⑥ 中国第一历史档案馆编:《咸丰同治两朝上谕档》第3册,第21条,第10页。

　　从表中可以看出,清朝对暹罗朝贡的赐予有以下几个特点:第一,雍正二年(1724)后,除例贡颁赏物品照康熙六十一年(1722)定例赏给外,清朝对暹罗入贡还另有加赐、特赐,唯每次赏赐物品并无一定。如雍正二年,对暹罗除正赏外,以船长虽非贡使可比,但载运米粮向化远来,于原赏外再各加赏 10 匹,又特赐国王各色缎 20 匹,松花石砚、玉器、瓷器、珐琅器等物。七年,贡使请出馆观览京师,特赏银 1000 两,听其购买物件。又特赐国王御书"天南乐国"四字,内库缎 20 匹,玉器 8 件,珐琅器 1 件,松花石砚 2方,玻璃器 2 种共 8 件,瓷器 14 种共 146 件;贡使内造缎 8 匹,银 100 两。乾隆元年(1736),因暹罗国王呈请颁赐蟒龙大袍一二袭,特赏蟒缎 4 端。十四年,特赐国王御书"炎服屏藩"四字,蟒缎、片金缎、妆缎、闪缎各 2 匹,锦缎 4 匹,各色缎 8 匹,玉器 6 件,玛瑙器 2 件,珐琅炉瓶 1 副,松花石砚 2方,玻璃器 5 种共 10 件,瓷器 23 种共 146 件。又因续进黑熊、白猿等物,加赏国王库缎 12 匹。十八年,特赐人参 4 斤,锦、缎共 20 匹,玉器 4 件,玛瑙器 2 件,珐琅器 6 件,铜暖砚 2 方,玻璃器 10 件,瓷器 140 件。二十二年,特赐国王蟒缎、锦缎各 2 匹,闪缎、片金各 1 匹,八丝缎 4 匹,玉器、玛瑙各 1 件,松花石砚 2 方,珐琅器 13 件,瓷器 104 件。二十七年、三十一年、四十七年,特赏物件均与二十二年同①。

　　第二,乾隆五十年(1785)后,开始召暹罗使臣入紫光阁宴、宁寿宫宴、重华宫宴、蒙古包宴等,加赏、特赏物品不断增多。如乾隆五十年正月初二日,紫光阁筵宴,赏暹罗正使锦缎 4 匹,绒缎 2 匹,各样花缎 10 匹,大、小荷包 5 对,赏二使、三使、四使锦缎各 2 匹,花缎各 6 匹,大、小荷包各 3 对。五十二年正月初二日,紫光阁筵宴,赏与五十年同。嘉庆元年(1796),举行千叟宴,特赐正使圣制千叟宴诗 1 章,玉如意、寿杖各 1 柄,锦缎、洋花缎、云缎、大卷缎各 2 匹,福字笺 1 卷,绢笺 2 卷,湖笔 20 枝,朱墨 10 锭,砚 1方,鼻烟 1 瓶,鼻烟盒、瓷牙签筒、洋漆茶盘各 1 个,副使每员锦缎、洋花缎各 1 匹,绢笺 1 卷,湖笔 10 枝,朱墨 4 锭,余与正使同。

　　第三,清朝对暹罗的赏赐物品主要包括以下几类:一是锦、缎、纱、罗等宫廷丝绸布匹;二是笔、墨、纸、砚等宫廷文化用品;三是玉器、瓷器、珐琅

---

　　① 军机处满文录副奏折:《赏赐暹罗国王物品清单》(乾隆四十七年二月),档号:03-0189-2917-023;(嘉庆)《大清会典事例》卷三九六《礼部·朝贡·赐予一》,第 7936 页。

器、玻璃器等宫廷文玩摆件;四是衣帽、靴袜、茶叶、荷包等宫廷日用消费品;五是御书匾额、御制诗章、御笔福字等皇帝御书作品。这些都是市场上很难买到的宫廷用品,价值非同一般。

七、关于清暹封贡关系之讨论

清代中泰关系是何性质? 中外学界认识并不统一。1941 年,美国学者费正清和美籍华裔学者邓嗣禹联合发表《论清代朝贡制度》一文①,系统论述清代朝贡制度的理论渊源与现实架构,并对《东华录》和《清史稿》中记载的包括暹罗在内的各朝贡国朝贡进行列表统计,提出朝贡制度是清朝对外关系的基本框架。费正清提出的朝贡制度或朝贡关系说对中西方学界影响巨大,美国学者马克·曼考尔、日本学者滨下武志、韩国学者全海宗,以及国内学者高伟浓、李云泉、祁美琴、陈尚胜、何新华等都有继续深入讨论朝贡制度或朝贡关系的成果发表。这些研究一般将近代以前的中泰关系特别是清朝与暹罗间关系界定为朝贡关系、封贡关系或朝贡贸易关系,滨下武志甚至将朝贡贸易关系称为东亚国际关系的主要模式,提出"以中国为核心的与亚洲全境密切联系存在的朝贡关系即朝贡贸易关系,是亚洲而且只有亚洲才具有的唯一的历史体系"②。从朝贡关系说出发,有学者将清朝与暹罗间关系定义为宗藩关系或藩属关系③。然而,国内也有学者对朝贡关系说和宗藩关系说提出质疑,如庄国土提出:"历来东西方学者所津津乐道的中国与东南亚地区长期存在的'朝贡贸易与宗藩关系',并不具备'朝贡'和'宗藩'的实质,朝贡制度并非如费正清认为的,是中国发展对外关系的模式,而是满足中国统治者虚骄心理的自我安慰。"④此外,泰国学者对朝贡关系说和宗藩关系说也颇有微词。他们认为,泰国从来没有承认作为中国的附庸国或保护国,尽管泰国历朝历代均与中国存在贸易关

① J. K. Fairbank and S. Y. Teng,"On the Ch'ing Tributary System",*Harvard Journal of Asiatic Studies*,vol. 6,no. 2 (June,1941),pp. 135—246.

② [日]滨下武志:《近代中国的国际契机——朝贡贸易体系与近代亚洲经济圈》,朱荫贵、欧阳菲译,中国社会科学出版社,1999 年,第 30 页。

③ 参见柳岳武:《清代中暹宗属关系探略》,《湖北大学学报》2015 年第 4 期。

④ 庄国土:《略论朝贡制度的虚幻——以古代中国与东南亚的朝贡关系为例》,《南洋问题研究》2005 年第 3 期。

系,中国亦尝对泰国有过特别的照顾或优惠,但这都是在平等地位基础上进行的。他们特别指出三点:一是泰国每次遣使访华都带有贵重的土产物品呈献,这种献礼实是普通的、一般的见面"礼品",中国方面回赠物品应该同样是一般的"礼尚往来"。中国方面称泰国致送礼品为"贡品",称回赠物品为"赏赐",显然不是公平的说法。二是泰国之所以一再派使团前往中国致送礼品,归根结底乃是含有商业交易的性质。因为每次使团前往中国致送礼品,中国方面必定给予回赠,且回赠礼品的价值往往高于致送礼品,泰国方面有利可得。三是每次泰国使团赴中国,除公开正式的官方交往外,还有皇亲国戚和大官要员另外附派的商人队伍随团同行,在广州、厦门等主要口岸私下进行贸易。华侨商人为商业能手,为泰国官商充当媒介,获取利润。因此,所谓"进贡贸易"的真正意义不在于政治外交,而在于商业利润①。

以上研究出现分歧,原因首先在于对宗藩关系、朝贡关系二者内涵的理论分析不足。相对而言,宗藩关系是一个政治意蕴更强的概念。在宗藩关系中,藩属国的国王继位,须经过宗主国的册封,才算取得合法地位;藩属国须定期向宗主国进贡;宗主国负有帮助藩属国维护统治秩序的责任。朝贡关系则是一个历史意蕴更强的话语,因为明清两代档案文献是将外国及周边少数民族派遣代表来华均称作"朝贡",并围绕"朝贡"建立了贡期、贡道、使团规模、朝贡礼仪、贡物、赐予等一系列"朝贡制度"。比较而言,"朝贡"要比"宗藩"的适用范围更为广泛,也更符合清朝与亚洲周边国家的政治关系实际。然而,"朝贡"这个词语从字面上只强调了朝贡国的单方面朝贡行为。结合清朝对朝贡国朝贡时的封赐而言,清朝与朝贡国的关系称为"朝贡—封赐"或简称为"封贡关系"更为合适。在封贡关系中,朝贡国按期入贡,清朝给予赏赐,并在朝贡国请求时进行敕封。由此,我们可以将清朝与朝贡国的关系概称为封贡关系。进一步说,由于各国历史文化及与清朝关系密切程度差异,清朝与各朝贡国间的封贡关系也有很大差异:清朝与朝鲜、琉球、越南等汉字文化圈国家的封贡关系更接近于现代意义上的宗藩关系;清朝与暹罗、缅甸、苏禄、南掌等非汉字文化圈朝贡国的封贡关

---

① 参见[泰]仁盛·蓬汶:《进贡制度中的中泰关系》,泰越他那帕匿出版,1982年,第24—27页,转引自张仲木:《古代泰中关系中的华侨华人》,载华侨崇圣大学泰中研究中心编:《泰国华侨华人史》第一辑,第7—8页。

系则更接近于一般意义上的封贡关系。至于清朝与西方国家的关系,虽然在历史文本中也称为"贡"和"赐",但这只是文本上的称谓,并无实际实施,则可归为封贡关系以外的一般政治关系。

清朝对暹罗来华贡期、贡道、使团规模、朝贡礼仪、贡物、赐予等在制度上做出了一系列明确规定这是毫无疑问的。问题的关键在于,这些制度规定在实践中是否得到了有效的实施和遵从?从贡期看,清代暹罗特别是曼谷王朝时期基本上是每三年一次呈进例贡的。从贡道看,暹罗朝贡使团基本是根据清朝安排的贡道入境和进京的。从使团规模看,清朝对暹罗使团进京规模是有限制并得到道行的。从赐予看,每次对暹罗朝贡使团的例赏都是基本相同且符合规定的。总的来看,暹罗国王和使团基本认可清朝有关暹罗朝贡的制度规定,同意发展与清朝的朝贡关系。特别是在吞武里王朝和曼谷王朝时期,具有华人血统的暹罗国王相信并任用华侨来帮助实现与清朝的朝贡关系,从而使得清暹朝贡关系变得密切而频繁。暹罗使团认可并遵循清朝为之规定的朝贡礼仪包括觐见礼仪,这是清朝与暹罗封贡关系存在最重要的标志。

当然,这种朝贡和封赐只是清朝方面的话语系统。而朝贡话语系统作为清朝发展对外关系的历史语言,显然有其时代和地域局限性。在清朝档案文献中,"朝贡—封赐"被塑造为传统中国对外交往的主要模式。但很显然,"朝贡—封赐"并不能完全概括清朝对外交往的体制与实践,且不说西方国家完全否认以觐见礼仪为代表的朝贡制度,甚至暹罗也并非完全认同与清朝的朝贡关系。在暹罗统治者看来,其向清朝派使呈进礼物,清朝对其予以"答礼",这是一种有利可图的平等交往方式,这就是暹罗王廷对暹中关系的理解。尽管通事在将暹罗国书翻译为汉文时改用清朝朝贡话语系统,并不乏"歪曲"国书内容,但因为"朝贡"可以获得丰厚的"答礼",以及更加有利可图的"朝贡贸易"机会,所以暹罗方面也就不太在意话语描述的差异了。正是由于这种理解与描述的差异,使得清朝与暹罗间的"封贡"关系得以长期维系。

第六章　晚清与曼谷王朝政治关系的变化

19 世纪中叶后,随着西方势力不断侵入,清朝与暹罗间的传统外交关系瓦解。清朝政府曾就恢复清暹封贡关系做出尝试,但暹罗王室在国内大力推行西方式近代化改革,接受了西方近代外交思想的暹罗统治者,彻底拒绝与清朝的封贡关系。清朝官民对西方势力侵入暹罗和暹罗近代化改革予以关注,但迄于清朝灭亡,两国也未能建立起新型外交关系。

一、关于暹罗再贡问题的交涉

咸丰三年(1853)暹罗朝贡使团回国后,暹罗再未遣使访华。19 世纪后期,清朝曾就暹罗再贡问题与暹方进行过 7 次交涉。

第一次交涉是在 1862 至 1863 年。1862 年 4 月,一艘中国帆船从广东来到暹罗,带来了两广总督、粤海关官员致暹罗财贸外交大臣及港口厅官员的多封书信。其中粤海关官员致财贸外交大臣的书信指出:暹罗自咸丰二年(1852)入贡请封后,1855 年、1859 年两次失贡,加之咸丰帝去世和同治帝即位各应入贡,以及一次谢封之贡,合计失贡 5 次,希望将此告知暹王,不要破坏两国间美好之友谊。对此,暹罗财贸外交大臣于 6 月 25 日复信两广总督,信中提到 1853 年贡使遭抢劫事件,指出 1855 年失贡是因中国治安并未恢复,1859 年失贡则是两广总督因广东发生与英国的战争而不在。由此,暹罗要待局势平静后再遣使入贡。接到暹罗财贸外交大臣的回信后,1863 年 7 月,两广总督又派人到暹罗,带来关于咸丰帝去世的敕书和总督书信。信中针对暹罗"治安恢复后再照例进贡"的回信指出,现在往返北京的路线已可通行,今届进贡之年,请遣使入贡。对此,暹罗方面给予模棱两可的回信:请向粤省督抚转达,季风将渐偏北,想要准备贡船,但船已经腐朽,等船造好再为筹之[①]。

---

① 参见［日］小泉顺子:《"朝贡"与"条约"之间》,《南洋问题研究》2007 年第 4 期;Jennifer Wayne Cushman, *Fields from the Sea : Chinese Junk Trade with Siam during the Late Eighteenth and Early Nineteenth Centuries*, p. 141.

至此，关于暹罗再贡的第一次交涉因暹罗方面拖延推宕而结束。

第二次交涉是在1869年。是年福州船政大臣沈葆桢派福建船政总监叶文澜到暹罗采购木料，并给暹罗政府带去公文一道。8月1日叶文澜回国后称，已将公文交暹罗官员转递，并带回暹罗禀文言："咸丰二年请封进贡到京，回到河南永城县被抢，杀死正通事一员，贡使被伤，失去钦赐等物及贡使银货，未蒙官府拿贼追赃。贡使至粤，仅领粤督颁赏物件，贡使所失银货，未蒙赐还。同治癸亥(1863)，粤督谕以壬子二年(1852)请封进贡，已经颁封，至今未见续进谢封。……自壬子二年以来，及至贡期，问诸来往商船，传说各地发匪未平，无人敢任贡使。倘肯赐由海道往天津起旱，方有勇往行人，未晓能为敝国代陈？"①可见，暹罗是以陆路进京治安不平为由，请由海路直达天津登陆进京。福州将军文煜、福建巡抚卞宝第就此上奏，同治帝令礼部议奏。很快礼部议覆：暹罗贡使遇劫回至广东，粤督已发送慰劳银千两，南海县发给暹罗来船银百两；至自天津入贡，"现在中原底定，由粤赴京驿路并无梗阻，即有应行绕道之处，亦可知照经过地方官妥为接护，若由海道至天津，经涉重洋，恐有风涛之险，地方官无从防护，应毋庸更变旧章"。同治帝因下谕："即著照所议，暹罗国进贡，照旧航海至广东虎门起旱后驰驿赴京，无庸改由天津。至该国自咸丰二年以后，屡次失贡，系道途阻滞，事出有因，著加恩免其补进贡物，文煜、英桂、卞宝第即知照该国王钦遵办理。至该国进贡之期行抵虎门，并著瑞麟、李福泰遴派妥员沿途护送，并知照经过各省督抚派员接护。"②由于清廷坚持暹罗入贡仍须从粤省登陆进京，不得改由海道直达天津，暹罗再贡再次延搁。

第三次交涉是在1876至1877年。光绪元年(1875)正月，光绪帝即位，即位诏书随之颁发朝鲜、越南、暹罗各国。1876年1月，光绪帝即位诏书及两广总督书信送达曼谷，信中再次要求暹罗入贡。4月15日，暹罗财贸外交大臣在回信中不仅以治安不平为由拒绝由粤进京，而且指出，清帝已将许多港口向各国商船开放，其他国家使节获准可由天津赴京拜谒皇帝。暹罗在粤等候季风，耗时两年往返北京，与获准在天津登陆的其他外

<hr/>

① 军机处录副奏折，外交类，第1242-1号，同治八年七月二十日文煜、卞宝第奏折，转引自余定邦、陈树森：《中泰关系史》，第182—183页。
② 中国第一历史档案馆编：《咸丰同治两朝上谕档》第19册，第656条，第246—247页；《清穆宗实录》卷二六六，同治八年九月壬午，第50册，第700页。

国相比,实在太不公平。然而,两广总督接到暹罗财贸外交大臣的回信后,基于同治八年(1869)暹罗朝贡不得改由天津的谕旨,未将此事上奏光绪帝即拒绝之。1877 年 4 月 18 日,两广总督拒绝暹罗由天津进京朝贡的书信送达暹罗。5 月 15 日,暹王朱拉隆功就朝贡问题征求亲信大臣及国务会议成员意见,结果支持继续朝贡者 4 名,否定者 4 名,认为应静观事态者 5 名。由此,暹罗方面在 12 月 15 日的复信中仅仅表达了国王和大臣们希望两国友好不断发展的祝愿,并对不允暹罗使节由天津进京表示遗憾①。

此外,据《清朝续文献统考》载,1878 年曾纪泽使英途中路过曼谷,曾要求暹罗"照旧入贡",但暹罗"不允,但请立商约",曾纪泽"拒之"②。此记载可能错误,因为考察曾纪泽出使日记可以发现,曾纪泽赴欧途中并未停留暹罗。另据《薛福成日记》记录:光绪五年(1879)三月,暹廷忽接英国驻暹领事转递中国催贡札文,"或曰,是年英官以战船假中国旗号,伪云责贡之师,以胁暹人,使之求助于彼"。薛福成指出,"札文虚实,似尚未可知。然暹王问其臣下,具道所以历年欠贡之故,因贡表内前用跪具字样,近已改用西礼,不无窒碍"③。目前尚未找到档案资料证实 1879 年清朝曾通过英驻暹领事催促暹罗入贡,但暹王朱拉隆功改用西式外交礼仪、希望与清朝建立近代外交关系的态度已经显见。

第四次交涉是在 1879 年。同治十三年(1874)十一月十五日,有暹罗人阿山在厦门醉酒后踢翻华民刘披水果担摊致起纠纷,用刀戳伤刘披致死。经审理,将阿山按《大清律例》依斗杀律拟绞监候。光绪元年(1875)正月二十日,依恩诏准予宽免。因阿山系暹罗国人,无从交保管束,光绪五年三月,刑部奏准将阿山发还暹罗国自行处理④。福建官员认为,暹罗贡使来华朝贡回国时可将阿山带回,遂寄信暹罗要求进贡。然暹方复信称:暹罗人在清朝内地犯法,应照大清律例制裁,没有必要遣返回国⑤。阿山引渡之事不再见有后续记载。

---

　　① 参见[日]小泉顺子:《"朝贡"与"条约"之间》,《南洋问题研究》2007 年第 4 期。

　　② 刘锦藻:《清朝续文献统考》卷三三三《四裔考三·暹罗》,第 10736 页。

　　③ 《薛福成日记》,吉林文史出版社,2004 年,第 579 页。

　　④ 总理各国事务衙门档案:《片称据闽浙总督咨称暹罗国阿山刀伤华民身死一案本部向无知照外国案件应知照总理衙门转行知该国王查照办理由》(光绪五年三月十二日),台湾"中央研究院"近史所档案馆藏,未刊,档号:01—34—011—09—001。

　　⑤ 参见[日]小泉顺子:《"朝贡"与"条约"之间》,《南洋问题研究》2007 年第 4 期。

第五次交涉是在 1881 至 1882 年。光绪七年(1881),慈安皇太后卒,皇帝诏书由粤省转发暹罗。8 月,诏书和粤省官员书信送达暹罗,信中提出暹罗应当继续进贡,并建议首先恢复从广东入贡,然后由两广总督奏请改由天津入京。对此,暹罗财贸外交大臣于 9 月 27 日回信,一方面对皇太后去世表示哀悼,另一方面又对迄今未准由天津入京感到遗憾。针对暹罗财贸外交大臣的回信,粤省官员于 1882 年 8 月再次寄来书信,信中对暹罗回信中关于暹罗与中国对等的说法进行强烈谴责,并指出暹罗所用光绪年号有误,进而对书信格式未按等级惯例进行了批评。对于粤省官员的再次来信,暹罗财贸外交大臣予以回信,简单说明已收到敕书和书信,至于书信格式和用语,则说只是按照本国习惯,并无轻视之意①。有泰国学者称,就在 1882 年,暹罗正式宣布废止所有向中国朝贡的义务,并宣称暹罗只承认西方式的外交关系②。至此,清暹关于暹罗再贡的第五次交涉归于失败。

第六次交涉是在 1884 年。中法战争爆发后,清廷命兵部尚书彭玉麟督办广东海防。彭玉麟谋袭法属西贡,密委郑观应潜往查看地势民情,并询问暹王有无借兵助法。光绪十年(1884)闰五月,郑观应到达曼谷,随晤暹王之弟利云王沙。郑观应先问以暹罗曾否"助法攻越",利云王沙回答,暹罗实无助法攻越之心,且暹王已明确拒绝法国领事借兵往越助战之请。郑观应又提出,暹罗臣贡清朝,世已二百年,世守恭顺,中外皆知,应复修职贡,或助清图法。利云王沙云:"贡职不修,敝国无罪。在昔二十八年,敝国遣使修贡,入广东境,途中遇盗,劫掠我贡珍,杀伤我贡使;翻译国书又多删改,敝国之意无以上达伸诉。自是以来,不敢效贡上国,无得以此相责难。惟助中图法,敝国甚愿,然必须订立条约,方能措手。"③显然,郑观应希望暹罗能够复修职贡,暹罗王廷则希望与清朝建立条约外交关系。

第七次交涉是在 1888 年。是年清朝派记名总兵王荣和与前内阁侍读、盐运使衔候选知府余璙前往南洋各地访查华民商务,六月初十日到达暹罗,暹王派华民政务司官员刘乾兴率闽粤商人到船迎迓。越日,刘乾兴偕王荣和、余璙往晤暹罗王弟,并代述暹王意,"告王、余以向来修贡取道云南(按:应为广东),跋涉诚苦,往以滇中(按:应为粤中)用兵,贡典久阙,可

---

① 参见[日]小泉顺子:《"朝贡"与"条约"之间》,《南洋问题研究》2007 年第 4 期。

② Sarasin Viraphol, *Tribute and Profit:Sino-Siamese Trade*, 1652—1853, p. 237.

③ 夏东元编:《郑观应集》上册,上海人民出版社,1982 年,第 955 页。

否量为变通,由海道抵津"。王、余归后报之张荫桓,并提出援照朝鲜办理的三项建议:"一则准由水路入贡;二则派立办事公使,兼设通商领事;三则设立公使之后,相机联约友邦,维持保护。"然而王、余二人又提出,暹罗请由海道赴天津入京,为"副外部一己之私言,非出自国王之口,未足执为实据",张荫桓亦以两委员"不向该国索一文书以备核奏,为此神山缥缈之词,增闷而已"①。暹罗再贡之议,竟此搁置。

19 世纪中叶后暹罗为何不再朝贡?据暹罗政府解释,是因为中国治安不平,贡道梗阻,请改由天津入京。而实际上,暹罗之所以绝贡,是其国内外形势发生变化使然。咸丰三年(1853)暹罗使团回国路过香港时,英驻香港总督鲍林(John Bowing)曾宴请暹罗使节及办事 4 人,在"询问被劫事"后,鲍林称:"请奏知暹王,暹罗已跻于英法美之同等强大矣,不应再向中国进贡也,且此次有其理由矣。"②两年后(1855),英国派鲍林率团访问暹罗,并与暹王签订条约。随之,法、美等十余个国家先后与暹罗订立条约。面对国际国内形势变化,暹王拉玛四世(1851—1868 年在位)开始进行自上而下的近代化改革。接受了近代西方外交思想与观念的暹罗王廷已不同意按照传统的朝贡方式来与清朝发展关系,而希望与清朝签订条约,建立条约外交关系。1868 年,拉玛四世发布了一份"关于国王遣使修好的公告",公告概述了暹中两国间国书与使节往来情况,又记述了暹罗与其他近邻王国以及法国、荷兰等远方国家的平等外交关系,指出这些国家"决不像中国那样轻视他们",暹王因此不再向北京"朝贡"(song banna-kan)③。

二、清朝对西方势力在暹扩张的反应

早在 16 世纪初,西方势力就开始渗入暹罗。首先是葡萄牙人,然后是西班牙、荷兰、英国、法国人,相继登陆暹罗。1630 年,帕拉塞·东篡逆登位(1630—1656 年在位),即位之初即开始大捕国内之葡萄牙人,投之于

---

①　[清]张荫桓:《三洲日记》卷六,《续修四库全书》第 577 册,第 43—45 页。

②　[泰]拍因蒙提:《泰国最后一次入贡中国纪录书》,[泰]陈棠花译,(曼谷)《中原月刊》1941年第 1 卷第 1 期。

③　参见[日]小泉顺子:《"朝贡"与"条约"之间》,《南洋问题研究》2007 年第 4 期。

狱,为期三载。1632年,又对居住暹京之日本人实施突袭驱逐,迫使大部分日本人逃亡柬埔寨①。纳莱王在位时期(1656—1688),曾对在暹外国人采取宽容政策。但至1688年,纳莱王病危,帕·碧罗阁发动政变,逮捕并处死亲法的王子亚派耶脱和掌握暹罗财政外交大权的希腊人君士坦丁·华尔康(Constance Phaulkon),并迫使驻暹法军撤出暹罗,又监禁驱逐国内法籍教士②。此后的100多年间,暹罗一直严格限制与西方国家的贸易,禁止西方国家商民来暹,暹罗与西方国家的交往几乎断绝。

　　暹罗对西方列强的怀疑与防范在19世纪上半叶第一次英缅战争后发生了改变。暹罗久与缅甸交恶,一直视缅甸为最大之患。1824至1826年,英国发动第一次英缅战争并战胜缅甸,使暹罗王廷心理发生重大转变。1826年,英印政府派亨利·伯尼(Henry Burney)出访暹罗,受到新任暹王拉玛三世的友好接待。经谈判,双方很快订立条约。该条约打破了暹罗100多年来不与西方国家往来之局面。1833年,美国亦与暹罗订立条约。1851年,蒙固王(拉玛四世)即位。蒙固王自少年时代便与英、美来暹传教士有所接触,后又随暹罗宫廷中的英、美医生学习英语和自然科学知识,并大量阅读西方报刊书籍。这些使他对西方有一定的了解,并有一定的好感。1855年,英国派香港总督鲍林率团访问暹罗,并于4月18日与暹王签订条约。条约主要内容包括:(1)英国在暹罗享有领事裁判权;(2)英国臣民可在暹罗所有港口自由贸易,可在曼谷长期定居,可在曼谷周围购置和租赁房屋地产——曼谷周围是指从城墙以外四英里至离城24小时路程(以当地船只速度为计算标准)的区域,可在领事批准后在暹罗内地自由旅行;(3)取消根据船舶装载量征税的税则,实行固定进出口税率:货物进口税率为3%,鸦片(需出售给鸦片承包主)和金银进口免税;出口税只征一次——不论称为内地税、过境税还是出口税;(4)英国商人可直接与暹罗个人做买卖,而不受任何第三人干预;(5)暹罗政府认为盐、米、鱼短缺时有权禁止这些商品出口③。鲍林条约签订后,迅速引起其他国家注意,在十数年间,美、法、丹麦、瑞士、葡、荷、德、瑞典、挪威、比利时、意大利、西班牙等

---

　　①　参见[英]吴迪:《暹罗史》,第205、225页。
　　②　参见[英]吴迪:《暹罗史》,第279—280、283页。
　　③　John Bowring, *The Kingdom and People of Siam; with a Narrative of the Mission to that Country in 1855* (London: John W. Parker and Son, 1857), Vol. II, pp. 201—204.

国先后与暹罗订立条约①。

19 世纪 90 年代后,法国成为在暹扩张之主力,并发动了第一次法暹战争。先是 1883 年 8 月 25 日,法国强迫越南签订《顺化条约》,越南成为法国保护国。1887 年,法国组建法属印度支那联邦,包括越南的东京、南圻、北圻和柬埔寨,从而与暹罗相邻。1893 年 3 月 12 日,法国外交部指令驻曼谷公使巴维照会暹政府,要求将暹罗与法属印度支那联邦的边界移至湄公河东岸。三天后,又派炮舰"吕登"号溯昭披耶河驶向曼谷。4 月 24 日和 5 月 17 日,暹罗政府分别照会英国和美国政府请求保护,但英美两国政府采取暧昧态度。5 月中旬,法国军队开始从越南领土侵入暹罗,驻扎廊开的暹罗军队司令官下令阻击。6 月 13 日,法国军士格罗斯居伦和几名士兵在一次战役中被击毙。法政府很快要求暹罗政府对格罗斯居伦之死支付赔款,但暹罗政府予以拒绝,理由是双方正在进行军事行动,有牺牲在所难免。7 月 8 日,法国增派炮舰"英康斯丹"和"科美特"号前往暹罗湾,并向暹政府提出:根据 1856 年法暹条约,法国有权派军舰进驻曼谷。暹罗外交大臣拒绝法国这一要求。13 日,法国两艘炮舰经北榄要塞强行溯昭披耶河直上曼谷。20 日,法国向暹政府递交最后通牒,限暹王在 48 小时内答复。通牒要求共有六点:(1)承认柬埔寨和越南对湄公河左岸和各岛屿的权利;(2)在一个月内撤退指定地区的暹罗军队;(3)"对施加于湄公河上法国船只、水兵以及在暹罗的法国国民的各种侵略行动"都应赔偿;(4)付给被害家属赔款并惩处犯罪者;(5)赔偿"法国国民所受各种损失"共 200 万法郎;(6)把 300 万法郎折成美元寄存在银行中作为实现第(4)、(5)两点的保证;如果缺乏上述数目的现款,可将暹粒和马德望省的包税转交给法国人。22 日,暹王表示同意最后通牒中除第(1)点以外所有各点。但法政府坚持要求暹政府全部接受。24 日,巴维随法舰撤离曼谷。29 日,法国宣布封锁暹罗湾,暹政府无奈,照会法国表示同意法国提出的所有要求。但次日法国又照会暹政府提出新的附加条款四点要求:(1)由法国军队占

---

① 参见[英]D. G. E. 霍尔:《东南亚史》,第 763 页。这些条约分别是《暹美条约》(1856 年 5 月 19 日)、《暹法条约》(1856 年 8 月 15 日)、《暹丹条约》(1858 年 10 月 25 日)、《暹瑞(士)条约》(1858 年 10 月 25 日)、《暹葡条约》(1859 年 2 月 10 日)、《暹荷条约》(1860 年 12 月 7 日)、《暹德条约》(1852 年 2 月 7 日)、《暹罗瑞典挪威条约》(1868 年 5 月 18 日)、《暹比条约》(1868 年 8 月 29 日)、《暹意条约》(1868 年 10 月 3 日)、《暹西条约》(1870 年 2 月 23 日)。

领庄他武里河和庄他武里要塞,直到暹罗从湄公河左岸撤回其军队为止；(2)禁止暹罗在湄公河两岸 25 公里宽地带内驻扎军队；(3)暹罗军用船只撤出洞里萨湖；(4)法国保留在难府和呵叻开设领事馆之权。暹政府无奈,宣布接受法国全部要求。8 月 5 日,巴维回到曼谷,同时法军占领庄他武里要塞和克腊特区。16 日,法政府所派特别全权代表德·维莱尔到达曼谷,以与暹罗政府谈判订约。至 10 月 3 日,法暹和约签订。根据此条约,暹政府放弃湄公河左岸地区一切权利①。

从清朝方面讲,对于 19 世纪末以前的西方势力在暹扩张,清朝方面几乎无人注意。直到 19 世纪 90 年代法国势力不断侵入暹罗,才引起清朝部分官员的密切关注。

首先注意到法国势力在暹扩张的是驻英、法、义、比四国公使薛福成和驻美、西、秘国公使崔国因。光绪十七年(1891)六月初八日,薛福成从《泰晤士报》上看到有关法国图谋兼并暹罗的文章,他在出使日记中写道:"《泰晤士报》论法国似蓄狡谋,颇有兼并暹罗全土之意,力斥暹罗优待法人之非,并劝暹廷预防法国新派华印总督设谋暗害暹罗之事。"②十七日,因听到英国首相沙里士伯(Salisbury,又译索尔兹伯里)在议院议论暹罗危情,薛福成又写道:"英相沙侯在议院宣议云:'谣传法人已占据暹罗之朗布拉班省,却不甚确;余深望暹罗自主之权,毋为他人侵夺。然欲联欧洲各国,以保比利时之例保暹罗,尚恐不能也。'"③九月初二日,崔国因看到英文报纸上关于法国垂涎暹罗、英国宜助暹罗的文章,在日记中记录:"暹罗向贡献于中国,修藩属之礼,近年以来渐携贰矣。其地与越南、缅甸接壤,故英、法两国皆垂涎。英人则谓已入牢笼,不畏他国之攘夺,法固不甘心也。将来两虎争一羊,分裂不匀,其不免战争乎！然而法固非英敌也,水师不如英也。"④十八年(1892)二月十三日,薛福成又在日记中记录:"法人欲得暹罗鲁万弗来拔地方,今法兵已将踞之矣。法兵之在越南、暹罗交界者,又时越界以与暹人为难。"⑤这一时期薛福成、崔国因虽已注意到西方势力对暹罗

① 参见[苏]尼·瓦·烈勃里科娃:《泰国近代史纲(1768—1917)》,王易今、裴辉、康春林译,商务印书馆,1974 年,第 313—329 页。

② 《薛福成日记》,第 642—643 页。

③ 《薛福成日记》,第 643 页。

④ [清]崔国因:《出使美日秘日记》,刘发清、胡贯中点注,黄山书社,1988 年,第 349 页。

⑤ 《薛福成日记》,第 702 页。

的图谋,但未向清廷提出警醒。

　　清政府最早得到法暹冲突消息是在光绪十九年四月初二日(1893年5月17日)。这天薛福成向总理衙门电告法国与暹罗开战事:"法国防营在湄江被暹罗兵围攻,并获法国向导官员。法廷现派陆兵五百名、水师二百二十名,由都郎起行,与暹罗决战。"①

　　随着法暹冲突的升级,薛福成致李鸿章和总理衙门的有关法暹冲突及各国反应的电报不断增多。如四月十二日(5月27日)电:"法国新报,法国必须尽力攻打暹罗,勿被英国贻笑等语。"②十七日(6月1日)电:"法兵在湄江被围,顷闻已解。或云暹罗兵多老迈,莫能奋击等语。"③十八日(6月2日)电:"《泰谟斯新报》云,暹罗系英国扼要之处,须极力保护,勿被法国欺凌等语。"④二十日(6月4日)电:"英国外部大臣伯爵罗士柏林照会云,法、暹失和,英国莫能干预等语。"⑤五月初九日(6月22日)电:"法国派水师一军赴暹罗,沙弥岛已被其占据。又,驻扎暹京法国领事索偿兵费云。"⑥十一日(6月24日)电:"英国接暹罗来文云,击死法兵一事甚为抱歉,顷拟筹款照偿等语。"⑦二十日(7月3日)电:"法、暹失和一节,英国助法助暹,外部侍郎喀黎不肯明示。"⑧六月初三日(7月15日)电:"德国派炮船前赴暹罗保护德商云。"⑨初五日(7月17日)电:"法国炮船过湄南江,被暹罗炮台开炮击死法兵五名。暹兵死伤三十名,暹京防堵严密,将有开仗之意。法国驻暹公使告于暹廷曰,此次炮船抵暹,并无令其开炮等语。"⑩初六日(7月18日)电:"法国驻暹公使告暹廷曰,湄南江开炮击死法兵一

---

　　① 《李鸿章全集》第23册,安徽教育出版社,2008年,第363页;中国第一历史档案馆编:《清代军机处电报档汇编》第7册,中国人民大学出版社,2004年,第417页。《李鸿章全集》《清代军机处电报档汇编》《薛福成日记》等资料关于薛福成与总理衙门往来电报的时间有时相差一两天甚或三四天,当为时差或收发编辑电报延误所致。

　　② 《李鸿章全集》第23册,第369页;《清代军机处电报档汇编》第7册,第464页。

　　③ 《李鸿章全集》第23册,第370页;《清代军机处电报档汇编》第7册,第476页。

　　④ 《李鸿章全集》第23册,第371页;《泰谟斯新报》,后文又作《泰谟斯时报》《泰晤士新报》,均指《泰晤士报》(The Times)。《清代军机处电报档汇编》第7册,第479页。

　　⑤ 《李鸿章全集》第23册,第372页;《清代军机处电报档汇编》第7册,第482页。

　　⑥ 《李鸿章全集》第23册,第377页;《清代军机处电报档汇编》第7册,第521页。

　　⑦ 《李鸿章全集》第23册,第379页;《清代军机处电报档汇编》第7册,第531页。

　　⑧ 《李鸿章全集》第23册,第382页;《清代军机处电报档汇编》第7册,第552页。

　　⑨ 《李鸿章全集》第23册,第386页;《清代军机处电报档汇编》第7册,第573页。

　　⑩ 《李鸿章全集》第23册,第387页;《清代军机处电报档汇编》第7册,第582页。

事,有违西历一千八百五十六年约章等语。"①初七日(7 月 19 日)电:"法兵业已占踞麻达恩之当打宁及带醋珊炮台。顷闻法、暹议和,彼此互陈攻击。又,英国外部大臣喀黎云,暹罗住有英商,必须竭力保护。如暹罗被法攻击过甚,英国须添派兵船前赴保护。设使暹罗有失,于印度亦甚有关系。顷闻法国宣言,法国亦愿暹罗能自保其国,不至受人侵吞云。"②从这些电文中可以看出,法国在与暹罗的冲突中占据优势地位,英国商界希望英政府出面干预,但英政府态度模棱两可,德国则派兵船前往保护商民。

法国于六月初八日(7 月 20 日)向暹罗提出最后通牒后,薛福成立即将最后通牒内容向总理衙门报告:"法国照会暹廷,索偿兵费三百万佛郎,更有商家受伤者另再计议。如不允许,法国当即封口。如允许,更将炮台或海口划出一处为质。现暂停兵事,俟法国新派公使维利亚抵暹后再议此事。是否之处,限四十八点钟即复云。"③六月初十日(7 月 22 日),又将英政府派员赴法交涉暹罗问题的消息电告总理衙门:"英国外部侍郎喀黎云,法国递送暹罗哀的美敦(ultimatum 音译,意为最后通牒)情形英国尚未详知,惟暹罗与法国分界之事与英国大有关系。英廷已派前驻法公使达华林赶赴巴黎,与法国外部大臣商议。顷闻,商议各事彼此意见均属相同等语。"④同日,薛福成还派驻法参赞庆常前往法外交部"诘问与暹罗启衅之故",法外交部大臣德维勒云:"法暹两国近日局面变更,皆因暹人受英人挑唆之故,以致愈逼愈紧。"庆常问以法国意向如何,德维勒称只要暹罗同意法国最后通牒提出的各点要求,就可议和:"澜沧江左岸之地,原属越南,近年多被暹罗侵占,逼近越都,所设兵卡,距越都百里之近。法有保护越南之权,应令暹罗反其侵地,画江为界,此其一也。法商前在南掌贸易,忽被暹罗官驱逐,以致失业伤财,应令暹罗赔偿,此其二也。法弁越兵收复城邑,有被暹官谋害者,应给恤款,此其三也。日前法炮船照约入其内河,忽被炮台轰击,将引水之商轮击沉一只,亦应赔偿,此其四也。此外,又须向索兵费以惩开衅,合计应索偿三百万佛郎。本国派前任西贡总督维勒尔赴暹办

---

① 《李鸿章全集》第 23 册,第 387 页;《清代军机处电报档汇编》第 7 册,第 584 页。
② 《李鸿章全集》第 23 册,第 387 页;《清代军机处电报档汇编》第 7 册,第 585 页。
③ 《李鸿章全集》第 23 册,第 389 页;《清代军机处电报档汇编》第 7 册,第 589 页。
④ 《李鸿章全集》第 23 册,第 389 页;《清代军机处电报档汇编》第 7 册,第 587 页。

事,先告暹罗,限两日答复;大约暹罗见法意已决,必可就范,不致大动干戈。且法不愿兼并暹罗,亦不废其自主之权,只要所请五事允许,即可讲和。"庆常又问:"澜沧江上游两岸,皆归中国管辖。贵国何以有画江为界之说?"德维勒云:"法不欲侵占中国所属地方。不过上游必须分清界限,以杜争端,此事最易商办。"又云:"法暹之事,若非英国播弄,早已和平了结。英非爱于暹,乃欲激成兵端,从中取利也。即如法越之衅,亦英挑唆。英若真爱中国,何至乘机吞并缅甸乎? 上年英割暹罗北境极富之地千余里,而以其余作英法之瓯脱,故法不得不收江左之地以应之耳。"①是为薛福成派庆常与法外交部就法暹冲突问题交换意见。

　　对于日趋恶化的法暹冲突,薛福成认为中国应当保持中立。时驻英暹使遣其参赞到清驻英使馆,"探问中国能否设法相助"。薛福成令使馆参赞马格里予以婉拒:"告以该国久辍朝贡,一旦有急,势难援手。姑以此说却暹使之请。"②六月十二日(7 月 24 日),薛福成又向总理衙门建议对法暹冲突暂时不发表意见:"法兵攻打暹罗。李梅到署有言,似应勿稍露圭角。"③十三日(7 月 25 日),薛福成将法暹启衅情形及庆常与法外交部交涉情况详细咨文总理衙门和北洋大臣李鸿章:"查法国与暹罗启衅一事,英报屡言中国将有派兵驻暹之举,以警动法国。法人亦有鉴于越南前事,不能不以中国为虞,稍觉踌躇。本大臣思中国固不愿挽预暹罗之事,致生枝节。然处之当在不离不即之间,若竟置不问,难免为法国所轻视。且寓暹华民数十万,未便漠视。而澜沧江上下游两岸,皆系中国云南之地,诚恐法人肆然无忌,得步进步,亦不能不声明在先。因函饬驻法参赞官庆常,赴法外部询问法暹起衅缘由,并与申说一切。兹据该参赞禀称,已与外部大臣德维勒会晤,询明各事,据称事可就范,不致大动干戈,法不愿兼并暹罗,亦不废其自主之权。即将晤谈情形及法暹起衅缘由,电嘱公使李梅详达贵衙门、大臣,以免疑虑。"④同日,薛福成又电告总理衙门关于法国增兵暹罗及最后通牒的补充信息:"法国已派陆兵五百名,由亚非利亚之阿兰地方前赴暹

---

　　①　《薛福成日记》,第 817 页。

　　②　[清]薛福成:《出使公牍》卷六,光绪二十四年(1898)刊本,(台北)华文书局,1968 年影印本,第 463 页。

　　③　《李鸿章全集》第 23 册,第 389 页;《清代军机处电报档汇编》第 7 册,第 606 页。

　　④　[清]薛福成:《出使公牍》卷二,第 175—176 页。

罗。又……礼拜四得闻法国递与暹罗哀的美敦确实情形,法国著暹罗赔偿兵费之外,更与其湄江迤南之炮台限一月之内暹兵尽行退去,该炮台归越南、柬浦(埔)寨地方管理等语。"①

由于暹罗对法国最后通牒有所保留,法国对暹采取封锁港口、撤离公使等进一步措施,英国对法暹冲突也积极采取行动。对此薛福成于六月十四日(7月26日)电知总理衙门:"暹罗照复哀的美敦文书云,湄江东岸在纬线十八度以下,情愿划与法国,亦愿赔偿兵费三百万佛郎。惟应请公证人验明伤损之人实在若干,如赔偿逾额,法国须将余银照缴。法国不以所复为然。顷闻法国驻暹公使拟于礼拜三日离开暹京等语。"②十五(7月27日)又电:"昨日法国出示云,暹罗湄江等处业经封口。据英国《新报》,暹罗照复哀的美敦文书一事甚为尽理等语。"③十七日(7月29日)又电:"法国驻暹公使及炮船均已离开暹京,惟兵船九艘仍泊湄江等处,为封口计。英国驻法公使达华林与法国外部大臣辩论暹罗事宜,彼此甚为酣畅。又,英国外部侍郎在政院云,暹罗湄江等处已被法国封口,暹、法继复兴兵,英商在暹者须派兵前往保护等语。"④

由于法暹冲突,导致暹罗湾港口局势紧张。六月十六日(7月28日),清朝驻新加坡总领事黄遵宪电请清政府派兵船前往暹罗保护华民:"寓暹华商遣人来坡禀称:暹、法事亟,法现封港。各国战船云集,求电请中堂派兵船保护华民。"⑤薛福成也于十七日(7月29日)向李鸿章提请派兵船前往保护华民:"寓暹华商禀求兵船保护。英、德等国皆添船护商,华民在暹尤众,请派兵船赴暹海口,随同英、德等船进止最妥,可慰舆情、尊国体。若须入口,中、暹向无条约,可告驻英暹使电知该国,随后再议。"⑥对于薛福成的建议,总理衙门于十九日(7月31日)电复:"暹自咸丰三年后绝朝贡,外人犹疑为属国。闻暹初与法战,内有华商助之,若派船护商为名,法倘阻我入口,进退两难。尊意随后议约尤非体,此须熟商,未可轻举。然华民在

①　《李鸿章全集》第 23 册,第 390 页;《清代军机处电报档汇编》第 7 册,第 596 页。
②　《李鸿章全集》第 23 册,第 390 页;《清代军机处电报档汇编》第 7 册,第 592 页。
③　《李鸿章全集》第 23 册,第 390 页;《清代军机处电报档汇编》第 7 册,第 603 页。
④　《李鸿章全集》第 23 册,第 391 页;《清代军机处电报档汇编》第 7 册,第 602 页。
⑤　《李鸿章全集》第 23 册,第 391 页。
⑥　《李鸿章全集》第 23 册,第 392 页;[清]薛福成:《出使公牍》卷一〇,第 752—753 页。

遏百万,可令庆常婉询外部何意,彼或有疑忌,速定和局。"①可见,清政府不同意派兵船前往遏罗护商,只是令驻法参赞庆常探询法国对遏态度。同日薛福成继续向总理衙门电告法遏冲突最新信息:"法国意欲占踞遏罗海关,目下已在郎嘉莲海岛升挂法国旗号,以备为总码头之处。伦敦商人会同在遏英商禀明英国外部大臣罗士巴龄云,遏罗现在危险至极,因法国勒索其赔款并封其各处海口,英国从此必至歇绝矣。"②

遏罗政府同意法国提出的所有要求后,薛福成于六月二十日(8月1日)向总理衙门汇报:"法、遏议和。"③同日又电:"遏罗虽经均依法国哀的美敦文书办理,法国竟将高锡泉海岛占踞,并将该处人民及海关官员尽行驱逐云。"④二十一日(8月2日)又电:前电"稍误会,所谓再议,非与遏议约也。法廷自越南一役,稍惮中国,屡告庆常,愿不攻曼谷,保护华民,旋已议和"⑤。二十三日(8月4日)又电:"遏罗允依哀的美敦文书办理,法国惟恐无凭,遂以先踞井打浦地方为质。英国《泰晤士新报》不出一言,别项新报略云,遏罗井打浦被法国占踞为质似为不妥,惟不能碍英国应有之权云。"⑥关于遏罗接受的法国提出的最后通牒六点要求和附加条款四点要求,薛福成在六月二十一日(8月2日)的出使笔记中有详细记录⑦。

由于遏罗同意割让给法属印度支那的湄公河(中国境内称澜沧江)以东地与中国云南车里相接,且法外交部正敦促清政府进行中法越南勘界,薛福成于六月二十二日(8月3日)电请总理衙门予以关注并立即派员查勘澜沧江东岸形势,并建议与法外交部订立字据约定一二年后进行勘界:"法胁遏罗割澜沧江东岸地,与滇接壤。外部屡催分界,应电滇督勘查,非可猝议。外部告庆常,愿不稍侵滇属土司,彼因遏事未了,措词和顺。宜仿英廷办法,由使臣请外部依言写立凭据,如此虽一两年后议界无妨。若遏事大定,彼必渐生觊觎,或致棘手。立据一节拟请先告李梅,再令庆常试

① 《李鸿章全集》第 23 册,第 392 页。
② 《李鸿章全集》第 23 册,第 392 页;《清代军机处电报档汇编》第 7 册,第 595 页。
③ 《李鸿章全集》第 23 册,第 393 页。
④ 《李鸿章全集》第 23 册,第 393 页;《清代军机处电报档汇编》第 7 册,第 594 页。
⑤ 《李鸿章全集》第 23 册,第 393 页。
⑥ 《李鸿章全集》第 23 册,第 394 页;《清代军机处电报档汇编》第 7 册,第 609 页。
⑦ 《薛福成日记》,第 820 页。

办。万一未能办到,应早由署与李梅妥议,以弭后患。"①二十六日(8月7日),总理衙门回电薛福成,告知已电令云贵总督勘查边界形势,但订立字据一事难以办到,希望薛福成也探访车里形势:"李梅论暹事,总谓仍归于和,湄江东岸归法,法必不占滇地,请我议界。所拟界线在纬线二十三度零,觊将车里全境占去,已驳其误。仍函电滇督确查。养电欲外部立凭据,恐办不到。闻车里部内有贡于缅暹者,彼即立据,后仍有词,未为善策。总之,英以车里归我,正其狡计。此事不能缓至一二年后再议。希设法探访车里贡暹之土司若干处、若何名目,能得详图尤妙。"②薛福成很快将所查车里形势电复总理衙门:"暹已割地议和。查车里有四城在湄江西,八城在湄江东,法所觊者,东八城也。法印地图将东八城绘入法界,敝处诘之,外部自认错误。英以车里归我,明知狡计,然《会典》《一统图》及滇督来图皆隶滇境,断难一旦弃之。法人现询英廷,英愿助我作证。现商所以答法人者,俟中英条约刊出,更多一重公案矣。暹尚自主,土司贡暹,与法无涉。请将李梅所论,详告仰蓬星使(指接任驻英公使龚照瑗),以便内外接洽。"③二十七日(8月8日),薛福成又致电总理衙门:"细思李梅意甚狡,外部立据,不过声明车里所属十二城在法国权利之外,虽难办到,请姑试之。顺则旬月必成,日后免大争论;不成,则知法谋不善,可由署速与李梅议界。今但请告李梅,已电使臣与外部先商大概规模,便可着手。"④由于事涉边疆,薛福成又于二十八日(8月9日)致函总理衙门,对湄江东地与中法勘界的紧要关系作出详细说明:"湄江东岸既尽归法国,法地多与云南接壤,该外部所以有屡催分界之说。窃查车里土司辖境甚广,有四大城在湄江以西,八大城在湄江以东。东境今皆与法毗连,近见法人新刻地图,竟将车里东八城划入法国界线之内,似预为将来争地张本,意殊叵测。然车里东八城屏蔽南徼,关系临安、开化、普洱各府形胜,万一稍为所侵,彼必蹈瑕(暇)伺闲,得步进步,滇疆之患,不可胜言。福成因嘱参赞庆常赴外部诘问。外

_____

① 《李鸿章全集》第 23 册,第 394 页;[清]薛福成:《出使公牍》卷一〇,第 753 页;《薛福成日记》,第 821 页;《清代军机处电报档汇编》第 7 册,第 610—611 页。

② 《清代军机处电报档汇编》第 7 册,第 620—621 页;《薛福成日记》,第 821—822 页。

③ [清]薛福成:《出使公牍》卷一〇,第 754 页;《清代军机处电报档汇编》第 7 册,第 668—669 页。

④ 《清代军机处电报档汇编》第 7 册,第 627 页;[清]薛福成:《出使公牍》卷一〇,第 755 页;《薛福成日记》,第 822 页。

部答称,图中本已声明,尚难作为实据。且云湄江东、西滇属土司之地,法国愿不侵占。彼因暹事未了,措词尚属和顺,所以电告拟仿英廷办法,乘其未生觊觎之时,速商外部,依言写立凭据。彼既无可狡赖,勘界虽稍缓,亦无妨碍矣。至议界一节,近数月内,自不值于法暹多事之秋,搀与其间,转嫌示弱。似应电告滇帅,遴派干员,将车里东八城界限及湄江以东各土司密速勘查,俟详复到后开议,方有依据。商办或在一年之后,福成交卸在迩,病体难支,久客思归,拟将详细情形告知龚仰蘧星使,俾得相机因应。抑或由钧署与李梅妥议,大约此使筹之预而了之速,必可顺手。若办理愈迟,则愈恐枝节丛生耳。"在这封信函中,薛福成还将《泰晤士报》所载法国最后通牒及附加条款内容翻译附呈:"第一次战书六条:一、认柬埔寨及越南有至湄江左岸及各岛之权;二、限一月之内,所有湄江左岸暹罗兵寨全行退出;三、侵凌湄南江法船水手及寓暹法民,须惬意赔礼;四、惩办罪人,并赔银给受害者之家眷;五、各种受亏法民,应赔补法银二百万佛郎;六、担保照行第四、第五条所开之事,暹罗须立即出银三百万佛郎,如不出银,即将先利泼及班德本两处归法国收税。第二次战书四条:一、法国占踞湛地门江及岸,待暹兵退出江左岸,然后让还;二、离湄江二万五千尺地内,不准暹罗兵入其地;三、暹罗兵船不得入大湖;四、法国有设立领事于孟范及哥拉脱之权。"①

　　关于法暹议和后的暹罗局势及英法态度,薛福成继续随时向总理衙门作出汇报。六月二十一日(8月2日),薛福成电告总理衙门:"暹罗已愿将湄江并西边之始犀番巴邦地方割与法国。又,英国下政院议论暹罗情形,绅士丁蒲尔、戈孙巴尔和均恨法国借强占夺人地,甚为不平。英外部侍郎喀黎独不以为然,且宣言曰,现时务望各绅请勿妄论暹、法之事,若暹、法不能议和,英国亦有所不利。法国索偿亦在情理之中。英商在暹者均经保护无恙,即为难得等语。绅士夏高云,英、法无生异心,办理定臻妥协等语。"②二十二日(8月3日)又电:"暹罗已经允依法国哀的美敦文书办理,又允依割地为质。法廷遂以电致驻暹封口法提督富曼即行撤封。又,英国驻法公使达华林与法外部大臣祇维尔议定湄江上游华、英、法三国瓯脱之

────────────

① 〔清〕薛福成:《出使公牍》卷六,第464—468页。
② 《李鸿章全集》第23册,第395页;《清代军机处电报档汇编》第7册,第612—613页。

地,划清界趾,并议订约章为据云。"①二十九日(8月10日)又电:"暹罗现在已将湄江左岸一带地方及章德房地方均腾出让与法国。"②七月二十日(8月31日)又电:"暹罗和约现已停议,因法国阴谋各事甚多,无从侦探。据英国各新报,法国欲将暹罗为属邦等语。顷闻法国所派兵船四艘已抵暹罗高沙弥地方,强令暹王归降。暹王世子池洼湾时业已赶赴班珊地方,将此所议情形禀明暹王。又,法国公使池威拉士云,暹罗湄江右边巴丹班及暗高地方各工程必须统归法国办理。"③同日又电:"法国在暹罗井打浦地方围筑行营、炮垒,并召炮船来暹,以为耸动暹王之计。"④

为保护在暹英商,并避免暹罗为法国所吞并,英议会决定就暹罗问题派使与法国进行进一步交涉。对此,薛福成七月二十二日(9月2日)电告总理衙门:"英国外部侍郎喀黎在下政院云,各商所禀暹、法交涉各事未必皆实,惟国家以前所议暹、法之事尚无改换。顷派伯爵达华林复赴巴黎,再议保护在暹各商事宜。伦敦各商又禀云,拟议保商之外,暹罗国事必须归暹王自主,勿被法国据为属邦等语。"⑤二十五日(9月5日)又电:"英国驻法公使云,法国与暹罗所立条约实夺各国从前与暹罗所立条约之利权,暹罗一时不能允许,法使因予限三个月,令暹罗细计从违。又,英、法两国约明,缅甸、暹罗交界中间必有瓯脱之地,庶两国不至实逼此处,而暹罗亦有以自全云。"⑥二十六日(9月6日)又电:"英国外部大臣鲁伯里同英国驻法公使达孚林前赴巴黎,奉英廷详细训条,保护英人在暹罗应得利权云。"⑦八月初一日(9月10日)又电:"英国政院议论暹罗一事,外部侍郎喀黎云,查法国并无谋夺暹罗自主之权,英商在暹者可仍旧放心。"⑧

10月3日,《法暹和约》签订。关于条约签订以及英法两国报界反响,薛福成于条约签订当日就电告总理衙门:《法暹和约》订于西历10月3日,

---

① 《李鸿章全集》第23册,第394—395页;《清代军机处电报档汇编》第7册,第618页。
② 《李鸿章全集》第23册,第396页;《清代军机处电报档汇编》第7册,第628页。
③ 《李鸿章全集》第23册,第401页;《清代军机处电报档汇编》第7册,第671—672页。
④ 《李鸿章全集》第23册,第402页;《清代军机处电报档汇编》第7册,第672页。
⑤ 《李鸿章全集》第23册,第403页;《清代军机处电报档汇编》第7册,第678页。
⑥ 《李鸿章全集》第23册,第404页;《清代军机处电报档汇编》第7册,第685页。
⑦ 《李鸿章全集》第23册,第404页;《清代军机处电报档汇编》第7册,第689页。
⑧ 《李鸿章全集》第23册,第405页;《清代军机处电报档汇编》第7册,第693页。

即中历八月二十四日画押①。八月二十六日（10 月 5 日）又电："法国各新报云，《法暹和约》已成，与在暹英商均无窒碍，暹地划归法国者与英属中留瓯脱，从此可免侵占之弊等语。"②二十七日（10 月 6 日）又电："据英国新报，法暹所约各事语多模棱，惟恐暹罗日后渐被法国侵夺等语。"③可见，法国报界宣传的是《法暹和约》不会损害英国利益，而英国报界的报道则是担心法国会进一步吞并暹罗。

《法暹和约》签订后，法国并未立即退兵，这更增加了英国的担心。为防止法国占踞暹罗，英外交部向薛福成提出希望联合中国共保暹罗。九月二十日（10 月 29 日），薛福成将此事电告总理衙门："暹罗割地赔款，法兵不退。英外部日夜谋议，并询中国视此事轻重如何。"薛福成认为，对于英国外交部的询问，"似应答以视之甚重，倩英力图保护"，并建议总理衙门诘问法驻华公使"何以不践前言，隐助英势，余事可不问"。接到薛福成电报，总理衙门立即诘问法驻华公使李梅："暹已割地赔款，法未退兵系何意？"李梅推说不知，称要电询外交部后再作答复。随之英驻华公使欧格讷到总理衙门，称"驻法英使现与法廷议论保全暹罗国权，事机甚紧，欲中国助力"。由此，总理衙门于二十四日（11 月 2 日）电令薛福成告知驻法参赞庆常："向法外部告以闻英与贵国商议保全暹权，中国亦有此意，极愿调停，看其如何答复，相机应付，要以践言。此即隐助英势办法。"④是为清政府同意追随英国参与调解法暹冲突。

为阻止清政府介入暹罗事件，法外交部向薛福成放出将车里南界让与中国的风声。九月二十七日（11 月 5 日），薛福成电告总理衙门："法外部告敝处，愿保全暹罗自主之权。湄江东岸暹兵退净，条约照行，法必退兵，然后再议保护。据又云，现与英议车里南界外局外之地，俟译妥让归中国管属。英廷送节略，亦愿归中国。查此系难得机会，英、法、暹皆不能管，惟中国受之，可息争端，有利无弊。车里格外稳固，西、南两面以湄江为界，勘界时更省事，中国声望亦愈隆矣。不受则反多后患，声望更损。英人又称，

　　① 《李鸿章全集》第 23 册，第 411 页；《清代军机处电报档汇编》第 7 册，第 722 页。
　　② 《李鸿章全集》第 23 册，第 412 页；《清代军机处电报档汇编》第 7 册，第 730 页。
　　③ 《李鸿章全集》第 23 册，第 412 页；《清代军机处电报档汇编》第 7 册，第 734 页。
　　④ 《清代军机处电报档汇编》第 8 册，第 30、44—45 页；《李鸿章全集》第 23 册，第 419 页；《薛福成日记》，第 841 页。

得我隐助,事有转机,愿与中法同约保护暹罗,此亦不费之惠。"①十月初四日(11月11日),总理衙门致电薛福成,认为中英立约合力保暹,会结怨于法国,因而提出三国共同保暹的思路:"欧使以法反复,欲中、英立约合力保暹。谓法闻信,必不敢逞。英意保暹,即以保缅,故求相助。然果立约,恐结怨于法,倘法不慑虚声,竟逞志于暹,便难收束。如能三国同保,如俾利芝(比利时)故事最善。希与英廷别商保暹之计,彼如提及欧使所说,请告以中国从未与他国立密约,仍愿向法廷劝解。此不即不离办法。"②次日,薛福成回电总理衙门,表示准备向英外交部提出三国同保暹罗的建议:拟遵来电告英外交部,"如英、法立约保暹,中国必愿入约。或中、英立约不侵暹地,不碍暹权,亦足风示法人,不至势成骑虎"③。

　　清朝提出三国同保暹罗的建议,但英、法两国却一直在密商暹罗事务。十月初十日(11月17日),薛福成致电总理衙门:"英国昨日外部侍郎喀黎在下政院谓,英、法密商暹罗事务,外间不得与闻云。"④同时英驻华公使也继续向总理衙门提出希望清朝助英保暹。二十五日(12月2日),总理衙门致电薛福成:"英使言,彼国现与法在巴黎商湄江东岸局外地愿归中国及保暹之策,欲中国亦助力向法商议,以定三国共保之约,可免后患。希饬参赞试与法外部言之,得复再商办法。"⑤接到总理衙门电报后,薛福成遂派署理法国使馆参赞思恭塞克与法外交部商议,但法人不肯同意。薛福成无奈,只能委托英外交部代为商议。二十九日(12月6日),薛福成向总理衙门报告英法商议情况:"英、法两国所议暹罗瓯脱之地,现已定约画押,并两国即派大臣前往划界。据《泰谟斯时报》,此瓯脱地应归中国管辖云。"⑥十一月初二日(12月9日),薛福成又电:"英外部侍郎格里(即喀黎)在下政院宣言曰,英、法现已定议,暹罗中间应有瓯脱之部落。其约俟下礼拜一日即送交政院阅看,至该部落应归中国管辖,尚无成议云。"⑦

　　英法两国既然同意在实际控制区中间设立瓯脱即缓冲地带,清政府当

①　[清]薛福成:《出使公牍》卷一〇,第761页;《薛福成日记》,第841—842页。
②　《李鸿章全集》第23册,第422页;《薛福成日记》,第841页。
③　《李鸿章全集》第23册,第422页;《薛福成日记》,第842页。
④　《李鸿章全集》第23册,第424页。
⑤　《李鸿章全集》第23册,第426页。
⑥　《李鸿章全集》第23册,第428页。
⑦　《李鸿章全集》第23册,第429页;《清代军机处电报档汇编》第8册,第57页。

然希望能够代管此处。十一月初九日（12 月 16 日），薛福成奉总理衙门令照会英外交部："本大臣奉总理衙门电信，告知贵爵部堂，中朝极愿暹罗恒为自主之国及完全之地。今闻英廷俱有此意，极为欣喜。英、法拟如何保护，中朝深愿帮助办理。至于湄江上段英、法地之中间，拟设一瓯脱之地，贵爵部堂前言愿将此地归中国大皇帝属下，兹本大臣告知贵爵部堂，倘能令该处地形宽阔，无碍于中国利益，议明送来，中朝亦甚愿接受。今查瓯脱地之北边，与中国江洪毗连。江洪南边之疆界，向未分划清晰，无论何事，如划界等情，中朝自应与闻。瓯脱地之疆界，揆之于理，应以南禹江（即南佤江）为东方之界限较妥，盖南禹江在江洪之猛禹（一名猛佤）府内者，既全系中国之江，即出猛禹境后，其西岸亦仍属中国。倘以南禹江为瓯脱地东边界线，将瓯脱地归中国，则江洪边界之难处可免矣。"①

清朝希望管理瓯脱即缓冲地带，英法两国当然不会轻允，他们提出须两国实地勘查形势后再做定夺。十一月十四日（12 月 21 日），薛福成电告总理衙门："暹罗画分瓯脱之地，法国派巴哩、潘达黎斯、吕安三员，英国派南掌参赞斯觉德一员，前往会议云。"②同日薛福成还咨文总理衙门做出进一步说明："查英法互商保暹之约，大致可望就绪，不至决裂。所议局外瓯脱之地，须由英法两国派员往勘情形，再行定夺。其归中国统辖一节，屡见法国新报，咸以中国并未用力，无端得此利益，众情颇为不悦。幸外部尚无异言，英外部亦以中国此次为之助力，屡持公论，谓此地归中国为最妥，且欲令其地形宽阔。"薛福成在咨文中还提出需要注意两点："一则欲以南佤江即大宣河为东界，可与法人界划清楚，即将来车里勘界，亦省无穷轇轕；一则英法派员，中国亦须派员同往，以免车里南界受彼朦混。已饬署理法馆参赞思恭塞克与法外部商议，法人未肯遽允。现托英外部代为磋磨，约须稍缓，方有眉目。至英法两国，互约不许，因为瓯脱地归中国，藉此另图得中国利益。彼既互相猜防，中国尤隐受其益，此举为有利无弊矣。"③十二月十二日（1894 年 1 月 18 日），薛福成又电告总理衙门："前饬庆参赞与法外部商保暹之约及局外地，至今无答文。惟暹罗暂可静谧，局外地尚难

---

① ［清］薛福成：《出使公牍》卷九，第 685—686 页。
② 《李鸿章全集》第 23 册，第 431 页。
③ ［清］薛福成：《出使公牍》卷二，第 179—180 页。

空议,须待明年秋冬。"①十七日(1月23日),薛福成再次电告总理衙门:
《法暹和约》"已经法国政院准行。或云暹罗瓯脱地方法国不肯明言其意,
俟与英国商议云"②。英法推说进行实地勘查后再议瓯脱之地事,实际是
不同意将此地划归中国管理。随着1894年5月薛福成卸任回国,7月病死
于上海,清政府对法暹冲突及暹罗瓯脱地的关注归于沉寂。

　　总的来看,对于19世纪90年代的法暹战争,清朝政府特别是薛福成
和总理衙门给予密切关注,在法暹关系最紧张的阶段,薛福成几乎每日都
向总理衙门报告法暹局势及英国态度。遗憾的是,清政府和薛福成都认为
应当追随英国参与保暹,且不同意与暹罗单独订约。而实际上,英法两国
是不会真正同意清政府保护暹罗建议的。甚至英法两国在暹罗问题上的
外交谈判,清政府根本无法真正参与。而由于英法两国间的矛盾与妥协,
1896年1月,两国在伦敦缔结条约,规定两国有责任维持作为暹罗王国中
心部分(暹罗首都所在地)的湄南河谷的独立和完整,双方不缔结足以使第
三国能够在该区采取任何行动的任何单独协定③。由此,暹罗成为英属缅
甸和法属印度支那之间的缓冲地带,也成为东南亚唯一一个没有沦为殖民
地的国家。1904年4月,英法两国再次缔结条约,重新划分势力范围,规
定以湄南河为界,湄南河以西为英国势力范围,以东为法国势力范围④。

三、清朝官民关注暹罗的近代化改革

　　19世纪中叶后的暹罗,面对国内外形势变化,开始进行自上而下的近
代化改革。蒙固王时期(1851—1868),在教育方面,邀请英国女教师安
娜·利奥诺文丝来暹罗,在宫廷中教授英语和其他近代科学知识,并作为
国王的秘书。在外交方面,废除了经过国王面前必须爬行的旧礼节,一切
外国使臣朝见时可免于殿前匍匐及跪拜,以示平等相待。在宗教方面,打
破自1688年以来排斥外来宗教传播的做法,提倡宗教信仰自由。在经济
方面,大力推进修建道路、开凿运河、建造船只、发展交通,并在王宫里建起

① 《清代军机处电报档汇编》第8册,第150页。
② 《李鸿章全集》第23册,第438页;《清代军机处电报档汇编》第8册,第166页。
③ 参见[苏]尼·瓦·烈勃里科娃:《泰国近代史纲(1768—1917)》,第331页。
④ 参见[苏]尼·瓦·烈勃里科娃:《泰国近代史纲(1768—1917)》,第416页。

一间造币厂,从 1860 年起筑造硬币以替代先前流通的贝壳和铢币。特别是针对暹罗传统社会中的"萨迪纳"制和奴隶制,开始逐步用雇佣工人承担公共建设工作,来代替无偿的强迫徭役劳动,并颁布若干法令,对奴隶制度作出限制,使封建领主不能任意将自己的依附民出卖为奴隶,奴隶在能够付出赎身钱时主人必须接受。在军队方面,开始仿照欧洲军队建立新式陆海军[①]。然而,蒙固王的改革未及深入,他就于 1868 年 8 月前往三礼育观测日食时感患疟疾,次月病逝。1868 年 10 月 1 日,朱拉隆功继位,是为拉玛五世(1868—1910 年在位)。朱拉隆功只有 16 岁,尚未成年,国家政务暂由摄政委员会掌管。朱拉隆功自幼接受西方文明熏陶,在摄政委员会摄政期间,他于 1871 年 3 月和同年 12 月至翌年 3 月两度出访新加坡、印度尼西亚等国进行考察。1873 年,朱拉隆功正式加冕国王,随之在暹罗推行包括逐步废除奴隶制和封建依附关系、改革中央和地方行政管理制度、改革财政制度、改革教育制度、改革军事制度、改革立法和司法制度为主要内容的近代化改革[②]。1897 和 1907 年,朱拉隆功还两次出访欧洲,到访意、英、法、俄等国。朱拉隆功改革持续近 40 年,到朱拉隆功去世时,暹罗已转变成为近代资本主义国家。

　　清朝官民对暹罗近代化改革的关注可分为三个阶段:甲午战争前,只有少数人注意到暹罗的改革动向;甲午战后至戊戌变法时期,由于暹罗的近代化改革可为清朝维新变法之借鉴,维新派开始广泛关注并大力宣传暹罗的近代化改革;戊戌变法失败后,部分刊物虽继续刊发关于暹罗近代化改革的文论,但数量已大幅减少。

　　较早注意到暹罗近代化改革的是张德彝、王韬、郑观应、薛福成等人。同治十年十一月二十九日(1872 年 1 月 9 日),同文馆译员张德彝随崇厚出使法国归来路过新加坡,听说了拉玛五世到访新加坡的情形:"十日前暹王来此,英官排列鼓吹,接待甚厚,言其将去英法一游。"[③]不久,王韬在香港为《循环日报》撰写的评论文章《亚洲半属欧人》中说:"顾今者,西土每变愈上,东方各国亦何为不一变哉? 如越南、暹罗、缅甸皆思奋发有为,特惜为

　　① 参见中山大学东南亚史研究所编:《泰国史》,第 171—175 页。
　　② 参见中山大学东南亚史研究所编:《泰国史》,第 187—196 页。
　　③ [清]张德彝:《随使法国记》,左步青点,钟叔河校,湖南人民出版社,1982 年,第 284 页。

英、法之所制,国中亦无非常之人为之区画。"①光绪十年(1884)闰五月,郑观应访问暹罗,记录了暹王改革情形:暹罗"自泰西通商中国之后,复在东路南洋各岛渐次开辟,暹王急与各国订约通商,又遣使臣往泰西修聘,欲联邦交,借为援系。今王尤笃好西法,亲驾兵船巡视南洋叻屿、东印度诸处,以扩识见,并遣其弟贵戚就学欧洲,有欲图自强之意。惟其赋性柔懦,难于振作,拘守旧制,位分过严,且王亲贵戚弄权纳贿,市恩私门,是以虽改从前之习,尚未见富强之效也"②。薛福成在出任英、法、义、比四国公使时也注意到暹罗的近代化改革。他在光绪十六年(1890)八月二十八日的日记中写道:"暹王问其臣下,具道所以历年欠贡之故,因贡表内前用跪具字样,近已改用西礼,不无窒碍,盖其意未尝不思转圜也……先是,暹王国势孤意怯,下令臣民俱易西服,大臣日夜泣谏;王太后出为调停,许以下半体衣裳仍其旧制。今亚洲各国仿效西法者,东洋则有日本,南洋则有暹罗。"③九月十八日又记:"数十年来,暹罗守尚西法,与英法诸国交谊颇亲。国势尚称完固。盖东洋诸国力摹西法者,日本也;南洋诸国力摹西法者,暹罗也。南洋各邦,若缅甸,若越南,若南掌,或亡或弱矣;而暹罗竟能自立,不失为地球三等之国,殆西法有以辅之。然则今之立国,不能不讲西法者,亦宇宙之大势使然也。"④十八年七月十一日记:"迩者,英取缅甸,法取越南,土酋皆不能自主。暹人亦惧其逼也,乃遣官分驻其地,为之保护。"⑤十二日又记:"光绪十一年,暹罗入泰西各国之邮政会,安设电线,南始曼谷,北至景迈,中通各城,又东至西贡,西接下缅甸,共有电线五千一百四十里有奇。近且议造铁路,自曼谷至哥赖脱,长四百九十余里。"⑥

　　除上述几人外,这一时期西方人在华出版的报纸杂志上也出现了一些介绍暹罗近代化改革的文章。如美国人丁韪良等在北京出版的《中西闻见录》⑦,于同治十三年(1874)二月第20号刊发《暹罗近事》一文,转录了"槟

---

① [清]王韬:《弢园文录外编》,楚流等选注,辽宁人民出版社,1994年,第197页。
② 夏东元编:《郑观应集》上册,第961—962页。
③ 《薛福成日记》,第579页。
④ 《薛福成日记》,第583页。
⑤ 《薛福成日记》,第741页。
⑥ 《薛福成日记》,第741页。
⑦ 《中西闻见录》,1872年8月在北京创刊,月刊,主编为美国人丁韪良(William Martin)、英国人艾约瑟(Joseph Edkins)等人,1875年8月第36号后停刊。

椰岛新报"记载的朱拉隆功正式加冕国王以来的新政:"据槟榔岛新报云:去岁十月间,暹罗国君亲政,重行冠礼。所谓冠者,非如男子十六而冠之礼,盖以君冠弁首,以为临御秉权之明征,咸使臣下瞻仰、尊崇而感戴之也。暹之国俗崇尚佛教,凡嗣君于亲政之前,必避位退居、舍身为寺僧一月,然后践祚。有国以来,踵而行之,未之或改,故有君未有不先为僧者。即今嗣君临位,亦尝为僧,当未亲政时,曾历游邻国新嘉坡、葛拉巴各地方,归国后,将宫殿街市尽仿西国之式改造。该国旧规,不惟臣见君必匍匐,即属僚见上官,亦必匍匐。新君登位后,悉将此礼革除,盖不欲尊卑上下之分过为悬绝也。"①同年9月5日美国人林乐知主编的《万国公报》②第301卷刊发《印度与暹罗立约》消息:"英京伦敦六月十九日新报内载有印度国总督与暹罗国立定和约十七款,本馆不能全录。"③26日第304卷刊发《聘西人翻武备》消息:"暹罗国王现约一英国人名阿喇伯斯德因,该人能说暹罗语言,故暹罗请以翻译印度武备条规,俟翻成附入暹罗国志内云。"④之后,《万国公报》刊发有多篇关于暹罗近代化改革的文章,如《整理诸务》(第327卷,1878年3月13日刊)、《奥国新简钦差至暹罗面递国书》(第349卷,1875年8月14日刊)、《拟设电线》(第378卷,1876年3月11日刊)、《官员前往暹国》(第513卷,1878年11月9日刊)、《使臣赴英》(第550卷,1879年8月2日刊)、《暹使至英》(第553卷,1879年8月30日刊)、《钦使之英》(第556卷,1879年9月20日刊)、《添设电线》(第556卷)、《钦使至德》(第570卷,1879年12月27日刊)、《游踪暂缓》(第585卷,1880年4月17日刊)、《王游未果》(第601卷,1880年8月7日刊)、《使臣游行》(第618卷,1880年12月11日刊)、《暹使诣京》(第672卷,1882年1月7日刊)、《近事略记》(第705卷,1882年9月9日刊)、《新简钦使》(第706卷,1882年9月16日刊)、《商议酒务》(第739卷,1883年5月12日刊)、《新派钦使》(第

---

① 《中西闻见录》1874年第20号,第27页。

② (上海)《万国公报》(*Chinese Globe Magazine*),1868年9月在上海创刊,周刊,主编为美国人林乐知(Young J. Allen),第1—300卷名《教会新报》,以宣传宗教为主,1874年9月5日第301卷起改名《万国公报》,成为以时事报道为主的综合性刊物,1883年7月28日第750卷后停刊。1889年2月复刊,改为月刊,册次重起,成为广学会宣传刊物,仍由林乐知主编,至1907年12月第227册后停刊。

③ (上海)《万国公报》1874年9月5日第301卷,第9页。

④ (上海)《万国公报》1874年9月26日第304卷,第53—54页。

750 卷,1883 年 7 月 28 日刊)、《创造电报》(第 750 卷)、《暹界斯地》(第 11 册,1889 年 12 月刊)、《亟求新法》(第 28 册,1891 年 5 月刊)、《开筑铁路》(第 29 册,1891 年 6 月刊)、《定造铁路》(第 31 册,1891 年 8 月刊)、《与法争界》(第 32 册,1891 年 9 月刊)、《电车广行》(第 59 册,1893 年 12 月刊)、《法暹立约》(第 64 册,1894 年 5 月刊)等。《万国公报》也因此成为这一时期介绍暹罗近代化改革较多的报刊。

总的来看,在甲午战败以前,虽然张德彝、王韬、郑观应、薛福成等人以及一些西方人在华编辑出版的报纸注意到了暹罗的近代化改革,但主要是从介绍世界各国大事的角度进行简介,并未引起国人广泛关注和大的政治影响。

甲午战争的惨痛失败,使国人开始密切关注日本的明治维新,同时也注意到与之类似的暹罗近代化改革,特别是维新派开始办报刊文宣传暹罗的近代化改革,以为国内维新运动制造舆论。在维新派创办的最有影响的两份报纸《时务报》和《知新报》上,都译载刊发了大量有关暹罗近代化改革的文章。据笔者统计,在《时务报》1896 年 8 月至 1898 年 8 月出版的 69 册中[①],共译载刊发有关文章 28 篇(参见表 8),在《知新报》1897 年 2 月至 1898 年 6 月出版的 63 册中[②],共译载刊发有关文章 12 篇(参见表 9)。从这些文章可以看出,维新派对暹罗的关注主要包括三个问题:一是暹王国内改革。《时务报》有《暹罗陆军》《暹罗国时局》等文章,《知新报》则有《暹罗聘用客卿》《暹罗借材外国》等文章。如《暹罗借材外国》一文评述褒奖了暹罗先后聘用丹麦、比利时和英印政府顾问的情况:“近十年来,暹罗国上下励精图治,革旧维新,但本国人才尚少,因借材异国。溯其初变法时,则先聘欧洲之丹墨(麦)与比利时二国人相助,然其必聘此二国之人者,盖以其国小而无力以相牵制也。惟自一千八百九十六年正月,沙士勃雷侯(按:

---

① 《时务报》(*The Chinese Progress*),1896 年 8 月 9 日在上海创刊,旬刊,总理汪康年,先后任主笔者有梁启超、麦孟华、章炳麟、徐勤、欧榘甲等,为戊戌变法前维新派重要宣传刊物之一,1898 年 8 月 8 日停刊,共出 69 册。8 月 17 日《时务报》改名《昌言报》续办,册次另起,旬刊,总理汪康年,总董梁鼎芬,同年 11 月 19 日停刊,共出 10 册。

② 《知新报》(*The Reformer China*),1897 年 2 月 22 日在澳门创刊,初为五日刊,自 5 月 31 日出版的第 20 册开始,改为旬刊,自 1900 年 2 月 14 日出版的第 112 册开始,又改为半月刊,总理何廷光、康广仁,撰述有何树龄、刘桢麟等,为维新派重要宣传刊物之一,1901 年 1 月 20 日停刊,共出 133 册。

指英首相兼外交大臣 Salisbury，又译沙里士伯）与暹国订立简明条约而后，暹人即转向印度聘请能员，以为彼国振兴之助，且不向他国聘请矣……今者暹国理财之部及掌山林之官，均以印度极精熟之人充之。暹国政务，得人助理，其兴盛也，可拭目待之矣。"①二是暹王访问欧洲。1897 年，暹王朱拉隆功进行了第一次欧洲旅行，先后访问彼得堡、巴黎、伦敦、柏林及其他国都。这次访问不仅受到欧洲各国媒体广泛关注，而且也引起中国维新派所办报纸之兴趣。《时务报》先后译载刊发《暹王游历》《暹王游历续记》等 14 篇关于暹王游历欧洲的报道，《知新报》也有《奋志出游》《论暹王出游》等 7 篇相关文论。如广东顺德人刘桢麟撰《论暹王出游》一文，对暹王访问欧洲及国内改革一事大加赞赏："昨阅西报，载暹廷与法人将构兵衅，复与美人龃龉，悍敌交迫，莫能为计，暹王于是愤然出游欧洲，将效俄皇彼得之事。刘桢麟从而论之曰：呜呼！暹王其所知耻矣，暹国其不亡可矣，暹国自强之机在此矣！孟子曰：出则无敌国外患者，国恒亡。传曰：殷忧所以启圣，多难乃以兴邦。勾践辱于会稽，遂以沼吴；齐威败于楚魏，卒以定霸；燕昭困于平城，终能报齐。自古大有为之主，必遭非常之变，乃有非常之业……今暹王激于强邻之逼挟，而发奋自厉，不忍屈辱，不受阻挠，不畏艰苦，毅然即行，将以游历采访，归国自强……暹乃从此革旧政，变西法，延美人以主学校，遣其俊彦，肄业欧邦，派使各国，自制船械，讲求矿务，举一切宫室衣食，靡不模习西式，虽未克如日本之勃然兴起，而界于英法两大之间，乃岿然独存，是孰谓暹之不可以自立耶！"当时有人言暹罗"虽志图振兴，而为效尚远"，对此刘桢麟批判指出："国不患人之侵迫，而患己之不振"，如果暹王"赫然振拔，将举欧洲之新法、新政、新学、新艺，一一身历而涉阅之，讲求其本原，搜罗其条理，厘定其序目，归即从事，次第推行，风气丕变，国势骤新"，则"英法之悍，不敢争湄南河之两岸；美虽自大，将无奈滨角（曼谷）之都何也"②。三是暹罗国情介绍。如《时务报》刊登的《暹罗考》《暹罗国时局》《暹罗贸易情形》，《知新报》译载的《暹罗民叛》等。相对于甲午战前西方人在华编办报纸有关暹罗近代化改革的时事报道而言，这一时

---

① 《知新报》第 63 册，第 13—14 页，光绪二十四年七月十一日澳门出版，澳门基金会、上海社会科学院出版社 1996 年联合影印，第 858 页。

② 《知新报》第 9 册，第 3—5 页，光绪二十三年三月初一日澳门出版，澳门基金会、上海社会科学院出版社 1996 年联合影印，第 66—67 页。

期维新派创办的报纸意在为国内维新改革提供舆论准备和经验借鉴,其引起的国人关注及政治影响已不可同日而语。

表 8　《时务报》有关暹罗文章刊载表

编号	文章名	刊载册页	出版时间	原文出处
1	《中国在暹罗人数》	第 17 册,第 28 页	光绪二十二年十二月十一日	《国民报》1896 年 12 月 15 日
2	《日人察视暹罗》	第 29 册,第 24—25 页	光绪二十三年五月十一日	《日本新报》1897 年 5 月 21 日
3	《暹王游历》	第 31 册,第 13—14 页	光绪二十三年六月初一日	《伦敦中国报》1897 年 6 月 14 日
4	《暹王游历续记》	第 32 册,第 17 页	光绪二十三年六月十一日	《伦敦中国报》1897 年 5 月 21 日
5	《中国缅甸暹罗通商铁路》	第 33 册,第 15—16 页	光绪二十三年六月二十一日	《伦敦中国报》1897 年 5 月 28 日
6	《暹王游历续记》	第 33 册,第 18—19 页	光绪二十三年六月二十一日	《伦敦中国报》1897 年 5 月 28 日、6 月 4 日
7	《暹王游历续记》	第 34 册,第 17 页	光绪二十三年七月初一日	《伦敦中国报》1897 年 6 月 11 日
8	《暹王游历关系论》	第 34 册,第 17—18 页	光绪二十三年七月初一日	《伦敦中国报》1897 年 6 月 11 日
9	《暹法交涉情形》	第 34 册,第 19—20 页	光绪二十三年七月初一日	《海防捷报》1897 年 5 月 20 日
10	《暹王游历》	第 36 册,第 17—18 页	光绪二十三年七月二十一日	《伦敦中国报》1897 年 6 月 25 日
11	《暹王游历续记》	第 37 册,第 17 页	光绪二十三年八月初一日	《伦敦中国报》1897 年 7 月 9 日
12	《暹罗陆军》	第 37 册,第 17—18 页	光绪二十三年八月初一日	《伦敦中国报》1897 年 7 月 16 日
13	《暹王游历》	第 38 册,第 16 页	光绪二十三年八月十一日	《伦敦中国报》1897 年 7 月 16 日
14	《暹王游历续记》	第 39 册,第 14 页	光绪二十三年八月二十一日	《伦敦中国报》1897 年 7 月 23 日
15	《暹罗考》	第 39 册,第 14—15 页	光绪二十三年八月二十一日	《伦敦中国报》1897 年 7 月 23 日
16	《暹王游历续记》	第 40 册,第 9—11 页	光绪二十三年九月初一日	《伦敦中国报》1897 年 7 月 30 日
17	《暹罗考》	第 40 册,第 11—12 页	光绪二十三年九月初一日	《伦敦中国报》1897 年 7 月 23 日

编号	文章名	刊载册页	出版时间	原文出处
18	《日暹条约》	第 40 册，第 12—13 页	光绪二十三年九月初一日	《横滨日日西报》1897年 8 月 27 日
19	《暹罗考》	第 41 册，第 18—19 页	光绪二十三年九月十一日	《伦敦中国报》1897 年 7 月 23 日
20	《暹王游历续记》	第 42 册，第 17—18 页	光绪二十三年九月二十一日	《伦敦中国报》1897 年 8 月 27 日
21	《暹王游历续记》	第 43 册，第 16—17 页	光绪二十三年十月初一日	《伦敦中国报》1897 年 9 月 3 日
22	《暹王游历续记》	第 44 册，第 18—20 页	光绪二十三年十月十一日	《伦敦中国报》1897 年 9 月 10 日
23	《暹王游历续记》	第 45 册，第 16—18 页	光绪二十三年十月二十一日	《伦敦东方报》1897 年 9 月 17 日
24	《暹罗国时局》	第 46 册，第 19—20 页	光绪二十三年十一月初一日	《伦敦中国报》1897 年 10 月 8 日
25	《日暹条约》	第 48 册，第 21 页	光绪二十三年十一月二十一日	《北中国每日报》1897 年 11 月 26 日
26	《暹罗贸易情形》	第 49 册，第 26 页	光绪二十三年十二月初一日	《日本读卖新报》1897 年 11 月 26 日
27	《暹罗国内治》	第 62 册，第 18 页	光绪二十四年四月十一日	《伦敦中国报》1898 年 4 月 1 日
28	《中缅暹交界草图》	第 69 册，第 19 页	光绪二十四年六月二十一日	1893 年刊印，英国存，总理衙门译

表 9　《知新报》有关暹罗文章刊载表

编号	文章名	刊载册页	出版时间	原文出处
1	《奋志出游》	第 4 册，第 13 页	光绪二十三年二月初六日	
2	《论暹王出游》	第 9 册，第 3—5 页	光绪二十三年三月初一日	刘桢麟撰
3	《鲸吞弱国》	第 23 册，第 14—15 页	光绪二十三年六月初一日	《香港孖剌报》1897 年 6 月 7 日
4	《威及暹王》	第 29 册，第 12—13 页	光绪二十三年八月初一日	《柏林益哥报》1897 年 5 月 14 日
5	《暹王抵意》	第 30 册，第 15 页	光绪二十三年八月十一日	《柏林益哥报》1897 年 6 月 4 日

续表

编号	文章名	刊载册页	出版时间	原文出处
6	《详论暹游》	第32册,第14—15页	光绪二十三年九月初一日	《柏林益哥报》1897年6月11日
7	《拟迎暹王》	第34册,第14—15页	光绪二十三年九月二十一日	《伦敦朝邮报》1897年7月23日
8	《暹王游踪》	第36册,第14—16页	光绪二十三年十月十一日	《柏林益哥报》1897年7月2日
9	《暹王返国》	第46册,第20页	光绪二十四年二月二十一日	《香港士蔑报》1898年1月6日
10	《暹罗民叛》	第53册,第13页	光绪二十四年四月初一日	《伦敦泰晤士报》1898年4月8日
11	《暹罗聘用客卿》	第59册,第12页	光绪二十四年六月初一日	《伦敦商务报》1898年5月25日
12	《暹罗借材外国》	第63册,第13—14页	光绪二十四年七月十一日	《伦敦商务报》1898年6月25日
13	《俄人图辟暹地》	第74册,第11页	光绪二十四年十一月初一日	《香港士蔑报》1898年11月19日
14	《暹罗出口货物情形》	第77册,第9页	光绪二十四年十二月初一日	《伦敦泰晤士报》1898年12月13日
15	《暹罗维新》	第80册,第8页	光绪二十五年二月初一日	《香港士蔑报》1899年2月25日
16	《暹王注意林木》	第83册,第11页	光绪二十五年三月初一日	《伦敦商务报》1898年12月21日
17	《暹罗新政》	第84册,第8—9页	光绪二十五年三月十一日	《伦敦泰晤士报》1899年2月3日
18	《法人在暹罗情形》	第87册,第11—12页	光绪二十五年四月十一日	《伦敦颇路麽路报》1899年2月16日
19	《法督游暹》	第90册,第8页	光绪二十五年五月十一日	《伦敦泰晤士报》1899年4月28日
20	《俄暹新约》	第94册,第7页	光绪二十五年六月二十一日	《香港士蔑报》1899年7月10日
21	《丹暹相亲》	第94册,第7页	光绪二十五年六月二十一日	《香港士蔑报》1899年7月4日
22	《暹民滋闹》	第97册,第6页	光绪二十五年七月二十一日	《香港士蔑报》1899年8月9日
23	《暹俗琐闻》	第97册,第7页	光绪二十五年七月二十一日	《香港士蔑报》1899年8月12日

编号	文章名	刊载册页	出版时间	原文出处
24	《暹罗派公使于日本》	第 102 册，第 9 页	光绪二十五年九月十一日	《香港士蔑报》1899 年 9 月 22 日
25	《暹罗增设电线》	第 105 册，第 22 页	光绪二十五年十月十一日	《香港士蔑报》1899 年 11 月 1 日
26	《暹王太子游学》	第 106 册，第 9 页	光绪二十五年十月二十一日	《香港士蔑报》1899 年 11 月 6 日
27	《暹太子欲从英战》	第 111 册，第 12—13 页	光绪二十五年十二月十一日	《香港士蔑报》1899 年 12 月 19 日
28	《暹商电争废立事稿》	第 113 册，第 5 页	光绪二十六年二月初一日	陈斗南等
29	《暹商上粤督书》	第 113 册，第 5 页	光绪二十六年二月初一日	陈斗南等
30	《暹商上鄂督书》	第 113 册，第 5 页	光绪二十六年二月初一日	陈斗南等
31	《暹患时症》	第 113 册，第 33 页	光绪二十六年二月初一日	《香港华字日报》
32	《暹属奇灾》	第 113 册，第 33 页	光绪二十六年二月初一日	《新加坡天南新报》
33	《暹罗采风》	第 114 册，第 24—25 页	光绪二十六年二月十五日	《新加坡天南新报》
34	《暹商第三次奏稿》	第 115 册，第 22 页	光绪二十六年三月初一日	陈斗南等
35	《滨角近闻》	第 115 册，第 22—23 页	光绪二十六年三月初一日	暹罗访事来函
36	《暹罗商务》	第 117 册，第 29 页	光绪二十六年四月初一日	《广州博闻报》
37	《暹商近事二则》	第 119 册，第 27 页	光绪二十六年五月初一日	《捷报》
38	《暹罗奇案》	第 128 册，第 30 页	光绪二十六年九月十五日	《中国报》
39	《暹事卮言》	第 131 册，第 30 页	光绪二十六年十一月初一日	暹罗访事来函

　　除《时务报》和《知新报》外，这一时期其他一些书籍报刊也时有刊载有关暹罗近代化改革和暹罗形势的文论，从而形成国内关注暹罗近代化改革的高潮。如 1897 年王锡祺撰《暹罗近事末议》，从引以为鉴的角度评论暹罗与日本的近代化改革："今天下竞言变法矣，抑知有幸有不幸邪！日本以

变法而强,暹罗以变法而亡,岂暹罗不及日邪,亦暹之自阶其厉耳。暹有二王,事权不一,又夜郎自大,虽习西学,殊鲜实际。值法国霸东陲,故一经发难,拱手听命……中国愿言变法者,以日本为师,尤当以暹罗为戒。"①1897年7月在杭州出版的《经世报》②是浙江维新派宣传刊物,先后刊载《暹法交涉》(第4册,1897年9月刊)、《德暹交情》(第14册,1897年12月刊)、《论暹罗关系于英》(第15册,1897年12月刊)、《暹罗王拟除水患》(第15册)、《暹罗关系法国情形》(第15册)、《暹罗商务情形》(第16册,1898年1月刊)、《英领事申报暹罗商务》(第16册)、《暹王佚事》(第16册)等有关暹罗的文章。1898年3月7日在长沙创办的《湘报》③是湖南宣传维新的日报,先后刊载《暹王新政》(第136号,1898年8月24日)、《暹国借材》(第167号,1898年9月29日)等文章。如《暹王新政》一文曰:"暹罗消息云:近年暹王力图振作,事多步武泰西,此其志故不在小。查暹国向来刑罚苛重,兼以为官者又为之变本加厉,民不能堪。暹王稔悉其情,心生悯恻,故去年未整徂西之驾,先颁肆赦之文,并饬令各官无得滥用非刑,轻残民命。迨宫车返国,又拟轻徭薄税,以恤民艰。兹闻将杂物二十九等输运之税悉行蠲免,订期自西七月一号起停止征收。查此等货物,多属人生日用所必需,故暹王特免其税。吾知此举一行,而小民歌功颂德定当口碑载道矣。"④此外,1897年10月译书公会在上海创办的《译书公会报》⑤,"志在开民智,广见闻,故以广译东西切用书籍、报章为主,辅以同人论说",先后译载《暹王游历德京记》(第1册,1897年10月26日刊)、《暹罗学制》(第3册,1897年11月8日刊)、《暹罗王游历法国》(第3册)、《暹王出游》(第8册,1897年12月13日刊)、《暹王英明》(第8册)、《暹罗内阁情形》(第9册,1897年12

---

① ［清］王锡祺:《暹罗近事末议》,载王锡祺辑:《小方壶斋舆地丛钞》再补编第10帙,上海著易堂光绪二十三年(1897)铅印本。

② 《经世报》,1897年7月在杭州创刊出版,旬刊,由章炳麟、陈虬、宋恕为主编,为浙江维新派宣传刊物,停刊时间未详。

③ 《湘报》,1898年3月7日在长沙创刊出版,日报,主持者为谭嗣同、唐才常等,主要撰稿者除谭、唐外,还有熊希龄、樊锥、皮锡瑞等,是湖南"南学会"成立后创办的宣传维新的报纸,同年10月15日停刊,共出177号。

④ 《湘报》第136号,1898年8月24日出版,中华书局,2006年影印本,第544页。

⑤ 《译书公会报》(*The Translation Society Weekly Edition*),1897年10月在上海创刊出版,周刊,译书公会主办,总理恽积勋、陶湘等,总主笔章炳麟、杨模,1898年5月24日停刊,共出20册。

月 20 日刊)、《暹罗商务情形》(第 10 册,1897 年 12 月 27 日刊)、《暹王抵埃》(第 12 册,1898 年 2 月 28 日刊)、《日本暹罗新订商约》(第 17 册,1898 年 4 月 4 日刊)等有关暹罗的文章。1897 年 5 月在上海创办的《集成报》[①]属报刊文摘性质,先后摘录《暹王巡游》(第 1 册,1897 年 5 月 6 日刊)、《暹路开办》(第 2 册,1897 年 5 月 16 日刊)、《暹罗要简》(第 4 册,1897 年 6 月 4 日刊)、《暹王有志》(第 4 册)、《法暹近事》(第 6 册,1897 年 6 月 24 日刊)、《暹罗武备》(第 8 册,1897 年 7 月 14 日刊)、《日简暹使》(第 8 册)、《暹罗近事》(第 8 册)、《暹主游俄》(第 11 册,1897 年 8 月 12 日刊)、《暹求俄援》(第 19 册,1897 年 10 月 30 日刊)、《暹法近情》(第 26 册,1898 年 2 月 25 日刊)等有关暹罗改革的报刊消息。1897 年 8 月在上海创刊的《萃报》[②]是另一份文摘报纸,先后摘录《法暹修好》(第 10 册,1897 年 10 月 24 日刊)、《(暹罗)纪事四则》(第 10 册)、《暹罗考(未完)》(第 14 册,1897 年 11 月 21 日刊)、《纪王游荷比二京》(第 15 册,1897 年 11 月 28 日刊)、《议约难成之由》(第 16 册,1897 年 12 月 5 日刊)、《产马口铁数》(第 16 册)、《暹罗考(续完)》(第 16 册)、《派使暹罗》(第 18 册,1897 年 12 月 19 日刊)、《暹王旋国》(第 19 册,1897 年 12 月 26 日刊)、《暹事记》(第 22 册,1898 年 5 月 22 日刊)、《暹储苦学》(第 23 册,1898 年 6 月 5 日刊)、《暹还金土》(第 23 册)、《停收丁税》(第 23 册)、《自强诏》(第 24 册,1898 年 6 月 13 日刊)等有关暹罗的报刊文章。总的来说,这一时期出现了大量宣传介绍暹罗近代化改革的文章,在一定程度上为戊戌变法制造了舆论。

1898 年 9 月 21 日,慈禧太后等发动戊戌政变,光绪帝被囚禁至中南海瀛台,康有为、梁启超逃往日本,谭嗣同、康广仁等“戊戌六君子”被杀,维新派创办的报刊也多遭停刊之厄运。这一时期,在澳门出版的《知新报》成为维新派继续宣传变法改革的最重要阵地,该报 1898 年 11 月至 1901 年 1 月出版的 60 册中,共刊载有关暹罗改革及暹罗形势的文章 27 篇(参见表 9)。此外,1898 年 12 月,康有为、梁启超在日本横滨创办《清议报》[③],实际

---

① 《集成报》,1897 年 5 月 6 日在上海创刊出版,旬刊,由陈念薿倡办,以摘录中外各报为主,停刊时间未详。

② 《萃报》,1897 年 8 月 22 日在上海创刊出版,周刊,主笔为朱克柔,与张之洞关系密切,自第 21 册起移至武昌出版,停刊时间未详。

③ 《清议报》,1898 年 12 月在日本横滨创刊出版,旬刊,发行兼编辑人署“英国人冯镜如”,主持者实为梁启超,系戊戌变法失败后维新派主要刊物,1901 年 12 月停刊,共出 100 期。

由梁启超主持,继续宣传变法改革。该报先后刊载《法暹交涉事件》(第15册,1899年5月20日刊)、《暹法温盟》(第17册,1899年6月8日刊)、《暹国维新》(第43册,1900年4月29日刊)等有关暹罗的文章,其中《暹国维新》一文记:"暹王有志维新,近一二年内,多聘西人教其立国之法。于农工商三事,最为留心。王子数人,俱游学泰西各国,去岁有一王子毕业而归,欲图振作。于距曼谷二百里至遥老城地方,建一武备学堂,招募英壮子弟入堂练习,专学泰西阵法测绘地图,购置各国器械图籍,每月考校一次,择其常居优等者,派往外洋游历,毕业回国,以备选用。是今日全地球之上,无国不变,无国不新。惟中国至死不变,未知其执何意见也。"①总的来看,除澳门《知新报》外,这一时期宣传暹罗近代化改革的文章数量已大量减少,偶尔刊载的也多为介绍暹罗国内外形势及暹罗商业性质,包括前面提到的《万国公报》在1894年底以后继续刊载有关暹罗的短讯文章,如《介弟使法》(第70册,1894年11月刊)、《太弟至法》(第75册,1895年4月刊)、《暹法交涉》(第75册)、《暹罗新约》(第86册,1896年3月刊)、《暹王游踪》(第104册,1897年9月刊)、《暹罗中兴纪》(第123册,1899年4月刊)、《暹员赴德》(第165册,1902年10月刊)、《暹皇游历》(第169册,1903年2月刊)、《暹罗王游历泰西》(第225册,1907年10月刊)等,这些文章仍为新闻报道性质,其主要目的并不是为国内近代化改革提供经验借鉴。

四、关于缔约设领问题的交涉

清暹封贡关系结束后,双方并未建立起近代外交关系。19世纪末20世纪初,清暹政治关系的焦点逐渐从暹罗再贡转向缔约设领问题。

最早提出在暹罗设立领事的是丁日昌。同治六年(1867)十一月,时任江苏布政使的丁日昌向李鸿章建议在海外有华人各国设立领事:"夫泰西之于商人,皆官为之调剂,翼助国家攻战之事,商人亦时辅其不及,是以上下之情通而内外之气聚。查闽粤之人,其赴外洋经商佣工者,于暹罗约有三十余万人,吕宋约有二三万人,加拉巴约有二万余人,新加坡约有十数万

---

① 《清议报》第43册,1900年4月29日出版,见新民社辑:《清议报全编》卷二四《纪事四》,《近代中国史料丛刊》三编第149册,第60—61页。

人,槟榔屿约有八九万人,新老金山约有二三十万人。若中国精选忠勇才
干官员,如彼国之领事,至该处妥为经理,凡海外贸易皆官为之扶持维系,
商之害官为厘剔,商之利官不与闻,则中国出洋之人必系恋故乡,不忍为外
国之用,而中国之气日振。仍令该员于该处华人访其有奇技异能、能制造
船械及驾驶轮船并精习洋枪兵法之人,给资送回中国,以收指臂之用。"①
丁日昌的建议虽然经李鸿章附片上奏清政府,但其在海外各国设立领事的
建议并未被采纳。

　　第二个倡言在暹设立领事的是郑观应。中法战争爆发后,兵部尚书彭
玉麟谋划联暹攻法、袭取西贡,故派郑观应前往暹罗。光绪十年(1884)闰
五月,郑观应到访暹罗,于初五日邀请原籍广东嘉应州的暹罗华民政务司
官员刘乾兴一同前往拜访暹罗外交大臣公必达,并请暹罗君臣复函。公必
达云:"即刻不能定约,须禀敝君方可定见。"同日晚间暹罗华商邀请郑观应
入宴,席间华商"俱以暹罗苛待华人相告,欲请中朝设立领事"。郑观应答
应:"诸君既不堪其虐,可具禀来,俟回粤东将请宫保(按:指彭玉麟)代奏
也。"初九日,有福州籍华侨郑长盛来拜见郑观应,又进言请求在暹设立领
事:华人在暹罗纳身税者约 60 万,不纳身税者约 120 万,"华民如此其多,
按照公法,定当设立领事保护华民,现在各国或数千人或数十百人,无不设
立领事,独我朝不设此官,是以华民受其苛虐,无处申诉,此亦中朝之缺事
也。请为我民陈之"。郑观应再次答允:"尔不必多忧,俟回广东将力请宫
保出奏也。"②郑观应回国后,一面向彭玉麟禀报请奏言在暹设立领事:"查
华人在暹罗纳身税者约六十万,不纳身税者约有一百二十万,其本国民亦
不过二百万。我华民如此其多,按照公法当设领事保护。况各国商民虽百
数十人,无不设立领事,独我国未有。华侨之受苛虐无处可伸,亦大憾事。
祈我宫保奏请朝廷,仿照朝鲜,即与暹罗立约通商,速立领事,不但与国体
有关,即华侨在暹感垂不朽矣。"③一面则直接向醇亲王奕譞禀请在暹罗等
处设领护侨:"查暹罗国都孟角地方华民寓居者,约六七十万,西则唐卡、西
郎、胡椒党等处约二十万,东则针狄门、孟去瑞、坤西等处约十余万,南则大
模小模等处约八九千,统计已盈百万。吾民流寓,每被侵陵,莫敢〔不〕切齿

　　① 《李鸿章全集》第 3 册,第 174 页。
　　② 夏东元编:《郑观应集》上册,第 956、957 页。
　　③ 夏东元编:《郑观应集》下册,第 451 页。

痛心,思设领事以资保护……若分遣领事、参赞等官自为保护,无事则抚循教诲摩义渐仁,有事则激励振兴云合响应,因之而阜通货贿开美利于东南,教习艺工扩聪明于机器,因利乘便,巩我皇图,虽觉虑始之难,实为当务之急。"①然而,郑观应的建议再次泥牛入海。

随后提出在暹设立领事的是张之洞、张荫桓、王荣和、余瑞等人。光绪十一年(1885)十二月,翰林院编修钟德祥上《条陈时务》一折,请往南洋各岛派遣使臣遴员分驻,因当时两广总督张之洞奏请劝令南洋各埠华商捐购护商兵船,光绪帝命张之洞与新任美、西、秘三国大臣张荫桓将两事一并会议具奏。十二年正月,张荫桓到粤,适有小吕宋(马尼拉)华商叶龙钦、陈最良等来香港呈递华商290家公禀,请在小吕宋设领事。张荫桓遂至香港与叶龙钦等晤谈。晤谈后,张荫桓与张之洞商议,决定先派记名总兵王荣和与前内阁侍读、盐运使衔候选知府余瑞为访查华民商务委员,前往小吕宋及南洋群岛确查情形。张之洞首先指出两事之必要性:"综计诸洋华民数逾百万,除世居海外及孤身出洋者约十之八,有家属通音问者约十之二,尚有二十万人,每年寄家少者数十,多者千百,酌中牵算,人以百元为率,亦有二千万元,为银一千数百万两。果能保护无虞,其获利回华者,复能谕禁乡邻吏胥不得讹诈,从此声息常通,不忘归计,日推日旺,实为中国无形之益。若化外视之,则沿海各省华民生机日蹙,甚非中国之利也。诚得兵轮为之保护,设官为之经理,则威灵仰藉乎天朝,疾苦可达于宸听,虽不必事事代谋,而声势遥通,自然生计安稳,群情向慕,必可收效将来。"但是,张之洞也指出:"暹罗向为中国所属,未便名为领事,而该处华民寄居最久,较他埠多至十倍,如查看驻官有益,或名为办事委员,临时再当奏陈。"②在张之洞看来,暹罗向为中华属国,所设之员不便称"领事",而应称"办事委员"。十四年六月,王荣和、余瑞归后将访查情形报告张荫桓,并提出援照朝鲜办理的三项建议,其中第二项为"派立办事公使,兼设通商领事"。对于王、余二人的建议,张荫桓表示同意:暹罗"华民生计大率开垦田园,其富商大贾,或设机器米厰,或置轮船航海,岁输暹税数百万,他事之不便者,亦自不免。既

---

① 夏东元编:《郑观应集》下册,第438—440页。

② 苑书义、孙华峰、李秉新主编:《张之洞全集》第1册,河北人民出版社,1998年,第402—403、405页。

求设官保护,殊难恝置"①。然而,张之洞、张荫桓等人的意见同样未引起大的反响。

　　同一时期,驻英、法、义、比四国公使曾纪泽以及曾到访暹罗的成都人田嵩岳也意识到在暹设立领事的重要性。1886 年,曾纪泽在伦敦与暹罗驻英使节进行了多次会面。据《曾纪泽日记》记载:光绪十二年二月初一日(1886 年 3 月 6 日),"偕清臣(指使馆参赞马格里)拜暹罗驻英公使王爵□□□□,谈极久";九月初七日(10 月 4 日),"暹罗所派驻马赛领事官吕惕也(叶)来谈极久";十一日(10 月 8 日),"暹罗领事吕惕叶、法茶商遮尔丹来久谈";十三日(10 月 10 日),"吕惕叶夫妇、遮尔丹夫妇均来送行,久立酬应"②。虽然《曾纪泽日记》中未记述其与暹罗外交官的谈话内容,但据泰方资料记载,双方在 3 月 6 日的会谈中,就东西方外交惯例差异、两国友好关系历史、导致遣使中止的经过及未来两国友好关系等方面交换了意见。驻英暹使指出,以往中暹关系是遵循东方古来惯例的使节和"物品"往来,暹罗是中国"朝贡国"这一理解是在停止遣使之后才出现的,并批评说,持有这种理解的人对东方惯例毫无所知,他们并不了解中国皇帝也向暹罗国王赠送了"物品"这一事实。对此,曾纪泽承认有些中国人因暹罗单方面派遣使节,便认为暹罗送了朝贡品,因而把中国看作存在于暹罗之上的宗主(suzerainty),但自己对暹罗赠送"presents(礼品)"表示理解,说中国欢迎按照古来惯例派遣友好使节。而暹罗方面已经与诸外国缔结友好关系,建立了遵循西方惯例的新的对等友好关系,因此暹罗大使强烈主张应该顺应时代采取欧洲惯例。曾纪泽对此表示同意,但在中国是大国,暹罗是小国,两者是兄弟姊妹关系,暹罗应表示敬意这一点上并不让步。暹罗大使进而说,应该由暹罗提议进行条约谈判,并要求理解暹罗与中国的对等性,但曾纪泽反复主张中国是大国,指出有人认为与暹罗缔结条约是不体面的,强调了条约谈判的困难③。从曾纪泽与驻英暹使的对话中可以看出,清朝与暹罗关于立约设领的主要障碍在于清朝多数官员认为暹罗曾是清朝朝贡国,仍然希望按照传统惯例进行交往。光绪十五年(1889)八月,成都人田嵩岳附高元发商船到访曼谷,他耳闻目睹在暹华侨状况,提出希望

---

① [清]张荫桓:《三洲日记》卷六,《续修四库全书》第 577 册,第 43—45 页。
② [清]曾纪泽:《曾纪泽日记》,刘志惠点校辑注,岳麓书社,1998 年,第 1481、1534、1535 页。
③ 参见[日]小泉顺子:《"朝贡"与"条约"之间》,《南洋问题研究》2007 年第 4 期。

清政府能够设领保护在暹华侨：暹政府"虐我华人为尤甚，惟外洋通商诸国人出入其境则不敢讥，以英、法、德、美、荷兰、葡萄牙、吕宋（指西班牙）、那为然（指挪威）、瑞国（指瑞典）、一参里（指意大利）皆各设有公使、领事官以保护之也，而中国独无之。中国人之旅居其地者，现计有百万之众。其中潮民最多，不下五十万人，闽省次之，广肇、琼州又次之，嘉应、惠州为最少。其一年中往返经商者，又约二十余万人。重洋间阻，朝廷初不闻知，迄未设华官以领治其事。彼国君若臣，以华人之可欺也，于岁税数百万外，加赋华人身税，人纳暹银四钵，实洋银二圆四角，华银一两六钱也。闰年又加取一次，违则系其人，罚作苦工，备诸楚毒，多有凌虐致死者……华商之巨富及力能自立者，罔不输赀英、法各领事官求其保护，以幸免于苛累。因而各商轮之来往中国各埠及新嘉坡者，均须领外国保护牌，进口时俱不得升中国旗号。各商为余言及，未尝不引为深耻"。"华人居此日久，受困日甚。华官奉公至止，各商数请转乞闽广大宪援照高丽成案，奏恩派员至暹领华民事，迄未有以上闻者"①。从田嵩岳的呼吁中可以看出，在暹华侨由于受到暹政府的不公正对待，迫切希望清政府能够在暹设官保护，但数次向闽粤总督提出请求，都未有反响。

20 世纪初，有关与暹罗订立条约并在暹设领护侨的呼声日益高涨。光绪三十二年（1906），暹罗华侨温忠岳等因暹罗政府对华侨采取差别待遇，独向华人征人头税，强制华人子弟服兵役，乃代表暹罗华侨向清外务部②呈禀，请"迅赐转奏，速派大臣来暹订立和约，俾得派驻公使、领事，以资保护"③。三十三年五月，出使法国大臣刘式训亦呈函外务部提出："闻暹廷甚虐，华侨投归日本保护，倘中国能从速与暹议约遣使设领，自任保护之责。"④八月，留日学生陈发檀又呈请都察院代奏慈禧皇太后和光绪帝，以旅居暹罗商民日多，请派驻出使大臣或领事，以维商务而善邦交。陈发

①　[清]田嵩岳：《中外述游》，载王锡祺辑：《小方壶斋舆地丛钞》第 9 帙，上海著易堂光绪十七年（1891）铅印本，第 343—344 页。
②　光绪二十七年六月初九日（1901 年 7 月 24 日），清政府明令改总理各国事务衙门为外务部，班列在六部之前。
③　外务部档案：《侨暹华商温忠岳等请派使与暹订约设领以资保护》（光绪三十三年十一月十七日），台湾"中央研究院"近代史研究所档案馆藏，未刊，档号：03—23—005—01—002。
④　外务部档案：《驻法大臣详陈法暹商订新约各节》（光绪三十三年五月初八日），档号：03—23—005—01—001。

檀在奏文中指出:"中国商民旅居暹罗者实繁有徒,其商务则以米与木材为大宗,富商巨贾不可胜数",但却"无有出使大臣或领事以为保护而相连络",因而导致"我民日被欺侮,而商业亦日形减色","我之民富而狡者,则入他国之籍以资保护,贫而愚者,则受彼国之虐而无完肤"。查暹罗一国,人口数百万,而"中国商民侨居暹罗者不下百万",不仅暹罗"全国商业皆在吾民之掌握",且为"我国之一大良移民地",如果不设驻扎出使大臣,"外无以联邦交,内无以宣上德"。此外,"据国际公法,凡国与国之间既有交通,则彼此皆有差遣使臣之权利,与接受使臣之义务,苟无害于本国者,不能拒绝其通商国所派之使臣",且"外务部大臣皆有保护本国在外国商民权利利益之责任",现在我国旅居暹罗商民如此之众,"苟无有驻扎彼国使臣,似非交邻保商之道"。因此,"请特谕外务部及出使大臣杨士琦,考察旅居暹罗商民情形,是否能通好彼国,派驻暹出使大臣或领事,以维持商务而善邻交"①。

都察院代奏的陈发檀条陈终于引起清政府重视,光绪帝于十九日下谕都察院咨行外务部及即将考察南洋的杨士琦酌核办理。很快都察院覆奏:"两国通商,即互有缔结条约、派遣使臣之权,况暹罗地接滇南,屡以缅越界务与英法相交涉,固圉、保商均关紧要,拟请饬下外务部酌核情形,相机办理。"对于都察院的意见,光绪帝表示同意②。由此,外务部于九月二十五日致电驻法公使刘士训,令其商明驻法暹使转告暹政府,考察商务大臣杨士琦即将访问西贡、曼谷等处③。十月,杨士琦率团到访暹罗,受到暹罗华人之热情接待。光绪三十四年(1908)三月,杨士琦回京奏陈旅暹商民情形,认为亟宜与暹罗订约通使:"其全国户口不满千万,而华侨乃三百万人,人数之众,过于爪哇,商业之盛,过于西贡。惟我国尚未派有使臣领事为之保护,势孤气绥,外人未免相轻。臣在暹时,商民等环诉吁求,殷殷仰望。窃以世界大势,趋重商战,因国际贸易之交通发达,而国际之交涉由是而生,故两国通商,即互有缔结条约派遣使臣之权利,初不以大小强弱为殊。况暹罗近居东亚,地接滇南,屡以缅越界务与英法交涉,尤隐系中国边防,

①　军机处录副奏折:《日本留学生陈发檀为旅居暹罗商民日多请设法保护事呈文》(光绪三十三年八月),档号:03-5745-085。
②　《清德宗实录》卷五七八,光绪三十三年八月戊寅,第59册,第650页。
③　《清代军机处电报档汇编》第33册,第521页。

固圉、保商均关紧要。该生（按：指陈发檀）所呈各节，似属可行，拟请敕下外务部酌核情形相机办理，以示朝廷惠保商民、怀柔远人之至意。"①对于杨士琦的奏议，光绪帝表示同意。因此，外务部于十一日致电刘士训，令探询驻法暹使该国政府意见如何②。刘士训往晤驻法暹使，暹使称"暹方与各国商改旧约，收回治外法权，若同时与华订约，恐多窒碍，容转询政府意见，得覆奉告"③。然而，驻法暹使与暹政府再无回信。

宣统二年（1910）九月初八日，外务部因暹罗侨情严重，再次训令刘式训与驻法暹使交涉，期能立约通好。然而，适逢暹使避暑出游，未能询商，刘式训乃就两国理应立约通好之意，拟法文节略交参赞林桐实，俟暹使回署后亲往面递。三年正月十一日，暹罗驻法使馆回函，详陈该国对于订立条约之意见，称"华民在暹，虽无专约规定，而大都赖暹政府之优待，得臻富庶……华民旅暹，因系亚洲人，且完全归暹管辖，故所处地位较之与暹有约诸他国人民较占优胜……若一经订约，华民虽仍应酌从进例，然暹政府即不能允其享今日之利益矣。似此更张，徒于在暹华民有损无益"。因此，"按两国情形而论，目前订约，未必有益"；"再者，目下暹政府正在商改各国条约，将来外人在暹之情形若能改定，则华暹立约之事，或可易于商榷"。关于暹政府对订立条约的态度，刘式训总结为"大致目前不愿与我立约"，"一因该国与我立约无利益可图；二因该国现正与各国修改条约收回治外法权，若同时与我订约，诸多窒碍"④。

暹罗政府一方面推宕与清政府订立条约，另一方面则在国内加强华民归化工作。1911 年 5 月 18 日，暹政府颁布《暹罗归化法》，规定满足下列条件者，即可请求归化为暹罗国民：(1)请求人应依暹罗法及其本国法为已成年；(2)请求人于请求时应居住于暹罗；(3)请求人应曾继续居于暹罗五年；(4)请求人应为品行端正者及有相当财产或艺能足以自立。其中有下列情形之一者，不必在暹罗有五年之住所：一是请求人有殊勋于暹罗者；二是请求人原为暹罗子民，经暹罗政府之许可归化外国，而欲回复其暹罗国籍者；

①　王彦威纂辑，王亮编：《清季外交史料》卷二一三，书目文献出版社，1987 年，第 2 页。
②　《清代军机处电报档汇编》第 24 册，第 96 页。
③　《清代军机处电报档汇编》第 24 册，第 102 页。
④　外务部档案：《暹罗订约事又驻法暹使回暹事》（宣统三年二月初七日），档号：03－23－005－01－004。

三是请求人为已归化暹罗之外国人之子,在该外国人归化暹罗时,请求人依暹罗法及其本国法已成年者。该归化法还规定:归化人之妻及妾,随同取得暹罗国籍;归化人在归化时尚未成年之子,随同取得暹罗国籍,唯在其成年后一年内,得向外交部长宣告脱离暹罗国籍而回复其原来国籍①。

　　清朝覆亡后,民国政府多次派代表与暹政府谈判订约事宜,无奈暹政府一再推延。而暹政府继续颁布法令使华侨变为暹民,1913 年有《暹罗国籍法》,1922 年有《华人护照条例》,1924 年又有《暹罗国取缔华侨新章》,加之学校教育和舆论宣传作用,旅暹华侨之族国认同,终由中国侨民化为暹罗国民矣。

---

① 《暹罗归化法》(1911 年 5 月 18 日),见曾特:《中暹国籍冲突示例》,《民族杂志》1935 年第 3 卷第 11 期。

第七章　清朝与暹罗的贸易往来

19世纪中叶前,清朝与暹罗间的贸易往来主要以两种方式进行:一是朝贡贸易,二是通商贸易[①]。其间以中国帆船为主体的通商贸易在雍正、乾隆年间兴盛一时,不仅在中暹贸易中占据主导地位,且为东亚、东南亚海洋贸易网络之重要组成部分。19世纪中叶后,清朝与暹罗间的朝贡贸易因封贡关系结束而不复存在,两国间的通商贸易亦因西方势力竞争而走向衰落。

一、清朝前期与暹罗的朝贡贸易

朝贡贸易是朝贡制度的重要组成部分。虽然朝贡国入贡方物与清政府给予回赐即是一种以物易物的商品交换,但各国朝贡时的互市才是真正的朝贡贸易。从制度上讲,各国朝贡时的互市包括入境地区的边境贸易、朝贡使团往返北京途中的使行贸易和在京期间的会同四译馆贸易三部分。就暹罗而言,则主要是贡船在广州的出入境贸易。暹罗来华贡船,有正贡船、副贡船、护贡船、请贡船、探贡船、接贡船、补贡船数种。"暹罗旧例,初来曰探贡,次来曰进贡,同行曰护贡,又其次者则曰接贡"[②]。正、副贡使乘坐的正、副贡船到广后,粤省督抚题奏请示是否准予入京。如贡使奉旨赴京,则贡船在广州商行出售压舱货物、购置中国货物后先行回国。贡使往返北京,一般历时半年多,贡船(有时是暹王再派的新船)恰好可以载货再来中国接载贡使回暹,此称为接贡船。由此,一只朝贡船可有两次往返、四

---

① 有学者提出,清朝与暹罗间存在的是朝贡贸易与民间贸易并行的双轨贸易形式(参见田渝:《16至19世纪中叶亚洲贸易网络下的中暹双轨贸易》,暨南大学2007年博士学位论文)。实际上,暹罗对外贸易基本由王室垄断,王室遣华商船的贸易称作民间贸易并不合适。本书所称的通商贸易包括中国海商与暹罗间的民间贸易和暹罗王室派出商船的对华贸易两部分。

② 《广东巡抚李棲凤题报荷兰船只来粤要求贸易恐与住澳葡人发生矛盾须从长计议本》(顺治十年三月初三日),载中国第一历史档案馆、澳门基金会、暨南大学古籍研究所合编:《明清时期澳门问题档案文献汇编》(一),人民出版社,1999年,第28页。

次装载压舱货物。除正、副贡船和接贡船外,还有请示贡期的请贡船、探听朝贡消息的探贡船、执行护送任务的护贡船和补进贡物的补贡船,一般也载有压舱货物。以上船只在华期间进行的贸易,均属朝贡贸易。显然,中暹朝贡贸易与暹罗朝贡活动密切相关。与暹罗阿瑜陀耶王朝、吞武里王朝、曼谷王朝朝贡活动发展变化相适应,清朝与暹罗的朝贡贸易可分为三个阶段。

(一)与阿瑜陀耶王朝的朝贡贸易

如前所述,阿瑜陀耶王朝在顺治九年(1652)即派人来清朝,呈请换给敕印、勘合,以便入贡。十六年,暹罗又派船前来探贡,两广总督李棲凤题准:"所带压船货物,就地方交易,其抽丈船货税银清册,移送户部察核。"①这是关于清暹朝贡贸易的最早记录。康熙二年(1663),暹罗派船来贡,正贡船二只行至七洲洋面遇风飘失,只有护贡船一只来至虎门,仍令遣回②。三年,暹罗贡船到粤,清朝又"准暹罗国贸易一次"③。次年,暹罗使团入京,礼部题定,暹罗贡期三年一次,贡道由广东④。六年,暹罗再次遣使朝贡,贡使船队包括正贡船、护贡船、载象船各一只,又续发探贡船一只。礼部议准:嗣后暹罗朝贡,不得过三船,每船不得过百人,来京员役 22 人,存留边界梢目给与口粮,其接贡、探贡等船概不许放入⑤。至此,清朝对暹罗来华朝贡贡期、贡道、朝贡规模等作出具体规定。

暹罗贡期、贡道、朝贡规模等确定之后,两国间的朝贡贸易步入正轨,清朝关于暹罗朝贡贸易的制度规定也不断完善。康熙十一年(1672),暹罗入贡,康熙帝下谕:"其携来货物,或愿运至京师贸易,听其自运;或愿在广东贸易,令督抚委官监视之。"⑥由于广州赴京路途遥远,暹罗贡船主要是在广州发售携来货物和购买回程商品。二十三年六月,暹罗朝贡,贡使就朝贡贸易中遇到的问题上奏康熙帝:"贡船到虎跳门,地方官阻滞日久,迫

① (康熙)《大清会典》卷七二《礼部·主客清吏司》,第 3731 页;(乾隆)《大清会典则例》卷九四《礼部·主客清吏司·朝贡下》,第 932 页。
② (康熙)《大清会典》卷七二《礼部·主客清吏司》,第 3731—3732 页。
③ 《清圣祖实录》卷二五,康熙七年三月丁卯,第 4 册,第 354 页。
④ (康熙)《大清会典》卷七二《礼部·主客清吏司》,第 3732 页。
⑤ (康熙)《大清会典》卷七二《礼部·主客清吏司》,第 3732 页。
⑥ 《清圣祖实录》卷三八,康熙十一年三月戊申,第 4 册,第 511 页。

进至河下,又将货物入店封锁,候部文到时,方准贸易,每至毁坏。乞敕谕广省地方官,嗣后贡船到虎跳门,具报之后,即放入河下,俾货物早得登岸贸易;又本国采办器用,乞谕地方官给照置办,勿致拦阻;又贡使进京,先遣贡船回国,次年再差船来广省,迎接圣敕归国。"①对于暹罗贡使所请,康熙帝皆准之。另外,是年清廷宣布开海贸易,次年设江、浙、闽、粤四海关。时福建总督王国安疏言:"外国进贡船只,请抽税令其贸易。"康熙帝谕曰:"外国进贡船只若行抽税,殊失大体,且非朕柔远之意。"②嗣后朝贡贸易与通商贸易并准,但税收政策不同:对于朝贡贸易,实行免税政策;对于通商贸易,依照税则纳税。

据笔者统计,阿瑜陀耶王朝自顺治九年(1652)初次派船来华,至乾隆三十二年(1767)被缅甸新兴的雍籍牙王朝(1752—1885)攻灭,116年的时间里只有14次遣使朝贡,即使加上探贡、接贡、护贡和补贡船只,这一时期的朝贡贸易也只能说一直在小规模上运行。

(二)与吞武里王朝的朝贡贸易

1767年阿瑜陀耶王朝被缅军攻灭后,王朝旧臣披耶达信(中国档案文献中称为郑昭)很快组织暹罗军民驱逐入境缅军并建立吞武里王朝。由于披耶达信并非阿瑜陀耶王朝君王后裔,清朝政府对吞武里王朝的态度经历了从叱责排斥到认可肯定的转变。与此相联系,清朝与吞武里王朝的朝贡贸易也经历了短暂波折。

阿瑜陀耶王朝灭亡和吞武里王朝建立,清朝并未很快得到消息。直到乾隆三十三年(1768)七月初二日,披耶达信派华商陈美驾商船来广,赍投书信请求敕封。两广总督李侍尧向乾隆帝奏报,认为披耶达信的登位和请封属于"逆理悖伦","大乖义理"。据此,乾隆帝命李侍尧以两广总督身份檄谕暹王:"尔所陈情节,深乖法纪,不可以据词入告,仍掷交陈美赍还。"③时隔三年,乾隆三十六年八月,披耶达信又将"擒获花肚番(按:指缅甸)头目男妇"差人解送来广,希望"赐凭朝贡"。对于这次暹罗请贡,乾隆帝再次下令李侍尧以粤督名义予以拒绝:"尔所称乞恩赐凭,许照旧例朝贡之处,

---

① 《清圣祖实录》卷一一五,康熙二十三年六月甲寅,第5册,第201—202页。
② 《清圣祖实录》卷一二〇,康熙二十四年四月戊申,第5册,第268页。
③ 中国第一历史档案馆编:《乾隆朝上谕档》第5册,第1281条,第462页。

本部堂更不便代为转奏。"①又隔三年,乾隆三十九年八月,披耶达信又派员呈文,请买硫磺、铁锅。李侍尧仍以披耶达信僭越称王,请以己意回复拒绝,谕以"兴师复仇,臣子大义,尔既不忘故主,欲为报雪,深所乐闻。惟是硫黄、铁锅,天朝例禁綦严,未便擅准买用"。对此乾隆帝朱批允准②。由此,披耶达信数次向清朝表示友好,均被拒绝,清暹朝贡贸易暂时中断。

然而,时局的变化使清政府不得不重新思考吞武里王朝的合法地位及清暹关系。乾隆四十年(1775)九月,披耶达信委派船商陈万胜送归流落缅甸的滇兵赵成章等,并带投文禀称愿合击缅军,请买磺铁、炮位。此时清廷已得知原来的阿瑜陀耶王朝后裔势力已经覆亡,吞武里王朝重新统一暹罗并成为暹罗唯一合法政权,因此,乾隆帝下谕准许暹罗购买硫磺、铁锅:"所请磺铁、铳仔,前经驳饬,今除铳仔一项关系军器,定例不准出洋,未便给发外,其需用硫磺、铁锅,准照上年请买之数听尔买回。"③由此,清朝与暹罗间的朝贡贸易得以恢复。次年十二月,披耶达信又附商船送归滇省民人杨朝品等,并再请购硫磺百担。乾隆帝以"前已准其所请,听买硫磺、铁锅,此次请买硫磺,仍可准其买回"④,是为再次准许吞武里王朝的朝贡贸易。

随之,乾隆四十二年(1777)六月,披耶达信派"暹罗国夷使三名"附搭柯宝商船到广,称"赍禀来广叩请进贡"⑤。对于此次请贡,乾隆帝下谕准许。四年后,乾隆四十六年七月,披耶达信派出的朝贡使团到达广州。使团除正贡外,另备象牙、犀角、洋锡等物以为副贡,并请给执照前往厦门、宁波等处伙贩,又备送礼部、督抚各衙门、行商礼物,又请将余货发行变价以作盘费,概发原船带回,又求买铜器。乾隆帝接到两广总督巴延三等奏报,立即谕令巴延三俟该国贡使赍到贡物表文时,即派委妥员伴送来京,"其备送各衙门礼物,有乖体制,求买铜器,例禁出洋,自应饬驳。至所请欲往厦门、宁波伙贩,并欲令行商代觅伙长往贩日本之处,该国在

---

① 中国第一历史档案馆编:《乾隆朝上谕档》第6册,第1835条,第743—744页。

② 《两广总督李侍尧奏呈暹罗国王郑照(昭)禀文事》(乾隆三十九年八月初六日),载《宫中档乾隆朝奏折》第36辑,第272—273页。

③ 中国第一历史档案馆编:《乾隆朝上谕档》第8册,第9条,第4页。

④ 中国第一历史档案馆编:《乾隆朝上谕档》第8册,第1249条,第489页。

⑤ 《两广总督杨景素奏为覆檄暹罗国王事请旨折》(乾隆四十二年七月初四日),载《宫中档乾隆朝奏折》第39辑,第278—280页。

外洋与各国通商交易,其贩至内地如广东等处贸易,原所不禁,至贩往闽浙别省,及往贩日本,令行商代觅伙长,则断乎不可"①。是为维护原来的朝贡贸易制度。

(三)与曼谷王朝的朝贡贸易

1782 年曼谷王朝建立后,拉玛一世立即以郑昭之子郑华的名义向清朝派出接贡船只,以接载郑昭上年所派朝贡使团回国,并告郑昭死讯。五月,暹罗接贡船到达广东,呈上郑华禀文,内称"伊父郑昭病故,临终嘱其尊奉天朝,永求福庇,兹特赍文禀报,俟至贡期,当遵例虔备方物朝贡"②。广东巡抚尚安接报,立即向乾隆帝奏报。九月初七日,乾隆帝接到尚安奏报,认为郑华请贡,必须"专遣使臣具表恳请",而不能"仅遣夷目赍文禀报",因此命军机大臣代粤督巴延三和巡抚尚安拟写檄暹王文稿,交巴延三等发往暹罗③。乾隆四十九年(1784)八月,广东巡抚孙士毅奏,暹王郑华备具表文、驯象等物,差帕史滑里那突等请求入贡。这次朝贡使团,虽然在请封问题上"未遵前檄自行具表恳求",但乾隆帝仍然下谕准许贡使入京:"郑华遵伊父旧规,虔备职贡,其未遵前檄具表请封,阅来禀内及该陪臣称,恐自行越分干求,致遭斥责,未敢冒昧声叙,尚属恭顺小心,自应准其纳贡输忱。"④由此,清朝与曼谷王朝的封贡关系实现了平稳过渡。

自曼谷王朝建立至 19 世纪中叶,清朝与暹罗封贡关系到达清代以来的最高峰。据笔者统计,自乾隆四十七年(1782)曼谷王朝建立到咸丰三年(1853)最后一次入贡的 72 年间,暹罗共有朝贡 35 次。如果再加上探贡、接贡、护贡、补贡等船的贸易,是为清朝与暹罗朝贡贸易的繁荣时期。

---

① 中国第一历史档案馆编:《乾隆朝上谕档》第 10 册,第 1733 条,第 603—604 页。
② 军机处录副奏折:《暹罗国王郑华禀为差船接使并报父丧事》(乾隆四十七年五月十五日),档号:03−7838−016。
③ 中国第一历史档案馆编:《乾隆朝上谕档》第 11 册,第 829 条,第 345 页。
④ 中国第一历史档案馆编:《乾隆朝上谕档》第 12 册,第 707 条,第 255—256 页。

表 10　清朝与暹罗朝贡贸易表①

时间	朝贡贸易记录
顺治十六年	暹罗前来探贡,所带压船货物,就地方交易,抽丈船货税银清册,移送户部察核②。
康熙三年	准暹罗国贸易一次③。
康熙十一年	贡船带来货物,或愿运至京师贸易,听其自运;或愿在广东贸易,令督抚委官监视之④。
康熙二十三年	贡使疏请:贡船到虎门,具报之后即放入河下,俾货物早得登岸贸易;又本国希望采办器用,请敕谕地方官给照置办,勿要拦阻;又贡使进京,先遣贡船回国,次年再派船来粤,迎接贡使回国。康熙帝皆准之⑤。
康熙四十七年	其压舱货物,如愿自出夫力带来京城贸易,听其运来,如愿在广州贸易,由督抚选委贤能官员监看贸易;其交易货物数目,及监看贸易官员职名,另造清册报部;其进贡一船所带压舱货物,照例停其征税⑥。
康熙六十一年	与贡使议定:由暹罗运米 30 万石至福建、广东、宁波等处贩卖,载米到时每石给价 5 钱,除为公运 30 万石不收税外,其带来米粮货物,任从贸易,照例收税⑦。
雍正二年	暹罗入贡稻种、果树等物,并运米来粤货卖。雍正帝下谕:其运来米石,令地方官照粤省时价速行发卖,不许行户任意低昂;嗣后且令暂停,俟有需米之处,候旨遵行;其压船随带货物,一概免征税银⑧。
雍正四年	有探贡二船,带来米及货物,因其由暹国起行时,尚在奉旨停运米石之先,准其就近发卖⑨。
雍正七年	准贡使游览京师名胜,赏银千两,所喜物件听其购买;准贡使购买马驼骡驴各三四匹回国,所买价值由内库支给;又贡使请买东京弓 20 张、红铜线 10 担,令粤省巡抚采买赏给⑩。

　　① 表格说明:本表仅收录作者找到的朝贡贸易记录,为不完全统计。清代暹罗来华朝贡,贡船一般都带有压舱货物,但由于档案残缺,往往找不到相关贸易记录。
　　② (康熙)《大清会典》卷七二《礼部·主客清吏司》,第 3731 页。
　　③ 《清圣祖实录》卷二五,康熙七年三月丁卯,第 4 册,第 354 页。
　　④ 《清圣祖实录》卷三八,康熙十一年三月戊申,第 4 册,第 511 页。
　　⑤ 《清圣祖实录》卷一一五,康熙二十三年六月甲寅,第 5 册,第 201—202 页。
　　⑥ 台湾"中央研究院"历史语言研究所编:《明清史料》庚编,第六本,第 502 页。
　　⑦ (乾隆)《大清会典则例》卷九四《礼部·主客清吏司·朝贡下》,第 933 页。
　　⑧ 《清世宗实录》卷二五,雍正二年十月己亥,第 7 册,第 397 页。
　　⑨ (乾隆)《大清会典则例》卷九四《礼部·主客清吏司·朝贡下》,第 933 页。
　　⑩ (乾隆)《大清会典则例》卷九四《礼部·主客清吏司·朝贡下》,第 938 页。

续表

时间	朝贡贸易记录
雍正十三年	贡船压舱货物照例听其择便贸易,停其征税,仍令督抚查明交易货物数目,另造清册报明户部①。
乾隆元年	贡使请赏蟒缎大袍一二件,又因本国造福送寺需用铜斤,请赴粤采办七八百斤。乾隆帝下谕:除照定例给赏外,特赏蟒缎 4 匹;至采买铜斤一项,特赏 800 斤,后不为例②。
乾隆元年	国王因副贡船逾期未归,复令杨石等驾船来粤探贡,并带有槟榔、苏木等项压舱货物。所有货物免其征税,梢目水手照例支给口粮③。
乾隆十年	暹罗国遣商船带贡乐国生生丹药 5000 丸。礼部议准:南北燥湿,水土各异,所进药丸令该督交还赍回,赍贡夷商量为犒赏。至附带贡品商船,所有商货梁头,与专差陪臣入贡例有间,仍令照例征税④。
乾隆十三年	贡船压舱货物照例听便贸易,停其征税,仍令粤抚查明交易货物数目,另造清册报明户部查核。又贡使自带红铜 500 斤来粤,制造铜盘、铜碗、蜡台等项,准其在粤制造带回,嗣后不得援以为例⑤。
乾隆十八年	贡使请赐人参、牦牛、良马、象牙,并通彻规仪、内监臣等。礼部议奏拒绝,并严饬贡使人等,令于归国后明切晓谕该国王,嗣后惟当恪守规制,益励敬恭⑥。
乾隆二十一年	贡船所带货物,准其在粤发卖,并免征税⑦。
乾隆二十二年	暹罗国王派船商吴士锦驾船前来探贡,经督抚两院题准部覆:压舱货物停其征税,梢目水手照例支给口粮⑧。
乾隆二十七年	正贡船因遭风击碎,经委员监督下货,将商梢杨进宗等附搭该国薛元春商船同副贡船先行回国;国王又派蔡锡望驾船前来探贡,其压舱货物多被霉湿,难以久贮,令其先行发卖,免征税饷;梢目水手口粮,仍照例以该船到省之日起支,贡使自京回粤之日住支⑨。

---

① 台湾“中央研究院”历史语言研究所编:《明清史料》庚编,第六本,第 510—511 页。

② 中国第一历史档案馆编:《乾隆朝上谕档》第 1 册,第 249 条,第 85 页。

③ 《清高宗实录》卷三二,乾隆元年十二月辛未,第 9 册,第 639 页。

④ 《清高宗实录》卷二五二,乾隆十年十一月庚辰,第 12 册,第 266 页;台湾“中央研究院”历史语言研究所编:《明清史料》庚编,第六本,第 514—515 页。

⑤ 台湾“中央研究院”历史语言研究所编:《明清史料》庚编,第六本,第 516 页。

⑥ 台湾“中央研究院”历史语言研究所编:《明清史料》庚编,第六本,第 520 页。

⑦ 《清高宗实录》卷五二一,乾隆二十一年九月乙未,第 15 册,第 574 页。

⑧ 台湾“中央研究院”历史语言研究所编:《明清史料》庚编,第六本,第 529 页。

⑨ 台湾“中央研究院”历史语言研究所编:《明清史料》庚编,第六本,第 529 页。

续表

时间	朝贡贸易记录
乾隆三十九年	暹罗请买硫磺 50 担、锅头 500 口,清廷以硫磺、铁锅例禁出口拒绝之①。
乾隆四十年	暹罗请买磺铁、炮位,清朝以炮位不便准给,硫磺、铁锅等物准照上年请买数目买回②。
乾隆四十一年	请买硫磺 100 担,仍准其买回③。
乾隆四十六年	贡使请给执照前往厦门、宁波等处伙贩;又欲令行商代觅伙长,往贩日本;又请将余货发行变价,以作盘费,概发原船带回;又求买铜器。清朝皆拒绝之。贡使又备象牙、犀角、洋锡等物以为副贡。乾隆帝下谕:副贡内只收象牙、犀角二项,同正贡一并送京,其余所备贡物,准其在粤自行觅商变价,并将压舱货物一体免其纳税④。
乾隆五十年	暹罗遣曾子声驾船赍文来粤探贡,其压舱货物照历届之例免征税饷,梢目水手口粮照例支给⑤。
乾隆五十一年	暹罗请在粤东置办铜甲 2000 领回国防御缅甸,清朝以铜斤例禁出洋拒之⑥。
乾隆五十三年	正、副贡船压舱货物照例免其征税⑦。
乾隆五十四年	准贡使回国时买带大黄 500 斤⑧。
道光二年	所有正、副贡船,准其于年底先行回国⑨。

———————————

　　① 《两广总督李侍尧奏呈暹罗国王郑照(昭)禀文事》(乾隆三十九年八月初六日),载《宫中档乾隆朝奏折》第 36 辑,第 272—273 页。

　　② 中国第一历史档案馆编:《乾隆朝上谕档》第 8 册,第 10 条,第 5 页;《清高宗实录》卷九九〇,乾隆四十年九月乙卯,第 21 册,第 222—224 页。

　　③ 中国第一历史档案馆编:《乾隆朝上谕档》第 8 册,第 1249 条,第 489 页;《清高宗实录》卷一〇二二,乾隆四十一年十二月丁未,第 21 册,第 701 页。

　　④ 中国第一历史档案馆编:《乾隆朝上谕档》第 10 册,第 1733、1734 条,第 603—605 页;台湾"中央研究院"历史语言研究所编:《明清史料》庚编,第六本,第 539 页;《两广总督觉罗巴延三奏报办理暹罗郑昭遣人入贡事》(乾隆四十六年八月十二日),载《宫中档乾隆朝奏折》第 48 辑,第 457—459 页;《清高宗实录》卷一一三七,乾隆四十六年七月庚申,第 23 册,第 201—203 页。

　　⑤ 台湾"中央研究院"历史语言研究所编:《明清史料》庚编,第六本,第 542—543 页。

　　⑥ 中国第一历史档案馆编:《乾隆朝上谕档》第 13 册,第 766 条,第 313—314 页;《清高宗实录》卷一二六〇,乾隆五十一年闰七月辛巳,第 24 册,第 953—954 页。

　　⑦ 台湾"中央研究院"历史语言研究所编:《明清史料》庚编,第六本,第 546 页。

　　⑧ 中国第一历史档案馆编:《乾隆朝上谕档》第 15 册,第 600 条,第 265—268 页;《清高宗实录》卷一三四一,乾隆五十四年十月庚午,第 25 册,第 1181 页;《军机大臣阿桂等奏议限定大黄出口数目折》(乾隆五十四年十月十八日),载《明清时期澳门问题档案文献汇编》(一),第 504 页。

　　⑨ 中国第一历史档案馆编:《嘉庆道光两朝上谕档》第 27 册,第 1581 条,第 475—476 页。

续表

时间	朝贡贸易记录
道光七年	所有原贡船随带货物,照例免税①。
道光八年	据称上年贡船细小,所载货物卖银无几,兹买有白瓦 4 万块,阶砖 200 个,以为回帆压舱应用,并无别货。带回压舱货物照例免其征税②。
道光九年	所有应修贡船,准其先行回国修整,其压舱货物,照例免税③。
道光十四年	贡船带来压舱货物,照例免税;该国大库请将贡船先行回国修整,准照所请行④。
道光二十四年	贡使禀请接贡之年免输关税。道光帝下谕:嗣后暹罗国接载贡使京旋之正贡船一只,随带货物免其纳税,其余副贡船只,或此外另有货船,仍令照例收纳⑤。
道光二十六年	免暹罗国请示贡期使臣回国船税⑥。
咸丰二年	暹罗大库请将贡船先行回国修整,照所请行;原贡船随带货物,并准照例免税⑦。

(四)清朝前期与暹罗朝贡贸易的特点

首先,朝贡贸易免税。对于朝贡贸易,清朝于康熙二十四年(1685)开海后规定:"外国进贡定数船三只内,船上所携带货物停其收税。其余私来贸易者,准其贸易,贸易商人部臣照例收税。"⑧由此,对于暹罗正、副贡船和护贡船,实行免税政策,并支给船员水手在粤期间廪食等物。

对于探贡船只,也实行上述优惠政策。乾隆元年(1736)十二月,广东巡抚杨永斌疏言,暹罗国王遣使入贡,其副贡一船照例先遣回国,今该国王因副贡船逾期未到,复令杨石等驾船来粤探贡,并带有槟榔、苏木等项压舱货物,查节次探贡船来,均有补进方物,是以压舱货物免税,今并无带进方

---

① 中国第一历史档案馆编:《嘉庆道光两朝上谕档》第 32 册,第 797 条,第 217 页。
② 台湾"中央研究院"历史语言研究所编:《明清史料》庚编,第六本,第 580 页。
③ 中国第一历史档案馆编:《嘉庆道光两朝上谕档》第 34 册,第 1029 条,第 309 页。
④ 中国第一历史档案馆编:《嘉庆道光两朝上谕档》第 39 册,第 901 条,第 284 页。
⑤ 中国第一历史档案馆编:《嘉庆道光两朝上谕档》第 49 册,第 461 条,第 120 页;《清宣宗实录》卷四〇四,道光二十四年四月己酉,第 39 册,第 59 页。
⑥ 《清宣宗实录》卷四二五,道光二十六年正月己卯,第 39 册,第 339 页。
⑦ 中国第一历史档案馆编:《咸丰同治两朝上谕档》第 1 册,第 949 条,第 310 页;《清文宗实录》卷六九,咸丰二年八月丁酉,第 40 册,第 911 页。
⑧ [清]梁廷枏总纂:《粤海关志》卷八《税则一》,第 538 页。

物,其杂货应否免税,及探贡船内梢目水手应否支给口粮。对此乾隆帝下令,该国王以贡使未回,复令人航海远来,情属恭顺,所有货物应停征税,梢目水手照例支给口粮①。此后,乾隆二十二年(1757),暹罗国王遣船商吴士锦驾船前来探贡,经督抚两院题准部覆,压舱货物停其征税,梢目水手照例支给口粮。二十七年,暹罗国王又遣船商蔡锡望驾船前来探贡,其压舱货物因船搁浅多被霉湿,难以久贮,准令其先行发卖,免征税饷,梢目水手口粮仍照例支给②。由于种种原因,有时探贡船到广甚至晚于贡使京回,对此清政府照例支应。如乾隆十八年(1753)和四十七年,都是贡使京回在先,探贡船来广在后,均经详奉题明,自该船到广之日起支,解缆回国之日住支。五十年,暹罗贡使于四月十三日已自京抵粤,探贡船于七月二十七日始抵广州,清朝仍照十八年及四十七年探贡船来广在后例办理③。

　　至于暹罗接贡船只,向例并无免税政策。道光二十四年(1844)正月,暹罗贡使呈禀,恳求接贡之年免输关税。因向来琉球国进贡回国时,接贡船一只随带货物由闽海关奏明免税,暹罗向无此例,道光帝命广东督抚等酌议具奏,是否应照琉球成案办理④。四月,道光帝谕准广东巡抚程矞采等所奏,"准其仿照琉球成案,嗣后暹罗国接载贡使京旋之正贡船一只,随带货物免其纳税。其余副贡船只,或此外另有货船,仍著照例收纳,以昭限制"⑤。

　　关于朝贡贸易免税数额,据乾隆五十一年(1786)三月粤海关监督穆腾额具报,乾隆四十六年暹罗国王郑昭遣使朝贡,有正、副贡船各一只,随带内地商船9只,共免税银8600余两,四十七年来探贡船一只,免税银3100余两,四十九年来正、副贡船各一只,共免税银6500余两,五十年又来探贡船一只,免税银3900余两⑥。由于免税数额巨大,以及有内地商船冒充暹罗贡船以图免税,穆腾额奏请制定暹罗贡船免税章程。乾隆帝因下谕:"该

---

① 《清高宗实录》卷三二,乾隆元年十二月辛未,第9册,第639页。
② 台湾"中央研究院"历史语言研究所编:《明清史料》庚编,第六本,第529页。
③ 台湾"中央研究院"历史语言研究所编:《明清史料》庚编,第六本,第542—543页。
④ 中国第一历史档案馆编:《嘉庆道光两朝上谕档》第49册,第64条,第20页;《清宣宗实录》卷四〇一,道光二十四年正月己丑,第39册,第9页。
⑤ 中国第一历史档案馆编:《嘉庆道光两朝上谕档》第49册,第461条,第120页;《清宣宗实录》卷四〇四,道光二十四年四月己酉,第39册,第59页。
⑥ 军机处录副奏折:《粤海关监督穆腾额奏请制定暹罗国贡船免税章程事》(乾隆五十一年三月二十一日),档号:03-7838-027。

国贡船到关,所有正、副贡船各一只,仍照例具题免税,其余若果查系夹带客商私船,俱逐一查明,按货纳税,以杜奸商取巧,通同弊混之计。"①

其次,暹罗朝贡,除正常的压舱货物贸易外,使团常有各种采购之请,对此清政府一般视情而定是否准许。如雍正七年(1729),暹罗贡使呈称,奉国王命,本国所产马匹甚小,久慕天朝所产马驼骡驴高大,请各买三四匹回国。雍正帝下谕,准照所请购买,价值由内库支给;贡使又请买东京弓20张、红铜线10担,部议以违禁不准,雍正帝下谕由粤省巡抚采买赏给②。乾隆元年(1736),暹罗贡使代伊国王呈请恩赏蟒缎大袍一二件,又因该国造福送寺需用铜斤,欲赴粤采办七八百斤,礼部以旧例赏赐已有蟒缎、蟒纱等物,铜铁出洋久经严禁,议奏不准。乾隆帝下谕:暹罗国远处海洋,抒诚纳贡,除照定例给赏外,再特赏蟒缎四匹;至采买铜斤一项,该国王称系造福送寺之用,令特赏给800斤,后不为例③。十八年二月,暹罗国王于进贡表文内请赐人参、缨牛、良马、象牙并通彻规仪、内监臣等,礼部议驳,并令使臣"归国后明切晓谕该国王,嗣后恪守规制,益励敬恭"④。三十九年,暹王郑昭派员附搭商船来华呈投书信,请买硫磺50担,锅头500口,清廷以硫磺、铁锅例禁出口拒绝之⑤。次年九月,郑昭又委托陈万胜商船带投文禀一件,请买磺铁、炮位。乾隆帝下谕:"除铳仔一项关系军器,定例不准出洋,未便给发外,其需用硫磺、铁锅,准照上年请买之数,听尔买回。"⑥四十一年十二月,郑昭又委托莫广亿商船带到文禀一件,称因连年与缅甸交战,再恳赏买硫磺100担,乾隆帝再谕:"前已准其所请,听买硫磺、铁锅,此次请买硫磺,仍可准其买回。"⑦四十六年七月,郑昭再次具禀求贡,并求准买铜器千余个,清廷以铜斤例禁出洋,不准采买⑧。五十一年闰七月,郑华遣

---

①　中国第一历史档案馆编:《乾隆朝上谕档》第13册,第235条,第88—89页;《清高宗实录》卷一二五一,乾隆五十一年三月乙丑,第24册,第812页。

②　(乾隆)《大清会典则例》卷九四《礼部·主客清吏司·朝贡下》,第938页。

③　中国第一历史档案馆编:《乾隆朝上谕档》第1册,第249条,第85页;《清高宗实录》卷二一,乾隆元年六月壬午,第9册,第504页。

④　《清高宗实录》卷四三三,乾隆十八年二月辛亥,第14册,第654—655页。

⑤　《两广总督李侍尧奏呈暹罗国王郑照(昭)禀文事》(乾隆三十九年八月初六日),载《宫中档乾隆朝奏折》第36辑,第272—273页。

⑥　《清高宗实录》卷九九〇,乾隆四十年九月乙卯,第21册,第223页。

⑦　中国第一历史档案馆编:《乾隆朝上谕档》第8册,第1249条,第489页;《清高宗实录》卷一〇二二,乾隆四十一年十二月丁未,第21册,第701页。

⑧　中国第一历史档案馆编:《乾隆朝上谕档》第10册,第1733、1734条,第603—604页。

使进贡请封,并请在粤东置办铜甲 2000 领回本国防御缅甸,清廷再以铜斤例禁出洋拒绝之①。可见,在不违背大清律例基本禁令的前提下,清政府对暹罗使团的各种采购之请一般予以满足。

第三,华人全面参与暹罗朝贡事务,包括管驾船只、管理贸易、担任通事、书记、跟役等。关于华人管驾贡船和管理朝贡贸易,如康熙六十一年(1722)暹罗朝贡,贡船内有郭奕逵等 156 名,系福建、广东人。雍正二年(1724)朝贡时,来船梢目徐宽等 96 人,系广东、福建、江西等省民人,住居暹罗"历经数代,各有亲属"。乾隆元年(1736),华商杨石等驾船来粤探贡。十三年,马国宝驾贡船来粤,又有商人方永利等前来"护贡",两艘贡船的"唐梢"达 186 名,"据称在暹居住年久,各有亲属家室在暹"②。二十二年,商人吴士锦前来探贡。二十六年,护送贡使来华的商梢杨进宗等因贡船遭风沉没,附搭薛元春商船先行回国。二十七年,商人蔡锡望前来探贡。吞武里王朝建立后,披耶达信多次派华商与清朝联系。曼谷王朝时期,嘉庆十二年(1807)发生华民金协顺、陈澄发代驾暹罗商船来粤贸易案件,清朝下令禁止华人"代驾暹国货船进口贸易",十四年暹罗朝贡时,贡使呈文请求准许内地商民代驾货船:"敝国处夷不谙营运,又昧于驶船,不得已多倩天国商客代驾,以通贸易,并非私交冒揑。"③对于暹罗国的请求,嘉庆帝予以拒绝。十九年,暹罗国王又以"夷目昧于船务",请求"仍用中华商民代驾贡船,来粤入贡",清朝再次予以拒绝:"贡船虽与货船不同,第一经准用内地商民代驾贡船,难保其不代运货物,致滋弊混。"④虽然清朝禁止内地商民代驾船只,但暹罗华人仍然控制着清暹贸易并在暹罗朝贡中起重要作用。

关于华人担任通事,如乾隆元年(1736)有吕七、柯汉,十八年有吴碧莲,二十二年、二十七年有王国政,三十一年有王国桢,五十三年有林广茂,五十四年有谢上金,五十五年有王天秩、胡德钦,嘉庆十四年(1809)有黄青红,十五年有林恒中,道光二年(1822)有翁日升,五年有钟良新,七年有钟良新、林恒中,这些以汉名为名的通事显然都是华人。另外有些通事名字

① 中国第一历史档案馆编:《乾隆朝上谕档》第 13 册,第 766 条,第 313—314 页。
② 台湾"中央研究院"历史语言研究所编:《明清史料》庚编,第六本,第 515—516 页。
③ 故宫博物院编:《清代外交史料》(嘉庆朝)第 3 册,第 25—26 页。
④ 故宫博物院编:《清代外交史料》(嘉庆朝)第 4 册,第 30 页。

虽然不像汉名,但也是华裔,如乾隆六十年(1795)有通事昆威吉瓦札是闽籍①。道光二年(1822)暹罗遣使朝贡时,通事是华人翁日升,暹罗官员还呈文请求清朝加赏翁日升顶戴。咸丰元年(1851)暹罗朝贡时,两艘贡船的司舵均为华商,另各有两名华人通事。咸丰三年暹罗最后一次朝贡,两艘贡船的司舵同样为华商,同样也各有两名华人通事②。另外,从前文《清代暹罗朝贡使团表》中可以看出,在暹罗进京使团中,还有很多华人充当书记或跟役。这些充分说明,华人始终在暹罗朝贡中占据重要地位。

二、清朝前期与暹罗的通商贸易

清朝与暹罗的通商贸易包括中国商民往返暹罗的贸易和暹罗商船来华贸易两部分。与朝贡贸易相比,中暹通商贸易更多受到两国国内外形势变化特别是清朝对外贸易政策的影响。由于清朝对外贸易政策在不同历史时期有较大变化,清朝与暹罗间的通商贸易也经历了曲折。

(一)顺治至康熙初期的通商贸易

清朝初年,由于东南沿海局势紧张,清政府厉行禁海、迁海政策③,禁止中国商民出海往南洋贸易,并将沿海居民内迁,导致中国大陆沿海与南洋包括暹罗的通商贸易陷于停滞。

相对而言,这一时期台湾地区的郑氏海商集团则大力发展与南洋各国及日本的海上贸易。如顺治十一年(1654)十二月,有福建商人李楚、杨奎"奉太夫人差,往暹罗通商贸易,兑换等货",李楚船载回货物包括苏木1500担,胡椒260担,棉花90担,象牙3担,马蹄锡60担,藤60担,槟榔50担,虾米20担,牛肉干100担,白米348担,菜子50担,鱼干300担,牛肉干400担,油麻157担;杨奎船载回货物包括苏木1129担,胡椒354担,锡70担,牛肉干281担,虾米137担,棉花20担,米100担,油麻113担,

① 《胤祐等奏为询问暹罗国贡使情形折》(康熙六十一年五月十一日),载中国第一历史档案馆编:《康熙朝满文朱批奏折全译》,中国社会科学出版社,1996年,第1501—1502页。
② 参见[泰]拍因蒙提:《泰国最后一次入贡中国纪录书》,[泰]陈棠花译,(曼谷)《中原月刊》1941年第1卷第1期。
③ 清朝初期,曾于顺治十二年、十三年及康熙元年、四年、十七年五次发布禁海令,于顺治十八年、康熙十一年、十七年三次颁行迁海令。

漆 3 担,鹿筋 6 捆,鱼干 240 担,藤 100 担①。康熙五年(1666),郑氏集团"遣商船前往各港,多价购材料,载到台湾,兴造洋艘、鸟船,装白糖、鹿皮等物,上通日本,制造铜煩、倭刀、盔甲,并铸永历钱,下贩暹罗、交趾、东京各处以富国"②。十三年,又"监督洋船往贩暹罗、咬嚼吧、吕宋等国,以资兵食"③。直到郑氏政权结束前,仍有两艘商船"大唪"号和"东本"号前往暹罗贸易。以"东本"号为例,该船共有船梢 83 人,于康熙二十二年闰六月初一日由台湾开行,二十三日到日本,售卖船上货物、置买日本货物后,于十二月二十五日开行,二十三年二月二十二日到暹罗,六月初一日自暹罗回船,因郑氏已降清,乃于七月十五日至厦门。船从台湾出航时,装载白糖2050 担、冰糖 150 担,到日本出售得银 13520 两,除去支付梢目工食银3518.5 两外,尚存银 10001.5 两,将此银在日本购买红铜、金版等货,载运到暹罗发卖,除留下红铜 160 箱外,共卖得纹银 8312.775 两,除去支付梢目工食银 1529.255 两外,尚存银 6783.52 两,又将此银在暹罗购买铅26480 斤,苏木 12 万斤,锡 4 万斤及安息香、胡椒、豆蔻、象牙、燕窝、布匹等货,船上梢目亦购买一批自己的货物,包括苏木 25000 斤,锡 9500 斤,玉米2500 斤,虾米 1500 斤,降真香 1000 斤,檀香 1500 斤,以及布匹、红铜、孔雀尾等④。

　　西方文献对这一时期郑氏集团与暹罗和日本间的贸易也有记载。如《热兰遮城日志》记录:1655 年 3 月 9 日,有消息说"国姓爷"的船只 24 艘自中国沿岸开去各地贸易,其中开往暹罗达 10 艘,占 40％强⑤。《巴达维亚城日记》1661 年 6 月 13 日记载:"国姓爷已集结战斗用帆船二百艘以上于厦门及其附近,并努力集结更多,命令凡在日本之帆船船主等,立即返航,违者将予处死,又在交趾、柬埔寨、暹罗及其他地方之帆船,已不再驶往日本,命其载米、硝石、硫黄、锡、铅,及其他直驶厦门。"⑥又据《被忽视的福尔

　　① 台湾"中央研究院"历史语言研究所编:《明清史料》己编,第五本,中华书局,1987 年影印本,第 408 页。
　　② [清]江日昇:《台湾外记》,福建人民出版社,1983 年,第 192 页。
　　③ [清]江日昇:《台湾外记》,第 217 页。
　　④ 中国科学院编辑:《明清史料》丁编,第三本,商务印书馆,1951 年,第 298—299 页;台湾"中央研究院"历史语言研究所编:《明清史料》己编,第七本,第 626—627 页。
　　⑤ 江树生译注:《热兰遮城日志》,台南市政府,1999 年,第 324 页。
　　⑥ 刘宁颜主编:《巴达维亚城日记》第 3 册,程大学译,台湾省文献委员会,1990 年,第 218 页。

摩萨》记载:1660 年从中国和日本沿海来暹罗的中国帆船共有 5 艘,因郑成功攻打台湾,都被紧急召回;另有两艘中国人在暹新修的大帆船,主要装载米、干食品、硝石、硫磺、铅、锡等货,也驶回中国沿海①。

(二)康熙中后期的通商贸易

清政府统一台湾后,开放海禁提上议事日程。康熙二十三年(1684)九月,康熙帝下谕开海贸易:"向令开海贸易,谓于闽、粤边海民生有益,若此二省民用充阜,财货流通,各省俱有裨益。且出海贸易非贫民所能,富商大贾懋迁有无,薄征其税不致累民,可充闽粤兵饷,以免腹里省分转输协济之劳。腹里省分钱粮有余,小民又获安养。故令开海贸易。"②

开海贸易后,闽粤两省商民前往南洋的帆船贸易迅速繁荣。据《福建通志》记载:"商舶交于四省,遍于占城、暹罗、真腊、满剌加、浡泥、荷兰、吕宋、日本、苏禄、琉球诸国,乃设榷关四于广东澳门、福建漳州府、浙江宁波府、江南云台山,置吏以莅之,泉货流通……可谓极一时之盛矣。"③在暹罗,1685 年以后停泊的中国船只不断增加。对此,从暹罗到日本贸易的船只经常提供有关信息。据日本唐船史料《华夷变态》记录,康熙中后期到暹罗贸易的中国商船 1689 年有 14－15 艘,1695 年有 8 艘,1697 年至少 4 艘,1698 年有 7 艘,1699 年有 6 艘,1702 年超过 10 艘④。这些资料虽不完整,但可窥见清朝开海贸易后数十年间中暹帆船贸易之一斑。

值得注意的是,这一时期除中暹两国直接双边贸易外,还存在中、暹、日三国的三角贸易。这种三角贸易有两种形态:一是配备了华人的暹罗船只对日本进行贸易,以及在往返日本的途中停靠中国港口;二是中国帆船前往暹罗出售货物、购买当地货物,然后驶往长崎出售,再购买日本的铜等货物回中国港口。日本闭关以后,德川幕府把来日中国"唐船"分为三种:从江苏和浙江港口来的船只称为口船,从福建和广东港口来的船只称为中

---

① 厦门大学郑成功历史调查研究组编:《郑成功收复台湾史料选编》,福建人民出版社,1982年,第 197 页。

② 《清圣宗实录》卷一一六,康熙二十三年九月甲子,第 5 册,第 212 页。

③ 〔清〕陈寿祺等:(道光)《福建通志》卷八七《海防·总论》,同治十年(1871)重刊本,(台北)华文书局,1968 年影印本,第 1760 页。

④ 〔日〕林春胜、林信笃编,浦廉一解说:《华夷变态》,(东京)东方书店,1958 年,上册第 633 页,中册第 1271、1274、1736、1947、1998 页,下册 2081、2205、2232 页。

奥船,从东南亚港口来的中国帆船则称作奥船。日本长崎平户松浦史料博物馆所藏《唐船图》大约绘于 1720 年,包括 11 幅唐船图和 1 幅荷兰船图,其中唐船中的暹罗船体积最大:"暹罗船之大,堪称各船之首。一般唐船多为 16 或 17 间长,而暹罗船则长达 23 间,不仅长度超过荷兰船,乘员也达百余名之众。"①这是与中暹日三角贸易需要长途航海相适应的。

中暹日三角贸易,在 18 世纪初迅速走向衰落,这首先是因为日本铜生产遭受严重挫折,然后是由于 1715 年后,日本制定了一系列新的限制——"正德新例"。新例进一步限制中国船只的数量、吨位及货物价值。每年允许贸易的中国船只总共为 30 艘,允许出口铜总值为 6000 贯银(约 400 万镑);暹罗的限额是每年 1 艘船,铜货价值不超过 300 贯银(约 20 万镑),对北大年、宋居膀和洛坤的船只,一点配额也没有②。由此,中暹日三角贸易走向衰落。

另外,在康熙五十六年(1717)至雍正五年(1727),清朝曾有禁贩南洋之法令:"凡商船照旧东洋贸易外,其南洋吕宋、噶啰吧等处,不许商船前往贸易,于南澳等地方截住。令广东、福建沿海一带水师各营巡查,违禁者严拿治罪。其外国夹板船照旧准来贸易,令地方文武官严加防范。嗣后洋船初造时,报明海关监督、地方官亲验印烙,取船户甘结,并将船只丈尺、客商姓名、货物往某处贸易填给船单,令沿海口岸文武官照单严查,按月册报督抚存案。每日各人准带食米一升并余米一升,以防风阻。如有越额之米,查出入官,船户、商人一并治罪。至于小船偷载米粮剥运大船者,严拿治罪。如将船卖与外国者,造船与卖船之人皆立斩。所去之人留在外国,将知情同去之人枷号三月,该督行文外国,将留下之人,令其解回立斩。沿海文武官,如遇私卖船只、多带米粮、偷越禁地等事隐匿不报,从重治罪。并行文山东、江南、浙江将军、督抚、提镇,各严行禁止。"③由于南洋禁令时间较短,且暹罗不在禁航之列,所以中暹两国间的帆船贸易并未受到太大影响。

① [日]大庭脩:《江户时代日中秘话》,徐世虹译,中华书局,1997 年,第 24、156—160 页。关于清初赴日唐船中的暹罗船,参见附图三。
② Sarasin Viraphol, *Tribute and Profit:Sino-Siamese Trade,1652－1853*,p. 66.
③ 《清圣宗实录》卷二七一,康熙五十六年正月庚辰,第 6 册,第 658 页。

(三)雍正乾隆时期的通商贸易

雍正、乾隆时期,清朝与暹罗间的通商贸易达到历史上最繁荣的时期,主要标志是大米进口贸易的兴起,主要原因则是清政府鼓励大米进口的政策驱动。

清政府鼓励大米进口政策的出台,经历了一个短暂的曲折。康熙末年,东南沿海地区由于土地稀少、人口增加等原因,频频出现"产米不敷食用""米价昂贵"[①]等粮食安全问题。恰在此时,康熙帝听闻暹罗贡使言"其地米甚饶裕,价值亦贱,二三钱银即可买稻米一石",乃于六十一年(1722)六月下谕贡使人等:"尔等米既甚多,可将米三十万石分运至福建、广东、宁波等处贩卖。彼若果能运至,与地方甚有裨益,此三十万石米系官运,不必取税。"[②]这是清政府首次下令鼓励大米进口,但免税范围仅限于米 30 万石。雍正二年(1724)十月,暹罗国王入贡稻种、果树等物,"并运米来粤货卖",雍正帝下谕曰:"其运来米石,令地方官照粤省见在时价,速行发卖,不许行户任意低昂……嗣后且令暂停,俟有需米之处,候旨遵行。"[③]雍正帝暂停大米进口的政策实行了两年多。雍正五年夏,两广总督孔毓珣入京时即奉到雍正帝面谕:"前暹罗国装运米石,曾有旨着令暂停。如今若有便人,可带信与他,他若情愿装米来,叫他装来,得些利去也好。"是为清政府下令恢复大米贸易。七月,孔毓珣回到广东,适逢有暹罗洋船装载米石、苏木等货到粤。八月初七日,孔毓珣向船主乃文吠等宣布雍正帝关于准令大米入口的谕旨,乃文吠等"莫不感激欢呼,咸称既奉恩旨,嗣后米石自当装来",并称"本国来粤,水途洋面约有九千余里,顺风二十余日可到,若风汛不顺,五六十日不定。洋面行驶必需大船,大船无从雇觅,惟国主才有……本国米价每百斤三钱有零,水脚食用约得四钱以外,共计七钱有零。涉此险远,止带米来,利息有限,必搭载货物方有余利。我等国主一向感激皇恩,明年要来进贡,现在装造新船,我等回去将恩旨告知国主"[④]。次年

---

① 台湾"中央研究院"历史语言研究所编:《明清史料》庚编,第六本,第 504 页;林京志编选:《乾隆年间由泰国进口大米史料选》,《历史档案》1985 年第 3 期,第 18 页。
② 《清圣祖实录》卷二九八,康熙六十一年六月壬戌,第 6 册,第 884 页。
③ 《清世宗实录》卷二五,雍正二年十月己亥,第 7 册,第 397 页。
④ 《雍正朝外交案·孔毓珣折五》,载《史料旬刊》第 7 期,第 248—249 页。

(1728)二月,暹罗商民吴景瑞贩运米物到闽贸易,福建巡抚常赉具折上奏,礼部议覆认为,"应令该抚遴委贤能官员监看贸易,征收税银,将所卖米物数目册报户部",并请"嗣后暹罗国运米商船有来至福建、广东、浙江者,俱照此例遵行"。对此雍正帝下谕:"依议速行,米谷不必上税,永著为例。"①是为清政府在东南沿海正式推行大米进口免税政策。

雍正六年(1728)以后,清政府鼓励大米进口的政策不断完善,主要包括三个方面:第一,对运米来华外国商船减免税课。清前期海关正税主要包括货税(又称商税)、船税(又称船钞、船料、梁课)两部分,分别对进出口货物和船只征收。对于运米来华外国商船,雍正六年二月定例大米进口不必上税,是为对进口货物中的大米免税。至于其他压舱货物的货税和船税,则要按例征收。雍正七年六月,两广总督孔毓珣奏,有暹罗载米船只因风飘泊广东,其捞回米货应否免税。雍正帝下谕:"暹罗载米船只既遭风飘泊广东,其压舱货物着免其输税。"②是为对运米来华商船免征全部进口关税。

清朝对运米来华外国商船免征进口关税的政策到乾隆八年(1743)后有所调整。事因乾隆七年八月,有暹罗船商薛士隆载米10050石并铅、锡等货来闽粜卖,经海关奏明将该船进口货税、船税全部免征。八年七月,薛士隆复驾原船运米6000石并货物来闽,福建巡抚周学健因奏请制定外洋属国运米来闽粤等省贸易者,酌免船货税银之例。对此乾隆帝下谕:"著自乾隆八年为始,嗣后凡遇外洋货船来闽粤等省贸易,带米一万石以上者,着免其船货税银十分之五,带米五千石以上者,免其船货税银十分之三。其米听照市价公平发粜,若民间米多,不须籴买,即著官为收买,以补常社等仓,或散给沿海各标营兵粮之用。"③是为将运米来华商船的关税优惠政策由全部减免改为部分减免,减免比例分别为5/10和3/10。十一年七月,有暹罗商人方永利一船,载米4300石零,又蔡文浩一船,载米3800石零,并各带有苏木、铅锡等货,先后进口。福州将军兼管闽海关事务新柱认为,该船所载大米皆不足5000石之数,船货税银未便援例宽免。乾隆帝下令,该

① 《清世宗实录》卷六六,雍正六年二月壬辰,第7册,第1007页;中国第一历史档案馆编:《雍正朝起居注册》,第1781页。

② 《清世宗实录》卷八二,雍正七年六月庚子,第8册,第93页。

③ 中国第一历史档案馆编:《乾隆朝上谕档》第1册,第2368条,第875页。

番等航海运米远来,虽运米不足 5000 石之数,著免其船货税银 2/10[①]。

乾隆八年(1743)规定对运米来华商船部分减免关税,实践中闽粤海关还有对船税降等征收之优惠措施。如根据闽海关税则,洋船梁头 6 丈以上者,照乌白艚船五等例征船税银 750 两;梁头 7 丈以上者,照四等例征银 1000 两。乾隆八年、九年、十一年,有薛士隆、余明衷、方永利、蔡文浩等驾船运米来闽,各船梁头均在 10 丈以外,经海关监督新柱从宽,"皆准降照第五等乌白艚船之例征收梁课"。十四年(1749)七月,有暹罗船商沈泰驾船到闽贸易,船内装米 5494 石零并苏木、铅、锡等货。经丈量,该船梁头长 9.88 丈,阔 3.28 丈,应照第四等乌白艚船例征梁课银 1000 两;所载苏木、铅、锡等货,应征税银 391.8038 两。由于商船运米在 5000 石以上,应减免船货税银 3/10 计 417.541 两零,实应征收船货税银 974.262 两零。因前任海关监督新柱对薛士隆等四船有将船税降等征收之处,福州将军兼管闽海关事务马尔拜具折上奏,请将沈泰商船梁课亦降等征收。对此乾隆帝下谕指出:"自应照新柱所办。"[②]由此,沈泰商船船税亦降等征收。十六年,有暹罗王元正商船载运苏木、铅、锡并食米等物到闽。经查验,该船应征梁课 1000 两,货税银 1011 两零。福州将军兼管闽海关事新柱认为,该船载米只有 1941 石零,既不及 5000 石以上,也不及方永利、蔡文浩二船之数,因此,"船货税银自应照例征收,未便宽减,惟梁头仍准照旧减等抽收"。对此乾隆帝表示同意[③]。由此,因为王元正商船载米数量过少,货税未得减免,但得到船税减等的优惠。

第二,对出洋中国商船强制要求带米回国,并对运回米豆实行免税政策。雍正六年(1728),户部议覆福建总督高其倬所奏:福建产米无多,往贩外番船酌定带回米以资民食,往暹罗者大船带米 300 石,中船带米 200 石,噶喇吧大船带米 250 石,中船带米 200 石,吕宋、柬埔寨、马辰、柔佛四处大船各带米 200 石,中船各带米 100 石,㙟仔、六坤(洛坤)、安南、宋居膀、丁家卢、宿雾、苏禄七处中船各带米 100 石,于入口时将数目验明,若有多余,一并造报,均听照时价发卖,如不足数,及有偷漏情弊,照接济奸匪例治

---

① 《清高宗实录》卷二七五,乾隆十一年九月戊午,第 12 册,第 594 页。

② 林京志编选:《乾隆年间由泰国进口大米史料选》,《历史档案》1985 年第 3 期,第 24—25 页。

③ 《乾隆朝外洋通商案·新柱折二》,载《史料旬刊》第 14 期,第 508—509 页。

罪①。实际上，由于获利不多，雍正年间至乾隆初年，很少见有华商船只往暹罗运米回国的记载。

乾隆九年（1744）以后，华商往暹罗购运大米回国的记载迅速增多。这一方面是因为清政府于乾隆七年四月制定了米豆免税例："将直省各关口所有经过米豆应输额税悉行宽免，永著为例。"②据广东巡抚王安国乾隆七年八月奏报："臣访闻外洋之暹罗及港口等处产米颇多，价亦平贱，臣于上年冬间密谕署理粤海关监督印务粮道朱叔权，于内港洋船出口之时，劝谕各商贩籴米谷入口发卖。今年钦奉恩旨免征米豆税银，商民尤为踊跃，每一洋船回棹，各带米二三千石不等。"③另一方面则是因为在暹罗造船费用相对低廉，造船买米回国有利可图。乾隆十二年正月，福建巡抚陈大受奏称，暹罗产米甚多，向例原准贸易，但因获利甚微，兴贩者少，今商人等探听暹罗木料甚贱，易于造船，自乾隆九年以来，买米造船运回者源源接济。陈大受认为，内地商民买米造船运回，比该国商人自来更为便利，"但无牌照可凭，稽查未为严密，且恐守口兵役藉端索诈"，因此"应请给牌照，以便关津查验；其无米载回，只造船载货归者，应倍罚船税示儆"④。对于陈大受所奏，乾隆帝于二月予以批准。是为准许华商赴暹罗造船回国，但强调前往暹罗买米造船运回者要到地方官府进行注册，并且新造船只回国必须载米运回。

需要指出的是，清政府对中国运米回国商船的税收优惠政策仅及于船上所载米石，而不及于其他货税和船税，这点与对来华外国商船的税收优惠政策有很大区别。乾隆十四年（1749）八月，福州将军兼管闽海关事务马尔拜奏，内地商民自外境造船回国，所带货物税银应计其运米多寡，分别量减税课，乾隆帝予以叱责："从前所降运米夷船量减税银谕旨，乃为招徕远夷多带米石，出自格外特恩。此等内地民人，本不可与一例而论，即或减免半税，其所带货物何得一概酌减？"⑤十七年（1752）十月，两广总督阿里衮奏请"本港洋船载米回粤，请照外洋船只之例，一体减免货税"，乾隆帝再次

① 《清世宗实录》卷七四，雍正六年十月己卯，第 7 册，第 1098—1099 页。
② 《清高宗实录》卷一六四，乾隆七年四月辛卯，第 11 册，第 63 页。
③ 林京志编选：《乾隆年间由泰国进口大米史料选》，《历史档案》1985 年第 3 期，第 17 页。
④ 林京志编选：《乾隆年间由泰国进口大米史料选》，《历史档案》1985 年第 3 期，第 22—23 页。
⑤ 《清高宗实录》卷三四七，乾隆十四年八月癸卯，第 13 册，第 793—794 页。

下谕否决："外洋货船随带米石至闽粤等省贸易，前经降旨，万石以上免其货税十分之五，五千石以上免其货税十分之三，原因闽粤米价昂贵，以示招徕之意。若内地商人载回米石，伊等权衡子母，必有余利可图。若又降旨将船货照例减税，设一商所载，货可值数十万，而以带米五千石故，遂得概免货税十分之三，转滋偷漏隐匿情弊，殊非设关本意。"①

第三，对出洋运米回国华商予以奖励议叙。乾隆十六年（1751）八月，因闽浙各处需米孔殷，乾隆帝令闽浙总督喀尔吉善、福建巡抚潘思榘会同酌量，可否官为购运暹罗等国米石。很快喀尔吉善等奏，"番邦幅员甚狭，米价虽贱，余米无多，且番情趋利如鹜，闻中国遣官采买，必致居奇昂价"，因此，应仍听商人自行买运，其夷商运至内地粜卖者，乾隆八年已下旨酌免货税，其内地商民有携资赴暹罗等国运米回闽粜济民食者，数在 2000 石以内，督抚分别奖励，2000 石以上，奏请议叙。乾隆帝表示同意②。后吏部议准喀尔吉善等所奏：福建省生监商民，前赴暹罗等国运米回漳、泉二府粜济民食者，令地方官查明，数在 1500 石以上至 2000 石者，生监给予吏目职衔，民人给予九品顶戴；2000 石以上至 4000 石者，生监给予主簿职衔，民人给予八品顶戴；4000 石以上至 6000 石者，生监给予县丞职衔，民人给予七品顶戴；6000 石以上至 10000 石者，生监给予州判职衔，民人赏给把总职衔。其带回米石，情愿运赴省城粜卖者，照漳州等处粜卖之例，仍按照米数分别生监、商民给予职衔顶戴，其有已邀议叙之人，仍照米数递加，如生监已递加至州判职衔，民人已递加至把总职衔，又有运米数多者，令该督抚酌量奖赏，毋庸再议加给职衔顶戴③。

福建既实施对运米回国商民予以奖叙的政策，粤省商民亦恳请援照闽省之例，制定奖叙规条。乾隆二十年（1755）十二月，两广总督杨应琚会同广东巡抚鹤年会奏，请照福建例制定粤省奖叙规条。二十一年二月，吏部议准：广东省生监商民，有自备资本领照前赴安南等国运米回省粜济民食者，令地方官查明，数在 2000 石以内者，酌量奖励；数在 2000 石以上者，确

<hr/>

① 《清高宗实录》卷四二四，乾隆十七年十月己亥，第 14 册，第 554—555 页。
② 《清高宗实录》卷三九六，乾隆十六年八月癸卯，第 14 册，第 208—209 页；《两广总督杨应琚奏为海洋运米商民酌请议叙折》（乾隆二十年十二月十三日），载《宫中档乾隆朝奏折》第 13 辑，第 246 页。
③ （嘉庆）《大清会典事例》卷五九《吏部·除授》，第 2751 页。

查取结,奏请分别议叙;其间运米 2000 石以上至 4000 石者,生监给予吏目职衔,民人给予九品顶戴;4000 石以上至 6000 石者,生监给予主簿职衔,民人给予八品顶戴;6000 石以上至 10000 石者,生监给予县丞职衔,民人给予七品顶戴①。

闽粤两省制定奖叙政策后,有大批商民得到奖励议叙。如乾隆二十一年(1756),粤省商民自安南、暹罗等国运回洋米计共 21180 余石,内除李兴等 11 人运米俱在 2000 石以内外,运米 2000 石以上者计四船,包括南海县监生陈文熙运米 2100 余石,番禺县贡生邱昆运米 3090 余石,澄海县监生林贞学运米 4900 余石,福建同安县民李逢秦运米 5280 余石,陈文熙、李逢秦系自备资本购运,邱昆、林贞学系备本附搭各船购米来粤。经杨应琚和鹤年奏请,对李兴等 11 人分别奖励,对监生陈文熙和贡生邱昆,均照 2000 石以上至 4000 石之例,给予吏目职衔,对监生林贞学、民人李逢秦,均照 4000 石以上至 6000 石之例,林贞学给予主簿职衔,李逢秦给予八品顶戴②。二十二年,南洋回厦各船计运回洋米 52000 余石,内除每船数在 2000 石以内者照例奖励外,有龙溪县船户郑吴兴运回米 3900 余石,海澄县船户黄顺祥运回米 5200 余石,查系殷商庄文辉、方学山二人自备资本附搭船只购米来厦,经调任闽浙总督杨应琚奏请,庄文辉照 2000 石以上至 4000 石之例给予九品顶戴,方学山照 4000 石以上至 6000 石之例给予八品顶戴③。此后,乾隆二十三、二十四年,又有广东商民江斑等 7 人、福建商民陈芳炳、叶锡会得到议叙,另有陈泰等多人得到奖励。二十八年,又有广东南海县民蔡陈、江琛和监生黄锡琏得到议叙。

乾隆二十三年(1758)以后,福建商民运米回闽数量有下降之趋势。据统计,"乾隆十九、二十、二十一、二、三等年各商买运洋米进口,每年自九万余石至十二万余石不等",但"自二十二、三年以后,核计各年回棹商船,仅带运米六万余石至一万余石不等,较前渐见减少",到乾隆三十年(1765)前

① 内阁题本《两广总督杨应琚奏为海洋运米商民酌请加恩议叙事》(乾隆二十八年),档号:02-01-04-15684-019;嘉庆《大清会典事例》卷五九《吏部·除授》,第 2750—2751 页;《两广总督杨应琚奏为海洋运米商民请议叙折》(乾隆二十年十二月十三日),载《宫中档乾隆朝奏折》第 13 辑,第 246—248 页。
② 《两广总督杨应琚奏为海洋运米商民请照例议叙以鼓励急公折》(乾隆二十一年十月十三日),载《宫中档乾隆朝奏折》第 15 辑,第 737—738 页。
③ 台湾"中央研究院"历史语言研究所编:《明清史料》庚编,第六本,第 525—526 页。

的几年间，"尤属无多，以致漳、泉一带少此米粮接济，民食不能充裕"。对此，闽浙总督苏昌和福建巡抚定长分析指出："虽因外洋产米各属年岁丰歉不齐、价值增昂所致，亦因各商民资本饶裕者从前已邀议叙，其余资本不多之商买运有限，均不得仰邀议叙，遂不复踊跃从事贩运，因而日少。查自乾隆二十四年迄今，总无奏请议叙洋商之案。"因此，苏昌等建议将各商带运米石按数议叙之例量为更定从优：嗣后每船运米 1500 石至 2000 石者，生监赏给吏目职衔，民人赏给九品顶戴；2000 石以上至 4000 石者，生监赏给主薄职衔，民人赏给八品顶戴；4000 石以上至 6000 石者，生监赏给县丞职衔，民人赏给七品顶戴；6000 石以上至 10000 石者，生监俱赏给州判职衔，民人俱赏给把总职衔[①]。对此乾隆帝表示同意。是为将给予议叙的资格条件降低，给予的职衔品级提高，以鼓励商民继续出洋载运米石回国。

　　然而，尽管清朝政府鼓励大米进口的政策不断完善，清朝与暹罗间的大米贸易还是在乾隆中后期走向衰落。在清朝档案中，乾隆三十年（1765）以后出现的大米进口记录，都不再明确说明大米购自暹罗，而多记录大米自"南洋"运回。之所以出现此种状况，主要是由于战争的破坏。1759 年，缅甸新兴的雍籍牙王朝（1752—1885）对暹罗发动战争，虽然这场战争次年就宣告结束，但到 1765 年，缅王孟驳再次率领大军攻入暹罗，至 1767 年最终攻破阿瑜陀耶城。这场战争不仅直接造成阿瑜陀耶王朝灭亡，而且也给暹罗社会经济造成严重破坏，导致中暹大米贸易的衰落。

　　需要指出的是，虽然清朝与暹罗间的大米贸易走向衰弱，但清朝与东南亚其他国家和地区的大米贸易仍在持续。据道光《广东通志》载："乾隆五十一年、六十年、嘉庆十一年，均准夷船运米来粤，免其征钞。大吕宋、小吕宋及英咭唎之孟雅拉（孟加拉）产米最饶，平时米价每石三四钱不等，即价昂亦不过一两，粤东米价稍贵，辄连舫而来，凡专载米者，免其丈量输钞。"[②]另外，清暹大米贸易虽然走向衰落，但两国间的通商贸易并未中断。据泰国官方史料记载，拉玛一世在位时期，"帆船贸易可以获得巨额利益，政府、贵族、官员和商人拥有许多 5—7 哇（32.5—45.5 米）宽的中国式红

---

　　① 《闽浙总督苏昌奏为议请酌改贩运洋米商民之议叙以裕海疆民食折》（乾隆三十年八月二十四日），载《宫中档乾隆朝奏折》第 25 辑，第 812—814 页；台湾"中央研究院"历史语言研究所编：《明清史料》庚编，第六本，第 532—533 页。

　　② ［清］阮元修，陈昌齐等纂：（道光）《广东通志》卷一八〇《经政略二十三》，第 3311 页。

头船和绿头船。这些船只建于曼谷及各府中心。他们每年载货前往中国贸易,有的仅出售货物,有的则船只与货物一起出售,此种贸易获利惊人"①。乾隆五十一年(1786)三月,粤海关监督穆腾额也曾向乾隆帝汇报称,暹罗国每年正、副贡船到关,其随带之船至十余只之多,又有藉名探贡船只,俱属内地商船,所带货物甚多②。这充分说明,这一时期清朝与暹罗间的通商贸易仍在繁荣。

关于中暹通商贸易的主要集中地点,一方面,来华暹罗商船可到广东的海南、高州、肇庆、广州、潮州,福建的漳州、泉州、福州,浙江的宁波,江苏的上海、苏州,以及直隶的天津;另一方面,往暹中国商船则主要始自潮州、闽南和海南③。乾隆二十二年(1757)后,清朝限定广州一口通商,禁止外国商船北上福建、浙江等省贸易,这对粤省与暹罗间的贸易以及华商往暹罗的贸易虽然影响不大,但却影响到暹罗商船北上福建、浙江等省的贸易。为此,乾隆四十六年,暹罗国王郑昭特意向乾隆帝具禀提出要求:"欲往厦门、宁波伙贩,并欲令行商代觅伙长往贩日本。"对此乾隆帝强调:"该国在外洋与各国通商交易,其贩至内地如广东等处贸易,原所不禁,至贩往闽浙别省,及往贩日本令行商代觅伙长,则断乎不可。"④而从后文可以看出,嘉庆道光时期仍有暹罗商船北上福建、浙江甚至天津贸易。

表 11　雍正乾隆时期与暹罗通商贸易表

时间	船商	运载货物	地点	备注
雍正元年	暹罗贸易船	不详	浙江	被风漂至浙省⑤
雍正五年	暹罗船主乃文吩	米 500 余石,另有苏木等货	广州	来船共三只,另两只在外洋失风⑥
	暹罗船主叶舜德	米卖银 600 两	广州	船只被风飘流到粤⑦

①　Sarasin Viraphol, *Tribute and Profit: Sino-Siamese Trade, 1652—1853*, p. 153.

②　中国第一历史档案馆编:《乾隆朝上谕档》第 13 册,第 235 条,第 88—89 页。

③　Jennifer Wayne Cushman, *Fields from the Sea: Chinese Junk Trade with Siam during the Late Eighteenth and Early Nineteenth Centuries*, pp. 17—19, 22.

④　中国第一历史档案馆编:《乾隆朝上谕档》第 10 册,第 1733 条,第 603—604 页;《清高宗实录》卷一一三七,乾隆四十六年七月庚申,第 23 册,第 201—203 页。

⑤　(乾隆)《大清会典则例》卷九四《礼部·主客清吏司·朝贡下》,第 933 页。

⑥　《雍正朝外交案·孔毓珣折五》,载《史料旬刊》第 7 期,第 248 页;中国第一历史档案馆编:《雍正朝汉文朱批奏折汇编》第 10 册,江苏古籍出版社,1991 年,第 293 条,第 405 页。

⑦　《世宗宪皇帝朱批谕旨》卷九下,文渊阁《四库全书》第 416 册,第 502 页。

续表

时间	船商	运载货物	地点	备注
雍正六年	暹罗商民吴景瑞	米物	厦门	雍正帝下谕:米谷不必上税,永为定例①
	暹罗船主陈宇、财副柯晃	米5000石,苏木400石,乌木100余石,海参100余石,铅锡50石,油麻600余斤	崖州榆林港	商船在洋遭风坏漏,米石坏烂,现存些少,并捞起货物,变价无多②
雍正七年	暹罗船只	米及压舱货物	广东	船只因风飘泊广东。除米谷不上税外,其压舱货物免于征税③
	暹罗船主李万受	米3000石,并压舱苏木等货	琼州	因南风之信已过,难以驾驶到广州④
雍正八年	暹罗船户陈景常	苏木等货	厦门	船户并舵水人等均系内地民人,住在暹罗;免收梁课⑤
	暹罗船商柯汉	苏木、象牙等货	兴化府湄洲	柯汉原籍福建漳浦县,船上财副、舵水人等俱系闽粤江浙民人,住暹年久,并带有番人6名;欲往宁波贸易,因遭风至兴化⑥
雍正十年	暹罗船户丘受原	不详	厦门	免收梁课⑦
	暹罗货船一只,商梢柯汉等78名	苏木等货	福建	船只遭风到闽,撞礁沉溺,捞起苏木等货,为数无几,免征税饷⑧
	暹罗货船一只,商梢昭匹等102名	不详	香山	船只被风击坏,捞存货物无几,免其税饷⑨

---

　　① 《清世宗实录》卷六六,雍正六年二月壬辰,第7册,第1007页;中国第一历史档案馆编:《雍正朝起居注册》,第1781页。

　　② 中国第一历史档案馆编:《雍正朝汉文朱批奏折汇编》第13册,第434条,第526—527页。

　　③ 《清世宗实录》卷八二,雍正七年六月庚子,第8册,第93页;中国第一历史档案馆编:《雍正朝起居注册》,第2921页。

　　④ 《世宗宪皇帝朱批谕旨》卷一〇二,文渊阁《四库全书》第419册,第751—752页。

　　⑤ 中国第一历史档案馆编:《雍正朝汉文朱批奏折汇编》第19册,第321条,第443页;林京志编选:《乾隆年间由泰国进口大米史料选》,《历史档案》1985年第3期,第18页。

　　⑥ 中国第一历史档案馆编:《雍正朝汉文朱批奏折汇编》第19册,第321条,第443页。

　　⑦ 林京志编选:《乾隆年间由泰国进口大米史料选》,《历史档案》1985年第3期,第18页。

　　⑧ 中国第一历史档案馆编:《雍正朝汉文朱批奏折汇编》第23册,第458条,第563—564页。

　　⑨ 中国第一历史档案馆编:《雍正朝汉文朱批奏折汇编》第25册,第25条,第30页。

续表

时间	船商	运载货物	地点	备注
雍正十一年	暹罗陈秉熙船	不详	广州	搭载上年遭风货船商梢昭匹等回国①
	暹罗船户坤备还沙悃	苏米 100 石,熙锡 30 石,槟榔 80 石等	广州	谢上年拯恤昭匹等。所备货物、土仪等项,交该船户收存②
雍正十二年	暹罗船商张专等船	不详	宁波	准照雍正二年徐宽等例,免其回籍③
乾隆二年	暹罗船商邱寿元等 77 名	不详	宁波	循例准其置货回暹④
	暹罗船商林然等 90 名	不详	宁波	循例准其置货回暹⑤
乾隆三年	暹罗船商柯汗	不详	广州	在香山县洋面遭风沉船⑥
	暹罗船商郭意公	不详	广州	在香山县洋面遭风沉船⑦
乾隆五年	暹罗船商伸亚沛哇窒	不详	广州	⑧
乾隆七年	暹罗国红舨船一只	米 3700 余石,并压舱货物	广州	免征关税⑨
	暹罗船商薛士隆	米 10050 石,并压舱铅、锡等货	厦门	免征进口货税梁课⑩

① 中国第一历史档案馆编:《雍正朝汉文朱批奏折汇编》第 25 册,第 25 条,第 30 页。
② 中国第一历史档案馆编:《雍正朝汉文朱批奏折汇编》第 25 册,第 25 条,第 30 页。
③ 台湾"中央研究院"历史语言研究所编:《明清史料》庚编,第六本,第 513—514 页。
④ 台湾"中央研究院"历史语言研究所编:《明清史料》庚编,第六本,第 513—514 页。
⑤ 台湾"中央研究院"历史语言研究所编:《明清史料》庚编,第六本,第 513—514 页
⑥ 《两广总督马尔泰题报乾隆三年分发遣难番归国日期本》(乾隆四年七月二十五日),载《明清时期澳门问题档案文献汇编》(一),第 186 页;《清高宗实录》卷一〇一,乾隆四年九月庚申,第 10 册,第 522 页。
⑦ 《两广总督马尔泰题报乾隆三年分发遣难番归国日期本》(乾隆四年七月二十五日),载《明清时期澳门问题档案文献汇编》(一),第 186 页;《清高宗实录》卷一〇一,乾隆四年九月庚申,第 10 册,第 522 页。
⑧ 《清高宗实录》卷一二三,乾隆五年七月戊戌,第 10 册,第 817 页。
⑨ 林京志编选:《乾隆年间由泰国进口大米史料选》,《历史档案》1985 年第 3 期,第 17 页。
⑩ 林京志编选:《乾隆年间由泰国进口大米史料选》,《历史档案》1985 年第 3 期,第 18 页。

续表

时间	船商	运载货物	地点	备注
乾隆八年	暹罗船商薛士隆	米 6000 石并货物	厦门	定例凡外洋货船来闽粤等省贸易,带米 10000 石以上者,免船货税银 5/10,带米 5000 石以上者,免船货税银 3/10①
	沈世泽商船	米 1030 石	定海	较本地之米减去牙用一半②
	李长益商船	米 700 石	宁波	较本地之米减去牙用一半③
乾隆九年	暹罗船商余明衷	米 8000 石并货物	厦门	照例宽免船货税银④
	龙溪县商民林捷亨	米 3100 石	厦门	照例输税⑤
	龙溪县商民谢冬发	买米造船运回	厦门	⑥
乾隆十年	华商阮腾凤、金万鉴、徐长发、金长丰等	买米造船运回	厦门	⑦
乾隆十一年	暹罗船商方永利	米 4300 石零,并苏木、铅、锡等货	厦门	免船货税银 2/10⑧
	暹罗船商蔡文浩	米 3800 石零,并苏木、铅、锡等货	厦门	免船货税银 2/10⑨
	华商谢长源、徐芳升、陈绵发、金丰泰、万发春、魏隆觌、王元贞、王丰祥、陈恒利、林发兴等	赴暹买米	厦门	⑩

① 林京志编选:《乾隆年间由泰国进口大米史料选》,《历史档案》1985 年第 3 期,第 19 页;《清高宗实录》卷二〇〇,乾隆八年九月甲申,第 11 册,第 566 页。
② 林京志编选:《乾隆年间由泰国进口大米史料选》,《历史档案》1985 年第 3 期,第 20 页。
③ 林京志编选:《乾隆年间由泰国进口大米史料选》,《历史档案》1985 年第 3 期,第 20 页。
④ 林京志编选:《乾隆年间由泰国进口大米史料选》,《历史档案》1985 年第 3 期,第 21 页。
⑤ 林京志编选:《乾隆年间由泰国进口大米史料选》,《历史档案》1985 年第 3 期,第 21 页。
⑥ 林京志编选:《乾隆年间由泰国进口大米史料选》,《历史档案》1985 年第 3 期,第 23 页。
⑦ 林京志编选:《乾隆年间由泰国进口大米史料选》,《历史档案》1985 年第 3 期,第 23 页。
⑧ 林京志编选:《乾隆年间由泰国进口大米史料选》,《历史档案》1985 年第 3 期,第 22 页。
⑨ 林京志编选:《乾隆年间由泰国进口大米史料选》,《历史档案》1985 年第 3 期,第 22 页。
⑩ 林京志编选:《乾隆年间由泰国进口大米史料选》,《历史档案》1985 年第 3 期,第 23 页。

续表

时间	船商	运载货物	地点	备注
乾隆十三年	龙溪县船商何景兴	米 1000 石	厦门	①
乾隆十四年	暹罗船商沈泰	米 5494 石零,并压舱苏木、铅、锡等货	厦门	减免船货税银②
	华商金万镒、叶日高、陈绵发、阮腾凤 4 名	各在暹罗造船,共装米 15000 余石运回	厦门	照例征税③
乾隆十六年	暹罗船商王元正	米 1941.4 石,并苏木、铅、锡等货	厦门	所有船货税银照例征收,惟梁头仍准减等抽收④
	暹罗商船一只	米 4000 石	厦门	⑤
乾隆十七年	华商林权	米 5100 余石,并其他货物	厦门	⑥
乾隆十八年	暹罗船商苏辉	米 7020 余石,苏木 500 担,黑铅 30 担等货	厦门	减免船货税银 3/10⑦
乾隆二十一年	暹罗船商金洪	米 5007.56 石,并苏木、番锡等货	厦门	减免船货税银 3/10⑧
	自安南、暹罗等国回粤各船	计运回洋米 21180 余石,其中南海县监生陈文熙 2100 余石,番禺县贡生邱昆 3090 余石,澄海县监生林贞学 4900 余石,福建同安县民李逢秦 5280 余石,李兴等 11 名运米俱在 2000 石以内	广州	陈文熙、邱昆给予吏目职衔,林贞学给予主簿职衔,李逢秦给予八品顶戴,李兴等 11 名酌量奖励⑨

①　《乾隆朝外洋通商案·潘思榘折》,载《史料旬刊》第 24 期,第 878 页。
②　林京志编选:《乾隆年间由泰国进口大米史料选》,《历史档案》1985 年第 3 期,第 24 页。
③　林京志编选:《乾隆年间由泰国进口大米史料选》,《历史档案》1985 年第 3 期,第 24 页;《清高宗实录》,乾隆十四年八月癸卯,第 13 册,第 793—794 页。
④　《乾隆朝外洋通商案·新柱折二》,载《史料旬刊》第 14 期,第 508 页。
⑤　《清高宗实录》卷三九六,乾隆十六年八月癸卯,第 14 册,第 208 页。
⑥　《阿里衮奏请准本港洋船带米回粤者减免船货税折》(乾隆十七年九月初五日),载《宫中档乾隆朝奏折》第 3 辑,第 771—772 页。
⑦　林京志编选:《乾隆年间由泰国进口大米史料选》,《历史档案》1985 年第 3 期,第 25 页;《福州将军新柱奏报暹罗夷商带米来厦照例减免税银折》(乾隆十八年八月二十日),载《宫中档乾隆朝奏折》第 6 辑,第 220 页。
⑧　林京志编选:《乾隆年间由泰国进口大米史料选》,《历史档案》1985 年第 3 期,第 25 页;《福州将军新柱奏报办理暹罗船来厦门贸易情形折》(乾隆二十一年九月十七日),载《宫中档乾隆朝奏折》第 15 辑,第 370 页。
⑨　《两广总督杨应琚奏为海洋运米商民请照例议叙以鼓励急公折》(乾隆二十一年十月十三日),载《宫中档乾隆朝奏折》第 15 辑,第 737—738 页。

续表

时间	船商	运载货物	地点	备注
乾隆二十二年	南洋回厦各船	计运回洋米 52000 余石,其中龙溪县船户郑吴兴运回 3900 余石,海澄县船户黄顺祥运回 5200 余石,系殷商庄文辉、方学山二人出资购回	厦门	庄文辉给予九品顶戴,方学山给予八品顶戴①
乾隆二十三年	自柬埔寨、暹罗、咖喇吧等国回粤各船	计运回洋米 24776 石零,其中南海县民江珽 3840 余石,陈成文 3010 石,邱毓堂 2710 余石,陈观成 2300 余石,叶简臣 2660 余石,林孔超 2220 余石,三水县民郭俊英 2330 余石,陈泰等 9 名运米俱在 2000 石以内	广州	江珽、陈成文、邱毓堂、陈观成、叶简臣、林孔超、郭俊英 7 名均给予九品顶戴,陈泰等 9 名酌量奖励②
	南洋回厦各船	计运回洋米 69900 余石,其中海澄县船户陈福顺运米 2500 石,查系殷商陈芳炳出资购回	厦门	陈芳炳给予九品顶戴,运米数在 2000 石以内者照例奖励③
乾隆二十四年	南洋回厦各船	共运回洋米 21200 余石,其中同安县船户金得春运米 3380 石,查系殷商叶锡会出资购回	厦门	叶锡会给予九品顶戴,运米数在 2000 石以内者照例奖励④
乾隆二十八年	南海县商民蔡陈、江琛,监生黄锡琏由咖喇吧、暹罗等国运米回粤	米 2000 余石	广州	分别给从九品职衔、吏目顶戴⑤

① 台湾"中央研究院"历史语言研究所编:《明清史料》庚编,第六本,第 525—526 页。
② 台湾"中央研究院"历史语言研究所编:《明清史料》庚编,第六本,第 526—527 页。
③ 林京志编选:《乾隆年间由泰国进口大米史料选》,《历史档案》1985 年第 3 期,第 25—26 页。
④ 台湾"中央研究院"历史语言研究所编:《明清史料》庚编,第六本,第 528 页;林京志编选:《乾隆年间由泰国进口大米史料选》,《历史档案》1985 年第 3 期,第 26 页。
⑤ 《清高宗实录》卷六八七,乾隆二十八年五月癸未,第 17 册,第 699 页。

续表

时间	船商	运载货物	地点	备注
乾隆二十八年	南海县商民黄鸣峻	米 2879 石零	广州	给予九品顶戴①
乾隆三十年	揭阳县商民杨其严	米 2264 石零	广州	给予九品顶戴②
	东莞县商民萧天锡	米 2150 石零	广州	给予九品顶戴③
乾隆三十二年	南洋回厦各船	除运米 1500 石以内者外，龙溪县船户吴正色运米 2300 石，系殷商赖逢贵出资，同安县船户郑开兴运米 2800 石，系殷商柯生文出资，海澄县船户陈福顺运米 1560 石，系殷商姚殿策出资	厦门	赖逢贵、柯生文给予八品顶戴，姚殿策给予九品顶戴，运米数在 1500 石以内者照例奖励④
乾隆三十三年	粤省民人陈美	不详	广州	往来暹罗贸易多年⑤
乾隆四十年	南洋回厦各船	除运米 1500 石以内者外，同安县船户万青年运米 1600 石，系商民郑佳宏备资带往六昆购回	厦门	郑佳宏给予九品顶戴，运米数在 1500 石以内者照例奖励⑥
	船商陈万胜	不详	广州	带投暹罗国郑昭文禀一件⑦
乾隆四十一年	船商莫广亿	不详	广州	带到暹罗国搭送回籍云南人杨朝品等三人，并郑昭文禀一件⑧

① 内阁题本：《两广总督杨应琚奏为海洋运米商民酌请加恩议叙事》（乾隆二十八年），档号：02—01—04—15684—019。

② 内阁题本：《署理两广总督杨廷璋奏为海洋运米商民酌请加恩议叙事》（乾隆三十年），档号：02—01—04—15863—014。

③ 内阁题本：《署理两广总督杨廷璋奏为海洋运米商民酌请加恩议叙事》（乾隆三十年），档号：02—01—04—15863—014。

④ 林京志编选：《乾隆年间由泰国进口大米史料选》，《历史档案》1985 年第 3 期，第 26—27 页。

⑤ 《两广总督李侍尧奏覆查明暹罗与花肚番构兵情形折》，载《史料旬刊》第 30 期，第 105—107 页。

⑥ 林京志编选：《乾隆年间由泰国进口大米史料选》，《历史档案》1985 年第 3 期，第 27 页。

⑦ 中国第一历史档案馆编：《乾隆朝上谕档》第 8 册，第 9 条，第 4 页。

⑧ 中国第一历史档案馆编：《乾隆朝上谕档》第 8 册，第 1249 条，第 489 页。

时间	船商	运载货物	地点	备注
乾隆四十六年	船共 11 只，其中外洋船 2 只，其余 9 只系粤省商船	不详	广州	粤省商船内有船户张可合、杨成金二船，常领照揽载赴暹罗贸易①
乾隆五十年	海阳县民陈岱船只自广东出口，前赴暹罗国贸易；又陈阿奇一名，亦系广东赴暹罗贸易者	各备资本，置买食货出口	广州	陈岱船只附载潮州民人林阿新、罗阿寅、翁阿米、陈阿富前往暹罗贸易②
乾隆五十二年	南洋回厦各船	除运米 1500 石以内者外，海澄县船户翁发育运到米 1550 石，系同安县商民黄炳美备资带往购回	厦门	黄炳美给予九品顶戴，运米数在 1500 石以内者照例奖励③

（三）嘉庆道光时期的通商贸易

嘉庆、道光时期是清暹关系最友好的时期，有大批中国商民移居暹罗，清朝与暹罗间的通商贸易也稳定发展。需要指出的是，这一时期清朝政府不再鼓励中国商民前往暹罗从事大米贸易。嘉庆十二年(1807)九月，由于发生金协顺、陈澄发案，嘉庆帝谕准两广总督吴雄光所奏，禁止内地商民受雇代驾暹罗海船，同时下谕停止澄海县民领照前往暹罗等国买米："澄海县商民领照赴暹罗等国买米，接济内地民食，虽行之已阅四十余年，但此项运米船只，据报回棹者不过十之五六，而回棹之船所载米石，又与原报数目不符，安知非捏词影射，藉以通盗济匪？自应停止给照。"④

① 《两广总督觉罗巴延三奏报办理暹罗郑昭遣人入贡事》(乾隆四十六年八月十二日)，载《宫中档乾隆朝奏折》第 48 辑，第 457—459 页。
② 《云贵总督谭尚忠奏报查讯缅地脱回之广东人民事》(乾隆五十一年十二月初二日)，载《宫中档乾隆朝奏折》第 62 辑，第 431—433 页。
③ 《闽浙总督李侍尧奏为船户翁发育等往返南洋运米回闽籴济奏请议叙事》(乾隆五十三年七月十七日)，载《宫中档乾隆朝奏折》第 68 辑，第 838 页。
④ 中国第一历史档案馆编：《嘉庆道光两朝上谕档》第 12 册，第 925 条，第 420 页；《清仁宗实录》卷一八五，嘉庆十二年九月丁未，第 30 册，第 434—435 页。

　　尽管清政府禁止澄海商民领照前往暹罗,也禁止华人商民代驾暹罗货船,但 19 世纪中叶前,主要由华人掌控的中暹帆船贸易仍然在不断发展。关于这一时期中泰两国间通商贸易的规模,据泰国宫廷档案记载,1813 年暹罗往华商船有 7 艘到广州,5 艘到潮州,3 艘到东陇港(Tung-Lung kang),1 艘到南澳(Namoa),7 艘到宁波,4 艘到上海,6 艘到 Khui-tong 和 Kon-yong[①]。据英国人克劳福德(Crawfurd)记述,1821—1822 年暹罗同中国的贸易共用帆船 140 艘,总吨位 35000 吨,年总贸易额 61.4 万铢(76756 英镑)。在 19 世纪 20 年代,暹罗每年向中国输出胡椒 6 万担,糖 3 万担,紫梗 1.6 万担,苏木 3 万担,象牙 1000 担,豆蔻 500 担,其他如皮毛、角和其他狩猎产品、铁和铁制品、锡、生丝、大米、漆、贵重木材、籽棉,也是暹罗对华重要出口项目。中国则向暹罗输出普通器皿、茶叶、加工过的丝和某几种生丝。为了抵补亏空,中国商人不得不向暹罗大量输出银子[②]。据一位到访暹罗的英国人记述,1821 年前后每年约有 80 艘中国帆船来暹罗贸易。大约有 50 艘较小的船和几艘较大的船来自广州,上海是第二个重要起程港,宁波是第三个。这些帆船按照传统的半年一次季风的规律进行贸易[③]。又据东印度公司的调查报告,1830 年有 202 艘中国帆船前往东南亚贸易,其中 89 艘前往暹罗,在这 89 艘商船中,大型的不下 81 艘,都在暹罗建造,并属于暹罗华人所有;此外,海南每年还有约 50 艘小帆船前往暹罗;所有用于对暹罗贸易的帆船,其船主都居住于暹罗而非中国[④]。19 世纪 30 年代初传教士郭士腊记述:像暹罗这样一个富庶的国家,给商业活动提供了广阔的场所。蔗糖、苏木、海参、燕窝、鱼翅、藤黄、靛青、棉花、象牙等等,吸引来很多中国商人,他们的帆船每年在二、三月和四月初,从海南、广州、汕头(属潮州府)、厦门、宁波、上海等地开来。他们的主要进口货包括中国人消费的各种货物,还有大量的白银。他们按照不同的目的,选

---

　　① Jennifer Wayne Cushman, *Fields from the Sea: Chinese Junk Trade with Siam during the Late Eighteenth and Early Nineteenth Centuries*, p. 18; Sarasin Viraphol, *Tribute and Profit: Sino-Siamese Trade, 1652—1853*, pp. 268—269.

　　② John Crawfurd, *Journal of an Embassy from the Governor-General of India to the Courts of Siam and Cochin-china*. (London: H. Colburn & R. Bentley, 1830), vol. 2, p. 161.

　　③ 参见[美]约翰·F. 卡迪:《东南亚历史发展》,第 417 页。

　　④ B. P. P., *First Report from the Select Committee of the Commons on the Affairs of the East India Company*, China Trade, 1830, pp. 629—632,载聂宝璋编:《中国近代航运史资料》第一辑上册,上海人民出版社,1983 年,第 51—53 页。

购出口货物,并于五月底及六、七月间离开暹罗。船只共约 80 艘。北上至黄海的船只大半载运蔗糖、苏木与槟榔。这样的船叫作白头船,通常系在暹罗修造,载重约 290 至 300 吨,由广东省东部的潮州人驾驶。这些帆船大部分归曼谷华侨或暹罗贵族所有①。美国学者施坚雅评述:"在中国以南,没有一个地方像泰国南洋聚集了这么多的华人帆船。"事实上,曼谷就像是中国与东南亚贸易的货物集散地:南亚商品和欧洲产品都集中在曼谷以待运往中国,中国货物则通过曼谷分别运往这些港口。直到 19 世纪 30 年代,这种贸易几乎全部通过中国帆船进行,不管这些帆船是否为华人所有。用以经营这种贸易的帆船,有的是在中国建造,但通常是在下暹罗的昭披耶河河岸上建造②。

实际上,到 19 世纪中叶前后,中国帆船才开始失去在中暹贸易中的主导地位。中国帆船最初的竞争来自各种方帆装置的大船,1833 年暹罗大臣蛮希蒂首次建造第一艘这种大船并将其献给暹王。泰国宫廷档案中存有 1844 年派往中国的三艘中国帆船和一艘方帆大船所载货物清单,四艘海船所载货物以苏木、胡椒、红木为大宗,三艘中国帆船的载货重量和投资额分别为 6886.25 担和 23544.105 铢,7210 担和 24568.11 铢,4404.72 担和 19342.73 铢,新式方帆大船的载货重量和投资额大大超过中国帆船,达到 12458.14 担和 38715.204 铢③。随着香港、广州、厦门、汕头等深水海港的兴起,欧洲机器轮船开始对方帆装置的大船和中国帆船构成激烈竞争。暹罗第一艘机器轮船建成于 1855 年,到 19 世纪 60 年代初期,暹罗商船队已拥有 23 艘轮船,另外还有 76 艘方帆装置的大船④。由此,中国帆船承载的中暹贸易走向衰落,同时也失去了在整个东南亚航运中的地位。

(四)清朝前期与暹罗通商贸易的特点

首先,与朝贡贸易相比,清暹通商贸易尤其是中国商民的出海贸易受

---

①　Charles Gutzlaff, *Journal of Three Voyages along the Coast of China, in 1831, 1832, & 1833, with Notices of Siam, Corea, and the Loo-Choo Islands* (London: Frederick Westley and A. H. Davis, 1834), p. 94.

②　参见[美]施坚雅:《泰国华人社会:历史的分析》,第 46 页。

③　Jennifer Wayne Cushman, *Fields from the Sea: Chinese Junk Trade with Siam during the Late Eighteenth and Early Nineteenth Centuries*, Appendix B, pp. 159—169.

④　[美]施坚雅:《泰国华人社会:历史的分析》,第 47—48 页。

清朝海外贸易政策影响较大。在清初厉行禁海、迁界政策时,中国商民的出海贸易受到阻滞;在清朝实行开海贸易时期,中国商民往返暹罗的通商贸易走向兴盛。特别是雍正、乾隆年间,清朝实施鼓励大米贸易进口政策,直接刺激了这一时期中暹两国大米贸易的繁荣。

为加强对中国出洋商船的管理,雍正时期开始实行商船油漆彩饰政策。据《厦门志》载,雍正九年(1731),“以出洋船只往往乘机劫夺,令福建出洋等船大桅上截,自船头至梁头用绿色油漆,易于认识”。具体办法是:“自船头起至鹿耳梁头止,并大桅上截一半,各省分油漆饰;船头两舷刊刻某省某州县某字某号字样。福建船用绿油漆饰红色钩字,浙江船用白油漆饰绿色钩字,广东船用红油漆饰青色钩字,江南船用青油漆饰白色钩字;其篷上大书州县船户姓名,每字俱径尺。”①由此,福建“绿头船”、广东“红头船”成为通俗之称谓。1971 和 1972 年,潮州漳林古港遗址附近的河床,先后出土两艘双桅远洋木船,其中一艘长 39 米,宽 13 米,有舱房 5 层;另一艘船体残长 28 米,船舷板上有“广东省潮州府领字双桅壹佰肆拾伍号蔡万利商船”等字②,成为这一时期樟林港出海贸易之“红头船”的实物资料。

其次,与朝贡贸易中华人占有重要地位相比,清暹通商贸易基本由华人所掌控。除中国商民驾驶中国商船往返暹罗的贸易外,在暹罗,尽管对外贸易由王室垄断,但其实际运营基本都归于在暹华人。如雍正八年(1730)八月,有暹罗船商陈景常遭风收泊厦门贸易,陈景常及船上舵水人等均系内地民人,住在暹罗。同年十一月,还有暹罗商船欲往宁波贸易,遭风飘至福建兴化府属之湄洲。据调查,柯汉原籍福建漳浦县,船上财副、舵水人等俱系内地闽粤江浙等处人民,“住暹年久”③。实际上,中暹两国间从事贸易的暹罗海船,也基本是华人制造的中国式帆船。据记载,1821 年前后,华侨在暹罗投资制造的帆船达 136 只,其中 82 只从事中暹直接贸易,另外 54 只往返于暹罗与越南、马来亚、爪哇之间从事贸易,所有船只的吨位总计达 39000 多吨。在这 136 只帆船中,与中国贸易的 82 只差不多

　　① [清]周凯修,凌翰等纂:(道光)《厦门志》卷五,道光十九年(1839)刊本,(台北)成文出版社,1967 年影印本,第 109 页。
　　② 广东省文物管理委员会、广东省博物馆等编:《南海丝绸之路文物图集》,广东科技出版社,1991 年,第 123 页。
　　③ 中国第一历史档案馆编:《雍正朝汉文朱批奏折汇编》第 19 册,第 321 条,第 443 页。

全由华侨水手驾驶,另外从事马来海面贸易的54只,除少数近岸航行的由中暹水手共同驾驶外,其余亦均由华侨水手驾驶。总计在这些帆船上服务的华侨,约有八九千人之多①。

嘉庆中期以后,清廷开始立法禁止华民代驾暹罗船只。事因嘉庆十二年(1807),有华商金协顺、陈澄发代驾暹罗国王船只来粤贸易,据该国贡使称,"因该国民人不谙营运,是以多倩福潮船户代驾",嘉庆帝因下谕宣明例禁:"嗣后该国王如有自置货船,务用本国人管驾,专差官目带领同来,以为信验,不得再交中国民人营运。若经此次敕禁之后,仍有私交内地商民冒托往来者,经关津官吏人等查出,除不准进口起货外,仍将该奸商治罪,该国王亦难辞违例之咎"②。十四年,暹罗禀请准令中华商民代驾货船,清廷以不可行谕之③。而实际上,华人在中暹通商贸易中的控制地位直到19世纪中叶后才趋于衰落。澳大利亚学者库什曼总结说:"中国帆船贸易有三个显著特征:它使用的是中国式帆船;船上官员水手都是华人;船体和载运货物仅为对华贸易规则而设计。"④这也说明了华人在中泰贸易中的掌控地位。

第三,对于暹罗来华商船,税收政策总体上较为优惠。就暹罗商船而言,不仅可因为朝贡贸易和大米贸易获得税收减免,而且对商船征收的船税本身就处于较低水平。在福建,关于闽海关的船税降等征收优惠,已如前述。在广东,粤海关将入港船只分为东南亚一带来华的"东洋夹板船"、欧美各国来华的"西洋夹板船"、本国"乌白艚船""出洋大船""出海贸易香料艚舶船""出海盐船""沿海贸易桨艇船"和"澳门船"等几类,各类商船根据船只大小征收不同的船料。对于外国来华的东洋船和西洋船,康熙三十七年(1698)以前征收的船料并不一样。其东洋船分为四等:"第一等大夹板船,长七丈四五尺,阔二丈三四尺,长阔相乘,得十有八丈,征税银千四百两;第二等夹板船及乌白艚船,长七丈余,阔二丈一二尺,长阔相乘,得十有五丈四尺,税千一百两;第三等长六丈余,阔二丈余,长阔相乘,得十有

---

① 参见田汝康:《17—19世纪中叶中国帆船在东南亚洲》,第33页。

② 《清仁宗实录》卷一八五,嘉庆十二年九月丁未,第30册,第433页。

③ 故宫博物院编:《清代外交史料》(嘉庆朝)第3册,第26—27页。

④ Jennifer Wayne Cushman, *Fields from the Sea:Chinese Junk Trade with Siam during the Late Eighteenth and Early Nineteenth Centuries*, p. 2.

二丈,税六百两;第四等长五丈余,阔一丈五六尺,长阔相乘,得八丈,税四百两。"西洋船则分为三等:"第一等船,原征银三千五百两;第二等船,原征银三千两;第三等船,原征银二千五百两。"①可见西洋船船钞大大高于东洋船。到康熙三十七年(1698)以后,西洋船船钞才改照东洋船例征收,但没有第四等船例,所有小船均作第三等船计。

第四,无论是朝贡贸易还是通商贸易,均需以行商为中介。如在广州,据《粤海关志》载:"国朝设关之初,番舶入市者仅二十余柜。至则劳以牛酒,令牙行主之,沿明之习,命曰'十三行'……乾隆初年,洋行有二十家,而会城有'海南行'。"乾隆二十五年(1760),经行商潘振成等九家呈请,"洋行立'公行',专办夷船货税,谓之'外洋行',别设'本港行',专管暹罗贡使及贸易纳饷之事,又改'海南行'为'福潮行',输报本省潮州及福建民人诸货税,是为'外洋行'与本港、福潮分办之始"②。可见,在1760年以前,并无专门办理暹罗朝贡与贸易事务的洋行和行商。1760年后,别设本港行,专管暹罗贡使及暹罗来船贸易纳饷之事。

1760年初设本港行时,"有集义、丰晋、达丰、文德等行,专办本港事务"。由于行商制度之弊端,本港行与外洋行一样兴衰不定。乾隆三十五年(1770),"因各洋商潘振成等复行具禀,公办夷船,众志纷歧,渐至推诿,于公无补",经两广总督李侍尧会同粤海关监督德魁奏请,"裁撤'公行'名目,众商皆分行各办,而'本港行'亦屡有开闭"。到乾隆六十年,有本港行三家,即如顺行刘如新、怡顺行辛时瑞、万聚行邓彰杰,发生拖欠暹罗商人债务之"商欠",经广东地方政府商议,"将本港行三家概行革除。该商所欠暹罗夷账,着'外洋行'众商先行垫还,即将本港之行用分年扣还商欠,其本港事务,仍著'外洋行'兼办"。然而,次年(嘉庆元年,1796)五月,外洋行商即"以不能兼顾为辞,呈请将'本港行'事务改归'福潮行'商人经理,议定章程,仍由'外洋行'统辖"。十二月,福潮众商公举昌隆行陈绪衍之弟陈长绪承开"本港行"一家。然而,陈长绪"恃其独行,大肆垄断,侵吞客商",频被暹罗客商张启拔、王名利等告发,嘉庆四年九月,经询明追还商欠,咨明两广总督,将陈长绪"立行斥革"。

---

① (乾隆)《大清会典则例》卷四七《户部·关税上》,文渊阁《四库全书》第621册,第496页。
② [清]梁廷枏总纂:《粤海关志》卷二五《行商》,第1797—1798页。

陈长绪事件后,两广总督与粤海关监督筹议,"'本港'之生意虽非若'外洋行'之必须大本行商方可承充,而招接暹罗贡使、贸易税饷诸务,事颇非细,如'外洋行'有身家之人,又不欲充当,若仍以不甚殷实本分之人董司其事,则将来弊窦正难预计。至'外洋行'之不愿兼办'本港'者,非力不能两顾,不过以外洋之生计利厚,自居大商,视本港之行利微细,若轻取行用,则徒费经营;若重取行用,又恐致讦控,是以屡为规避。而'本港行'多设行口,既非经久之道;止开一家,又起垄断之阶。莫若仍着'外洋行'永远兼理,或公同照料,或公委二家承当"。因此,应"将本港一行裁革,仍归'外洋行'兼理,永著为例"。对此嘉庆帝朱批允准。接到嘉庆帝准许,粤海关监督佶山即谕饬各行商遵照办理。随据行商潘志祥、卢观恒等禀称:"所有'本港行'事务,议举二行值年办理。自嘉庆五年为始,本年举议同文、广利二行值年,六年分系怡和、义成二行值年,七年分系东生、达成二行值年,八年分系会隆、丽泉二行值年,周而复始,轮流值办。如有新充之商,即令挨次轮值;歇业之商,应请除名,不准办理。庶洋行现商无分新旧,按年挨次轮值。"①由此,本港行裁革,暹罗朝贡及贸易事务由外洋行众商议举两行轮流值年办理。

三、晚清时期与暹罗的贸易往来

19 世纪中叶后,随着清暹封贡关系结束,清朝与暹罗间的朝贡贸易亦告终结。以中国帆船为媒介的中暹通商贸易,也因受到西方势力的强力竞争而走向衰落。1855 年,蒙固王与英国签订《鲍林条约》,条约规定英国商民可在暹罗所有港口自由贸易,可直接与暹罗个人做买卖,只征收英国商品 3‰的进口税。此后数年间,暹罗又与美、法等国签订一系列类似条约。这些条约终结了自纳莱王以来近 200 年的华人对暹罗海外贸易的经营和掌控。可以说,晚清时期中暹贸易能够维系并平稳发展,主要已不是中国帆船贸易的作用,而是西方蒸汽机船贸易的结果。

(一)晚清时期与暹罗的海路贸易

19 世纪中叶后,中外贸易数额不断增加,中暹贸易亦进入近代贸易阶

---

① 〔清〕梁廷枏总纂:《粤海关志》卷二五《行商》,第 1817—1823 页。

段。自1868年创立海关统计以后,开始有中暹贸易之准确统计数据(见表12)。

表12　晚清时期与暹罗贸易统计表(1864—1911)①

年份	出入口船只		洋货入口总值		土货出口总值		出入口货物总值		入超	出超
	只数	吨数	海关两	占全国%	海关两	占全国%	海关两	占全国%	海关两	海关两
1864*	156	68,395	2,128,864		93,663		2,222,527		2,035,201	
1865*	145	64,177	626,731		33,129		659,860		593,602	
1866*	157	67,662	560,735		117,547		678,300		443,188	
1867*	166	71,924	858,731		106,670		965,401		752,061	
1868	222	91,312	615,089		69,115		684,204		545,974	
1869	202	86,132	429,623		167,146		596,769		262,477	
1870	141	63,705	305,385		91,235		396,620		214,150	
1871	115	45,456	221,823		104,340		326,163		117,483	
1872	146	56,857	409,611		148,335		557,946		261,276	
1873	147	60,980	295,234	0.38	160,283	0.21	455,517	0.30	134,951	
1874	127	53,951	236,637	0.35	149,050	0.22	385,687	0.29	87,587	
1875	150	67,613	333,396	0.48	107,148	0.16	440,544	0.32	226,248	
1876	99	44,027	459,884	0.64	199,489	0.25	659,373	0.43	260,395	
1877	69	32,296	429,614	0.56	168,490	0.25	598,104	0.42	261,124	
1878	62	23,428	314,347	0.43	193,880	0.29	508,227	0.36	120,467	
1879	78	30,930	347,036	0.41	241,855	0.33	588,891	0.37	105,181	
1880	60	25,405	136,106	0.17	137,835	0.18	273,941	0.17		1,729
1881	42	20,643	155,369	0.17	63,307	0.09	218,676	0.13	92,062	
1882	56	22,636	197,416	0.25	267,534	0.40	464,950	0.32		70,118
1883	54	24,370	192,134	0.26	242,878	0.35	435,012	0.30		50,744
1884	45	16,237	133,784	0.18	240,892	0.36	374,676	0.26		107,108

① 资料来源:杨端六、侯厚培等编:《六十五年来中国国际贸易统计》,第15表《直接往来贸易国别统计表》,第19表《出入口船只吨数国别统计表》,国立中央研究院社会科学研究所专刊第4号,1931年,第100、133页。*1864—1867年为上海银两而非海关两;入超和出超数为洋货入口总值与土货出口总值差额。

续表

年份	出入口船只		洋货入口总值		土货出口总值		出入口货物总值		入超	出超
	只数	吨数	海关两	占全国%	海关两	占全国%	海关两	占全国%	海关两	海关两
1885	34	14,871	277,586	0.31	302,407	0.47	579,993	0.38		24,821
1886	40	11,623	191,907	0.21	312,414	0.40	504,321	0.30		120,507
1887	25	10,396	151,639	0.15	381,844	0.44	533,483	0.28		230,205
1888	9	3,525	54,003	0.04	357,658	0.39	411,661	0.19		303,655
1889	8	2,406	56,155	0.05	354,871	0.37	411,026	0.20		298,716
1890	4	1,176	93,467	0.07	352,094	0.40	445,561	0.21		258,627
1891	6	2,150	29,617	0.02	357,903	0.35	387,520	0.16		328,286
1892	—	—	37,147	0.03	345,288	0.34	382,435	0.16		308,141
1893	—	—	158,762	0.10	361,738	0.31	520,500	0.19		202,976
1894	2	1,312	80,691	0.05	499,660	0.39	580,351	0.20		418,969
1895	2	1,312	43,074	0.02	568,429	0.40	611,503	0.19		525,355
1896	6	2,550	194,250	0.09	535,896	0.41	720,146	0.21		341,646
1897	2	1,314	42,331	0.02	640,582	0.39	682,913	0.18		598,251
1898	2	616	206,394	0.09	698,866	0.44	905,260	0.24		492,472
1899	2	618	67,347	0.02	903,531	0.46	970,878	0.21		836,184
1900	—	—	5,669	0.00	715,076	0.45	720,745	0.19		709,407
1901	2	616	141,994	0.05	875,472	0.52	1,017,466	0.23		733,478
1902	—	—	980,691	0.30	930,702	0.43	1,911,393	0.35	49,989	
1903	—	—	116,774	0.03	1,108,555	0.52	1,225,329	0.22		991,781
1904	3	3,120	258,259	0.07	1,298,013	0.54	1,556,272	0.26		1,039,754
1905			247,847	0.05	1,258,790	0.55	1,506,637	0.22		1,010,943
1906			477,585	0.11	1,504,235	0.64	1,981,820	0.30		1,026,650
1907			831,355	0.19	1,577,278	0.60	2,408,633	0.35		745,923
1908			46,802	0.01	1,938,489	0.70	1,985,291	0.29		1,891,687
1909			88,405	0.02	1,817,464	0.54	1,905,869	0.25		1,729,059
1910			569,668	0.12	1,897,361	0.50	2,467,029	0.29		1,327,693
1911			69,228	0.01	1,825,100	0.48	1,894,328	0.22		1,755,872

　　从中国自暹罗入口贸易总值看,自 1868 年至 19 世纪末,一直处于平稳略有下降状态,最高值是 1868 年的 615,089 海关两;到 20 世纪初的 10 年间则出现几次波折,分别出现 1902 年的 980,691 海关两、1907 年的 831,355 海关两和 1910 年的 569,668 海关两,共三次峰值。中国自暹罗入口贸易占中国入口贸易总值的比例很小,最高比为 1876 年的 0.64%,并呈现下降之趋势。

　　从中国对暹罗出口贸易总值看,自 1868 年至 1911 年,一直处于不断上升状态,其中 1903 年以后,总值一直超过 110 万海关两,最高值出现在 1908 年的 1,938,489 海关两。中国对暹罗出口贸易占中国出口贸易总值的比例亦很小,在 0.09%—0.64% 之间波动,但呈现上升之趋势。

　　从中国与暹罗出入口贸易总值看,自 1868 年至 19 世纪末,一直处于平稳微有波动状态;1901 年超过 100 万海关两后不断增加,最高值出现在 1910 年的 2,467,029 海关两。中国与暹罗贸易总值占中国出入口贸易总值的比例很小,在 0.16%—0.43% 之间波动。另外据英国外交部档案,1890 年暹罗出口贸易中香港占 57%,新加坡占 34%,欧洲各国占 4%,不通过香港而直接运往中国的只占 2%;同年暹罗进口贸易中占首位的是新加坡(66%),其次是香港(29%),不从香港中转而直接从中国运来的只占 1.5%[1]。总的来看,中国与暹罗间的双边贸易一直处于较小规模。

　　从中国与暹罗贸易出入超情况看,在 19 世纪 60 至 70 年代,中国对暹罗贸易一直处于入超状态,但入超数额呈略微下降之趋势;19 世纪 80 年代后,中国对暹罗贸易转为出超状态,且出超数额不断增加,到 1908 年甚至达到 1,891,687 海关两。

　　晚清时期中暹贸易的一个最大变化就是中国帆船在中暹贸易中的主导地位已为西方轮船所取代。19 世纪中叶后,“国王蒙固所支持的同欧洲商业有关的方针,产生的重要后果之一是,结束了华人对暹罗外贸的支配地位”[2]。在 19 世纪中叶后的几十年间,中国帆船在暹罗航运业中的比重迅速下降。到 1879 年,在曼谷卸货的大约 49 万吨的总吨数中,英轮载运的吨数为 24.2 万吨,仅有 1 万吨是由帆船运载的,甚至这些帆船也不全是

---

① 　参见[苏]尼·瓦·烈勃里科娃:《泰国近代史纲(1768—1917)》,第 256—257 页。
② 　[美]约翰·F.卡迪:《东南亚历史发展》,第 440 页。

华人的。到1882年，进入曼谷港的中国帆船只有151艘，相形之下，轮船却有248艘，方帆船有160艘。1890年，英轮占曼谷对外贸易总吨数的67％，其他西方国家船约占27％，进港的中国帆船只有122艘。1892年，暹罗对外贸易只有2％是由帆船运载的[①]。中国帆船贸易的衰落，以及华人在中暹贸易中掌控地位的丧失，是西方先进生产方式对东方传统贸易模式比较优势的必然结果。

关于晚清时期中暹贸易商品结构，时人任致远记载云："自暹罗至中国之输入品，其重要者为米、材木、鱼类等；自中国至暹罗之输出品，其重要者为爆竹、竹及藁、粮食品、旅客携带物、银货、绢物、茶、烟草、金箔等。金箔在暹罗销路尤盛，盖暹罗、缅甸、印度等盛信佛教，建筑宝塔及寺院等用之。其他商品，多供中国侨民自身之消费。"[②]可见，中国输往暹罗的商品除金箔广为寺院所用外，其他商品多供在暹华民消费；暹罗输来中国的大宗商品则主要是米谷、木材和鱼类。

(二)云南与暹罗的陆路贸易

清代中暹贸易虽然一直以海路贸易为主，但也存在少量的云南至暹罗的陆路贸易。特别是云南思茅(今普洱)经车里(今西双版纳)至缅甸、老挝和暹罗，历来是云南对外交通重要路线，也是茶马古道的重要支线。到晚清时期，云南的马帮仍然循此线路进行滇南至缅甸、暹罗、老挝、越南的中外贸易。据黄诚沅辑《滇南界务陈牍》载："商人由车里出外域贸易者有四道，一由易武猛白乌经猛岭，一由大猛龙至猛岭，一由猛混、猛良至猛八，以上三路均可至暹罗之景梅(按：即清迈)一带。其由孟艮西过达角江，则走缅甸路也"；清迈"至暹都水路十六天，陆程十二日，至盘安水路半日便可以到莫洛缅"[③]。也就是说，自西双版纳出境后，先入缅甸或老挝，两国皆有商路通泰北的清迈；自清迈向南，又可至暹都曼谷和缅甸南部港口莫洛缅(按：即毛淡棉)，从而与"海上丝绸之路"连通。

1897年1月，云南思茅设立海关，其对外市场主要包括缅甸的景栋和

---

① 参见[美]施坚雅：《泰国华人社会：历史的分析》，第107—108页。

② 任致远：《中国人在暹罗之势力》，《环球》1917年第2卷第1期，第58页。

③ [清]黄诚沅辑：《滇南界务陈牍》，载方国瑜主编：《云南史料丛刊》第10卷，云南大学出版社，2001年，第84页。

仰光、暹罗的清迈、越南的莱州和老挝的琅勃拉邦。但总的来说,由于车里出境线路瘴疠盛行,道路坎坷,思茅口对外贸易在清末云南蒙自、思茅、腾越三海关中居于次要地位,而其对暹贸易又居于该口对外贸易之次要地位。据统计,思茅关之对外贸易远落后于蒙自关和腾越关。蒙自关自光绪十五年(1889)至宣统三年(1911)进口洋货总值 74,698,237 海关两,出口土货总值 62,107,184 海关两,贸易总值 136,805,421 海关两,年均约 570 万海关两;思茅关自光绪二十三年至宣统三年进口洋货总值 2,727,722 海关两,出口土货总值 673,340 海关两,贸易总值 3,401,062 海关两,年均约 24.3 万海关两;腾越关自光绪二十八年至光绪三年进口洋货总值 12,629,397 海关两,出口土货总值 3,660,271 海关两,贸易总值为 16,289,668 海关两,年均约 163 万海关两①。思茅关年均对外贸易总值约为蒙自关之 4.3%,腾越关之 14.9%。因此可以说,"思茅口岸本非洋货汇聚之场,仅为边界小通之市"②。

进一步说,思茅关之对暹贸易又远落后于对越南、南掌和缅甸贸易。如思茅关开始之初,1898 年进口洋货总值银 226,000 余两,其中从缅甸来货 192,300 余两,占 85%,由越南来货 33,700 余两,占 15%,并无直接从暹罗来货;出口土货总值银 35,500 余两,其中到缅甸者 28,200 余两,占 80%,到越南者 7,300 余两,占 20%,并无直接出口暹罗之货③。直到 1903 年,思茅关才有直接从暹罗进口和出口暹罗之货,是年思茅关进口洋货总值银 168,942 两,其中缅甸货 133,700 余两,占 79%,南掌、越南货 29,500 余两,占 18%,暹罗货 5,600 余两,仅占 3%;出口土货总值 35,000 余两,到缅甸者 13,000 余两,占 37%,到南掌者 13,900 余两,占 39%,到暹罗者 8,700 余两,占 24%④。1904 年,思茅关进口洋货总值银 221,753 两,其中缅甸货 146,832 两,占 66%,南掌货 53,374 两,占 24%,暹罗货 21,547

① 参见中国第二历史档案馆、中国海关总署办公厅编:《中国旧海关史料》,京华出版社,2001 年,第 16—57 册,"各口华洋贸易情形论略";龙云、卢汉修,周钟岳纂:《新纂云南通志》卷一四四《商业考二》,卷一五三《财政考四》,牛鸿斌等点校,云南人民出版社,2007 年,第 7 册,第 111、326—327 页;杨端六、侯厚培等编:《六十五年来中国国际贸易统计》,第 17 表《全国各关税收统计表》,第 128—129 页。
② 《中国旧海关史料》第 28 册,《光绪二十四年思茅口华洋贸易情形论略》,第 285 页。
③ 《中国旧海关史料》第 28 册,《光绪二十四年思茅口华洋贸易情形论略》,第 287—288 页。
④ 《中国旧海关史料》第 38 册,《光绪二十九年思茅口华洋贸易情形论略》,第 343—344 页。

两,仅占 10％;出口土货总值银 45,230 两,其中到南掌者 19,372 两,占 40％,到暹罗者比例不详①。1905 年,思茅关进口洋货总值银 205,168 两,其中缅甸货 121,886 两,占 60％,越南、南掌货 58,235 两,占 28％,暹罗货 25,047 两,占 12％;出口土货总值银 41,680 两,其中销往缅甸 22,173 两,占 53％,销往越南、南掌 13,683 两,占 33％,销往暹罗 5,824 两,占 14％②。1906 年,思茅关进口洋货总值银 195,270 两,从暹罗进口货比例不详;出口土货总值银 30812 两,其中出口缅甸 19,171 两,占 63％,出口越南 11,100 两,占 36％,出口暹罗 541 两,仅占 1％③。1907 年,思茅关进口洋货总值银 212,075 两,其中缅甸货 149,503 两,占 71％,越南货 44,904 两,占 21％,暹罗货 17,668 两,占 8％;出口土货总值银 53,392 两,其中出口缅甸占 72％,出口越南占 26％,出口暹罗仅占 2％④。1908 年,思茅关进口总值银 138,922 两,其中缅甸货 95,937 两,占 69％,越南货 42,905 两,占 31％,暹罗货仅有 80 两;土货出口总值银 42,865 两,其中出口缅甸 26,513 两,占 62％,出口越南 15,251 两,占 35.5％,出口暹罗 1,101 两,仅占 2.5％⑤。1909 年,思茅关进口洋货总值银 163,153 两,其中缅甸货 122,658 两,越南货 40,495 两,暹罗货则无;土货出口总值银 42,614 两,其中出口缅甸 30,261 两,出口越南 12,270 两,出口暹罗仅有 83 两⑥。1910 年,思茅关进口洋货总值银 160,573 两,其中暹罗货 11,648 两,仅占 7％;出口土货总值银 39,199 两,出口暹罗比例不详⑦。1911 年,思茅关进口洋货总值银 202,949 两,其中缅甸货 151,698 两,越南货 51,251 两,暹罗货则为零;出口土货总值银 32,259 两,其中运往缅甸 16,725 两,占 52％,运往越南 6,589 两,占 20％,运往暹罗 8,945 两,占 28％⑧。从上述思茅关贸易统计数据看,除 1911 年出口暹罗土货超过出口越南外,其他各年份思茅关自暹罗进口洋货额、出口暹罗土货额均远低于越南、南掌、缅甸。

---

① 《中国旧海关史料》第 40 册,《光绪三十年思茅口华洋贸易情形论略》,第 368—369 页。
② 《中国旧海关史料》第 42 册,《光绪三十一年思茅口华洋贸易情形论略》,第 408 页。
③ 《中国旧海关史料》第 44 册,《光绪三十二年思茅口华洋贸易情形论略》,第 408 页。
④ 《中国旧海关史料》第 46 册,《光绪三十三年思茅口华洋贸易情形论略》,第 434—435 页。
⑤ 《中国旧海关史料》第 48 册,《光绪三十四年思茅口华洋贸易情形论略》,第 444 页。
⑥ 《中国旧海关史料》第 51 册,《宣统元年思茅口华洋贸易情形论略》,第 468 页。
⑦ 《中国旧海关史料》第 54 册,《宣统二年思茅口华洋贸易情形论略》,第 491—492 页。
⑧ 《中国旧海关史料》第 57 册,《宣统三年思茅口华洋贸易情形论略》,第 458 页。

第八章　清朝与暹罗的文化交流

清代中泰两国,不仅有着频繁的政治交往和贸易往来,也有着密切的文化交流。一方面,频繁来华的暹罗贡船和商船把暹罗的物产和文化载来中国;另一方面,中暹两国的密切交往,包括华侨华人大批移居暹罗,也把中华文化的种子带到暹罗广泛播撒。清代中泰两国的文化交流,不仅丰富了两国人民的文化生活,也增进了两国人民的友好情谊。

一、科学技术交流

农业方面,一方面是暹罗贡舶商船将暹罗农作物和动物载来中国,典型的如雍正二年(1724)暹罗进贡谷神 11 样、果树 27 种、树子(果实)6 种。另一方面是中国商民把中国东南沿海的农作物传入暹罗。19 世纪初时,已有相当数量的华人定居暹罗东南部、南部和西南部的一些农村,他们在很大程度上希望恢复之前在中国东南沿海的农耕生活,包括种植烟叶、胡椒、甘蔗、栳叶、棉花、果树、蔬菜、稻谷等,这就很自然地把一些农作物新品种和种植技术传入暹罗。如 1810 年前后,广东潮州籍移民将甘蔗作为一种商品作物传入暹罗东南部。大约十年时间内,蔗糖就成为暹罗重要出口商品①。最大的甘蔗种植园是在今天的春武里、差春骚、那空帕侬诸府。在蔗糖生产达到高峰的 19 世纪 50 至 60 年代,受雇于甘蔗田和炼糖厂的华人数以千计②。

手工业方面,随着华人大量涌入暹罗,也将先进的手工业技术带入。如制瓷技术方面,自元代中国制瓷技术传入暹罗起,中国的陶瓷新工艺和新技术源源不断地输入暹罗。泰国人日常生活中使用的白瓷器、陶土器,都是沿用中国技术制造的,外观亦酷似中国产品。自阿瑜陀耶王朝后期起

---

① John Crawfurd, *Journal of an Embassy from the Governor-General of India to the Courts of Siam and Cochin-china*, vol. 2, p. 177.

② 参见[美]施坚雅:《泰国华人社会:历史的分析》,第 52、120 页。

至曼谷王朝拉玛五世止，暹罗王室和贵族所用的瓷器都向中国定制，产品的图案设计虽全为暹罗艺术式，但出自中国艺匠之手①。制铜技术方面，暹罗本地虽然产铜，但不谙冶炼。乾隆九年（1744），暹罗国头目沙大库呈称，从前暹邦需用铜器，因无匠作，特采买本地红铜，装载进广，觅匠制造，嗣因铜器例禁出洋，禁止载运出口，请准给还②。十三年，暹罗贡使又自带红铜 500 斤来粤制造器皿③。四十六年（1781），暹王郑昭具禀请贡，并请买铜盘、铜炉等千余个。五十一年，又请在粤置办铜甲 2000 领。到 19 世纪上半叶，华人移民在曼谷建起金属器具加工厂，并将金属加工技术传入暹罗独立生产④。因而在嘉庆朝以后，不再见有暹罗请买铜器的档案记载。建筑技术方面，1767 年阿瑜陀耶城被缅军焚烧殆尽，披耶达信率领暹罗军民驱逐入境缅军后，决定在吞武里建造新都。"达信雇用中国工匠和和技工帮助建造新城，结果就是中国的建筑技术开始大量传入暹罗，一直延续到拉玛二世在位期间的 19 世纪早期"。建造新城的砖瓦和其他建筑材料多来自中国，据目击者法国人杜宾（Turpin）记述："在暹华人每年至少有 40 艘船从中国运回粘土、水泥和石灰，使得吞武里城贸易一片繁荣。到 18 世纪 70 年代末，华人已成为新王朝最有影响力的经济力量。"⑤碾米技术方面，19 世纪中叶前，暹罗出口大米几乎全部来自华人的手工碾米厂。1855 年鲍林条约签订后，大米输出迅速增加，并出现西人机械工厂与华人工厂竞争之格局。到 19 世纪 80 年代，华人在曼谷及其毗邻地区经营的碾米厂如雨后春笋般发展起来，1889 年为 17 家，1895 年为 23 家，1912 年达到 50 家以上。而同时西人经营的碾米厂则日渐萎缩，到 1912 年时只有三家西方人的碾米厂还在运营。华人碾米厂与西人碾米厂竞争的优势之一就是技术创新。1890 年左右，一名华人发明了一种加工方法，能够碾出比装运出口大米更令人满意的净白米。这种技术迅速推广，甚至西方人的碾米厂都仿效了此种方法⑥。

---

① 参见葛治伦：《1949 年以前的中泰文化交流》，载周一良主编：《中外文化交流史》，第 503—505 页。

② 《清高宗实录》卷二二五，乾隆九年九月癸卯，第 11 册，第 917—918 页。

③ 台湾"中央研究院"历史语言研究所编：《明清史料》庚编，第六本，第 516 页。

④ Sarasin Viraphol, *Tribute and Profit：Sino-Siamese Trade*, 1652—1853, p. 286.

⑤ Sarasin Viraphol, *Tribute and Profit：Sino-Siamese Trade*, 1652—1853, p. 171.

⑥ 参见［美］施坚雅：《泰国华人社会：历史的分析》，第 110—111 页。

　　造船和航海技术方面,清代中暹两国间贡船、商船帆樯相接,暹罗多雇请华人建造并管驾船只,促进了两国间造船和航海技术的交流。暹罗盛产的柚木不仅质地坚硬,不易腐蚀,适宜造船,而且造价低廉。据克劳福德(Crawfurd)记载,在福建造船每吨需30.58元,在广东需20.83元,在安南需16.66元,在暹罗则仅需15元[1]。乾隆初年,清政府鼓励暹罗大米进口贸易,出现了华人前往暹罗购买木料造船然后运米回国的盛况。据乾隆十二年(1747)福建巡抚陈大受称:"近年商民探知该国木料甚贱,桅舵颇多,工费亦省,成造一船比内地可减工料十之五、六,以造船之多利摊补米价之少利,尚为合算,遂有呈请往暹买米造船载运而归者,乾隆九年内则有龙溪县商人林捷宇、谢冬发等,十年内则有阮腾凤、金万鉴、徐长发、金长丰等,均已回棹,十一年内则有谢长源、徐芳升、陈绵发、金丰泰、万发春、魏隆觊、王元贞、王丰祥、陈恒利、林发兴等,甫经出口。"[2]暹罗不仅雇用华人建造商船,还将商船交给航海技术精湛的华人负责。早在17世纪上半叶,华侨就开始在暹罗航运上从事工作。1636年,荷兰东印度公司便发现华侨驾驶的暹罗船只已经加入对日贸易。另据英国东印度公司驻暹代表报告,1679年时暹罗的航运船只几乎全是华侨建造和经营的[3]。康熙六十一年(1722)暹罗朝贡时,贡船内有郭奕逵等156名,"俱系内地福建、广东人";雍正二年(1724)暹罗朝贡时,贡船上梢目徐宽等96人,均"系广东、福建、江西等省民人"。尽管嘉庆中期,清朝方面曾禁止华人代驾暹罗贡船和货船,但实际上华人依然在中暹贸易和航运中占据重要地位。直到19世纪中叶后,随着西方商船的崛起,华人掌控的中暹贸易和航运业才走向衰弱。

　　总的来看,清代暹罗华人在各类技术性职业中占据了重要地位。对此克劳福德在1830年叙述,"暹罗所应用的各种有用的技术,一般是掌握在华人和其他外国人手里的",而不久"其他外国人"就不见了[4]。另据美国学者施坚雅研究,19世纪初有到曼谷访问的人提到,华人在造船匠、铁匠、锡匠、裁缝、皮革匠和鞋匠中占据支配地位。19世纪30年代厄尔(Earl)记

　　① John Crawfurd, *Journal of an Embassy from the Governor-General of India to the Courts of Siam and Cochin-china*, p.76.

　　② 林京志编选:《乾隆年间由泰国进口大米史料选》,《历史档案》1985年第3期,第22—23页。

　　③ 参见田汝康:《17—19世纪中叶中国帆船在东南亚洲》,第22页。

　　④ John Crawfurd, *Journal of an Embassy from the Governor-General of India to the Courts of Siam and Cochin-china*, vol.2, pp.28—29.

载华人"囊括了一切机械工作"。19 世纪 60 年代,沃纳(Werner)试图对一定会发现泰人的手工业列出了一个详尽目录,包括烧砖业、陶器制造业、家具制造业、泥水业、印染业、铜器制造业和制绳业,结果得出结论说:实际上暹罗整个手工业已落入华人手中。华人之所以能够在暹罗手工业中占据重要地位,一定程度上要归功于从中国传入的同业工会组织。紧密的同业工会组织,不仅可以把非华人排斥走,而且可以把某几种手工业限制到各种语系集团甚至更小范围的集团中①。

二、医药文化交流

　　清代中泰两国医药文化交流,一方面是暹罗大量香料、药材随船舶来中国,另一方面是中华医药随华人传入暹罗。

　　首先,清代暹罗朝贡,贡物多属香料、药材。如前所述,清代康熙四年(1665)暹罗初次朝贡 13 种贡物中,即有龙涎香、胡椒、藤黄、豆蔻、速香、乌木、大枫子、金银香、苏木等多种香料或药材②。后来到雍正七年(1729),暹罗进献贡品除驯象外有 36 种,其中包括龙涎香、沉香、豆蔻、藤黄、降真香、大枫、乌木、苏木、荜拨、桂皮、树胶香、儿茶皮、樟脑、上檀香、冰片、冰片油、蔷薇露、速香、安息香、胡椒、紫梗等香料、药材③。雍正帝以暹罗"远隔海洋,所进方物赍送不易,欲酌量裁减",随议准免贡速香、安息香、胡椒、紫梗、红袈裟、白袈裟、白幼布、幼花布、阔幼花布、花幼幔共 10 种,皇后前照此免贡④。由此暹罗例贡确定为驯象、龙涎香、沉香等 26 种。从前文《清代暹罗贡物表》中可以看出,雍正七年(1729)以后暹罗入贡,例贡物品虽有个别差异,但基本为此 26 种,而其中多半也属香料、药材一类。

　　除例贡贡物外,暹罗还有请封、谢恩、祝寿、进香等贡,贡物并无规定,实践中也并不统一,但也多属香料、药材种类。另外,乾隆十年(1745),暹罗国派徐世美商船带贡乐国生生丹药 5000 丸,另致送礼部 800 丸,两广总

---

　　① 参见[美]施坚雅:《泰国华人社会:历史的分析》,第 125—126 页。关于华人语系集团,参见第九章相关讨论。

　　② (乾隆)《大清会典则例》卷九三《礼部·主客清吏司·朝贡上》,第 904 页。

　　③ 台湾"中央研究院"历史语言研究所编:《明清史料》庚编,第六本,第 503 页。

　　④ (乾隆)《大清会典则例》卷九三《礼部·主客清吏司·朝贡上》,第 909—910 页。

督 500 丸,广东巡抚 200 丸。因丹药并无药方,所以两广总督策楞下令查讯。据来商徐世美称,暹罗"国小且贫,并无合式贡品。适有仙传异制妙药,名为乐国生生丹,灵妙非常,实系稀奇之物,爰遵康熙六十年凡有稀奇之物不拘一二件交在广东转进之谕旨,遴选工匠打造银箱,共药五千丸,盛贮箱内,敬谨封贮,头目昭丕雅区沙大库转交世美赍至广城。至用何项药料合成,因小国不知贡进丹药须开本方,且启行之时系国王交与大库转令赍送,无从开呈"①。十一月,策楞将调查结果向乾隆帝奏报,礼部以"南北燥湿,水土各异",建议将所进药丸由该督交还赍回,乾隆帝从之②。

需要指出的是,暹罗贡物中的香料、药材有些属于初次进入清朝宫廷。如康熙六十一年(1722)五月,暹罗贡物中有儿茶皮(又作孩儿茶皮、孩儿茶、海勒茶皮、海勒茶,均指儿茶)、鼎角香(又作树蕉香,指树胶香)等项,康熙帝令皇子胤祐等询问儿茶皮、鼎角香之用途:"尔等同会暹罗国话西洋人,问暹罗进贡使臣:尔国所进孩儿茶皮有甚用处,孩儿茶如何做成,其性同否;还有鼎角香是何物,做甚么用;再有闲话当问者,一并细细写讫,报上来奏。"③经询问在京西洋人,并无通暹罗国语之人,遂通过暹罗通事昆威吉瓦札询问贡使"海勒茶皮(即儿茶皮)、海勒茶如何制作,海勒茶属性如何;树蕉香(树胶香)系何物,用于何处"④。这说明,清朝宫廷并不知晓儿茶、树胶香之生产制作及功效。又如暹罗贡物内常有甘蜜皮一项,嘉庆元年(1796)正月,嘉庆帝查问甘蜜皮之功用,礼部遵旨查奏:"暹罗国所进甘密(蜜)皮,《本草》不载,《东医宝鉴》亦无此名。因向该贡使询问,据称'系彼处土产药材,其性疏通,可以止泄,人常服之,如食槟榔'。"⑤可见,甘蜜皮虽然数次作为贡物贡进,但清朝宫廷并不真正了解其功用。

与之相对的是,清朝赏赐物品虽然以丝绸、瓷器、玉器、珐琅器等宫廷用品为主,但也时有特赐茶叶饮品及人参等名贵中药。特别是茶叶,在嘉庆、道光时期几乎成为暹罗每次朝贡时的必赏之物。

① 台湾"中央研究院"历史语言研究所编:《明清史料》庚编,第六本,第514—515页。
② 《清高宗实录》卷二五二,乾隆十年十一月庚辰,第12册,第266页。
③ 《康熙著通暹罗国话西洋人问暹罗贡使所进孩儿茶等贡品功效之朱谕》,载中国第一历史档案馆编:《清中前期西洋天主教在华活动档案史料》第1册,中华书局,2003年,第51页。
④ 《胤祐等奏为询问暹罗国贡使情形折》(康熙六十一年五月十一日),载中国第一历史档案馆编:《康熙朝满文朱批奏折全译》,第1501—1502页。
⑤ 中国第一历史档案馆编:《嘉庆道光两朝上谕档》第1册,第14条,第6页。

其次,在清暹通商贸易中,香料、药材亦是商民运输的重要商品。如前述郑氏海商集团商船往返暹罗,就大量运回安息香、胡椒、豆蔻、降真香、檀香等香料、药材。另据西方史料记载,19世纪30年代前后由暹罗出口中国的商品多种多样,其中比较重要的有胡椒、豆蔻、沉香、苏木、红树皮、黑黄檀等①。特别是随着中医药随华人移民传入暹罗,在暹中医使用的中药材大多作为商品从中国进口,对此克劳福德指出:"中国医生所需要的中药材全部从中国进口。"②

第三,中国的中医药随华人移民传入暹罗。华人大量移居暹罗,必然把中华医药带入暹罗。康熙六十一年(1722)暹罗贡使在京时,胤祐曾与贡使闲聊,问及贡使:"尔国善于治病者,用何种药?"暹罗贡使告称:"我处有二种大夫,一种以饮药治疗,一种以推摩治疗。我国均用中药。"③可见,这一时期中医中药已传入暹罗并广泛应用。正是由于中医药的广泛传播,才在暹罗形成中、暹、西医并存的局面。1933年杨文瑛著《暹罗杂记》曾对暹罗医药状况有如下记载,暹罗"最通行之医术有三:即中、西、暹是也……华人不学暹医,暹人亦不习中医"。但"华人有疾,求治于暹医者有之,暹人之就中医者亦不少"。暹医与中医治疗方法有很大差异,暹医"用药每剂在数斤以上,连服数天,不转方法,汤尽加水再煎再服",但所用药材很多与中医相同,如中药之樟脑、冰片、阿魏、丁香、三利、草果、桂皮、苏木、硫磺、川椒、硝石、白矾、刀豆、儿茶、芦荟等,"百数十味,皆暹医常用之品","此外树干、草根、鱼鸟等骨,为中医所不用者,尚有多件,大都攻泻者多,补益者少"④。

三、语言文学交流

清朝与暹罗间的语言文学交流,更多地表现为汉语言及中国文学作品在暹罗的广泛传播。虽然暹罗语言文字曾进入清朝宫廷,但备而不用,影

---

① John Crawfurd, *Journal of an Embassy from the Governor-General of India to the Courts of Siam and Cochin-china*, vol. 2, pp. 408—409.

② John Crawfurd, *Journal of an Embassy from the Governor-General of India to the Courts of Siam and Cochin-china*, vol. 2, p. 328.

③ 《胤祐等奏为询问暹罗国贡使情形折》(康熙六十一年五月十一日),载中国第一历史档案馆编:《康熙朝满文朱批奏折全译》,第1501—1502页。

④ 杨文瑛:《暹罗杂记》,商务印书馆,1937年,第109页。

响不大。

首先，随着中泰两国间友好交往的日益频繁，泰人大量吸收中国词汇来丰富泰语。特别是明清时期，大批闽、粤籍商民到暹罗经商居住，他们必然带来闽、粤的各种方言。如客家人带入客家话，潮州人带入潮州话，福建人带入闽南话，海南人带入海南话，丰富了泰语中的日常用语。泰人称牌(bài)属海南音，字号(yi hào)、税(suī)属潮州音，鸡(kaī)、银(ngùn)、金(khàm)、仔(chāy)为广东音，行(hàng)、茶(chā)、瓜(guā)、仓(chǎng)则属汉语普通语音。泰语中的十个数字中，三、四、六、七、八、九、十纯属中国语音，二、五的读音也与广东话有关。此外，泰语中还掺有大量中国音的词汇，如把太阳说成"日"，把墨水说成"蓝墨"，而猫、男、马、帝、匠、层、路、声、万、脚、妇人、官、母、伯、银、铁、炭、象牙、药、桌等物质名词也与汉语发音相似。人称代词我、你、他的发音与汉语相同，动词中拭、斩、憎、拾、剥、指、拓、住、请、送、分等读音也同于汉语，形容词醒、温、鲜、少、公平、白、熟、闷、幼等也是如此。泰语从汉语中借用的词汇量，估计每千字中在 300 个以上。泰人甚至借用潮州话"叔"的原音，来尊称侨居泰国的华人①。关于泰语中的华语比例，许云樵曾对两万个暹罗语词进行分析研究，其中外来语词有 9240 个之多，达 46%。在 9240 个外来词语中，梵语及摩羯陀语 8595 个，占 93%；吉蔑语 281 个，占 3%；爪哇语(即马来语)138 个，占 1.5%；华语 106 个，占 1.2%；英语 80 个，占 0.9%；其他语(包括孟加拉语、法语、越语、德邻(Taleng)语、葡萄牙语、印度语、老挝语等七种)40 个，占 0.4%。中国语词虽少，然均为日常通俗用语；吉蔑语和爪哇语虽数量稍多，但使用不广，远不及华语②。而且，中国文字在暹罗备受统治阶层重视。嘉庆二十五年(1820)成书的《海录》记述：暹罗"颇知尊中国文字，闻客人有能作诗文者，国王多罗致之，而供其饮食"③。

其次，中国古代文学作品很早就随华人移民传入泰国，但由于语言上的障碍，一直未受重视。到曼谷王朝拉玛一世在位期间，下令将中国古典小说《三国演义》和《西汉通俗演义》译为泰文，名为《三国》和《西汉》，揭开

① 参见葛治伦：《1949 年以前的中泰文化交流》，载周一良主编：《中外文化交流史》，第498—499 页。
② [新]许云樵：《读暹罗华化考》，《东方杂志》1940 年第 37 卷第 4 号，第 45 页。
③ [清]谢清高口述，杨炳南笔录：《海录》，商务印书馆，1936 年，第 2 页。

了中国文学在泰国广泛流传的序幕。有学者统计,从拉玛一世到拉玛五世去世的 1910 年,共有 32 部中国古典通俗小说被译为泰文。其中除拉玛一世时翻译的 2 部外,还有拉玛二世在位时翻译的 3 部:《列国》《封神》《东汉》,拉玛四世在位时翻译的 12 部:《隋唐》《万花楼》《五虎平西》《五虎平南》《西晋》《东晋》《南北宋》《残唐五代》《说岳》《宋江》《南宋》《明朝》,拉玛五世在位时翻译的 15 部:《薛丁山》《大红袍》《小红袍》《扫北》《明末清初》《英烈传》《开辟》《说唐》《薛仁贵》《游江南》《岭南逸史》《西游》《包龙图公案》《大汉》《三国因》[①]。特别是泰译本《三国》刊行后,很快被泰国人所接受,开始广泛流传和盛行。自素可泰王朝至吞武里王朝期间,泰国文学作品多以诗体写成。自泰译本中国小说《三国》流传后,影响泰国文坛数百年的印度诗体文学被逐渐抛弃,用散文体写作的作品日益增多,从而发展成为泰国文学的"三国文体"[②]。而且,随着泰译本中国古代小说的传播,后世作家纷纷从中汲取文学营养。在泰国法政大学任教多年的栾文华这样指出:"中国古典小说、历史演义故事对后世作家的影响也是明显的,从内容、语言到表现方法都是如此。没有《三国》和其他中国古典小说和历史演义故事的翻译,恐怕就没有雅可八卷本的《盖世英雄》、乌萨·堪佩的《昆吞》、迈·芒登的《大将军》和克立·巴莫的《慈禧太后》等畅销通俗小说。"[③]可以说,泰译本中国文学小说的出现和流行,极大地促进了泰国文学的发展,是泰国文学史发展的一个里程碑。

第三,随着华人移居暹罗的增多,华文教育也在暹罗不断孕育起来。最初是在一些村落和寺庙中,出现了零星的针对华人子弟的华文教育。到曼谷王朝拉玛一世时,美国传教士库史劳夫在大城一个名叫阁良区的岛上,利用一处废置已久原是华侨办过华文教育的地址建立起第一所华文学校,学校约有 200 多学生。后来,学校停办,原因不详,原址再度荒废。拉玛四世时期,在吞武里府首创一所教会学校,于 1852 年 9 月 30 日开学,全部课授华文,教师为华侨教士姜和祥。这所学校于 1860 年姜和祥去世后

---

① 参见[泰]黄汉坤(Mr.Adisorn Wongjittapoke):《中国古代小说在泰国的传播与影响》,浙江大学 2007 年博士学位论文,第 35—43 页。

② 参见[泰]黄汉坤(Mr.Adisorn Wongjittapoke):《中国古代小说在泰国的传播与影响》,浙江大学 2007 年博士学位论文,第 66—67 页。

③ 栾文华:《泰国文学史》,社会科学文献出版社,1998 年,第 61 页。

无疾而终。以上都属于旧式的私授华文学校。而最早的新式华文学校,则建于拉玛五世后期。1908 年,孙中山来暹罗主持中国同盟会曼谷分会,并指导成立中华会所(今中华会馆)以从事教育工作。为宣传革命教育,中华会所开办华益学堂,是为华侨创办新式华文学校之先声。然而,由于华益学堂主要成员皆为同盟会会员,难以兼顾,华益学堂不久即停办①。随后,又有新民学校、大同学校、中华学校、南英学校等,这些学校或属于保皇派,或属于同盟会,均为"潮侨学校",是清末中国海外两大派别在泰国斗争和争取民众的场所。到 1911 年,泰国有近十所华文学校②。

与汉语广泛传播于暹罗相比,暹罗文字在清朝则主要在北京会同四译馆备用。清朝建立后,改明四夷馆为四译馆,下设回回、西番、暹罗、高昌、百夷、缅甸、西天、八百共八馆,专司外番文字教习和文书翻译。但其中多馆仅备体制,形同虚设,顺治十一年(1654),"暹罗、百夷二馆官生俱绝"。为免"译学失传",经礼部题准,"于世业子弟内,照例考选中式者章铨等四十二名,题授译字生,送馆习学"。康熙十一年(1672),四译馆又出现"高昌、暹罗二馆缺生"之问题。经礼部题准,再次"于世业子弟内,照例考选中式者张永祚等四十七名,题授译字生,送馆习学"③。四译馆译字生主要是学习各番来文和杂字,来文是指朝贡"表文",杂字则指四译馆所编"译语"。现存清抄本《暹罗馆译语》共收录 18 门、594 个词条,包括天文门(66 词条)、地理门(63 词条)、时令门(42 词条)、花木门(26 词条)、鸟兽门(22 词条)、宫室门(12 词条)、器用门(34 词条)、人物门(66 词条)、人事门(94 词条)、身体门(30 词条)、饮食门(14 词条)、文史门(12 词条)、方隅门(16 词条)、珍宝门(14 词条)、衣服门(14 词条)、声色门(10 词条)、数目门(34 词条)、通用门(25 词条),每个词条又由泰文、汉文、汉文音译三部分组成④。另据江蘩于康熙三十四年(1695)编成的《四译馆考》记录,暹罗馆存馆来文

① 参见[泰]洪林:《泰国华文学校史》,载[泰]洪林、黎道纲主编:《泰国华侨华人研究》,香港社会科学出版社有限公司,2006 年,第 457—460 页。
② 参见李玉年:《泰国华文学校的世纪沧桑》,《东南文化》2007 年第 1 期。
③ [明]吕维祺编:《四译馆则》新增馆则,《近代中国史料丛刊》三编第 31 册,第 27 页。
④ 《暹罗馆译语》,见北京图书馆古籍出版编辑组编:《北京图书馆古籍珍本丛刊》第 6 册,第 739—781 页。

一部计 12 页,存馆杂字 763 个①。

　　乾隆十三年(1748),四译馆机构设置发生重大变化。事因乾隆七年、十三年,提督四译馆少卿余栋两次奏请四译馆序班给与升迁,准许译字肄业生参加考试。乾隆帝以"海外入贡表章,皆由各省通事翻译进呈,未尝用该馆肄业生,不过沿习旧规,存而不废,以备体制",令大学士会同礼部议奏四译馆之存废。不久大学士等议奏:"现在入贡诸国,朝鲜、琉球、安南表章本用汉文,无须翻译,苏禄、南掌文字馆内原未肄习,与暹罗表章率由各督抚令通事译录具题。至百夷及川广云贵各省土官,今既改置州府,或仍设土官,皆隶版图,事由本省。回回、高昌、西番、西天等国,以及洮、岷、河州、乌思藏等处番僧,现统隶理藩院,高昌馆字与蒙古同,西天馆字与唐古忒同。是该馆并无承办事务,应归并礼部会同馆……四译馆原设之卿一人、典务一人并裁,序班八人酌留二人。合回回、高昌、西番、西天为一馆,曰西域馆,除蒙古、唐古忒毋庸置译字生外,将回回、西番译字生酌留四人。合暹罗、缅甸、百夷、八百,并苏禄、南掌为一馆,曰百夷馆,将暹罗、百夷译字生酌留四人,以备体制。"②由此,四译馆并入会同馆,称会同四译馆,下设西域馆和百夷馆,百夷馆设暹罗译字生 4 人。不久,乾隆帝以原四译馆所存番字诸书多有讹缺,下令"广为搜辑,加之核正",其暹罗文字令粤省督抚负责采集补正,"照西番体例,将字音与字义用汉文注于本字之下,缮写进呈,交馆勘校",并令傅恒、陈大受、那延泰总理其事③。乾隆十四年,适逢暹罗朝贡,贡使入京,乾隆帝下谕:"傅恒、陈大受所办西洋等国番书,暹罗国人现既在此,可将伊国之文字,交尚书王安国,向伊等询问明白改正。"④两年后,各外番文字译语编成,其中《暹罗番书》分为天文、地理、时令、人物、身体、宫室、器用、饮食、衣服、声色、经部、文史、方隅、花木、鸟兽、珍宝、香药、数目、人事、通用共 20 门,收录词语 971 个⑤。然而,会同四译馆暹罗译字生水平并不高。乾隆十七年,暹罗使团入贡时呈进"番书",因"四译馆

　　① [清]江蘩编:《四译馆考》目录,见北京图书馆古籍出版编辑组编:《北京图书馆古籍珍本丛刊》第 59 册,第 510 页。

　　② 《清高宗实录》卷三一五,乾隆十三年五月戊申,第 13 册,第 178—179 页。

　　③ 《清高宗实录》卷三二四,乾隆十三年九月壬戌,第 13 册,第 352—353 页。

　　④ 《清高宗实录》卷三四四,乾隆十四年七月辛酉,第 13 册,第 765—766 页。

　　⑤ 参见冯蒸:《"华夷译语"调查记》,《文物》1981 年第 2 期。

不能音译",只好于乾隆二十二年下令交贡使带回译为汉文①。

　　实际上,真正在中暹交往中负责传译工作的是通事。清代暹罗朝贡,使团一般都随带通事,其中还有不少是华人。通事不仅负责使团在华期间的各项传译工作,还要负责将暹罗表文译为汉文。相对而言,华人通事在清朝的传译工作更为方便,也更能熟练地使用清朝朝贡话语系统将暹罗表文译为汉文表文。

四、宗教文化交流

　　泰国是一个佛教国家。清代中泰宗教文化交流,更多地表现为中国传统信仰习俗及大乘佛教在暹罗的传播,以及泰国很多佛教建筑吸收了中国建筑艺术元素。比较而言,乾隆年间暹罗朝贡使团曾将南传佛教佛经带到北京,但因语言文字障碍而未产生大的影响。

　　清代大批华人移居暹罗,他们将家乡的宗教信仰和风俗习惯带入暹罗,典型的是在暹罗的华人社区里,出现了许多大大小小的中式寺庙。早在阿瑜陀耶王朝时期,大城华人聚居区即建有三宝公庙。吞武里王朝和曼谷王朝时期,吞武里城和曼谷城又陆续建起诸多华人神庙。如吞武里城谷滴津附近有一座泰式庙宇,泰名越干拉耶密寺,华人称三宝公庙。该庙是拉玛三世时泰国华人后裔黄道多所建。与三宝公庙毗邻的是福建人神庙建安宫,祠庙约于1848年由福建漳州和泉州人合力出资兴建②。据美国学者何翠媚调查,在1850年以前,曼谷地区已建有至少9座华人庙宇,包括关帝武圣庙(1781年,按:此为最早铭文年代,下同)、顺兴宫(1804)、大本头公(1824)、玄天上帝(1824)、新本头公(2座,1829、1838)、龙尾古庙(1843)、三奶宫(1847)和建安宫(1848),这些都是曼谷最古老的华人庙宇③。又据泰华学者修朝研究,在1910年以前,华人在曼谷地区(包括曼谷京畿和吞武里府)建立的各种神庙,有福建人建关帝古庙等8所,客家人建

---

　　① 《两广总督苏昌奏为办理暹罗国区沙大库申呈督抚公文情形折》(乾隆二十八年九月初三日),载《宫中档乾隆朝奏折》第18辑,第844—845页。

　　② 参见[泰]黎道纲:《1782—1855年间鲍林条约签订前的泰国华侨》,载[泰]洪林、黎道纲主编:《泰国华侨华人研究》,第28页。

　　③ 参见[美]何翠媚:《曼谷的华人庙宇:19世纪中泰社会资料来源》,陈丽华译,《海交史研究》1986年第2期。

三奶宫等 5 所,海南人建水尾圣娘庙等 4 所,潮州人建玄天上帝庙等 19 所,另有 7 所未说明为何人所建。在北大年府,有"林姑娘庙"(灵慈圣宫)颇负盛名。在洛坤府,有本头公庙、天后宫等 7 所。在素叻他尼府,有琼州会馆(海南神庙)、天后圣母庙、顺福宫 3 所。在清迈府,有本头公庙、武庙、水尾圣娘庙等。在宋卡府合艾县,有玄天上帝庙、大峰祖师庙等 22 所①。这些已统计的神庙中,有供奉佛教的观音宫,更多的是供奉儒、道圣哲及天神、海神的其他神庙。又据华人学者潘少红的不完全统计,在 1910 年以前,泰国华人已建立超过 56 间佛、道、民间信仰的华人宗教场所,其中潮州人 19 间,福建人 10 间,海南人 8 间,客家人 6 间,广府人 1 间,云南穆斯林 2 间,不详的 10 间②,可见华人庙宇在中泰宗教文化交流中之影响。

与华人神庙相比,华宗大乘佛教在暹罗的传播要晚得多。吞武里王朝时代,暹罗出现了一批越南(时称安南,1803 年改称越南)佛寺。时因安南爆发西山农民起义,西山军南下进攻广南阮氏政权,广南阮王阮福映不敌,流亡暹罗,待机复国,一批佛教信众跟随逃难的广南阮氏王族进入暹罗。暹王郑信赐地给他们建屋居住,安南移民遂在赐地上建起自己的佛寺。需要说明的是,进入暹罗的广南佛教源自中国。源因清朝初年清军南下两广时,两广地区的临济宗僧众避居广南,临济宗禅法因之传入越南,并在越南中南部占据主导地位。广南佛教传入暹罗后,佛寺建筑与佛事礼仪与中国佛寺基本相同,僧众诵读的佛经也是华文的,只是用越语念诵而已。由此,也有一些华人信众到越南佛寺进行佛事活动。而由于华侨和越侨的供养,暹罗的越南佛寺兴盛一时,越南僧众也逐渐形成自己的派别——"越僧宗"。

同治元年(1862),中国南粤禅僧续行和尚南渡暹罗。他先在曼谷耀华力路谷斗巷观音宫(今永福寺)宣讲大乘禅宗佛法,华人皈依者甚众,并受拉玛五世之赞赏与礼敬。续行和尚看到当时暹罗华人僧众或依托大大小小的观音宫,或挂单于越南佛寺修行,遂发下宏愿,决心募化修建一座正式的华僧佛寺。拉玛五世得知后,御赐曼谷石龙军路旁一块土地作为建寺用地,并令华民政务司官员刘乾兴帮助建寺。广大华人信众也纷纷捐献善

---

① 参见修朝:《漫谈泰国华人神庙》,载华侨崇圣大学泰中研究中心编:《泰国华侨华人史》第二辑,(北榄)华侨崇圣大学泰中研究中心,2004 年,第 64—78 页。

② 参见潘少红:《泰国华人社团史研究》,厦门大学 2008 年博士学位论文,第 21—22 页。

款。至 1871 年,寺庙建成,定名为龙莲寺,拉玛五世依照华文寺名含义御赐寺名"曼功甲玛拉越"①,龙莲寺因此获泰国华人第一佛寺之美誉。龙莲寺大门两侧有华文对联:"龙势飞腾地,莲灯照耀天"。屋脊上有二龙戏珠雕刻,窗棂上雕有中国传统的云、鹤、福、寿等吉祥图案,寺内有四大天王塑像,大雄宝殿中供奉释迦牟尼、阿弥陀佛、药师佛及十八罗汉,为典型的中国大乘佛教寺院建筑格局和风格。龙莲寺建成后,续行和尚出任第一任住持,华僧以寺为依托逐渐组成华僧教团。龙莲寺的建成和华僧教团的组成,标志着泰国"华僧宗"的形成。1902 年,拉玛五世颁布《僧伽管理法》,规定在僧伽内部特设"华僧大尊长"及左、右副尊长,续行和尚被敕封为首任"华僧大尊长"。除龙莲寺外,属于"华僧宗"的寺庙还有曼谷地区的永福寺、翠岸寺等②。

受移民文化影响,泰国很多佛教建筑都吸取了中国建筑的形式和风格。特别是 19 世纪中叶后,曼谷王朝为弘扬佛法,大兴土木,修建寺院佛塔,曼谷成为泰国佛塔之都。从总体看,泰国的佛寺建筑在本民族传统的干栏式建筑工艺基础上,融和了中国建筑的特点,如墙的顶部以中国式的花卉浮雕代替传统的泰族木雕,并设计了中国式的拱门和圆窗等。有的佛寺还装饰了象征福禄寿的牡丹、菊花、青松、蝙蝠、梅花、丹顶鹤等装饰图案。举例来说,除上面提到的中国寺庙和越南寺庙外,如 1784 年修建的玉佛寺,经过后代国王不断扩建,形成了今天庞大的建筑规模。这座代表国家并供王室礼佛的寺院,分别吸收了中国、印度和西方建筑的手法和风格。又如拉玛三世执政时亲自主持修建的太子寺,采用了中国建筑形式,屋脊装饰双龙戏珠,佛殿柱石为龙蟠雕塑。据说,在拉玛三世时建造和扩建过的 60 余座寺院中,有 15 座完全吸收了中国传统建筑的手法和装饰风格③。再如挽巴茵夏宫中的天明殿,于 1889 年由华侨集资建成献给拉玛五世,完全模仿北京故宫的宫殿建筑式样,全部建筑材料和陈列品也都从中国运至。

相对而言,泰国南传佛教对中国的影响到清代时已经式微。7 世纪

---

① "曼功"泰文发音等于"龙"的意思,"甲玛拉"指的是"莲","越"等于"寺"的意思。
② 参见罗喻臻:《泰国的"华僧宗"》,《法音》1999 年第 10 期;桑吉:《中泰两国的佛教文化交流》,《法音》2003 年第 1 期。
③ 参见桑吉:《中泰两国的佛教文化交流》,《法音》2003 年第 1 期。

时,南传佛教由泰国勐润(清迈)经缅甸景栋传入中国西双版纳地区,但是,由于初传的佛教并无佛经,加之战争频繁,并未广泛流行。到1180年,叭真统一猛泐,战乱平息,社会稳定,佛教再次由勐润经景栋传入西双版纳,并随之传入泰润文佛经,从此开滇西润派佛教之先河。1277年,猛泐第五世主刀良陇执政期间,创制傣文并开刻贝叶经文,南传佛教开始在西双版纳流行。明清时期,南传佛教继续影响云南,并在滇南、滇西一带广泛传播。这一时期的云南上座部佛教主要分为"润"、"多列"(又称"摆多")、"摆庄"和"左抵"四个大派,大派又分作几个小派。无论大派、小派,源头都是锡兰南传上座部大寺派,成熟于泰国勐润,再经缅甸景栋传入云南。但总的来说,清朝时期的云南佛教更多是受缅甸而不是暹罗的影响①。另外,乾隆十七年(1752),暹罗使团入贡时曾呈进"金字佛号",因当时"四译馆不能音译",于二十二年奉旨发交贡使带回译为汉文,令于下次进贡时进呈御览。然而,事经数载,暹罗迟未将佛卷翻译交回。二十八年九月,暹罗昭丕雅拍控区沙大库申呈粤省督抚,称"番经文字因募无汉字叶韵,致难覆命"。两广总督苏昌就此发文暹罗提出:"番书一项,即或音译欠工,我皇上恩德如天,自蒙格外鉴宥,速即招募拣选能于叶韵之人,令其敬谨音译,务于下次进贡时具表进呈。"②然而,后来再无关于此件佛经翻译之记载。

除佛教文化处,中国的戏剧、音乐、绘画等艺术也随着华人移民的到来而传入泰国。阿瑜陀耶王朝后期,中国戏剧已在阿瑜陀耶城流传。据1685至1686年随法国使团到访暹罗的戴·梭亚只(Francois T. albé De choisy)神父记述,法国使节受到盛筵招待,"宴后有中国人演出戏剧","剧员有的来自广东,有的来自福建",戏剧之后"还有中国人的傀儡戏"。这是最早的有关中国戏剧在暹罗流传的记载。约两年后,1687至1688年,法国使节戴·拉·卢贝尔(De La Loubère)再次记录了阿瑜陀耶城的中国戏剧演出:"所看的是一出中国喜剧……中国喜剧,暹人虽不懂,但颇受欢

---

① 参见王海涛:《云南佛教史》,云南美术出版社,2001年,第388—393页。

② 《两广总督苏昌奏为办理暹罗国区沙大库申呈督抚公文情形折》(乾隆二十八年九月初三日),载《宫中档乾隆朝奏折》第18辑,第844—845页;军机处录副奏折《两广总督苏昌奏为接到暹罗国昭丕雅拍控区沙大库申文进呈》(乾隆二十八年),档号:03—7785—041。

迎。"①此外,阿瑜陀耶王朝后期,一些中国乐曲和歌曲已开始在阿瑜陀耶城和其他华人聚集区流传。也在这一时期,中国的乐器,如扬琴、二胡、笛子等也由华人带到了泰国,泰国音乐家加以改造后形成了泰国式的扬琴、二胡、京胡,这些乐器如今已成为泰国民众用于演奏泰国民族音乐的主要乐器。

---

① [英]布赛尔:《东南亚的中国人》,第 27 页;又参见修朝:《中国戏剧在泰国》,载华侨崇圣大学泰中研究中心编:《泰国华侨华人史》第二辑,第 38—39 页。

第九章　清代暹罗的华侨华人

　　数百年来,华人远渡重洋到南洋谋生,其中以到泰国为最。虽然华人移民泰国的最早时间尚待考证,但可以肯定的是,13 世纪时已有华人到泰国寓居经商①。后来,赴泰国的华人数量不断增加,华人在泰国的分布也不断扩展。影响华人移民泰国的因素,无外乎四个方面:一是与迁出地有关的因素,二是与迁入地有关的因素,三是介于迁出地与迁入地之间的因素,四是与迁移者个人有关的因素。清代暹罗华侨华人的发展变化,既与清朝海外贸易政策和移民政策息息相关,更与清暹关系及暹罗政府的华人政策密切相关。随着东南沿海地区大批华人移居暹罗,对泰国政治、经济、文化、民族、社会等产生了全面而深刻的影响。

一、阿瑜陀耶王朝时期的华侨华人

　　清代华人移居暹罗经历过多次浪潮,第一次是清初至 1767 年阿瑜陀耶王朝灭亡。明清鼎革之际,随着清军陆续占领浙江、福建、广东、广西,沿海地区战乱不断,导致部分华人移居南洋。随之,由于郑成功政权的存在和活跃,清政府在东南沿海地区实行禁海、迁海政策,强迫沿海居民迁往内地,并不得出洋,也导致部分华人流亡海外。今日曼谷华人中还流传认为,因逃避清军战争而逃亡暹罗的华民主要包括两大群体:一是逃至暹罗东南部而集中在万佛岁(今春武里)的潮州人,二是逃至暹罗南部而集中在宋卡的闽南人②。康熙二十三年(1684),清廷下令开海贸易,准许东南沿海华民出海贸易,这使得更多华人前往南洋包括暹罗贸易。虽然康熙五十六年(1717)至雍正五年(1727)清廷曾下令禁贩南洋,但时间较短,且暹罗不在禁航之列,所以南洋禁令对华人移居暹罗影响不大。雍正、乾隆时期,清朝

---

　　① 　参见[美]施坚雅:《泰国华人社会:历史的分析》,第 1—2 页。除商民赴暹罗外,1282 年南宋官员陈宜中流亡暹罗,亦属到暹罗的华人。

　　② 　参见[美]施坚雅:《泰国华人社会:历史的分析》,第 13 页。

采取多项政策鼓励暹罗大米进口,促使更多华人来往暹罗从事海上贸易。雍正二年(1724)十月,暹王入贡稻种、果树等物,并运米来粤货卖,其来船梢目徐宽等 96 名,系广东、福建、江西等省民人,"住居该国,历经数代,各有亲属",雍正帝准其所请,"免令回籍,仍在该国居住"①。十二年,暹罗船商张专等驾船到宁波贸易,礼部议准,"照徐宽等,免其回籍,准归暹罗"。乾隆二年(1737),暹罗船商邱寿元等 77 名驾船载货到宁波贸易,并有林然等 90 名驾船前往日本贸易,因遇风飘入定港,清政府认为,"邱寿元、林然等住番年久,各有亲属、妻子在暹,确与前例相符",准其置货回暹②。可见,清朝政府虽然出台政策禁贩南洋,但并未禁止中国商民前往暹罗,而且准许久居暹罗之中华商民继续在暹居住生活。

关于阿瑜陀耶王朝后期暹罗华侨华人数量,并无权威统计数字,我们唯能从到访阿瑜陀耶王朝的旅行家、传教士、商人、使节的记述中,分析当时暹罗华侨华人数量。1687 年到访阿瑜陀耶王朝的法国使节戴·拉·卢贝尔估计,当时的"暹罗"有华人 3000—4000 名。英国学者布赛尔据此认为,纳莱王在位时期(1657—1688),定居暹罗的中国人只有 3000 名左右,他们大多是从华南经陆路至此③。美国学者施坚雅则分析提出,卢贝尔所称的"暹罗"实际指的是暹都大城即阿瑜陀耶,如果加上大城以外华人数量的话,17 世纪后半叶的暹罗至少有华民 1 万人④。泰国学者沙拉信·威拉蓬也提出:"17 世纪 90 年代初,阿瑜陀耶城的中国人已达 3000 人,在其他地区可能更多……而当时暹罗人口总数不会超过 200 万人。"⑤这些估计分析虽然并非权威,但可看出当时暹罗华人以阿瑜陀耶城即大城最为集中,大城之外的其他地区亦有不少华人。

关于这一时期华人在大城的居住情况,可以说早在明代时,大城已形成华人聚居区。据成书于嘉靖十五年(1536)的《海语》记载,大城"有奶街,为华人流寓者之居"⑥。奶街(Nai Gai,今译奶该)是一条小河名,而不是一条街,明代即有华人聚居。除奶街外,大城东南角的帕南车寺一带是另一

①　《清世宗实录》卷二五,雍正二年十月己亥,第 7 册,第 397 页。
②　台湾"中央研究院"历史语言研究所编:《明清史料》庚编,第六本,第 513 页。
③　[英]布赛尔:《东南亚的中国人》,《南洋问题资料译丛》1958 年第 1 期,第 23 页。
④　[美]施坚雅:《泰国华人社会:历史的分析》,第 14—15 页。
⑤　Sarasin Viraphol, *Tribute and Profit: Sino-Siamese Trade*, 1652−1853, p. 46.
⑥　[明]黄衷:《海语》卷上,文渊阁《四库全书》第 594 册,第 118—119 页。

个华人聚居区。帕南车寺始建于 1324 年,其历史比阿瑜陀耶城作为京都还早 26 年。1409 年郑和下西洋率领船队到达此处后,当地华人将帕南车寺改称为三宝庙(又称三宝公庙),以纪念郑和。明人张燮《东西洋考》暹罗条云:"三宝庙,在第二关,祀太监郑和。"①到清代时,大城华人仍然集中聚居,据西方人记述,大城城内外均有华人居住。该城本身为河流所环绕,到首都来的船只都停泊在城市东南隅的华人区,即一条被称为"华人街"(China Row)的东西大街下。另外市中心还有一条南北向的大街,接通华人街和皇宫。这两条大街是大城最繁华的街道,沿街有 100 多座用砖石和瓦片建造的二层楼房,这些楼房归华人和"摩尔人"(指印度、阿拉伯和波斯商人)所有。市内其他房屋,除少数欧洲人的住宅外,都是用竹材和木板搭建的茅屋。城外的华人区位于南面和东面的运河和河道对岸。值得注意的是,居住在大城的外国人可以在暹王同意下选出自己的首领进行自我管理。华人官吏也同其他各国官吏一样,被授予一个暹罗官衔并被当作暹罗官员看待,这位官吏对于大城华民的民事争端有最终裁决权,但却要对一位负责外交和商务的泰国官员负责其侨民的一切行动②。到阿瑜陀耶王朝末期,大城华人区仍位于该城的东南角。据记载,1766 年缅军围攻阿瑜陀耶城时,暹王派 6000 名华人负责防守城外东南角的一个地区,并特赠 1 万英镑作为酬金。大城虽于 1767 年被缅军攻破并劫掠净尽,但该城的华人今天仍住在 17、18 世纪的中国街、荷兰区和故城近郊的华人区③。

关于这一时期大城华人主要从事的行业,雍正九年(1731)福建观风整俗使刘师恕提到:"臣访闻外洋暹罗、吕宋、噶喇巴等处,闽广人民在彼居住者甚多,有于彼处婚娶成家者,有领彼赀本为之贸易往来他国者,且有受彼地方官职者……又闻暹罗贡船到广,每借募补水手为名,多带闽广人民回国。"④可见这一时期很多华人在暹定居生活,有的经营暹罗对外贸易,有的在暹罗地方政府任职。另据西方人记述,大城华人大多从事商业贸易,但也有人从事其他职业。如大城周围有华人在养猪,在市场中有各种华人工匠在营业,还有几个华人戏班,因为暹罗宫廷深爱中国戏剧。大城市内

---

① ［明］张燮:《东西洋考》,谢方点校,中华书局,1981 年,第 36 页。
② 参见［美］施坚雅:《泰国华人社会:历史的分析》,第 16—17 页。
③ 参见［美］施坚雅:《泰国华人社会:历史的分析》,第 23—24 页。
④ 中国第一历史档案馆编:《雍正朝汉文朱批奏折汇编》第 20 册,第 489 条,第 700—701 页。

最受尊重的医师来自中国,甚至国王御医也是华人。还有很多华人进入暹罗政府管理阶层,如一份写于1678年的暹罗贸易报告记述,暹王将对华航海贸易事务交由一位具有"高贵品质"的华人管理①。1685年,法国人戴·梭亚只称其离开暹罗时,暹王曾派两位"华籍官员"来处理某些事务。1690到1692年,德国人坎弗尔(Engelbert Kaempfer)在其访问大城期间发现当时的司法大臣同时也是暹罗王国七大臣之一的披耶·勇玛叻(Phraya Yommarat)是一位"有学问的华人"②。这些说明,17世纪后期的大城华人,不仅有大小商人,而且有官吏、医师、工匠、演员和养猪人。从语言种类方面讲,则主要是来自闽南和粤东各口岸的华人,即福建人和广东人③。

　　关于这一时期华人在暹罗的社会地位,可以说比明朝后期有明显改善和巩固。17世纪初时,已有葡萄牙、荷兰、日本、英国人相继来暹从事贸易。但在1622年,英国东印度公司驻暹罗代理商馆被迫关闭,1630年帕拉赛·东(1630—1656年在位)篡逆登位后,又开始搜捕驱逐国内之葡萄牙人和日本人,此后真正能与华人竞争者只有荷兰人,"荷人几执有暹罗全部贸易之牛耳者约四十年"。荷兰人与华人间因贸易竞争引发的冲突,在纳莱王时期(1657—1688年在位)达到顶峰。1663年,一批武装华人包围了大城的荷兰商馆,荷兰驻扎官被迫带着他的人员和货物逃跑。荷兰人很快派水师战船封锁湄南河口,并于1664年与纳莱王缔结商约。商约规定荷兰人获得专营兽皮之贸易,同时暹罗保证不再聘用华人于其船舶中。然而,该商约不仅由于违背暹王及在暹其他各国商人利益,而且因为荷兰人无法与在暹华人抗衡而归于失败。在纳莱王晚期,就有前往大城的法国旅行家记述,暹王每年都派遣几艘由华人驾驶的船只到日本去④。另一份记叙1678年暹罗贸易的综合报告也证实说:"国王每年都会派一到两艘商船到日本和广州,有时也到厦门,另每年派一艘商船到马尼拉,不论在暹罗还是在海外,其海上事务和商业事务都交由华人经理。"⑤对于这一时期华人

---

① John Anderson, *English Intercourse with Siam in the Seventeenth Century* (London: Kegan Paul, Trench, Trübner & Co. ,1890), p. 426.

② 参见[美]施坚雅:《泰国华人社会:历史的分析》,第17—19页。

③ 参见[美]施坚雅:《泰国华人社会:历史的分析》,第19页。

④ 参见[英]吴迪:《暹罗史》,第247页;[美]施坚雅:《泰国华人社会:历史的分析》,第11—12页。

⑤ John Anderson,*English Intercourse with Siam in the Seventeenth Century*,p. 426.

经营暹罗海外贸易的状况,泰国学者沙拉信·威拉蓬指出,在帕拉赛·东和纳莱王统治时期,王室垄断贸易逐步形成,所有贸易活动均须在王室严格控制下进行,这种王室垄断贸易的维持,"使暹王依赖华人充当各种角色:皇家代理人、王库保管员、会计、船长、水手和海关官员";王室贸易的结构,"使中国人的帆船贸易得以战胜来自其他集团的竞争,并最终建立了在国家外贸当中的霸权地位"①。1688 年纳莱王去世后,暹罗历代继任者均奉行严格限制与西方国家贸易、禁止西方国家商民来暹的"孤立主义"政策②,这一方面巩固了暹罗王室将垄断的对外贸易交由华人经营管理的传统,另一方面也促成了在暹华人规模的扩大和华人在暹政治、经济、社会生活中的优势地位。据 1730 年成书的《海国闻见录》记载,暹罗"尊敬中国,用汉人为官属,理国政,掌财赋"③。

二、吞武里王朝和曼谷王朝前期的华侨华人

清代华人移民暹罗的第二次浪潮发生在吞武里王朝(1767—1782)和曼谷王朝(1782 年至今)前期。这两个王朝的统治者都采取了鼓励华人入境的措施,使"暹罗华人人口不仅在数量上而且在构成上都起了剧烈的变化"④。

吞武里王朝建立后,身为华人后裔的暹王披耶达信特别照顾他本属的华人,特别是潮州人在达信统治时期被称为"皇家华人",由此造成大批闽粤籍华人特别是潮州人涌来吞武里城。在昭披耶河东岸,以靠近王宫处的柴珍(Thatian)区为中心,迅速形成一个为首都服务的华人聚居区和市场。1770 年,法国人杜宾(Turpin)根据他在达信统治初年亲眼目睹的情况写道:"华人,从其商业规模及其所享受的特权看来可说是人数最多和最为繁荣的一个民族。"⑤后来访问暹罗的克劳福德则写道:"达信的同乡们是在他的大力鼓励下才这么大批地被吸引到暹罗来定居的。华人人口的这一

---

① Sarasin Viraphol, *Tribute and Profit:Sino-Siamese Trade*, 1652—1853, pp. 19,27.
② 参见[美]约翰·F. 卡迪:《东南亚历史发展》,第 260 页。暹罗严格限制与西方国家往来的政策一直延续到 19 世纪中叶,参见第六章相关讨论。
③ [清]陈伦炯:《海国闻见录》,李长傅校注,中州古籍出版社,1985 年,第 51 页。
④ [美]施坚雅:《泰国华人社会:历史的分析》,第 45 页。
⑤ 参见[美]施坚雅:《泰国华人社会:历史的分析》,第 26 页。

异常扩张,几乎可以说是该王国数百年来所发生的唯一重大变化。"①

吞武里王朝存续时间较短,曼谷王朝实际是吞武里王朝的继续。曼谷王朝前期,清暹关系达到了清代以来友好的顶峰,两国间政治、经济交往频繁,而曼谷王朝也继续对华人实行优待政策,因此吸引大批华人随贸易船队来到暹罗。总的来说,暹罗政府对在暹华人是很优待的,他们不被列入克哈(奴隶)一类,不必为国家服劳役,虽然从 20 岁起要向国家缴纳人头税,但如获得暹罗爵位,则可免缴,他们有着不受暹罗封建主约束的自由民身份②。1822 年到访暹罗的英国人芬莱森(Finlayson)写到:"中国人的移入,从来没有象现在这样受到鼓励,因为国王和大臣们希望增加国内生产。"③施坚雅也指出,拉玛一世和拉玛二世"把国营贸易和皇家垄断发展到空前程度。他们都为了促进暹罗的出口量和为皇家船舶供应船员而鼓励华人入境。甚至连国王们自己的船只也直接干犯清朝的贡使条例和贸易条例地把华人旅客带回去"④。施坚雅此处提到的"贡使条例和贸易条例",实际是指康熙二十四年(1685)清朝设立东南四省海关时规定:"番船贸易回国,除一应禁物外,不许搭带内地人口。"⑤从后来大量华人前往南洋谋生来看,这一禁令并未严格执行。据克劳福德称,19 世纪 20 年代时,每艘帆船据说载有 1200 名华人前往曼谷⑥。另有欧洲人统计,1820 至1850 年间,由中国南部地区乘船前往暹罗的,每年达 15000 人⑦。

关于吞武里王朝和曼谷王朝前期暹罗华侨华人数量,并无权威统计数字。据克劳福德记录,1822 年全暹罗人口为 279.05 万,其中暹罗人 126万,老挝人 84 万,华人 44 万,马来人 19.5 万,其余是蒲甘人 2.5 万,柬埔寨人 2.5 万,印度人 0.35 万和葡萄牙人 0.2 万⑧,华人约占全暹罗人口的

① John Crawfurd, *The Crawfurd Papers*. Bangkok: Vajiranana National Library, 1915, p. 103.

② 参见[苏]尼·瓦·烈勃里科娃:《泰国近代史纲(1768—1917)》,第 140—141 页。

③ 参见[苏]尼·瓦·烈勃里科娃:《泰国近代史纲(1768—1917)》,第 139 页。

④ [美]施坚雅:《泰国华人社会:历史的分析》,第 29 页。

⑤ [清]梁廷枏总纂:《粤海关志》卷一七《禁令一》,第 1216 页。

⑥ John Crawfurd, *Journal of an Embassy from the Governor-General of India to the Courts of Siam and Cochin-china*. Vol. 2, p. 162.

⑦ 参见[苏]尼·瓦·烈勃里科娃:《泰国近代史纲(1768—1917)》,第 139—140 页。

⑧ John Crawfurd, *Journal of an Embassy from the Governor-General of India to the Courts of Siam and Cochin-china*. Vol. 2, p. 224.

15.7%。据伦敦传道会教士汤雅各（Jacob Tomlin，又译汤姆林）估计，1828 年暹京曼谷人口为 40.13 万人，其中纳税华人 31 万，华人后裔 5 万，原佬族人 0.9 万，后来佬族人 0.7 万，暹罗人 0.8 万，其他是蒲甘人 0.5 万，土瓦人 0.3 万，马来人 0.3 万，柬埔寨人 0.25 万，缅族人 0.2 万，交趾人 1000 人和基督教士 800 人[①]，华人和华人后裔占曼谷人口的 89.7%。美国传教士马尔科姆·霍华德（Malcom Howard）分析，1839 年曼谷及其附近有约 10 万人，其中华人及其后裔 6 万人，暹罗人 3 万人，交趾人、蒲甘人、土瓦人、马来人、葡萄牙人等 1 万人[②]。另一位传教士马洛克（D. E. Malloch）统计，1827 年暹罗总人口数为 325.265 万，其中华人 80 万，到 1849 年时暹罗总人口为 365.315 万，其中华人达 110 万[③]。奇怪的是，这些数字差别非常之大。对此施坚雅指出，克劳福德、马洛克以及 19 世纪大部分"权威人士"对暹罗人口及暹罗华人人数的估计"过高"，因为他们大部分时间住在曼谷，即使到其他各地旅行，也只是到暹罗南部及暹罗湾沿岸城市去，而这些地方都是华人聚集地，用这些地区华人人口比例来推断全暹罗华人人口比例，自然会导致夸大华人人口总数的结果。尽管如此，吞武里王朝和曼谷王朝前期暹罗华人人数和华人占暹罗人口比例较阿瑜陀耶王朝时期大量增加是毫无疑问的。

这一时期暹罗华人分布情况亦有较大扩展。19 世纪初，暹罗绝大多数华人局限于沿海地区以及主要河流的下游一带，并形成三个主要集中地区：一是以巴真武里、尖竹汶为中心的东南暹，华人在这里主要从事渔业、造船业、手工业，并种植胡椒、甘蔗、咖啡等经济作物。华人经营的甘蔗和制糖厂，由尖竹汶一带逐渐扩展到泰国东南部。二是以曼谷、坤西施、大城为中心的下暹。华人在这里从事商业、手工业等各种行业。三是以北大年、春蓬、洛坤、普吉、柿武里为中心的南暹。中国帆船到这里进行贸易，使

①　Jacob Tomlin, *Journal of a Nine Months' Residence in Siam* (London: Frederick Westley and A. H. Davis, 1831), p. 151.

②　Howard Malcom, *Travels in South Eastern Asia*, *Embracing Hindustan*, *Malaya*, *Siam*, *and China*; *With Notices of Numerous Missionary Stations*, *and a Full Account of the Burman Empire*; *with Dissertations*, *Tables*, *etc.* (Boston: Gould, kendall, and Lincoln, 1839), Vol.Ⅱ, P.120.

③　D. E. Malloch, *Siam*: *Some General Remarks on Its Productions*, *and Particularly on Its Imports and Exports* (Calcutta: Baptist Mission Press, 1852), p. 73.

这一地区成为中泰贸易点和华人聚居区①。到 19 世纪中叶时,暹罗境内华人人口较多的城市达 60 个以上,这些城市包括沿昭披耶河上溯至北榄坡的 10 个城市,滨河——汪河流域的 6 个城市,容河——难河流域的 9 个城市,他真河岸、嫩功河岸各 3 个城市,以及巴塞河岸 2 个城市。除了位于东北部的 6 个城市外,其他华人人口众多的城市,都是港口城市②。还要指出的是,这一时期暹罗京都华人分布有一个重要变化,那就是 1767 年大城被缅军攻破焚毁后,披耶达信在昭披耶河东岸的吞武里建都,吞武里很快取代大城成为暹罗华人聚居最多的城市。1782 年曼谷王朝建立后,拉玛一世又在达信皇宫对面的曼谷——即吞武里王朝时期发展起来的华人居住和商业中心建立起新首都,华人市场则全部迁至皇城东南门外的三聘区——这个新建立的市区从此就被称为三聘街,至今仍为曼谷华人聚居区。

这一时期暹罗华人构成也开始发生变化。在阿瑜陀耶王朝时期,福建人和广东人一直在暹罗华人中占据优势。特别是 18 世纪 20 至 50 年代清朝与暹罗间大米贸易的繁盛,吸引大批福建人前往暹罗。吞武里王朝建立后,由于王朝建立者郑信祖籍广东潮州,郑信及后来的曼谷王朝国王对华人又实行招徕优待政策,这对潮州华民产生了强烈的吸引力。从 1767 年起以至于整个 19 世纪,以曼谷为主要进口港的暹罗中部和内地,潮州人在整个华人人口中的比重有了惊人的提高③。据中文文献记载,嘉庆十二年(1807),嘉庆帝曾下谕停止澄海县民领照前往暹罗等国买米,其原因主要是“澄海县商民领照赴暹罗等国买米,接济内地民食,虽行之已阅四十余年,但此项运米船只,据报回棹者不过十之五六”④。从该记载可以看出,自 18 世纪后期,澄海县商民即大量前往暹罗,其中有相当一部分寓居暹罗不再回国。这一动态在时间上恰与吞武里王朝、曼谷王朝前期相吻合,也印证了吞武里王朝建立后潮州商民大量前往暹罗的历史事实。

---

① 参见张仲木:《华人经济活动的分区与分工》,载华侨崇圣大学泰中研究中心编:《泰国华侨华人史》第二辑,第 84—85 页。

② D. E. Malloch, *Siam: Some General Remarks on Its Productions, and Particularly on Its Imports and Exports*, pp. 71—72.

③ 参见[美]施坚雅:《泰国华人社会:历史的分析》,第 45 页。

④ 中国第一历史档案馆:《嘉庆道光两朝上谕档》第 12 册,第 925 条,第 420 页;《清仁宗实录》卷一八五,嘉庆十二年九月丁未,第 30 册,第 434—435 页。

关于这一时期暹罗华人的从业和生活情况,据英国传教士马礼逊(Robert Morrison)嘉庆年间创办的《察世俗每月统记传》记述:"华人驻此,娶番女,唐人之数,多于土番,惟潮州人,为官属封爵、理国政、掌财赋,城廓轩豁、沿溪楼阁、群居水,每年有上海宁波泉州厦门潮州广东船进其都城……其女人亦为商贾,只恨居民懒怠,多荒地,若非汉人代为耕种经营,甚难渡日也。"①据克劳福德19世纪20年代记录:暹罗华人多半来自广东、福建,但也有许多来自海南,以及少数来自浙江、江南地区,从云南来的少数移民主要定居在老挝北部。来暹罗的华人通常不带家眷,而是很快就与暹罗人通婚,因为他们之间并无禁忌。不管过去信仰何种宗教,或者根本不信宗教,他们都采取了佛教礼拜仪式,到暹罗寺庙进行礼拜并对僧人给以施舍。还有部分人甚至入寺为僧,虽然这种生活方式与他们勤勉活动的性格并不相合。更须注意的是,虽然他们仍旧穿着本国服装,但已放弃了花钱建墓立碑的偏好,而像暹罗人那样埋葬他们的死者。华人男子超过20岁就要缴人头税,在曼谷及其近郊被征缴人头税者有21000人,人们通常认为首都人口的半数系为华人②。郭士腊于19世纪30年代初有相似记录:华人大量来自广东潮州,他们绝大多数从事农业;另一部分被称为Kih或Ka的广东人,则主要从事手工业;来自福建同安地区的华民数量不多,多数是海员或商人;来自海南的移民多数是商贩和渔民,他们最为贫穷,却最快乐。源于潮州人的语言和习俗流行于暹罗。他们安于贫穷污秽的生活,也极力与暹罗人的卑躬习俗保持一致。有些人与暹罗人结婚后,甚至脱掉华人服装而换上暹罗人服饰。由于中国人的缺乏宗教热情与暹罗人无异,中国人甚易改从暹罗人的宗教仪式。如果有了孩子,他们经常剪掉发辫,在一段时间内入寺为僧。在两三代以内,中国人的一切显著特征都会消失,这些固守民族习俗的中国人就会完全变为暹罗人。这些人通常会忘掉自己的语言,而申请成为暹罗人。对他们来说,没有什么比受到暹王赐予封号更荣耀的了,"这通常发生在他们取得巨额财富或者出卖本国同

---

① 转引自华侨志编纂委员会编印:《泰国华侨志》,(台北)华侨志编纂委员会,1959年,第24页。

② John Crawfurd, *Journal of an Embassy from the Governor-General of India to the Courts of Siam and Cochin-china*, p. 450;并参见[英]布赛尔:《东南亚的中国人》,《南洋问题资料译丛》1958年第1期,第30页。

胞以后。从那时起,他们就成为国王的奴仆,而如果他们做了国王的官员,
那他们就更是国王的奴仆了"①。不难看出,克劳福德和郭士腊都注意到
在暹华人的"暹化"问题。实际上,早在明代,在暹华人已出现暹化之现象。
据《海语》载:暹罗"国无姓氏,华人流寓者始从本姓,一再传亦亡矣"②。另
据曾旅暹五年的英国人史密斯(Herbert Warington Smyth)记录,19 世纪
上半期中国移民的劳动被利用于造船、冶金生产、制糖作坊和采矿业,由于
华人的加入,暹罗许多小村庄和居民点人口迅速增加,经济蓬勃发展,如普
吉岛人口由 1824 年的 5000 人增加到 19 世纪 50 年代的 4 万人,拉廊居民
点由一个不大的村庄变成一个有锡矿熔炼工场、码头和仓库的人口众多的
采矿业中心③。总结曼谷王朝初年到拉玛三世时期的泰国华人从业状况,
可以说华人以务农为主,主要靠天和劳力吃饭,实业才刚刚开始,只有糖厂
和南部的矿业,从事商业、劳工和技师者都是华人。政府收入大部分来自
赋税,包括赌税、花会税、鸦片税等;其次是从外贸,主要是对华贸易获得收
益;再次是华人投标的包揽税务。国王和高官的收入主要来自对华贸易赢
利,对华贸易依赖于华人,大帆船水手都是华人,负责贸易的人员也是
华人④。

　　特别指出的是,吞武里王朝和曼谷王朝前期,有更多华人跻身暹罗上
层,并形成诸多显要华人家族,这些家族甚至一直影响到 20 世纪。典型的
如:(1)吴氏家族。该家族开基人吴让(又作吴阳,1717—1784),原籍福建
漳州府海澄县山塘乡西兴村,1750 年南渡暹罗宋卡谋生,后娶暹女为妻。
1769 年,郑信率军南下征服洛坤、宋卡一带,吴让乘机向其详述其产业家
室情况,并愿以年缴税银 50 斤之代价承揽宋卡湖中两岛屿之燕窝开采权,
郑信遂委任吴让为两岛屿燕窝税吏。吴让任职期间,每年将税款按期解
京。1775 年,郑信嘉其忠谨,封为昭孟(Chao Muang),意为城主。1784
年,吴让病卒,其长子吴文辉前往曼谷觐见拉玛一世,拉玛一世令其仍袭父

　　① Charles Gutzlaff, *Journal of Three Voyages along the Coast of China*, in 1831, 1832,
&.1833, *with Notices of Siam*, *Corea*, *and the Loo-Choo Islands* (London: Rrederick Westley and
A. H. Davis, 1834), p. 82.
　　② [明]黄衷:《海语》卷上,文渊阁《四库全书》第 594 册,第 119 页。
　　③ 参见[苏]尼·瓦·烈勃里科夫:《泰国近代史纲(1768—1917)》,第 178 页。
　　④ 参见[泰]黎道纲:《1782—1855 年间鲍林条约签订前的泰国华侨》,载[泰]洪林、黎道纲主
编:《泰国华侨华人研究》,第 33 页。

职为宋卡城主。嗣后至1904年,吴氏子孙世代继任宋卡城主,计传八世,凡129年,吴氏成为暹南最有影响之华人家族①。(2)叻达纳军姓氏。潮州人黄贵(译音),家居叻丕府挽空廊仓区,吞武里王朝时担任公职,从事帆船贸易。其子黄军(译音),拉玛二世时职衔为沙没哈那育(内务部),官至昭披耶叻达纳提北,泰姓叻达纳军。(3)皆律姓氏和尼雅瓦暖姓氏。福建人林律、林英兄弟,阿瑜陀耶王朝末年来暹罗。林律于吞武里王朝后期出仕,官至坤通事阿顺(外交厅华文书记官),1781年随暹罗朝贡使团到访中国,曼谷王朝建立后续得重用,官至披耶皆哥沙,为皆律姓氏之始祖。其子通津,在拉玛三世初期任华民政务司司长披耶朱笃拉差色提。林英初时未入仕途,主营帆船贸易,事业兴旺,后向政府承包税务,获赐爵衔拍英阿功颂巴,传三男四女,其男性后裔姓氏为尼雅瓦暖,长女为拉玛二世王妃,王妃生子女六人,一名巴莫王子,为巴莫家族始祖。(4)干拉耶密姓氏。建造吞武里府三宝公庙的黄道多,从事帆船贸易,后来官至昭披耶,为干拉耶密姓氏始祖。其后裔有二位官至昭披耶,一位在拉玛五世时期,为昭披耶叻达纳波定,另一位在拉玛六世时期,为昭披耶素拉西。光绪十年(1884)闰五月郑观应访问暹罗后曾提及:“中国殷商在暹罗多承充巴士。巴士亦即包揽货捐之名。如富而有才者,愿改暹装娶暹女为室,暹王方准予三品职官。闻昔年有福建富商黄多(按:当即黄道多),改暹装,竟升至首相,今其孙亦官户部尚书,不自知其本来姓氏籍贯矣,因暹俗有名无姓云。”②(5)哒叻仔苏恒泰。第一代是披耶阿派瓦匿(苏国仪),燕窝包税人,同时兼营帆船贸易,第二代是銮阿派瓦匿(苏昭旋)。(6)波沙雅暖姓氏。潮州饶平(澄海)隆都后溪人金氏于1817年来暹,早期依附万佛岁亲属,后经商致富,后裔子孙百余人,为波沙雅暖姓氏。(7)刘本溪(译音)。来自福建,1839年承包燕窝税致富,1852年去世。其子座山任(译音)开辟帕西乍仑港渠,获赐爵衔披耶颂颂巴波里汶。传子勇(译音)任职左港务厅时,爵衔銮沙吞拉差育,开辟沙吞港渠。其女入宫为妃,生一子,为吉滴耶功姓氏始祖。(8)颂巴实立姓氏。潮州人陈得银(译音)1734年生,壮年来暹,改名陈德合,与

---

① 参见[美]施坚雅:《泰国华人社会:历史的分析》,第27页;连心豪:《暹罗宋卡吴国主考略——一个显赫的海澄籍华侨家族》,《丝绸之路》2013年第2期;吴翊麟:《暹南别录》,(台北)商务印书馆,1985年,第32—181页。

② 夏东元编:《郑观应集》上册,第956页。

华裔朱姓女结婚,后获赐爵衔披耶锡腊阿功,生五子一女,女于拉玛二世时
入宫为妃。其子陈业顺(译音)获赐爵衔披耶颂巴瓦匿,其后裔为颂巴实立
姓氏①。(9)许泗璋家族。许泗璋系福建漳州龙溪人,25岁南渡槟城谋生,
后到暹罗,主要经营暹南与槟城间的航海贸易,渐成一方富商。1844年,
许泗璋向拉玛三世谋得泰南拉廊(Ranong)一带的采锡权,这一带从此开
始繁荣。1854年许泗璋因开发功绩被封为拉廊府尹,至1882年病卒。许
泗璋死后,长子许心广受封为披耶色提,继任为拉廊府尹,另外几子也获拉
玛五世授予爵位,并获委任为府尹,如许心德为弄旋府尹,许心金为克拉府
尹,许心美为董里府尹。特别是许心美,幼时曾回厦门读书数年,后回拉
廊,1882年出任董里府尹。其最大贡献是将马来西亚橡胶移植泰南并推
广,使橡胶业成为泰国百年来重要经济龙头,许心美也因此被称为泰国"橡
胶之父"②。(10)刘乾兴。刘乾兴祖籍广东嘉应州大浦县,1826年生于暹
罗,1851年暹罗最后一次朝贡时,他是贡船司舵,1859年被封为銮帕西威
色(子爵),任职华民政务司为税务官,1868年获赐为拍披汶博他那功(伯
爵),1873年升为披耶那拉纳博里叻沙达功(侯爵),为银库稽查厅稽查,
1879年被封为"披耶朱笃拉差色提",任职左港务厅华民政务司长官,主
管东方口岸贸易(主要是对华贸易),征收进出口税,并负责管理华人。
除日常工作外,他还倡议兴建挽巴茵夏宫天明殿,参与筹建是里叻医院,
主持重修汉王庙和修建龙莲寺等,其后裔亦多进入政界③。光绪十年
(1884)闰五月郑观应访问暹罗时,曾与刘乾兴会晤,据郑观应记述,刘乾
兴系"广东嘉应州人,其父贸易暹罗致厚资,遂入暹籍,现官丕也(披耶),
总理华务,其二子亦居三、四品官,其女选为王妃,亦客民之桀黠者"④。
总之,19世纪的暹罗,华侨华人在诸多华人聚集区获得了政治权力,对
此美国学者施坚雅言:"拉玛三世开始时,拉廊、宋卡、那坤是贪玛叻和尖

---

① 参见[泰]黎道纲:《1782—1855年间鲍林条约签订前的泰国华侨》,载[泰]洪林、黎道纲主
编:《泰国华侨华人研究》,第35—36页。

② 参见吴翊麟:《暹南别录》,第219—227页;[英]布赛尔:《东南亚的中国人》,《南洋问题资
料译丛》1958年第1期,第39页;[美]施坚雅:《泰国华人社会:历史的分析》,第161—162页;Jen-
nifer Wayne Cushman, *Family and State: The Formation of a Sino-Thai Tin-Mining Dynasty*
(New York: Oxford University Press, 1991).

③ 参见[泰]黎道纲:《大埔昭坤刘乾兴事迹考》,载华侨崇圣大学泰中研究中心编:《泰国华侨
华人史》第一辑,第93—101页;又载[泰]洪林、黎道纲主编:《泰国华侨华人研究》,第280—287页。

④ 夏东元编:《郑观应集》上册,第956页。

竹汶等府的封疆大臣,都是华人,而普吉府的'銮・拉惹・甲必单'也是华人。在拉玛五世统治期间,北大年、卓莫(Tomo)、董里、宋卡、拉廊、克拉(Kra)、弄旋和北榄(Paknam)各地先后有华人拉惹、封疆大臣或专员,这些官员中有许多是当地出生的中泰混血儿,母亲是泰人,但大部分人仍讲中国话,也有几位是华人。"[1]以上这些华人,一般因在商业上获得成就,得以进入暹罗政府任职,又通过与贵族子女通婚建立姻亲关系,得以进入泰国上层社会。这些早期有成就的中华移民,其后裔至今在泰国社会中仍起着重要作用。

三、19 世纪中叶后暹罗的华侨华人

19 世纪中叶后,虽然由于西方国家的竞争而使中暹帆船贸易走向衰落,但暹罗经济社会的新变化却使得华人移民暹罗人数更多。尤其是拉玛五世在位时期(1868—1910),中国人以前所未有的规模移民暹罗,从而形成清代华人移民暹罗的第三次浪潮。

这一时期华人之所以大批移民暹罗,主要原因有三个方面。首先,从中国方面讲,19 世纪中后期两次鸦片战争、太平天国起义等均发生在中国东南沿海地区,造成这一地区的战乱和动荡,导致大批华人迁居海外包括暹罗。1860 年中英、中法《北京条约》都规定华民及其家属可以前往英、法两国"所属各处,或在外洋别地承工"[2],1868 年中美《续增条约》又规定华民"前往各国,或愿常住入籍,或随时来往,总听其自便,不得禁阻"[3],从而减少了对华民出洋的限制措施。其次,从暹罗方面说,19 世纪中叶后特别是拉玛五世在位期间,积极推进近代化改革,大力发展自由贸易,又大量进行公路、铁路、运河、港口和工厂建设,产生大量的劳动力需求,而历届暹政府均鼓励华人进口。再次,从中暹交通看,19 世纪后期清朝与暹罗间的交通旅费大大降低,这是刺激华人往来暹罗的重要因素。1873 年,香港与曼谷间开辟定期航班,到 1876 年有两艘轮船往返此航线,其主要业务都是运载往来暹罗的中国商民。1882 年,一家新设的英国公

①　[美]施坚雅:《泰国华人社会:历史的分析》,第 159—160 页。
②　王铁崖编:《中外旧约章汇编》第 1 册,三联书店,1957 年,第 145、148 页。
③　王铁崖编:《中外旧约章汇编》第 1 册,第 262 页。

司——曼谷客运轮船公司——开始创办定期班轮,从汕头直接到曼谷然后经香港回汕头。在最初经营的两年间,从汕头去曼谷的轮船平均每星期一艘,附船到曼谷的移民每年约增加 1 万人。1886 年,该公司又开辟曼谷对海口的直航业务,使得海南人成为暹罗重要的移民劳动力来源[①]。据施坚雅统计,1882—1892 年平均每年从汕头前往暹罗人数为 8381 人,从海口前往暹罗人数为 1186 人,这两种数字在 1893—1905 年分别达到 20483 人和 4979 人,在 1906—1917 年分别达到 48538 人和 8796 人。把 1906—1917 年平均每年到曼谷人数与 1882—1892 年进行比较,可以看出每年从汕头直接到曼谷的人数增加了 5.7 倍,从海口直接到曼谷的人数则增加了 7.4 倍[②]。

关于这一时期华人往返暹罗的总体规模,在 1882 年以前没有准确统计数据。1882 年,大多数前往暹罗的旅客开始乘搭悬挂欧洲各国国旗的轮船,这使得中国东南沿海各港口的海关统计资料更加完整。施坚雅据此整理出 1882 年以后华人每年前往暹罗和离开暹罗的总估计数(参见表 13),尽管此项估计数有些误差,在有些年份也有波动,但从中可以看出,1882—1892 年间,华人每年平均入暹罗境人数为 1.61 万人,出暹罗境人数为 0.9 万人,这两种数字在 1893—1905 年间分别达到 3.5 万人和 2.01 万人,在 1906—1917 年间分别达到 6.8 万和 5.3 万人。另据日本驻泰公使馆之计算及泰国政府之统计,华人每年入暹罗境和出暹罗境人数分别为 1900 年 24909 人和 14817 人,1901 年 28126 人和 16568 人,1902 年 33542 人和 12285 人,1903 年 40122 人和 23200 人,1904 年 40630 人和 22935 人,1905 年 39387 人和 25874 人,1906 年 56512 人和 35110 人,1907 年 50779 人和 28074 人,1908 年 70836 人和 37720 人,1909 年 51734 人和 34634 人,1910 年 53901 人和 41384 人,1911 年 70884 人和 54186 人[③]。这些数字也说明,清朝末年华人往返暹罗人数呈现不断增加态势,且每年入暹罗境华人人数大大超过出暹罗境华人人数,表明华人移民暹罗数量在不断增加。

---

① 参见[美]施坚雅:《泰国华人社会:历史的分析》,第 47—50 页。
② [美]施坚雅:《泰国华人社会:历史的分析》,第 56 页。
③ 参见顾公任:《泰国与华侨》,第 19—20 页。

表 13　　暹罗各地华人出入境人数统计表(1882—1917)①

年份	入境人数	出境人数	年份	入境人数	出境人数	年份	入境人数	出境人数
1882	17.3	9.3	1893	27.7	11.2	1906(1/4 年)	13.1	10.6
1883	18.0	9.9	1894	33.8	16.1	1906/07	68.0	38.9
1884	13.1	8.4	1895	29.0	17.3	1907/08	90.3	53.0
1885	13.9	7.8	1896	27.8	18.2	1908/09	61.6	49.2
1886	14.2	7.9	1897	31.0	18.6	1909/10	66.8	57.4
1887	15.0	9.2	1898	33.6	19.1	1910/11	80.8	73.0
1888	15.7	7.9	1899	33.7	20.7	1911/12	76.7	63.9
1889	18.3	10.1	1900	27.3	19.0	1912/13	72.8	60.5
1890	18.9	10.4	1901	30.4	19.3	1913/14	73.3	57.2
1891	16.0	9.1	1902	36.5	18.8	1914/15	60.1	56.8
1892	17.1	9.4	1903	54.7	29.9	1915/16	69.2	47.1
			1904	44.0	23.7	1916/17	53.4	40.3
			1905	45.8	30.0	1917(3/4 年)	29.6	27.6
合 计	177.5	99.4	合 计	455.1	261.9	合 计	815.7	635.5

时期(年)	入境人数总数	出境人数总数	出境人数占入境人数%	每年平均入境人数	每年平均出境人数	入境人数总超额	入境人数的年平均超额
1882—1892	177.5	99.4	56	16.1	9.0	78.1	7.1
1893—1905	455.1	261.9	58	35.0	20.1	193.2	14.9
1906—1917	815.7	635.5	78	68.0	53.0	180.2	15.0

　　关于这一时期在暹华侨华人数量,仍无全面准确统计数字。在中文史料方面,光绪十年(1884)闰五月郑观应访问暹罗时,曾向福州籍华侨郑长盛询问暹罗华人数量,郑长盛称,华人在暹罗"纳身税者"约 60 万,"不纳身

---

　　①　表格说明:本表根据[美]施坚雅《泰国华人社会:历史的分析》第 67 页表格修改而成,按每年和每个时期统计,单位:千人。表中统计数字主要依据厦门、广州、汕头三地领事报告、中国贸易报告、中国海关报告、暹罗领事报告、暹罗贸易统计、泰国海关报告、泰国统计年鉴等文件。

税者"约 120 万,其本国民不过 200 万,"华民约略与之相等"①。田嵩岳于
光绪十五年八月到访暹罗,他后来记述:中国人旅居暹罗者,现计有百万之
众。其中潮民最多,不下 50 万人,闽省次之,广肇、琼州又次之,嘉应、惠州
为最少。其一年中往返经商者,又约 20 余万人②。薛福成使英期间,也注
意收集有关暹罗情况的资料。他在光绪十六年八月二十八日记:暹罗"十
余年前,阖境华民约有三十万人"。十七年十一月二十六日又记:暹罗"通
国人约十兆,而华人居其半,他籍人亦皆有之"。十八年七月十一日又记:
暹罗综计居民有 1200 余万人,其中暹罗土著 350 万,华人及暹产华种亦
350 余万,老挝人 300 余万,缅甸、越南、柬埔寨、日本、印度、巫来由及各种
土番共 200 余万③。在西方人记述方面,据法国人罗士尼(Rosny)估计,
1884 年暹罗总人口为 590 万,其中包括暹罗人 160 万,华侨 150 万,马来人
100 万,佬族 100 万;至于曼谷,总人口是 40.4 万人,其中包括华侨 20 万,
暹罗人 12 万。据兰敦(Kenneth P. Landon)估计,1890 年暹罗总人口约为
1000 万,其中包括暹罗人 300 万,华侨 300 万,马来人 100 万,柬埔寨人
100 万,佬族 130 万,白古人、克伦人和其他民族约 40 万④。另据泰华学者
修朝研究,暹罗 1825 年全国人口 475 万,华人占 23 万,1860 年全国人口
545 万,华人占 33.7 万,1890 年全国人口 667 万,华人占 49.7 万,1910 年
全国人口 830.5 万,华人占 79.2 万,从 1825 至 1910 年的 85 年间,华人人
数从 23 万增至 79.2 万,增幅 56.2 万⑤。以上数字差别如此之大,一方面
是因为暹罗政府一直没有进行人口调查统计,另一方面则是因为大量华人
后裔在暹罗出生长大,华人的确定标准本身就成为一个问题。1904 年,暹
罗政府曾对 12 个行政区和军贴行政区(含曼谷)的非市区部分进行人口调
查,"在进行有关人口中华人成分的调查时,所采取的办法是根据人的头发
类型与服装类型;所有男性人口,只要他梳有辫子,不管身材如何,一概列
为'华人',所有女性人口除了那些穿中国装并来自中国者外,凡是穿暹罗
服装的都列为'暹罗人'"。根据此"头发类型与服装类型"的华人标准,

① 夏东元编:《郑观应集》上册,第 957 页。
② [清]田嵩岳:《中外述游》,载王锡祺辑:《小方壶斋舆地丛钞》第 9 帙,第 344 页。
③ 《薛福成日记》,第 579、676、741 页。
④ 参见[英]布赛尔:《东南亚的中国人》,《南洋问题资料译丛》1958 年第 1 期,第 24—25 页。
⑤ 修朝:《曼谷皇朝政改前的华侨官员》,载华侨崇圣大学泰中研究中心编:《泰国华侨华人
史》第一辑,第 78 页。

1904 年暹罗 12 个行政区加军贴行政区华人人数为 393,416 人。施坚雅对该数据进行补充修正,认为当时全暹罗(不包括 1907 年割让与英法的行政区)华人总数为 39.71 万人(见表 14)[①]。这一数字显然估计过低,因为除去漏报、瞒报外,很多华人后代实际上已经剪掉发辫,而且"头发类型与服装类型"的标准本身就不适合儿童与青少年,无论是纯华人还是中泰通婚所生儿童,一般都穿戴与泰国儿童相同的衣服头饰。另外有人提出以缴纳人头税为标准估算暹罗华人人数:1903 年和 1909 年暹罗预算华人人头税分别为 792411 铢和 980600 铢,人头税是 4 铢,那么 1903 年和 1909 年暹罗华人人数应当分别是 198102 人和 245150 人[②]。这一数字显然估计更低,因为只有 20 岁以上的男性华人才缴纳人头税,而当时以各种方式免缴或逃避人头税的情况也很普遍。

　　尽管华人总数没有准确统计数字,但这一时期暹罗华人分布更为广泛是毫无疑问的。光绪十年(1884)郑观应访问暹罗后,曾记录在暹华人分布情况:"孟角(曼谷)临近地方,华人约六十余万人。迤西唐卞、西郎、孟邻、胡椒党等处约二十余万人;迤东针狄门、孟去瑞、北鸟、坤端、瑞西等埠,约六七万人;南洋大横、小横等处约数千人。合计在百万外。"[③]另据 1904 年暹罗政府对 12 个行政区和军贴行政区的人口调查,以前少有华人定居的暹罗中部、北部、东北部地区都有了华人身影(见表 14)。

表 14　1904 年暹罗各地华人人数表[④]

地区	行政区	1904 年华人人数	补充后的完整的估计数	华人总数百分比
下暹	坤西施	33992	34000	59.8%
	大城	18615	18600	
	军贴	197918	185000	
	合计		237600	

①　参见[美]施坚雅:《泰国华人社会:历史的分析》,第 82 页。
②　参见[美]施坚雅:《泰国华人社会:历史的分析》,第 81 页。
③　夏东元编:《郑观应集》上册,第 960 页。
④　本表根据[美]施坚雅《泰国华人社会:历史的分析》第 82 页表格修改而成。

地区	行政区	1904 年华人人数	补充后的完整的估计数	华人总数百分比
中暹	那空沙旺（北橄坡）	6283	6300	2.7%
	彭世洛	4442	4450	
	碧差汶	136	150	
	合计		10900	
北暹	北区	—	5000	1.3%
东北暹	柯勒	2431	2450	1.7%
	东北区		3000	
	乌汶	—	1500	
	合计		6950	
东南暹	巴真武里	35912	35950	11.6%
	尖竹汶	10080	10100	
	合计		46050	
西南暹	叻丕	38767	38750	9.8%
南暹	春蓬	3129	3150	13.1%
	洛坤	9303	9300	
	普吉	32408	32400	
	柿武里（部分）	—	7000	
	合计		51850	
全暹罗总数		393416	397100	100%

　　暹罗华侨华人人数的不断增加和分布的不断扩散，必然带来行政管理和社会治理问题。曼谷王朝前期，暹政府主要通过华民政务司和"系牌"方式管理在暹华民。所谓系牌，始于拉玛二世时期，每三年进行一次，凡男性成年华人，必须接受系牌并缴纳牌费即人头税。牌费在拉玛二世时期每人2铢，拉玛三世时增至4铢，直到1908年，暹政府宣布废除系牌手续，改为向华人征收每人每年6铢的例费。此外，自拉玛三世时起，暹政府又开始在华人聚居较多的地区委任华侨官吏进行治理，这些官吏包括安坡津、赞旺安坡津、巴叻津、公顺津等。安坡津即华侨县令，多委任于华民聚居较多

的城镇,直接听命于城尹,协助管理华民,包括编制华民清单,在系牌之年带领华民前往履行系牌手续,以及协助处理华民之间、华民与外族人之间的纠纷和民刑事案件等。如果城镇较大,则根据不同籍贯不同方言委任多个安坡津。赞旺安坡津即华侨监察县令,职位和职责略同于安坡津,唯皇封爵位高于安坡津,多委任于管辖地域广大而华民较为分散的区域。巴叻津即华侨副城尹,拉玛四世时在设立多个华侨县令的城镇又设立巴叻津一职,隶属城尹之下而统管华侨县令,权力比华侨县令更为广泛。1868 年,暹政府在华民政务司中设立华侨法庭,依照华人习俗和语言审理华侨诉讼案件。按照规定,华侨法庭须在有华侨居住的城镇派驻司法代表(称为"公顺津")以受理案件。但在未能派驻司法代表的情形下,华侨副城尹就成为当然的司法代表。公顺津即暹罗治下华侨领事,主要委任于华侨聚居较多的内地城镇,主要职责是审理华民之间的民事案件,以及协助审理华民与外族人之间的民刑事案件[①]。总之,自曼谷王朝建立至 19 世纪末,暹政府并未放任华民于行政管理和社会治理之外,而是设立一定的机制来进行管理。暹政府设立此机制,一方面有利于维持暹罗华侨社会治安,另一方面也可以掌握华民人数、居留分布及执业情况,以推行"系牌"政策和征收人头税。

　　关于 19 世纪中叶后在暹华人的从业状况,《时务报》1896 年第 17 册刊载的《中国在暹罗人数》记录:"凡百业务,为华人所办,不一而足。如例有东洋车数千辆,暹人不挽,而华人任焉。然其车资贱廉,行步迅速,一日所得,自五十仙至一圆云。出向市场而观,则店头卖肉鬻鱼者,多华人也。试以暹人比华人,其数约七与三之比也。观彼船渠,则其木匠锻冶工,及其余工人,亦多华人。此等工人,一日所得,自一圆五十仙至二圆。常工犹且得三十六仙。若夫华人一日休其业,则暹国事业亦尽休歇也。此地有一大轮船公司,曰乌立独沙路公司,总理及二三人士为西洋人而已。至其余办事人,则皆为华人也。此地又谷米富饶,故输出米于四方,亦为甚多,而藉船运焉。有帆船数十艘,皆以华人为之长。"[②]另据时人任致远记述:"华人往来于暹罗间,络绎不绝,年约十四五万,有积贮巨资携归故乡购置田宅以养

---

　　①　参见修朝:《曼谷皇朝政改前的华侨官员》,载华侨崇圣大学泰中研究中心编:《泰国华侨华人史》第一辑,第 80—87 页。
　　②　《时务报》第 17 册,光绪二十二年十二月十一日出版,第 1158—1159 页。

余年者,有暂时言旋扫先人丘墓及整理家务其后再往南国者,此怡怡然而来,欣欣然而去,大都广东附近之汕头、潮州、厦门、福州及海南岛人居多,其经营事业,为商业、渔业、航业、工业、矿业、农业及其他各种劳动事业。"①可见,在暹华人遍布于社会各行各业。

　　这一时期暹罗华人的构成情况继续发生巨大变化。如前所述,从1767年起以至于整个19世纪,以曼谷为主要进口港的暹罗中部和内地,潮州人在整个华人人口中的比重有了惊人的提高。19世纪80年代汕头、海口与曼谷间开办定期班轮后,海南人和客家人的比重也有了很大提高,而同一时期福建人所占比重有了大幅下降,广东人的比重也相对地稍有降低。据施坚雅估计,在19世纪末20世纪初,全暹罗华人的比例应该是:潮州人占40%,海南人占18%,客家人和福建人各占16%,而广东人占9%②。另据泰华学者修朝研究,1909年曼谷华侨人口共162,505人,其中潮州人最多,为86,298人,广州人次之,为30,129人,福建人又次之,为22,190人,最后为海南人13,068人和客家人10,820人③。

　　晚清时期暹罗华侨华人发展的一个重要问题是在暹华人的暹化问题。如前所述,早在明代,在暹华人已出现暹化之现象。随着暹罗华侨华人的不断增加,华人后代的暹化现象也更为普遍。英国学者布赛尔指出,中国人移居暹罗的,大多数是男人,他们和暹罗女子结婚,很快就被同化了,而他们的孩子是被教养成为暹罗人的,由这种婚姻所生的子女叫作"洛真"(Lukchin,意为中国人的孩子,暗示中泰混血之意)。中国人与暹罗人在人种上是比中国人与东南亚其他民族更为相似,所以他们也就更易于同化。到了第二代或第三代,这些移民就完全被吸收并把自己认为是暹罗人了④。另一位学者古穆庄良(Kumut Chandrung)则更形象地描述说:"暹罗的典型商人,大抵都有中国人的血统。他仍焚烧金箔来纪念他的祖先,可是他的儿子们却到暹罗学校去念书,能在他们的石板上学着写两种文字。他的第三代就不学中国文了,他们之中有许多人改了姓,忘了他们的

　　① 任致远:《中国人在暹罗之势力》,《环球》1917年第2卷第1期,第58页。
　　② [美]施坚雅:《泰国华人社会:历史的分析》,第58页。
　　③ 修朝:《曼谷皇朝政改前的华侨官员》,载华侨崇圣大学泰中研究中心编:《泰国华侨华人史》第一辑,第79页。
　　④ [英]布赛尔:《东南亚的中国人》,《南洋问题资料译丛》1958年第1期,第29页。

家谱。"①

晚清时期暹罗华侨华人发展的一个重要标志是华侨社会的成熟。暹罗华人社会的成型与暹罗官方允许华人成立社团的规定有关。在1857年前,华人社团被视为秘密组织严加禁止。如拉玛二世时期开始出现的"洪字"华人帮会组织,为反对受到的欺压,多次发起暴动。1848年,北柳府有华人与区长发生纠纷,未得公平裁决,当局拘禁百余名华人,无错者亦被羁押,要求罚款抵罪,否则就要受到监禁。"洪字"帮会于是暴动,攻打北柳府城,结果遭到无情镇压,死人甚众②。1857年以后,暹政府开始有条件地允许华人申请成立社团,经审查批准通过后方可成立。曼谷第一个语系集团形式的社团,是广东人于1877年建立的广肇会馆。1897年,暹政府正式颁布关于华人组织社团的条例与规定,因此大多数华人社团成立于20世纪初。1910年,中华总商会成立。它以合法商行为会员,加强了华人在航运业、进出口业、碾米业和银行业的联合及整体实力,成为暹罗华人的重要社团组织。关于清末暹罗华人社团,有学者将其分为六大类,即地缘性、血缘性、商业性、文化性、宗教性与慈善性等,也有学者将其分为五类,即地缘、业缘、血缘、神缘和物缘。据学者潘少红统计,在1910年前,泰国客属、福建、广肇、海南、广东四邑华侨曾先后建立13个地缘社团。业缘华人社团方面,有1910年成立的著名的中华总商会。慈善性社团方面,则有1905年成立的天华医院和1910年成立的华侨报德善堂等③。暹罗华人社团的大量成立,标志着暹华社会的成熟。

---

① 转引自[英]布赛尔:《东南亚的中国人》,《南洋问题资料译丛》1958年第1期,第23页。
② 参见[泰]黎道纲:《1782—1855年间鲍林条约签订前的泰国华侨》,载[泰]洪林、黎道纲主编:《泰国华侨华人研究》,第33页。
③ 参见潘少红:《泰国华人社团史研究》,厦门大学2008年博士学位论文,第24—27页。

结　语

一、总的来看,清代中泰关系可分为四个历史阶段。第一阶段为清初至 1767 年阿瑜陀耶王朝(1350—1767)灭亡。这一阶段,清朝对暹罗贡期、贡道、贡物、赐予、朝贡规模、朝贡礼仪、朝贡贸易等做出了一系列具体规定,与阿瑜陀耶王朝建立了稳定的封贡关系。期间暹罗国王纳莱、帕昭·素、泰沙、波隆摩葛、波隆摩罗阁五世先后 14 次遣使朝贡,清朝则于康熙十二年(1673)册封暹罗国王。第二阶段为吞武里王朝(1767—1782)时期。这一阶段,首先是华人后裔披耶达信(郑信)率领暹罗军民驱逐入侵缅军并建立吞武里王朝后,立即派人与清朝联系,由于郑信并非阿瑜陀耶王朝后裔,清政府从兴灭继绝的角度出发,对吞武里王朝的正统地位提出质疑。随着吞武里王朝重新统一暹罗而成为暹罗境内唯一合法政权,并先后 7 次派人到清朝表示友好,清政府对吞武里王朝的态度逐渐转变。最后以乾隆四十六年(1781)暹罗朝贡为标志,清朝与吞武里王朝的政治关系实现正常化。第三阶段从 1782 年曼谷王朝建立到咸丰三年(1853)曼谷王朝最后一次朝贡。这一阶段,清朝与暹罗曼谷王朝保持了持续稳定的封贡关系,清暹政治关系达到清代以来友好的顶峰。期间暹罗 35 次遣使访华,清朝也 3 次敕封暹罗国王。第四阶段为 19 世纪中叶以后。这一阶段,西方势力日渐侵入暹罗,暹罗也积极进行近代化改革,清朝与暹罗间的传统封贡关系瓦解,却未建立起近代外交关系。清朝曾就暹罗再贡问题及立约设领问题同暹政府进行多次交涉,但迄无结果。

二、关于清朝与暹罗政治关系的性质,学界有朝贡关系、宗藩关系和平等关系说几种。相对而言,宗藩关系是一个政治意蕴更强的概念,而朝贡关系则是一个历史意蕴更强的话语,因为明清两代档案文献是将外国及周边少数民族派遣代表来华均称作"朝贡",并围绕"朝贡"建立了贡期、贡道、使团规模、朝贡礼仪、贡物、赐予等一系列"朝贡制度"。比较而言,"朝贡"要比"宗藩"的适用范围更为广泛,也更符合清朝与亚洲周边国家的政治关系实际。然而,"朝贡"这个词语从字面上只强调了朝贡国的单方面朝贡行为。结合清朝对朝贡国朝贡时的封赐而言,清朝与朝贡国的关系称为"朝贡—封赐"或简称为"封贡关系"更为合适。

就暹罗而言,清政府对暹罗贡期、贡道、贡物、使团规模、朝贡礼仪、赐予等做出的规定是否得到有效地实施和遵从? 从贡期看,暹罗特别是曼谷王朝时期基本是每三年一次呈进例贡的,如贡船遭遇意外而未能按规定呈进贡物,暹罗还会再派船补贡。从贡道看,朝贡使团基本是根据清朝安排的贡道入境和进京的。从贡物看,雍正七年(1729)后暹罗每次例贡都是根据清朝规定呈进贡物,虽然时有加贡,加贡物品也不一定,但例贡贡物基本遵从了清朝规定。从使团规模看,清朝对暹罗来华贡船只数及朝贡使团人数均有限制,暹罗实际来华贡船及使团规模基本都在规定限额之内。从赐予看,雍正二年后每次对暹罗朝贡使团的例赏都是基本相同且符合规定的。特别是暹罗使团还遵循了清朝为之规定的朝贡礼仪包括觐见礼仪,这是清朝与暹罗封贡关系存在最重要的标志。可以说,自17世纪中叶至19世纪中叶,清朝与暹罗建立并保持了近200年的封贡关系。当然,"朝贡"与"赐予"仅是清朝方面的话语,这种朝贡话语系统作为清朝发展对外关系的历史语言,有其时代和地域局限性。且不说西方国家完全否认以觐见礼仪为代表的朝贡制度,甚至暹罗也并非完全认同与清朝的朝贡关系。在暹罗统治者看来,其向清朝派使呈进礼物,清朝对其予以"答礼",这是一种有利可图的平等交往方式,这就是暹罗王廷对暹中关系的理解。尽管通事在将暹罗国书译为汉文时改用清朝朝贡话语系统,并不乏"歪曲"国书内容,但因为"朝贡"可以获得丰厚的"答礼",以及更加有利可图的"朝贡贸易"机会,所以暹罗方面也就不太在意话语描述的差异了。正是这种理解与描述的差异,使得清朝与暹罗间的"封贡"关系得以长期维系。

关于清代暹罗朝贡的时间和次数,学界意见也不统一。实际上,清代暹罗共有50次遣使朝贡。其中阿瑜陀耶王朝自康熙四年(1665)初次朝贡到乾隆三十二年(1767)被缅军攻灭的103年间共朝贡14次,平均约7.4年一次;吞武里王朝存在的15年间(1767—1782)只有1次朝贡;曼谷王朝自乾隆四十七年(1782)建立至咸丰三年(1853)最后一次朝贡的72年间共朝贡36次,平均2年一次。就朝贡任务来说,以例贡为主,也有请封、谢恩、祝寿、庆贺、进香等贡,有时使团带有双重甚至多重任务。如果不计请封、谢恩等贡的话,自乾隆五十一年(1786)敕封拉玛一世为暹罗国王至咸丰三年的 68 年间曼谷王朝共有例贡 23 次,基本保持了三年一次例贡的传统。

　　清代暹罗之所以远涉重洋按期朝贡,有着深刻的经济社会原因。一方面,清代暹罗朝贡,暹罗进贡物品多为东南亚土产或市场上很容易买到的商品,清朝赐予物品则多为市场上很难买到的价值昂贵的宫廷用品。可以肯定地说,清朝赐予物品的价值要远高于暹罗进贡物品的价值。而且,暹罗使团来华后,所有进京人员之馆舍、廪饩、夫马、船只等项均由清朝承担,在粤守候人员之额支口粮,自奉旨准贡之日起支,贡使回广之日住支,均于广东存公银内并地丁项下动支,这也是一笔巨额的费用。此外,每次暹罗朝贡,都有朝贡贸易,正、副贡船随带入口货物及购买出口货物,可以享受免税优惠,而且使团赴京后,贡船可以先行回国,次年再来接载贡使回国。这样,每次朝贡,贡船都有四次往返免税贸易的机会。朝贡可以带来经济利益回报,这是清代暹罗特别是曼谷王朝频繁入贡的重要原因。另一方面,清代暹罗频繁朝贡,主要也在于实际经营暹罗对外贸易的华人群体的推动。明清时期,华人大批移居暹罗,特别是到吞武里王朝和曼谷王朝时期,暹王鼓励华民来暹,并委任华民经营暹中贸易。在此背景下,华人自然希望通过频繁朝贡来保持与清朝的良好关系,从而保障并促进两国间通商贸易的发展。可以说,清代暹罗频繁朝贡,很大程度上是暹罗王室贵族与在暹华人群体双赢的贸易活动:暹罗王室可以从中得到清朝敕封和部分经济利益,更多商业利益则归于暹罗华人群体。暹罗之所以能按期入贡,并在清朝发生重大事件时及时做出进香、祝寿、庆贺等反应,其信息来源和驱动力主要在于实际控制清暹贸易的华人群体。曼谷王朝前期,暹罗朝贡频率大大超过之前,其原因也在于暹政府优待华人政策导致的暹罗华人移民增加和贸易实力增强。

　　作为清暹封贡关系的另一方,清朝为何会接纳暹罗的频繁主动朝贡?虽然清朝可以从暹罗贡进物品和朝贡贸易物品中获得龙涎香、幼嘌香、槟榔、苏木等东南亚特产,但清朝对暹罗使团给予优厚接待,并对朝贡贸易实行免税优惠,清朝准许暹罗朝贡显然不是为了获取经济利益。另外暹罗与中国远隔海洋,陆路边界并不相接,清朝与暹罗建立封贡关系显然也不是出于国防安全和边疆防御考虑。实际上,清朝准许暹罗朝贡,获得的只是所谓"万邦来朝"的"政治认同"和"文化认同"。清朝统治者为实现政治和文化上的"大一统"局面，对朝贡国实行招徕政策，给予厚往薄来的优待，这是清朝建立与暹罗封贡关系乃至整个朝贡制度的初衷。在这种政治满足感和文化优越感的影响下，只要暹罗按照规定前来朝贡，清朝可以给予其各种优厚待遇，并满足其不违背大清律例的各项要求。

　　三、晚清时期，清朝与暹罗间政治关系发生重大变化。这一阶段，清朝与暹罗间的传统外交关系因暹罗不再朝贡而结束。虽然清朝政府曾就恢复清暹封贡关系与暹政府进行过多次交涉，但都归于失败。暹罗之所以绝贡，并不是因为其向清朝提出的所谓"贡道梗阻"或者"请改道由天津登陆"，而是因为这一时期，暹罗日益受到西方国家势力侵入，面对国际国内形势变化，暹政府开始进行自上而下的近代化改革。接受了近代西方外交思想与观念的暹罗王廷已不同意按照传统的朝贡方式来与清朝发展关系，而希望与清朝建立条约式外交关系。清朝与暹罗统治者外交理念的巨大差异，成为两国近代外交关系迟未建立的根本原因。此外，这一阶段对于西方势力侵入暹罗以及暹罗进行的近代化改革，清朝官民均予以关注。特别是对于法国势力在暹罗的扩张，驻英公使薛福成和总理衙门在 19 世纪90 年代法暹战争期间给予密切关注，并在追随英国立约保暹和接管英法在暹瓯脱地带两大问题上表现积极。然而，清朝政府根本无法真正参与英、法两国关于暹罗问题的谈判，其追随英国立约保暹和接管英法在暹瓯脱地带的想法只能是一场幻梦。对于暹罗国内进行的近代化改革，在甲午战争以前，已有少数清朝官员及一些西方人在华编辑出版的报纸有所关注，但主要是从介绍世界各国大事的角度进行简介，并未引起国人广泛关注和大的政治影响。甲午战争的惨痛失败，使国人开始密切关注日本的明治维新，同时也注意到与之类似的暹罗近代化改革，在维新派创办的最有影响的两份报纸《时务报》和《知新报》上，都刊载了大量有关暹罗近代化改革的文章。相对于甲午战前西方人在华编办报纸有关暹罗近代化改革的时事报道而言，这一时期维新派创办的报纸意在为国内维新改革提供舆论准备和经验借鉴，其引起的国人关注及政治影响已不可同日而语。另外，清朝末年，由于暹罗侨情严重，清政府终于决定与暹政府缔结条约设领护侨，然无奈暹政府一味推宕，迄于清末，终无成效。

　　四、关于清代中暹两国的贸易往来，在 19 世纪中叶前，清朝与暹罗间存在的是朝贡贸易与通商贸易并行的"双轨制"。就朝贡贸易而言，主要是暹罗贡船在广州的入境贸易。暹罗来华贡船,有正贡船、副贡船、护贡船、请贡船、探贡船、接贡船、补贡船数种。这些船只在华期间进行的贸易,均属朝贡贸易。显然,中暹朝贡贸易与清暹封贡关系及暹罗朝贡活动密切相关。与阿瑜陀耶王朝时期朝贡活动较少,吞武里王朝初期朝贡活动暂时中断,吞武里王朝后期特别是曼谷王朝前期朝贡活动频繁相适应,清朝与暹罗的朝贡贸易也经历了从小规模运行到暂时中断再到恢复并走向繁荣的过程。就通商贸易而言,主要包括中国海商往返暹罗的贸易和暹罗商船的来华贸易。相对于朝贡贸易而言,清朝与暹罗间的通商贸易更多受到清朝海外贸易政策的影响。在清初实行禁海、迁界政策时,东南沿海商民的出海贸易受到阻滞,唯有郑氏海商集团积极开拓与日本及南洋包括暹罗的贸易。在清朝实行开海贸易后,中国商民往返暹罗的通商贸易和暹罗商船的来华贸易均走向兴盛。特别是雍正、乾隆年间,清朝实施多项鼓励大米贸易进口政策,直接刺激了这一时期中暹两国大米贸易的繁荣。

　　清朝与暹罗间朝贡贸易与通商贸易的最大区别在于税收政策不同。对于朝贡贸易,清政府于康熙二十四年(1685)开海设关后规定:"外国进贡定数船三只内,船上所携带货物停其收税。其余私来贸易者,准其贸易,贸易商人部臣照例收税。"[①]由此,对于暹罗正、副贡船和护贡船,实行免税政策,并支给船员水手在粤期间廪食等物。对于探贡船只,也实行上述优惠政策。至于接贡船只,向例并无免税政策。道光二十四年(1844),暹罗贡使呈禀,请照琉球国例对接贡船免征关税,道光帝谕准广东巡抚程矞采等所奏,"准其仿照琉球成案,嗣后暹罗国接载贡使京旋之正贡船一只,随带货物免其纳税。其余副贡船只,或此外另有货船,仍着照例收纳,以昭限制"[②]。对于通商贸易,则除雍正、乾隆时期对进口米石商船有船货税银减免的优惠政策外,需要按照海关税则征税。

　　另外值得注意的是,暹罗贡船的朝贡贸易和暹罗商船的来华通商贸易均有华侨华人的广泛参与。清代前期,暹罗对外贸易由王室垄断,具体则交由华人运营,因此,暹罗来华贡船和商船一般都由华人管驾并负责贸易。如康熙六十年(1721),暹罗入贡,贡船内有郭奕遂等156名,系福建、广东

---

① 〔清〕梁廷枏总纂:《粤海关志》卷八《税则一》,第538页。
② 中国第一历史档案馆编:《嘉庆道光两朝上谕档》第49册,第461条,第120页。

人。雍正二年(1724)，暹罗入贡，来船梢目徐宽等 96 名，系广东、福建、江西等省民人。八年八月，有暹罗船商陈景常遭风收泊厦门贸易，船上舵水人等均系内地民人，住在暹罗。同年十一月，还有暹罗船商柯汉遭风飘至福建兴化府属之湄洲，柯汉及船上财副、舵水人等俱系内地闽粤江浙等处人民。乾隆二年(1737)，有暹罗船商邱寿元等 77 名驾船载货到宁波贸易，又有林然等 90 名驾船往日本贸易，因遇飓风飘入定港，邱寿元、林然等俱系华人，住暹年久。十三年，有暹商马国宝驾贡船来粤，又有商人方永利等前来"护贡"，两艘贡船的"唐梢"达 186 名，亦在暹居住年久，各有亲属家室在暹。到嘉庆中期，清政府开始立法禁止华民代驾暹罗货船和贡船，但在 19 世纪中叶前华民照旧参与甚至控制暹中贸易。此外，华人还广泛担任暹罗朝贡使团中的通事、书记、跟役等职，在暹罗对华朝贡过程中起到媒介和促进作用。

19 世纪中叶后，随着清暹封贡关系结束，清朝与暹罗间的朝贡贸易告以终结。而以中国帆船为媒介的中暹通商贸易，也开始受到西方势力的强力竞争而走向衰落。然而，中暹两国间的贸易仍得以维持。这一时期中国从暹罗入口贸易总值一直处于平稳略有下降状态，中国对暹罗出口贸易总值则一直处于不断上升状态。结果是 19 世纪 80 年代以前，中国对暹贸易一直是入超，之后转为出超，且出超数额不断增加。总的来说，这一时期中暹贸易一直处于较小规模但平稳发展状态，但两国间贸易能够维系并平稳发展，主要已不再是中国帆船贸易的贡献，而是西方蒸汽机船贸易的结果。中国帆船贸易的衰落，以及华人在中暹贸易中掌控地位的丧失，是西方先进生产方式对东方传统贸易模式比较优势的必然结果。

五、关于清代中泰两国的文化交流，一方面，频繁来华的暹罗贡船和商船把暹罗物产和文化载来中国；另一方面，中暹两国的密切交往，特别是华侨华人大批移居暹罗，也把中华文化的种子带到暹罗广泛播撒。如在农业方面，清朝时大量华人移民暹罗，其中有很多希望恢复在东南沿海时的农耕生活，这就很自然地把一些农作物新品种(如甘蔗)和种植技术传入暹罗。手工业方面，随着华人大量涌入暹罗，也将制瓷、冶炼、建筑、碾米、造船、航海等先进技术传入。在医药文化方面，暹罗将大量香料、药材随贡船和商船舶来中国，华人移民则将传统中医药带入暹罗并广泛使用。在语言文学方面，随着两国间交往日益频繁，泰人大量吸收中国词汇来丰富泰语，中国古代文学作品也随华人移民传入泰国。尤其是曼谷王朝拉玛一世在位时,下令将中国古典小说《三国演义》译为泰文,名为《三国》,揭开了中国文学在泰国流传的序幕。泰译本《三国》刊行后,很快为泰国人所接受,发展成为泰国文学的"三国文体",从而导致影响泰国文坛数百年的印度诗体文学被逐渐抛弃。而且,随着泰译本中国小说的传播,后世作家纷纷从中汲取文学营养。可以说,泰译本中国文学小说的出现和流行,极大促进了泰国文学的发展,是泰国文学发展史的一个里程碑。在佛教文化方面,华人很早就将中国大乘佛教带入暹罗,但无正式的华僧寺庙。同治元年(1862),南粤禅僧续行和尚南渡暹罗,决心募化修建一座正式的华僧佛寺。至1871年,寺庙建成,定名为龙莲寺,华僧以寺为依托,逐渐组成华僧教团。龙莲寺的建成和华僧教团的组成,标志着泰国"华僧宗"的形成。

六、与清代中泰政治、经济关系相适应,清代暹罗华侨华人的历史发展可分为三个阶段。第一阶段为清初至1767年阿瑜陀耶王朝灭亡,这一阶段出现了清代华人移民暹罗的第一次浪潮,先是明清鼎革造成的东南沿海局势动乱导致部分华人迁往暹罗,接着是康熙中期以后实行的开海贸易政策以及雍正至乾隆中期实行的鼓励大米贸易政策,促使中国商民大量出海到南洋包括暹罗贸易。第二阶段为1767年吞武里王朝建立至19世纪中叶,这一阶段出现了清代华人移民暹罗的第二次浪潮。吞武里王朝建立后,身为华人后裔的暹王郑信特别照顾他本属的华人,吸引大批闽粤籍华人涌来暹罗。曼谷王朝建立后,继续实行优待华人政策,加之清暹关系达到清代以来友好的顶峰,两国间政治、经济交往频繁,因而吸引更多华人随贸易船队来到暹罗。第三阶段为19世纪中叶后,这一阶段华人移民暹罗人数持续增多,尤其是拉玛五世在位时(1868—1910),中国与暹罗间的人口流动达到前所未有的规模,并形成清代华人移民暹罗的第三次浪潮。清代暹罗华侨华人,根据来源地域和语系结构,可分为广东人、福建人、潮州人、客家人和海南人五大"集团"。在不同的历史时期,各"集团"移民暹罗的规模有所差异。到清末时,暹罗华人根据不同的地缘、血缘、神缘、业缘和物缘,成立大量华人社团,并开始兴办华文学校,编印华文报刊。暹罗华人社团的大量成立,标志着暹罗华人社会的成熟。

七、清朝与暹罗关系对于中泰两国乃至东南亚政治、经济、文化、社会产生了深远影响。从政治上看,清朝与暹罗阿瑜陀耶王朝、吞武里王朝、曼谷王朝的友好往来,奠定了今天中泰两国睦邻友好的基础。清暹关系还影响到清朝对东南亚的政策以及与缅甸、越南的关系。从经济上看,清朝与暹罗频繁的贸易往来,是17至19世纪中国与东南亚帆船贸易网络的重要组成部分,促进了中国与东南亚的经济交流,也促进了东南沿海地区与泰国沿海沿河地区的经济社会发展。雍正、乾隆年间的中暹大米贸易,缓解了中国东南沿海地区的粮食危机,对于社会稳定起到了重要作用。19世纪中叶后,中泰贸易逐渐融入西方人主导的东南亚和南亚经济贸易圈,中泰贸易也成为世界经济贸易体系的重要组成部分。从文化上看,清朝与暹罗的文化交流,丰富了两国人民的物质和精神生活,也促进了两国人民的深厚情谊。从两国人员往来看,清代有大批华人移民暹罗,他们是现代泰国华侨社会的奠基者,也是中泰和平的使者与友谊的桥梁。大批华人在暹结婚定居,更是融合了中泰两国人民的血缘。今天我们在加强与泰国等东南亚国家的多种合作与共同发展进程中,追溯两国人民源远流长的历史交往,回顾两国人民的深厚情谊,进一步增强了解和达成共识,无疑会进一步激发两国人民为增进新的友谊而共同努力。

附　录

附录一：暹罗王朝世系表

素可泰王朝(1238—1438)

世系	姓名	英文译名	世系关系	在位时间(年)
1	室利·膺沙罗铁	Sri Intaratitya		1238—?
2	班孟	Ban Müang	前者之子	？—1275
3	兰甘亨(拉玛甘亨)	Rama Khamheng	前者之弟	1275—1317
4	卢泰	Lö Tai	前者之子	1317—1347
5	昙摩罗阇·卢泰	Tammaraja Lütai	前者之子	1347—1370？
6	昙摩罗阇二世		前者之子	1370？—1406
7	昙摩罗阇三世		前者之子	1406—1419*
8	昙摩罗阇四世		前者之弟	1419—？①

阿瑜陀耶王朝(1350—1767)

世系	姓名	英文译名	世系关系	在位时间(年)
1	拉玛蒂菩提	Rama Tibodi		1350—1369
2	拉梅萱	Ramesuen	前者之子	1369—1370
3	波隆摩罗阇一世	Boromoraja I	前者舅父	1370—1388
4	东兰	Tong Lan	前者之子	1388
5	拉梅萱		第二次登位	1388—1395
6	罗摩罗阇	Ram Raja	前者之子	1395—1408
7	膺陀罗阇	Intaraja	波隆摩罗阇之侄	1408—1424

---

① 昙摩罗阇四世和其后的统治者仅为阿瑜陀耶王朝统治下的世袭地方官。

世系	姓名	英文译名	世系关系	在位时间(年)
8	波隆摩罗阁二世		前者之子	1424—1448
9	波隆摩·戴莱洛迦纳	Boromo Trailokanat	前者之子	1448—1488
10	波隆摩罗阁三世		前者之子	1488—1491
11	拉玛蒂菩提二世	Rama Tibodi II	前者之弟	1491—1529
12	波隆摩罗阁四世		前者之子	1529—1534
13	叻德沙达	Ratsada	前者之子	1534
14	帕拉猜	Prajai	波隆摩罗阁四世异母兄弟	1534—1546
15	胶法	Keo Fa	前者之子	1546—1548
16	坤哇拉旺沙	Khun Worawongsa	篡位者	1548—1549
17	摩诃·查克腊帕	Maha Chakrapat	帕拉猜之弟	1549—1569
18	马欣	Mahin	前者之子	1569
19	摩诃·坦马罗阁	Maha Tammaraja	素可泰王朝首相	1569—1590
20	纳黎萱	Naresuen	前者之子	1590—1605
21	厄迦陀沙律	Ekatotsarot	前者之弟	1605—1610
22	膺陀罗阁二世(颂昙)	Songtam	前者之子	1610—1628
23	策陀	Jetta	前者之子	1628—1630
24	阿滴耶旺	Atityawong	前者之弟	1630
25	帕拉塞·东	Prasat Tong	篡位者	1630—1656
26	昭发猜	Chao Fa Jai	前者之子	1656
27	室利·素谭吗罗阁	Sri Sutammaraja	前者之叔	1656—1657
28	纳莱	Narai	昭发猜之弟	1657—1688
29	帕·碧罗阁	Pra Petraja	篡位者	1688—1703
30	帕昭·素	Prachao Sua	前者之子	1703—1709
31	泰沙	Tai Sra	前者之子	1709—1733
32	摩诃·坦马罗阁二世(波隆摩葛)	Boromokot	前者之弟	1733—1758
33	乌通奔	Utumpon	前者之子	1758
34	波隆摩罗阁五世		前者之弟	1758—1767

吞武里王朝(1767—1782)

世系	姓名	英文译名	世系关系	在位时间(年)
1	披耶·达信	Pya Taksin		1767—1782

曼谷王朝(1782年至今)

世系	姓名	英文译名	世系关系	在位时间(年)
1	拉玛一世(昭批耶却克里)	Rama I(Chao Pya Chakri)		1782—1809
2	拉玛二世(依刹罗颂吞)	Isara Suntorn	前者之子	1809—1824
3	拉玛三世(帕喃格劳)	Pra Nang Klao	前者之子	1824—1851
4	拉玛四世(玛哈·蒙固)	Maha Mongkut	前者之弟	1851—1868
5	拉玛五世(朱拉隆功)	Chulalongkorn	前者之子	1868—1910
6	拉玛六世(瓦栖拉兀)	Maha Vajiravudh	前者之子	1910—1925
7	拉玛七世(巴差提勃)	Prajadhipok	前者之弟	1925—1935
8	拉玛八世(阿南多·马希伦)	Ananda Mahidol	前者侄儿	1935—1946
9	拉玛九世(普密蓬·阿杜德)	Bhumibol Adulyadej	前者之弟	1946—2016
10	拉玛十世(玛哈·哇集拉隆功)	Maha Vajiralongkorn	前者之子	2016—

附录二:泰国最后一次入贡中国纪录书[①]

小历一二一二年(佛历二三九三年,咸丰一年)拉玛第四世皇下谕,令国防大臣披耶是素力也旺备二铁板船为入贡中国使节之船,二船一命名威他也康,谕委披耶吗哈奴博为船长,披耶初律(华侨商人也,原名亚乾,晋侯爵为披耶,时为华民政务司)为司舵,披耶吗哈奴博之子乃壬(即本文作者,后晋爵为"拍")理财政文牍,另一船命名为沙炎披博,谕委銮是耀哇吗博为船长,拍沙越哇嘱里(华侨商人,原名亚法)为司舵,乃颂汶管理财政文牍。另有使节,分为二组,一组为依向例呈递国书者,另一组为吊唁前皇(指宣宗)者,所贡之物,亦分二组,分配与二组使节分别携带。使节方面,一组有

① [泰]拍因蒙提:《泰国最后一次入贡中国纪录书》,[泰]陈棠花译,(曼谷)《中原月刊》1941年第1卷第1期。本书收入此译文时,有标点符号修改调整。

拍顺吞为正使,銮母旺沙尼哈为副使,坤披尼哇差为通译员,另监督一名,华人通译又二名,音乐师十名,共十七名,此批为呈递国书使节团。另一组有拍沙越顺吞为正使,銮勃差那披蒙为副使,另监督一名,华人通译二名,音乐师十名,共十五名,此批为吊唁使节,二组共三十二员名。

是年旧历八月(公历七月——译者)日期已忘记,二组使节全体携鲜花香烛入旧皇宫,觐见拉玛第四世皇奏请辞行,皇即下谕晋升各使节爵位,及赐正使金质尖顶(帽)一顶,金质槟榔盘一个,金质长颈瓶一个,金质念珠一串,金质环炼一串,日本边纹衣一袭,现银三斤(每斤八十铢),赐副使金质尖顶帽一个,金质槟榔盘一个,金质长颈瓶一个,金质念珠一串,金质环炼一串,日本边纹衣一袭,现银三斤,赐第二副使金质尖顶帽一个,金质念珠一串,金质环炼一串,日本边纹衣一袭,现银十两(每两二铢五十士丁),赐通译员金质尖顶帽一个,赐音乐师每人现银十两,及各另赏赐勋章。懋赏已毕,全班使节即拜别出宫前,领取国书,然后有仪仗队导出正门,往下于停泊官商码头前之小御船,即乘小御船出北榄港口,在北榄港口宿一宵,越晨北榄府尹另备较大之船接载全班使节出外港,往下于停泊外港中之二铁板船。使节下铁板船后,即日下午启锭扬帆,向东北行驶,越十六天抵广州之虎门,即驶入珠江,至黄埔关前停泊,广州府官员特备"望楼船"四艘,载女乐班来迎,其船搭金色围蓬,旋全班使节即被迎上望楼船,女乐班奏乐欢迎,是晚望楼船停泊于关前,广州府官员在船上设宴为使节洗尘,越晨使节乘船二船(艘)即驶入广州市前,停泊于珠江口河面,炮台鸣炮廿四发为礼,使节船鸣炮廿四发答礼,使节船在广州市前停泊一晚,越晨广州府官员又以望楼船迎使节宴于船中,又一日广州府官员即派仪仗队来迎国书,岸上鸣炮二十四发,使节船鸣炮二十四发答礼。旋国书迎上轿中,沿三十二行路至广州使节馆,及迎国书至曩暹使所筑之国书楼,全班使节住于节馆中五天,广州府官员复来访。又一日,广州府官员携黄牛六头,猪十二头,鸡一百二十只,鸭一百二十只,各种糕饼五筐,及菜肴颇多,赠送使节,据称系奉广东总督命令携来赠送者,除物品外,另又以现银五百两,分赠各使节。

使节住于使节馆又五天,广东总督即令属员携请贴来,请有爵位之使节赴宴于广东府署,席间有戏剧助兴。欢宴中广东总督称,贵使节抵达之后,敝职经已驰书北上,奏闻皇上,不久朝廷当有明令云。

使节住于使节馆经四十天,总督即遣人来报,谓已接得北京皇上谕令,请使节往总督府候听谕令,使节即至总督署,总督即宣读谕令,称"咸丰皇帝宣谕称,因先皇新丧之际,方当哀毁,本年免贡。使节可先返暹,明年再来贡,始受贡物"云。使节听聆后,即返使节馆,又住卅天,总督令人携请帖来请往总督署会宴,席间另有戏剧助兴,总督称:请贵使节先返暹,明春再来,总督又赠现银五百两,使节乃返使节馆,遂不赴北京,乃依拉玛第四世皇谕令,在使节馆举行佛事(做功德)一天,请僧人诵经,聘戏剧表演,及答宴广州官员,但以总督尊贵,恐见怪,乃未请赴宴,广州官员数名亦以鲜果极多参加佛事,佛事已毕,使节全班即下船返暹。

越年(佛历二三九四年,咸丰二年),拉玛第四世皇又下谕披耶乌隆旺披博整理二铁板船,委披耶吗哈奴博为威他也康船长,披耶初律(华民政务司亚乾)为司舵,乃纳为管理财政文牍,另一船名叻差铃沙力,则委銮乃实为船长,拍沙越(华商亚法)为司舵,乃颂汶管理财政文牍,委拍沙越顺吞为正使,銮母旺(原名乃壬)为副使,乃裕为第二副使,坡披尼哇差为通译,乃缴为监督,华籍翻译二名,音乐师十名,一行共十七人。于是年旧历八月,日期已忘记,全班使节入宫觐见拉玛第四世皇,奏请赐准登程,皇予懋赏已毕,全班使节即乘舟至北橄外港,下于铁板船,启锭向东北而驶,越十八日抵虎门,即入黄埔滩停泊,广东官员乘望楼船来迎,船载女乐班,是日广州官员在船中设宴款待使节,越日使节船驶入广州市前停泊,岸上及使节船互鸣炮致敬,旋广州官员派仪仗队来迎国书至使节馆。全班使节住使节馆五天,总督令人携牛、猪、鸡、鸭、饼、果颇多,前来赐赏。又十五天,总督请赴宴,宴设于总督署,宾主双方约共六十人,席间总督及巡抚对使节称,贵使节抵步后,敝职经即驰书北上,奏知皇帝,料须待月余,当可获回音。使节闻言,答词致谢。迨宴毕,总督以现银二百两见赠,及令巡抚偕使节参观市廛,旋使节即归使节馆。住已月余,总督复请赴宴,并称咸丰皇帝有谕,请贵使节北上入京,敝职将派二属员作向导,继之总督即令属员备望楼船十艘,船长八哇(每哇二公尺),阔七掠(每掠五十生的),蓬油金箔,窗镶刻花玻璃,广东官员与使节迎国书下船,正副使节各乘一船,随员分乘数船,二向导各乘一船,共船十二艘,于十二月下弦十五日(泰旧历)启程由北江进发。启程之前一晚,总督又设宴饯送,有巡抚、布政司、通判等大员作陪,宴设于大望楼船中,船停泊于二十三行路前河面,宴至十二时,各互祝福而别,正月上弦一日(泰旧历)船于行一天即抵三水,越日离三水北上,经过不知名之市镇数个，而至韶关，至是河水较浅，大望楼船已不能前越，遂在韶关宿二宵，当地职官以小望楼船二十六艘供使节使用，及设宴款待，继又再行，至广东边境之南雄，一路尚有市镇不少，计由广州出发至南雄，共已经过市镇十有六，至是前有山峰屏隔，水程不能再进，南雄之长官乃延使节至使节馆，使节馆之天花板罩绸布，地上敷地毯，步道敷红铜钉，使节在公馆宿一宵，南雄长官特在山间之私馆中设宴款待，席间有演剧及舞狮助兴。南雄为广东边隘地，广东各市镇市区均广大，粮食物丰富，越日南雄长官备轿、马及牛畜供使节载物，继乃复行越过山岭，又一日而达江西之南安，南安太守迎使节至使节馆，及设宴款待，席间亦有戏剧助兴，南安太守并称，将另备船由赣江北上，请使节暂宿二宵。迨二宵已过之越一晨，即再出发，沿途经过九个市镇，均受相同之欢迎，又十六日抵南昌，江西总督欢迎尤为热烈，延使节至使节馆，设宴及有戏剧，江西总督赠正副使各貂鼠皮衣一袭，随员各棉衣一袭，另银二百两，嘱使节分给各随员。使节宿使节馆一日，总督即令属员向使节称，水程已止于此，兹须从陆路而至北京也。越日总督即备大轿八（六）辆，每轿八人抬，六轿共四十八人，供使节等乘坐，另随员十人各乘马一匹，贡物载于牛车，出行后，每经一市镇即受欢迎，沿途并见农民耕作陇亩间，或有瓜棚、豆茄、园圃花圃，屋宇或大或小，难尽形容，计由南昌出行，每日必经过有城垣之市镇及均受设宴款待，因程途中遇城必进之，一因所携粮食不多也，迨将至北京时，前横一河（按：即永定河），见一大石桥（按：即卢沟桥），河水甚浅，水流经山间流出，时为严冬，遄三月间也，河水结冰，可免从桥上经过，乃从河面履冰而过，马轿均同，此间见当地人用雪橇船行于冰面，以铁钩勾冰而驰，往来如飞。途次天气极寒，浓露浙沥如雨，日以继夜，及有奇异之物，从天而降，形如棉絮，纷纷着于人身，落至地而化为浓水（按：遄使向未见雪花，乃讶为奇物），又风常挟沙而飞，着于衣帽上甚多。计由南昌至北京，经过一七二市镇，由广州起算，则共经过一九七市镇，均受欢迎，及以银线（钱）供作路费，多少不等，所经市镇，或过宿或不过宿。至北京后，北京官员即迎使节住于四层大厦之使节馆中，此大厦过去专供遄使节居住者，是日使节即乘拉玛第四世皇御赐礼服，往谒见吏部（按：应为礼部，下同），及将贡物点交外交大臣，询及吉时（入朝觐见之吉时）后即回归使节馆，是日有长官先后来访见者共十六员，至晚十一时应酬始止，越日即有职官来报，谓稍待片时有官员奉咸丰皇帝谕令，携物来赏赐，请使节即穿礼服迎接御赐礼物云。使节乃各穿礼服候待，中午即有官员携物来，对使节谓咸丰皇帝有谕，携物来赐与暹使，该官员即将物单给与使节。计御赐之物，有正使红晶顶帽一，第一副使蓝晶顶帽一，第二副使与通译员白晶顶帽一，又各裘衣一袭，丝织裤带各一条，靴各一双，袜各一双，鞋各一双，玉指环各一个。玉指环之价值各别，正使所得值五百两，第一副使所得值三百两，第二副使所得值二百两，通译（办事）所得值一百两。其他随员各有赏赐，计棉衣各一袭，布帽各一顶，靴各一双，袜各一双，鞋各一双。此种赏赐系初次之赏赐，使节受赏赐时，各下跪拜谢皇恩毕，官员即自回。

晚七时，官员复来报，谓今晚咸丰皇帝将命驾出紫禁城行修善事，迨御驾返宫时即请贵使节入宫觐见，使节应诺，迨三更时候，官员即偕使节往宫廷，已至，时即将天亮，官员偕使节停歇于"五天门"（按：当指午门）之亭中，为御驾将经过入宫处。天明时，官员偕使节出亭迎驾，旋御驾已临，护驾之兵有炮兵二百余名，步兵二千余名，旗枪或旗叉兵千余名，继至马队，马队均携剑，四马成行，共四百名，继至携各种御用物者又百余人，而至大臣高级军官均骑马携剑挽弓箭拥于御驾前，约百名，至是为御轿，当御轿至使节前时，吏部外交大臣下骑三跪拜奏称，兹有暹罗使者候驾于此，咸丰皇帝点头，吏部外交大臣再三跪拜，皇即谕令禁卫军转令停轿，然后皇以手掀轿帘，转面对暹使而视，官员即促使节下跪三叩头，然后起立，皇宣谕称，暹使远道而来，殊为感谢，宣谕毕，又命驾前趋，及向官员宣谕称，先偕暹使至公馆平安居住，然后始令入觐，宣谕毕，御轿即进入宫廷，使节俟全班护驾队伍已尽过乃返。为言御轿，御轿之左右，各有御林军五十名，以二人为行，各携长三速（每速五十生的）之长棍，两旁御林军离御轿约十速，其间即军官每旁一百名，各挽剑及携弓箭，御轿前各队伍，每一队伍之前，必有二人抬昇之锣，另一人击之，御轿前另一金纹之锣，离御轿约三哇（每哇二米突），御轿抬者十六人，御轿木制，雕刻花纹，油金色，有四轿柱，如暹国之轿，轿以黄缎裹贴，外垂坠须，轿内以翡翠毛饰之，其轿顶之内饰以雉鸡之羽。皇穿黄色缎袍，黑帽形如锅盖，上箝无上价值之玉，帽上饰以黄丝坠，皇身挽弓箭，手持宝剑。御轿之后，另有御林军或携斧、长柄刀（关刀）、枪，或戟，或卡头，柄头均有坠须，继之则骑马挽弓箭及剑之官约三百名，又荷各种军械之骑兵四百名，殿后之队伍或荷火药枪或挽弓箭，或其他军器者，又二千余名。据偕使节行之官员对使节称，护驾之将士，共约万员云。使节即询称，此御驾队伍特备以供使节观瞻者抑为惯例。官员答谓，系通常惯例。皇每出紫禁城，必每有此护驾队伍焉。若御驾出离畿辅，则护驾队伍且十倍过之。言毕，即相偕返公馆。

越日，咸丰皇帝有谕，令太监以玻璃瓶盛酒，柘榴实，一桌之肴菜，至公馆赏赐，使节向太监跪拜受赐，又越晨，咸丰皇帝有谕，令文员来称，朝廷以叛乱初平（指太平天国军）及皇履祚之始，国家无如上次使节来时之丰足，故请使节先在公馆安居，而至使节极安适时，始将下谕再来请入朝呈递国书云。至是使节即暂居公馆，每天受筵宴无间日，迨经过十五天，吏部即令人来请，使节即往见，吏部称，咸丰皇帝有谕，令使节于明天下午入朝觐见，请使节均穿暹罗官礼服云。使节闻言即辞归公馆，越日下午三时，华官领六轿来迎，使节乘轿沿敷红布之道而行，见当朝臣属，多已候于"史公阁"（按：当指紫光阁）大殿之前也，使伫候于庭下，及见宫员正在饰御座中，御座之顶为黄缎制，顶盖之边缘有丝制坠须，顶盖之内底，亦承黄缎，帘为黄缎绣金纹，柱饰以白绸绕红绸，地敷金纹地毯，美丽夺目，御座之上，有雕纹檐油金纹，敷锦，庭前之幕敷地毯。当使节至时，御座尚未竣，"史公阁"尚多所见而不能记忆者。当太监以镶金木桌设于殿内后，即以御用瓶盛酒，以金盘盛之，放于桌上，下跪叩头后，伫立于侧。旋皇即有谕令使节入内庭，候朝，其时高丽使节先入觐，使节四员，翻译二员，其（共）六员，立于御座前十速（每速五十生的）远，旋下跪三叩头，然后起立，继获谕令由太监延入，至桌前皇之御座前，皇赐酒各一杯，使节下跪三叩头谢恩，使节即面对御座倾饮而尽，又下跪三叩头，乃退至原处伫立，然后四使节各顺序趋前觐见。皇对使节宣谕数言，惟听不清楚。旋下谕太监引暹使入觐，各国使节均四人及翻译二人共六人，各使节均下跪叩头，礼仪如下：正副使下跪叩头后起立，皇赐御酒，一如赐高丽使节者焉，使节下跪谢恩后，皇宣谕称：使节返暹后祈上奏暹皇，谓暹国君主崇敬朝廷已历数百年，始终不懈，朕殊感谢。使节闻言即下跪三叩头谢恩，已毕，复退至原处，此外则其他各国使节顺次进觐，计共有六国之使节，均朝觐已毕，皇即返御殿，官员即延六国使节大开筵宴，宴设于"史公阁"侧之大厦中，都三百余人，杯盘碗碟，尽为金银所制，瓷器未用，晚十时余宴毕，泰使节即返公馆。越日，皇下谕，令官员携鸟羽所制绒被来赐，鸟羽软如棉花之内絮，六国之正副使均受此赏赐。

又数日,官员来领带使节往参观各宫宇,宫殿以石建,巍然甚高,为四角亭式,檐如泰国皇宫之檐,顶盖圆但平低,正殿之四周另有宫宇,大宫为石建,有石墙高十速,围于四周,围墙之外为沟,水洋然满沟,堤为大理石所建,沟阔六哇(每哇二米突)深六速,有石桥通于殿宇,共四桥。于沟口一大理石所敷路阔八速,其次为嫩草之坪,阔约五哇,草坪之外,有石城围住,沟间之墙高三哇,外城高度未知,因太远,未及往观,由晨至夕,参观始毕,及返公馆,越日又由官员偕往参观御车,车裹以黄金,其顶如御轿,以象拖挽,象有三头,二雄一雌,二头高四速,一头高五速,官员谓象系老挝所贡,缅甸亦有贡,曼谷一世皇时,亦贡三头,泰使答谓亦事实也。该象穿棉衣又棉袜,故天寒而不死,若不然则天寒时,象必死,因生于热带也。参观象厩之后,转参观马厩,马为中国马,共万头有奇,均有看管之人。越日往参观北平之戏,有数百家均优良之戏班,又一日官员偕使节往参观御花(苑),系近皇殿之地皇宫地也,有水池,池中有岛洲,有御宇,有假山,有亭榭,有旗,或灯,假山共十六座,山甚低,相离甚近,苑外有围墙,御苑长三十信,阔二十信,闲游极乐,难以形容,及难尽记忆。京华各路之间,间建旗楣或灯楣,一路多有坊门,为二石柱所建,宫门石建,高十五哇,阔五哇,为中央门也,中央门之两侧,尚有旁门,供人民出入,紫禁城石建,高五哇,每一石为四方形,长阔二速,厚十二寸。官员又偕往参观各行业巨商店,参观竟十六天而未完全,又偕往参观各街市商坊,竟月未完全,街坊数千,又往各巨寺进香,计数百寺,街坊及寺院,不能尽记忆,亦不能尽形容之。贩绸之街坊,为石所建大厦,以北京情形而论,亦不甚高,石雕刻甚美,且贴金如中国床焉,路之两旁多此大厦,共约千间,此等街坊,又共约千条,屋宇若干,难以计算。北京之城垣均为石块所建,每石块阔十六寸,长二速,厚八寸,无灰粉,城高八哇,厚十五哇,城门为层楼式,如炮台焉,高十七哇,门阔六哇,门裹铁厚二寸,钉帽头钉,此正门也,为皇命驾出城时经过之门,其旁亦二旁门,供人民出入,周城十五门以上,另有外圈墙城又四重,共五重。紫禁城三重,宫墙又三重,均尽石建。除城外,另有城沟,阔十七哇,深四速或三速,水流出城外,但未往观沟之尽头,因离过远。城边大路,均阔十二哇或十四哇或十六哇不等,路上行人络绎不绝,如曼谷有皇室火葬大典时焉。有专供车辆行驶之道,与行人之道不相杂,有广场供军人学射箭及击枪,广场比曼谷王家田草坪广数倍,北京共有八所此种草场。车路有黄牛车水牛车行驶,日以继夜，至一更（九时）余止。北京多用车及轿以代船，因系高地也，全城人民所用之炭为石炭，产于中国，以骆驼由山林地载来供给，使节曾睹国库之银或税收等，均以桶盛，桶长三速阔十六寸，桶裹铁皮条三条，印红字公款字样，每桶以一牛车载之，及有人由后推之，每天约一百五十辆车往来载送不绝，桶内之银，所见或巨块或小块，不知其量之多寡。又见官方掘获之金，送入国库，每天载送十车，以桶盛如银桶，金亦不知其量之多寡也，黄金间有金沙，间有金条，间有金块，又见殷商出账，一天之间，载出银十辆牛车，入账三十辆车，且数处见之，北京之巨商约五百余名，至显官则多不富足，惟亦生活裕如，富足则不及巨商也。

又一日，官员来偕使节往觐朝，仍穿遍官服，觐朝处为御苑，乘轿前往，至御苑亭而止，时为下午三时，其先六国之使节亦同时并进，亭内各使节均有座位，候至下午四时，即见荷各种武器之兵，四人成排，每排一百名，共四百名，又骑马之官一百，各挽弓及剑，继即皇之御车至，车六辆，以一雄象拖之，象被饰如狮子，御车之后又骑马之官一百，又步行之兵二百，各荷火药枪，华籍翻译员称，此仪仗队仅在官之范围者，御驾已至，官员即延六国之使节下亭迎驾，御驾临使节前而止，使节齐下跪三叩头，其时吏部外交官即趋于使节前，下跪三叩头后启奏称，六国使节均候驾于此，皇即谕令御者停车，宣谕称朕已见六国使节，如亲见六国之王，继向吏部外交官称，六国使节上下均平安否，吏部外交官启奏称，六国使节均平安，皇即宣谕称，六国使者均平安，卿之功也，朕甚感谢，皇宣谕后即令御者驱车至御苑门前，然后移步下车，即偕皇后四皇下（子）入御苑，时即闻音乐响奏，已毕，官员来向吏部外交官称，皇上有谕，请六国使节入苑会宴，六国使者即入金题四荣花殿会宴，殿位于苑之西，皇与后坐于玉仙位，为御苑石殿也，离使节座约六哇。宴毕，候至晚七时余，官员偕使节先候于东方之门，非西方御驾入时门也，各卫驾之兵均持烛火。旋音乐响奏，翻译对使节谓皇已饱矣，御驾将出，即请候驾。迨八时余，皇偕后及四皇子驾临使节前，皇向各国使节观看后，及向六国使节点头，但无宣谕，使节均下跪，皇前行，后继之，使节又下跪，后仁立使节前，宣谕令太子及次皇子携在御苑所采之花，赏赐各使节，六国使节各受赐一束。后宣谕称，获六国王贡物，甚感谢也，旋御驾即前去，太子及次皇子赠各使节花束后，盛誉各使节衣服之美，然后即偕皇及后而出，皇乘马，马为西马，黑色，高三速余，比向所见西马尤大，但后与四皇子则乘象拖之御车,向内宫而进,吏部即向六国使节称,皇后仅曾对八位大臣宣谕,此外未曾宣谕与人,今对六国使节宣谕,殊欲使使节受光荣之赐,俾众官对使节钦敬也,至是使节均返公馆。

　　一次不记何日矣,有官员来向泰使节称,接得报告谓法国使节将来朝觐,贵使节欲先回抑欲观法国使节之朝觐也,泰使节即答谓曩者法国使节尚曾至暹罗觐见暹皇,因已见之,兹不欲候待,欲先返国,该官员答诺,但又称吏部则因筹备迎接法国使节,将进行订约也,故无时间以礼物答报泰国之贡物。暹罗为小国,应宜候大国之朝觐后始别为宜也,泰使节乃答谓然则任大臣之意可矣,候待亦可,不候待则将速别也。

　　旋而待候月余,官员请泰使节往欢迎法国使节之仪仗队,其盛况甚于泰使数倍,法使节入殿朝觐时,六国使节亦欲入殿观礼,但官员谓小国之使仅在殿,前或御苑得朝觐,不能入殿,六国使节乃候于外,待法国使节获国书后,六国使节始获答国书,乃回,又候待许久,官员来谓,咸丰皇帝答报各使节贡物,及各使节均有赏赐,计答贡物之礼物为良绸一百匹,中等绸一百匹,此为皇所赐,后所赐则锦缎二十匹,色绸三十匹,共二五〇匹。又赏赐正使节良绸五十匹,色绸二十匹,蓝布二十匹,副使良绸四十匹,色绸二十匹,蓝布二十匹,办事良绸三十匹,色绸二十匹,蓝布二十匹,监督及华籍大通事小通事三人,各良绸五匹,色绸十匹,蓝布十匹,其他仆役音乐师十人各色绸十匹,蓝布十匹,使节得赏赐返公馆,使节居于北京二月又二十三日,即悉偕使节由广东北来之二官,因在经过之各地需索饷粮过多,有违前例,被长官上奏咸丰皇帝,咸丰皇帝下谕斩首治罪,及下谕大臣传令各府地,护送暹使至广东。又久之,一日,官员来报,谓皇已下谕准泰使节返国,及依贡例,使者免辞别,可任何时自动起身云,使节即择定牛年六月下弦十六日启程,届时官员即护送出行,经过各地,均依例招待,但未依原途而归。因依例来时之途,各官已迎接,应另换他途也。及新经过之途,一路仍可获剩赠,系咸丰皇帝厚待使节之谕旨也。使节行月余,乃悉当前途道,匪军(当指太平天国军——译者)甚盛,到处掠劫小城廓或商贾,而至商旅裹足,偕使节行之官员悉当前途道多匪,兀然而惊,遂不偕使节至 Num Pok Chow 而先自逃逸,中途使节被弃,Num Pok Chow 曾派二人来报,谓将以车马来迎,殊去后,又不复来。使节至是遂将所携物尽弃于途,然后奔至 Num Pok Chow,则见城门尽闭,每门均无人把守,城外稍有小部分人员把望。使节乃据城外一神庙而居,及令翻译找寻役夫五十名,往收拾途中所弃之物,重聚庙中,越日使节令通事往见守城员,谓请报告太守,备车辆护送,守城员即领命而去,使节仍候于庙中又一晚,黎明使节令通事往见守城员,问其如何,守城谓城门已全闭,君不能入,此城对君已不迎迓,宁不若他去乎。留连亦无益也,且闻匪徒将截劫,贵使节宜速他去为妥也。守城员又谓离此东去不远,有一城名 Ping pok,行程实非遥,仅一天可达,君盖往该诚,当胜于住神庙也。使节乃答谓,不能行,因无车辆也,守城员谓君果欲去,我将为设法。使节闻言大喜,即令通事与接洽,结果得牛车六十辆及役夫五十名,麇集神庙中,使节即令役夫搬物上车,由黄昏至晚,因物太多,已毕,仍留滞庙中过宿,午夜又令通事雇守城之人员十名,又邻近居民二十名,共三十名,与役夫五十名,打锣守更,以护车物。晨五时,见启明星已起,即动身出行,中午至一关站避热暑,即雇一关站人员导往宁北城,晚七时许抵宁北,通事往找办差,谓泰使已抵此,请往报长官,来迎泰使。旋长官即来迎,在城外设馆供使节居住,携物以赏使节,约一更许,官员来报,谓太守已他去,系往离此八百里处与朝廷之兵凑合防守中,俟二三日当返城,请使节俟于城中二三日云。使节即候三天,犹未见府尹来,使节即回办差谓,太守不来,请偕通事往找可乎,办差即备马四匹,二办差各一匹,大通事小通事各一匹,即往防兵方面往找寻,迨已遇太守于军中,太守转偕往见大军总长,通事即谓来至宁北已辛苦万分。总长即生怜悯之念,即令太守即返 Ping Pok,及令四军官携令旗偕通事等往见使节,军官对使节称,总长令吾来领君等往 Num Pok Chow,请转赴 Num Pok Chow,该地顺路,可达汉口,及令由四军官领往 Num Pok Chow,使节居 Ping Pok 十五天,即重返 Num Pok Chow。因四军官携有令旗,Num Pok Chow 方面即出迎及代偿往来 Ping Pok 之旅资,然后偕使节入城至公馆,四军官以使命已毕,即辞去。越日备车辆离 Num Pok Chow 至 Veng Song,宿于关站一晚,府尹出迎,备车及人送至 Hu。至一区名 Siksilvku Cham,停宿一晚,即雇该区人携书往 Veng Song 报告,请府君来迎,其人返来谓,太守在备车辆中,明日即来迎接。是晚又宿于斯,越日犹未见来,乃通令往见太守,谓何不依朝廷命护送使节。太守谓因车辆难找,故稍迟耳,及谓明日必来迎,幸勿惊恐也。通事往视车辆,果见车辆已齐备,惟仍恐其践约,乃宿于城内候促之,小通事即返报使节,谓明日必来迎,使节闻言甚喜,乃俟之三日,犹未见其来，又一日即见 Hu 城之官属纷纷迁移家属，状甚仓皇，使节疑之，问其故，人民谓匪军已来攻城，城被焚及杀人甚众，故迁避之，及谓君等在此不畏匪乎。旋又有一妇携幼子逃难来向使节求乞，谓不得食已竟日，使节予以食，该妇谓，吾之夫及子女与余，均被匪所捕，匪杀吾夫及长子，及见匪捕一泰人，系君之伴侣，匪已知君等多财物，将必来劫，吾于今晚逃出，将往山中依亲属居也。妇言毕，即自去，使节闻大通事被捕，即欲逃避，但无车辆，乃守此国家之物，听天由命，旋公馆中之老人对使节称，君等何不他去乎，匪且将至，命将不保也。使节即令小通事告老人，谓欲逃而无车辆，故不能逃，及不知由何处可达广东，老人谓不能往广东，前途有匪，须返京城，始可无患，车辆即屋后甚多，雇人驱之可也，惟雇金甚昂耳。使节憬然乃命其往雇车六十辆，雇该区壮丁五十名，人已至，时为黄昏时候，于是晚物均全搬上车，此日为月曜日，八月上弦七日也，因夜间不能出行，乃令五十人守护车辆，击锣打更而至天明。

越日为日曜日，牛年也，黎明，因雾甚浓，仍不能行，须俟至日出后雾始散。八时，使节等在公馆早餐，即有匪徒约五百名，各携刀枪戟矛等至，或步行或骑马，蜂拥狂呼而来，将公馆围住，即将门撞开，砍杀使节所雇之人，或死或伤，或越墙而逃，使节等不能与抗，因人数过少，乃相率逃走，匪见使节等不予拒抗，亦不加害，惟将车物尽掠去，北京朝廷所答国书亦丧失，公馆中尚未搬上车之零星物，亦被掠一空。中午，事已平息，使节等即返公馆，则见物已全失，寸布不留，使节各仅剩身上衣服，及咸丰皇帝所赐之玉指环，套于指上人各一个，已无被褥，帽亦无之，旋正使点查人员，则第二副使、办事、通事均失踪，料入匪处，不知生死如何，尚剩二使及十二役人共十四人，即离公馆，雇村民导路往 Veng Sing，迨至关站，即先停止，关站长以粥飨使节。越日为木曜日八月下弦十日，第二副使与办事亦赶来，第二副使述谓系往一山中荒寺藏匿，不得食二日，继有二老人至荒寺采薪，入寺中遇吾，吾不能说官话，乃偕见办事，办事即告之谓，物均被匪劫尽，二老人即偕吾二人即一养鸭屋，以麦粉煮水食之，气力渐复，二老人即谓君之侣伴被洗劫后，已向 Veng Sing 而去，君不往追寻乎，吾即谓不识途，但欲去也，二老人即以粥餍吾二人后，即偕行至路间，候商人车，旋有商人车至，欲往 Veng Sing，乃附其车而来云。至于十六人已齐，仅缺大通事一人，宿关站已六晚，即向关站长询谓，何不领吾等往 Veng Sing 城，关站长答谓已向城中报告，并述使节被劫事，须候城中命令，然后前进。使节又居关站中四天，关站长即谓上峰有命，请使节入城。迨至城中，城中太守谓公馆已有其他国使节居住，须暂居城门间一庙宇，亦安适也。至是办事即写一中文呈，呈交太守，述使节被劫，北京朝廷所赐礼物尽失事，太守将何所有示否。越日太守即来称，已行文 Huan Num Sa，现未获其回音，俟有回音后，始行办理。使节又过数日，乃令办事往找太守，谓护送使节往广东，太守即谓须俟 Huan Num Sa 之总督与巡抚覆示后，始能出行。使节俟至月余，始获总督及巡抚来文，谓总督悉泰使节被劫，及受苦难，殊为悯惜，已行文北京，报告大臣，须俟来文后，始可出行云。约一个月又半，有从北来之官员，谓总督与巡抚令以银五百两交使节，以购衣服用物等，及谓此款非公款，乃系总督所赠。使节即受之，均分各伴侣，而居于庙三个月有奇，至牛年十一月下弦十日，即有一官员［兵］偕兵五十，来见使节，谓咸丰皇帝经下谕大臣行文总督巡抚，派军官一人士兵五十来护送使节，以免蹈前次之覆辙，总督即令吾来此云。当时，太守即向商人募捐得二百两以赠使节，出离该城之日，太守请使节赴宴，是年十一月下弦十三日即出离该城，由兵护送，至 Beng Lang 城，宿一晚，越日由该城官备车送使节至 Lum Su，又经过数城，每天宿一城，至卅六城，名均忘记，均受欢迎。迨至金水县，位于一大河之间，县官迎接甚恭，以银三百赠使节，宿二晚，而备船供用，继至汉口，太守迎接如金水县，汉口位于大河之边，河面甚广阔，市镇前一岛洲，岛洲上亦大市镇，但使节未临。其上，汉口之西亦一巨流，汉口太守请使节宿一宵，即备船五艘，向西间之支流而行，一晚即经过数十城市，因得顺风之便也，又一日抵一岛中小城，岛上僧人以银一百两赠使节，其银系募来，专救济被劫灾民者，又五小时抵湖南，大守悉泰使节被劫，即赠银五百两，并谓此非公款，乃系向人民所募得者，请受之以留纪念云。又在此宿一宵，越日太守请宴，及供船只又前行，数日经过之城，均不记其名，迨至一可直趋广东之城，名金山，即暂停宿，该长官迎接甚恭，会宴演剧，及向泰使节称，被劫尚有剩物否，使节答仅剩衣服而已，金山官闻言，恻然而流泪，即以黄金赠正使二两，副使二两，其他役人各重一钱，监督及翻译各四钱（一铢重），金山为产金之地，该官称五百年来，未有泰使由此经过，曩虽有泰使来，亦不经过本地，兹因匪徒之故而临敝地，欲令画师画使节像，以留纪念也，使节允之，画竟日，已竣，各人皆毕肖，使节谓官服已被劫尽，不然穿官服而画之，宁不大佳，兹甚可惜也。

金山太守令属员备船，使节将乘船顺流而行，河中因有石滩，水流湍急，船系以三木板配成，形如独木舟，头尾均有舵，以御急水也，船长十速，阔二速，头尾持舵各一人，船共十六艘，使节十六人，每艘一人，原十七人，因大通事已失踪也。使节已下船，即开船而行，因水急故，趋滩而下，目瞩岸上，眼花撩（缭）乱，船行已半日，即停于一庙中过宿。越日，船中官员即携香烛爆竹至庙中酬神，官员谓此庙甚灵，及请使节亦膜拜，谓可保无灾，使节即依言膜拜。旋又放船行，两岸尽为山峦，山高或六十哇或八十哇或一百哇，该河之有滩处，长约二百五十信（每信等于十二哇，每哇二公尺也），已过滩后，即又六小时即抵 Hai Hoo，太守名钟联，年已八十岁，犹甚矫健，且骑马焉。大守派人来迎，即居城中，又令演剧供使节参观，又宴请护送使节者卅二人，太守又发银各一两，衣服各一套，及令船夫异船上陆，抬船由岸路返，大守对使节称，君等由水道来甚辛苦，此水道仅商人于冬季行之，贵人如君等不行也，君等因避匪由此道，惟此去广州则快乐矣。使节即称，大臣命令如此耳，太守又称，君等此来，沿途受欢迎如北上北京时否，使节答称亦相似也。使节又令翻译向太守称，使节此来甚快乐，因咸丰皇上鸿恩及大臣恩惠也，一路均获优待，甚喜慰也，太守令翻译转述称，使节所言娓娓动听，殊足为暹罗王之目耳也。太守即令办差以二百两赏正使，第一副使第二副使及办事三人各五十两，翻译暨其他十二人各五两，共赏四百又十两，为太守自己之银，外向人民捐募者。越日太守令备四艘望楼船，各有金纹厢，镶玻璃，各船一音乐队，藉作慰藉，另派六船，每船驻五人相随，沿途经过五个城市，或停或不停，城名亦不复记忆。又十五日或二十日，即抵广东之前，日期不复记，即寓公馆，总督令属员来慰问。又六日，总督令人来请赴宴，宴设于总督邸，又二日，总督来书，翻译读之，其文为"使节请暂候北京朝廷之命令，及补偿失去之进贡答礼也"。使节往见总督，谓今为冬季风时节，船即将回，船长来催甚急，均欲即返，总督即称，吾殊不愿使节回去，当待补给礼物也，船长来催，于吾何涉也。使节乃返公馆又二十天，尚未见有国书及礼物送来，使节为令乃颂汶、乃纳先驶船返暹，使节暂候广州，船遂先回。

旋国书及礼物已到，总督即请使节赴宴，及演剧助兴，总督以朝廷国书亲授使节，及称君受劫掠殊可悯，兹赠五百两以分赠各位也。即令将答贡礼物交点,使节即收纳,交点各国礼之物及赐各使节之物,均符前北京所赐之数,惟使节所得则较前为少,殊亏本也,仅得绸如咸丰皇帝所赐之数而已。使节向香港探消息,即悉大昭披耶之船一艘,尚留香港即驶来昭披耶巴允拉旺船之船长,请附船返暹,船长即允许。牛年四月下弦十三日,使节即向总督辞行,然后搬物下小火轮,至香港下大帆船,又留五天,香港总督John Bowing 令人请使节至山顶大厦,询问被劫事,使节及办事共四人乘轿往,总督称,请奏知暹王,暹罗已跻于英法美之同等强大矣,不应再向中国进贡也,且此次有其理由矣(指被劫事——译者)。小历一二一六年虎年五月下弦六日,使节即乘大帆船返抵北榄,计海程十四天,即转乘安南式蓬船二艘入京畿,为五月七日也,即往谒大昭坤(昭披耶巴允拉旺)国防部长也,大昭坤令四引使节入朝觐见皇于翁吗舜宫,奏述其经过情形,及呈答贡礼物。皇即封正使乃缴为銮沙越乌隆,第一副使乃壬为銮因蒙弟,第二副使乃裕为銮贴博里,办事乃奴为坤通,船长乃甘为銮乃实,撰本文时銮沙越乌隆(乃缴)及銮乃实(乃甘)已逝世,现笔者,与拍因蒙弟(銮因蒙弟,乃壬)、銮贴博里(乃裕)、坤通(乃奴)尚在也,谨此奏闻。

附录三:《粤海关志》卷二一《贡舶一》正误

　　清人梁廷枏总纂的《粤海关志》卷二一《贡舶一》[①]集中记录了明洪武初至清道光十九年(1839)暹罗与中国的朝贡关系,其中有关清代暹罗朝贡的记录约 9000 余字,是民国初年赵尔巽等撰《清史稿·属国传三·暹罗》及后来学者研究清代中泰关系的重要参考史料。但多年以来,并无学者对其进行考证辩误。实际上,《粤海关志》卷二一《贡舶一》清代部分有多处遗漏舛误,兹就其 16 处错误加以考证。

　　(一)康熙三年七月,平南王尚可喜奏言:暹罗国来馈礼物,却不受。是年题准进贡,正贡船二只,令员役二十名来京;补贡船一只,令六人来京,准该国贸易一次。其年暹罗入贡方物,凡十三种,有孔雀、六足龟。

　　谨案:是年定制,孔雀、六足龟,后俱免进。

　　康熙四年十一月,国王遣陪臣握坤司吝喇耶低迈礼等赍金叶表文航海

入贡。其文曰:"暹罗国王森列拍腊照古龙拍腊马嘑陆坤司由提呀菩埃,诚惶诚恐,稽首顿首,谨奏大清皇帝陛下:伏以新君御世,普照中天,四海沾骈幪之德,万方被教化之恩。卑国久荷天朝恩渥,未倾葵藿之心,今特躬诚朝贡,敢效输款,敬差正贡使握坤司吝喇耶低迈礼、副贡使握坤心勿吞瓦替、三贡使握坤司敕博瓦绨、大通事揭帝典办事等臣,梯航渡海,赍奏金叶表文、方物,译书一道,前至广省,差官伴送京师进献,用伸拜舞之诚,恪尽远臣之职。伏冀俯垂宽宥不恭,微臣瞻仰天圣,曷胜屏营之至,谨具表称奏以闻。"圣祖仁皇帝命从优赏赉。

康熙六年题定,暹罗国贡期三年一次,贡道由广东。例于常贡外有加贡,无定额。又覆准,进贡船不许过三只,每船不许过百人,来京员役二十二名,其接贡、探贡船概不许放入。

按:此间实际只有康熙四年一次朝贡。使团于康熙三年(1664)七月到达广东,并馈送平南王尚可喜礼物,尚可喜向康熙帝奏言礼物应不准收受,礼部因议请嗣后外国不得馈送边藩督抚,康熙帝从之。随礼部题准,暹罗正贡船二只,令员役20名来京,补贡船一只,令6人来京。十二月,使团北上途中副使敕博瓦绨病故于江西,顺治帝命置地营葬,立碑封识。四年二月,使团入京觐见,贡皇帝前方物有龙涎香、西洋闪金缎、象牙、胡椒、藤黄、豆蔻、速香、乌木、大枫子、金银香、苏木、孔雀、龟,共 13 种,贡皇后前方物并同,各减半。其所进表文曰:"暹罗国王臣森列拍腊照古龙拍腊马嘑陆坤司由提呀菩埃诚惶诚恐,稽首顿首,谨奏大清皇帝陛下:伏以新君御世,普照中天,四海沾骈幪之德,万方被教化之恩。卑国久荷天朝恩渥,未倾葵藿之心。今特躬诚照例朝贡,敢效输款,敬差正贡使坤司吝喇耶迈低礼、副贡使握坤心勿吞瓦替、三贡使屋坤司敕博瓦绨、大通事揭帝典办事等臣,梯航渡海,赍捧金叶表文、方物,译书一道,前至广省,差官伴送京师进献,用伸拜舞之诚,恪尽远臣之职,恭祝皇图巩固,帝寿遐昌。伏冀俯垂宽宥不恭,微臣瞻天仰圣,曷胜屏营之至。谨具表称奏以闻。"暹罗前来朝贡,康熙帝下令赏赐国王织金缎、织金纱、织金罗、锦各 4 匹,缎、纱、罗各 6 匹,王妃织金缎、织金纱、织金罗各 2 匹,缎、纱、罗各 4 匹,其余正、副使、通事、从人等,分别赏赐缎、罗、绢、布、靴等物。关于暹罗贡道议定时间,(康熙)《大清会典》和(雍正)《大清会典》均记为康熙四年,(乾隆)《大清会典则例》、(嘉庆)《大清会典》、(光绪)《大清会典》和《粤海关志》、《粤道贡国说》则记为康熙六年,根据成书时间先后,应从康熙四年说。

(二)康熙九年入贡。

康熙十一年三月,遣使来贡。得旨:贡使所携货物,愿至京师贸易,则听其自运;或愿在广东贸易,督、抚委官监视之。

康熙十二年二月,遣使臣奉金叶表入贡。

按:此间实际只有康熙十二年(1673)一次朝贡。使团于康熙十一年三月到达广东,广东巡抚刘秉权疏言,暹罗所进方物,与会典不符,较前更少其一。康熙帝命礼部免其察议,其携来货物,如愿运至京师贸易,听其自运,如愿在广东贸易,由督抚委官监视。十二年二月,由握坤司吝喇耶迈低礼率领的暹罗使团到达北京。因进贡礼物阙额虫蚀,礼部提出应令下次补进。康熙帝以其航海远来,抒诚进贡,下令免其补进。四月,封森烈拍腊照古龙拍腊马嘺陆坤司由提呀菩埃为暹罗国王。初议遣使赍捧诰命银印前往宣封,后以册封渡海道远,风涛有误亦未可定,准令贡使将诰命银印自行赍回。颁给暹罗国王的诰命希望暹罗国王在受封后“益矢忠贞,广宣声教”。此外,在档案、会典、则例中都找不到关于康熙九年朝贡的记载,康熙九年朝贡应为错记,康熙十一年朝贡则应为将使团到粤时间误为另外一次朝贡。

(三)康熙二十三年,遣正使王大统、副使坤孛述列瓦提、从人三十名,进金叶表文。奉旨:“览王奏,航海远来,进贡方物,具见悃诚可嘉。知道了。余着议奏。”又奉圣谕:“暹罗国进贡员役回国,有不能乘马者,官给夫轿,从人给舁夫。”

是年,暹罗国王奏言:“贡船到虎跳门,地方官阻滞日久,迫进至河下,又将货物入店封锁,候部文到时,方准贸易,每至毁坏。乞敕谕广省,嗣后贡船到虎跳门,具报之后,即放入河下,俾货物早得登岸贸易。又本国采办器用,乞谕地方给照置办。”部议准应如该国王所请。

康熙二十四年十二月,阁部议准,增赏暹罗缎币表里五十。

按:此间只有一次入贡,贡使也并非王大统,增赏物品也不是缎币50匹。康熙二十二年(1683),暹罗遣使朝贡,正贡船于闰六月二十日到达虎门,载象船于六月初十日遭风漂往厦门,九月二十一日始至虎门。二十三年六月,贡使坤孛述列瓦提等抵达北京,并疏称贡船到虎门后,地方官阻滞日久,迫进至河下,又将货物入店封锁,候礼部行文到时方准交易,每至毁坏,请敕谕广东地方官,嗣后贡船至虎门,具报之后,即放入河下,俾货物早得登岸贸易;又本国采办器用,请敕谕地方官给照置办,勿要阻拦;又请贡使赴京后,先遣贡船回国,次年再来广东迎接贡使回国。礼部议奏均应如所请,康熙帝从之。对于这次暹罗朝贡,礼部题准照例赏赐,其靴俱折绢。又下令,暹罗进贡员役回国,有不能乘马者,官给夫轿,从人给舁夫。二十四年十二月,康熙帝提出增加外国朝贡赏赐物件,内阁、礼部遵旨议定:暹罗国王原赏织金缎等34匹,嗣后增16匹,共50匹。

（四）康熙五十九年,入贡方物,加进驯犀二只、西洋金缎二匹、大西洋阔宋锦一匹。

康熙六十一年四月,遣使来贡,赐其国王及王妃纱缎。奉旨:"朕闻暹罗国米甚丰足,价亦甚贱。若于福建、广东、宁波三处,各运米十万石来此贸易,于地方有益。此三十万石米系为公前来,不必收税。礼部问暹罗使人定议具奏。钦此。"遵旨会问来使,据称:该国米用内地斗量,每石价值二三钱。今议定,载米到时,每石给价五钱,除为公运三十万石不收税外,其带来米粮货物,任从贸易,照例收税。

按:此间实际只有一次朝贡。使团于康熙六十年（1721）七月到达广东,六十一年四月入京。于贡物外,又献金筒、螺钿盒、贴金盒各1个,金珠3个,金圈7个,锦袄2条,紫梗牌2个,驯犀1只,又加贡大西洋金缎2匹、大西洋阔宋锦1匹。对于这次暹罗朝贡,康熙帝下令:除照例颁赏外,再照安南国例加赏,其中国王加赐缎、罗各8匹,锦、纱各4匹,织金缎、织金纱、织金罗各2匹;王妃加赐缎、织金缎、纱、织金纱、罗、织金罗各2匹;贡使4名,各加赏缎、罗、织金罗、绢、里各1匹;通事2名,各加赏缎、罗、绢各1匹;从人21名,各加赏绢、布各1匹。时因暹罗人言其国"米甚饶裕,价值亦贱,二三钱银即可买稻米一石",康熙帝下令可运米30万石至福建、广东、宁波等处贩卖,并强调此30万石米"系官运,不必收税"。《粤海关志》关于康熙五十九年暹罗入贡的记载,查与康熙六十一年暹罗朝贡记录基本相同,可以推断,此为时间记录错误。

（五）乾隆七年,福建将军兼管闽海关事务新柱奏言:本年七月内,有暹罗国商人方永利一船,载米四千三百石零,又蔡文浩一船,载米三千八百石,并带有苏木、铅、锡等货,先后进口。查该番船所载米石皆不足五千之数,所有船货税银,未便援例宽免。得旨:"该番等航海运米远来,慕义可嘉,虽运米不足五千之数,着免船货税银十分之三,以示优恤。”

　　按:此当为乾隆十一年(1746)之事,免船货税银数额不是3/10而是2/10。乾隆八年(1743)七月,暹罗船商薛士隆驾船运米6000石并货物来闽,福建巡抚周学健奏请嗣后凡有外洋属国运米来闽粤等省贸易者,酌免其船货税银。乾隆帝下谕:“自乾隆八年为始,嗣后凡遇外洋货船来闽粤等省贸易,带米一万石以上者,着免其船货税银十分之五,带米五千石以上者,免其船货税银十分之三,其米听照市价公平发粜,若民间米多,不须粜买,即著官为收买,以补常社等仓,或散给沿海各标营兵粮之用,俾外洋商人得沾实惠,不致有粜卖之艰。”十一年七月,有暹罗商人方永利一船,载米4300石零,又蔡文浩一船,载米3800石零,并各带有苏木、铅、锡等货,先后进口。因为来船载运米石不足五千之数,福州将军兼管闽海关事务新柱上奏请旨。乾隆帝下谕:“该番等航海运米远来,慕义可嘉,虽运米不足五千之数,著加恩免其船货税银十分之二,以示优恤。”

　　(六)乾隆十三年,入贡方物外,附洋船贡黑熊一只、斗鸡十二只、泰和鸡十六只、金丝白肚猿一只。

　　乾隆十四年入贡,高宗纯皇帝御书“炎服屏藩”扁额赐之。又赐蟒缎、片金、妆缎、闪缎各二匹,锦四匹,缎八匹,玉器六件,玛瑙器二件,珐琅器四件,松花石砚二方,玻璃器十件,瓷器一百四十六件。又因续进黑熊、白猿等物,加赏国王库缎十二匹。

　　按:此间实际只有一次朝贡。乾隆十二年(1747),暹罗遣使朝贡,副贡船于六月到粤,正贡船遭风飘入安南,后回暹罗,国王命造新船,于十三年闰七月到粤。十四年六月,贡使一行入京,适逢乾隆帝出巡,令在圆明园宫门外瞻觐。这次暹罗进贡礼物包括进皇帝前驯象、龙涎香等26种,皇后前不进象,余物各减半。与此同时,暹罗国王又派商人方永利到粤,续贡黑熊、白猿、斗鸡、太和鸡等物。七月,乾隆帝令暹罗使臣不必等候皇帝回京,即可归国,并令照康熙六十一年例加赏,又特赐国王御书“炎服屏藩”四字,蟒缎、片金缎、妆缎、闪缎各2匹,锦缎4匹,各色缎8匹,玉器6件,玛瑙器2件,珐琅炉瓶1副,松花石砚2方,玻璃器5种共10件,瓷器23种共146件。又因续进黑熊、白猿等物,特赏国王库缎12匹。并令礼部面谕使臣,回国时告知国王,此后天朝内地所有,如黑熊、太和鸡之类,可以不必充贡,如该国有中国稀见之禽兽,可于入贡时随便进献,然不必多方购求,特遣贡使。显然,《粤海关志》所记乾隆十三年入贡并非另外一次朝贡。

（七）乾隆四十六年正月,暹罗国长郑昭遣使臣朗丕彩悉呢、霞握抚突等二人入贡,并奏称自遭缅匪侵陵,虽复土报仇,绍裔无人,兹群吏推昭为长,遵例贡献方物。得旨:"国长遣使航海远来,具见悃忱,该部知道,原表并发。"赐宴使臣于山高水长,所贡之物,赏收象一只、犀角一担。其象牙、洋锡、藤黄、胡椒、苏木,准其在广省自行变价,并压舱货物一体免税。特赏国长蟒缎、锦缎、闪缎、片金、八丝缎、玉器、玛瑙器、珐琅器、瓷器、松花石砚。

按:此并非正月之事,而是九月之事,所收贡物也有记录错误。1767年4月,暹罗国都阿瑜陀耶城被缅军攻破,阿瑜陀耶王朝灭亡。之后王朝旧臣披耶达信(中国档案中称郑昭)率领暹罗军民开始驱逐缅甸占领军的战争,先后光复吞武里城和阿瑜陀耶城,披耶达信被拥立为国王。因阿瑜陀耶城已残破,披耶达信决定以吞武里城为都,是为吞武里王朝。吞武里王朝建立后,披耶达信很快派人向清朝请贡。但直到四十六年(1781)七月,乾隆帝才予以批准。是年九月,两广总督巴延三奏,暹罗朝贡使团已到广东,除正贡一份外,又备象牙、犀角、洋锡等物以为副贡。乾隆帝下谕,所有正贡一份,照例送京收纳,至所备副贡,令只收象牙、犀角二项,同正贡一并解交礼部,其余准予在粤发售,并与压舱货物一体免税。十二月,贡使一行抵京,礼部奏准:所有正赏、加赏暹罗国物件,照乾隆三十一年例赏给。

（八）乾隆五十年入贡。正月初二日,紫光阁筵宴,赏正使、二使、三使有差。

按:此次朝贡时间应为乾隆四十九年(1784)。是年八月,广东巡抚孙士毅奏,暹罗国王郑华备具表文、驯象等物,遣使前来朝贡。乾隆帝闻奏,准贡使入京。十二月,贡使一行抵京。这次暹罗朝贡,贡皇帝前方物有龙涎香、金钢钻、沉香、冰片、犀角、孔雀尾、翠皮、西洋毡、西洋红布、象牙、樟脑、降真香、白胶香、大枫子、乌木、白豆蔻、荜拨、檀香、甘蜜皮、桂皮、藤黄、苏木,驯象2只,皇后前不贡象,余物减半。五十年正月,紫光阁筵宴,赏暹罗正使锦缎4匹,绒缎2匹,各样花缎10匹,荷包大小10个,二使、三使、四使锦缎各2匹,花缎各6匹,荷包大小各6个。又命礼部将请封式样给贡使阅看,告知请封时仍应称"暹罗国长",受封后一应表文当称"暹罗国王臣郑华"。贡使等称回国后报知国长,立即具表进贡请封。二月初一日,贡使一行离京南下,四月十三日抵达广州。因风信不顺,暂未回帆。七月,暹罗遣曾子声驾船前来探贡。十二月十六日,正贡、探贡二船一同开行回国。显然,《粤海关志》是将颁赏时间记作了朝贡时间。

（九）乾隆五十二年入贡,赐宴紫光阁,赏正、副使有差。

按:此次朝贡时间应为乾隆五十一年(1786)。是年郑华遣使进贡请封,并请在广东置办铜甲 2000 领,以回国防御缅甸。闰七月,乾隆帝接到两广总督孙士毅的奏报,谕准贡使入京,然以铜斤例禁出洋,拒其购买铜甲之请。暹罗使团于八月十五日起程赴京,十二月抵京。这次暹罗朝贡的主要任务是请封,乾隆帝下谕封郑华为暹罗国王,照康熙十二年之例,内阁撰拟诰命,礼部铸造驼纽镀金银印,于午门前交该国贡使祗领。颁给郑华的诰命希望其在受封后"恪修职事,慎守藩封,抚辑番民,勿替前业"。五十二年正月,乾隆帝召暹罗正、副使四人入紫光阁筵宴,又赐宴正大光明殿。二月,贡使一行离京南下,十二月十五日,由广州起程回国。显然,《粤海关志》是将颁赏时间记作了朝贡时间。

（十）乾隆五十四年入贡,赐宴紫光阁,赏正、副使有差。

按:此次朝贡时间为乾隆五十四年(1789),但赐宴赏赐时间为乾隆五十五年正月。乾隆五十四年八月,暹罗遣使朝贡到粤,这次使团带来了例贡和万寿贡两份贡物。两广总督福康安提出,可令赍进例贡之使臣于年底到京,赍进万寿贡之使臣于明年夏间再行赴京。乾隆帝谕示,赍进万寿贡之使臣是否于明年夏间起程进京,可听贡使之便。随据贡使丕雅史滑里逊通那突等称,愿将万寿贡同例贡一并送京。九月二十六日,贡使一行自广州起程赴京。十二月,使团入京,于西苑门外瞻觐。对于此次使团,乾隆帝先在抚辰殿、保和殿赐宴,五十五年正月又赐宴于紫光阁、山高水长。除照例赏赐外,又加赏暹罗国王御笔福字 1 幅,金玉如意 1 柄,福字方 100 幅,玉器 2 件,瓷器 4 件,玻璃器 4 件,绢笺大小 4 件,墨 3 匣,笔 3 匣,砚 2 方,雕漆盒 4 件,加赏正、副使 4 名八丝缎各 1 匹,笔各 1 匣,墨各 1 匣,笺纸各 1 卷。因五十五年正值乾隆帝"八旬万寿",乾隆帝颁诏天下,其颁给暹罗国王诏书,即交该贡使赍回。

（十一）乾隆五十五年入贡,恭祝万寿。赐宴紫光阁,赏正、副使有差,加赏国王御书"福"字一个,玉如意一柄,玉器二件,瓷器、玻璃器八件,"福"字方一百幅,大、小绢笺四卷,砚二方,笔、墨六匣,雕漆盘四件。

乾隆五十六年入贡,赐宴紫光阁,赏赉有差。

按:此间实际只有一次朝贡,朝贡时间为乾隆五十五年(1790),赐宴、颁赏时间为五十六年正月。乾隆五十五年八月,广东巡抚郭世勋奏,暹罗国王遣使进贡祝寿,正贡船于七月十一日抵粤,副贡船尚未到达。由于贡使已不能如期到京祝寿,乾隆帝命郭世勋将该国贡使人等缓程护送,于年底到京。九月二十二日,贡使一行自广州起程赴京,十二月抵京,于西苑门外瞻觐。乾隆帝先在保和殿赐宴,五十六年正月又赐宴于紫光阁。这次暹罗使臣带来的祝寿礼物包括寿烛、沉香、紫胶香、冰片、燕窝、犀角、象牙、通大海、哆啰呢,共9种。乾隆帝命照例颁赏,又加赏暹罗国王御笔"福"字1幅、金玉如意1柄、"福"字方100幅、玉器2件、瓷器4件、玻璃器4件,绢笺大小4卷、墨3匣、笔3匣、砚2方、雕漆盒4件。

(十二)乾隆五十八年入贡,赐宴紫光阁,赏正、副使有差,加赏国王大缎、"福"字笺、绢笺、雕漆茶盘、笔墨砚。

按:此次朝贡时间为乾隆五十七年(1792),赐宴加赏时间为乾隆五十八年。乾隆五十七年八月,广东巡抚郭世勋奏,暹罗国遣使入贡,正、副贡船于七月初一日遭遇飓风,漂至新宁县洋面搁浅,现将方物起卸,拨运到省。乾隆帝闻奏,准令贡使于年底到京。十二月,暹罗使团抵京,正、副使四人于西苑门外瞻觐。五十八年正月,乾隆帝在紫光阁、正大光明殿赐宴,赏正、副使有差。又加赐暹罗国王物件,与朝鲜国王同。显然,乾隆五十八年是颁赏时间,并非朝贡时间。

(十三)嘉庆二年入贡,赐宴如例。

按:此次朝贡时间当为嘉庆元年(1796)。是年八月,两广总督朱珪奏,暹罗遣使进贡,现已到粤。嘉庆帝闻奏,准贡使入京朝贡。十二月,使团抵京,正、副使于西华门外瞻觐,乾隆帝和嘉庆帝一起在保和殿赐宴。嘉庆二年正月,又在紫光阁、正大光明殿赐宴。这次暹罗朝贡,共呈进庆贺乾隆帝禅位和嘉庆帝登位两份贡物,嘉庆帝下谕将多进一份留抵下次正贡,并特赐该国王嵌玉如意1柄、瓷瓶1对,素缎、里各3匹,妆缎、云缎、锦缎、闪缎各2匹。又敕谕暹罗国王郑华:"嗣后只须照常呈进一分,毋庸增添。如国王仍前备进两分,即饬广东督抚发还一分,以昭定制而示体恤。"

(十四)嘉庆四年入贡,赐宴如例。

按:此次朝贡时间当为嘉庆三年(1798)。是年九月,两广总督吉庆奏,暹罗国遣使入贡,嘉庆帝闻奏,令贡使照例于年底到京。十二月,使团入京,正、副使等观见。嘉庆帝先在抚辰殿、保和殿赐宴,又召使臣入重华宫宴,赏荷包、芽茶、鼻烟壶、火镰、玻璃碗、福橘等物。四年正月初三日,乾隆帝卒,照例颁发诏书,颁发给暹罗的诏书即交该国使臣赍回。

(十五)嘉庆六年入贡,赏使臣羊裘缨帽。又奉圣谕:"暹罗国第二贡使帕窝们孙咴哆呵叽突在广州南海地方患病身故,情殊可悯。现已饬地方官妥为照料,着加恩再赏银三百两,遇有该国便船,即令先行带回,将银两给伊家属,不必等候此次贡船回国,转致稽缓。嗣后如遇有此等外国使臣在内地身故之事,着照此例办理。"

嘉庆七年入贡,赏正、副使有差。

按:此间实际只有一次入贡。嘉庆六年(1801),暹罗遣使入贡,二贡使帕窝们孙咴哦呵叽突在广州南海地方患病身故。九月,嘉庆帝接到两广总督吉庆奏报,令赏银300两,交该国便船先行带回给其家属,并谕嗣后如遇有此等外国使臣在内地身故之事,即照此例办理。十二月,暹罗使团抵京,正使呸雅骚滑粒巡段呵叽喇昭突等三人于西苑门外瞻觐。嘉庆帝在保和殿赐宴,七年正月又赐宴于山高水长、正大光明殿,赏正、副使与二年同。显然,《粤海关志》是将嘉庆七年初仍在京的暹罗使团误为另外一次朝贡。

(十六)嘉庆十九年,该国遣使补贡。正贡船遭风漂至越南,副使在粤患病,该国王闻遭风之信,复补备贡物,遣使来京,赐宴紫光阁,赏正、副使有差。

嘉庆二十年九月,奉圣谕:"蒋攸铦等奏'暹罗国王闻上年贡船被风损坏,复备副贡船,遣使补备方物到粤'一折。暹罗国所进,嘉庆十八年,正贡船在洋焚烧,其副贡船所赍贡品业经进呈。十九年,该国王敬补方物,分装正、副船入贡,适遇飓风漂散,现在正、副船已先后收泊,其表文、方物,由该贡使赍送赴京。该国王因闻贡船遭风之信,复备补贡方物来粤,其恭顺实属可嘉。该国向系三年一贡,明年又届入贡之期,着加恩即将此次赍到方物,作为嘉庆二十一年例贡,交粤省藩库存贮,俟明年委员解京。其使臣巧銮纹是通留于粤省,俟本年进京各贡使旋粤时,一体筵宴。俾令回国并传知该国王,明年无庸另备表文、方物,航海远来,以示怀柔至意。"贡使到京,同乐园听戏,赏正、副贡使有差。暹罗国王复表请用内地水手,礼部奏驳,奉旨：依议。

　　按：此间两次朝贡均为嘉庆二十年（1815）之事。嘉庆十九年十二月，广东巡抚董教增奏，暹罗国王因上年正贡船在洋失火焚烧，贡品未能齐全，本年敬备补贡，分装正、副贡船二只前来，不料于七月十二日驶至越南洋面又遇飓风，正贡船漂失，副贡船于八月初到粤。嘉庆帝闻奏，谕令蒋攸铦将该副贡使照例赏给筵宴，令其回国。但暹罗副使请求在粤等候正贡船到，暂缓回国。至二十年三月，正贡使寄到信文，称现在正贡船收泊越南洋面，六、七月间可以到广。嘉庆帝闻知此事，下谕如正贡船于七月间到广，即令贡使于九月底到京，如九月方能到广，即令于十二月到京。七月初，正贡船平安到粤。九月，暹罗使团抵京，正、副使四人于西安门内瞻觐。这次暹罗使团到京，适逢嘉庆帝寿辰，因令暹罗使节随班祝嘏宴赉，并照新正筵宴之例给与加赏。就在暹罗使团赴京入贡的同时，暹罗国王听闻上年贡船被风损坏，又备副贡船遣使补备方物到粤。二十年九月，嘉庆帝接到两广总督蒋攸铦的奏报，以明年又届入贡之期，令将此次赍到方物作为嘉庆二十一年例贡，交粤省藩库存贮，俟明年委员解京，其使臣巧銮纹是通留于粤省，俟本年在京各贡使旋粤时一体筵宴，并令回国传知该国王，明年毋庸再行入贡。可以看出，嘉庆二十年有暹罗第二次朝贡，任务与第一次同样都是补进例贡方物，但使臣并未获准入京。

　　综上所述，《粤海关志》有关清代暹罗朝贡的记录共有 16 处错误。从上述也可以看出，暹罗朝贡实践相对比较复杂。清代暹罗朝贡一般有例贡、请封、谢恩、祝寿、进香等多种，有时进贡船包括正贡船、副贡船、护贡船等多艘，由于海洋风涛不定，船只经常不能同时到达，如果贡船发生意外，暹罗还要派船补贡，有时暹罗所派船只为探贡船、请贡船或接贡船，有时会派商船附载贡物来华，凡此种种，往往造成相关记载之差异。另外，暹罗朝贡一般由广东虎门入口，自使团入境到起程赴京、入京觐见、离京返粤最后到离粤回国，一般历时数月，经常跨越年度。由此，其重要时间节点有使团到粤时间、表文附载时间、入京瞻觐时间、颁赏筵宴时间等多种，如果以不同的时间节点作为朝贡时间，必然造成相关记载之差异。

附录四:《清史稿》卷五二八《属国传三·暹罗》正误①

关于《清史稿》之诸种不足,学界多已指出。其卷五二八《属国传三》暹罗部分共约 5000 字,其中亦多有错漏舛误,兹就其 12 处谬误加以考正。

(一)(康熙)三年七月,平南王尚可喜奏暹罗来馈礼物,却不受。其年,议准暹罗进贡,正贡船二艘,员役二十名,补贡船一艘,员役六名,来京,并允贸易一次。明年十一月,国王遣陪臣等赍金叶表文……定暹罗贡期三年一次,贡道由广东,常贡外加贡无定额。贡船以三艘为限,每艘不许逾百人,入京员役二十名,永以为例。

按:此间共有两次入贡,第一次贡使于康熙三年(1664)七月到达广东,并馈赠平南王尚可喜礼物。尚可喜奏明礼物应不准收受,并请以后外国毋得馈遗边藩督抚。康熙帝从之,并谕准礼部所议:暹罗正贡船二只,令员役20 名来京,补贡船一只,令 6 人来京。十二月,暹罗副使敕博瓦绔进京途中病故于江西。四年(1665)二月,暹罗使团入京,贡使坤司吝喇耶迈低礼等觐见康熙帝。礼部因题定,暹罗贡期三年一次,贡道由广东。时隔两年,康熙六年(1667),暹罗再次遣使入贡,贡使船队包括正贡船一只、护贡船一只、载象船一只,又续发探贡船一只。礼部因议准:嗣后暹罗朝贡,不得过三船,每船不得过百人,来京员役 22 名,存留边界梢目给与口粮,其接贡、探贡等船概不许放入。

(二)(康熙)二十三年,王遣正使王大统、副使坤孛述列瓦提,赍金叶表入贡。

按:此次暹罗入贡使臣为正贡使坤孛述列瓦提,二贡使坤巴实提瓦抒,三贡使坤司吝嗒瓦喳,正通事坤思吝塔披彩,办事文披述嗒新礼呼。

(三)(康熙)四十七年,贡驯象二、金丝猴二。

按:此次暹罗入贡,进贡物 36 种外,加进贡物 9 件;副贡船进驯象 2 只外,加进金丝猴 2 只。

(四)(康熙六十一年)加赐国王缎八、纱四、罗八、织金纱罗各二。

① 本附录所引《清史稿》,均见［清］赵尔巽等撰《清史稿》卷五二八《属国传三·暹罗》,第 14690—14699 页。

按:此次加赐国王物品为锦4匹,缎8匹,织金缎2匹,纱4匹,织金纱2匹,罗8匹,织金罗2匹。

(五)(雍正七年)复赐国王御书"天南乐国"匾额、缎二十五、玉器八、珐琅器一、松花石砚二、玻璃器二、瓷器十四。

按:此次特赐国王物品为御书"天南乐国"四字,内库缎20匹,玉器8件,珐琅器1件,松花石砚2方,玻璃器2种共8件,瓷器14种共146件。

(六)(乾隆三十二年)阿由提亚之陷也,暹罗守长郑昭方率军有事柬埔寨,闻都城陷,旋师赴援,叠与缅甸战,构兵数年。既以缅甸困于中国,郑昭乘其疲敝击破之,国复。昭,中国广东人也。父贾于暹罗,生昭。长有才略,仕暹罗。既破缅军,国人推昭为主,迁都盘谷。

按:阿由提亚今译阿瑜陀耶,为暹罗阿瑜陀耶王朝都城。1763年孟驳继任缅甸王位,次年即率大军入侵暹罗。1766年2月,缅军兵临阿瑜陀耶城下。1767年4月,阿瑜陀耶城破。郑昭父郑镛,原籍广东澄海县华富村,雍正初年南渡暹罗谋生,后娶暹罗女洛央为妻,1734年4月17日生下郑信。郑信少年时被暹罗财政大臣收为养子,长大后任达府太守,封爵披耶,因称"披耶达信"(清朝档案文献初称甘恩敕,随称丕雅新,后称郑昭)。1766年底缅军围攻阿瑜陀耶城时,披耶达信奉命前往京都救援。1767年1月,披耶达信部队参加了暹罗守城部队组织的一次六路出击,但出击失败,披耶达信部队未能撤回阿瑜陀耶城内,被迫转向东南沿海地区。4月阿瑜陀耶城破后,披耶达信以东南沿海为基地,积极准备抗缅复国。10月,披耶达信率军北上,正式开始驱逐缅甸占领军的战争。11月6日,暹军攻破吞武里城,接着又光复阿瑜陀耶城。披耶达信遂被拥立为国王,因阿瑜陀耶城已残破,披耶达信决定迁都吞武里城,是为吞武里王朝。

(七)(乾隆)四十六年,郑昭遣使朗丕彩悉呢、霞握抚突等入贡……所贡方物,收象一头、犀角一石,余物准在广东出售,与他货皆免税。

按:此次遣使入贡,朗丕彩悉呢、霞握抚突均为副使,正贡使丕雅逊吞亚排那突赴京途中于十二月十五日病故于直隶新城。又此次入贡,预备正贡一份,并备象牙、犀角、洋锡等物以为副贡。乾隆帝下谕:"该国长输诚纳贡,备具方物,所有正贡一份,自应照例送京收纳,至所备副贡,若概令赍回,致劳往返,转非所以体恤远人。着传谕巴延三,于副贡内只收象只、犀角二项,同正贡一并送京交礼部。于照例给赏之外,查例加赏,以示厚往薄来之意。其余所备贡物,准其即在广省自行觅商变价,并将伊等压舱货物,均一体免其纳税。"

（八）（乾隆）四十七年,昭卒,子郑华嗣立。华亦材武,屡破缅,缅酋孟陨不能敌,东徙居蛮得勒。

按:郑华原名通銮,是达信幼时同窗好友,吞武里王朝建立后,因在驱逐缅军和统一暹罗战争中立下汗马功劳,被晋封为昭披耶却克里,执掌吞武里王朝军政大权。1780年,暹罗附属国柬埔寨发生内乱,安南境内广南阮氏政权认为有机可乘,便插手柬埔寨,企图使柬埔寨脱离暹罗而成其属国。1782年,吞武里王朝派昭披耶却克里率大军出兵柬埔寨,广南阮氏政权则派阮有瑞率军迎战。就在此时,暹罗故都阿瑜陀耶城发生了民众骚乱和披耶讪叛变事件。事因1767年缅军围困阿瑜陀耶城时,城内居民纷纷将贵重财物埋藏地下。阿瑜陀耶城光复后,因挖掘地下无主财富而发生民众骚乱,达信命披耶讪率领禁卫部队前往镇压。不料披耶讪到达阿瑜陀耶城后,被骚乱民众说服倒戈叛变,转而进攻京都吞武里。吞武里城守卫部队无多,达信被迫退位出家,披耶讪遂进驻王宫。远在柬埔寨的昭披耶却克里闻悉国内政变,立即与广南阮氏政权议和,率部赶回国内。1782年4月6日,昭披耶却克里回到京城,次日下令处死达信及王子昭水等人。接着,昭披耶却克里宣布加冕王位,号拉玛一世,并迁都曼谷,史称曼谷王朝。

又按:乾隆四十七年(1782),缅甸政局亦多次动荡,先是国王赘角牙(1776—1782年在位)被孟鲁所杀,不数日又有孟陨(又译孟云,1782—1819年在位)将孟鲁杀死登位。孟陨在位一年后,即将都城由阿瓦"迁至六哩以外之阿摩罗补罗,其地无关重要,仅因风水关系,故有迁都之举云"①。

（九）（嘉庆十四年）秋,郑华卒,世子郑佛继立。遣使入贡请封,遭风沉失贡物九种,帝谕不必补进。

按:此载时间有误。1809年7月,郑华即拉玛一世卒,拉玛二世继位(1809—1824年在位,中国档案文献中称郑佛),随遣使入贡请封。嘉庆十五年(1810)九月初,正贡船行抵香山县属荷包外洋突遇飓风击坏,沉失贡物沉香、冰片、白胶香、樟脑、檀香、西洋布、西洋毯、甘密皮、藤黄九种,副贡船亦被风飘至新会县属厓门海面。嘉庆帝闻奏,以贡船遭风实人力难施,并非使臣不能小心防护,命其沉失贡物不必另行备进。其恳请敕封之处,令照例查办,俟该使臣回国,即令领赏。

(十)(嘉庆)十八年冬,总督蒋攸铦奏暹罗正贡船在洋焚毁,仅副贡船抵粤,副使唧拔察哪丕汶知突有疾,闻正贡船遭焚,惊惧,益剧,不能即赴都。帝命副使留粤调治,所存贡物十种,派员送京,失物毋庸补备。且谕曰:"暹罗国王抒忱纳赆,沿海申虔,即与到京赍呈无异。例赏物件及敕书,交兵部发交两广总督颁给。"明年,暹罗王闻贡船焚毁,补备方物入贡,遇飓风,船漂散。二十年秋,正副贡船先后抵粤,蒋攸铦以闻。仁宗嘉其恭顺,谕曰:"暹罗向系三年一贡,明年又届入贡之期。此次方物,可作二十一年例贡。"

按:此间实际有三次朝贡。嘉庆十八年(1813)九月,两广总督蒋攸铦奏,暹罗国因届例贡之年,备表进贡,其正贡船在外洋失火焚烧,副贡船先已抵粤。嘉庆帝命该督派员将现到贡使即行护送进京,其正贡船沉失贡物,不必另行备进。十二月,蒋攸铦又奏,暹罗副使唧拔察哪丕汶知突因在海船感冒风寒,又闻正贡船失火焚烧,致受惊恐,现在患病,难以起程,请俟医治痊愈,再行护送入都。嘉庆帝谕不必再令进京,所存贡品十种就近交贮粤省藩库,由该督委员解京,其副贡使令在粤休息,妥为调治,所有例赏该国王及贡使人役物件,由礼部查明奏闻,将赏件发交粤督转行颁给该副贡使,令其于病痊之日赍领回国。十九年十二月,广东巡抚董教增奏,暹罗国王因上年正贡船在洋失火焚烧贡品,未能齐全,本年敬备补贡,分装正、副贡船二只,于七月十二日驶至越南洋面复遇飓风,正贡船不知飘往何处,副贡船于八月初收泊陵水县洋面,所有副贡船赍到方物,即就近存贮粤东藩库。嘉庆帝谕蒋攸铦等照例赏给筵宴,令其回国。随副使禀请在粤守候正贡船到,一同领赏,暂缓回国。至二十年三月,正使寄信副使称,现在正贡船收泊越南洋面,俟南风当令,方能开行,六七月间可以到广。七月,正贡船抵达广东。九月,暹罗使团入京瞻觐。这时蒋攸铦等又奏,暹罗国王闻上年贡船被风损坏,复备副贡船遣使补备方物到粤。嘉庆帝闻奏,下谕曰:"该国向系三年一贡,明年又届入贡之期,著加恩即将此次赍到方物,作为嘉庆二十一年例贡,交粤省藩库存贮,俟明年委员解京。其使臣巧銮纹是通留于粤省,俟本年进京各贡使旋粤时一体筵宴,俾令回国并传知该国王,明年无庸另备表文方物航海远来,以示怀柔至意。"

(十一)(道光)三年,遣使入贡贺万寿。

按:此间实际有两次入贡。道光二年(1822),暹罗遣使呈进例贡,并遣使臣预进来年万寿贡。道光帝闻奏,下谕粤督阮元等将赍进例贡使臣委员伴送起程,令于年内到京,其赍进万寿贡之使臣,亦令该督等酌量派员护送,于明年七月内到京。十月初二日,赍进例贡使臣自广东省城起程。十二月,使团入京。三年二月初二日,例贡使臣自京起身旋粤,道光帝御书"永奠海邦"匾额赐暹罗国王,命阮元接奉后,于该使臣等过境时发给赍回本国。四月二十三日,例贡使臣回抵广州。二十六日,赍进万寿贡之使臣自广州起程赴京。七月,贡使白沾暖梭藩哪挖腊车突率领的使团到京。九月初一日,万寿贡使臣自京起身,十二月二十日回抵广州。

(十二)(咸丰)二年,徐广缙奏:"暹罗国王遣使补进例贡,并请敕封,现已行抵粤东。"帝命于封印前伴送来京;应给嗣王诰命,俟贡使抵都发给赍回。适粤匪乱炽,贡使竟不能至,入贡中国亦于此止。

按:咸丰二年(1852)八月,两广总督徐广缙等奏,暹罗国王遣使补进例贡,并请敕封,现已行抵粤东。咸丰帝闻奏,谕准使臣入京,至该嗣王郑明(即拉玛四世,1851—1868年在位)恳请诰命,应行颁给敕书之处,令查照旧章撰拟,俟该使臣到京后照例发给赍回。十二月,暹罗使团抵京。三年正月,正、副使于午门外瞻觐。二月,颁赏国王御书匾额曰"弼服海隅",即由礼部将匾额祗领,交该使臣自行带回。五月,贡使返粤道经河南,突遇盗匪抢掠,赐赏物品、使团采买物品以及勘合信物等尽遭劫掠,通事胡鸿准不知下落,贡使披耶司嚣里巡段亚派拿车突等手脚受伤。咸丰帝闻奏,命即改道,妥为护送回国,所有赏赍各物并御书匾额敕书,令补行颁给。自此次贡使回国之后,曼谷王朝再也没有向清朝派出朝贡使节。为此清朝曾几次同暹罗进行交涉,然随着东亚和东南亚的局势变迁,暹罗再贡之事终未实现。

附录五:图录

图一　暹罗行政区划图

北部:1. 清迈 Chiang Mai;2. 清莱 Chiang Rai;3. 甘烹碧 Kamphaeng Phet;4. 南邦 Lampang;5. 南奔 Lamphun;6. 夜丰颂 Mae Hong Son;7. 那空沙旺(北榄坡)Nakhon Sawan;8. 难府 Nan;9. 帕尧 Phayao;10. 碧差汶 Phetchabun;11. 批集 Phichit;12. 彭世洛 Phitsanulok;13. 帕府 Phrae;14. 素可泰 Sukhothai;15. 达府 Tak;16. 乌泰他尼 Uthai Thani;17. 程逸(乌达腊迪)Uttaradit

东北部:1. 安纳乍仑 Amnat Charoen;2. 武里南 Buriram;3. 猜也蓬 Chaiyaphum;4. 加拉信 Kalasin;5. 孔敬 Khon Kaen;6. 黎府 Loei;7. 马哈沙拉堪 Maha Sarakham;8. 穆达汉 Mukdahan;9. 那空拍侬 Nakhon Phanom;10. 呵叻(那空叻差是玛)Korat(Nakhon Ratchasima);11. 农磨兰普 Nong Bua Lamphu;12. 廊开 Nong Khai;13. 黎逸 Roi Et;14. 沙功那空 Sakon Nakhon;15. 四色菊 Sisaket;16. 素林 Surin;17. 乌汶(乌汶叻差他尼)Ubon Ratchathani;18. 乌隆(乌隆他尼)Udon Thani;19. 益梭通 Yasothon;20. 汶干 Bung Kan

东部:1. 差春骚(北柳)Chachoengsao;2. 庄他武里(尖竹汶) Chanthaburi;3. 春武里 Chon Buri;4. 巴真(巴真武里)Prachin Buri;5. 罗勇 Rayong;6. 沙缴 Sa Kaeo;7. 达叻(桐艾)Trat

中部:1. 红统 Ang Thong;2. 大城(阿瑜陀耶)Ayutthaya;

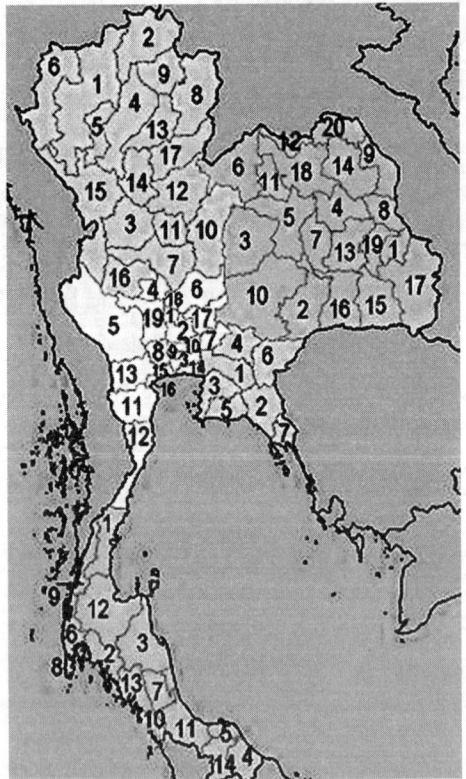

3. 曼谷 Bangkok；4. 猜纳 Chainat；5. 北碧（干乍那武里）Kanchanaburi；6. 华富里（塔欣）Lop Buri；7. 那空那育（坤西育）Nakhon Nayok；8. 佛统 Nakhon Pathom；9. 暖武里 Nonthaburi；10. 巴吞他尼 Pathum Thani；11. 碧武里（佛丕）Phetchaburi；12. 巴蜀 Prachuap Khiri Khan；13. 叻武里（叻丕）Ratchaburi；14. 沙没巴干（北榄）Samut Prakan；15. 沙没沙空 Samut Sakhon；16. 沙没颂堪 Samut Songkhram；17. 沙拉武里 Sara Buri；18. 信武里 Sing Buri；19. 素攀（素攀武里）Suphan Buri

南部：1. 春蓬（尖喷）Chumphon；2. 甲米 Krabi；3. 那空是贪玛叻（洛坤）Nakhon Si Thammarat；4. 那拉提瓦（陶公）Narathiwat；5. 北大年 Pattani；6. 攀牙 Phangnga；7. 博他仑（高头廊）Phatthalung；8. 普吉（童卡）Phuket；9. 拉廊 Ranong；10. 沙敦 Satun；11. 宋卡 Songkhla；12. 素叻他尼（万伦）Surat Thani；13. 董里 Trang；14. 也拉（惹拉）Yala

图二　暹罗使团往返北京路线图①

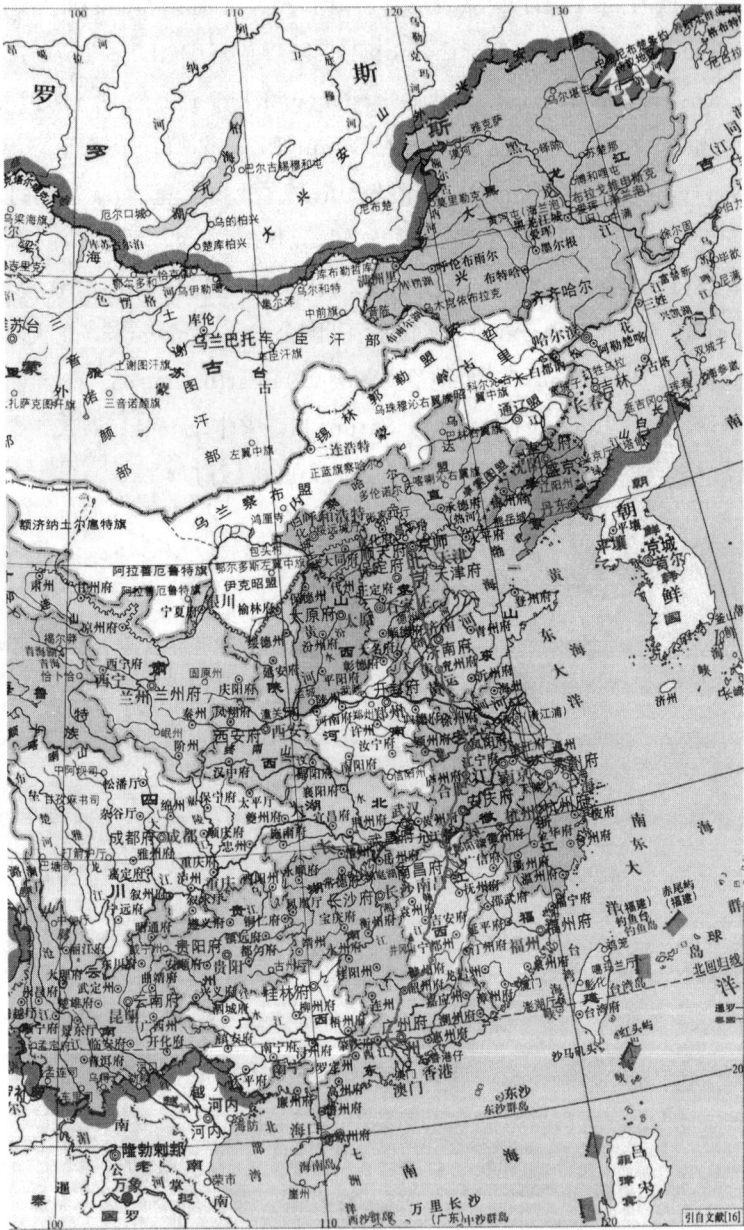

①　原图为清嘉庆二十五年（1820）地图（部分），参见谭其骧主编：《中国历史地图集》（第八册：清时期），中国地图出版社，1987年，第3—4页。图中实线为清代暹罗朝贡使团往返北京路线，系笔者所加。

图三　赴日唐船中的暹罗船①

　　①　资料来源:日本长崎平户松浦史料博物馆藏。该船各项数据如下:船体:全长 23.18 间
(江户时代 1 间等于 6 尺 1 分,约合 1.2 米),船高 4.6 间,舻高 4.6 间;船体下部:前胴宽 3.2 间,前
深 2.5 间,中胴宽 4.45 间,中深 2.52 间,后胴宽 4 间,后深 3.47 间;舳:镜板 2.6 间,宽 1.49 间;
舻:宽 3.17 间,高 3.52 间;本帆柱:总长 19.63 间,底部 0.95 间,梢部 0.35 间。弥帆柱:总长 12.3
间,底部 0.6 间,梢部 0.25 间;舻旗柱:长 10.09 间;本帆:长 10 间,宽 9.05 间;弥帆:长 6.05 间,宽
3.25 间;破浪瓦:长 20.45 间;高帆:长 5.08 间,宽 3.15 间;短樯柱:长 8.5 间。

图四　暹罗国金叶表（乾隆朝）

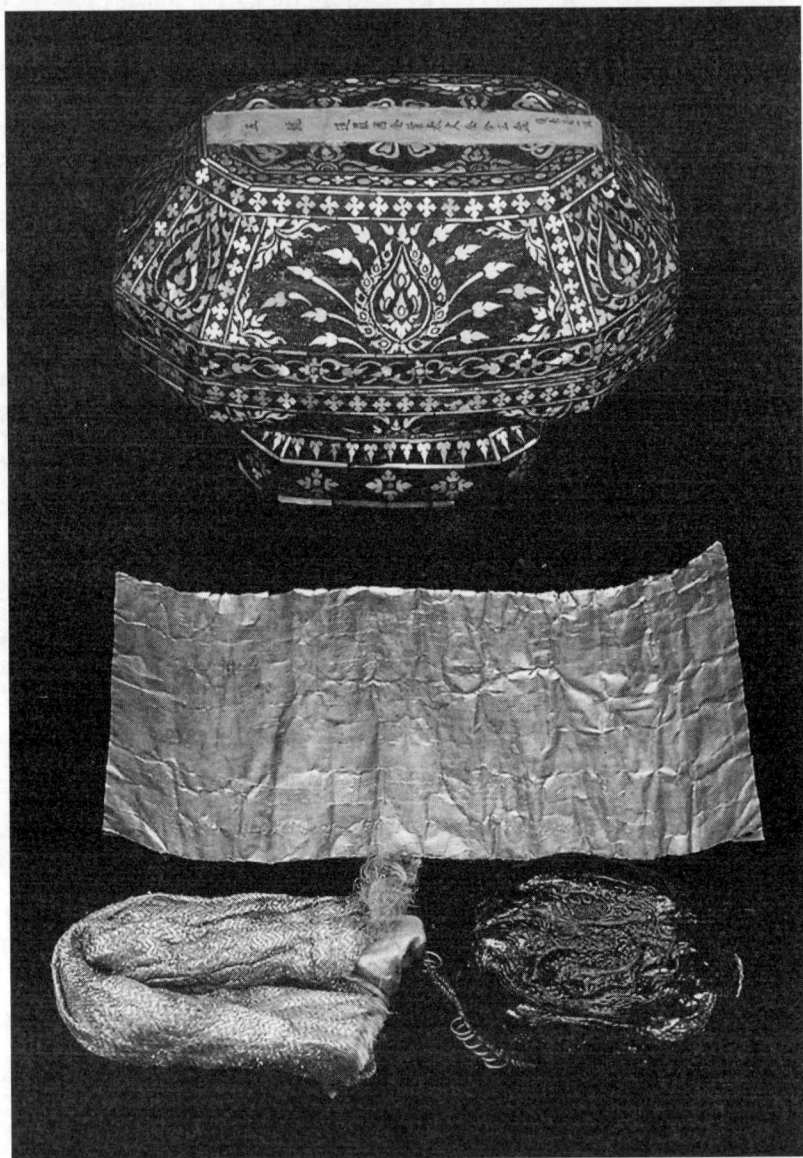

暹罗国金叶表（乾隆朝，28.5cm×16.3cm）　螺钿表盒（17.5cm×28.5cm×26cm）

金丝线织囊袋　龙纹蜜腊封泥

台北"故宫博物院"藏

图五　查询广东至暹罗城海道程图①

①　资料来源：本图藏于台北"故宫博物院"，文献编号 010263，图名注于该图右上角，作者佚，藏者标"清乾隆年间，纸本彩绘，纵 64 公分，横 70 公分"。林天人主编《河岳海疆：院藏古舆图特展》（台北"故宫博物院"，2012 年，第 181 页）收录此图，并记为乾隆三十四年（1769）六月二十九日两广总督李侍尧呈《奏为遵旨查询暹罗国情形由》折件附图。笔者认为，此图非乾隆三十四年呈送，而是乾隆三十三年七月李侍尧命人根据乾隆三十二年调查情况绘制呈送。根据如下：（1）乾隆三十二年闰七月三十日，两广总督李侍尧向乾隆帝奏报调查到的广东虎门至暹罗海道路程：自广东虎门至河仙镇 7300 里，自河仙镇至占泽汶 1400 里，自占泽汶至暹罗城 1600 余里，统计自广东虎门至暹罗共 10300 余里。这与该图右下所标"自广东虎门出口放洋，至暹罗城共一百四十八更，每更七十里，共计一万零三百六十里"相符。（2）乾隆三十三年七月初二日，乾隆帝下谕李侍尧查访暹罗国"近日实在情形，该国王现在何处，及暹罗至缅甸水程若干，陆程若干，远近险易若何，逐一详悉咨询"。并强调"如能约略绘图，得其大概，亦可存备参酌"。十七日，李侍尧接奉乾隆帝谕旨，当在不久即委员根据上年查得广东虎门至暹罗海道路程绘成此图呈送。（3）乾隆三十四年六月二十九日，李侍尧呈《奏为遵旨查询暹罗国情形由》（见林天人主编《河岳海疆：院藏古舆图特展》，第 181 页），内称"上年呈送之图已经考订确实"。对此乾隆帝于七月十四日朱批："知道了。"

图六　交趾中南半岛情形图①

---

①　资料来源：本图藏于台北"故宫博物院"，文献编号 014906，原图名及作者均佚，藏者名为"交趾中南半岛情形图"，标"清乾隆年间，纸本彩绘，纵 63 公分，横 64.5 公分"。林天人主编《河岳海疆：院藏古舆图特展》(第 178—179 页)收录此图，记为暹王郑昭于乾隆三十六年(1771)将掳获之缅甸头目押送广东，并绘制水陆两图进呈，以助清军进剿缅甸。笔者认为，此图非乾隆三十六年郑昭进呈，而是乾隆三十四年六月底广东署左翼镇游击郑瑞等根据亲身访查节略绘制，该图当名为"访查暹罗至阿瓦水陆程图"。乾隆三十六年，郑昭向清朝遣送俘获的缅甸头目时呈送另一张地图(原图名佚，今人称其为"暹罗航海图"，见附图七)，两广总督李侍尧乃将两张地图作为旧图、新图一并附奏进呈。关于该图之绘呈源流及地名汇释，参见王巨新：《"交趾中南半岛情形图"与中暹缅海路贸易交通》，《海交史研究》2017 年第 1 期。

图七　暹罗航海图①

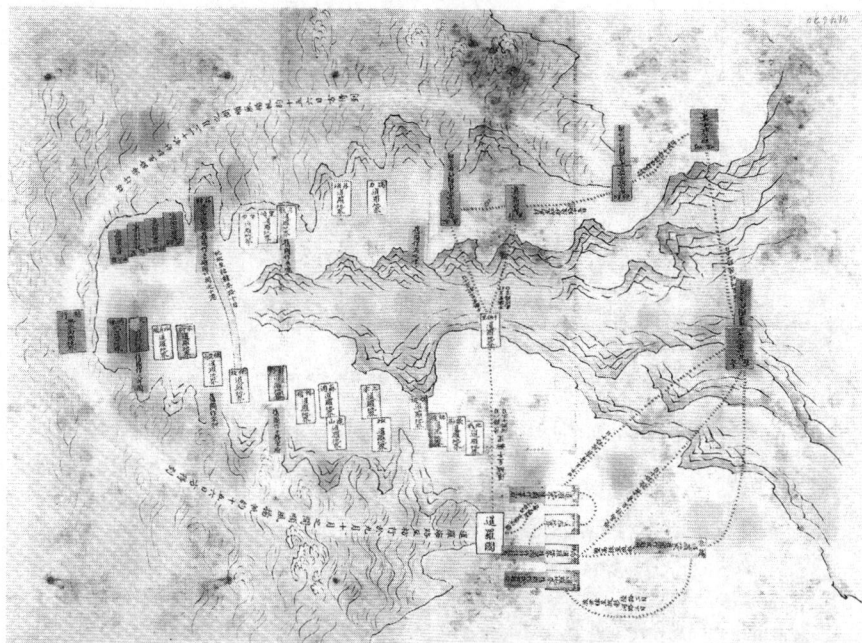

①　资料来源：本图藏于台北"故宫博物院"，文献编号 014792，原图名及作者均佚，藏者名为
《暹罗航海图》，标"清乾隆年间，纸本彩绘，纵 43.5 公分，横 61 公分"。林天人主编《河岳海疆：院
藏古舆图特展》（第 180 页）收录此图，并记为"系乾隆三十六年（1771）军机档折件附图，上奏暹罗
国国王郑昭所进呈暹罗至中国的水道交通图"。笔者认为，乾隆三十六年七月郑昭呈进此图时禀
称："去年四月奉命截拿花肚（指缅甸）逆匪，冬间起兵攻打花肚所据之青霍（指清迈）城……今将现
获男女，连绘地图解送"，此图应名为"郑昭呈暹罗缅甸水陆程图"。

图八　暹罗国郑昭贡单

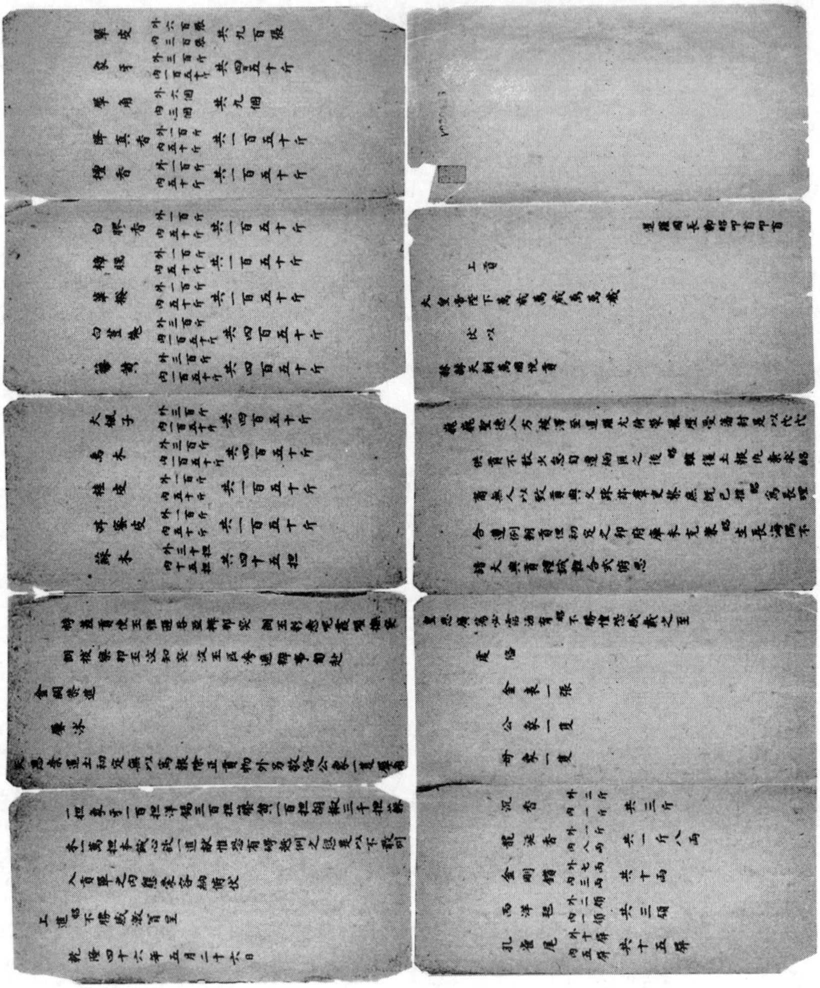

暹罗国郑昭贡单(乾隆四十六年五月二十六日,100cm×24.5cm)

台北"故宫博物院"藏　文献编号 30660

图九　郑昭入贡清廷之暹字表文 ①

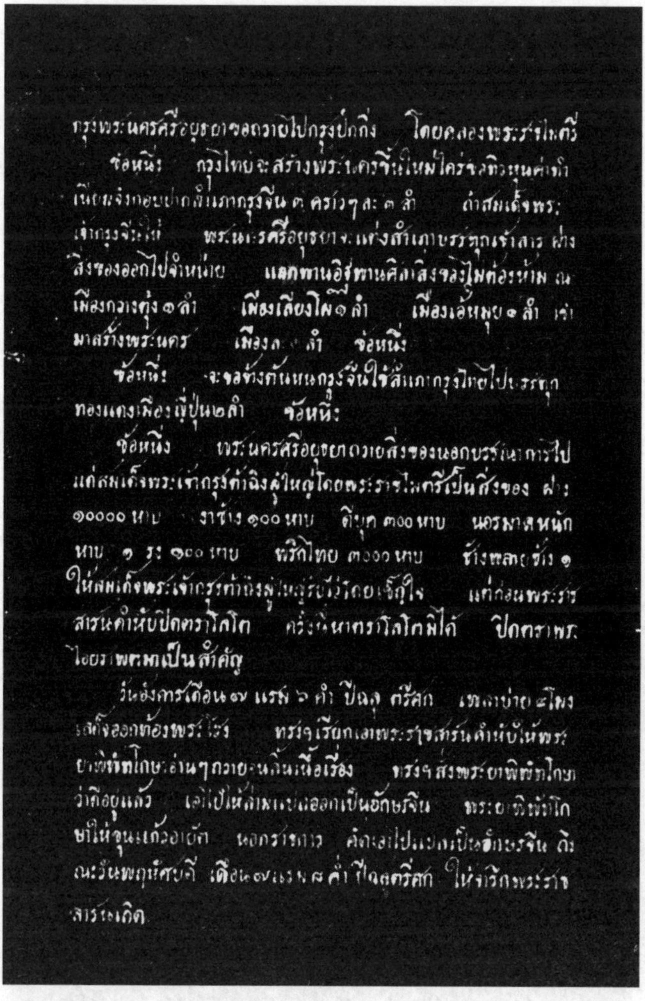

　　①　资料来源:[新]许云樵:《郑昭入贡清廷考》,(新加坡)《南洋学报》1951 年第 7 卷第 1 辑,第 12—13 页。

...แห่งในไทยสะเรสำเภาจีนเร่ามา　　ทุกานทอดฟ่อรร่องกีดป่า　ใน
ปกซอหนายเบี้ย เอาเงิน ๕ แผนว่าเป็นค่าย เพื่องต่านี้　　สมเด็จ
พระเจ้ากรุงต้าฉิงผู้ในกรุงราบหรือไม่　　เหตุการเปราะการใด　กรุง
พระนครศรีอยุธระใครแจ้งข้อหนึง

ขอนมารุ่นไทยดีสอบแจ้ง　อ้ายอี มีราชเลยซึงสรไปกรุงจีนแต
ก่อนขนามแก่กรุงไทยเป็นฝาเป็นค่า เป็นปีกเป็นแผนอยู่แล้ว ฝ่าย
กรุงจีนไม่ต้องการสืบเอาข่อราชการทำสงครามกับทุ่มต่าห่าไม่แล้ว ขอ
อ้ายอี มีรอต้งนี้คืนบ้านเมือง　อยู่ไม่พลัดถิ่นฐานันคร เอาะะ
ข้อหนึง　พระนครศรีอยุธยาส่งตรวจีนมะหน้าปาลพพตัซต์แก่
มาเมืองไทย ๓๕ คน　ได้เสียเงินเสียต่าเขาปลาอาหารเลี้ยง ครั้ง
หนึงเป็นเงิน ๑ ชัง　เข้าสาร ๓๕ ถังๆละ๑ บาท　เป็นเงิน
๘ ตำลึง ๓ บาท　เร้ากันเป็นเงิน๑ ชัง ๘ ตำลึง ๓ บาท ครั้ง
หนึงส่งจีนข้อทัพแกกพม่าๆ จบได้ส่งมาไว้ปลายแดน　กองทัพ
ไปต่ำใต่　ส่งอยุกไปกรุงปักกิ่ง　ได้เสียเงินเสียต่าข้าวปลาอา
หารเลี้ยงคราวุหนึ่ง ๑๙ คน　เป็นเงิน๑ ชัง ๑๒ ตำลึง เสื้อ
กางเกงคนละสำรับๆละ๑ บาท ๒ สลึง　เป็นเงิน๙ ตำลึง ๒
สลึง ข้าวสาร๑๙ ถังๆละ๑ บาท เป็นเงิน ๔ ตำลึง ๓ บาท เร้า
กันเป็นเงิน ๒ ชัง ๖ ตำลึง ๓ บาท ๒ สลึง　คราวหนึ่ง ๓ คน
เป็นเงิน ๕ ตำลึง เสื้อกางเกงคนละสำรับๆละ ๑บาท ๒ สลึง ข้าว
สาร ๓ ถังๆละ๑ บาท เป็นเงิน ๓ บาท เร้ากันเป็นเงิน๑๐ตำลึง
๓ บาท ๒ สลึง สิริเร้ากัน ๓ ครั้งเป็นเงิน ๕ ชัง ๓ ตำลึง๒บาทนั้น
สมเด็จพระเจ้ากรุงต้าฉิง ผู้ในอยู่ทรบหรือไม่　ฝ่ายสมเด็จพระเจ้า

ร่างพระราชสาร์น คำหับไปเมืองจีน ครั้งกรุงธนบุรี
จุลศักราช ๑๑๔๓ พุทธศักราช ๒๓๒๔

พระราชสาร์น สมเด็จพระเจ้ากรุงพระมหานครศรีอยุธยาปราบดาภิเศกใหม่ คิดจิงคลองพระราชไมตรีกรุงปักกิ่ง จึ่งให้พระยาสุนทรอไภย ราชทูต หลวงพิชัยเสน่หา อุปทูต หลวงพจนาพิมล ศรีทูต ขุนพจนาพิจิตร ทองสื่อ หมื่นพิพิธวาจา ป่านสื่อ จำทูลพระสุพรรณบัตรสุวรรณพระราชสาร์น เชิญเครื่องพระราชบรรณาการ(กับ) ช้างพลายช้างหนึ่ง ช้างพังช้างหนึ่ง รวมสองช้าง ออกมาจิ้มก้องสมเด็จพระเจ้ากรุงต้าฉิ่งผู้ใหญ่ ตามขนบพระราชไมตรีสืบมาแต่ก่อน

ข้อหนึ่ง พระนครศรีอยุธยา ใคร่แจ้งข้อความ พระยาสุนทรอไภย ราชทูต กราบทูลสมเด็จพระเจ้ากรุงพระมหานครศรีอยุธยาว่างเกณหมู่อ้ายเหพนักงานกรุงปักกิ่งเรียกเอาเงินค่ารับเครื่องพระราชบรรณาการแต่ก่อนครวนนี้ ตกลดเงินท้องพระคลังลง ๓๐ ชั่ง เป็นดั่งนี้ สมเด็จพระเจ้ากรุงต้าฉิ่งผู้ใหญ่ทราบหรือไม่ คือคุณโทษคุณธรรมประการใด พระนครศรีอยุธยาใคร่แจ้งข้อหนึ่ง

ข้อหนึ่ง ทุกานทุกพระนครศรีอยุธยาคุมเครื่องพระราชบรรณาการออกไปแต่ก่อน ต้องขังใส่คิกลั่นกุณแน่นอยู่ไกรุงจีนทุกคร้ร ไม่ได้เที่ยวเทร จะได้ทราบถึงพระเจ้ากรุงต้าฉิ่งผู้ใหญ่หรือไม่ กลัวจะกบฏประทุษร้ายประการใด พระนครศรีอยุธยาใคร่แจ้งข้อหนึ่ง

ข้อหนึ่ง กรุงไทยปราบดาภิเศกใหม่ ในทูตออกไป ง กกหมู่อ้ายไม่ให้ทูตานุทูตกลับเข้ามากับสำเภากรุงไทยซึ่งจิ่งออกไป

图十　各国贡使宴图①

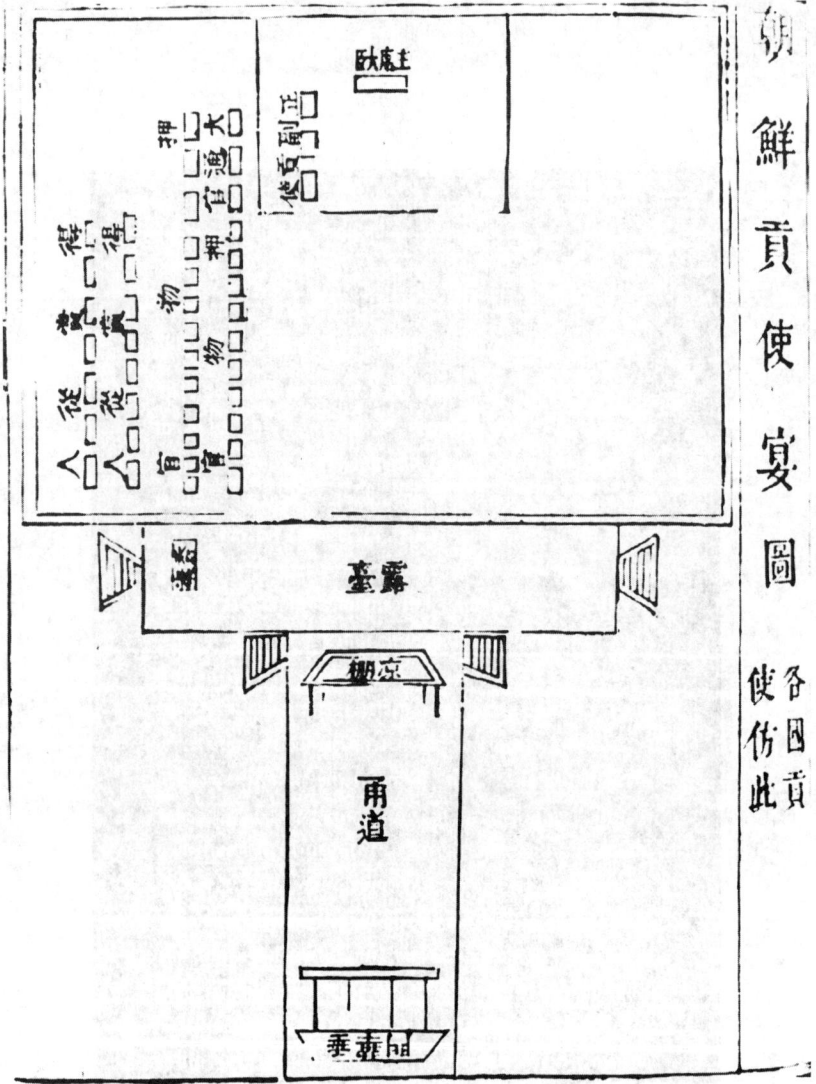

① 资料来源：[清]萨迎阿总纂：《钦定礼部则例》卷首《宴图》，第5页。

图十一　暹使觐见咸丰帝时留影[①]

---

① 资料来源:〔泰〕拍因蒙提:《泰国最后一次入贡中国纪录书》,〔泰〕陈棠花译,(曼谷)《中原月刊》1941 年第 1 卷第 1 期,第 20 页。

参考文献

一、档案史料、古籍文献

宫中朱批奏折,中国第一历史档案馆藏,未刊。

故宫博物院编:《清代外交史料》(道光朝),故宫博物院,1932 年。

故宫博物院编:《清代外交史料》(嘉庆朝),故宫博物院,1932 年。

故宫博物院文献馆编:《史料旬刊》,故宫博物院文献馆,1930—1931 年。

《经世报》,1897 年 7 月至 1898 年 11 月杭州出版。

军机处录副奏折,中国第一历史档案馆藏,未刊。

军机处满文录副奏折,中国第一历史档案馆藏,未刊。

林京志编选:《乾隆年间由泰国进口大米史料选》,《历史档案》1985 年第 3 期。

刘锦藻:《清朝续文献通考》,商务印书馆,1936 年。

龙云、卢汉修,周钟岳纂:《新纂云南通志》,牛鸿斌等点校,云南人民出版社,2007 年。

罗福颐辑:《国朝史料拾零》,《近代中国史料丛刊》续编第 441 册。

《明实录》,台湾"中央研究院"历史语言研究所校勘,1962 年影印本。

内阁题本,中国第一历史档案馆藏,未刊。

内务府奏案,中国第一历史档案馆藏,未刊。

聂宝璋编:《中国近代航运史资料》,上海人民出版社,1983 年。

《清实录》,中华书局,1985—1987 年影印本。

时务报馆编:《时务报》,《近代中国史料丛刊》三编第 322—328 册。

《世宗宪皇帝朱批谕旨》,文渊阁《四库全书》第 416—425 册。

台北"故宫博物院"编:《宫中档嘉庆朝奏折》(复制本),台北"故宫博物院"藏,未刊。

台北"故宫博物院"编:《宫中档乾隆朝奏折》,台北"故宫博物院",1982—

1987 年。

台北"故宫博物院"编:《宫中档咸丰朝奏折》(复制本),台北"故宫博物院"藏,未刊。

台湾"中央研究院"历史语言研究所编:《明清史料》庚编,中华书局,1987年影印本。

台湾"中央研究院"历史语言研究所编:《明清史料》已编,中华书局,1987年影印本。

外务部档案,台湾"中央研究院"近史所档案馆藏,未刊。

王彦威纂辑,王亮编:《清季外交史料》,书目文献出版社,1987 年。

夏东元编:《郑观应集》,上海人民出版社,1982 年。

厦门大学郑成功历史调查研究组编:《郑成功收复台湾史料选编》,福建人民出版社,1982 年。

《暹罗馆译语》,见北京图书馆古籍出版编辑组编:《北京图书馆古籍珍本丛刊》第 6 册,书目文献出版社,1988 年影印本。

《湘报》报馆编:《湘报》,中华书局,2006 年影印本。

新民社辑:《清议报全编》,《近代中国史料丛刊》三编第 141—150 册。

《译书公会报》报馆编:《译书公会报》,中华书局,2007 年影印本。

苑书义、孙华峰、李秉新主编:《张之洞全集》,河北人民出版社,1998 年。

云南省历史研究所编:《〈清实录〉越南缅甸泰国老挝史料摘抄》,云南人民出版社,1986 年。

赵尔巽等:《清史稿》,中华书局,1977 年标点本。

《知新报》,澳门基金会、上海社会科学院出版社,1996 年联合影印本。

中国第二历史档案馆、中国海关总署办公厅编:《中国旧海关史料》,京华出版社,2001 年。

中国第一历史档案馆、澳门基金会、暨南大学古籍研究所合编:《明清时期澳门问题档案文献汇编》,人民出版社,1999 年。

中国第一历史档案馆编:《康熙朝汉文朱批奏折汇编》,档案出版社,1984—1985 年。

中国第一历史档案馆编:《雍正朝汉文朱批奏折汇编》,江苏古籍出版社,1989—1991 年。

中国第一历史档案馆编:《乾隆朝上谕档》,档案出版社,1991 年。

中国第一历史档案馆编:《雍正朝起居注册》,中华书局,1993 年。

中国第一历史档案馆编:《康熙朝满文朱批奏折全译》,中国社会科学出版社,1996 年。

中国第一历史档案馆编:《咸丰同治两朝上谕档》,广西师范大学出版社,1998 年。

中国第一历史档案馆编:《嘉庆道光两朝上谕档》,广西师范大学出版社,2000 年。

中国第一历史档案馆编:《乾隆帝起居注》,广西师范大学出版社,2002 年。

中国第一历史档案馆编:《清中前期西洋天主教在华活动档案史料》,中华书局,2003 年。

中国第一历史档案馆编:《清代军机处电报档汇编》,中国人民大学出版社,2004 年。

中国第一历史档案馆编:《嘉庆帝起居注》,广西师范大学出版社,2006 年。

中国第一历史档案馆整理:《康熙起居注》,中华书局,1984 年。

中国科学院编辑:《明清史料》丁编,商务印书馆,1951 年。

总理各国事务衙门档案,台湾"中央研究院"近史所档案馆藏,未刊。

[汉]班固:《汉书》,[唐]颜师古注,中华书局,1962 年标点本。

[汉]杨孚:《异物志》,曾钊辑,商务印书馆,1936 年。

[唐]姚思廉:《梁书》,中华书局,1973 年标点本。

[唐]姚思廉:《陈书》,中华书局,1972 年标点本。

[唐]李延寿:《南史》,中华书局,1975 年标点本。

[唐]魏徵、令狐德棻:《隋书》,中华书局,1973 年标点本。

[唐]欧阳询:《艺文类聚》,汪绍楹校,中华书局,1965 年。

[唐]义净原著,王邦维校注:《大唐西域求法高僧传校注》,中华书局,1988 年。

[后晋]刘昫等:《旧唐书》,中华书局,1975 年标点本。

[宋]欧阳修、宋祁:《新唐书》,中华书局,1975 年标点本。

[宋]李昉等:《太平御览》,中华书局,1960 年影印本。

[宋]王钦若等编:《宋本册府元龟》,中华书局,1989 年影印本。

[宋]乐史:《太平寰宇记》,王文楚等点校,中华书局,2007 年。

[宋]赵彦卫:《云麓漫钞》,傅根清点校,中华书局,1996 年。

[元]脱脱等:《宋史》,中华书局,1977 年标点本。

［清］徐松辑：《宋会要辑稿》，中华书局，1957 年影印本。

［明］宋濂等：《元史》，中华书局，1976 年标点本。

［元］周达观原著，夏鼐校注：《真腊风土记校注》，中华书局，1981 年。

［元］汪大渊原著，苏继庼校释：《岛夷志略校释》，中华书局，1981 年。

［明］黄衷：《海语》卷上，文渊阁《四库全书》第 594 册。

［明］张燮：《东西洋考》，谢方点校，中华书局，1981 年。

［明］吕维祺编：《四译馆则》，《近代中国史料丛刊》三编第 31 册。

［明］申时行等修：《明会典》，中华书局，1989 年影印本。

［清］张廷玉等：《明史》，中华书局，1974 年标点本。

（康熙）《大清会典》，《近代中国史料丛刊》三编第 711－730 册。

（雍正）《大清会典》，《近代中国史料丛刊》三编第 761－790 册。

（乾隆）《大清会典》，文渊阁《四库全书》第 619 册。

（乾隆）《大清会典则例》，文渊阁《四库全书》第 620－625 册。

（嘉庆）《大清会典》，《近代中国史料丛刊》三编第 631－640 册。

（嘉庆）《大清会典事例》，《近代中国史料丛刊》三编第 641－700 册。

（嘉庆）《大清会典图》，《近代中国史料丛刊》三编第 701－710 册。

（光绪）《大清会典》，《续修四库全书》第 794 册。

（光绪）《大清会典事例》，《续修四库全书》第 798－814 册。

（光绪）《大清会典图》，《续修四库全书》第 795－797 册。

［清］江蘩编：《四译馆考》，见北京图书馆古籍出版编辑组编：《北京图书馆
　　古籍珍本丛刊》第 59 册，书目文献出版社，1988 年影印本。

［清］清高宗敕撰：《钦定皇朝通典》，文渊阁《四库全书》第 642－643 册。

［清］清高宗敕撰：《钦定皇朝文献通考》，文渊阁《四库全书》第 632－
　　638 册。

［清］来保、李玉鸣等奉敕撰：《钦定大清通礼》，文渊阁《四库全书》第 655 册。

［清］萨迎阿总纂：《钦定礼部则例》，嘉庆二十五年（1820）江宁藩司刊本。

［清］梁廷枏总纂：《粤海关志》，《近代中国史料丛刊》续编第 181－184 册。

［清］梁廷枏：《海国四说》，骆驿、刘骁点校，中华书局，1993 年。

［清］杜臻：《粤闽巡视纪略》，《近代中国史料丛刊》续编第 971 册。

［清］江日昇：《台湾外记》，福建人民出版社，1983 年。

［清］王士禛：《池北偶谈》，文渊阁《四库全书》第 870 册。

［清］谢清高口述，杨炳南笔录：《海录》，商务印书馆，1936 年。

［清］陈伦炯：《海国闻见录》，李长傅校注，中州古籍出版社，1985 年。

［清］郝玉麟等监修，鲁曾煜等编纂：（乾隆）《广东通志》，文渊阁《四库全书》
　　第 564 册。

［清］阮元修，陈昌齐等纂：（道光）《广东通志》，同治三年（1864）重刻本，商
　　务印书馆，1934 年影印本。

［清］阮元修，王崧等纂：（道光）《云南通志稿》，道光十五年（1835）刊本。

［清］陈寿祺等：（道光）《福建通志》，同治十年（1871）重刊本，（台北）华文书
　　局，1968 年影印本。

［清］周凯修，凌翰等纂：（道光）《厦门志》，道光十九年（1839）刊本，（台北）
　　成文出版社，1967 年影印本。

［清］李鸿章：《李鸿章全集》，安徽教育出版社，2008 年。

［清］王韬：《弢园文录外编》，楚流等选注，辽宁人民出版社，1994 年。

［清］曾纪泽：《曾纪泽日记》，刘志惠点校辑注，岳麓书社，1998 年。

［清］薛福成：《出使公牍》，光绪二十四年（1898）刊本，（台北）华文书局，
　　1968 年影印本。

［清］薛福成：《薛福成日记》，蔡少卿整理，吉林文史出版社，2004 年。

［清］张荫桓：《三洲日记》，《续修四库全书》第 577 册。

［清］崔国因：《出使美日秘日记》，刘发清、胡贯中点注，黄山书社，1988 年。

［清］田嵩岳：《中外述游》，见王锡祺辑：《小方壶斋舆地丛钞》第 9 帙，上海
　　著易堂光绪十七年（1891）铅印本。

［清］王锡祺：《暹罗近事末议》，见王锡祺辑：《小方壶斋舆地丛钞》再补编第
　　10 帙，上海著易堂光绪二十三年（1897）铅印本。

［清］黄诚沅辑：《滇南界务陈牍》，见方国瑜主编：《云南史料丛刊》第 10 卷，
　　云南大学出版社，2001 年。

［美］丁韪良等编：《中西闻见录》，1872 年 8 月至 1875 年 8 月北京出版。

［美］林乐知等编：（上海）《万国公报》，（台北）华文书局，1968 年影印本。

［朝鲜］李基宪：《燕行日记》，见［韩］林基中编：《燕行录全集》第 65 卷，（首
　　尔）东国大学校出版部，2001 年。

《朝鲜王朝实录》，（东京）学习院东方文化研究所，1953 年。

［日］林春胜、林信笃编，浦廉一解说：《华夷变态》，（东京）东方书店，

1958 年。

［越］张登桂等纂修：《大南实录》，日本庆应义塾大学言语文化研究所整理，
　（东京）有邻堂影印本，1980 年。

［越］黎贵惇：《抚边杂录》，越南汉口南研究院藏抄本，馆藏编号 A.184/1－2。

二、中文著述

蔡鸿生主编：《广州与海洋文明》，中山大学出版社，1997 年。

蔡文星编著：《泰国近代史略》，正中书局，1946 年。

蔡文星编著：《暹语细究》，（曼谷）亚细亚文化学会，1948 年。

曹绵之：《暹罗》，新中国书局，1949 年。

陈阜民编：《暹罗状况全书》，奇文印务局，1926 年。

陈国栋：《东亚海域一千年：历史上的海洋中国与对外贸易》，山东画报出版
　社，2006 年。

陈吕范主编：《泰族起源与南诏国研究文集》，中国书籍出版社，2005 年。

陈尚胜：《闭关与开放——中国封建晚期对外关系研究》，山东人民出版社，
　1993 年。

陈希育：《中国帆船与海外贸易》，厦门大学出版社，1991 年。

陈序经：《暹罗与中国》，文史丛书编辑部，1941 年。

陈炎：《海上丝绸之路与中外文化交流》，北京大学出版社，1996 年。

段立生：《泰国史散论》，广西人民出版社，1993 年。

段立生：《泰国文化艺术史》，商务印书馆，2005 年。

段立生：《泰国通史》，上海社会科学院出版社，2014 年。

高伟浓：《走向近世的中国与"朝贡"国关系》，广东高等教育出版社，
　1993 年。

顾公任：《泰国与华侨》，中国印书馆，1941 年。

广东省文物管理委员会、广东省博物馆等编：《南海丝绸之路文物图集》，广
　东科技出版社，1991 年。

何新华：《清代贡物制度研究》，社会科学文献出版社，2012 年。

何新华：《最后的天朝：清代朝贡制度研究》，人民出版社，2012 年。

华侨崇圣大学泰中研究中心编：《泰国华侨华人史》第一辑，（北榄）华侨崇

圣大学泰中研究中心,2003 年。

华侨崇圣大学泰中研究中心编:《泰国华侨华人史》第二辑,(北榄)华侨崇
　圣大学泰中研究中心,2004 年。

华侨志编纂委员会编印:《泰国华侨志》,(台北)华侨志编纂委员会,
　1959 年。

黄素芳:《贸易与移民——清代中国人移民暹罗历史研究》,厦门大学 2008
　年博士学位论文。

黄重言、余定邦编著:《中国古籍中有关泰国资料汇编》,北京大学出版社,
　2016 年。

嵇翥青编著:《中国与暹罗》,中外广告社,1924 年。

冷东:《东南亚海外潮人研究》,中国华侨出版社,1999 年。

黎正甫:《中暹关系史》,文通书局,1944 年。

李长傅:《南洋华侨史》,商务印书馆,1934 年。

李道辑:《泰国华人国家认同问题(1910—1945)》,台北"国立政治大学"历
　史研究所 1999 年博士学位论文。

李拂一编译:《泐史》,国立云南大学西南文化研究所,1947 年。

李云泉:《朝贡制度史论——中国古代对外关系体制研究》,新华出版社,
　2004 年。

林仁川:《明末清初私人海上贸易》,华东师范大学出版社,1987 年。

林天人主编:《河岳海疆:院藏古舆图特展》,台北"故宫博物院",2012 年。

栾文华:《泰国文学史》,社会科学文献出版社,1998 年。

聂德宁:《近现代中国与东南亚经贸关系史研究》,厦门大学出版社,
　2001 年。

潘少红:《泰国华人社团史研究》,厦门大学 2008 年博士学位论文。

钱实甫编:《清代职官年表》,中华书局,1980 年。

上海中国航海博物馆编:《丝路的延伸:亚洲海洋历史与文化》,中西书局,
　2015 年。

施荣华:《中泰文化交流》,云南美术出版社,1997 年。

宋成有:《东北亚传统国际体系的变迁——传统中国与周边国家及民族的
　互动关系论述》,台湾"中央研究院"东北亚区域研究演讲系列,2002 年。

孙谦:《清代华侨与闽粤社会变迁》,厦门大学出版社,1999 年。

田汝康:《17—19 世纪中叶中国帆船在东南亚洲》,上海人民出版社, 1957 年。

田汝康:《中国帆船贸易与对外关系史论集》,浙江人民出版社,1987 年。

田渝:《16 至 19 世纪中叶亚洲贸易网络下的中暹双轨贸易》,暨南大学 2007 年博士学位论文。

万明:《中国融入世界的步履——明与清前朝海外政策比较研究》,社会科学文献出版社,2000 年。

万湘澂:《云南对外贸易概观》,新云南丛书社,1946 年。

王海涛:《云南佛教史》,云南美术出版社,2001 年。

王介南:《中国与东南亚文化交流志》,上海人民出版社,1998 年。

王铁崖编:《中外旧约章汇编》第 1 册,三联书店,1957 年。

王伟民编译:《泰国华人面面观》,云南大学出版社,1993 年。

温雄飞:《南洋华侨通史》,东方印书馆,1929 年。

吴龙云:《14—19 世纪暹罗华人的经贸发展研究》,台北"国立成功大学" 2002 年硕士学位论文。

吴翊麟:《暹南别录》,(台北)商务印书馆,1985 年。

谢光:《泰国与东南亚古代史地丛考》,中国华侨出版社,1997 年。

杨端六、侯厚培等编:《六十五年来中国国际贸易统计》,国立中央研究院社会科学研究所专刊第 4 号,1931 年。

杨建成主编:《泰国的华侨》,(台北)中华学术院南洋研究所,1986 年。

姚楠:《中南半岛华侨史纲要》,商务印书馆,1946 年。

姚楠、许钰编译:《古代南洋史地丛考》,商务印书馆,1958 年。

姚贤镐编:《中国近代对外贸易史资料(1840—1895)》,中华书局,1962 年。

余定邦、喻常森等:《近代中国与东南亚关系史》,中山大学出版社, 1999 年。

余定邦:《中缅关系史》,光明日报出版社,2000 年。

余定邦、陈树森:《中泰关系史》,中华书局,2009 年。

中国东南亚研究会编:《东南亚史论文集》,河南人民出版社,1987 年。

中山大学东南亚史研究所编:《泰国史》,广东人民出版社,1987 年。

中外关系史学会编:《中外关系史译丛》第 1 辑,上海译文出版社,1984 年。

中外关系史学会编:《中外关系史译丛》第 3 辑,上海译文出版社,1986 年。

中外关系史学会、复旦大学历史系编:《中外关系史译丛》第 4 辑,上海译文
　出版社,1988 年。

周一良主编:《中外文化交流史》,河南人民出版社,1987 年。

朱杰勤:《中外关系史论文集》,河南人民出版社,1984 年。

朱杰勤:《东南亚华侨史》,高等教育出版社,1990 年。

庄国土:《中国封建政府的华侨政策》,厦门大学出版社,1989 年。

庄国土:《华侨华人与中国的关系》,广东高等教育出版社,2001 年。

〔新〕许云樵:《北大年史》,(新加坡)南洋编译所,1946 年。

〔新〕许云樵:《南洋史》,(新加坡)星洲世界书局,1961 年。

〔泰〕棠花编著:《泰国古今史》,(曼谷)泰华文协泰国研究组,1982 年。

〔泰〕洪林、黎道纲主编:《泰国华侨华人研究》,香港社会科学出版社有限公
　司,2006 年。

〔泰〕黎道纲:《泰国古代史地丛考》,中华书局,2000 年。

〔泰〕黎道纲:《泰境古国的演变与室利佛逝之兴起》,中华书局,2007 年。

〔泰〕黄璧蕴(Ms. Chaweewan Wongcharoenkul):《泰国华人作用:泰国曼
　谷王朝拉玛三世至拉玛五世时期华人社会(公元 1824 年至公元 1910
　年)》,上海大学 2010 年博士学位论文。

〔泰〕黄汉坤(Mr. Surasit Amornwanitsak):《中国古代小说在泰国的传播
　与影响》,浙江大学 2007 年博士学位论文。

三、译著、英文资料

江树生译注:《热兰遮城日志》,台南市政府,1999 年。

刘宁颜主编:《巴达维亚城日记》第 3 册,程大学译,台湾省文献委员会,
　1990 年。

〔美〕戴维·K. 怀亚特:《泰国史》,郭继光译,东方出版中心,2009 年。

〔美〕费正清编:《中国的世界秩序:传统中国的对外关系》,杜继东译,中国
　社会科学出版社,2010 年。

〔美〕施坚雅:《泰国华人社会:历史的分析》,许华等译,厦门大学出版社,
　2010 年。

〔美〕约翰·F. 卡迪:《东南亚历史发展》,姚楠、马宁译,上海译文出版社,

1988 年。

[日]滨下武志：《近代中国的国际契机——朝贡贸易体系与近代亚洲经济圈》，朱荫贵、欧阳菲译，中国社会科学出版社，1999 年。

[日]大庭 脩：《江户时代日中秘话》，徐世虹译，中华书局，1997 年。

[日]山口武：《暹罗》，陈清泉译，商务印书馆，1923 年。

[苏]尼·瓦·烈勃里科娃：《泰国近代史纲（1768—1917）》，王易今、裘辉、康春林译，商务印书馆，1974 年。

[泰]共丕耶达吗銮拉查奴帕（即丹隆亲王）：《暹罗古代史》，王又申译，商务印书馆，1933 年。

[泰]朗苇吉怀根（Luang Wijit Watkan）：《暹罗王郑昭传》，许云樵译，商务印书馆，1936 年。

[泰]姆·耳·马尼奇·琼赛：《泰国与柬埔寨史》，厦门大学外文系翻译小组译，福建人民出版社，1976 年。

[泰]拍因蒙提：《泰国最后一次入贡中国纪录书》，[泰]陈棠花译，（曼谷）《中原月刊》1941 年第 1 卷第 1 期。

[新]尼古拉斯·塔林主编：《剑桥东南亚史》，贺圣达等译，云南人民出版社，2003 年。

[英]D. G. E. 霍尔：《东南亚史》，中山大学东南亚历史研究所译，商务印书馆，1982 年。

[英]巴素：《东南亚之华侨》，郭湘章译，（台北）"国立"编译馆，1966 年。

[英]布赛尔：《东南亚的中国人》，《南洋问题资料译丛》1958 年第 1 期。

[英]戈·埃·哈威：《缅甸史》，姚梓良译，商务印书馆，1973 年。

[英]吴迪：《暹罗史》，陈礼颂译，商务印书馆，1947 年。

Archibald Ross Colquhoun, *Amongst the Shans*, London：Field & Tuer, 1885.

Charles Gutzlaff, *Journal of Three Voyages along the Coast of China, in 1831, 1832, & 1833, with Notices of Siam, Corea, and the Loo-Choo Islands*. London：Frederick Westley and A. H. Davis, 1834.

D. E. Malloch, *Siam：Some General Remarks on Its Productions, and Particularly on Its Imports and Exports*. Calcutta：Baptist Mission Press, 1852.

G. William Skinner, *Chinese Society in Thailand: An Analytical History*. Ithaca, New York: Cornell University Press, 1957.

Howard Malcom, *Travels in South Eastern Asia, Embracing Hindustan, Malaya, Siam, and China; With Notices of Numerous Missionary Stations, and a Full Account of the Burman Empire; with Dissertations, Tables, etc.* Boston: Gould, Kendall, and Lincoln, 1839.

J. K. Fairbank and S. Y. Teng, "On the Ch'ing Tributary System", *Harvard Journal of Asiatic Studies*, vol. 6, no. 2, (June 1941).

Jacob Tomlin, *Journal of a Nine Months' Residence in Siam*. London: Frederick Westley and A. H. Davis, 1831.

Jennifer Wayne Cushman, *Family and State: The Formation of a Sino-Thai Tin-Mining Dynasty*. New York: Oxford University Press, 1991.

Jennifer Wayne Cushman, *Fields from the Sea: Chinese Junk Trade with Siam during the Late Eighteenth and Early Nineteenth Centuries*. New York: SEAP Publications, 1993.

John Anderson, *English Intercourse with Siam in the Seventeenth Century*. London: Kegan Paul, Trench, Trübner & Co., 1890.

John Bowring, *The Kingdom and People of Siam; with a Narrative of the Mission to that Country in 1855*. London: John W. Parker and Son, 1857.

John Crawfurd, *Journal of an Embassy from the Governor-General of India to the Courts of Siam and Cochin-china*. London: H. Colburn & R. Bentley, 1830.

John Crawfurd, *The Crawfurd Papers*. Bangkok: Vajiranana National Library, 1915.

Sarasin Viraphol, *Tribute and Profit: Sino-Siamese Trade, 1652—1853*. Cambridge, Massachusetts: Council on East Asian Studies, Havard University, 1977.

Victor Purcell, *The Chinese in Southeast Asia*. London: Oxford University Press, 1965.